KB069488

PSYCHOLOGY OF
CRIMINAL BEHAVIOR

# 최신 범죄심리학 <sup>5판</sup>

이수정 저

학지사

## 5판 머리말

한때 필자의 직업은 범죄자들과 대화를 나누는 것이었다. 대부분 교정상담의 목적으로, 형사절차를 거슬러 올라가자면 재판단계에서의 촉탁된 전문가로서, 더 거슬러 올라가자면 수사단계에서의 심리분석을 목적으로 수많은 기간 동안 그들의 속내를 들어 왔다. 그들에 의하여 피해를 당한 분들의 이야기를 접하기 전까지 그들이 주장하는 자신들의 입장이란 것은 필자의 마음의 균형을 잃게 만들곤 하였다. 인간으로서의 번민, 살아온 나날에 대한 회한, 그러고는 가족에 대한 애틋함, 그들이라고 해서 하나 다를 것이 없었다. 하지만 2010년도 이후 범죄피해자들을 지원하는 다양한 절차 속에서의 무수히 많은 경험을 통하여 그들의 인식 속 세계관에서 빠진 그림이 대체 무엇인지 이제는 찾을 수 있게 되었다. 범죄사건이란 것은 절대 증거와 피의자 진술만으로는 현출되기 어렵다는 사실, 피해자들의 적나라한 당해 사건으로 인한 경험을 배제하고는 절대 실체적 진실에 근접하기조차 어렵다는 것을 깨닫게 되었다. 이렇게 보자면 이 책은 절름발이이다. 왜냐하면 대부분의 내용이 한쪽 방향에 대한 연구만을 담고 있기 때문이다. 만일 이런 상황을 인내할 수 있다면 이 책에 담긴 정보는 나름 흥미로울 수 있다.

'범죄심리'라고 하면 흔히들 뭔가 특이한 것을 기대한다. 하지만 본인의 생각은 다르다. 그보다는 법률적으로 규정한 특정 행위를 수행한 사람들의 행동적·심리적 특징을 연구하는 영역이라고 이해하는 것이 적합할 듯하다. 이 말은, 예컨대 범죄자란 법이라는 기준으로 해당 집단과 해당되지 않는 집단을 구분해 놓았을 뿐, 근본적으로는 별반 다를 것이 없는 보통 사람들이라는 의미이다. 물론 경우에 따라서는 보다 개성이 강한 사람들도 있겠으나, 인간으로서의 기본적인 심리기제에 있어서는 그들이라고 예외가 있을 수 없다. 이 책에서는 국내외의 통계치와 심리학적 범죄원인론, 그리고 범행상 나타나는 여러 가지 문제행동 및 심리 특성을 가능한 한 체계적으로 정리하였다. 혹시라도 선입견으로 지니고 있던 믿음과 다른 사실이 있다면 보다 객관적인 증거를 동원해 최대한 교정해 보고자 시도하였다.

이 책이 완성되는 데에는 여러 사람의 노고가 있었다. 지난 몇 년 동안 부족한 스승을 한 점 의

혹도 없이 믿고 따라 준 제자들이 있었다. 그들과 함께 조금씩 정리해 온 원고들이 이 책의 주요한 뿌리가 되었다. 제자들의 믿음과 지원이 없었으면 이 책은 세상에 태어나지 못했을 것이다. 마지막으로 남편과 아들, 딸 그리고 세상에서 가장 존경하는 나의 어머니께 이 책을 바친다.

광교산자락 연구실에서
저자 이수정 씀

# 차례

제**2**부
--------
# 범죄 행동의 심리학적 원리

## 제**3**부

# 범죄유형별 심리적 메커니즘

# 제4부
## 범죄심리학 연구 사례

제**1**부

# 법, 범죄, 심리학

PSYCHOLOGY OF CRIMINAL BEHAVIOR

# 범죄심리학과 법

## 1. 범죄심리학의 이해와 배경

### 1) 범죄심리학이란

범죄심리학(criminal psychology)은 범죄의, 특히 범죄자의 심리적 측면을 다루는 학문이다 (Howitt, 2002). 영어 표현 그대로의 의미를 해석하자면 '범죄자의'나 '범죄의' 심리학이지만, 이는 결국 범죄자의 행동, 즉 범죄 행동의 심리학적 원리를 탐구하는 학문이다. 심리학이 인간의 행동과 정신 과정을 연구하는 학문이라는 점을 고려한다면 범죄심리학은 범죄적 행동 또는 범죄 행동의 심리학이라고 지칭할 수 있다.

우리나라의 형사정책 서적들과 외국의 범죄학 서적들의 구성에서 알 수 있는 사실은 범죄심리학이 범죄학[1] 중 범죄원인론에만 일반적으로 포함되어 있다는 점이다. 그러나 실질적으로 범죄심리학은 범죄원인론 외에도 범죄수사, 판결 과정, 범죄 예측, 교정 등 다양한 분야와 연계

---

1) 범죄학이란 사회현상으로서의 비행과 범죄를 연구하는 학문으로, 상이한 학문적 관점을 가진 다양한 학자에 의해 혹은 다양한 학자 간의 공동연구를 통해 연구되는 분야이다. 범죄학연구의 주류를 이루는 것은 사회학적 연구이며, 다양한 학문 분야 중 어느 하나가 범죄학을 지배하기보다는 자신의 학문적 관점에서 독립적으로 관계하거나 공동으로 관계하는 종합 과학적 특성을 가지고 있다.

되어 연구되고 응용되고 있다. 협의의 범죄심리학은 범죄의 원인에 대한 심리학적 연구이지만, 광의의 범죄심리학은 형사사법체계 전반에 걸쳐 범죄자와 관련된 주제를 다루는 심리학의 영역이라고 하겠다.

외국에서도 범죄심리학이 애초에 독자적 학문 분야를 구축하였던 것은 아니다. 범죄심리학은 범죄학의 한 분야로서 범죄사회학자나 정신의학자들에 의해 연구가 수행되어 왔다. 하지만 이런 추세는 사법 적용 시 심리학의 활용도가 급증하면서 최근 들어 심리학자들의 고유한 연구영역이 되고 있다. 이러한 경향은 범죄를 연구하는 심리학자들이 범죄심리학자(criminal psychologist)라는 이름으로 연구 활동을 하고 있지는 않으나, 각 분야에서 범죄에 대한 심리학적 연구를 수행하고 있는 것을 통해서도 확인할 수 있다. 범죄심리학과 밀접한 분야로 법정심리학(forensic psychology), 법심리학(psychology of law), 경찰심리학(police psychology) 등이 있으며, 이를 통해 범죄에 대한 심리학적 연구가 어떻게 법정 분야와 법 분야에서 활용되고 있는지 이해할 수 있다. 따라서 국외에서는 '범죄심리학'이라는 명칭보다는 '범죄에 대한 심리학적 연구'라는 표현이 앞 하위 분야를 포괄할 수 있는 명칭이라고 여긴다.

한국에서의 범죄심리학 입지도 외국의 경우와 별반 다르지 않다. 우리나라에서도 초기에 장병림 교수와 이상현 교수가 범죄심리학의 개념을 규정했을 때는 범죄원인론에 한정되어 있었다고 볼 수 있다. 그러나 범죄심리학에 대한 관심이 높아지면서 범죄심리학은 좀 더 광범위하게 규정되고 활용되고 있다. 2000년부터 경찰에서 공식적인 수사기법으로 사용되고 있는 프로파일링의 경우, 범죄심리학적 수사기법으로서 가장 일반적으로 받아들이고 있는 것 중 하나이다. 학자에 따라서는 범죄심리학을 범죄 예측 및 범죄자 교정 분야에까지 확대하여 적용하고 있다.

그럼에도 범죄에 대한 심리학적 연구는 범죄에 대한 철학적 고찰에서부터 시작되어 범죄학의 발달과 맥락을 같이한다고 보이므로 심리학적 관점에서만 연구되기에는 한계가 있다. 또한 국내뿐만 아니라 국외에서 범죄심리학이 연구되어 온 양상을 볼 때, 범죄심리학적 연구의 역사 및 정의는 범죄를 바라보는 관점의 변화와 별개로 볼 수 없다. 그러므로 이 장에서는 범죄심리학이 실증주의 범죄학에 기원을 두고 있는 것으로 간주하고 범죄심리학의 발전 과정에 대해 설명한다.

## 2) 범죄심리학의 이론적 배경

범죄심리학의 기원은 범죄의 원인을 '개인'에게서 찾고자 했던 초기 실증주의 범죄학에서 찾아볼 수 있다. 비록 심리학자들에 의한 연구는 아니었지만 범죄의 원인을 범죄자와 범죄 행동을 직접 관찰하여 탐구하고자 하였다는 점에서 실증주의 범죄학을 현대적 의미의 범죄심리학 연구의 초석이라고 보는 것이 타당할 것이다. 이에 범죄심리학의 뿌리가 되는 실증주의 범죄학이 나타나게 된 배경을 살펴보고, 그런 다음 연대순으로 범죄에 관한 실증적 연구의 역사를 고찰하여 보자. 먼저, 실증주의 범죄학의 발전 과정을 살펴보면 다음과 같다.

**계몽주의 사상과 고전주의 범죄학**    현대 범죄학 이론의 기원은 18세기 중반 프랑스 계몽사상에서 유래한다. 17세기 영국의 Locke와 Hobbes는 인간이 본래 이기적이기 때문에 자연 상태에서는 아무것도 금할 수 없다고 보았다. 개인의 힘에 의해 모든 것이 좌우되므로 '만인의 만인에 대한 투쟁'에 의해서 자기 보존마저도 보증할 수 없기 때문에 각자의 이익을 위해서는 계약으로서 국가를 만들어 '자연권'을 제한하고, 국가가 시민의 생명, 재산 및 자유를 보호할 의무를 가진다고 주장한다(정동근, 2003).

당시 대부분의 유럽 국가에서는 범죄가 신의 명령에 어긋나는 것으로 간주하였기 때문에 악령, 악마 등과 같이 로마 가톨릭 교리에 반하는 행위를 처벌하는 것이 범죄에 대한 처벌이었다. 17세기 유럽 전역에서 시행되었던 '마녀사냥'도 그중 하나였으며, 이 잔인한 처벌은 국가의 법체계에 의해서 아무런 보호를 받지 못했다. 계몽주의 이론가들은 이러한 처벌이 비인간적이라고 비난하며, 당시 유럽 사회의 범죄와 처벌에 대한 관점에 동의하지 않았다. 대신 시민의 계약에 의해 만들어진 국가가 제정한 법은 공공의 이익을 수호하되, 천부적인 시민의 권리와 자유를 침해하여서는 안 된다고 주장하였다. 고전주의 범죄학(classicalism criminology)은 이러한 계몽주의 사상에 근거하여 발전된 이론이다.

고전주의 학파는 인간을 자유의지(free will)를 가진 합리적 존재로 보고, 모든 인간은 일탈할 잠재성을 가지고 있다고 가정하였다. 합리적인 선택에 기초하여 자신의 의지대로 저지른 범죄에 대해 처벌하는 것은 당연하지만, 해당 범죄에 합당한 처벌이 가해져야 한다고 주장하였다. 즉, 국가의 처벌은 필요하지만 그 처벌이 잔인하게 과도하거나 자의적이지 않아야 한다는 것이다. 대표적인 학자인 Beccaria는 쾌락주의, 인도주의적 형벌, 사형폐지론을 주장하였다. 그에게는 밀라노의 교도소 직원으로 근무하는 친구가 있었는데, 친구를 만나기 위해 교도소에 자주 드나들게 되면서 형사법원의 절차와 교정 행정의 개혁에 대해 관심을 갖게 되었다. 이것이 계기가 되어 그의 가장 유명한 저서인 『범죄와 형벌(On Crime and Punishment)』이 1764년에 출간되었다(Vold, 1979).

**실증주의 범죄학의 출현**    고전주의 범죄학이 약 100년 정도 유럽에서 활발히 연구되었지만,

19세기 후반에 들어 유럽에서는 과학적 방법의 중요성이 강조되기 시작하였다. 즉, 순수한 사색에 의존한 이론에서 자연현상의 관찰과 과학적 분석에 의한 이론이 강조되었다.

　실증주의는 두 가지 주요 전제를 갖는다. 첫째는 인간의 행동은 개인이 통제할 수 없는 외적 요인에 의해 이루어진다는 것이다. 이러한 요인들에는 계층과 같은 사회적 요인뿐만 아니라 전쟁이나 기아와 같은 정치적·역사적 요인도 포함된다. 개인의 뇌 구조나 생물학적 구성 및 정신적 능력과 같은 심리학적 요인도 포함되며, 이 모든 요인이 인간 행동에 복합적으로 영향을 미치게 된다. 두 번째 전제로서 실증주의는 문제 해결을 위한 과학적 방법을 채택한다. 그래서 실증주의자들은 가설을 검증하기 위해 엄격한 경험적 방법을 사용한다(Siegel, 2001).

　따라서 실증주의 범죄학(positivist criminology)은 실증주의의 전제를 바탕으로 범죄자에 대해 경험적으로 연구하였다. 고전주의 범죄학이 인간의 자유의지와 법률적 측면에서 형사사법 절차의 개혁을 강조한다면, 실증주의 범죄학은 범죄에 대한 법률적 접근보다는 범죄를 저지른 범죄자의 특성과 범죄의 원인에 대한 연구를 강조한다. 즉, 실증주의 범죄학은 인간의 행동을 결정론적[2]이라고 가정하고, 개인이 통제할 수 없는 사회적·경제적·개인 내적 심리 요인에 의해 범죄가 발생하는 것으로 본다.

**프랑스와 벨기에의 제도학파**　　골상학자들은 범죄를 연구의 초점에 두지는 않았는데,[3] 범죄 현상에 초점을 두고 실증적인 연구를 수행한 학자들은 1820년대 프랑스와 벨기에의 통계학자들이었다. 1827년 프랑스에서는 범죄에 대한 전국적인 통계가 산출되었고, 1831년 영국에서는 런던 경찰 범죄 통계표가 처음으로 발행되었다.

　Quetelet, Guerry, 그리고 Fletcher와 같은 학자들은 사회를 정확하게 측정하고 예측할 수 있다고 생각했다. Guerry는 1833년 그의 책에서 프랑스의 공식 범죄 통계들을 분석하고 설명하기 위해서 지도상에 범죄 분포를 표기하는 제도법을 이용하였다. 분석을 위해 지도를 사용하였던 것에서 Guerry를 생태학적 범죄학 혹은 제도학파의 창시자로 부르기도 한다(Hagan, 1988).

　한편, 천문학과 수학을 전공한 Quetelet는 범죄율에 대한 실증적 연구를 수행하였다. 그는 1831년에 출판한 『연령별 범죄 경향에 대한 연구(Research on the Propensity for Crime at

---

2) 결정론이란 인간의 행위를 포함하여 이 세상에서 일어나는 모든 일은 정해진 때와 장소에서 일어나도록 미리 정해져 있다고 생각하는 입장이다.

3) 골상학은 18세기 후반 독일의 의사이자 해부학자인 Franz J. Gall에 의해 확립되었다. Gall은 두개골의 형태와 성격 특질 사이의 관계성을 규명하고자 하였다. Gall과 Spurzheim은 뇌의 영역들이 각 영역에 해당하는 신체활동을 통제한다고 믿었으며, 자신이 연구한 일반인의 두개골 형태와 범죄인의 자료를 비교하여 분석하기도 하였다.

Different Ages)』에서 통계를 이용하면 범죄 현상의 일정한 규칙성을 발견할 수 있다고 주장하였다. Quetelet는 또한 범죄의 원인을 전쟁, 기근, 자연재해 등의 우발적 요인, 자유의지와 인성과 같은 생물학적 요인, 연령, 성, 직업과 같은 인구통계학적 요인으로 구분하였으며, 범죄는 사회구조적으로 항상 존재하는 현상이기 때문에 사회 자체가 범죄의 원인이 된다고 주장하였다(Beirne & Messerschmidt, 2000).

　Darwin의 『종의 기원(On the Origin of Species)』이 출판되고 인간 행동의 진화에 대한 관심이 고조되면서 이탈리아의 범죄학자이자 외과의사였던 Lombroso(1911)는 범죄자에 대한 진화론적 설명을 주장하였다. 범죄인을 뇌의 구조 및 행동의 원시적 형태인 격세유전[4]으로 설명하면서 인간의 특성과 행동의 생물학적 요인에 대한 가설을 처음으로 제시하였다. 이후 연구를 수행함에 따라 퇴화 및 정신적 결함을 자신의 이론에 포함하였고, 점차 다양한 사회적·경제적·환경적 요인을 포함하는 쪽으로 자신의 이론을 수정하였다.

　**형사사법 제도 내에서 심리학 적용의 역사**　심리학이 사법 시스템(legal system)이나 범죄자와 관련된 분야에 영향을 끼치기 시작한 것은 16세기 초 범죄행위에 정신이상과 같은 심리학적 측면이 고려되면서부터이다. 그 이후로도 사회 변화와 더불어 법학이나 범죄학, 사회학과 같은 관련 학문이 변화되고 발전함으로써 범죄심리학에 기여한 바가 크다.

　'범죄심리학(criminal psychology)'이라는 용어를 처음으로 사용한 것은 독일의 Kraft-Ebing[5]으로 알려져 있는데, 그는 1872년에 『범죄심리학 아우트라인(Outline of Criminal Psychology)』이라는 책을 펴냈다(차재호, 2001). Münsterberg 및 Gross는 심리학 지식을 형사사법 분야에 적용할 수 있다는 가능성을 제시한 범죄심리학의 선구자들이다.

　**Hans Gross**　법학을 전공한 Gross는 범죄수사학에 대해서도 많은 연구를 하였다. 범죄의 과학적 접근법으로 범죄현상학, 경찰학, 그리고 범죄심리학을 포함시켰는데, 그의 범죄심리학은 순수 심리학은 아니었고 범죄수사기법을 위한 범죄심리학 연구에 초점을 두었다. Gross가 1897년에 쓴 『범죄심리학(Criminal Psychology)』에는 증거, 목격자, 범죄수사, 증언, 여성 및 남성, 아동의 일반적 차이 외에도 다양한 주제에 대해 범죄심리학적 접근을 하였다(Gross, 1911).

---

4) 격세유전이란 이미 없어진 고대 원시적인 특질이 진화가 진행된 이후에 다시 나타나는 것을 의미한다.
5) 비엔나 대학교 정신의학 교수였던 Richard von Kraft-Ebing은 성범죄(살인)를 과학적으로 연구한 최초의 서적인 『성적 정신병(Psychopathia Sexualis)』을 1886년에 출판하였다. 이 책에 당시의 연쇄성 살인범에 대한 상세한 임상적 설명을 제시하였다.

Ebbinghaus와 Stern    Ebbinghaus의 선구적인 연구[6] 이후 기억에 대한 연구는 심리학에서 일반적이다(한국심리학회, 2004). Stern이 1901년에 수행한 기억에 대한 연구는 학생들로 하여금 45초 동안 그림 하나를 보게 한 뒤 다양한 시간 간격을 두고 그 그림에 대해 피험자가 얼마나 많은 것을 기억해 낼 수 있는가를 알아보고자 하였다. 이 실험은 법정의 목격자 증언에 대한 신뢰성 연구의 선구적인 연구라고 할 수 있는데, Stern(1903)의 연구에 의하면 회상된 기억은 일반적으로 부정확하며, 그림을 본 시간과 그것을 회상하도록 요구한 시간 간격이 크면 클수록 오류는 더욱 증가하였다. 특히 실험자가 피험자에게 유도질문을 할 경우에 잘못된 정보를 회상하는 정도가 크게 나타났다. 이렇듯 기억에 관한 심리학이 목격자 증언과 관련이 크다는 것은 분명하였지만 1960년대가 되어서야 심리학자들은 실제 사건 기억에 대한 연구의 중요성을 깨닫기 시작했고, 이는 1970년대 목격자 증언에 대한 연구를 구체적으로 수행하기에 이른다.

Hugo Münsterberg    Lombroso에 의해 실증주의 범죄학이 널리 호응을 받은 1900년대 초, Münsterberg(1908)는 심리학적 지식이 형사사법 분야에 적용될 가능성이 충분하다는 것을 주장하였다. Münsterberg는 세계적으로 유명한 Wundt의 초청으로 독일에서 미국으로 건너간 후 하버드 대학교의 교수로 재직하면서 Wundt와 함께 최초의 심리학 실험실을 만들기도 했다(한국심리학회, 2004). 그는『증인석에서(On the Witness Stand)』라는 저서를 통해 심리학적 지식을 법원단계에 적용하여 법정심리학의 초석을 마련한 선구자로 불린다(Wrightsman, 2001). 또한 혈압, 호흡, 피부전기 반응 등 일련의 생리적 변화가 정서에 미치는 효과를 언급하면서 이러한 생리적 변화를 거짓말 탐지에 적용할 수 있다는 가능성을 제시하여 오늘날 거짓말 탐지 이론의 생리학적 배경을 제공하기도 하였다(박판규, 2003).

1930~1960년대    제1차 세계대전부터 1970년대 후반까지는 과학적인 범죄심리학의 응용이 쇠약해진 시기였다. 1930년대에서 1960년대 동안 범죄심리학 연구가 수행되기는 하였지만 그 수가 매우 적었고, 사법 시스템에 대한 심리학적 연구가 수행되기도 하였다. 그러나 이 시기가 지나면서 사회행동과 인간의 기억에 대한 이해의 요구가 증가되었고 이를 위한 사회심리학적 연구의 필요성이 대두되었으며,[7] 이를 사회정책에 적용하려는 노력이 증대되었다(Wrightsman, 2001).

6) 독일의 심리학자 Ebbinghaus는 피험자에게 무의미 철자(nonsense syllable)를 기억시키고, 그 기억이 시간이 경과됨에 따라 어떻게 변화하는가를 연구했다. 그 결과 기억은 급속하게 사라지는 것이 밝혀졌는데, 한 시간에 약 50%, 1주일 만에 약 90%가 사라졌다.

7) 1960년대에 사회심리학의 집단역학에 대한 연구가 배심원 의사결정 과정에 대한 연구와 관련하여 활발해졌다.

**1960년대 이후**    1960년대 이후에는 범죄에 대한 심리학적 원인론과 사회학적 원인론에 대한 연구가 활발하였다. 정신분석, 인성, 인지발달, 학습, 지능 등을 적용한 연구가 이루어졌고, 이 중에서도 정신분석을 적용한 연구가 활발하였다. 또한 사회학적 원인론 중에서 사회과정이론에 해당하는 Sutherland(1947)의 차별적 접촉이론(differential association theory), Burgess와 Akers(1966)의 차별적 강화이론(differential reinforcement theory), Glaser(1956)의 차별적 동일시 (differential identification), Sykes와 Matza(1957)의 중화이론(neutralization theory) 등은 심리학적 개념을 차용한 사회학적 이론으로 볼 수 있다.

**1980년대 이후 범죄 원인에 대한 실증연구 및 응용의 부흥기**    1980년대 이후에는 범죄 행동에 대한 심리학적 접근뿐만 아니라 이를 형사사법 분야에 적용하려는 노력이 활발하게 이루어졌다. 이는 범죄심리학의 순수 이론영역과 이를 형사사법 분야에 적용하려는 법정심리학의 두 영역으로 크게 구분할 수 있다. 특히 실험심리학자들과 사회심리학자들에 의한 범죄 및 사법 시스템에 대한 많은 연구가 이루어지기 시작하였으며, 연구결과를 실제 세계에 적용하고자 하는 노력이 매우 활발해졌다(Wrightsman, 2001).

심리학자들은 살인, 강간, 성범죄 및 아동학대,[8] 가정폭력 등 범죄유형별로 연구를 수행해 왔으며, 형사사법 분야의 다양한 영역 및 효율성에 대한 연구에도 관심을 두기 시작했다. 미국에서는 이러한 분야가 법정심리학(forensic psychology)이라는 영역으로 정착되었으며, 지난 몇 년 동안 법정심리학의 전문적 교육 및 훈련을 위한 대학원 프로그램이 개설되었다.

## 2. 범죄심리학의 연구 주제 및 영역

앞 절에서 살펴보았듯이, 범죄심리학의 실체를 이해하는 일은 법 관련 분야 및 범죄에 관한 실증연구와 분리하여서는 불가능하다. 이 절에서는 범죄심리학의 정의에 대해 보다 명확히 이해하기 위해 오늘날의 범죄심리학적 연구주제와 연구영역을 살펴보고자 한다.

---

8) 요즘 아동 성학대(강간 및 가정폭력)에 대한 관심이 확대되고 깊어졌지만 항상 그랬던 것은 아니다. 1960년대와 1970년대에 성행했던 페미니즘의 영향으로 수많은 사회문제에 대한 관심이 생겨났고, 그중 아동 성학대가 생각했던 것보다 더 일반적이라는 것이 밝혀졌다.

## 1) 연구주제

과거 범죄심리학의 연구주제는 범죄의 원인에 대한 연구에 한정되었다. 대부분의 범죄를 사회현상으로 이해하고자 하는 범죄학의 분파로서 범죄의 원인을 거시적인 사회에 돌리지 않고 개인적 요인 때문이라고 여기는 일종의 개인 내적 범죄원인론으로 취급되어 왔다. 따라서 범죄를 행한 개인의 특수성을 탐구하는 다수의 연구가 소개되었고, 어떤 이는 외모에서, 어떤 이는 유전적 소양에서 폭력적인 범죄의 원인을 찾고자 시도하였다. 일부 연구는 실증적으로 검증에 성공하기도 하였으나 그렇지 못한 가설도 많았다.

범죄의 원인을 밝히고자 시도하였던 범죄심리학적 연구는 한동안 실증적으로 입증되지 않는다는 문제점과 범죄와 유관하다는 것이 밝혀졌음에도 그 영향력이 매우 미미하다는 점이 지적되어 한동안 범죄원인론 중 주목을 받지 못하는 이론들로 전락할 위기를 맞기도 하였다. 하지만 인간 행동의 원인을 밝히는 데 있어 연구방법론의 눈부신 발전은 심리학적 범죄원인론이 다시 빛을 발하게 하는 주요한 계기가 되었고, 그에 따라 최근 뇌의 기능적 원리와 연관시켜 인간 행동을 설명하려는 시도는 범죄연구의 주제를 다시 한번 인간 내적 기능의 저하와 손상으로 회귀시켰다.

범죄의 실증적 연구 중 심리학적 원인을 찾고자 하는 연구는 1980년대에 이르러 보다 활발하게 이루어지고 있다. 주로 범죄 행동에 대한 심리적 원인, 범행 동기 등을 밝히는 연구가 주를 이루고 있으며, 범죄에 대한 심리학 이론의 적용이나 살인, 강간, 성범죄, 아동학대 등 특정 문제행동에 대한 심리학적 분석도 범죄심리학의 주요 연구주제가 되고 있다. 또한 미국에서는 범죄심리학적 연구결과가 재판에서 범행의 심리적 원인이나 범죄자의 심리 특성을 증거로 채택하는 절차, 목격자 증언의 정확성 정도, 범죄자의 정신감정 등 사법 절차와 연관하여 활발하게 활용되어 법정심리학이라는 매우 전문화된 영역을 형성하기에 이르렀으며, 이 분야는 지난 20~30년 동안 미국에서 가장 각광받는 전문 영역으로 발전하였다.

우리나라에서 범죄심리학이라는 학문영역은 아직 불모지에 가깝다. 하지만 독립된 학문영역으로 천명하지 않았을 뿐이지 국내에서도 살인 등의 강력범죄, 청소년비행, 성범죄, 가정폭력, 아동학대 등과 관련하여서는 심리학적 연구가 오래전부터 수행되어 왔으며, 최근에는 형사사법 관련 분야에서 매우 활발하게 활용되고 있다. '정신장애 증상이 있는 피고인의 책임능력 감정' '피학대여성들이 벌인 범죄의 형사책임 여부' '강력범죄 전과자들의 성격적 문제' '비행청소년들의 발달심리적 특성' '상습 성범죄자들의 성인지적 특성' 등은 형사사법 분야에서 심리학적 연구가 활발히 수행되고 있는 연구주제의 사례이다.

## 2) 연구영역

미국의 경우에 범죄심리학이 독자적 학문 분야로 형성되어 있지 않은 대신 범죄심리학적 연구주제가 다양한 분야로 나뉘어 연구되고 있는 것으로 보인다. 범죄학(criminology), 법과학(forensic science), 행동과학(behavior science), 형사정책(criminal justice), 법심리학(psychology of law), 법정심리학(forensic psychology)과 같은 분야에서 심리학적 접근이 이루어지고 있다.[9] 이에 비해 영국의 경우에는 범죄심리학이라는 용어가 학술지 등에서 익숙하게 사용되어 왔으며, 수사심리학(investigative psychology) 등과 함께 매우 활발하게 연구물을 산출하는 전문화된 연구영역으로 간주되어 왔다. 최근에는 북미지역의 법정심리 분야의 활용이 유입 및 강조되면서 법정·범죄심리학(forensic & criminal psychology)이란 용어가 자주 사용되고 있다. 따라서 범죄심리학의 학문영역과 법정심리학의 학문영역을 구태여 구분하는 일은 이제는 굳이 요구되지 않는다고도 이해할 수 있겠다.

범죄 행동에 대한 심리학적 연구, 즉 범죄심리학이라는 영역은 따라서 특정 범죄인의 심리기제를 연구하는 미시적인 연구영역뿐만 아니라 형사사법 절차에 포함되는 경찰·법원·교정 단계에서 활용되는 광의의 심리학적 연구영역까지를 포함한다. 즉, 범죄심리학은 범죄자의 범죄원인에 대한 심리학적 연구를 수행할 뿐만 아니라 이를 형사사법 분야에 적용하여 유무죄를 판단하기 위한 근거자료를 확보하고 죄질의 경중을 판단하며, 궁극적으로는 범죄를 예방하고자 하는 목적을 위한 광범위한 연구를 수행하는 영역이라고 정의할 수 있다.

하지만 Bartol과 Bartol(2004)은 사법판단의 대상이 되는 인간 행동을 연구하는 것을 범죄심리학(criminal psychology)이라고 보고, 형사 및 민사 분야를 포함한 사법 시스템 전반에 걸친 심리학의 전문적인 실무 적용을 법정심리학(forensic psychology)의 정의로 구분하였다. 현장에서는 여전히 범죄심리학과 법정심리학이라는 용어를 혼용하여 사용하고 있지만, 범죄심리학은 보다 범죄행위에 대한 이해 부분에 중점을 두는 연구영역으로, 법정심리학은 사법단계마다 심리학이 활용되는 측면에 중점을 두는 연구영역으로 따로 정리하기로 하겠다. 따라서 이 책에서도 범죄심리학은 형사사법적 활용보다는 범죄행위에 대한 이해에 보다 중점을 두는 학문영역이라고 정의하고, 좁은 의미에서의 범죄심리학의 연구영역 중심으로 설명과 논의를 전개해 나가도록 하겠다.

---

9) 심리학 분야 중 '심리학과 법(psychology and law)'만이 미국심리학회(American Psychological Association)에 등재해 있다.

## 3) 관련 연구영역

범죄심리학 및 법정심리학과 밀접한 관련성을 지니는 심리학의 연구영역은 다양하다. [그림 1-1]에는 Howitt(2002)의 정의에 근거하여 범죄심리학 및 법정심리학의 하위 연구영역이 심리학의 기존 연구영역과 어떤 연관성을 지니는지가 제시되어 있다. 우선 눈여겨볼 수 있는 점은 심리학의 다양한 순수 학문영역이 사법 절차의 요구에 따라 주제별로 널리 활용되고 있다는 점이다. 생물심리학의 경우 범죄의 원인론과 연관하여 유전의 영향력을 밝히고자 노력하여 왔고, 신경생물학적 피해와 연관된 행동적 특성을 설명하고자 노력하였다. 발달심리학의 경우, 특히 공격성 및 청소년비행과 관련된 수많은 연구를 수행하여 왔다. 인지심리학은 목격자 증언과 인지면담 등 인터뷰기법의 개발에 지대한 영향을 미쳤으며, 사회심리학은 배심원들의 의사결정 과정에 관한 연구와 미디어의 효과성에 관한 많은 연구물을 제공하였다. 경찰심리학은 경찰의 선발 과정 및 업무 관련 스트레스 조절에 이바지하였고, 수사심리학은 프로파일링기법의 개발에 지대한 영향력을 발휘하였다. 법정임상심리학은 판결 전후의 피고인의 평가와 예측에 이바지하였고, 교정심리학은 교정 교화 및 치료, 그리고 가석방 심사 및 형 정지 결정에 많은 정보를 제공하였다. 이처럼 전통적인 심리학의 하위영역은 사법 절차의 각 단계 및 분야마다 지대한 영향력을 발휘하여 왔고, 최근의 범죄심리학 및 법정심리학 분야는 이들 각각의 하위 연구주제

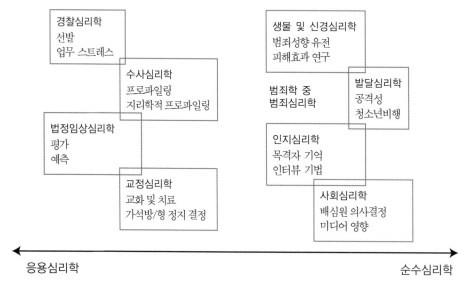

**그림 1-1** 범죄심리 및 법정심리 연구주제별 심리학 관련 분야

출처: Howitt(2002).

를 고유한 연구영역으로 간주한다.


## 3. 심리학과 법

인간 행동의 통제를 목적으로 가진다는 점에서 심리학과 법은 밀접한 연관성이 있으나, 이러한 근본적인 공통성 이외의 다른 모든 구체적인 내용과 형식에서 심리학과 법은 매우 다른 속성을 가진 지식체계로 이루어져 있다.


### 1) 심리학과 법의 관계

법은 개인이 자신의 행위와 그에 뒤따르는 거의 모든 결과에 대하여 전적인 책임을 진다는 가정에 기초한 규범체계로 이루어져 있다(Morse, 1978). 반면에 심리학은 인간 행동이 그에 선행하는 경험과 상황에 의해 좌우된다는 가정에서 시작되고, 인간 행동에 대하여 상당히 결정론적 시각을 지닌다. 결정론적 입장에서 보자면 인간 행동의 많은 부분은 자유의지에 의해서가 아니라 일관된 법칙과 원리에 의해 일어난다고 볼 수 있다(박광배, 2002).

심리학과 법은 모두 애매모호하고 매우 복잡한 현상을 다루므로 그러한 현상에 대한 판단과 결론은 불확실하며 어떠한 것이 불변의 판단이라고 보장할 수 없다. 그러나 이러한 불확실성에 대한 대응 방식에서 심리학과 법은 큰 차이를 보인다. 실증 학문인 심리학은 검증 가능한 절차에 의해서 자료를 수집하고 그것에 기초하여 결론을 도출하는 데 반해, 규범체계로 이루어진 법은 규범과 원칙에 기초하여 판단한다.[10]

또한 심리학적 분석 수준은 집단이고, 법적 분석 수준은 개인으로, 심리학과 법은 분석의 수준에서 큰 차이가 있다. 다시 말해, 심리학은 일반적인 인간의 사고, 행동, 감정을 분석하는 반면, 법은 특정한 개인을 분석의 대상으로 한다(박광배, 2002).

바로 이러한 분석 수준의 차이 때문에 심리학이 법에 이용될 때는 어려움을 겪게 된다. 예컨

---

10) 심리학은 그러한 판단 및 결론의 불확실성을 처음부터 기정사실화하고 표면화하며 모든 결론을 확률적인 개념을 사용하여 잠정적인 것으로 표현하는 반면, 법은 그러한 불확실성을 표면화하지 않고 권위적인 방식에 의하여 확정적인 결론을 표현한다. 그 이유는 법의 일차적 목적이 개인 및 사회에 대한 행동 통제인 반면, 심리학의 일차적 목적은 현상을 설명하고 예측하는 것이며 행동 통제는 궁극적인 목적이기는 하지만 극히 제한된 것이고 직접적인 목적의 과제가 아니기 때문이다(박광배, 2002).

대, 남편에게 학대받던 아내가 우발적으로 남편을 살해한 사건이 발생하였다면 법관은 특정한 피고인 A가 왜 남편을 살해하였을까를 궁금하게 여기겠으나, 심리학자는 남편의 극심한 폭력에 노출되어 있는 피학대여성의 경우에 남편을 살해하고자 하는 동기가 일반적으로 생길 것인지를 궁금하게 여길 것이다. 따라서 심리학자가 법정에서 전문가로서 진술할 때는 불특정 다수의 일반적인 심리 상태를 언급하는 반면, 법정이 그 전문가에게 요구하는 것은 특정한 개인에 대한 판단이기 때문에 사법판단에는 사실상의 괴리가 존재할 수 있다.

## 2) 법체제에 따른 범죄심리 연구영역

규범(이론)을 가지고 사실에 대해 판단해야 하는 법과 실제 인간의 행동을 기준으로 이론을 검증하고자 하는 심리학은 오랫동안 독자적으로 발전해 왔다. 그럼에도 사법적 판단의 대상이 되는 것은 인간의 행동에 대한 근본적인 호기심이었기에 서로의 관계는 결코 무관할 수 없었다. 그러던 중 미국이 영국으로부터 독립하면서 독일과 프랑스를 중심으로 한 대륙법과 영국을 중심으로 한 보통법(common law)은 서로 다른 길을 걷게 된다.

대륙법의 경우에는 훈련된 법률전문가에 의하여 거의 모든 재판 절차가 진행되기 때문에 수사 과정이나 판결 과정에 실증과학이 이바지할 부분이 상대적으로 적다. 이와 달리 보통법(또는 영미법)은 재판이 일종의 검사와 피고인 측에서 벌이는 경기 같은 것이어서 증거들의 증거능력이나 수사 절차 등이 법정에서 문제가 되고, 배심제를 통하여 보통 사람들이 재판에 참여하게 되어 법조인이 아닌 일반 시민을 설득할 필요가 부각되었기에 수사, 재판, 교정 전반에 걸쳐 인간의 행위에 대한 기본 지식, 즉 심리학적 지식이 요구되었다(박광배, 2002).

미국의 연방대법원 대법관이었던 Holmes는 자신의 저서 『보통법(The Common Law)』(1881)에서 법은 고착된 논리가 아니라 경험이라고 하였다(한국법철학회, 2002). 이는 인간의 행동이 바뀌면 법도 그에 따라 변화해야 한다는 뜻이기 때문에 바로 이 점 때문에 보통법을 따르는 국가들에서 주로 심리학과 법의 활발한 교류가 시작되었다고도 볼 수 있다.

따라서 현재 심리학이 형사사법 절차에서 활용되고 있는 영역도 국가의 법체제에 따라 조금씩 차이가 나며, 성문법 위주의 대륙법 국가에서는 판결 과정보다는 판결 후 교정단계에서 심리학이 상대적으로 더 많이 활용되지만, 판례 중심의 보통법을 적용하는 국가에서는 수사 및 판결 단계에서 심리학이 매우 활발하게 활용되고 있다.

## 4. 사법 절차와 심리학

범죄심리학을 Bartol과 Bartol(2004)의 정의대로 '범죄자'의 심리적인 측면을 다루는 학문 분야로 한정하든, Howitt(2002)이 설명한 대로 심리학적 지식이나 방법론을 사법 시스템에 적용하는 보다 응용된 심리학의 영역까지 포함시키든, 언제나 공통적으로 등장하는 연구주제는 범죄동기의 심리적 측면과 범죄수사기법, 범죄자 위험성 평가와 재범 예측 등이다. 이들 주제와 관련하여 심리학은 현장에 매우 전문적인 정보를 제공하여 왔고, 오늘날 그 필요성은 불가결한 것이 되었다. 이 절에서는 보다 범위를 넓혀 사법단계마다 어떤 심리학적 연구주제가 중요시되고 있는지 살펴보도록 하겠다.

### 1) 판결단계 이전 심리학의 활용

#### (1) 목격자 진술

어떤 범죄이든 수사 과정에서 목격자가 단 한 명이라도 존재한다면 그 범죄를 해결하는 데 도움이 될 것이다. 하지만 목격자의 진술을 100% 신뢰할 수 있느냐 하는 것은 여전히 문제가 될 수 있다. 목격자 진술과 관련된 연구를 종합해 볼 때, 목격자 진술의 정확성은 대체로 50% 정도라고 한다. 인간의 기억에 관한 심리학 연구는 진술의 정확성을 저해하는 요인을 알아내는 데 활발하게 활용되고 있으며, 보다 정확성을 기할 수 있는 방법을 모색하기도 한다.

#### (2) 인터뷰 기술

경찰이 목격자나 용의자에게서, 또는 변호사나 검사가 증인에게서 보다 정확한 정보를 더 많이 이끌어 낼 수 있는 면담기법을 개발하는 데 심리학이 활용될 수 있다. 면담자가 내담자(목격자나 증인)의 기억을 활성화해 주는 일종의 보조자로서의 역할을 강조하는 인지면담(cognitive interview)기법의 효과가 주목받기도 하였다(Fisher & Geiselman, 1992).

아동이 증인이거나 범죄의 피해자인 경우에 아동의 경험에 대한 진술을 얻기 위하여 객관적이고, 신중하며, 법적으로 정당한 방식을 취해야 한다. 서구에서는 아동피해자를 면담하기 위한 가이드라인을 확립하고 면담자와 아동만 방에 위치시키며, 조사자 외 참여인은 평면경 뒤에 위치하여 아이가 심리적으로 안정된 상태에서 진술 조사에 임할 수 있도록 하고 있다. 이때 수사기관에서만 아동피해자의 진술 조사에 관여하는 것이 아니라 아동보호센터와 같은 지역사회

단체가 연계하여 신중한 조사가 될 수 있도록 하고 있다(Davies et al., 1996: 189-199; 박성수, 김경옥, 2005 재인용). 우리나라에서는 「성폭력범죄의 처벌 등에 관한 특례법」제35조에 의거하여 여성·아동 범죄 피해자를 위한 원스톱지원센터를 설치하고 아동이나 장애인이 증인이거나 범죄의 피해자인 경우에는 진술조력인이 수사 과정 및 재판 과정에 참여할 수 있도록 하였다.

### (3) 신문과 자백

용의자들이 허위자백을 하거나 강압에 의한 자백을 많이 한다는 사실이 널리 인정되고 있다는 것은 미국에서 용의자에게 변호인의 조력을 받을 권리와 묵비권을 행사할 권리를 체포 전에 고지해야 한다고 1966년에 선언된 미란다 원칙을 통해 알 수 있다. 그렇기 때문에 신문과 자백에 대한 심리학적 연구는 주로 자백이 거짓이었음이 밝혀진 사례들을 분석하여 허위자백의 특징과 허위자백을 하게 되는 상황의 특성을 파악하는 것을 목적으로 한다.

### (4) 범죄자 프로파일링

범죄자의 유형에 관한 정보를 수사기관에 제공하여 용의자의 범위를 축소하거나 범죄 행동의 진위 여부를 판단하는 데 도움이 될 수 있다. 참고로 국내에서도 경찰청을 중심으로 범죄분석요원(프로파일러)을 선발하고 있다. 그러나 학술적으로는 아직 동종의 범죄자들이 꼭 유사한 행동양식을 가지는지에 대한 것이 경험적으로 검증되어 있지 못하고, 한 번으로 그치고 마는 범죄의 경우에는 범죄자의 유형을 파악하기 어렵기 때문에 프로파일링(profiling)이 유용하게 활용되기 위해서는 범죄와 범죄자에 대한 기초적인 연구가 더 이루어져야 하겠다.

### (5) 협상

범행자와 경찰 간의 대치 상황에서 범행자가 사건을 더욱 극단적으로 처리하는 것을 미리 예방하고 사건을 평화적으로 해결하게 하는 중요한 역할을 전담하는 경찰을 협상전문가(negotiator)라고 한다(김시업, 2003b). 협상의 상황은 주로 테러 및 인질 사건에서 발생하는데, 미국에서는 이러한 사건에 대해서 협상팀에 속한 임상심리학자가 협상전문가로서 활동하고 있다. 협상 절차에서 심리학자는 인질범을 평가하거나, 협상 전략에 사용될 수 있는 행동과학적 정보를 수집하고, 협상가 훈련 프로그램을 개발하는 데 참여하기도 한다(Wrightsman, 2001; 박성수, 김경옥, 2005 재인용).

(6) 진술 분석

언어적 혹은 비언어적 행동을 통하여 거짓말의 여부를 추측할 수 있는 기법에 대한 논의가 이루어진다. 즉, 거짓말을 할 때 나타나는 언어적 및 행동적 징후를 관찰하여 거짓말을 판정할 때 참고하는 것이다. 예를 들어, 질문과 답변 사이에 소요되는 시간 간격, 팔이나 손가락의 움직임, 진술할 때 의성어를 하는 것, 진술의 상세한 정도 등의 징후를 관찰하고 거짓말 여부를 판정하는 방법이다(Vrij, Evans, Akehurst, & Mann, 2004). 언어적 · 행동적 징후를 통한 거짓말 탐지방법은 국내에서도 대검찰청 과학수사센터를 중심으로 현장에서 활용되기 시작한 분야이다(박성수, 김경옥, 2005 재인용).

## 2) 판결단계에서의 심리학의 활용

### (1) 책임능력의 판단과 위험성 평가

책임능력은 오랫동안 심리학적 관심의 대상이 되어 왔다. 1843년에 마련된 책임능력에 관한 최초의 법적 기준인 McNaughten 원칙은 사물변별능력, 즉 인지능력을 기준으로 설정하였다. 그 후 1954년에 새로이 제정된 생성 원칙은 사물변별능력과 동시에 행위통제능력을 기준으로 설정하였고, 뒤이어 1962년 ALI원칙에는 '충분한 역량의 결여'라는 개념이 포함되었다. 이렇듯 책임능력의 판단을 위한 법적 기준이 변화함에 따라 어떤 기준에 의해 책임능력이 판단될 때 유죄나 무죄 판결이 이루어지는 경우의 수, 책임무능력자로 판단된 피고인의 재범 가능성 등에 대한 심리학적 연구가 이루어져 왔다.

### (2) 범죄의 동기와 원인 연구

이 분야에서 심리학은 유전, 지능, 성격, 가정환경, 친구, 학교교육, 범죄 행동 당시의 상황 등이 범죄를 저지르게 된 원인인지에 대해 연구한다. 또한 일생 동안 범죄 행동이 시작되는 시점, 지속되는 기간, 감소하는 시점 등이 심리학의 연구주제이다. 특히 범죄심리학 이론들은 범죄 행동의 종류와 정도를 결정하는 요인을 규명하는 동시에 범죄 행동을 제어하는 요인을 파악하고, 범죄자가 범죄를 실행에 옮기게 되는 사고과정(Farrington & Knight, 1980)을 밝히고자 한다.

### (3) 배심원 관련

영미법의 전통을 따르는 국가(미국과 영국)에서는 배심원에 대한 심리학적 연구가 많이 이루어지고 있다. 배심원의 규모, 과학적인 배심원 선정(scientific jury selection)방법, 배심원의 의사결정 과정, 판사의 설시(說示)에 대한 이해도 등에 관한 연구가 이루어지고 있다.

### (4) 전문가 증언

심리학자는 때때로 법정 및 청문회 등의 현장에서 자신의 전문지식을 실제에 적용하기도 한다. 이러한 '전문증인(expert witness)'으로서의 역할은 전통적으로 법정심리학(forensic psychology)에서 다루어 왔지만, 범행 당시의 피고인의 정신상태를 설명하는 것은 범죄심리학의 응용영역이기도 하다. 전문가 증언은 정신이상에 의한 형사책임능력을 비롯하여 새로운 정신질환 및 증후군, 즉 다중인격장애(multiple personality disorder), 월경전 증후군(premenstrual syndrome), 베트남 전쟁증후군(vietnam syndrome), 매맞는 아내증후군(battered woman syndrome) 등도 증언의 대상이 되고 있어 심리학자의 역할이 더욱 중요해지고 있다(Slobogin, 1999; 박성수, 김경옥, 2005 재인용).

### (5) 재판상담가 및 중재자

재판상담가(trial consultant)는 실제 재판에서 배심원들이 어떤 태도를 보일 것인가를 예측하기 위해서 배심원의 태도와 역할을 연구 및 평가하고, 배심원 선택에 있어서 변호사 측을 지원하며, 증인이 증언하는 과정에서 심리학적으로 지원해 주는 역할을 한다. 중재자(mediator)는 재판 이전에 당사자들 간의 논쟁을 해결하는 데 중재하는 역할을 담당하며, 주로 법률회사에 소속되어 활동한다. 이들은 형사사건뿐만 아니라 민사사건도 담당한다. 미국의 경우 재판상담가는 약 40%만이 심리학자이고, 이 외에는 정치학(political science), 사회복지(social welfare) 및 의사소통기법(communication study) 전문가들이 활동하고 있으며(Wrightsman, 2001), 중재자는 대부분 심리학자가 그 역할을 수행하고 있다(박성수, 김경옥, 2005 재인용).

## 3) 판결단계 이후 심리학의 활용

### (1) 교정 교화

현대 교정정책의 주요 목표는 응보적 형벌의 집행 이외에 치료 및 재활에 맞추어져 있다. 따라서 교정현장에서는 심리치료 원리를 응용한 많은 교화 프로그램이 적용되고 있다. 외국 교정시설의 경우 심리학자들을 고용하여 구체적인 교화방안을 개발하고 적용하며, 이들 교화 프로그램에서의 죄질 개선 여부에 따라 사회로 복귀하게 되는 가석방 시기를 조절한다(Milan & Long, 1980).

### (2) 수형자 분류 심사

재소자에 대한 객관적 분류는 교정시설 관리의 효율성뿐만 아니라 재소자 인권보호 차원에서도 매우 중요한 의미를 갖는다. 국내외 대부분의 교정시설에서는 주관적인 분류가 아닌 객관적 분류모델(objective classification models)을 채택하고 있다. 이러한 모델들은 표준화된 일련의 평가 절차를 통하여 개별 입소자/재소자의 위험성을 평가하고 분류하여 수용 및 교화의 효율성을 확보하기 위해 사용된다. 다양한 심리평가방법이 이 분야에서 활용된다.

### (3) 재범 위험성 예측

재범 위험성에 대한 판단은 양형 결정에도 중요한 요인이며, 보석 및 가석방 결정, 치료감호 결정과 종료 시점의 결정 등에서 필수적으로 이루어져야 하는 판단이다. 재범 가능성을 평가한다는 것은 인간의 행동을 예측한다는 것인데, 인간의 행동은 일시적인 상황 요인에 의해 크게 좌우되기 때문에 예측의 오류원을 신중하게 고려해야 한다. 특히 재범 가능성이 높다고 판단된 사람들이 사실상 재범을 하지 않는 오류 긍정률(false positive)의 경우가 범죄자에 대한 재범 예측에서는 많이 발생한다는 것이 문제가 되기도 한다.

### (4) 교정상담

교정장면에서 심리학자가 상담을 시작한 시기는 20세기부터이다. 1800년대에는 상담을 목사가 했고, 그 다음에는 보호관찰관이나 가석방 담당자가 교정상담을 하다가 20세기에 이르러 정신과의사, 상담전문가, 심리학자, 사회학자 및 사회사업가가 이 분야에 참여하여 치료 서비스를 제공하기 시작하였다(이윤호, 이수정, 공정식, 2000).

교정상담은 단순한 상담이 아닌 치료 맥락에서 이루어진다. 즉, 교정상담의 목적은 수형자가 겪게 되는 다양한 부적응과 문제점에 대하여 치료적으로 개입하는 것이다. 따라서 교정상담가는 담당하는 수형자의 개별사항을 숙지하고 치료 계획을 수립하여야 한다. 그리고 수형자의 생활을 관찰하고 계획안에 따라서 상담을 진행해 나간다. 상담 절차에 따라서 개별상담과 집단상담을 수행할 수 있다. 상담을 진행해 나가거나 종료하였을 경우에는 수형자에 관한 사항들에 근거하여 교정 처우상의 권고를 제공해야 한다(Van Voorhis, Braswell, & Lester, 1999: 45; 박성수, 김경옥, 2005 재인용).

## 참고문헌

김시업(2003a). 범죄심리학의 과거. 경기대학교 대학원 범죄심리학과 춘계세미나자료집.

김시업(2003b). 대치 상황에서 자살억제를 위한 접근법. 치안정책연구, 17, 302-313.

공정식(2000). 21C 교정학. 서울: 법률행정연구원.

박광배(2002). 법심리학. 서울: 학지사.

박성수, 김경옥(2005). 범죄심리학의 형사사법 절차에서의 적용을 위한 고찰. 한국범죄심리학회, 1(1), 103-121.

박판규(2003). 거짓말탐지검사. 서울: 삼우사.

이윤호(1999). 형사정책. 서울: 박문각.

이윤호, 이수정, 공정식(2000). 분류처우론. 서울: 동현출판사.

정동근(2003). 시민사회론. 서울: 법문사.

차재호(2001). 범죄와 심리학. 한국심리학회 춘계 심포지엄 자료집, 1-29.

한국법철학회(2002). 응용법철학. 서울: 아카넷.

한국심리학회(2004). 현대 심리학의 이해. 서울: 학문사.


Bandura, A. (1986). *Social foundations of thought and action: A social cognitive theory*. Englewood Cliffs, NJ: Prentice-Hall.

Bartol, C. R., & Bartol, A. M. (2004). *Criminal behavior: A psychosocial approach* (7th ed.). New Jersey: Prentice Hall.

Beirne, P., & Messerschmidt, J. (2000). *Criminology* (3rd ed.). Boulder Colorado: Westview Press.

Burgess, R., & Akers, R. L. (1966). A differential association-reinforcement theory of criminal behavior. *Social Problems, 14*(2), 128-147.

Davies, D., Cole, J., Albertella, G., McCulloch, L., Allen, K., & Kekevian, H. (1996). A model for conducting forensic interviews with child victims of abuse. *Child Maltreatment, 1*(3), 189-199.

Farrington, D. P., & Knight, B. J. (1980). Four studies of stealing as a risky decision. In P. D. Lipsitt & B. D. Sales (Eds.), *New direction in psycholegal research*. New York: Van Nostrand Reinhold.

Fisher, R. P., & Geiselman, R. E. (1992). *Memory-enhancing techniques for investigative interviewing*. Springfield: Charles C. Thomas.

Glaser, D. (1956). Criminality theories and behavioral images. *American Journal of Sociology, 61*(5), 433-444.

Gross, H. (1911). *Criminal psychology: A manual for judges, practitioners and students*. Montclair, NJ: Patterson Smith.

Hagan, J. (1988). *Criminology: Crime, criminal behavior and its control*. New York: McGraw-Hill.

Howitt, D. (2002). *Forensic and criminal psychology*. Harlow, Essex: Pearson Education.

Lombroso, C. (1911). *Crime, its cause and remedies*. London: W. Heinemann.

Milan, M. A., & Long, C. K. (1980). Crime and delinquency: The last frontier. In D. Glenwick & L. Jason (Eds.), *Behavioral community psychology*. New York: John Wiley.

Morse, S. J. (1978). Law and mental health professionals: The limits of expertise. *Professional Psychology, 9*, 389-399.

Münsterberg, H. (1908). *On the witness stand*. Garden City, NY: Doubleday.

Siegel, L. (2001). *Criminology: Theories, patterns, typologies* (7th ed.). Belmont, California: Wadsworth.

Slobogin, C. (1999). The admissibility of behavioral science information in criminal trials: From primitivism to Daubert to voice. *Psychology, Public Policy, and Law, 5*(1), 100-119.

Stern, L. W. (1903). *Beiträge zur psychologie der aussage*. (Contributions to the Psychology of Testimony). Leipzig: Verlag Barth.

Sutherland, E. H. (1947). *Principles of criminology* (4th ed.). Philadelphia: J. B. Lippincott.

Sykes, G., & Matza, D. (1957). Techniques of neutralization: A theory of delinquency. *American Sociological Review, 22*(6), 664-670.

Van Voorhis, P., Braswell, M., & Lester, D. (1999). *Correctional counseling & rehabilitation*. Cincinnati: Anderson Publishing Co.

Vold, G. (1979). *Theoretical criminology*. New York: Oxford University Press.

Vrij, A., Evans, H., Akehurst, L., & Mann, S. (2004). Rapid judgements in assessing verbal and nonverbal cues: Their potential for deception researchers and lie detection. *Applied Cognitive Psychology, 18*(3), 283-296.

Wrightsman, L. S. (2001). *Forensic psychology*. Stamford, CT: Wadsworth.

# 범죄학과 범죄심리학

    범죄원인론은 사람들이 범죄를 저지르는 원인에 관한 이론이다. 범죄가 발생하는 이유나 사람들이 범법행위를 저지르게 하는 요인 등에 대하여 답하기 위한 범죄원인론은 크게 두 부류로 나누어 볼 수 있다. 첫 번째 부류는 18세기 유럽에서 영향력을 가졌던 고전학파(classical school)의 범죄원인론인데, 인간을 자유의지와 쾌락원칙에 의해 행동하는 존재로 파악하는 17세기의 철학적 인간관에서 시작되었다고 본다. 두 번째 부류는 유럽의 범죄학자들로부터 시작된 실증학파(positivist school)이다. 이 학파에는 신체 조건과 범죄 사이의 관계를 규명하고자 하였던 초기 생물학적 관점을 가진 학자와 환경의 영향을 강조한 학자들이 포함된다. 그러나 유럽에서 시작된 실증학파가 본격적인 이론들을 꽃피우게 된 것은 20세기 미국에서 심리학의 영향을 강하게 받으면서부터이다. 과학적 연구방법과 실증적 자료를 강조하는 실증학파의 이론들은 다시 생물학적 이론, 심리학적 이론, 사회학적 이론으로 나뉜다.

    고전학파와 실증학파는 범죄와 범죄자에 대하여 매우 상반된 견해를 가지고 있다. 고전학파는 범죄 행동에 대한 자유의지론을 주장하는 데 반해, 실증주의 이론들은 범죄 행동이 인간이 통제할 수 없는 특정한 원인에 의해 좌우된다고 보는 결정론이다. 고전학파와 실증학파의 이론적 배경에 대해서는 앞서 설명하였기 때문에 여기서는 실증학파의 하위 이론들에 대해서만 언급하기로 하겠다.

    실증주의 이론들 중에서 사회학적 이론들은 기본적으로 범죄행위의 결정 요인이 행위자의 외부에 존재한다고 보는 관점이고, 생물학적 이론들은 주로 그것이 행위자의 내부에 존재한다고 보며, 심리학적 이론들은 외부적 결정 요인과 내부적 결정 요인의 상호작용에 비중을 두는 관점이다.

## 1. 사회학적 범죄원인론

1920년대 미국의 시카고학파의 사회생태학적 연구를 시작으로 범죄 행동의 원인을 규명하는 데 범죄자의 사회적 환경에 초점을 맞춘 것이 사회학적 범죄원인론이다. 이는 크게 사회구조적 이론과 사회과정이론으로 나누어 볼 수 있다.

### 1) 사회구조와 범죄

지역이나 계층과 같은 사회구조에 따라 범죄의 유형이 다양해지는 이유가 무엇인지를 규명하고자 하는 것이 사회구조적 이론들이다. 사회경제적 하류계층을 범죄의 일차적 원인으로 간주하는 사회구조이론에는 생태학적 관점, 긴장이론, 하위문화이론 등이 있다.

시카고학파는 급속하게 변화하는 도시지역이 사회의 불안정을 야기하고, 이것은 그 사회를 해체시켜 결국 범죄를 양산해 낸다고 보는 생태학적 범죄학이다. 생태학적 시각은 변화가 빠르게 진행되는 도심지역의 지리학적 특성이 전통적인 사회통제 양식을 붕괴시키는 원인이 된다고 본다. 이렇게 해체된 사회에서는 지배적인 가치와 규범이 하류계층의 비합법적인 가치와 규범과 대립하며 범죄가 증가한다. 그러나 해체된 도심지역의 범죄율이 높은 이유가 인구구성이나 인종의 문제, 즉 범죄성이 강한 사람들이 모여들기 때문인지, 아니면 지역의 구조적 해체로 범죄환경이나 문화가 되어 누구나 범죄자가 될 수 있는 잠재력을 갖게 된 것인지에 대한 논란이 제기될 수 있다.

생태학적 범죄이론에서 파생된 사회해체이론이 지역사회의 제도적 조건을 중심으로 범죄의 원인을 규명하고자 하였다면, 긴장이론은 보다 큰 사회적 조건에 무게를 둔다. 긴장이론은 비행이나 범죄를 개인이 합법적인 사회적 성공을 성취하는 것에 실패한 경험에 대한 울분과 좌절의 결과로 보고 있다. Durkheim(1933)에 따르면 사회는 산업화와 도시화에 의한 급격한 변화를 겪으면 사회적 상호작용을 지배할 수 있는 적절한 규범을 개발하지 못하게 된다. 또한 급격한 사회 변화는 전통적인 규범들을 적용할 수 없게 만들고 실현 가능한 수준 이상으로 사회 구성원들의 기대치를 끌어올린다. 이러한 사회구조적 상황을 아노미(anomie), 즉 무규범 상태라고 일컫는다. 이와 같은 Durkheim의 주장을 기초로 아노미이론을 미국 사회의 조건에 부합되도록 설명한 사람이 Merton이다. Merton(1957)은 문화적으로 규정된 목표와 목표를 성취하기 위한 합법적 수단 사이의 불일치가 아노미 상태를 초래하고, 불일치로 인한 좌절(긴장)을 경험한 사람은 일탈적인 수단인 범죄에 의존하게 되는 것이라고 설명하였다.

아노미이론을 기초로 하는 하위문화이론은 대부분의 비행이 집단 내에서 발생한다는 것을 전제로 한다. 즉, 비행청소년은 행동을 같이하거나 혼자 행동할 때라도 최소한 집단의 영향을 받게 된다는 가정이다. 또 다른 가정은 비행이 주로 하층 남자들에 의한 현상이라는 것이다. 하위문화이론은 하층의 청소년이 교육, 영향력 있는 인간관계 등 사회적 성공을 위한 승인된 수단에서 소외되기 쉽고, 이것을 상쇄하기 위해 그들이 성공적이고 중요하다고 느끼는 자신만의 하위문화를 개발하게 된다고 본다.

사회구조적 이론들은 범죄원인뿐 아니라 범죄 예방에도 지대한 영향을 미쳤다. 도시 재개발이 문제지역의 범죄율을 떨어뜨릴 수 있다는 것이 좋은 예인데, 그럼에도 범죄를 유발하거나 조장하는 것이 하류층의 존재와 그들의 문화 그 자체인지는 확실치 않다. 생물학적 또는 심리학적 요인도 범죄 행동을 발생시키는 요인이 될 수 있는 것을 예로 들 수 있다. 더군다나 하위문화가 범죄를 조장하는 요인이라고 하더라도 비행 하위문화나 하류계층의 하위문화가 실제로 존재하는지도 의문스러운 점이다(Beirne & Messerschmidt, 2000).

## 2) 사회화 과정과 범죄

사회구조에 초점을 맞춘 이론들은 사회구조와 범죄가 상관이 있다고 보고 개인의 특성이 아닌 환경의 구조를 강조하였다. 이와 달리 사회과정이론은 그 사회의 구성원이 어떻게 범죄자가 되는지에 대해 초점을 맞춘다. 다시 말해, 범죄를 조장하는 환경이나 범죄자의 특성보다는 개인이 범죄자가 되는 과정을 설명하고자 한다(Reid, 1985).

사회화 과정에 대한 이론은 동일한 사회구조적 조건을 가진 사람들이 모두 동일하게 반응하는 것은 아니라는 사실에 대해 연구하는 것에서 시작되었다. 하류계층이라고 하더라도 일부는 법을 지키는 데 반해, 어떤 사람들은 그 법을 어기고 범죄를 저지른다. 또한 모든 범죄자가 항상 범죄적인 수단을 사용하는 것은 아니며, 모든 비범죄자가 항상 법을 준수하는 것도 아니다. 환경에 대한 이러한 차별적 반응을 설명할 수 있는 인간의 사회화 과정에 대한 이론은 크게 세 가지로 나누어 볼 수 있다. 첫 번째는 범죄를 저지르는 동료와의 친밀한 접촉을 통해 범죄기술을 학습한다는 사회학습(social learning)이론이다. 두 번째 사회통제(social control)이론은 모든 사람이 범죄를 저지를 수 있는 잠재력을 가지고 있다고 가정한 다음, 이러한 잠재성이 대부분 사회적 유대를 통해 통제받지만 일부 유대가 약화되면 그로 인해 통제가 느슨해진 사람들이 범죄를 저지른다고 주장한다. 마지막으로, 사회가 범죄자라는 낙인을 찍기 때문에 범죄자가 생기는 것이라고 보는 낙인(Labeling)이론이 있다.

사회학습이론에 속하는 차별적 접촉(differential association)이론을 주장한 Sutherland와 Cressey(1978)에 의하면 범죄성(criminality)은 유전되는 것이 아니라 대인 간의 사회적인 상호 작용에 의해 학습되는 것이고, 법을 위반하는 것에 대한 호의적인 태도가 호의적이지 않은 태도를 능가하기 때문에 범죄자가 되는 것이다. 이질적인 사회에서는 매우 다양한 하위문화가 존재하지만 법은 지배적인 문화만의 행동 규범을 대표하기 때문에 다양한 하위문화의 구성원들은 그들 집단 고유의 행동 규범을 따를 경우에 그 사회의 법을 위반하게 된다. 그러나 비행 동료 집단과의 접촉과 범죄활동에 가담할 가능성 사이에 강한 상관이 있기는 하지만 인과관계는 아니며, 대인 간 상호작용이 아닌 대중매체의 역할을 설명할 수 없다는 취약점이 있다. 이 점을 수정 및 보완하고자 한 노력의 일환으로 Burgess와 Akers(1966)의 차별적 강화(differential reinforcement)이론이 있다. 차별적 강화이론은 범죄 행동은 직접적인 조작적 조건화와 모방을 통해 학습된다고 주장한다. 또 다른 학습이론으로 중화(Neutralization)이론이 있는데, Sykes와 Matza(1957)는 비행을 사회규범에 대해 거부하기 때문에 발생하는 것이 아니라 중화의 결과물이라고 간주하였다. 그들은 범죄자들이 관습적인 가치와 태도를 가지고 있지만, 이러한 가치를 합리화하는 기술을 배워 범죄를 저지른다고 주장하였다.

다른 이론들의 기본 명제는 '왜 어떤 사람들은 범죄를 저지르나?'이지만 통제이론가들은 모든 사람이 기본적으로 범죄를 저지른다고 인정한 다음 '왜 사람들은 사회의 규칙을 따를까?'라는 의문에 답하고자 한다. 이와 같은 사회통제이론을 주장한 Hirschi(1969)는 비행 행동이 개인과 사회와의 유대가 약하거나 깨졌을 때 일어난다고 보고, 일탈을 억제하는 사회적 유대의 네 가지 요소를 애착(attachment), 관여(commitment), 참여(involvement), 신념(belief)이라고 보았다.

사회적 반응(societal reaction) 학파라고도 알려진 낙인이론은 새로운 관점에서 범죄와 범죄자에 대한 질문을 던졌다. 일탈행위에 대한 기존의 정의가 일탈적인 개인에 지나치게 초점을 맞추어 사람들이 일탈에 대해 반응하는 다양한 방식을 간과하고 있다는 것이다(McShane & Williams, 2003). 낙인이론은 일탈이 행위와 그 행위에 대한 반응의 산물이라고 주장한다. 다시 말해, 일탈은 사회적 반응과 분리해서는 개념화될 수 없는 것이므로 사회적 반응이 곧 일탈의 특성과 강도를 규정하는 원인이라고 설명한다.

## 2. 생물학적 범죄원인론

범죄 행동에 대한 생물학적 설명은 19세기 실증주의가 시작되기 훨씬 이전으로 거슬러 올라간다. 범죄 행동과 체형의 관련성에 관한 연구는 1500년대로 거슬러 올라가며, 얼굴 특징과 범죄의 관련성에 대한 연구는 1700년경에 이루어졌다(Reid, 1985).

초기의 결정론적 실증주의자들은 자신이 통제할 수 없는 타고난 조건이 그 사람의 행동 유형에 지대한 영향을 미친다고 여겼다. 인간의 외양이 그 사람의 특성을 나타내는 것으로 믿었기 때문에 초기 실증주의자들은 범죄의 원인을 범죄자의 체형에서 찾으려고 하였다. 이들은 고전학파가 일부 사람은 범행을 선택하지만 대부분의 사람은 관습적인 가치와 신념을 견지하는 이유를 설명하지 못한다고 비판하면서 일부 범행을 선택하는 사람은 바로 생물학적 결함이 있는 사람들이라고 믿었다.

### 1) 초기의 범죄생물학

소질론적 범죄원인을 제기하고 자연과학적이고 실증주의적으로 범죄원인을 연구한 개척자로서 생물학적 입장의 대표자라고 할 수 있는 Lombroso(1911)는 법률위반자가 관습적인 가치를 지닌 사람들과 신체적으로 어떻게 다른가를 과학적으로 설명하기 위하여 사형이 집행된 범죄자들의 시체를 연구하였다. 그 결과, 그는 상습적인 절도나 폭력 범죄자들은 애초부터 범죄자로 태어났으며, 이는 격세유전의 결과라고 주장하였다. 이러한 Lombroso의 연구는 오늘날 과학적 사실이라기보다는 일종의 역사적 호기심으로 받아들이고 있다. 왜냐하면 그의 연구가 통제집단을 활용하지 않았다는 방법론상의 결함이 있으며, 그가 유전되는 것으로 믿었던 많은 인자, 예컨대 범죄자는 털이 많다는 것 등은 실제로는 유전적으로 결정되는 것이 아니며 사회로부터 격리되어 생활하였던 범죄자의 환경에 의해서도 야기될 수 있었기 때문이다. 하지만 그럼에도 Lombroso의 연구가 높이 평가받는 이유는 범죄를 설명함에 있어 범죄자의 특성을 실증적으로 관찰하고 연구하고자 시도했다는 점 때문이다.

### 2) 체형과 범죄

범죄생물학의 또 다른 관점은 범죄자가 독특한 체형을 가지고 있다고 주장하는 체형학파이

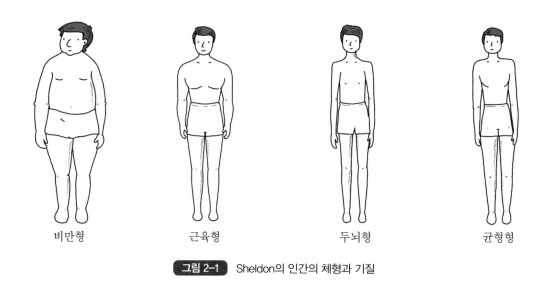

비만형          근육형          두뇌형          균형형

**그림 2-1**    Sheldon의 인간의 체형과 기질

다. Sheldon(1949)은 세 가지의 신체형을 구분하였는데, 첫째는 비만형(endomorph)으로 유쾌한 성격과 사회성을 지닌 경우가 많고, 둘째는 근육형(mesomorph)으로 대담하고 주장이 강한 성격을 가지며, 셋째는 두뇌형(ectomorph)으로 내성적이고 예민한 성격의 소유자가 많다고 하였다. 한 연구에서는 200명의 범죄자와 200명의 비범죄자를 비교한 결과, 근육형이 범죄성향과 관련이 있다는 결론을 도출하였고, 따라서 [그림 2-1]에서와 같은 인간의 체형과 기질의 관련성을 이론화하였다.

Sheldon 이후에 이루어진 범죄와 체형에 관한 연구는 대체로 다음과 같은 점에서 비판을 받고 있다. 우선 체형에 관한 정의의 정확성이 부족하다는 것과 범죄 행동과 체형의 관계가 분명하지 못하기 때문에 왜 모든 근육형의 사람이 범죄를 저지르지 않는지를 설명하지 못한다는 점이 비판의 대상이다. 측정 기술의 발달로 인해 체형과 범죄에 관한 이론은 영향력이 약화되었다.

## 3) 유전과 범죄

초기 학자들은 범죄자가 범죄 행동을 저지르는 것에 비범죄자와 다른 점이 있으며, 이러한 차이점은 유전되는 것으로 생각했다. 인간 행동에 대한 유전적 설명은 아이들이 부모를 닮는다는 사실에서 시작한다. 이러한 유전과 범죄의 관계를 규명하기 위한 노력은 오랫동안 진행되어 왔고, 대표적인 연구로 범죄자의 가계 연구(genealogy), 쌍생아 연구, 입양아 연구 등이 있다.

범죄자 가계에 대한 연구는 19세기 말 뉴욕의 Jukes가에 대한 Dugdale(1888)의 연구를 빼놓을 수 없다. 이 연구에 의하면 Jukes가 사람들 중에는 수많은 범죄자와 창녀가 있었고, 이는 유전에 의한 것으로 결론지었다. 그러나 초기의 범죄자 가계에 대한 연구결과가 가지는 논리의 취약성은 범죄적 기질의 전이가 유전에 의해서만이 아니라 학습이나 사회적 상호작용에 의해서도 설명될 수 있다는 것이다. 따라서 이들 연구에서 지적해야 할 것은 환경적 요인에 대한 완벽한 통제가 부족했다는 점이다. 이러한 문제점으로 인해 유전과 범죄의 관계를 연구하기 위한 방법으로 쌍생아와 입양아에 대한 연구가 시도되었다(Rosental, 1984).

20세기 초에 시작된 쌍생아 연구는 범죄 행동에 대한 환경과 유전의 개별적인 영향을 보다 명확하게 밝히려고 하였다. 쌍생아 연구는 일란성 쌍생아와 이란성 쌍생아, 그리고 일반 형제자매 사이의 행위일치율(concordance rate)을 비교하여 행위에 대한 유전적 영향을 정확하게 밝힐 수 있다는 가정에서 시작되었다(Shoemaker, 1990). 즉, 범죄 행동에 있어 유전이 환경보다 더 큰 영향을 미친다면 범죄 행동의 유사성은 일란성 쌍생아가 가장 높고, 일반 형제자매 간이 가장 낮아야 한다는 논리이다. 그러나 이들 연구에서는 대체로 일란성 쌍생아와 이란성 쌍생아의 분류가 불확실하다는 문제가 지적되고 있으며(Rowe, 1983), 그 외에도 지나치게 적은 수의 표본으로 인한 낮은 통계적 타당성과 환경의 영향이 적절히 통제되지 못하였다는 사실 등이 연구결과에 대한 의문점으로 제기되고 있다.

입양아 연구는 유전이 범죄 행동에 영향을 미치는가를 알아보기 위한 또 다른 방법으로 입양된 어린이의 행동에 초점을 맞춘다. 입양아의 행동이 양부모보다 생부모의 행동과 더 유사하다면 범죄 행동에 유전이 영향을 미친다는 것이 지지받을 수 있다는 입장이다. 그러나 입양아 연구의 기본적인 한계는 입양기관이 양부모와 생부모의 가정을 서로 조화시키려고 한다는 것이다. 이를 통계적인 방법으로 해결할 수도 있지만 환경과 유전의 영향을 분리하기란 그리 쉽지 않다는 것이 문제이다.

## 4) 현대의 생물학적 범죄원인론

20세기 초 Lombroso 등의 초기 생물학적 범죄원인론은 방법론상의 결함과 그로 인한 타당성 부족 등으로 인해 크게 주목받지 못하였다. 대신 범죄와 사회환경 요인 및 심리적 요인의 관련성에 대한 관심이 커지게 되었다. 그러던 중 Wilson(1975)이 사회생물학(Sociobiology)을 출간하면서 다시금 생물학적 범죄원인론은 잠시 활력을 띠나 이 같은 이론은 실증적으로 검증하는 것이 상당히 어려워 범죄학 분야에서 독립된 이론을 형성하지는 못하였다.

생물학적 연구맥락을 이어 가는 현대의 범죄학 이론은 생리심리학적 연구의 방법론적 발전과 맥을 같이한다. 범죄 행동의 유전적 영향을 밝히기 위한 이상염색체인 XYY염색체 간의 연관성 연구, EEG를 활용한 신경생리학적 연구, 인체 내의 비타민 결핍 등 생화학적 요인에 대한 연구 등이 포함된다. 나아가, 뇌를 연구하는 신경심리학적 연구방법은 정신병질, 즉 사이코패스들의 뇌 기능의 특이성에 대한 연구와 함께 현대 범죄학의 첨단 연구영역을 형성하기에 이른다. 범죄자들의 뇌 기능 변이에 관한 생리심리학적·신경심리학적 연구는 제3장과 제4장에서 보다 자세히 다룰 것이기에 여기서는 일단 이 분야의 연구결과, 재검한 사실을 간단하게 정리하고자 한다.

- 공격적·폭력적인 범죄자의 EEG는 그렇지 않은 범죄자와 비범죄자의 EEG보다 더 비정상적인 뇌 기능 변이를 보여 준다.
- PET는 뇌혈관의 혈류를 측정하는데, 일부 범죄자의 혈액 속 생화학적 활동 수준이 더 저조하다는 사실을 확인하여 준다.
- 의식을 잃어버릴 만큼의 큰 두뇌 손상은 범죄자집단에게서 상대적으로 더 자주 보고된다.
- 폭력적인 범죄자의 경우에 그렇지 않은 자에 비해 임신기와 출생 시, 그리고 유아기 초기 동안에 뇌손상 가능성이 더 많다고 보고된다.

물론 이 같은 사실은 최근 수행되는 폭력범죄자들의 뇌 기능 연구에서 반복적으로 확인되는 사실이기는 하나 그럼에도 여러 가지 연구방법론적 하자가 지적된다. 예컨대, 뇌 기능 손상이 생체 내적으로 결정되어 태어난 것이라기보다는 그들의 폭력적인 행동 패턴에 기인하여 후천적으로 획득된 특성일 수 있다는 점, 일부 표본의 경우 대표성 확보에 큰 문제가 있어 결과의 일반화 가능성이 낮을 수 있다는 점, 비교집단의 설정에 문제가 있다는 점 등이 자주 지적되는 문제이다.

## 3. 심리학적 범죄원인론

범죄의 원인에 관한 고전이론, 사회학적 이론, 생물학적 이론이 범죄행위를 설명하기 위한 분명한 목적을 가지고 발전한 것인 반면, 대부분의 심리학적 이론은 범죄행위 자체에 특별한 관심을 가지고 체계화된 것은 아니다. 일반적인 인간의 행동, 인지, 정서, 정신병리를 설명하기 위한 심리학이론들이 범죄를 심리학적으로 이해하기 위해 활용되고 있다. 여기서는 범죄를 설명하는 데 이용되는 주요 이론적 관점과 관련 심리학적 연구를 살펴보고자 한다.

## 1) 지능이론

범죄자가 일반인보다 더 열등할 것이라는 가정은 Lombroso(1876)의 연구에서부터 출발한다. 그 후 유전적 소양에 있어 잠재된 문제 특성이 범죄로 발현된다고 가정되었고, 결국 이 같은 가정은 Goring(1913)이 인류학적 연구방법으로 범죄자들의 외관상 특성을 수량화하도록 하였다. 그는 3,000명의 영국 범죄자들과 동일한 수의 비범죄자들을 모집하여 두개골의 크기 등 외관상의 특징을 찾아내고자 시도하였다. 하지만 Lombroso(1876)가 발견하였던 것과 같은 외관상의 공통된 특성을 발견하지 못하였다. 하지만 이들 모두가 가정하였던 열등유전자설은 그 이후에도 연구자들의 지속적인 관심을 끌어 지능과 범죄의 관련성을 탐구하도록 하였다.

지능과 범죄와의 연관성에 대해서는 많은 연구가 수행되어 왔다. 지능이론은 비행청소년들과 범죄인들의 IQ가 일반청소년과 일반성인보다 평균적으로 낮다고 주장하기도 하며, 지능에서 나타나는 범죄자와 비범죄자의 차이는 주로 언어적 지능의 차이이고 동작적 지능에서는 거의 차이를 보이지 않는다고도 한다(Quay, 1987; Wilson & Hernstein, 1985). Hernstein과 Murray(1994)는 지능과 범죄와의 관련성은 지능지수라는 측정방식의 문제 때문에 지나치게 과소평가되고 있다고 하면서 인지적으로 문제가 있는 사람의 경우에는 불가피하게 사회적인 해악에 어떤 방식으로든 관련이 될 수밖에 없다고 주장하였다. 하지만 많은 범죄학자가 지능과 범죄의 연관성을 인정하지 않는다. 이에 대해 Hirschi와 Hindelang(1977)은 범죄학 분야의 이론들이 지능과 범죄의 연관성을 지나치게 과소평가하는 경향이 있다는 점에 동의하면서 많은 수의 비행연구에서 이들의 지능 수준은 일반소년에 비해 더 낮은 것으로 반복하여 보고된다는 사실에 주목하였다. Hirschi와 Hindelang(1977)은 이와 같은 사실에 대하여 지능이 직접적으로 비행이나 범죄를 야기하는 요인인 것은 아니지만, 간접적인 방식으로 비행에 연루되도록 만든다고 하였다. 예컨대, 지능이 낮은 소년들은 학교에서의 성취도 수준에 문제가 생기고 그렇게 되면 학업에 흥미를 잃고 대신 비행과 같은 비전통적 행동양식에 쉽게 빠져든다.

지능과 비행 혹은 범죄와의 연관성에 대해서는 그 외에도 다양한 설명 기제가 있지만 근래의 메타분석은 지능과 범죄 간의 상관성은 기껏해야 .10 정도에서 .20을 넘지 않는 것으로 보고한다. 이는 통계적으로는 유의하지만 큰 설명력은 되지 못하는 정도의 관련성이다.

## 2) 정신분석이론

정신분석이론에 의하면 범죄행위는 원초아(id)의 반사회적 충동을 자아(ego)와 초자아 (superego)가 통제하지 못해 발생하는 것이다. 그런데 원초아의 반사회적 충동은 오이디푸스 콤플렉스로 대표되는 근친상간의 욕구와 그 욕구에 대한 죄책감과 벌받고자 하는 욕구에서 유래한다(Freud, 1961). 그 증거로 청소년범죄자들은 범죄를 범하기 전부터 막연한 죄책감 등을 표현하는 경우가 많다고 한다. 반면에 Alexander와 Healy(1935)는 항문기(anal stage)에 즉각적인 욕구충족(immediate gratification)을 지연하는 능력과 현실원칙(reality principle)에 따라 행동하는 능력을 제대로 터득하지 못한 사람이 범죄를 저지르게 된다고 생각하였다.

Freud는 원초아의 본능적 욕구에 대한 조절과 초자아에 의한 도덕성 발달이 어린 시절 친부모와의 친밀한 관계 형성에 의해 좌우된다고 가정했다. 이성부모에 대한 애착은 정상적인 발달에 결정적 역할을 하는데, Bowlby(1944, 1951, 1973, 1980)는 이를 자신의 애착이론으로 발전시켰다. 그는 44명의 절도소년을 관찰하여 그중 14명이 어린 시절 애착 형성의 실패로 인해 이후 사회적 관계 형성에 실패하게 되었고, 그래서 범죄의 길로 빠져들게 된다는 자신의 가정이 그대로 확인된다고 주장하였다.

## 3) 성격이론

성격과 범죄와의 관련성에 대하여 설명하자면 Eysenck(1964)의 이론을 빼놓을 수 없다. Eysenck(1964)는 범죄에 대한 생물학적 관점에 근거를 두고 자신의 성격이론을 제안하였다. 그는 유전적 소양을 통하여 각 개인은 대뇌피질과 자율신경계상의 차이를 지니게 된다고 가정하였다. 그는 성격의 기본 요소로서 세 가지를 제안하였는데, 내/외향성(E), 신경증(N), 정신증(P)이 그것이다.

여기서 내/외향성은 일종의 대뇌피질의 타고난 각성 수준으로서 외향적인 사람의 경우 내재된 각성 수준은 낮은 반면, 내향적인 사람의 경우 내재된 각성 수준이 높다. 즉, 내적으로 각성 수준이 낮다는 것은 유기체가 항상성을 유지하기 어렵다는 것이고, 따라서 외부로부터 보다 많은 자극을 탐하게 된다. 반면, 내적으로 각성 수준이 높은 경우 충분한 자극이 내부적으로 있어서 굳이 외적으로 더 이상의 자극을 추구하지 않아도 된다. 외향적인 사람의 경우에는 내적 각성 수준이 낮아 외적으로 부가적인 자극을 추구하게 되고, 내향적인 사람의 경우에는 내적 각성 수준이 충분히 높기 때문에 더 이상의 외적 자극이 필요없다.

Eysenck(1964)는 신경증은 일종의 정서성으로, 자율신경계 기능에 해당한다고 주장하였다. 신경증이 높은 사람은 정서적으로 쉽게 흥분하여 불안정하고 불안해하며 성마른 성질을 보인다. 따라서 차분하게 학습을 하는 것이 어렵다. 반면, 신경증이 낮은 수준이면 차분하고 흥분을 잘 하지 않기에 사회적 자극에 대하여 잘 학습할 수 있다. 규범행동의 경우 일종의 후천적 학습이 꼭 필요한데, 신경증적 반응을 보이는 사람은 이와 같은 사회학습 과정에 어려움을 많이 겪게 된다.

내/외향성과 신경증에 대한 설명은 생물학적으로도 상당히 설득력이 있어 보인다. 다만 정신증에 대해서는 연구자 자신의 임상적 경험을 토대로 설명하는 듯 보인다. 정신증이 높은 사람의 경우 타인에 대한 감정이 부족하고, 고립되어 있기 때문에 자극을 추구할 필요가 있으며, 사고가 경직되어 있고, 우발적인 공격성이 높다고 한다.

Eysenck(1977)는 본인의 성격이론에 근거하여 가장 폭력적인 범죄자들의 경우 세 가지 척도에서 모두 점수가 높을 것이라고 예견하였다. 즉, 높은 N은 그들을 매우 성마르게 하여 쉽게 분노하게 하고, 높은 E는 문제를 혼자 해결하기보다는 외재화하게 하며, 높은 P는 타인에 대한 이해력을 떨어뜨리고 공격적 행동을 하게 만든다. 후속연구는 이 같은 Eysenck(1977)의 연구가설을 재검하였다. 그 결과, 소년범이나 성인범을 대상으로 하였을 때 범죄성향은 N과 P와 유의한 관련성을 지니는 것으로 확인되었다(Bartol, 1980). 하지만 E의 경우에는 일치하지 않는 결과가 나와 Eysenck와 Eysenck(1977)의 가설은 부분적으로만 입증되는 것으로 확인되었다. E에 대한 가설이 입증되지 못한 부분에 대하여 Eysenck와 McGurk(1980)는 외향성이란 것도 자세히 나누자면 사회성과 충동성으로 양분되기 때문에 범죄 행동은 이 중 사회성보다는 충동성과만 유의한 관련성을 지니고 있어 영향력이 반감된다고 설명하였다.

범죄자들의 성격 연관성에 대한 연구는 1980년대 이후 수없이 많이 이루어졌다. 그중 범죄자들의 성격 특질 중 가장 많이 논의되는 것이 '반사회성 성격(antisocial personality)'이다. Hare(1983)에 의하면 교도소 혹은 기타 수용기관에 수감된 범죄자 중 약 39~75%가 반사회성 성격의 진단 기준[1]에 부합하는 사람들이다. 그리고 그중 1/3에 해당하는 인원이 정신병질, 즉 사

[1] 미국정신의학회(American Psychiatric Association)가 정한 반사회성 성격의 진단기준은 다음과 같다. 첫째, 환자가 18세 이상이어야 한다. 둘째, 18세 이전에 품행장애(conduct disorder)를 보인 경력이 있어야 한다. 셋째, 한 가지 직업에 지속적으로 종사하지 못함, 사회규범을 지키지 못함, 공격적이고 안절부절못함, 금전적인 빚을 제대로 갚지 못함, 계획성 결여, 진실과 사실을 존중하지 않음, 자신이나 타인에게 위험스러운 행동을 자주 함, 부모의 역할을 수행 못함, 한 사람과의 성실한 이성관계를 유지하지 못함, 양심의 가책을 느끼지 못함 중 네 가지 이상의 특징을 가지고 있어야 한다. 넷째, 조현병 등의 병리 증상이 없을 때에도 반사회적 행동을 보여야 한다.

이코패스라고 하였다. 이에 대해서는 다른 장에서 자세히 설명할 것이다.

## 4) 학습이론

1970년대 범죄학에서 사회학습 과정으로 범죄의 발생을 설명하고자 시도하기 훨씬 이전부터 학습은 심리학의 주요 주제였다. 유럽에서는 Wundt(1832~1920)가 1879년에 실험실을 창시하고, 미국에서는 James(1842~1910)가 하버드 대학교에서 심리학을 연구할 즈음부터 심리학은 실험연구 전통을 지니고 인간의 행동양식을 연구하였다. 특히 학습 과정은 미국의 행동주의 창시와 더불어 활발하게 연구되었다. Pavlov(1849~1936)의 고전적 조건화에 개념적 뿌리를 둔 학습 과정에 대한 연구는 Watson(1878~1958)에 의해 보다 세분화되었다. 강화를 받은 행위는 학습되고, 강화가 없거나 처벌받는 행위는 사라진다는 것을 학습에 관한 수많은 실험은 입증하여 왔다. 이 같은 학습의 원리는 범죄에도 그대로 적용된다. 예컨대, 비행이나 범죄를 통하여 이득을 얻었다면 그 행위는 강화될 것이나 처벌을 받는 경우 행위는 사라질 것이다. 법적 처벌이란 이 같이 비행이나 범죄가 학습되지 못하도록 하는 모종의 억제력을 발휘한다.

직접적으로 강화나 처벌을 받는 방법 이외에도 인간은 타인을 관찰함으로써 다양한 학습을 한다. Miller와 Dollard(1941)는 대리학습이라는 개념을 도입하여 기존의 관찰학습 혹은 모델링 효과를 지칭하였다. 이후 보다 더 진보된 형태의 학습이론은 Bandura(1973, 1983)에 의해 제안되었고, 이것이 바로 사회학습이론이다. 그는 어린아이가 인형을 가지고 노는 어른의 모습을 관찰하고, 나중에 인형을 가지고 놀게 되었을 때 어른의 행동을 그대로 따라 하는 것을 실증적으로 보여 줌으로써 학습이 오랜 조건화 과정에 의해서만 일어나는 것이 아니라 단 한 번의 관찰로도 획득될 수 있음을 보여 주었다.

범죄나 폭력 행위가 획득되는 과정도 학습으로 설명할 수 있다는 점은 많은 심리학자 사이에 논란을 불러일으켰다. 즉, 관찰을 하는 것이 곧 폭력행위만이 아니기 때문에 '한두 번의 폭력물 시청으로 모든 사람이 다 폭력행위를 할 수 있겠는가' 하는 의문이다. 따라서 단순한 관찰로 폭력 행동을 획득한다는 가정은 여러 경우에 위배되는 결과를 산출하였고, 단순한 학습 과정보다는 보다 상세한 과정을 통하여 범죄의 획득에 관해 설명해야 한다는 주장이 설득력을 얻고 있다(Howitt, 2002).

## 5) 사회인지이론

행동주의 이후 심리학에서 주류를 이룬 사조는 인지적 관점이다. 인지는 일종의 사고과정으로서 행동의 근원이 되고, 인간은 수동적인 존재가 아니라 적극적으로 인지적 정보처리를 하는 존재이다. 따라서 행동의 원리를 설명하려면 내재된 인지과정을 이해해야 한다. 그중에서도 특히 사회인지이론은 개인 내적 인지과정보다 개인 간 인지과정을 중시한다. 범죄와 관련하여 자기통제력의 부재, 즉 충동성은 중요한 원인이 될 수 있다. Ross와 Fabiano(1985)에 따르면 범죄는 충동성과 행동 사이에서 상황에 대한 인지적 분석이라는 단계가 부재할 때 발생하는 것이라고 설명하면서 상황에 대한 인지적 분석 과정의 중요성을 부각시켰다.

사건에 대한 통제소재(Rotter, 1966)도 중요한데, 범죄자의 경우 자신의 행동이 자신의 통제권 하에 있는 행위, 그래서 자신이 책임을 져야 하는 행위이기보다는 외부에 통제력이 있다고 생각한다(Hollin & Wheeler, 1981).

사회적 인지과정에서 매우 중요한 요소는 공감, 조망 수용 혹은 역할 수용이 있다. 이는 타인의 입장을 이해하는 것인데, 이를 위해서는 두 가지 단계가 필요하다. 우선 타인의 입장을 이해할 수 있는 능력과 타인의 감정을 공감할 수 있는 감정적 능력이다. 범죄자의 경우 이 같은 공감 능력에 심각한 하자를 보이며, 특히 성범죄자에게서 두드러진다. 이 부분에 대해서는 제8장에서 다시 다루겠다.

도덕성 추론(moral reasoning)이란 옳고 그른 것을 구별하며 타인의 권리와 감정을 존중하고 이해하는 것을 말한다. Kohlberg(1976)는 도덕성 추론능력이 6단계를 거쳐 발달한다고 하였는데, 각기 두 단계씩 묶어 전인습적 도덕성, 인습적 도덕성, 후인습적 도덕성이라고 정리하였다. 비행과 관련해서는 전인습적 단계에서 인습적 단계로 발달해 가는 과정상의 지연 현상을 주목하였다. 비행청소년은 전인습적 단계의 도덕성 발달 수준에 머물러 있는 반면, 비행을 저지르지 않는 청소년은 인습적 단계의 도덕성 발달 수준으로 성장하였다. 이 주제에 관해서는 제5장에서 보다 상세히 다루도록 하겠다.

범죄를 설명하는 또 하나의 사회심리이론으로는 사회정보처리 모형(social informationprocessing model)이 있다. 사회정보처리 모형은 범죄자들이 사회적인 자극에 대한 정보처리 양상에서 일반인과 다르다는 것을 강조한다. 일반적으로 사회정보처리 과정은 여섯 단계로 이루어진다. '사회적 단서의 인식, 사회적 단서의 해석, 목표의 설정, 적절한 반응 선택, 반응양식 결정, 행동 단계'가 그것이다. Crick과 Dodge(1994, 1996)는 공격적인 사람은 비폭력적인 사람보다 사회적 단서를 덜 포착하거나, 단서를 지나치게 폭력적인 것으로 해석하며, 갈등관계에서 적절한 반응양식을 잘 찾을 수 없고, 자신의 폭력 반응이 사회적으로 용인되는 것이라고 잘못 판단한다고 하였다. 따라서 대인 간 갈등을 더욱 공격적인 반응양식으로 해결하고자 시도한다. 범죄자들을 대상으로 한 많은 치료연구는 치료방안 중 인지과정에 초점을 맞춘 방법의 효과성이 가장 좋다는 사실을 보고한다. 이 같은 보고는 범죄의 원인론에서도 이 부분에 대한 이해가 강조되어야 할 것임을 짐작하게 한다.

## 참고문헌

Alexander, F., & Healy, W. (1935). *Roots of crime*. New York: Knopf.

Bandura, A. (1973). *Aggression: A social learning analysis*. Englewood Cliffs, NJ: Prentice-Hall.

Bandura, A. (1983). Self-efficacy determinants of anticipated fears and calamities. *Journal of Personality and Social Psychology, 45*(2), 464-469.

Bandura, A. (1986). *Social foundations of thought and action: A social cognitive theory*. Englewood Cliffs, NJ: Prentice-Hall.

Bartol, C. R. (1980). *Criminal behavior: A psychological approach*. Englewood Cliffs, NJ: Prentice Hall.

Beirne, P., & Messerschmidt, J. (2000). *Criminology* (3rd ed.). Boulder Colorado: Westview Press.

Bowlby, J. (1944). Forty-four juvenile theieve: Their characteristics and home-life. *International Journal of Psychoanalysis, 25*, 19-53.

Bowlby, J. (1951). *Maternal care and mental health*. Geneva: World Health Organization.

Bowlby, J. (1973). *Attachmant and loss: II. Separation anxiety and anger*. London: Hogath Press.

Bowlby, J. (1980). *Attachmant and loss: III. Loss, sadness and depression*. New York: Basic Books.

Burgess, R., & Akers, R. (1966). A differential association-reinforcement theory of criminal behavior. *Social Problems, 14*(2), 128-147.

Crick, N. R., & Dodge, K. A. (1994). A review and reformulation of social information-processing mechanism in children's social adjustment. *Psychological Bulletin, 115*(1), 74-101.

Crick, N. R., & Dodge, K. A. (1996). Social information-processing mechanism in reactive and proactive aggression. *Child Development, 67*, 74-101.

Dugdale, R. (1888). *The jukes: A study in crime, pauperism, disease, and heredity* (4th ed.). New York: Putnam.

Durkheim, E. (1933). *The division of labor in society*. Translated by G. Simpson. London: The Free Press of Clencoe.

Eysenck, H. J. (1964). *Crime and personality*. London: Routledgeand Kegan Paul.

Eysenck, H. J. (1977). *Crime and personality* (3rd ed.). London: Hodder & Stoughton.

Eysenck, H. J., & Eysenck, S. B. G. (1976). *Psychoticiam as a dimension of personality*. London: Hodder & Stoughton.

Eysenck, H. J., & Eysenck, S. B. G. (1977). Block and psychoticism. Journal of Abnorm. *Psychology, 86*(6), 651–652.

Eysenck, H. J., & McGurk, B. J. (1980). Impulsiveness and venturesomeness in a detention center population. *Psychological Reports, 47*, 1299–1306.

Eysenck, S. B. G., & Eysenck, H. J. (1972). The questionnaire measure and psychoticism. *Psychological Medicine, 2*, 50–55.

Freud, S. (1961). *The complete psychology works of Sigmund Freud*. London: Hogarth.

Gendreau, P., & Andrews, D. A. (1990). What the meta-analyses of the offender treatment: Literature tells us about 'what works'. *Canadian Journal of Criminology, 32*, 173–184.

Goring, C. (1913). *The english convict*. London: Methuen.

Hare, R. D. (1983). Diagnosis of antisocial personality disorder in two prison populations. *American Journal of Psychiatry, 140*, 887–890.

Hernstein, R. J., & Murray, C. (1994). *The bell curve: Intelligence and class structure in American life*. New York: Free Press.

Hirschi, T. (1969). *Causes of delinquency*. Berkeley, CA: University of California Press.

Hirschi, T., & Hindelang, M. J. (1977). Intelligence and delinquency. *American Sociological Review, 42*, 571–587.

Hollin, C. R., & Wheeler, H. M. (1981). The violent young offender: a small group study of borstal population. *Journal of Adolescence, 5*, 247–257.

Howitt, D. (2002). *Forensic and criminal psychology*. Englewood Cliffs, NJ: Prentice-Hall.

Kohlberg, L. (1976). Moral stages and moralization: The cognitive-developmental approach. In T. Lickona (Ed.), *Moral development and behavior*. New York: Holt, Rinehart, and Winston.

Lombroso, C. (1876). *L'uomo delinquente in rapporto alla antropologia, alla giurisprudenza ed alle discipline carceria*. Milano.

Lombroso, C. (1911). *Crime, its cause and remedies*. London: W. Heinemann.

McShane, M. D., & Williams III, F. P. (2003). *Criminological theory* (4th ed.). Upper Saddle River, NJ: Pearson Education, Inc.

Merton, R. K. (1957). *Social theory and social structure*. London: The Free Press of Clencoe.

Miller, N. E., & Dollard, J. (1941). *Social learning and imitation*. Yale: Yale University.

Quay, H. C. (1987). Intelligence. In H. C. Quay (Ed.), *Handbook of juvenile delinquency*. New York: Wiley.

Reid, S. T. (1985). *Crime and criminology* (4th ed.). New York: Holt, Rinehart and Winston.

Rosental, D. (1984). Heredity in criminality. In I. Jacks & S. G. Cos (Eds.), *Psychological approach to crime and correction: Theory, research, practice*. Chicago, IL: Nelson-Hall.

Ross, R. R., & Fabiano, E. A. (1985). *Time to think: A cognitive model of delinquency prevention and offender rehabilitation*. Johnson City, Tenn: Institute of Social Sciences and Arts.

Rotter, J. B. (1966). Generalized expectacies for internal versus external control of reinforcement. *Psychological Monograohs, 80*(1), 1-28. (Whole No. 609).

Rowe, D. (1983). Biomedical genetic models of self-reported delinquent behavior: A twin study. *Behavior Genetics, 13*, 473-489.

Sheldon, W. H. (1949). *Varieties of delinquent youth*. New York: Harper & Bros.

Shoemaker, D. J. (1990). *Theories of delinquency* (2nd ed.). New York: Oxford University Press.

Sutherland, E. H., & Cressey, D. (1978). *Criminology* (9th ed.). Philadelphia: Lippincott.

Sykes, G., & Matza, D. (1957). Techniques of neutralization: A theory of delinquency. *American Sociological Review, 22*(6), 664-670.

Wilson, E. O. (1975). *Sociobiology*. Cambridge, MA: Harvard University Press.

Wilson, J. Q., & Hernstein, R. (1985). *Crime and human nature*. New York: Simon & Schuster.

제 **2** 부

범죄 행동의
심리학적 원리

PSYCHOLOGY OF CRIMINAL BEHAVIOR

# 공격성

## 1. 공격성의 정의와 유형

인간의 역사는 공격성에 관하여 충분한 증거를 제시해 준다. 예를 들어, Baron(1983)과 Montagu(1976)에 따르면 5,600여 년의 기록된 인간의 역사는 14,600여 건의 전쟁을 포함하는데, 이는 연당 2.6건을 넘는 비율이다. 공격성이 인간의 생존에 도움이 되어 왔다고 주장하는 연구자들도 있다. 사나운 육식공룡의 공격을 받았던 원시시대부터 끊임없는 경쟁이 이뤄지는 현대 산업사회에 이르기까지의 오랜 경험을 통하여 인간은 공격적인 행동이 부를 획득하는 데, 그리고 획득한 재산과 가족을 보호하는 데, 또한 명성과 지위, 권력을 얻는 데 도움이 된다는 것을 배워 왔다. 인간이라는 종이 공격성을 사용하지 않았다면 과연 살아남을 수 있었을까?

이러한 점과 더불어 공격성은 그것이 폭력적 범죄(violent crime)의 기본 요소라는 점에서 또한 중요하다. 폭력범죄는 타인에게 신체적 · 정신적 위해를 가져오기 때문에 재산범죄로 인한 것보다 더욱 치명적인 피해를 양산한다. 이처럼 공격성과 연관된 폭력범죄의 중대함으로 인하여 인간의 공격성에 대한 연구의 필요가 절실해지고 있다. 따라서 심리학자들은 공격성에 관한 연구를 통해서 폭력과 범죄에 대한 사회의 노력에 잠재적으로 공헌할 수 있을 것이다.

우선 공격성에 대한 정의와 유형을 살펴보자.

## 1) 공격성의 정의

공격성을 정의하는 것은 예상외로 쉽지 않은 일이다. 예를 들어, 누군가의 명치를 세게 치는 것은 확실히 공격성의 예이다. 그러나 그저 장난으로 명치를 툭툭 치는 것은 어떠한가? 누군가가 고의로 내 질문을 무시해 버린다면 그것은 공격성의 예라고 확실히 말할 수 있을까? 누군가가 현관 입구에 앉아서 출입을 방해한다면 그것은 공격성인가?

일반적으로 공격성은 신체적으로 또는 사회적으로 어떤 방식으로든 다른 개인을 해치려는 그리고 사물을 파괴하려는 의향과 시도로 정의된다. 이 정의는 많은 상황에 적당해 보이지만, 이 정의를 따른다면 앞에서 말한 대부분의 예가 공격성의 범주에서 제외된다. 따라서 대부분의 심리학자는 앞에서 든 예와 같은 행동을 '수동적인 공격행동(passive-aggressive behavior)'이라고 따로 정의한다. 그 행동이 수동적이고 간접적이더라도 그들이 일반적으로 공격적인 의향을 나타내기 때문이다.

Bandura(1973)는 기존의 공격성의 정의를 비판하며 새로운 접근을 시도했는데, 공격성의 적절한 정의는 가해자의 행동과 희생자의 사회적 판단 양쪽 모두를 고려해야 한다고 지적하였다. 그래서 배를 쿡쿡 찌르는 것은, 만일 그것이 조소하는 것으로 행해진다면, 그리고 그 행동을 당하는 사람이 그것을 그렇게 해석을 한다면 공격성으로 정의될 것이다.

이와 같은 논의를 거쳐 우리는 공격성을 '타인을 신체적으로 혹은 심리적으로 해하려는 의도를 가지고, 또는 물건을 파괴하기 위해 실행하거나 시도하는, 사회에 반하는 행동'으로 일단 정의한다.

## 2) 공격성의 유형

공격성은 감정의 촉발 유무와 공격성의 발현 형태, 사회규범에 의한 허용 여부에 의해서 다음과 같이 유형을 분류할 수 있다.

### (1) 적대적 공격성과 도구적 공격성

Feshbach와 Singer(1970)는 처음으로 공격성을 적대적(hostile) 또는 표현적(expressive) 공격성과 도구적(instrumental) 공격성의 두 유형으로 구별하였다. 이 두 개념은 그들의 목표 또는 그들이 가해자에게 제공하는 보상에 의해 구별된다. 먼저, 적대적 공격성은 모욕, 신체적 공격 또는 개인적 실패와 같이 분노나 화를 유발하는 상태에 대한 반응으로 발생한다. 여기서 공격자의 목표는 희생자를 만드는 것이다. 직접적으로 희생자에게 해를 입히는 대부분의 살인, 강간, 그리고 다른 폭력범죄는 적대감에 의해 촉진된다. 그 행동은 부분적으로 공격이나 좌절을 되살려 내는 특정 자극에 대한 분노와 함께 격렬한 그리고 파괴된 감정이 특징으로 나타난다.

도구적 공격성은 경쟁이나 타인이 소유한 어떤 물건, 가령 보석, 돈, 땅 혹은 지위에 대한 욕망과 함께 시작한다. 가해자는 원하는 물건을 정당한 대가 없이 얻기를 시도하며, 이것은 대개 강도, 절도, 그리고 다양한 화이트칼라 범죄의 요소로 작용한다. 강도질에서 도둑의 명백한 목표는 현금 가치를 갖는 아이템을 획득하는 것이다. 대개 여기에는 누군가를 해칠 의도가 없다. 그러나 만일 누군가가 도둑의 목표를 방해하면 그는 아마도 그 사람을 해쳐야 하는 필요나 본인이 원했던 목표가 상실될 수도 있다는 위협을 느낄 것이다.

### (2) 직접적인 공격행동과 간접적인 공격행동

Loeber와 Stouthamer-Loeber(1986)는 공격행동을 직접적인 공격행동과 간접적인 공격행동으로 분류하였다. 직접적인 공격행동은 희생양과 대면하는 경우가 많다. 많은 사례에서 직접적인 공격행동은 나이가 들어감에 따라 감소한다. 하지만 심각한 형태의 공격행동을 나타내는 아이의 경우 나이가 듦에 따라 더 심해지는 경향이 있고, 어른이 되면 공격행동과 범죄 속성을 띤 행동까지도 저지르게 된다. 반면에 간접적인 공격행동은 직접적 대면 없이 은폐나 정직하지 못하고 비열한 행동으로 나타나고, 나이가 듦에 따라 증가하는 경향이 있다. 직접적인 공격행동이 감정적으로 분노에서 발현하는 것에 반해, 간접적인 공격행동은 분노 이외의 감정에서 비롯한다. 간접적인 행동으로는 사기, 도둑질, 횡령 등이 있다. Buss(1971)는 공격자의 명백한 동기에 기반을 두고 공격행동을 분류하고자 노력하였다. 그는 〈표 3-1〉에 제시한 분류표를 통해 공격성의 서로 중복하는 범주와 예외적인 요소들을 구분하였다.

**표 3-1** 인간 공격성의 다양성

|  | 능동적 직접공격 | 능동적 간접공격 | 수동적 직접공격 | 수동적 간접공격 |
| --- | --- | --- | --- | --- |
| 신체적 | 희생자 구타 | 실제적 농담, 부비트랩[1] | 통로 차단 | 필요한 업무 수행의 거절 |
| 언어적 | 희생자에게 모욕감 주기 | 적의 있는 이야기 | 말하기 거부 | 동의, 음성 혹은 서면 거부 |

출처: Buss(1971).

---

1) 문 위에 양동이를 올려놓는 장난을 말한다.

간접적인 공격과 직접적인 공격은 인지적 측면에서 차이가 있다. 양쪽 모두 폭력적인 경향이 있는 인지를 가지고 있지만 간접적인 공격의 경우 현저히 드러나는 적대적인 속성을 보이지는 않는다. 대신 계획적으로 행동하며, 가끔 재산을 노리는 경우가 있고, 발각되면 도망가려는 계획을 세우는 등의 인지적 노력을 기울인다. 따라서 이들은 처벌을 피하려는 잘 학습된 전략을 발달시킨다. 이들의 범죄유형에는 회사 재산을 훔치거나 정보를 악용하는 것, 소프트웨어 도용과 같은 직업적인 범죄가 있고, 이러한 범죄유형은 치밀하게 계획되고 여러 상황을 예측해 봄으로써 일어난다. 반면, 직접적인 공격은 공격적이지 않은 해결책을 생각해 내는 사회적 인지 자체가 결여되어 있는 경우가 많아 우발적이거나 공격자 자신이 예상치 못한 치명적인 결과를 빚어내기도 한다.

직접적인 공격행동은 비교적 일찍 시작되는데, 특히 소년기에 발달한다. 이 시기에 부모님에 의해 정직한 사회화 과정을 습득하지 못하거나 부모님이 다른 이들의 재산을 탐하는 것을 보게 되면 아이는 이것을 배우게 된다. 어릴 때 익힌 간접적인 공격행동은 어른에게 발각되거나 처벌당하는 기회를 최소화하는 전략을 잘 발달시킬 수도 있다. 이에 관해서는 차후 '공격성의 발달' 부분에서 상세하게 논하도록 하겠다.

## (3) 반사회적 공격과 친사회적 공격

우리는 공격을 주로 나쁜 것으로 생각하지만, 몇몇의 공격적인 행동은 이롭기도 하다. 많은 공격적 행동은 사회규범에 의해서 실제로 받아들이고, 따라서 친사회적 공격행동으로 묘사한다. 예를 들어, 법의 집행, 부모의 적당한 훈육, 그리고 전시에 지도자의 명령에 복종하는 것은 필요한 행동으로 간주된다. 예컨대, 우리는 시민을 죽이고 인질을 잡고 있는 테러리스트를 총으로 쏘는 경찰을 인정한다. 다른 사람을 해치는 정당하지 않은 범죄행위는 사회규범을 어기게 되고, 따라서 반사회적 공격행동이 된다.

어떤 공격행동은 친사회적과 반사회적 사이에 있는데, 이것이 허용된 공격(sanctioned aggression)이다. 이런 공격은 사회규범을 요하지는 않지만 어떤 범주에서는 인정되는 행동을 포함한다. 가령, 불복종하는 선수를 벤치로 퇴장시키는 코치는 보통 코치의 권한 안에서 이런 행동이 허용된다. 강간범을 때리는 여자의 경우도 정당방위[2]로서 허용된 공격행동에 해당한다.

---

2) 「형법」 제21조 (정당방위) ① 현재의 부당한 침해로부터 자기 또는 타인의 법익을 방위하기 위하여 한 행위는 상당한 이유가 있는 경우에는 벌하지 아니한다.

## 2. 공격성의 발달

### 1) 학령기 이전 공격성의 발달

유아기의 공격성의 출현은 가장 기본적인 정서인 분노의 표출과 관련이 있다. 분노라는 인간의 근본적인 정서는 자기조절 장치와 사회적 의사소통 기능 때문에 생존에 필수적이다(Stenberg & Campos, 1990). 분노는 신체가 생리적으로 그리고 심리적으로 자기를 보호하기 위한 도구적인 활동을 시작하도록 준비시키고(Frijda, 1986), 그것은 종의 적응과 생존에 매우 중요하다(Lorenz, 1966).

영아기 시절의 다양한 자기중심적 행위는 후기 학령기 이전까지 점차 감소한다. 이는 공격성도 마찬가지이다. 특히 언어의 발달은 아이들이 욕구의 상징적인 의사소통을 통하여 공격적인 행동을 제지하는 것을 도와주는 명백한 중재 요인이다(Kagan, Reznick, Snidman, Gibbons, & Jognson, 1988). 따라서 언어발달이 지체되는 학령기 이전의 아동은 종종 공격적인 문제행동을 보이기도 한다(Cantwell, 1975). 이에 대한 역학적 연구는 언어지체와 공격행동 사이의 상관을 보여 주었다(Richman, Stevenson, & Graham, 1982). 즉, 언어발달은 아이들이 공격을 제지할 수 있도록 도와주는 반면, 언어발달 지체는 공격적인 갈등의 원인이 되어 또래와의 관계문제로 발전한다(Campbell, 1993).

### 2) 학령기 이후 공격성의 발달

공격행동의 비율이 점차 감소하는 것과 함께 공격행동의 형태와 기능도 변화한다. 학령기 이전까지의 공격행동의 성질이 비사회적이고 도구적 특성을 가지는 것과는 달리, 공격적인 행동은 점차 인간지향적이고, 적대적이 된다. 공격을 주요하게 불러일으키는 요인은 지각된 위협이나 자아나 자존감을 저하시키는 계기를 포함한다(Hartup, 1983). 다른 사람이 의도적이고 적대적인 동기를 가지고 행동할지도 모른다는 것을 지각하는 것은 점차 복수와 분노 반응을 통합시킨다(Dodge, 1993a). 초기 초등학교 기간 동안 다른 사람이 적대적인 의도를 가지고 행동했다고 귀인하는 것은 분노를 일으키기도 하지만, 한편 어떤 행동은 비의도적이라는 것도 배운다.

동물행동학자인 Lorenz(1966)는 생래적 패턴을 가진 자동적인 각성, 분노, 그리고 위협에 대한 공격을 이끄는 방어 자세로 특징짓는 '적대적-정서적 공격(반응적 공격행동)'과 자동적인 활성화보다는 보상을 향한 욕구를 충족시키는 행동 패턴으로 특징짓는 '도구적(순향적인/학습에 의한 공격행동) 공격'을 구분하였다. 발달단계상 잦은 공격행동의 유형은 변화를 보이는데, 반응적 공격행동은 학령기 이전에는 현저하지만 초기 학령기 동안은 거짓말, 속이기, 훔치기와 같은 도구적 공격행동이 자주 나타난다(Loeber & Schmaling, 1985).

많은 아동, 특히 남아가 행동문제로 정신건강 클리닉에 의뢰되는 것은 다름 아닌 이 시기이다. Loeber와 Stouthamer-Loeber(1998)는 기질 불안, 반항, 성마름, 성냄, 논쟁적, 괴롭히는 행동 등으로 특징짓는 적대적 반항장애(oppositional defiant disorder)의 시작과 함께 품행장애(conduct disorder)의 발달곡선을 언급하였다. 이러한 행동은 4, 5세 어린이에게는 일반적(Achenbach & Edelbrock, 1983)이지만 8세 정도가 되면 감소한다. 이 시기까지 공격적 품행장애가 계속되는 경우 임상적인 문제가 된다(Loeber, Lahey, & Thomas, 1991). 따라서 초등학교 시기에 임상적으로 의뢰된 아이에게는 이런 문제가 새로운 증상이 아니라 오히려 초기 유아기에서 이어지는 문제가 없어지지 않고 그대로 존재하는 것이라고 보아야 할 것이다.

많은 적대적 반항장애 아동은 초등학교(보통 8~11세) 시기에 방화, 거짓말, 싸움, 무기 사용과 파괴행위 등을 발현함으로써 반항적 레퍼토리를 다양화시킨다(Loeber et al., 1991). 품행장애에 대한 유병률은 미국의 경우 남자가 10%, 여자가 2% 정도이다(American Psychiatric Association, 2013). 3,000명을 대상으로 한 캐나다 연구자료는 7%의 남자와 3%의 여자에게서의 유병률을 보였다(Offord, Boyle, & Racine, 1991). 11~13세 사이에 품행장애로 진단받은 아동은 반항적인 행동에 강도, 깨뜨리기, 무단침입, 강요된 성 관계 등과 같은 위법 범죄 행동까지 포함하는 것으로 다양하게 발전시키기도 한다. 따라서 범죄경력에서 조발성 비행이 가지는 의미는 매우 진단적인 측면이 있다고 할 것이다.

## 3. 공격성에 관한 이론적 관점

공격성에 대한 연구에서 가장 오래된 논쟁은 공격성이 과연 본능적인가, 아니면 후천적 학습에 의한 것인가 하는 것이다. 여기서는 공격성에 관한 여러 이론을 구체적으로 살펴보고자 한다.

### 1) 정신분석학적 관점

정신역동 이론가(psychodynamic theorists)들은 인간이 본성에 의해서 언제나 공격적 충동에 약하다고 가정한다. 정신분석학의 아버지이자 외과의사 훈련을 받은 Freud(1961)는 인간은 태어날 때부터 그것이 위험한 수위에 도달하기 전에 표출되거나 배수되어야 하는 공격적 에너지를 가지고 있다고 믿었다. 이것이 정신역동 모델(psychodynamic model)이라고 알려져 있다.

Freud(1961)는 모든 형태의 폭력은 공격적 에너지 분출의 표현이라고 제안했다. 이 내적인 에너지는 사람들이 그것을 정신분석학 정신치료에서 중요한 개념의 하나인 '카타르시스(catharsis)'를 통해서 적절하게 발산하지 않을 때 위험한 수위로 축적된다. 따라서 정신분석학자들은 학교 스포츠에 참가하거나 매우 열성적으로 스포츠를 보는 어린이는 그렇지 않은 어린이보다 궁극적으로 덜 공격적일 것이라고 예언한다. 또한 이들은 폭력적인 범죄에 종사하는 사람은 그 에너지를 방출할 적절한 기회를 갖지 못하고, 공격적 에너지를 관리할 수 있는 수준으로 유지하지 못한다고 주장한다.

따라서 폭력범죄가 통제되려면 사람들은 정화를 위한 복합적이며 적절한 채널을 제공받아야 한다. 이를 통해 어린이와 어른은 사회적으로 허용된 적절한 방법으로 공격성을 흩뜨리는 것을 학습할 수 있을 것이다. 특히 정신치료(psychotherapy)는 이러한 채널 중 하나로 치료사의 지도 아래 카타르시스를 고양하는 것이다.

## 2) 동물행동학적 관점

동물행동학(ethology)은 동물의 서식지에 관련된 동물 행동에 관한 연구이자, 그 행동을 인간 행동과 비교하는 연구이다. 특히 노벨생물학 수상자인 Lorenz(1966)는 공격성과 관련된 행동학을 이론적으로 조직화하는 데 핵심적인 역할을 하였다.

그는 인간과 동물 모두에게 공격성은 유전된 본능이라고 믿었다. 공격성의 주요한 목적은 동물과 인간이 차지한 영토, 충분한 음식, 물, 그리고 배회하고 생산할 장소를 보장해 주는 영토를 방어하기 위한 것이다. Lorenz는 이 공간이 침해당한다면 본능적으로 프로그램화된 반응은 공격하는 것, 그래서 추가적인 영토 침입을 막는 것이라고 말했다.

진화적으로 개발된 무기들, 가령 이빨, 발톱, 몸집의 크기, 그리고 힘이 더 치명적인 종일수록 같은 종끼리의 신체적인 싸움에 몰두하는 것에 대해 생득적인 억제가 더 나타난다. Lorenz는 종 내부의 신체적인 싸움은 결국 멸종을 가져오기 때문에 생득적으로 프로그램화된 억제는 종의 생존을 보장해 주는 형식이라고 믿었다.

동물행동학적 관점은 인간 역시 동물의 일종이라 동물 세계의 기본 원칙을 따를 것이기에 우리가 인간의 공격성을 이해하기 이전에 동물의 공격성을 이해하는 것이 중요하다고 강조한다.

그러나 이러한 관점은 여타의 인간 공격성 연구에 의해 지지받지 못해 왔다. 동물학자, 생물학자, 그리고 심리학자들은 동물행동학적 관점을 사람에 적용시키는 데 눈에 띌 만한 성공을 거두지 못했다. 가장 큰 문제는 동물행동학적 관점은 사람과 동물 사이의 강력한 유추에 의존한다는 것이다. 예를 들어, Lorenz(1966)는 거위가 인간 종과 매우 비슷하다고 주장했지만, 인간의 뇌는 거위의 뇌와 매우 다르고 행동을 결정하기 위해 본능에 의존하는 것도 서로 다르다. 동물행동학자들의 연구는 아직 인간에게 어떤 행동이 본능적인 것인지 혹은 프로그램화된 불변의 행동이 어떤 것인지도 알아내지 못했다. 동물행동학적 이론은 '과학적인 것처럼 들리는 잘못된 정보'라는 비판이 제기되기도 했다. 그러므로 인간을 야수와 같이 태어날 때부터 위험한 존재나 본능에 지배당하는 존재로 그리는 것은 근거가 매우 미약하다고 할 수 있겠다.

### 3) 좌절-공격이론

좌절-공격이론에서는 인간의 공격성이 자연적이고, 좌절 상황에 대한 대처 반응으로 나타난다고 설명한다. 즉, 좌절하거나 방해받고 위협받은 사람은 거의 자동적으로 공격행동을 한다는 것이다. 반대로 공격성을 띠는 사람도 좌절하였거나 방해받고 위협받았기 때문이다. 이 이론을 주장하는 Dollard, Doob, Miller, Mowrer와 Sears(1939)는 '공격성은 항상 좌절의 결과'라고 설명했다.

좌절-공격가설이 가지는 중요한 의미 때문에 이 이론은 많은 지지와 조사, 그리고 비판을 받아 왔다. 좌절-공격가설은 실제로 무엇에 의해 좌절하는지, 그리고 좌절의 정도를 정확하게 측정할 수 있는지에 대하여 잘 설명하지 못하였다. 이 이론의 비판자들은 항상 좌절이 공격성을 이끄는 것이 아니며, 좌절에 따른 반응이 다양할 수 있다고 주장하기도 하였다.

Berkowitz(1989)는 범죄를 설명하기 위해 수정된 좌절-공격이론을 제안하였다. 그에 따르면 좌절은 개인을 화나게 만들고 곧 공격적으로 행동할 가능성을 높인다. 즉, 좌절은 공격적 행동의 수행을 쉽게 한다. 고통이나 성적 유발 등도 좌절을 유발하여 공격적인 행동으로 이끌 수 있다. 수정된 좌절-공격이론의 중요한 요소는 기대하는 목표이다. 사람들은 무엇을 획득하려는 기대를 가지고 있지 않다면 좌절을 하지 않는다. 즉, 현재보다 더 나은 상황을 기대하지 않는다면 좌절하지 않는다는 것이다. 사람들은 무엇인가 기대한 것을 성취하지 못하였을 때 좌절하기 시작한다. 공격성은 이러한 좌절에 대한 대응방법 중 하나이다. 다른 대안으로는 무응답, 타협, 대안 찾기 등이 있다.

Berkowitz(1989)는 외부적·내부적 환경도 공격적인 대응을 증가시킨다고 설명하였다. 무기가 그러한 외부적 자극의 좋은 예이다. 사람들은 총과 공격성을 연합하는 데 총이 반드시 사용되지 않고도 단지 총을 응시만 해도 공격성과 연관된 상상을 할 수 있다고 주장한다. 무기의 허용과 공격행동이 관련된다는 것은 전 세계적으로 공통된 현상이다.

Berkowitz(1989)는 좌절-공격이론에서 두 가지 중요한 요소를 강조하였다. 공격적인 행동은 개인이 의도적으로 방해받는다고 생각될 때 발생한다. 반대로 자신이 방해받는 것이 정당한 방법이나 수단이라면 자기억제가 일어난다고 주장하였다. 그리고 기대하지 않은 방해는 의도적인 방해보다 더욱 공격성을 유발한다고 말하였다. 왜냐하면 기대하지 않은 방해가 더 불쾌하기 때문이다.

또한 그는 인지적 요소를 강조했다. 인지적 신연합 모델이라고도 불리는 이것은 우선 혐오적인 사건을 경험함으로 인해 심리적인 불안정이 발생한다고 설명했다. 불안정한 심리는 거의 자동적으로 분노, 공포 등과 같은 다양한 생각과 기억을 일으킨다. 이러한 인지과정은 즉각적인 평가에 영향을 미치는데, 사람의 공격성은 불안정에 의해 저절로 발생할 수 있다. 하지만 후기 단계에서 인지 평가로 인해 분노가 사라질 수 있고 적절하게 대응할 수 있다.

## 4) 자극전달이론

Zillmann(1979)은 물리적인 각성이 한 상황에서 다른 상황으로 어떻게 일반화될 수 있는지를 설명하였다. 자극전달이론이란 생산된 물리적인 각성이 시간의 경과에 따라 사라진다는 가정에 기초한다. 예를 들어, 일하는 중에 분노를 일으키는 비판을 받은 사람은 집으로 퇴근했을 때에도 비판받았을 당시에 발생하였던 각성 수준이 그대로 남아 있을 수 있다. 이런 각성 수준은 집에서의 말썽에 쉽게 자제심을 잃고 사소한 집안일에도 과민 반응을 보이게 한다. 결과적으로 이전에 존재했던 각성이 짜증스러운 집안일에 의해 더 분노를 증폭시키고, 이로 인해 공격성을 증가시키기도 한다. 한 상황에서 다른 상황으로의 각성이 전달되는 현상은 그 사람이 이전 상황과는 관계없는 새로운 상황으로 옮아 갔다는 사실을 인지하지 못할 때 더 쉽게 일어난다.

## 5) 사회학습이론

회피하거나 무응답으로 일관하는 사람들도 있는 반면에, 특정 부류의 사람들이 왜 공격적이 되는지에 대한 설명 중 하나가 사회학습이론이다. 사람들은 과거에 했던 행동을 유지하거나 학습하는 것에 익숙하다. 학습 과정은 초기 아동기부터 시작한다. 그런 연유로 아이들의 행동 패

턴은 모델링이나 타인의 모방 등을 통해 습득된다. Bandura(1973)에 의하면 공격성을 배우는
데 유용한 환경은 아이가 공격을 관찰할 기회가 많거나, 아이의 공격성이 강화를 받거나, 종종
아이가 공격의 대상일 때이다. 아이들의 모방 행동은 중요한 모델로부터의 칭찬이나 격려로도
강화된다.

 Bandura(1973)는 가족원, 주변 문화의 구성원, 대중매체에 의해 제공되는 상징적인 모델, 이
렇게 세 가지 중요 형태를 제시하였다. 가족은 초기 아동기까지 부모가 특히 중요한 모델이 된
다. 가장 높은 공격성의 출현은 공격성 모델이 풍부하고, 싸우는 용기가 중요 가치로 취급되는
그룹이나 사회에서 발견된다. TV, 영화, 잡지, 신문 등을 포함한 대중매체에서는 풍부하고 상징
적인 모델을 공급한다. TV는 아주 어린아이라고 하더라도 성장하는 아이의 인생에 영향을 미
치고, 만화영화에서부터 케이블 영화까지 수많은 잠재적 공격성과 폭력성 모델을 다양한 형태
로 제공한다.

 단지 공격적 행동에 대한 노출이 반드시 공격적 행동으로 이어지는 것은 아니다. 개인의 관
찰부터 학습하는 능력은 천차만별이다. 어떤 사람들은 모델 행동의 본질적 특징을 알아차리지
못하거나 상징적이고 시각적인 기억으로 가질 수 있다. 반대로, 그들이 그 모델을 모방하는 것
을 원하지 않을 수도 있다. Bandura(1973)는 관찰학습의 중요한 요소는 관찰된 것을 예행연습
하기 위한 동기일지도 모른다고 설명했다.

 공격행위가 유지되려면 정기적인 강화가 필요하다. 학습의 최초단계에서 관찰은 중요하지
만, 이후의 단계에서 강화는 필수이다. 개인이 혐오적인 상황을 피하거나 바꿀 수 있다면 물질
적이거나 사회적인 보상을 받을 때 부정적인 것이라도 강화는 긍정적일 수 있다.

## 6) 공격성의 인지 모델

 공격성에 대한 인지 모델은 개인의 인지능력이나 정보처리 전략이 똑같이 중요하다고 가정한
다. 두 개의 중요한 인지모델이 있는데, 하나는 Huesmann(1998)이 제안한 인지대본(script) 모델
이라고 불리는 이론이다. 다른 하나는 Dodge(1986)가 제안한 모델로, 적대적 귀인 모델이다.

 Huesmann(1988)에 따르면 일반적 상황에서 사회행동과 특별한 상황에서 공격행동은 매일
의 경험을 통해 배우고 기억된 인지대본에 의해 강하게 통제된다. 사람의 머릿속에 있는 인지
대본은 어떤 환경에서는 이 사건에 어떻게 대응해야 하는지, 그리고 무엇이 이런 행동의 결과
인지를 말해 준다. 인지대본은 개인마다 다르고 독특한 것이지만, 한 번 머릿속에 형성되면 성
인기까지 지속될 수 있다.

인지대본 하나가 형성되기까지는 계속해서 연습되어야 한다. 연습으로 대본은 개인의 기억 속에 남겨지고, 문제에 직면했을 때 쉽게 이용할 수 있다. 또한 인지대본을 개인이 사용하고 스스로 평가하는 것은 대본이 앞으로 계속 이용되는 데 중요한 역할을 한다. 인지대본이 개인 내의 규범과 일치할 때 인지대본에 대한 평가는 긍정적일 것이다. 일관성이 없거나 내면화된 규범을 어기는 인지대본은 개인에게 계속해서 이용될 수 없다. 공격에 저항하는 내부 규범이 결여된 사람은 더 공격적이 되기 쉽고, 공격적 행동이 당면한 문제를 해결하는 한 방법이라고 인식하는 사람은 공격적 대본을 더 잘 유지시킨다. 예를 들어, 공격적인 사람은 다른 사람들 역시 선천적으로 공격적이라고 믿고 있기에 그로 인하여 다른 사람들의 공격성을 일으키기가 쉽다.

Dodge(1993a)는 굉장히 공격적인 아이들에게서 종종 적대적 귀인편향(hostile attribution bias)이 있음을 발견하였다. 공격적인 아이들은 그렇지 않은 아이들보다 더 적대적이고, 더 위협적인 행동을 보인다. Eron과 Slaby(1994)의 정의에 따르면 그들은 전형적으로 사회문제를 적대적인 방법으로 해결하려고 하고, 적대적인 목표를 세우며, 여러 다른 사실을 많이 찾아보지 않고 다른 방식의 해결책에 대해 잘 생각하지 않는다. 공격의 결과에 대해서도 예상하려고 하지 않고, 문제 해결에 있어서 공격적인 해결책에 우선권을 부여한다. 이와 유사하게 Serin과 Preston(2001)은 '공격적인 청소년범죄자들은 사회적 문제 해결 기술에 결함이 있고, 공격성을 지지하는 마음이 강하다'고 말했다.

Blackburn(1996)은 성인범죄자도 사회환경을 적대적이고 위협적으로 인식하려고 시도한다고 하였다. Blackburn에 의하면 강력범죄자들은 대인관계 시 먼저 적대적으로 행동하는데, 이것은 그들에게 있어서 단순한 양심이나 자기절제의 결손이라기보다는 범죄 행동은 타인에 대한 일종의 권위이며 지배의식이라고 인식한다고 지적하였다. 이들은 소외감을 느끼는 사회환경에서 적대적 행동을 통하여 지위와 전문성을 얻으려고 한다. 더구나 상습적인 범죄자에게는 잘 구조화된 인지대본이 있어서 그들을 더욱 공격적으로 행동하도록 만든다.

공격행동은 갑자기 일어난 충돌을 푸는 단순하고 즉각적인 해결방법이다. 인지적으로 단순한 사람은 더 직접적이고 간단한 방법을 추구하려는 경향이 강한 반면, 친사회적인 방법을 적용하기는 힘들어한다. 친사회적 행동은 더 많은 사회적 기술이 요구되는데, 이러한 기술을 습득하기 위해서는 시간이 걸린다. 그러한 기술이 완성될 때까지는 간단한 강화밖에 제공받을 수 없다. 반면에 공격적 행동은 즉각적인 강화를 주고 쉽게 해결됨을 통해 재강화를 얻는다.

Zillmann(1988)은 인지-대본이론에 대하여 Berkowitz(1989)와 생각이 비슷했다. 그는 심리적 자극의 중요성과 인지와의 상호작용을 강조하였다. 인지는 제어와 조절 방향을 제공하는데, 공격적인 인지는 제어나 조절과 관련된 인지가 부족하기에 더 즉각적이고 반사적이다. 사회규범에 잘 통합되는 규준과 기술을 가진 사람은 먼저 위협을 당하더라도 공격적이지 않은 인지대 본을 사용할 것이다. 따라서 비공격적인 행동을 연습한다면 이것이 습관적인 인지로 자리 잡아 공격적 상황에서 제어력을 발휘할 수 있을 것이다.

## 7) 신경생물학적 관점

### (1) EEG를 이용한 두뇌활동 연구

Berger(1929)는 이완된 성인의 EEG상에서 알파파를 발견했는데, 보통 어린 시절의 뇌파는 델타파와 세타파가 우세하지만, 일반적으로 성인이 되면 알파파, 즉 이완된 상태에서의 뇌파와 베타파, 인지적 절차나 사고, 일반적 각성 수준을 반영하는 뇌파로 바뀐다고 보고하였다. 그러나 공격적이고 폭력적인 사람에게서 뇌파 이상을 발견하는 경우는 좀 더 흔하다. 공격성이 높은 사람은 정상인에 비해 많은 수가 뇌파 이상을 보인다. 뇌파 이상에는 두 가지 타입이 있다. 하나는 slow wave activity, 즉 서파이고, 다른 하나는 positive spike activity로 양성극파를 말한다. 서파는 주파수가 낮은 뇌파를 말하고, 양성극파는 아래로 향한 뾰족하고 급격한 뇌파를 말한다. Hare가 추정하기를 서파의 경우에 일반인은 2%, 살인범은 8.2%, 극단적인 사이코패스(psychopath)[3]는 14%를 보인다고 하였다. 양성극파의 경우에는 일반인은 2% 미만의 사람이 패턴을 보이는 반면에, 충동적 · 공격적 · 파괴적인 행동을 보이는 사람의 경우에는 20~40%가 패턴을 보였다(Hare, 1996). 이러한 사람들의 파괴적이고 폭력적인 행동은 상대적으로 가벼운 도발에도 촉진된다.

이와 같은 뇌파 이상이 나타나는 이유는 분명하지 않으며, 어떤 피질 기능이 EEG를 대표하는지도 분명하지 않다. 또한 EEG의 비정상성이 정신병질적 행동을 발생시키는 것인지, 아니면 그 반대인지에 대한 대답 역시 알 수 없기에 공격성이 뇌파 이상과 관련된다는 사실이 학계의 인정을 받기 위해서는 더 많은 연구가 행해져야 할 것이다.

### (2) 간질과 폭력

측두엽의 간질이 공격성을 유발한다는 인과관계를 보고한 연구가 있는가 하면, 그렇지 않은 연구도 있어서 논란이 된다. 일반적으로 만성적인 측두엽의 간질로 고통받는 사람이 발작 중에 공격적인 행동을 보인다고 보고되고 있다. 그러나 간질환자가 직접적으로 신체적 위해를 가하

---

3) 관련 영상물로 2005년 4월 10일 KBS 1 TV에서 방영된 〈KBS 스페셜-악의 가면 사이코패스〉가 있다.

는 경우는 매우 드물며, 폭력이 일어나는 경우도 간질 직후의 혼란스러운 상황에서 도발에 의해 발생하는 것이다. 더욱이 간질 발작 자체 때문에 공격성을 보이는지, 간질이 가져오는 또 다른 뇌 손상 때문에 공격성이 유발되는지도 명확하지 않다.

1889~1970년 사이에 미국에서 간질이 각종 살인이나 위법 행동의 방어 증거로 사용된 사례는 15건뿐이었다(Delgado-Escueta, Mattson, & King, 1981). 그러다가 간질이 공격성에 직접적인 영향을 준다고 보는 견해에 따라 1970년대에는 간질을 참작 요인으로 많이 이용하였다. 우리나라의 경우, 심한 간질로 정신병을 갖게 되어 범죄를 저지른 경우에 심신상실[4]의 행위로 보아 무죄를 선고받은 판례가 있으나, 간질 그 자체가 직접적으로 선고에 영향을 준 것은 아니다. 1983년에는 피고인이 평소 간질을 앓았다고 해도 범행 당시 간질이 발현되지 않았다면 심신상실이나 심신미약[5]으로 인정되지 않는다는 판례가 나왔다. 1986년 판례에서는 피고인이 간질성 인격장애를 앓는 것은 인정되나, 7~8년 동안 간질 증상으로 범행을 저지른 적도 없을 뿐더러 범행이 간질 발작 중 혹은 1~2시간 후 후유 상태에서 이루어지지 않은 점 때문에 비록 간질로 인하여 주위와 심적 갈등이 심화되고 열등감이 심해졌다 하더라도 책임감면 사유가 될 수 없다고 판시하였다. 이로 보아 우리나라는 대체로 간질을 앓고 있다는 그 자체만으로는 책임감면 사유가 되지 않는 것으로 판단된다.

### (3) 뇌 기능과 공격성

뇌 부위의 이상과 범죄의 관련성이 주목받기 시작한 때는 텍사스 대학교에 난입하여 14명을 사살한 Charles Whitman 사건 이후이다. Charles Whitman의 사체를 부검한 결과, 편도체(amygdala)에 커다란 종양이 있었다는 것이 밝혀졌다. 그 외에도 간호교습생 8명을 잔혹하게 살해한 Richard Speck 역시 뇌질환 증상을 보였다. 몇몇 범죄자가 뇌에 이상이 있다고 할지라도 뇌의 이상이 공격성을 직접 유발하는지는 확실하지 않다. 그리고 뇌에 이상을 가진 범죄자도 극소수일 뿐이다.

전두엽과 관련된 연구에서 충동적 공격성을 보이는 사람의 경우에 전두엽 앞 부위(prefrontal)의 비정상성이 발견되었고, 살인자들의 경우에는 전두엽 앞 부위의 저활성화(hypoactivation)와 오른쪽 편도체의 과활성화(hyperactivation)를 보이고 있는 것으로 밝혀졌다(Davidson, Putnam, &

---

4) 「형법」 제10조(심신장애인) ① 심신장애로 인하여 사물을 변별할 능력이 없거나 의사를 결정할 능력이 없는 자의 행위는 벌하지 아니한다.
5) 「형법」 제10조(심신장애인) ② 심신장애로 인하여 전항의 능력이 미약한 자의 행위는 감경할 수 있다.

Larson, 2000). 즉, 전두엽 앞 부위는 세로토닌성의 신경전달물질의 방출을 받는 부위로서 충동적 공격성을 보이는 사람들은 그 기능이 정상적으로 작동되지 못하고 있었다. 또한 인간의 전두엽 앞 피질(human prefrontal cortex)의 초기 손상과 관련하여 정상적인 인지능력을 유지하는데도 사회적·도덕적 행동 및 감정 처리와 의사결정은 손상된 형태로 나타나고 있음이 드러났다.

전두엽의 기능 저하와 공격성은 관계가 있다는 우리나라의 연구도 있다. 강북삼성병원 정신과 신영철 교수팀(2005)이 청송보호감호소 피감호자들에게 전문신경심리 기능검사를 실시한 결과, 상습적인 범죄자는 감정과 공격성 등을 조절하는 뇌 기능이 현저히 낮은 수준이라는 결과가 나왔다. 피감호자 58명의 전두엽 기능을 측정한 결과 평균이 전체 분포의 하위 15% 수준이었는데, 일반성인의 경우 평균 50% 이상의 분포를 보인다. 전두엽은 사회적 행동, 감정 조절, 행동 억제, 타인 배려, 미래를 고려한 판단 등의 고등행동을 관장하는 곳이다. 특히 대상자 가운데 강도나 성폭력 등을 저지른 '폭력적 범죄집단'은 절도나 사기, 약취유인 등을 저지른 비폭력적 범죄집단보다 전두엽 기능이 현저히 낮은 것으로 조사됐다. 결국 전두엽의 기능 저하가 상습적이고 폭력적인 범행에 영향을 준다는 사실이 밝혀진 것이다.

### (4) 신경전달물질과 호르몬에 관한 연구

남성 성호르몬인 테스토스테론은 남성의 2차 성장을 통제하는 호르몬으로, 반사회적·공격적 행동과 공격성과도 관련이 있다고 알려져 있다. 호르몬 수준이 높은 사람은 폭력적이라는 사실은 실증적으로 확인되었다. 그 외의 신경전달물질과 호르몬이 공격성에 미치는 영향을 밝히기 위해서 다음과 같은 연구가 이루어졌다.

〈표 3-2〉는 Bartol(2002)과 Niehoff(2003)의 공격성 유형에 대한 연구를 바탕으로 우울증(depression), 외상후스트레스장애(Post Trauma Stress Disorder: PTSD), 충동적 공격성(impulsive aggression), 도구적 공격성(instrumental aggression)을 보이는 반사회적 인격장애(antisocial personality disorder)가 어떻게 신경계활동과 관련성이 있는지를 설명한다. 특히 네 가지의 공격성 관련 행동 범주에 따라 신체 내 노르에피네프린(norepinephrine)이나 세로토닌(serotonin)이라는 신경전달물질과 코르티솔(cortisol) 같은 호르몬의 수치가 어떻게 변화하는지를 설명해 준다.

〈표 3-2〉에서 보는 것처럼, 노르에피네프린의 변화는 네 가지 범주에서 유의미한 관계가 있는 것으로 나타나고 있으나 세로토닌의 경우에는 반사회적 인격장애를 제외하고는 유의미했으며, 반사회적 인격장애에서 활동 저하를 보인 것과는 달리 나머지 범주에서 과잉활동 양상이 나타나고 있다. 또한 우울증과 충동적 공격성에서 코르티솔이 증가했으며, 나머지 두 범주에서

| 표 3-2 | 스트레스 반응 장애의 주요 특징 |

| | 노르에피네프린 변화 | 세로토닌 변화 | 환경의 민감성 | 코르티솔 수준 | 행동 양상 |
|---|---|---|---|---|---|
| 우울증 | 있음 | 있음 | 과잉활동 | 증가 | 위축 |
| 외상후 스트레스반응 | 있음 | 가능성 있음 | 과잉활동 | 감소 | 공포 |
| 충동적 · 적대적 공격성 | 가능성 있음 | 있음 | 과잉활동 | 증가 | 분노 |
| 반사회적 인격장애 | 있음 | 알려지지 않음 | 활동 저하 | 감소 | 감정 결핍 |

는 감소하고 있다. 한편, 우울증과 충동적 공격성의 경우에 세로토닌과 코르티솔 모두 상관관계가 있었다. 다만, 우울증이 위축된 행동 양상으로 나타나는 것과는 달리 충동적 공격성은 분노감의 형태로 나타나고 있다.

동물을 대상으로 실시한 초기 공격성 연구에서 스트레스와 동통에 의한 폭력의 경우에 노르에피네프린의 혈중 변화가 초래되었고(Lamprecht, Eichelman, & Thoa, 1972), 정신질환자들에게서 혈중 노르에피네프린의 수치가 높을수록 과도한 공격성을 보이며(Brown, Goodwin, & Ballenger et al., 1979), 정신치료감호소로 송치된 폭력범죄자들의 소변에서 채취한 노르에피네프린과 공격성과의 상호 관계에서도 이와 비슷한 결과가 나타났다(Woodman, Hinton, & O'Neill, 1977; Woodman & Hinton, 1978). 이와는 반대로 폭력범죄자들의 뇌척수액과 소변에서 낮은 노르에피네프린이 발견되기도 하였다(Virkkunen et al., 1987). 결론적으로, 높고 낮은 노르에피네프린 모두 도구적 공격성과 관계 있음을 알 수 있다. 도구적 공격성을 보이는 정신병질자들을 포함한 반사회적 인격장애군은 일반적으로 뇌 기능장애와 관련하여 정서 관련 영역에 문제가 있고, 또 그 문제는 정신병적 징후로 나타나는 불안과는 분명한 차이가 있으며, 공격행동을 하거나 범죄를 저지른 것은 정서적 격분, 격앙에 의한 충동적 공격행동이 아니라 자기목표를 위한 수단적 · 도구적 형태의 공격과 위협이고, 어떠한 잔인한 행위도 서슴지 않는다. 또한 범죄행동은 정서적 각성을 충족하기 위해 충동적으로 일어나므로 예측하기 어렵고, 그런 행동에 대한 양심의 가책을 조금도 느끼지 못하여 어떠한 가학적인 행동에도 동요가 없다는 특성을 보인다.

관련된 연구에서는 세로토닌이 폭력을 유발하는 인간의 기분과 정서에 관여한다고 언급하면서 충동적 공격성을 포함한 정신분열적 행동 특성을 보이는 청소년집단의 뇌척수에서 세로토닌의 낮은 집중치를 보인다는 것을 발견하였다(Kruesi et al., 1992). 또한 살인을 저지른 36명의 남성집단을 대상으로 실시한 세로토닌, 공격성, 그리고 충동성의 관계에 관한 연구에서도 낮은 혈중 세로토닌이 충동적 공격성을 유발한다는 결과를 나타냈다(Linnoila & Virkkunen, 1992). 범죄자들에게서 가장 낮은 세로토닌 수치를 보이는 경우는 타인뿐만 아니라 자신에게도 상해를 가했던 그룹으로 분류되었다(Linnoila et al., 1983). 결국 세로토닌과 관계된 연구는 폭력이 보복이나 원한 혹은 편법적인 냉혈한 혈통에 의한 것이라기보다는 뇌의 기질적 장애와 관련하여 자극에 대한 충동적 과민 반응을 조절하지 못한 결과로 귀결된다고 본다.

Tidey와 Miczek(1996)는 세로토닌의 감소는 공격이 진행되고 있는 과정이 아니라 공격이 끝난 후 회복되는 과정에서 발생한다는 중요한 사실을 발견했다. 이러한 결과는 그동안 연구자들이 뇌와 환경 사이의 순환적 관계를 무시했다는 점과 세로토닌과 같은 신경생물학적 요소는 필수불가결한 원인이라기보다는 하나의 단서로 작용한다는 점을 경고하고 있다. 또한 뇌신경화학에서 신경전달물질이 생존을 책임지는 반응을 정하는 환경과 상호작용을 함으로써 뇌의 어느 부위에서 작동되고 있으며, 다음에는 어느 곳으로 진행될 것인지를 보여 주고 있는 것이다. 즉, 화학작용은 원인이 아니라 '뇌의 언어'이며, 행동과 화학작용 사이의 관계를 의미하는 피드백은 공격성의 신경화학적인 기전을 이해하는 것과 관련된다. 뿐만 아니라 일직선상이 아닌 원을 그리며 서로에게 순환적인 영향을 주고받는다.

## 8) 공격성의 중추신경기제

공격성의 경로는 [그림 3-1]에서 보는 것처럼 인간의 공격성에 관한 정서 처리가 대뇌피질(cerebral cortex)을 거쳐 편도체와 시상하부(hypothalamus)를 지나면서 포식적 혹은 감정적 공격성의 두 그룹으로 나뉘어 처리된다. 변연계(limbic system)와 피질회로(cortex circuit)를 통해 원을 그리며 순환하고 있는 [그림 3-2]의 회로를 통해 감정적 자극에 대한 인지적, 철학적, 그리고 경험을 통해 얻는 사항들이 더해지고, 신경의 CD-ROM처럼 근육과 호르몬, 내분비계 반응이 똑같이 연속적으로 발생한다(Damasio, 1994).

순환회로 [그림 3-1]과 [그림 3-2]에서 시냅스를 통해 뇌신경 간의 자극을 전달하는 매개체 역할을 하는 것은 신경전달물질인 세로토닌이다. 오랜 기간 동안 신경생물학자들은 뇌와 뇌의 언어로 대변되고 있는 '신경전달물질(neurotransmitter)'에 관한 연구를 시행해 오고 있으며, 많은 연구에서 결국 인간의 공격성에 관한 정서 처리가 편도체와 시상하부를 축으로 하는 변연계(limbic system)와 전두엽에서 이루어지고 있고, 이러한 뇌신경들 사이의 매개체 역할을 하는 신

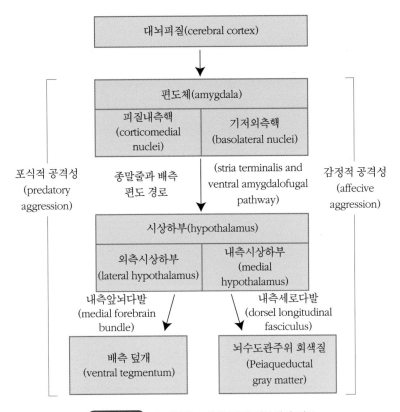

**그림 3-1** 공격성을 포함한 정서 정보처리 경로

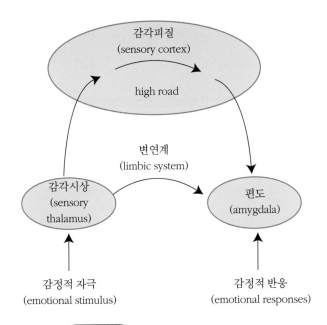

**그림 3-2** 정서 정보처리의 이중 과정

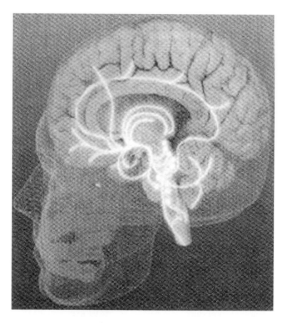

그림 3-3    세로토닌의 신경통로

경전달물질인 세로토닌이 신호를 받아서 통합하고 전달하고 있다는 점을 밝히고 있다. 세로토닌은 사회적 상호작용을 위해 필요한 복잡한 행동적 반응과 함께 논리적, 감정적, 그리고 감각적 주입을 조정하기 위해 뇌의 전 영역에서 활동하게 된다. 이는 세로토닌의 신경통로를 보여주는 [그림 3-3]을 보면 중추신경계 내에서 공격성의 통로가 어떻게 구조화되어 있는지 알 수 있다.

## 4. 공격성에 영향을 미치는 요인

앞서 언급한 여러 공격성 이론 속의 요소들 이외에 인간의 공격성에 영향을 미치거나 미칠 수 있는 요인들에 관하여 서술하고자 한다.

## 1) 인구 밀집

인구 밀집 지역에서 개인적인 공간은 자주 침해당한다. 동물행동학적인 요점과 가장 관련 있는 관점은 공격성을 인구 밀집과 연관시키는 것이다. Calhoun(1962)은 쥐를 대상으로 연구를 하였다. 쥐들에게 충분한 음식과 물을 제공하고 그들이 맘껏 개체수를 늘리도록 놔두었다. 적정 수준 이상의 수가 되자 쥐들은 서로 공격하기 시작했고, 자신의 집을 지키기보다는 이웃 쥐를 공격하기 시작했다. 이러한 악조건 속에서 쥐들 사회의 환경은 나빠지고, 쥐의 개체수는 줄기 시작했다.

사람을 대상으로 한 이와 같이 명백한 연구는 없지만, 그 관련성은 여러 연구를 통해 증명되어 왔다. 그러한 연구 중에는 인구밀도와 온도가 증가함에 따라 부정적인 감정이 다른 사람에게 더 잘 전이된다는 보고가 있다. 인구 밀집에 따른 공격성에는 성 차이가 있다는 것도 발견하였다. 남자 무리에서 혼잡한 상황은 공격성을 증가시키는 반면, 여자 무리는 더 상냥하고 친근해지려는 경향이 나타났다. 하지만 Freedman(1975)이 연구한 미국 전역의 다양한 지역과 범죄와의 상관관계에 따르면 인구밀도와 폭력범죄와는 별다른 관련성이 없었다. 그는 이런 현상이 인구 밀집 지역은 목격자 수가 많기에 범죄의 발생이 자연적으로 억제되기 때문일 수도 있다고 설명하였다. 이처럼 인구밀도 연구는 인구 밀집과 공격성 사이의 관계를 확실히 보여 주지 못하였다. 밀도가 동물의 공격행동에 유의미한 역할을 한다는 것은 알려져 있지만, 사람의 경우는 훨씬 더 복잡하다.

## 2) 온도

온도가 올라감에 따라 폭력성은 늘어난다. 이러한 온도 가설은 1960년대 후반에서 1970년대 초까지 폭동과 시민 소란에 대한 부분적인 설명 기제로 제시되었다. Baron(1983)의 연구에 의하면, 환경 온도와 공격성 사이에는 복잡한 관계가 있다. 그는 극단적으로 높고 낮은 온도는 공격성을 억제시키는 경향이 있지만, 중간 정도의 온도는 그렇지 않다고 하였다.

또한 Anderson 등(1996)은 폭력범죄의 수가 온도가 올라감에 따라 직선적으로 증가함을 알아냈다. 또한 미국의 폭력범죄 발생 비율이 더욱 더운 연도와 더욱 더운 여름, 그리고 더욱 더운 도시에서 더 높다는 것을 발견했다.

더운 지역에서 더 많은 폭력이 일어난다는 데이터에 대하여 학자들은 높은 온도와 폭력범죄 간에 강한 연관성이 있다고 결론지었다. 하지만 그것은 매우 복잡한 요소가 포함되어 있다. 예를 들어, 온도가 높으면 사람들은 알코올음료를 많이 마시고 그로 인해 말썽에 연루될 가능성이 증가한다거나, 날이 더우면 외출이 증가하여 빈집이 늘어나고 그래서 강도, 절도가 늘어나기도 한다. 따라서 온도는 그 자체보다는 간접적으로 폭력 사태에 영향을 미치는 것으로 보인다.

## 3) 대중매체의 영향

폭력적인 매체에 노출되는 것이 폭력성을 증가시키는가 하는 점은 어느 사회에서나 주요한 쟁점이다. 일반적인 연구에서 TV의 폭력성이 상당수의 어른과 어린이의 공격행동의 빈도와 종류에 중대한 영향을 미친다는 것을 밝혀냈다. 폭력적인 TV 내용 시청과 공격성의 연관성은 특히 자기가 본 폭력적인 캐릭터와 밀접하게 자기를 규정하는 어린 소년과 대인관계에서 어려움을 겪고 있는 어린이에게서 강하게 나타났다.

Bandura(1977)의 보보인형 실험은 폭력의 모델링 효과를 잘 보여 준다. 어린이들을 세 그룹으로 나눠서 3개의 필름을 보여 준 후, 자유롭게 노는 모습을 관찰하는 실험이었다. 한 어른이 보보인형을 학대하고 사탕과 음료수를 상으로 받는 모습을 본 그룹은 가장 공격적인 행동을 많이 하였고, 아무런 후속 조치 없이 학대하는 것만 본 그룹보다 그 어른이 매 맞고 질책받는 모습을 본 그룹이 공격적인 행동을 더 적게 보였다. 이 실험은 미디어의 폭력성이 현실생활에서 강한 영향력을 가질 수 있다는 것을 제시한다.

뉴스 보도가 전염효과(contagion effect) 또는 모방효과(copycat effect)를 갖는다는 주장도 있다. 은행강도가 드라마에 등장하면 따라 하려는 사람이 생기는 것은 모방효과를 보여 준다. 1997년에 발생했던 일련의 학교 총기 난사 사건들은 모방효과를 잘 보여 주는데, 이 어린 총꾼들은 총기에 과도한 관심을 가졌으며, 이전의 학교 총기 난사 사건들을 자세히 알았고, 미디어의 폭력에 흥미가 강했다. 가장 충격적인 1999년 컬럼바인 고등학교 사건[6]의 두 학생은 폭력적인 미디어, 음악, 비디오게임에 사로잡혀 있었다. 우리나라에서도 1999년에 개봉되었던 〈주유소 습격사건〉[7]이라는 영화를 보고 이를 따라 한 청소년들이 체포된 바 있다.

특히 공격적인 어린이들은 폭력물을 더 많이 보고, 폭력적인 캐릭터를 자기화하며, 그들이 본 폭력이 현실을 반영한 것이라고 강하게 믿는다고 한다. TV의 폭력에 반복적으로 노출되면

6) 컬럼바인 고등학교의 총기 난사 사건을 다룬 영화로 구스 반 산트 감독의 〈Elephant〉(2003)와 마이클 무어 감독의 〈Bowling for columbine〉(2003)이 있다.
7) 김상진 감독의 〈주유소 습격사건〉(1999).

그것에 길들여질 수 있는데, 이는 세상에 대한 인식을 왜곡시킬 수 있다. TV를 과도하게 시청한 자가 그보다 적은 시간을 시청한 자에 비해 폭력에 대한 생리학적 각성이 적다는 것은 폭력적 상황에 반복적으로 노출되는 것이 그것에 무감각해지게 만든다는 것을 의미한다. TV의 과장된 묘사를 자주 시청하는 사람들이 다른 사람들을 잘 믿지 않고, 그들이 범죄의 대상이 될 가능성을 과대평가한다는 보고가 있다.

영화가 TV보다 영향력이 강하다는 연구도 있다. TV는 광고로 끊기기도 하고 주변 사람들에 의해서 신경이 분산되지만, 영화는 어두운 공간에서 낯선 이들과 함께 보게 되고 방해받는 일 없이 집중하여 보게 되는데, 영화의 묘사는 대부분 더 사실적이고 각인이 잘되기 때문이라고 한다.

그러나 미디어 폭력이 공격행동을 만드는 충분조건은 아니다. 공격행동은 다원적으로 결정되며, 개인에게 공격행동을 야기할 수 있기도 하지만 그렇지 않을 수도 있다고 Bushman과 Anderson(2001)은 밝혔다. 하지만 미디어 폭력과 공격성은 이스라엘, 호주, 핀란드, 남아프리카, 그리고 미국 등에서 문화를 넘어선 일반성을 보여 준다. 공격적 아동이 더 많은 미디어 폭력을 시청하고, 미디어 폭력에 더 많이 노출되는 것이 공격행동을 향상시킨다는 수많은 연구가 있다(Huesmann, 1988; Huesmann & Eron, 1986; Huesmann & Miller, 1994; Huesmann, Moise, & Podolski, 1997). 미국심리학회는 폭력행동에 관한 미디어의 부정적 영향에 동의하며, 미디어 폭력을 줄이기 위한 노력에 적극적으로 가담하고 있다.

## 4) 에로물과 공격성

성적 폭력을 조장하는 데 있어서 성적으로 뚜렷하게 묘사하는 영화, 책, 그리고 잡지의 역할은 무엇인가? 많은 사람이 어떤 사람에게는 포르노가 여성을 격하시키고 성적 강압과 폭력을 조장한다고 주장한다(Malamuth, 1993). 그러나 명백한 성적인 폭력의 묘사가 실제로 성적 폭력의 발생을 증가시키는가? 이 문제에 관한 많은 연구가 행해졌다.

Donnerstein(1983)은 몇몇 피검자에게 폭력적이고 성적인 포르노의 일부를 보여 주었다. 영화에 두 남자를 원하는 젊은 여자가 나온다. 이들은 술을 마시고, 여자는 그 둘 사이에 앉아서 술을 마시도록 강요받는다. 그 두 남자는 여자를 묶고, 옷을 벗기고, 때리고 강간한다. 다른 피검자에게는 폭력적이지만 성적이지 않은, 여자가 묶인 채 맞고 있지만 어떠한 누드나 성적 접촉이 없는 영화를 보여 주었다. 폭력적이고 성적인 영화를 보기 전에 여성에 의해 화가 난 남자 피검자는 다른 조건에서보다 공모자에게 더 강한 충격을 주었다. 또한 영화에서 여성 피해자의 감정적 반응이 성적으로 강요되었는지의 여부가 시청자가 나중에 공격성을 결정하는 데 중요하다는 것이 밝혀졌다.

Donnerstein과 Berkowitz(1981)의 연구에서는 피검자 그룹이 2개로 나뉘었는데, 한 그룹은 여성 공모자로 인해 화가 난 상태였고, 다른 그룹은 화가 나지 않은 상태로 공모자에게 나중에 보복할 수 있었다. 그런 다음 피검자들은 여성 피해자가 두 명의 남자에게 강간을 당하는 영화를 보았다. 그러나 엔딩은 달랐는데, 하나는 피해자가 웃고 있고 저항하지도 않으며 심지어 자진해서 참여했다. 다른 하나에서 여성 피해자는 모욕적이고 구역질이 나는 경험을 하는 것 같이 보였다. 남성 시청자는 사전에 화가 난 채 실험에 참가했을 때, 이전의 연구와 동일하게 여성 공모자에게 더 심한 충격을 주었다. 화가 나지 않았을 때는 여자가 상황을 즐기는 것으로 묘사한 영화인 경우에만 더 강한 충격을 주었다. 즉, 폭력적인 에로물에의 노출은 남자가 여자에 대해 폭력을 행사하는 것에 대하여 영향을 미쳤다. 이것은 여성에 대한 냉담한 태도를 가져올 수 있고, 따라서 이런 경우에 폭력적이고 강제적인 성행위가 더 수용된다. 많은 연구에서 실제로 폭력적인 성행위의 시청은 여성에 대해 폭력적인 쪽으로 자세를 취하게 한다는 것이 밝혀졌으며, 여성이 다양한 성행위를 하도록 강요되는 것을, 심지어 강간당하는 것을 즐긴다는 잘못된 신념을 받아들이는 데 기여한다고 밝혔다(Donnerstein & Linz, 1994; Mullin & Linz, 1995; Weisz & Earls, 1995).

미디어 폭력에 대한 실험실 연구는 외적인 타당성의 문제를 안고 있다. 이러한 연구의 대부분은 아주 드문 성 접촉을 묘사하는 짧은 포르노 영화를 보여 준다. 이런 연구는 실험의 목적이 명백하게 보여야 하기 때문에 실험적인 요구 특질을 만들 수 있다. 영화에서 성적으로 학대당하는 여자의 짧은 단막을 보고 난 다음에 다른 여자에게 충격을 주도록 하거나 폭력에 대한 태도를 표현하도록 요구하는 것은 너무나 서로 연결되어 있어서 요구된 가설의 편중된 검증을 가져온다. 하나의 해결책은 분리된 사후실험을 하는 것이다. Malamuth와 Ceniti(1986)는 분리된 사후 실험으로 충격과 학습기술을 사용한 실험을 하였는데, 이전의 영화는 폭력행위에 아무런 영향도 미치지 못하였다. 이러한 사실은 미디어 안의 성적 폭력이 공격행동에 영향을 미칠 것이란 가정이 풀리지 않는 의문점으로 남게 하였다.

## 5) 가정환경

가정환경은 공격성의 환경 요인 중 큰 몫으로 작용한다. 부모는 중요한 역할모델이기 때문에 부모가 공격적이면 아이도 공격적일 것이라고 예상할 수 있다. 중요한 사실은 부모에 의한 물리적 체벌은 아이의 공격성과 관련되어 있다는 것이다. 물리적 훈육으로 공격성이 허용될 때, 아이는 공격적이 된다.

강압적인 가정환경(coercive home environment)도 공격성에 영향을 준다. 강압적인 가정환경 이란 인정과 애정을 표현하기보다는 서로 말다툼을 하고, 대화를 이끌어 가는 것이 부족하고, 대화를 할 때에도 상냥하게 이야기하기보다는 다른 가족구성원을 자극하고 위협하거나 아니 면 화나게 만드는 경향이 있는 환경을 말한다. 이는 가정 내의 많은 상호작용에서 다른 사람이 자신을 화나게 만드는 행동을 멈추게 하기 위해 강제력을 행사하는 가족구성원의 시도 때문이 다. 예를 들어, 시끄럽게 떠드는 아동의 행동을 체벌이나 고함을 질러 멈추게 하는 일련의 과정 을 생각해 볼 수 있다. 그리고 양육 태도에 문제가 있는 어머니들은 행동을 통제하는 방법으로 사회적인 인정을 거의 사용하지 않으며, 대신에 주로 친사회적인 행위를 무시하거나, 지각된 문제행동을 다루기 위해 강압적인 방법에 의지한다. 이와 같은 권위적이거나 강압적인 양육방 식, 방임적인 양육 태도, 가정폭력 등이 아동의 공격성에 부정적인 영향을 미치는 것으로 알려 져 있다.

## 6) 연령

Moffitt(1993)은 평생지속적인 비행경력자와 청소년기의 일시적인 비행자가 존재한다고 주장 하였다. 물론 평생 비행을 일삼는 일부 청소년이 있기는 하지만, 비행청소년의 대다수는 청소 년기의 일시적인 비행자, 즉 15~25세 사이에 반사회적 행동을 하는 사람들로 구성되어 있다. 이는 공격성이 청소년기에 일시적으로 증가한다는 사실을 시사한다.

Hirschi와 Gottfredson(1983)은 1970년, 1974년, 그리고 1983년에 미국에서의 연령에 따른 주 거침입 절도 체포율을 조사하여 연령과 범죄의 관계를 밝혔다. 이들은 범죄를 저지를 수 있는 능 력이 신체적으로 가장 활발한 시기에 가장 높으며, 그 이후부터 인생의 종말로 이어지는 시기 동 안에는 지속적으로 감소한다고 보고했다. 이들은 연령에 따른 범죄의 추이가 미국에서뿐만 아 니라 아르헨티나, 캐나다, 영국, 동남아시아 등에서도 유사하다는 점을 확인했다.

## 7) 기타 환경적 요소

공격성과 관련하여 공기오염, 소음 등과 같은 다른 환경적 요소에 대해 새로운 조사가 이루 어지고 있다. 담배 연기에 노출된 사람은 깨끗한 공기 조건에 있는 사람보다 더 공격적이 된다고 하는데, 냄새 오염도 적대적인 행동을 부추긴다는 연구가 있다. 감지할 수 없는 복잡한 소음 역시 공격적 성향에 영향을 준다는 증거가 있다. 특히 명백한 소음은 분노를 야기하는 각성 자극으로 작용한다고 한다. 층간 소음 때문에 발생하는 폭력범죄가 대표적인 예이다.

## 5. 공격성과 공격행동의 통제

공격행동은 인간 사회의 주된 문제이다. 개인의 범죄와 큰 범위의 사회적 폭력은 개인의 안전과 사회조직에 해가 된다. 모든 사회는 폭력의 경향성을 통제하기 위하여 대단히 노력한다. 공격성과 공격행동을 통제할 수 있는 기술을 체계적으로 살펴보자.

### 1) 처벌과 보복의 두려움

처벌이나 보복의 공포가 공격행동을 줄이는 것은 명백해 보인다. 사람들은 자신의 공격에 대한 미래의 결과를 고려할 수 있고, 처벌받을 것 같다면 공격적으로 행동하는 것을 피한다. 그러나 처벌과 보복의 위협은 공격을 줄이는 간단한 방법은 아니다. 공격적인 것으로 자주 처벌받은 아이들은 더 공격적이 되는 경향이 있다. 4세 아동 309명을 대상으로 한 실험에서 체벌이나 학대를 받은 아동이 나중에 공격행동을 보일 가능성이 높은 것으로 보고되었다. 학대받은 아동은 성장 중 겪는 갈등 상황에서 정상인과는 달리 상대방에 대하여 적대적 인식을 지니고 상황 정보를 처리하여 폭력행동을 취하는 경향이 높은 것으로 나타났다(한규석, 2009; Dodge, Price, Coie, & Christopoulos, 1990; Siegel, 2000).

### 2) 좌절의 최소화와 공격 잠재력의 감소

좌절은 공격성의 근원이 되는 분노를 일으키는 주된 원인이다. 따라서 공격을 줄이는 더 효율적인 기술은 공격을 일으키는 잠재력을 줄이는 것이다.

사람들은 경쟁 상황에서 남과 비교해서 열등한 위치에 놓이면 좌절을 경험한다. 이를 상대적 박탈감이라고 할 수 있는데, 비교 대상이 되는 사람이나 집단보다는 스스로가 제대로 대우를 받지 못한다고 여기고 이를 부당하다고 생각할 때 느끼는 감정이다(Crosby, 1976). 따라서 사회의 부가 비교적 균등하게 배분되도록 하는 것이 사회의 폭력을 감소시키는 방안이 될 수 있다

(한규석, 2009). 사회적 기준은 다르더라도 모든 사회는 의식주와 가족과 같은 최소한의 삶의 기준은 보장하려고 노력한다. 이는 좌절을 줄여 폭력 가능성을 줄이려는 시도이다.

## 3) 자기조절 혹은 억제의 학습

공격을 줄이는 또 다른 기술은 사람들이 자신의 공격행동에 대해 처벌의 유무를 떠나 스스로를 조절하는 법을 배우는 것이다. 자기가 세운 계획이나 목적에 도달하기 위해 자신의 행동을 기능적으로 조직화하는 것이다(Diaz, Neal, & Amaya-Williams, 1990). 이를 자기조절이라고 하는데, 사회적으로 바람직하지 않은 행동을 감소시키기 위해서는 적절한 수준의 자기조절이 필요하다. 사람들은 간혹 공격적인 행동이 허락되는 것을 배우는 것과 마찬가지로, 공격행동의 표출을 억제해야 한다는 것도 배워야 한다. 많은 요인이 공격의 억제에 영향을 준다. 이러한 억제 작용을 가져오는 단서에 관해서 살펴보자.

### (1) 주의 환기

우리는 성장함에 따라서 다양한 상황을 경험하며 분노를 포함하여 감정을 다스리는 전략을 배운다. 예를 들면, 자기 상태 돌아보기, 흥분 가라앉히기, 상대방에게 자기 상태나 바람 전하기 등의 행동은 긴장 수준을 낮추고 자신과 타인의 관계에 대해 차분히 생각할 시간을 갖도록 도우며, 화가 난 자신의 상태와 좌절된 욕구에 대해 상대방과 진솔하게 소통할 수 있게 돕는다(서수균, 2012; Deffenbacher & Mckay, 2000; Ellis & Tafrate, 1997; Gottlieb, 1999; McKay, Rogers, & Mckay, 2003; Novaco, 1975; Van Coillie, Van Mechelen, & Ceulemans, 2006).

분노 대처는 적응적 분노 대처(이성적 대처, 기분 전환, 정서적 해소)와 부적응적 분노 대처(공격적 표현, 회피) 행동으로 구분할 수 있다. 적응적 분노 대처 행동은 효율적 의사소통의 가능, 긴장 감소 효과가 있으나, 부적응적 분노 대처 행동은 타인과의 마찰을 초래하기 쉽고 적대적 관계를 만들어 긴장 수준을 높여 소통을 방해한다(서수균, 김윤희, 2010; Van Coillie et al., 2006). 적응적 분노 대처 중 기분 전환은 분노 감정에서 벗어나기 위해 다른 생각이나 활동을 하는 것이다. 예를 들어, 우리가 분노의 원인에 대해서 생각하고 또 생각한다면 결국 분노는 늘어난다. 그러나 주의를 딴 데로 돌리고 다른 것을 생각한다면 최소한 분노가 늘지는 않는다는 연구결과가 있다(Rusting & Nolen-Hoeksema, 1998).

### (2) 공격불안

어떤 면에서 사람들은 공격적인 반응을 억누르는 것을 배운다. 학습된 억제 중 하나가 공격불안이다. 여자는 남자보다 더 많은 공격불안을 가지며, 중류가정에서 자란 아동이 하류가정에서 자란 아동보다 더 많은 공격불안을 가진다. 훈육방법으로 이성적인 애정을 주거나 애정의 철회를 사용한 부모는 높은 강도의 신체적인 벌을 가한 부모보다도 아동에게 더욱 큰 공격불안을 지니도록 만든다(Feshbach & Singer, 1970). 아마도 애정이 공격에 대해서 더 강하게 내적인 억제를 가져오는 것 같고, 이것은 처벌의 공포보다도 더 효과적이다. 이렇게 학습된 억제나 자기조절은 폭력행동을 통제할 수 있게 한다.

### (3) 고통단서

학습된 억제는 상황에 의해서 유발된다. 고통단서의 중요한 요소 중 하나는 피해자의 반응이다. Baron(1974)은 피해자의 고통단서들이 공격자의 공격을 줄인다는 것을 증명하였다. 타인의 슬픔과 고통이라는 스트레스 단서는 대다수의 인간에게 불쾌한 자극으로 지각되며(Bandura & Rosenthal, 1966), 이를 인식한 개체의 육체적 공격 가능성(Perry & Perry, 1976)과 재산소유권에 대한 갈등 가능성(Camras, 1977), 그리고 공격적인 성행위의 가능성(Chaplin, Rice, & Harris, 1995)을 낮추는 역할을 하는 것으로 드러났다. Coleman(1995)은 상습적인 범죄자나 상습적인 비행 청소년의 경우, 자신의 분노에는 민감하지만 타인의 고통을 지각하는 공감의 정도가 낮기 때문에 강력범죄를 자주 유발한다고 추정하였다. 또한 Abigail과 Blair(2008)는 무질서한 반사회적인 행동의 근저에는 안면 감정 인식능력의 결함이 두드러지게 관찰된다고도 하였다.

## 4) 공격 대상의 대체

우리는 타인에 의해서 종종 좌절하고 괴롭힘을 받지만, 그 사람에게 항상 복수할 수 있는 것은 아니다. 그 사람이 매우 권력이 있거나, 복수가 불가능한 사람이거나, 또는 공격불안을 느끼기 때문에 보복을 억제하기도 한다. 부모에 의해서 좌절된 아동은 고의로 개를 발로 찰 수 있고, 회사에서 스트레스를 받은 남편은 귀가 후 아내에게 화풀이를 할 수 있다. 이는 원래의 대상이 아닌 다른 대상에 공격을 표출하는 것이다. 이러한 상황에서 우리는 다른 방법으로 공격을 표현하는 경향이 있는데, 공격의 대상이 아무 잘못도 없는 무고한 사람이라면 공격성은 전위되었다고 한다(Bushman, Bonacci, Pedersen, Vasquez, & Miller, 2005; Miller & Marcus-Newhall, 1997). 전위공격성은 가정폭력, 학교폭력, 운전 중 분노, 직장 내 공격성과 관련이 있다는 연구결과가 있다(Barling, Dupré, & Kelloway, 2009; Denson, 2008; Denson, Pederson, & Miller, 2006). 또한 분노 억제와 신체화 증상과도 관련이 있는데(Koh, Kim, Kim, & Park, 2005; Liu Cohen, Schulz, & Waldinger, 2011), 분노 억제와 내적 고통, 스트레스 경험은 다양한 의학적 문제를 야기할 수 있음을 감안할 때(김교헌, 1995; 김교헌, 전겸구, 1997; 한덕웅, 박준호, 2003), 특성 전위공격성(trait displaced aggression)이 높은 사람은 신체화 증상을 경험할 가능성이 높아 보인다(서민재, 박기환, 2013).

## 5) 정화

분노의 표현이 공격성을 감소시키기도 한다. Freud는 이것을 카타르시스, 즉 정화라고 불렀다. 간단히 말하면, 정화는 화를 방출하게 하는 것이다. 만약 누군가가 자동차 경적을 울려서 당신을 괴롭힌다면 당신은 화가 날 수도 있다. 다음 신호에서 당신이 그 차 뒤에서 경적을 울린다면 당신의 화는 어느 정도 줄어들 것이다. 정화는 정확히 좌절하게 만든 사람에게 화를 표현할 때 효과가 있을 수 있다. 정화이론에 의하면 '어떠한 형태의 공격행위든 표출되면 다른 공격행위의 촉발을 감소시키는 정화 효과가 있다'고 한다(Dollard et al., 1939).

그러나 정화는 위험성도 가지며, 어떤 상황에서는 실제로 공격성을 늘리기도 한다(Bushman, Baumeister, & Stack, 1999). 사람들은 대부분의 상황에서 자신의 화를 잘 통제한다. 그러나 그것이 한 번 방출되면 적대감을 표현하는 것을 억제할 수 없다. Geen과 Quanty(1977)는 네 사람을 죽인 살인자의 반응을 언급했다. 그는 행동이 반복되면서 공격이 줄어드는 것보다는 확장되는 것 같다고 지적했다. 다수의 연구에서도 분노의 표출이 꼭 공격성을 줄이는 것만은 아님을 지적했다. 좌절하거나 모욕을 받아서 흥분했을 때 격렬한 운동을 하면 흥분이 배출되나 이것은 일시적이며, 상대방이 나타나면 그에 대한 적개심은 다시 살아난다(Caprara, Barbaranelli, Pastorelli, & Perugini, 1994).

## 6) 수술이나 약물을 통한 생리적 통제

공격성과 생리적 요인 간의 관계가 연구됨에 따라 수술이나 약물을 통해 공격적인 범죄자를 치료하는 방법도 많은 관심을 받고 있다. 미국에서는 1960년대까지 강제 거세가 합법적이었다. 거세는 남성호르몬인 테스토스테론을 생성하는 고환을 절제하는 것으로, 일부 연구에서는 성범죄자의 공격행동이 거세로 감소했다는 결과를 보이기도 했다.

성호르몬과 유사한 역할을 하는 약물로 공격성을 치료하는 방법은 더욱 일반적으로 사용되고 있다. 예를 들어, 데포-프로베라(depo-provera)는 프로게스테론과 화학적으로 비슷한 약물로, 테스토스테론의 수준을 낮춘다. 테스토스테론은 공격성을 야기하는 남성호르몬으로, 실제 남성의 공격적 범죄가 여성보다 많은 이유의 하나로 받아들이고 있다. 약을 통해 테스토스테론의 수준을 낮추면 성범죄자의 과도하고 충동적인 성적·공격적 행동을 막을 것으로 기대하고 있다.

신경전달물질을 이용해서 치료하기도 한다. 그중 세로토닌은 공격성과 관련해서 가장 중요한 역할을 한다. 낮은 세로토닌 수준이 공격성을 촉진한다고 알려져 있는데, 실제로 다른 사람에게 공격적 행동을 하거나 공격적 자살을 시도한 사람들을 대상으로 연구한 결과, 비정상적으로 세로토닌 수준이 낮았다. 따라서 프로작(prozac)과 같은 약물로 세로토닌의 수준을 증가시키는 방법이 시도되기도 한다. 또한 세로토닌의 전조물질인 트립토판(tryptophan)의 흡수를 증가시키는 리튬카보네이트(lithium carbonate)를 주입했을 때 교도소 재소자들의 공격행동이 줄어들었으며(Sheard, 1975), 행동 및 주의력 결핍이 있는 비행청소년들도 상태가 어느 정도 호전되었고(Siassi, 1982), 충동에 대한 통제력이 약하고 매우 공격적인 조현병 환자에게 세로토닌을 주입했을 때 공격성이 감소했다(Morand, Young, & Ervin, 1983; 김보환, 2004: 116 재인용; 최영인, 염건령, 2005: 69-70 재인용; 함혜현, 2011 재인용).

마지막으로, 뇌 속의 공격성중추를 통제하여 공격성을 감소시키는 방법이 있다. 공격성중추는 변연계 안에 있다고 알려져 있는데, 이곳에 전극을 심어서 공격행동을 통제하는 것이다.

하지만 앞의 방법은 모두 윤리적·법적·도덕적 논란의 소지를 안고 있다. 특히 신경전달물질이나 뇌를 조정하는 경우에 통제하기를 기대했던 행동뿐만 아니라 행동과 정서에 광범위한 영향을 미칠 수도 있다. 따라서 수술이나 약물을 통한 생리적 통제는 굉장히 조심스럽게 이루어져야 할 것이다.

## 참고문헌

김교헌(1995). 분노 스트레스 상황에서 자기노출이 생리적 각성, 정서 및 인지적 이해에 미치는 효과. 한국심리학회지: 임상, 14(1), 237-252.

김교헌(2000). 분노 억제와 고혈압. 한국심리학회지: 건강, 5(2), 181-192.

김교헌, 전겸구(1997). 건강: 분노, 적대감 및 스트레스가 신체 건강에 미치는 영향. 한국심리학회지: 건강, 2(1), 79-95.

김보환(2004). 범죄생물학. 서울: 동국대학교출판부.

서민재, 박기환(2013). 전위 공격성과 심리적 안녕감, 자아존중감, 신체화 및 우울의 관계. 한국심리학회지: 건강, 18(1), 163-181.

서수균(2012). 공격성 및 분노 대처행동과 주관적 안녕감의 관계. 한국심리학회지: 임상, 31(3), 849-867.

서수균, 김윤희(2010). 대학생용 분노 대처행동 척도 개발과 그 유용성. 한국심리학회지: 상담 및 심리치료, 22(4), 973-992.

신영철(2005). 성격장애로 인한 상습범죄자의 행동교정프로그램 개발을 위한 연구. 미출판 원고.

최영인, 염건령(2005). 범죄생물학이론과 범죄심리학이론. 서울: 백산출판사.

한규석(2009). 사회심리학의 이해. 서울: 학지사.

한덕웅, 박준호(2003). 스트레스 사건에 관한 반복생각과 분노경험이 주관안녕과 건강지각에 미치는 영향. 한국심리학회지: 건강, 8(1), 147-168.

함혜현(2011). 청소년 비행유발에 있어 신경전달물질에 관한 연구. 한국범죄심리학회, 7(1), 227-250.

Abigail, A. M., & Blair, R. J. R. (2008). Deficits in facial affect recognition among antisocial populations: A meta-analysis. *Neuroscience & Biobehavioral Reviews, 32*(3), 454-465.

Achenbach, T. M., & Edelbrock, C. (1983). *Manual of the child behavior checklist: And revised child behavior profile*. Burlington: University of Vermont, Department of Psychiatry.

American Psychiatric Association(2013). *Diagnostic and statistical manual of mental disorders* (5th ed.). Arlington: American Psychiatric Association.

Anderson, A. C., Anderson, K. B., & Deuser, W. E. (1996). Examing an affective aggression framework: Weapon and temperature effects on aggressive thoughts, affect, and attitudes. *Personality and Social Psychology Bulletin, 22*, 366-376.

Bandura, A. (1973). *Aggression: A social learning analysis*. Englewood Cliffs, NJ: Prentice Hall.

Bandura, A. (1977). *Social learning theory*. New York: General Learning Press.

Bandura, A., & Rosenthal, T. L. (1966). Vicarious classical conditioning as a function of arousal level. *Journal of Personality and Social Psychology, 3*(1), 54-62.

Barling, J., Dupré, K. E., & Kelloway, E. K. (2009). Predicting workplace aggression and violence. *Annual review of Psychology, 60*, 671-692.

Baron, H. (1983). The crisis of the early italian renaissance: Civic humanism and republican liberty in an age and tyranny.

Baron, R. A. (1974). Aggression as a function of victim's pain cues, level of prior anger arousal, and exposure to an aggressive model. *Journal of Personality and Social Psychology, 29*(1), 117-124.

Baron, R. A. (1983). The control of human aggression: An optimistic perspective. *Journal of Social and Clinical Psychology, 1*, 97-119.

Bartol, C. R. (2002). *Criminal beavior: A psychological approach*. Englewood Cliffs, NJ: Prentice Hall.

Bell, P. A., & Baron, R. A. (1977). Aggression and ambient temperature: The facilitating and inhibiting effects of hot and cold environments. *Bulletin of the Psychonomic Society, 9*(6), 443-445.

Berger, H. (1929). Uber das elektrenkephalogramm des menschen. *European Archives of Psychiatry and Clinical Neuroscience, 87*(1), 527-570.

Berkowitz, L. (1989). Frustaration-aggression hypothesis: Examination and reformulation. *Psychological Bulletin, 106*, 59-73.

Blackburn, R. (1996). What is forensic psychology?. *Legal and Criminological Psychology, 1*(1), 3-16.

Brown, G. L., Goodwin, F. K., & Ballenger, J. C. (1979). Aggression in human correlates with cerebrospinal fluid amine metabolites. *Psychiatry Research, 1*, 131-139.

Bushman, B. J., & Anderson, C. A. (2001). Media violence and the american public: Scientific facts versus media misinformation. *American Psychologist, 56*, 477-489.

Bushman, B. J., Baumeister, R. F., & Stack, A, D.(1999). Catharsis message and anger-reducing activities. *Journal of Personality and Social Psychology, 76*, 367-376.

Bushman, B. J., Bonacci, A. M., Pedersen, W. C., Vasquez, E. A., & Miller, N. (2005). Chewing on it can chew you up: Effects of rumination on triggered displaced aggression. *Journal of Personality and Social Psychology, 88*(6), 969-983.

Buss, A. H. (1971). Aggression pays. In J. L. Singer (Ed.), *The control of aggression and violence* (p. 8). New York: Academic Press.

Calhoun, J. C. (1962). Population density and social pathology. *Scientific American, 206*(2), 139-150.

Campbell, A. (1993). *Men, women, and aggression*. New York: Basic Books.

Camras, L. A. (1977). Facial expressions used by children in a conflict situation. *Child Development, 48*, 1431-1435.

Cantwell, D. P. (1975). A medical model for research and clinical use with hyperactive children. In D. P. Cantwell (Ed.), *The hyperactive child*. New York: Spectrum.

Caprara, G. V., Barbaranelli, C., Pastorelli, C., & Perugini, M. (1994). Individual differences in the study of human aggression. *Aggressive Behavior, 20*(4), 291-303.

Chaplin, T. C., Rice, M. E., & Harris, G. T. (1995). Salient victim suffering and the sexual responses of child molesters. *Journal of Consulting and Clinical Psychology, 63*(2), 249-255.

Coleman, H. (1995). *A longitudinal study of a family preservation program*. Unpublished doctoral dissertation, University of Utah, Graduate School of Social Work, Salt Lake City, Utah.

Crosby, F. (1976). A model of egoistical relative deprivation. *Psychological Review, 83*(2), 85-113.

Damasio, A. (1994). *Descartes' error: Emotion, reason and the human mind* (pp. 195-201). New York: Putnam.

Davidson, R., Putnam, K., & Larson, C. (2000). Dysfunction in the neural circuitry of emotional regulation: A possible prelude to violence. *Science, 289*, 591-594.

Deffenbacher, J. L., & McKay, M. (2000). *Overcoming situational and general anger: A protocol for the treatment of anger based on relaxation, cognitive restructuring, and coping skills training.* Oakland, CA: New Harbinger Publications.

Delgado-Escueta, A., Mattson, R., & King, L. (1981). Special report: The nature of regression during epileptic seizers. *New England Journal of Medicine, 305*(12), 711-716.

Denson, T. F. (2008). Individual differences in displaced aggression as a risk factor for poor cardiovascular health. *AHA syndrome and cardiovascular diseases*, 110-118.

Denson, T. F., Pedersen, W. C., & Miller, N. (2006). The displaced aggression questionnaire. *Journal of Personality and Social Psychology, 90*(6), 1032-1051.

Diaz, R. M., Neal, C. J., & Amaya-Williams, M. (1990). The social origins of self-regulation. In L. C. Moll (Ed.), *Vygotsky and education: Instructional implications and applications of sociohistorical psychology* (pp. 127-154). New York: Cambridge University Press.

Dodge, K. A. (1986). A social information processing model of social competence in children. In M. Perlmutter (Ed.), *The Minnesota symposium in child psychology.* Hillsdale, NJ: Erlbaum.

Dodge, K. A. (1993a). Social-cognitive mechanisms in the development of conduct disorder and depression. *Annual Peview of Psychology, 44*, 559-584.

Dodge, K. A. (1993b). The future of research on the treatment of conduct disorder. *Development and Psychopathology, 5*, 311-319.

Dodge, K. A., Price, J. M., Coie, J. D., & Christopoulos, C. (1990). On the development of aggressive dyadic relationships in boys' peer groups. *Human Development, 33*(4-5), 260-270.

Dollard, J. (1939). *Frustration and aggression.* New Haven: Yale University Press.

Dollard, J., Doob, L. W., Miller, N. E., Mowrer, O. H., & Sears, R. R. (1939). *Frustration and aggression.* New Haven: Yale University Press.

Donnerstein, E. (1983). Erotica and human aggression. In R. G. Geen & E. I. Donnerstein (Eds.), *Aggression: Theoretical and empirical reviews* (Vol. 2). New York: Academic Press.

Donnerstein, E., & Berkowitz, L. (1981). Victim reactions in aggressive erotic films as a factor in violence against women. *Journal of Personality and Social Psychology, 41*(4), 710-724.

Donnerstein, E., & Linz, D. (1994). *Sexual violence in the mass media* (pp. 9-36). by M. Costanzo, S. Oskamp. Sage publications.

Ellis, A., & Tafrate, R. C. (1997). *How to control your anger before it controls you*. Two audio cassettes. Read by Stephen O'Hara. San Bruno, CA: Audio Literature.

Ellis, A., & Tafrate, R. C. (1998). *How to control your anger before it controls you*. Secaucus, NJ: Birch Lane Citadel Press.

Eron, L. D., & Slaby, R, G, (1994). *Introduction*. In L. D. Eron, J. H. Gentry, & P. Schlegel (Eds.), *Reason to hope: A psychosocial perspective on violence and youth*. Washington, DC: American Psychological Association.

Feshbach, S., & Singer, R. D. (1970). *Television and aggression*. San Francisco: Jossey-Bass.

Freedman, J. L. (1975). *Crowding and behavior*. San Francisco, CA: W. H. Freeman.

Freud, S. (1961). *The complete psychology works of Sigmund Freud*. London: Hogarth.

Frijda, N. H. (1986). *The emotions*. Cambridge, England: Cambridge University Press.

Geen, R. G., & Quanty, M. B. (1977). The catharsis of aggression: An evaluation of a hypothesis. In L. Berkowitz (Ed.), *Advances in experimental social psychology* (vol. 10., pp. 1-37). New York: Academic Press.

Gottlieb, M. M. (1999). *The angry self: A comprehensive approach to anger management*. Zeig Tucker & Theisen Publishers.

Hare, R. D. (1996). Psychopathy: A clinical construct whose time has come. *Criminal Justice and Behavior, 23*, 25-54.

Hartup, W. W. (1983). Peer relations. In P. H. Mussen (Ed.), *Manual of child psychology*. New York: Wiley.

Hirschi, T., & Gottfredson, M. (1983). Age and the explanation of crime. *American Journal of Sociology, 89*, 552-584.

Hirschi, T., & Gottfredson, M. (1983). *A general theory of crime*. CA: Stanford University Press.

Huesmann, L. R. (1988). An information procession model for the development of aggression. *Aggressive Behavior, 14*, 13-24.

Huesmann, L. R. (1997). Observational learning of violent behavior: Social and biosocial processes. In A. Raine, P. A. Brennan, D. P. Farrington, & S. A. Medinick (Eds.), *Biosocial bases of violence*. New York: Plenum.

Huesmann, L. R., & Eron, L. (1986). *Television and the aggressive child: A cross-national comparison*. Hillsdale, NJ: ErlbaumHuesmann.

Huesmann, L. R., & Miller, L. S. (1994). *Long-term effects of repeated exposure to media violence in childhood. In Aggressive behavior* (pp. 153-186). Springer US.

Huesmann, L. R., Moise, J. F., Podolski, C., & Eron, L. D. (2003). Longitudinal relations between children's exposure to TV violence and their aggressive and violent behavior in young adulthood: 1977-1992. *Developmental Psychology, 39*, 201-221.

Huesmann, L. R., Moise, J. F., & Podolski, C. L. (1997). The effects of media violence on the development of antisocial behavior. In D. Stoff, J. Breiling & J. D. Master (Eds.), *Handbook of antisocial behavior* (pp. 181- 193). New York: John Wiley & Sons.

Kagan, J., Reznick, J. S., & Snidman, N. (1990). The temperamental qualities of inhibition and lack of inhibition. In M. Lewis & S. M. Miller (Eds.), *Handbook of developmental psychopathology* (pp. 219-226). New York: Plenum.

Kagan, J., Reznich, J. S., Snidman, N., Gibbons, J., & Jognson, M. O. (1988). Childhood derivatives of inhibition and lack of inhibition to the unfamiliar. *Child Development, 59*, 1580-1589.

Koh, K. B., Kim, D. K., Kim, S. Y., & Park, J. K. (2005). The relation between anger expression, depression, and somatic symptoms in depressive disorders and somatoform disorders. *Journal of Clinical Psychiatry, 67*, 237-245.

Kruesi, M. J., Hibbs, E. D., Zahn, T. P., Keysor, C. S., Hamburger, S. D., Bartko, J. J., & Rapoport, J. L. (1992). A 2-year prospective follow-up study of children and adolescents with disruptive behavior disorders: Prediction by cerebrospinal fluid 5-hydroxyindoleacetic acid, homovanillic acid and autonomic measures?. *Archieve of Genaral Psychiatry, 49*, 429-435.

Lamprecht, F., Eichelman, B., & Thoa, N. B. (1972). Rat fighting behavior: Serum dopamine-β -hydroxylase and hypothalamic tyrosine hydroxylase. *Science, 177*, 1214-1215.

Linnoila, M., & Virkkunen, M. (1992). Aggression, suicidality, and serotonin. *Journal of Clinical Psychiatry, 53*, 46-51.

Linnoila, M., Virkkunen, M., & Scheinin, M. (1983). Low cerebrospinal fluid 5-hydroxyin-doleacetic acid concentration differentiates impulsive from nonimpulsive violent behavior. *Life Sciences, 33*, 2609-2614.

Liu, L., Cohen, S., Schulz, M. S., & Waldinger, R. J. (2011). Sources of somatization: Exploring the roles of insecurity in relationships and styles of anger experience and expression. *Social Science & Medicine, 73*(9), 1436-1443.

Loeber, R., Lahey, B. B., & Thomas, C. (1991). The diagnostic conundrum of oppositional defiant disorder and conduct disorder. *Journal of Abnormal Psychology, 100*, 379-390.

Loeber, R., & Stouthamer-Lober, M. (1986). Family factors as correlates and predictors of juvenile conduct problems and delinquency. *Crime and Justice, 7*, 29-150.

Loeber, R., & Schmaling, K. (1985). Empirical evidence for overt and covert patterns of antisocial conduct problems. *Journal of Abnormal Child Psychology, 13*, 337-352.

Loeber, R., & Stouthamer-Loeber, M. (1998). Development of juvenile aggression and violence: Some common misconceptions and controversies. *American Psychologist, 53*, 242-259.

Lorenz, K. (1966). *On aggression*. New York: Harcourt Brace Jovanovich.

Malamuth, N. M. (1993). Pornography's impact on male adolescents. *Adolescent Medicine* (Philadelphia, Pa.), *4*(3), 563-576.

Malamuth, N. M., & Ceniti, J. (1986). Repeated exposure to violent and non-violent pornography: Likelihood of raping ratings and laboratory aggression against women. *Aggressive Behavior, 12*, 129-137.

Marsh, A. A., & Blair, R. J. R. (2008). Deficits in facial affect recognition among antisocial PoPulation: A meta-analysis. *Neurosciece and Biobehavioral Reviews, 32*(3), 454-465.

McKay, M., Rogers, P. D., & McKay, J. (2003). *When anger hurts: Quieting the storm within*. Oakland: CA New Harbinger Publications.

Miller, N., & Marcus-Newhall, A. (1997). A conceptual analysis of displaced aggression. In R. Ben-Ari, Y. Rich (Eds.). *Enhancing education in heterogeneous schools: Theory and application*, 69-108.

Moffitt, T. E. (1993). Adolescence-limited and life-course-consistent antisocial behavior: A developmental taxonomy. *Psychological Review, 100*(4), 674-701.

Montagu, A. (1976). *The nature of human aggression*. New York: Oxford University Press.

Morand, C., Young, S. N., & Ervin, F. R. (1983). Clinical response of aggressive schizophrenics to oral tryptophan. *Biological Psychiatry, 18*(5), 575-578.

Mullin, C. R., & Linz, D. (1995). Desensitization and resensitization to violence against women: Effects of exposure to sexually violent films on judgments of domestic violence victims. *Journal of Personality and Social Psychology, 69*(3), 449-508.

Niehoff, D. (2003). *The biology of violence*. New York: The Free Press.

Novaco, R. W. (1975). *Anger control: The development and evaluation of an experimental treatment*. Lexingtonm, MA: DC Health.

Offord, D. R., Boyle, M. C., & Racine, Y. A. (1991). The epidemiology of antisocial behavior in childhood and adolescence. In D. J. Pepler & K. H. Rubin (Eds.), *The development and treatment of childhood aggression*. Hillsdale, NJ: Erlbaum.

Perry, D. G., & Perry, L. C. (1976). Identification with film characters, covert aggressive verbalization, and reactions to film violence. *Journal of Research in Personality, 10*, 399-409.

Richman, M., Stevenson, J., & Graham, P. J. (1982). *Preschool to school: A behavioral study*. London: Academic Press.

Rusting, C., & Nolen-Hoeksema, S. (1998). Regulating responses to anger: Effects of rumination and distraction on angry mood. *Journal of Personality and Social Psychology, 74*, 790-803.

Serin, R. C., & Preston, D. L. (2001). Managing and treating violent offenders. In J. B. Ashford, B. D. Sales, & W. H. Reid (Eds.), *Treating adult and juvenile offenders with special needs.* Washington, DC: American Psychological Association.

Sheard, M. H. (1975). Lithium in the treatment of aggression. *The Journal of Nervous and Mental Disease, 160*(2), 108-118.

Siassi, I. (1982). Lithium treatment of impulsive behavior in children. *The Journal of Clinical Psychiatry, 43*(12), 482-484.

Siegel, J. A. (2000). Aggressive behavior among women sexually abused as children. *Violence and Victims, 15*(3), 235-255.

Stenberg, C., & Campos, J. J. (1990). The development of anger expressions in infancy. In N. Stein, B. Leventnal, & T. Trakasso (Eds.), *Psychological and biological approaches to emotion.* Hillsdale, NJ: Erlbaum.

Tidey, J. W., & Miczek, K. A. (1996). Social defeat stress selectively alters mesocorticolimbic dopamine release: An in vivo microdialysis study. *Brain Research, 721*, 140-149.

Van Coillie, H., Van Mechelen, I., & Ceulemans, E. (2006). Multidimensional individual differences in anger-related behaviors. *Personality and Individual Differences, 41*(1), 27-38.

Virkkunen, M., Nuutila, A., & Goodwin, F. K. (1987). Cerebrospinal fluid monoamine metabolites in male arsonists. *Archives of General Psychiatry, 44*, 241-247.

Weisz, M. G., & Earls, C. M. (1995). The effects of exposure to filmed sexual violence on attitudes toward rape. *Journal of Interpersonal Violence, 10*(1), 71-84.

Woodman, D., & Hinton, J. (1978). Catecholamine imbalance during stress anticipation: An abnormality in maximum security hospital patients. *Journal of Psychosomatic Research, 22*, 477-483.

Woodman, D., Hinton, J., & O'Neill, M., (1977). Relationship between violence and catecholamines. *Perceptual and Motor Skills, 45*, 702.

Zillmann, D. (1979). *Hostility and aggression.* Hillsdale, NJ: Erlbaum.

Zillmann, D. (1988). Mood management: Using entertainment to full advantage. *Communication, Social Cognition, and Affect, 31*, 147-171.

# 정신병질

연쇄살인범 및 연쇄성폭행범들의 잇따른 등장으로 '극악무도한 이들, 연쇄범죄자들은 대체 누구인가?'라는 의문이 사회적 이슈로 떠오르고 있다. 언론은 이들의 심리 특성에 대하여 사이코패스라고 이미 여러 차례 지적한 바 있으며, 주요 방송사[2005년 4월 10일(일) 20:00 KBS 스페셜 '악의 가면 사이코패스']에서는 사이코패스에 대한 심도 있는 취재 결과를 보도한 바 있다.

사실 국내에서는 근래 들어 이 개념이 알려지는 상태라고 볼 수 있다. 한국어로는 정신병질(이수정, 허재홍, 2004)이라고 번역되어 국내 학계에 소개된 적이 있는 사이코패시(psychopathy)라는 낯선 개념이 실증적으로 널리 연구되기 시작한 계기는 1991년도에 Hare(1991)가 북미지역에서 사이코패시검사(Psychopathy Checklist-Revised: PCL-R)라는 측정도구를 출판하면서부터이다.

## 1. 정신병질 개념에 대한 이해

19세기 초 철학자나 정신의학자들은 범죄란 '자유의지'에 관련된 문제로서 죄를 저지른 사람이 자신이 저지른 죄의 결과가 어떠하리라는 것을 과연 이해할 수 있는가라는 주제를 자주 토론 대상으로 삼았다. 당시 마음(mind)은 곧 이성(reason)이라고 보았기 때문에 늘 이상한 행동은 이성에 결함이 생겨서 한 행동, 즉 '미쳤다.' 혹은 '제정신이 아니다.'라고 간주하였다. 따라서 범죄 역시 이성을 어기는 행위로서 제정신이 아닌 상태로 간주될 수 있었는데, Pinel은 '습관적으로 이기적이며 반사회적 행동을 하지만, 그런 상황이 정신적 질병의 징후를 나타내지는 않는 사람들'을 구별해 낼 필요가 있다고 느끼고, 이들을 따로 'manie sans délire (insanity without delirium)'라는 용어로 지칭하였다(이수정, 허재홍, 2004 재인용). 'manie sans delire'는 잔혹하고 무책임하며 도덕심이 없는 것과 같은 특징은 현저하지만 정신착란과 같은 격앙됨이 없는 조증 상태로, Pinel에 의하면 범죄 행동 역시 일종의 비이성적 증상이라고 판단될 수 있다.

한편, 사회병질자(sociopath)라는 개념이 한동안 사용되기도 하였는데, 1952년 미국정신의학회에서는 정신병질이라는 명칭 대신에 사회병질(sociopathy)이라는 명칭을 사용하여 반복적으로 범죄 행동을 하는 사람들을 통칭한 적이 있다. 하지만 정신병질적 소양은 행동 이외에도 잠재적 소양으로 받아들이는 것이 적합하다는 입장이 대두되면서 1968년 미국정신의학회에서는 DSM-III에서 이런 행동 특성을 반사회적 인격장애(antisocial personality disorder)라고 지칭하였다. 반사회적 인격장애자의 특성은 '자신의 이득을 위해 타인의 권리를 쉽게 무시하거나 침해하는 경향'이며, 이러한 경향은 아동기나 청소년 초기부터 비행으로 꾸준하게 발현된다고 한다.

이렇게 위법 행동을 지속적으로 보이는 일군의 대상에 대하여 정신의학 분야에서는 일찍이 반사회적 인격장애라고 지칭하여 왔다. 하지만 일종의 성격장애인 반사회적 인격장애를 진단함에 있어 범죄나 비행 행동이 주요 진단 준거가 되는 것은 순환논리적 모순이라는 점이 형사사법 현장에서 강력하게 지적되었고(예: Hare, 1986, 1996; Hare, Forth, & Stachan, 1992), 따라서 이미 발생한 범죄 행동을 근거로 진단하는 사후 설명적 판단방법보다는 잠재적 특질을 토대로 하여 재범 예측 등 미래의 행동 가능성을 평가하는 방법이 필요하다는 점이 부각되었다. 이렇게 하여 유독 형사사법 현장에서 유행하게 된 개념이 반사회적 인격장애보다는 조금 더 정제된 사이코패시, 바로 정신병질이라는 개념이다.[1]

원래 정신병질이란 개념은 1976년 Cleckley에 의해 정리되어 학계에 소개된 적이 있다(Cleckley, 1976). 그의 정의에 따르면 사이코패스(psychopath)는 외관상으로는 상당히 정상으로 보이고 지능도 보통 수준 이상을 지니지만, 극단적으로 이기적이고 타인을 목적 달성의 도구로 이용하며, 무책임하면서 냉담하고 쉽게 거짓말을 하는 특성을 지닌다. 그 후 오늘날의 세분화된 정신병질 개념이 형성된 계기는 Hare와 동료 연구자들(Hare, 1970, 1978, 1984, 1986, 1996;

---

1) 일종의 심리 특질인 사이코패시(psychopathy)는 정신병질로, 이 특질을 지닌 사람은 사이코패스(psychopath)로 명명하기로 한다.

Hare & Craigen, 1974; Hare et al., 1992)의 정신병질에 대한 방대한 양의 실증연구에 의해서이다. 특히 PCL(Psychopathy Checklist: PCL)이라는 측정도구의 개발은 정신병질에 관한 실증연구를 촉진시키는 계기가 되었다.

## 2. 사이코패스의 특징

사이코패스는 전체 인구의 약 1%, 그리고 수용되어 있는 범죄자의 약 15~25% 정도 해당되며, 따라서 교정시설에 수감되어 있는 재소자 4명 중 1명 정도는 사이코패스라고 한다(Hare, 1996). 반면, 중구금시설 재소자 중 80~90%는 반사회적 인격장애로 구분된다([그림 4-1] 참조).

정신병질자들에 대하여 Hare는 "정신병질자는 자신의 마음 상태를 언어적으로 표현할 수는 있으나 감정적으로는 매우 깊이가 없는 사람들이다."라고 표현하였다. 하지만 이들은 정신장애가 조금도 없고, 걱정, 불안, 망상, 우울, 환각 상태 역시 없다고 한다. 따라서 이들은 조현병 등의 정신질환군으로 분류할 어떤 임상적 증상도 찾아보기 힘든 매우 독특한 특성을 지닌다. 이들의 주된 특질은 사랑할 능력이나 타인에 대한 이타심의 부재, 극단적 이기주의, 공감능력 결핍 및 죄책감이나 양심의 가책 결여 등이다. Cleckley(1976)에 의하면 자기중심성은 정신병질자에게서 항상 나타나며, 본질적으로 변하지 않는다고 한다. 그들은 깊은 정서 상태인 척 가장하는 기술이 매우 잘 발달해 있고 적절한 정서를 효과적으로 흉내 낼 수는 있지만, 그들에게 진실한 충심, 따뜻함과 열정은 낯선 것이며, 정직한 척 보이게 하는 교활한 능력을 갖고 있는 대신에 사실상 알맹이가 없다고 한다. 만약 그들이 도움 행동을 했다거나 타인을 이해하는 반응을 보였다면 그것은 다른 목표를 위한 일시적인 위장이었을 뿐, 사실상 타인의 관점에서 바라보는

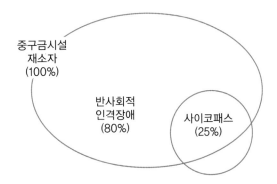

**그림 4-1** 재소자 중 반사회적 인격장애자와 사이코패스의 비율

능력이 거의 없을 뿐만 아니라 흉악한 범죄를 저지르고도 피해자를 비난하거나 어떠한 행동에 대해서도 양심의 가책이나 죄책감을 느끼지 못한다. 심지어 그들은 범죄 행동을 일종의 '게임'으로 여기며 피해자에 대한 이해심이라고는 찾아보기 힘든 특징을 지닌다(Hare, 1991).

이처럼 범죄자들 중에서 가장 위험한 사이코패스집단은 인지행동적, 신경심리적으로도 독특한 특성을 지닌다고 알려져 있다.[2] 이들의 가장 큰 특징은 회피학습 능력이 부족하다는 점이다(Fowles, 1980, 1988; Patrick, 1994). 1950년대 중반 이후에 수행된 연구(Fairweather, 1954; Lykken, 1957; Siegel, 1978)에서는 정신병질자들을 포함하는 반사회적 인격장애자들이 언어적 조건화, 고전적 조건화, 수용-회피학습 등에서 열등하며, 따라서 처벌이 존재하는 상황 내에서 학습, 짝짓기, 연상학습 등에서 무력한 수행을 보인다고 하였다. 이와 같은 회피학습 과정에서 수행 저하를 보이는 인지행동적 특성은 정신병질자들이 일반적으로 조급하고 충동적인 경향을 보이는 것과 결코 무관하지 않다(Widom, 1977).

이들은 매우 자기중심적이기도 하다. Widom(1976a, 1976b)은 정신병질자와 정상인의 대인 인지구조와 개인 인지구조 체계를 비교했는데, 정신병질자들은 동일한 상황에 대하여 다른 사람들이 자신과는 다르게 해석을 할 수도 있다는 사실을 상상하지 못하며, 자신의 고정된 인지구조를 수정하려고 노력하지도 않는다고 하였다. 또 다른 연구에서도 정신병질자들은 대인관계에서 위협적인 상황에 대해 인지적으로 왜곡해서 받아들인다는 사실이 밝혀졌으며(Blackburn & Lee-Evans, 1985), 정상인에 비해 불안 상황을 실제보다 더 많이 분노 유발 상황으로 지각하는 경향성이 나타났다(Sterling & Edelmann, 1988).

이 같은 대인관계상의 결함은 이들의 정서적인 둔감성과 밀접한 관련성을 지닌다. Cleckley(1976)는 사이코패스들의 정서적인 결함을 '의미 실어증(semantic aphasia)'이라고 불렀다. 예컨대, 글자대로 말을 알기는 하지만 그 말의 사실상 깊은 의미는 전혀 파악하지 못한다는 것이다. 유사하게 Grant(1977) 역시 정신병질자는 단어의 교과서적인 의미만을 알 뿐, 그것이 함축하고 있는 진정한 의미는 알지 못한다고 지적하였으며, Johns와 Quay(1962)는 사이코패스의 이 같은 인지행동적 특성에 대하여 '가사(words)는 알고 있으나, 음악(music)은 이해하지 못한다'고 표현한 바 있다. 이 같은 지적은 모두 일관되게 사이코패스가 감정적으로 매우 냉담하고 이해심이 없는 자임을 추정하게 한다.

여러 실험 과제 등을 통한 연구(Blair et al., 2006; Lorenz & Newman, 2002; Williamson, Harpur, & Hare, 1991)는 사이코패스들이 정서 관련 처리 과정에서 다양한 기능이 저하되는 것을 확인

---

2) 많은 실증연구에서 사이코패스의 선별은 PCL 혹은 PCL-R을 이용하여 이루어졌다.

시켜 주었다. 정상인의 경우에는 일반적으로 정서 정보를 더 빠르고 정확하게 처리하는 데 비하여 사이코패스들에게는 정서 정보에 대한 처리 과정의 효율성이 나타나지 않았다. 자극 특성이 일치할 때 발생하는 반응시간상의 점화 효과에서 사이코패스들은 의미론적 점화 과제에서는 정상인만큼의 점화 효과를 보였지만, 정서적 점화에서는 정상인보다 훨씬 더 수행이 저조했다. 그뿐 아니라 단어판단 과제에서도 사이코패스들은 아주 구체적인 단어는 단어임을 잘 알아맞혔지만 추상적인 단어들에 대해서는 올바른 단어임을 잘 맞히지 못하였다. 이는 자극에 대한 처리 과정에서도 이들은 매우 피상적으로만 정보를 처리한다는 것을 시사한다.

특정 정서가에 대한 처리 과정에 이상이 있다고 지적하는 연구도 있는데, Fullam과 Dolan (2006)은 정신병질적 특성이 높은 사람들은 유독 슬픔과 관련된 정보의 재인에 어려움을 겪음을 보고하였다. 이 점은 국내 수감자들을 대상으로 하였던 Lee, Miller와 Moon(2004)의 연구결과와도 일치하는 것으로서 Blair(2001)는 사이코패스들이 유독 슬픔과 관련된 정보를 처리하지 못하는 특성이 있으며, 이는 폭력성 제지 메커니즘(Violence Inhibition Mechanism: VIM)에 문제가 있기 때문이라고 설명하였다. 이 이론에서는 타인의 슬픈 표정은 보는 사람에게 굴종의 의미를 전달하게 되고, 따라서 그 사람에 대한 공격성이 억제된다고 결론짓는다. 하지만 사이코패스는 VIM에 이상이 생겨 슬픔에 대한 정보가를 잘못 인식하고, 따라서 자신의 폭력행위에 대한 제지력을 제대로 발휘할 수 없다. 바로 이 점 때문에 피해자에 대한 잔혹하고도 반복적인 범죄가 가능한 것이다. Kosson 등(Kosson et al., 2002)과 Blair와 Coles(2000), Stevens 등(Stevens et al., 2001)은 정신병질적 피험자들이 특정 정보가를 지닌 자극(슬픔, 공포, 역겨움 등)의 처리에만 유독 더 많은 손상을 보인다는 것을 확인한 바 있으며, 이 같은 현상은 얼굴표정에 대한 인식뿐만 아니라 정서단어(Intrator et al., 1997), 정서적인 목소리(Blair, 2001) 등에 모두 일관된 결과로 나타났다.

특정한 정서 표정(일반적으로는 부정적 표정)의 처리에만 기능 저하를 보인다는 사실은 많은 연구자에게 혹시 사이코패스의 정서 처리 기능의 손상이 그들의 신경학적 둔감성에서 기인한 것은 아닌지, 만일 그렇다면 정서를 처리하는 뇌 기능의 손상을 동반한 것은 아닌지 의문을 갖게 한다. 이 같은 의문점은 출판되어 있는 많은 연구에서 활발하게 탐색되고 검증되고 있다. Blair(2004)는 표정 자극을 이용하여 사이코패스의 편도체 부위에서 정서 자극에 대한 활성화 수준이 매우 저하되어 있다는 사실을 확인하였고, Raine(1992, 1998, 2001, 2002a, 2002b)은 정신병질적 살인범들의 변연계 기능과 전전두엽 기능의 광범위한 손상도 보고하였다. 특히 전전두엽 기능의 손상은 사이코패스의 분노 통제에 상당한 장애를 예측하게 하며, 이는 실제 정신병질적 살인범들에게서 공통적으로 나타나는 특성이라는 사실을 실제 살인범들을 대상으로 확인한 바 있다(Raine, 1998). Kiehl 등(Kiehl, 2004; Kiehl, Hare, McDonald, & Brink, 1999)도 정신병질자들의 변연계 기능에 이상 소견이 있음을 일관되게 보여 주었다. 특히 정신병질자와 그렇지 않은 사람들의 정서적인 단어의 신경학적 처리 과정에서 사건 관련 전위인 ERP의 N400 파장이 매우 특이하다는 사실을 보고하였다. 일반인보다 뒤늦게 나타나는 사이코패스의 사건 관련 부적 전위는 우측 측두엽 부위에서 상대적으로 더 현저하였다. 이런 결과는 정서 자극의 즉각적인 처리 과정을 담당하는 변연계의 기능 저하를 의심하게 한다고 연구자들은 합의하고 있다.

뇌의 이상 징후라고 할 때 형사사법 종사자들은 흔히 형사책임과 관련지으며, 혹시라도 감경 사유가 되지 않을지를 걱정한다. 하지만 사이코패스의 뇌 기능 이상 징후는 극히 국한된 범위 내에서 특정한 자극에 대해서만 출현하는 것으로, 범죄를 저지를 당시의 상태 전반에 관하여 '정신장애(insanity)'라고 판단하기는 매우 어렵다. 더구나 법정에서의 '정신장애'라는 개념이 심리학이나 정신의학적인 개념과 다르다는 점을 상기할 때, 환청이나 망상 등 현실감각에 심각한 손상이 동반되지 않는 일종의 성격장애 정도를 '자신의 행위에 대한 옳고 그름을 판단할 수 없는' 정신장애로 보기는 힘들다. 사이코패스는 비록 뇌 기능이 일부 저하된 부분이 있기는 하지만 자신의 행위결과를 정확하게 이해하며 범죄행위를 계획하고 통제할 수 있다. 법적으로 금지된 행위가 무엇인지 알면서도 그것을 의식적으로 선택할 능력이 있는 사람이라면 어떤 경우라도 면책시킬 이유는 없는 것이다(Gerard, 1999).

## 3. 정신병질의 발달

### 1) 기질: 주의력결핍과잉행동장애와 신경생리학적 특성

정신병질자의 추적연구결과, 주의력결핍과잉행동장애(Attention Deficit Hyperactivity Disorder: ADHD; Lynam, 1996) 및 반항장애/품행장애(Oppositional Defiant Disorder/Conduct Disorder: ODD/CD)가 정신병질과 높은 상관을 나타내어 ADHD와 ODD/CD를 정신병질의 전조로 보고 있다. 1970년대 중반에 시작된 Long Island Jewish Medical Center와 New York State Psychiatric Instituter가 함께 조사한 종단연구에서 ADHD의 16%(통제집단 3%)가 약물을 남용하고 있었으며, 27%(통제집단 8%)는 반사회적 인격장애 진단을 받았다(Burt, Krueger, McGue, & Iacono, 2001). 또한 Satterfield(1987)는 공식적으로 체포되었던 자와 ADHD 관계의 종단연구에서 ADHD를 보이는 아이들은 좀 더 심각한 범죄로 자주 체포되었고, 일반 아이보다 반사회적인 행동으로 인해 공공기관에 있는 경험이 25배나 됨을 발견했다. 또한 정신병질자와 ADHD의 신경생리학적 요소에 대한 연구에서는 40~50%의 아이들이 비정상 EEG(특히 느린 파장)를 나타냈다(예: Burt et al., 2001).

하지만 정신병질자의 증상을 ADHD 단독 발현으로 보는 견해보다는 ADHD 및 CD를 진단받은 아이들 중 정신병질적 수준이 높은 아이에게서 나타나는 냉담하고 비정서적인 특질에 주목하며, 이와 같은 요인을 다루는 상관연구(Frick, 1998)를 통해 정신병질의 복잡성을 설명한다. 또한 자율신경계의 연구를 통해 정신병질자의 탈억제적 특성(Frick, Barry, & Bodin, 출판 중) 등으로 결합되어 확장된 형태로 나타난다. 연구결과(Frick, 1998; Frick et al., 출판 중)에 의하면 ADHD만 진단받은 아동과 비정서적 특질(Callous-Unemotional Traits: CU)이 낮은 아동에게서는 높은 불안장애 징후가 나타났지만, ADHD와 ODD/CD의 진단과 함께 CU가 높은 아동에게서는 불안장애 징후가 나타나지 않았다. 이 결과 역시 정신병질자들은 정서 관련 영역에 문제가 있고, 그 문제는 정신병적인 징후로 나타나는 불안 등과는 분명한 차이가 있다는 정신병질자들의 특성을 정리한 이론(Cleckley, 1976; Hare, 1970)을 증명해 주었다. 즉, 이들의 공격행동이나 범죄행위는 정서적 격분이나 격앙에 의한 행동이 아니며, 자기 목표를 위한 수단적/도구적 형태의 공격이다. 또한 이를 위해 어떤 잔인한 행위도 서슴지 않을 뿐만 아니라 그런 행동은 정신병질자의 정서적 각성 충족을 위해 충동적으로 일어나기 때문에 예측하기 어렵고, 이들은 그런 행동에 대해 조금의 양심의 가책을 느끼지 못하고 어떠한 가학적인 행동에도 동요가 없다.

이 같은 행동 특성 및 신경생리학적 이상 외에도 정신병질자의 기질적 특성을 이해하기 위해서는 그들의 어린 시절을 유추해 볼 필요가 있다. 많은 학자가 출생 시 산소 결핍, 감염, 가족(부모 대립, 무관심, 학대나 유기)과 사회적인 어려움(Marshall & Cooke, 1999)을 원인으로 가정하였다. Gray와 Hutchison(1964)의 캐나다 정신평가팀에 의하면 유죄관결을 받은 12.7%가 8세 이전에 사이코패스로 진단받을 수 있고, 다른 66%는 18세 이전에 분류될 수 있으며, 30세 이전의 성인범죄자 95%가 어린 시절에 정신병질적 행동이 나타났음이 증명되기도 하였다.

## 2) 유전적 소양

대부분의 성격 특성은 유전과 환경의 영향을 동시에 받는다.[3] 반사회적 행동도 마찬가지이며, 정신병질적 특성 역시 유전적 소양이 있을 것이라고 추정된다. 이와 관련된 성격에 대한 쌍

---

3) 이러한 예로는 IQ 검사 점수, 성격검사상 성격, 조현병, 성격장애 등을 들 수 있다.

생아 연구를 보면[4] MMPI 척도 중 Pd(반사회적 성격 특성)와 여러 공격성 척도를 이용해 조사한 결과 일란성 쌍생아는 일치율이 .46에서 .57인 반면, 이란성 쌍생아는 .18에서 .28인 것으로 나타났다(Goldsmith & Gottesman, 1996). 나아가 MPQ(Multidimensional Personality Questionnaire: MPQ)를 이용하여 따로 떨어져 자란 쌍생아와 같이 자란 쌍생아를 비교한 결과, 따로 떨어져 자란 쌍생아는 일치율이 .46이었고, 같이 자란 쌍생아는 .43이었다(Tellegen et al., 1988). 또 다른 연구(Loeber, 1990)에서는 MMPI의 Pd 척도로 친모와 자녀 간의 일치율과 양모와 자녀 간의 일치율, 그리고 같이 자랐으나 부모가 다른 형제간의 일치율을 살펴보았는데, 친모와 자녀 간의 일치율은 .27인 반면, 양모와 자녀 간의 일치율은 .10이었고, 같이 자랐으나 부모가 다른 형제 간에는 .02의 일치율을 보였다. 이 연구들을 통해 성격이 전적으로 유전의 영향을 받는다고 말할 수는 없지만 어느 정도 유전의 영향을 받는다고 가정할 수는 있겠다.

정상군의 성격에 대한 연구와 더불어 반사회적 인격장애군에 대한 일치율을 살펴보면 미국, 유럽, 일본에서 이루어진 연구에서는 일란성 쌍생아의 경우에 52%의 일치율을 보인 반면, 이란성 쌍생아의 경우에는 23%의 일치율을 보였으며, Cloninger와 Gottesman(1987)의 연구에서도 유전자의 영향이 54% 정도였고, 유전자 영향을 뺀 나머지 환경의 영향이 20%가량 되었다. 반사회적 행동에 대한 일치율에서도 Eysenck(1977)의 연구에서는 일란성 쌍생아는 55%가 일치한 반면, 이란성 쌍생아는 13%의 일치율을 보였으며, Cloninger 등(Cloninger et al., 1982)의 연구에서도 일란성 쌍생아의 경우에 .70의 일치율을 보인 반면, 이란성 쌍생아는 .28의 일치율을 보였다.

이런 연구는 반사회적 행동이 유전의 영향을 받고 있음을 시사하지만, 15세 이하 품행장애에 대한 연구를 보면 15세 이하의 경우에는 유전보다는 공통환경의 영향이 더 큰 것으로 나타났다. 영국에서 시행한 13세 쌍생아 연구를 보면 유전적 요소는 신경증에 영향을 미쳤으나 반사회적 증후군에는 영향을 미치지 않았고, Thapar와 McGuffin 연구(1997)에서도 공통환경이 중요하다는 사실이 다시 한번 밝혀졌다. 재미있는 점은 나이가 조금 더 들면 유전적 영향이 나타나 일란성 쌍생아의 경우에는 일치율이 81%에 이르지만 이란성 쌍생아는 일치율이 29%에 머물렀다는 사실이다. 아동 행동 평가척도(Child Behavior Checklist: CBCL)를 이용한 또 다른 연구(Lyons et al., 1995)에서 공격행동은 유전의 영향을 받기는 하지만 비행은 공통환경의 영향이 더

---

4) 표현형, 즉 성격 차원(가령, 외향성이나 신경증)은 유전자형과 환경의 영향을 받는데, 일란성 쌍생아의 경우에는 유전자와 공통환경을 100% 공유하나 이란성 쌍생아는 유전자와 공통환경을 50%만 공유한다. 그러므로 두 집단을 비교해 보면 환경의 영향이 큰 것인지, 유전의 영향이 큰 것인지 알 수 있다.

큰 것으로 나타났다. 이런 불일치한 결과에 대하여 Lyons 등(1995)은 청소년기 비행이나 반사회적 행동에는 환경의 영향이 상대적으로 중요하지만 성인기로 접어들면 유전적인 소인이 있는 사람이 점점 반사회적인 행동을 할 가능성이 높다고 설명하였다.

교차 양육 연구에서는 유전의 영향뿐 아니라 환경의 영향도 중요하다는 것을 시사했다. 친부모가 범죄자이고 양부모가 범죄자가 아닌 입양아의 경우에는 20%가 범죄를 저지른 반면, 양부모와 친부모 모두 범죄자인 입양아의 경우에는 24.5 %가 범죄를 저지르는 것으로 나타났다. Cloninger 등(1982)의 연구에 따르면 유전적 · 후천적 요인 모두 범죄의 소인이 될 수는 있으나 유전적 특성에 따라 환경을 조정하면 낮은 사회경제적 지위 등 여러 위험 요인의 효과를 완화시킬 수 있다. Mednick, Gabrielli와 Hutchings(1984)의 연구에서는 친부모가 범죄자인 경우 이들의 자녀가 입양되더라도 부모 자식 간의 범죄 일치율은 상당히 높은 것으로 나타났다. 입양한 부모도 범죄자인 경우에는 상관관계가 더 높이 나타났으나 건전한 양부모에게 입양된 경우에는 입양아의 75%가 범죄를 저지르지 않았다. 이러한 연구는 유전적 소인 이외에 환경 요인도 영향을 미침을 나타내는데, 이러한 환경 요인에는 유년기 환경, 낮은 사회경제적 지위, 불안정한 입양, 수용기관에의 체류 기간, 도시 입양, 양부모의 정신질환 등이 포함될 수 있다고 알려져 있다.

## 3) 부모 결핍

정신병질자와 부모 결핍은 상당한 상관이 나타난다. 이들은 초기 가족환경의 실패로 무엇이 정확하게 '잘못된 것'인지 해석하는 것을 학습하는 데 실패한다. 신경증집단의 387명 중 28%와 일반인 691명 중 27%에 대비하여 정신병질자로 분류된 29명 중 60%가 부모를 상실했다. 좀 더 세부적으로 살펴보면 부모 상실은 남자 정신병질자에게서보다 여자 정신병질자에게 의미 있게 나타났으며, 그들은 주로 5세 전에 부모를 잃었고, 양쪽 부모 상실이 좀 더 많이 나타났다(Greer, 1964).

Oltman과 Friedman(1967)은 양쪽 부모의 영향력 중 엄마보다는 아빠의 상실이 더 큰 영향을 미친다고 하였으며, Craft, Stephenson과 Granger(1964)는 심각한 정신병질적 행동은 각자의 배경에서 부모 상실과 연관이 있어 보임을 발견했다. Buss(1961)는 '아이에게 거리감을 두고 냉정하게 대하는 부모'와 '훈육, 보상과 처벌에 일관성이 없고 변덕스러운 부모'의 두 가지 부모 행동 유형이 정신병질 성향을 키울 수 있다고 주장했다. 이런 부모 아래서 양육된 자녀들은 거짓말이나 속이는 의미를 사용하여 비난이나 처벌을 피하는 방법을 학습하는 대신 '옳고 그름에 대한 학습'은 실패한다.

McCord와 McCord(1964)는 '극도의 정서적 박탈이나 심리적 거부' 등이 다른 '환경적인 조건'이나 '초기의 신경적 손상'과 결합되었을 때 정신병질 발달을 가장 잘 설명할 수 있다고 하였다. 하지만 극도의 정서적 박탈이 일부 정신병질자에게는 적용되지만 신경계의 원천적인 기능 결함의 가능성을 설명해 주지는 못한다. 그리고 모든 정신병질자는 어느 정도의 거부를 경험하였다.

Hare 등(1992)은 정신병질로 들어섰을 때 약하거나 지속되지는 않지만 가족의 기능 결함이 나타나는 것을 발견하였고, Rotter, Chance와 Phares(1972)는 응석을 받아 주거나 지나치게 방임적인 부모에게서 어려서부터 '잘못에 대한 용서를 비는 것이 아닌 부모에게 아양을 떨거나 변덕을 맞춰 위기를 모면하는 행동 패턴을 학습'하게 된다고 정리하였다. 이렇게 적절한 모델의 결여, 부모의 부재 등 전반적으로 불분명한 부모 반응은 정신병질 성향을 더욱 부추기는 것이다.

반면, ADHD 진단을 받은 아동일지라도 부모의 적절한 양육으로 아이가 효과적으로 성장할 수 있다는 것을 반증해 주고, 더욱이 부모의 양육 양태와 더불어 아버지가 정신병질이나 알코올중독자였던 사람들보다 앞과 같은 부모 양육 양태가 정신병질과 관련성이 있는 것으로 나타나서(Robins, 1966) 부모 양육이 정신병질의 발현과 관련해서도 중요한 요소로 작용하고 있음을 알 수 있다.

## 4) 학습으로 인한 행동 습관

반사회적 행동에 미치는 가족의 영향은 정신분석가들의 치료사례를 통해 설명된 적이 있고, 이런 관점에서는 정신병질이 주로 초기 유년기 발달에 결손이 있는 경우에 나타난다고 한다. 하지만 근래의 연구에서는 역기능적 가족 특성과 잘못된 양육방식으로 인해 반사회적 행동 습관이 형성된다고 한다. 부모가 적대적이고 거부적이면서 권위적이지만 자녀에게 책임을 요구하지 않는 양육 태도를 보이면 공격성이 촉진되고, 이는 청소년기 비행에 중요한 영향을 미친다는 것이다(Olweus, 1978). 자녀의 잘못된 행동에 대해 혐오하지만 비일관적인 반응을 보이는 경우에도 비행을 일으킬 가능성이 높았다(Dumas, Gibson, & Albin, 1989). 학대를 받았을 경우, 학대 경험이 비행 행동과 관련되는 것은 사실이지만, 부모의 알코올중독 여부나 알코올중독과 신체학대의 상호작용은 반사회적 행동 증가에 영향을 미치지 않는 것으로 나타났다(Pollock et al., 1990).

반사회적 행동을 촉진하는 학습 과정과 그로 인해 습득된 행동 패턴은 반사회적 공격행동을 잘 설명해 주는 것으로 보인다(Robins, 1978). 품행장애였던 아동의 40%가 성인기에 반사회적 성격장애로 진단받았으며, 아동의 반사회적 행동의 횟수나 심각도가 아동기의 기질적 특성이나 가족 변인보다도 성인기의 반사회적 행동을 더 잘 예언하는 것으로 나타나기도 하였다. Farrington과 West(1990)의 연구에서도 411명의 남자를 대상으로 8~14세, 16~21세, 25~32세에 면접을 실시한 결과 아동기의 문제행동 및 일탈행동이 반사회적 범죄를 가장 잘 설명하였다. 이와 같이 아동기의 학습 및 행동 요인은 이후 반사회적 행동을 가장 잘 설명해 주는 요인이다. 이런 요인들을 보면 부모의 양육 기술(Loeber & Dishion, 1983), 부모의 감시, 태도, 간섭(Loeber, 1990), 환경적 어려움, 유전 특징, 가족 모델링, 심리사회적 스트레스(Robins, 1981) 등이 유관 요인이었다. 이외에 아동기 품행장애에 애착이 중요한 영향을 미친다는 연구(Cooke, 1998)가 있는데, 이 연구결과에 따르면 애착은 단순히 심리적인 영향만 미치는 것이 아니라 기질적인 면에도 영향을 미치는 것으로 보인다.

## 5) 문화

앞에서 유럽과 미국의 정신병질에 대한 진단 기준이 다르다는 점을 지적하였다. 이렇게 서로 다른 문화 간에는 진단체계에서도 차이가 존재하는데, 각 문화권에서 진단을 내리는 구인은 과연 서로 같은 것인가 하는 문제와 그렇다면 유병률에서는 그 양상에 차이가 있는가 하는 의문이 대두된다. 영국과 미국에서 정신병질로 판명된 307명의 죄수를 대상으로 PCL-R을 가지고 연구한 Cooke(1998)의 연구에 따르면 스코틀랜드의 경우에는 정신병질이 3%, 경미한 정신병질이 15%였던 반면, 미국의 경우에는 정신병질이 28%, 경미한 정신병질이 44%인 것으로 나타났다.[5] 이는 두 문화권에서 측정한 정신병질이 동일한 구인을 측정했음에도 서로 다른 비율을 나타내어 정신병질이 문화 간 차이가 있는 것은 아닌가 하는 점을 시사해 준다. 즉, 기본 기질과 사회환경은 필연적으로 상호작용할 것인데(Paris, 1993; Lykken, 1995), 이는 문화권에 따라서 아동이 공격행동을 표출하도록 하는 문화인가 아니면 억제하도록 하는 문화인가 하는 사회문화적 환경의 차이로 설명될 수 있다. 이런 사회문화적 차이가 궁극적으로 정신병질의 유병 비율에 영향을 미칠 수 있다고 해석될 수 있다(Ekblad, 1988).

정신병질을 포함한 반사회적 행동에 영향을 미치는 요소를 일단 정리해 보면, 우선 유전은 반사회적 행동에 영향을 미치고, 신경계장애를 야기하는 임신기나 출생 시 합병증도 공격행동 등에 영향을 미친다. 보다 구체적으로 안와 전두피질은 폭력성의 조절에 관련되어 있으며, 세로토닌계에 이상이 생겨도 충동적 폭력성에 영향을 미치는 것으로 보인다. 정신병질자들이 보

---

5) Cooke에 따르면 PCL-R로 양 문화권의 정신병질자를 측정한 결과 서로 같은 구인을 측정하고 있는 것으로 나타났다.

이는 자극 추구 경향이나 위험 추구 경향은 노아드레날린계 이상이나 혈소판에서 모노아민 산화효소(Monoamine oxidase: MAO) 저하로 인해 생기는 것으로 보인다. 어렸을 때의 학습에 의한 행동 습관도 영향을 미치는데, 이때 부모의 양육 기술이나 부모의 감시, 태도 간섭 등은 중요한 영향 요인이 될 수 있다. 각 문화별로 반사회적 행동을 표현하는 데 얼마나 관대하냐 하는 사회 분위기가 영향을 미칠 수도 있는데, 그렇게 보자면 비교적 감정 표현이 억압적인 우리나라 국민의 경우에는 서구 사회에서보다 정신병질의 발생률이 낮지 않을까 의심해 보게 한다. 종합해 보면 반사회적 행동이 나타나는 것은 유전적 요인이나 기질적 요인이 선행 요인으로 작용하고 있고, 여기에 환경이 작용하여 반사회적 행동이 드러나게 하기도, 드러나지 않게 하기도 한다고 할 수 있다. 이러한 연구결과는 반사회적 행동의 잠재적인 특성으로서, 정신병질은 이처럼 여러 요인에 의해 형성될 수 있음을 짐작하게 한다.

## 4. 정신병질의 측정

PCL이 학계와 형사사법 현장의 공인을 받기 전, 정신병질을 측정하는 도구로 가장 광범위하게 활용되던 종합심리검사는 MMPI(Minnesota Multiphasic Personality Inventory: MMPI)였다. 임상장면에서 주로 사용되던 MMPI는 이후 형사사법단계에서 위험성 평가(risk assessment)를 위해서도 자주 사용되었다. 하지만 이 검사는 기본적으로 자기보고식 검사로서 타당도 척도를 고려하여 해석에 신중을 기한다고 할지라도 형사사법장면에 놓인 피검자의 반응 왜곡 경향을 원천적으로 막기는 힘들다. 바로 이 점이 현장에서는 가장 심각한 문제로 자주 지적되었는데, 교도소 근무경력이 있었기에 재소자들의 반응 왜곡 경향이 검사결과의 타당성 확보에 치명적인 영향을 미칠 수 있다는 사실을 잘 알고 있었던 Hare(1980)는 정신병질적 특성을 보다 객관적으로 측정할 수 있는 도구의 개발에 집중하였다. 그것이 바로 22문항으로 구성된 PCL이 탄생한 계기이다. Hare(1991)는 이후 타당도연구를 통해 두 항목을 줄여 20문항짜리의 단축형 도구인 PCL-R(Hare, 1991)을 만들어 출판하였다. 〈표 4-1〉에 문항의 내용이 제시되어 있다.

PCL-R은 반구조화된 인터뷰 기법을 적용하여 정신병질의 핵심 특성인 20개 항목에 대해 평가한다. 각 항목에 대해 0점에서 2점까지의 점수를 주도록 고안되었으며, PCL-R의 변별기준점에 대하여 Hare(1991)는 30점 이상은 사이코패스집단, 20점과 30점 사이는 중간 집단, 그리고 20점 이하는 사이코패스가 아닌 집단으로 평가할 수 있다고 제시하였으며, 한국에서는 25점 이상을 사이코패스집단이라고 기준을 설정하였다(조은경, 이수정, 2008). 이 도구는 피검자들의 직접적인

**표 4-1** PCL-R의 문항내용 및 2요인 구조

|  | 대인관계 | 반사회적 행동 |
|---|---|---|
| 1. 그럴싸함/피상적 매력 | 1요인 |  |
| 2. 과도한 자존감 | 1요인 |  |
| 3. 자극 추구/쉽게 지루해함 |  | 2요인 |
| 4. 병적인 거짓말 | 1요인 |  |
| 5. 사기성/교활함 | 1요인 |  |
| 6. 후회 혹은 죄책감 결여 | 1요인 |  |
| 7. 얕은 감정 | 1요인 |  |
| 8. 냉담/공감능력 결여 | 1요인 |  |
| 9. 기생적인 생활방식 | 1요인 |  |
| 10. 행동통제력 부족 |  | 2요인 |
| 11. 문란한 성생활 |  |  |
| 12. 아동기의 문제행동 |  | 2요인 |
| 13. 현실적이고 장기적인 목표 부재 |  | 2요인 |
| 14. 충동성 |  | 2요인 |
| 15. 무책임성 |  | 2요인 |
| 16. 자신의 행동에 대한 책임의식 결여 | 1요인 |  |
| 17. 단기간의 잦은 혼인관계 |  |  |
| 18. 청소년비행 |  | 2요인 |
| 19. 조건부 석방(유예)의 취소 |  | 2요인 |
| 20. 다양한 범죄력 |  |  |

참고: 해당 요인이 명시되지 않은 것은 어떤 요인에도 해당되지 않는 문항임.

응답에만 근거하여 문항을 평가하지 말 것을 경고한다. 애초부터 형사사법 현장에서의 활용 가능성을 염두에 두고 개발된 이 측정도구는 검사 과정 중 발생할 수 있는 어떤 왜곡 가능성도 원천적으로 배제하고자 노력하였다. 특히 평가자는 20가지의 기준 요건에 대해 평가를 내릴 때, 피검자와의 면담결과에만 의존하기보다는 가능한 한 모든 노력을 다 동원해 객관적인 정보를 확보하는 데 총력을 기울여야 한다. 예컨대, 학교생활기록부, 경찰 기록, 소년전과, 교도소 혹은 구치소에서의 생활태도, 분류심사결과, 그리고 가족 및 친지 방문 인터뷰까지 본 범 이외에 확보할 수 있는 모든 객관적인 통로를 통해 최대한의 정보를 수거하기를 요구한다. 이 모든 정

보가 확보되었을 때에만 각 문항을 평가할 수 있다. 물론 점수를 부여할 때에도 각 문항에 대한 점수 부여방법을 사전에 숙달하여 평가자들이 동일한 기준으로 각 특성들을 평가하도록 노력하여야 한다.

**PCL-R의 요인 구조**    초기의 PCL(Hare, 1980)은 22개 문항으로 구성되었지만, 1985년에 PCL-R이 Hare에 의해서 고안되어 1991년에 정식 출간되었다. 개정된 20개의 PCL-R 문항은 성격장애의 사이코패스를 측정하고 처방하기 위해 설계되었다(Hare et al., 1990). PCL은 Cleckley(1976)의 사이코패스에 대한 임상적 개념을 바탕으로 특성(예: 냉혹함)과 과거력(예: 다양한 범죄력)의 요인 분석에서 파생되었다.

**2요인 모형**    초기 사이코패스는 고전적인 개념인 정신역동의 영향을 받아 성격적 측면과 행동적 측면을 포함한 변수들로 설명하였다(Cleckley, 1941). Cleckley의 이론에 기초하여 Hare (1985)는 PCL을 개발하였다. 사이코패스를 대표하는 성격적 · 행동적 특성을 반구조화된 면담방식으로 평가하여 PCL-R의 2요인 모형의 기초를 만들었다(Hare, Hart, & Harpur, 1991). 이후 2요인 모형을 검증하기 위해 925명의 죄수들과 356명의 감호센터 입원환자들을 대상으로 직교회전을 사용한 공통요인 분석을 시행하여 PCL-R의 구성타당도를 측정하였다(Hare et al., 1990). 요인 분석결과 17문항 2요인 구조[6]가 가장 적합하다는 결론에 도달하였으며, 2개의 요인이었던 대인관계 요인과 반사회적 행동 요인에 대한 각 문항들의 해당 구조가 〈표 4-1〉에 제시되어 있다. 두 요인 중 그 어디에도 높은 부하량을 지니지 못했던 문항은 문란한 성생활, 단기간의 잦은 혼인관계, 다양한 범죄력 문항이었다.

이후 타당도연구는 다양한 표집에 대하여 PCL-R의 요인 구조를 재차 탐색하였다. 이들 연구(Brandt, Kennedy, Patrick, & Curtin, 1997; Darke, Kaye, Finlay-Jones, & Hall, 1998; McDermott, 2000; Cooke & Michie, 2001) 간에 상당히 의견이 일치한 부분은 확인적 요인 분석결과 산출된 PCL-R에 대한 2요인 모형의 적합도는 사실상 만족스러운 수준까지는 도달하지 못한다는 점이었다.

**3요인 모형**    2요인 모형의 요인 검증에 실패하자 Cooke와 Michie(2001)는 2요인을 수정, 보완하여 3요인 모형을 개발하였다. 연구자들은 2,067명을 대상으로 20개 문항 중 13개 문항만으

---

6) 요인부하량 .40을 기준으로 하였다.

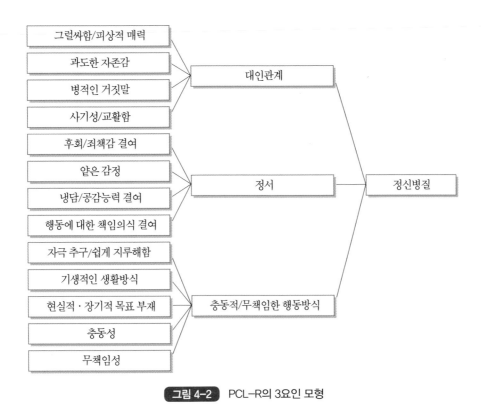

그림 4-2 　 PCL-R의 3요인 모형

로 구성된 3요인 모형이 가장 적합하다는 사실을 제안하였다. 이들 3개 요인은 대인관계, 정서, 충동적이고 무책임한 행동방식이며, 이 세 요인은 전체 정신병질의 하위층을 구성한다고 주장하였다. 3요인 모형에서 특이한 점은 2요인 모형에서 하나의 요인으로 묶였던 대인관계와 정서가 2개의 독립 요인으로 구분되었다는 점과 아동기의 문제행동, 청소년비행, 조건부 석방(유예)의 취소, 다양한 범죄력 등 구체적인 범죄나 비행 행동을 평가하는 문항이 없이도 적합도가 매우 좋았다는 사실이다. Tubb(2002)는 이후 127명의 히스패닉 연방교도소 수감자들을 대상으로도 3요인 모형의 적합도가 우수하게 유지된다는 사실을 확인하였고, Jackson 등(Jackson et al., 2002)도 119명의 북미지역 여성 수감자들을 대상으로 하여 적합도가 우수함을 재차 확인하였다. 이 모형의 가장 큰 특성은 문항 중 과거 범죄력과 연관된 내용을 모두 배제하고 성격 요인으로만 정신병질을 구성하여도 적합도가 그대로 유지될 수 있다는 점이다.

**4요인 모형**　　반사회적인 행동을 제외하고도 적합도가 우수함이 확인된 3요인 모형에 대하여 PCL-R의 원저자 측 연구자들은 다양한 각도에서 이의를 제기하였다. 특히 Cooke와 Michie(2001)의 연구 모형에서 13문항만이 살아남았다는 사실은 Hare(1991)가 정신병질을 개념화할 때 주요 하위개념으로 포함하였던 반사회적 행동 패턴을 이론에서 제외시켜야 하는 것은 아닌 가 하는 의문을 제기하였다. 이러한 결과는 Hare(1991)의 정신병질에 대한 원래의 개념이 적 절치 않을 수도 있다는 견해로도 받아들일 수 있었다. Hare(2003)는 이런 가능성을 반박하면 서 기존의 이론적 틀을 그대로 유지하는 4요인 모형을 제안하기에 이르렀다. [그림 4-3]에는 Hare(2003)가 제안한 4요인 모형이 도식화되어 있다. 4요인 모형은 3요인 모형에서 삭제하였던 범죄 관련 문항을 유지하고 그것들을 새롭게 하나의 요인으로 묶었다.

4요인 모형은 3요인 모형에서의 3개의 요인들로부터 4번째 요인으로 반사회성을 추가했다. 4요인 모형은 지금까지 제안된 모델 유형에서 최상의 모델이라고 여기고 있다. 하지만 현재까지 제한된 실증적 연구만이 4요인을 지지하고 있는 것으로 알려져 있다(Weaver, Meyer, Van Nort, & Tristan, 2006).

4요인 모형의 요인을 검증하기 위해 Vitacco 등(2005)은 98명의 감호소 수감자들을 대상으로 4요인 모형의 적합성을 탐색하였다. 결과는 4요인 모형은 적합도 지수가 거의 완벽에 가까워 상당히 만족스러운 모형인 것으로 확인되었다. 2002년부터 2011년까지 오스트리아의 1,046명 의 성인 남성 성범죄자들을 대상으로 확인적 요인 분석을 실시한 결과 통계적으로 적합하다는

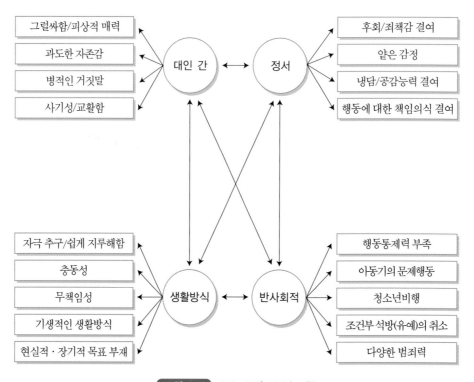

그림 4-3   PCL-R의 4요인 모형

결과가 나왔다(Mokros et al., 2014). 2013년 Olver, Neumann, Wong과 Hare가 캐나다 프레리 지역의 교정센터에서 766명의 캐나다 남성 범법자를 대상으로 한 요인 검증에서도 4요인 모형은 통계적으로 적합하다고 나타났다.

이들 4개의 요인은 대인관계 요인, 정서 요인, 생활방식 요인, 반사회적 행동 요인이었다. 따라서 여기서는 애초에 정신병질이라는 개념 틀에 하위 요인들이 가장 잘 들어맞는 4요인 모형을 PCL-R의 최종적인 구성개념으로 받아들이기로 한다.

Sohn, Lyons, Menard와 Lee(2017)는 한국판 PCL-R에 대한 재범과 위험성 예측력을 연구하였는데, 4요인 중 생활방식 요인이 재범에 강한 예측력을 갖는 것으로 보고하였다. 또한 해당 연구에서는 미래의 위험 행동 가능성에 대하여 생활방식 요인이 예측력을 보였고, 시설 내 태도에서는 대인관계 요인과 정서 요인이 예측력을 갖는 것으로 나타났다.

## 5. 재범 예측도구로서의 PCL-R

정신병질은 재범 가능성을 예측함에 있어 그 어떤 요인보다도 가장 예측력이 좋은 것으로 알려졌다(Hare et al., 1992). 이 점은 후에 재범 여부를 예측하는 측정도구들과의 상대적인 비교를 통하여서도 여러 번 확인되었다. 예언타당도에 관한 실증연구(Hare, 1996; Hare et al., 1992; Harris, Rice, & Cormier, 2002; Harris, Rice, & Quinsey, 1993; Douglas, Ogloff, Nicholls, & Grant, 1999)는 PCL-R의 폭력성 전반에 걸친 일반적인 평균예측력(Area Under Curve: AUC)[7]이 약 .68, 신체적인 폭력에 대한 평균예측력은 약 .73, 성폭력에 관한 평균예측력은 약 .69 정도라고 보고하였다. 이는 전과 등의 범죄력자료의 재범예측력이 .60 정도를 상회한다는 사실을 고려할 때 유의하게 높은 수준이라는 점을 추정하게 한다.

한국판 PCL-R의 재범 예측연구에서는 준거점수가 25점일 때 AUC가 .691로 최대가 되었다

---

7) AUC(Area Under Curve)는 ROC(Receiver Operating Characteristic) 분석에 의해 산출된다. 원래 신호탐지이론에서 출발한 ROC 분석에서의 ROC는 네 가지 예측 가능성에 근거한다. 우선 위험하다고 예측한 범죄자가 후에 진짜로 재범을 하는 경우(True Positive: TP), 위험하다고 예측하였으나 재범을 하지 않는 경우(False Positive: FP), 위험하지 않다고 예측하였던 범죄자가 나중에도 재범을 저지르지 않는 경우(True Negative: TN), 위험하지 않다고 예측하였으나 후에 재범을 저지르는 경우(False Negative: FN)이다(Metz, Wang, & Kronman, 1984). 이 네 가지 가능성을 토대로 예측에 관한 두 가지 지표를 산출할 수 있는데, 그것은 예측도구의 민감성(sensitivity)과 한정성(specificity)이다. 참고로 민감성지표는 TP/(TP+FN)로, 한정성지표는 TN/(FP+TN)으로 산출한다. 이들 두 지표가 높으면 높을수록 진정한 재범자를 제대로 맞힐 확률과 진정한 비재범자를 제대로 맞힐 확률은 증가하고, 이들의 누적함수인 AUC는 커진다.

(조은경, 이수정, 2008). 이수정과 고려진, 김재경(2009)의 구성타당도 연구에서는 실제 재범 여부를 바탕으로 재범 예측을 위한 26점을 새로운 변별기준점으로 산출하였다. 해당 연구에서는 한국판 PCL-R이 Static-99 등의 다른 재범위험성 평가와도 매우 높은 상관관계가 있는 것을 보고하였고, 한국판 PCL-R이 우리나라 범죄자들을 위한 비교적 안정적인 재범 예측 도구로 사용될 수 있음을 주장하였다. 이수정과 김민정(2010)은 국내 범죄자들을 대상으로 재범예측력 연구를 수행하였는데, 재범 추적을 한 결과 성범죄자의 경우 25점이 유의한 예측력을 보였고, 일반 범죄자의 경우에는 1년 이내의 재범 예측에서 30점이 AUC가 .752로 더 우수한 예측력을 갖는다고 보고하였다. 이수정, 고려진, 손세림과 한상국(2016)은 재범 추적을 통하여 PCL-R의 예측타당성을 연구하였는데, 변별기준점을 26점으로 하였을 때 AUC가 .625로 최대치를 나타냈고, 준거집단을 고위험군과 저위험군으로 분류하여 재범 여부와 생존기간을 대조한 결과 고위험군이 저위험군에 비하여 더 빠르게, 그리고 더 많이 재범을 저지른다는 것을 보고하였다. 결론은 국내 범죄자들을 대상으로 한국판 PCL-R의 점수를 근거로 재범 고위험군과 재범 저위험군을 분류하였을 때 재범예측력이 우수하다는 것이다.

Gendreau 등(Gendreau et al., 1997)은 메타분석을 적용하여 위험성 평가 절차에서 주로 사용되는 도구들의 재범예측력을 비교하였다. 1970년 1월부터 1994년 6월까지 이루어졌던 성인범죄자를 대상으로 한 재범연구에서 1,141개의 효과크기를 산출하여 각 연구별로 포함되었던 위험성 평가도구가 미래의 재범을 얼마나 정확하게 예측하는지 분석하였다. 〈표 4-2〉에는 이들의 결과가 제시되어 있다.

표 4-2  재범 예측에 관한 메타분석 결과

| Predictor(k) | N | r(SD) | z± |
|---|---|---|---|
| Risk Scales | | | |
| LSI-R(28) | 4,579 | .35(.08) | .33* |
| SFS(15) | 9,850 | .29(.10) | .26* |
| Wisconsin(14) | 14,092 | .27(.08) | .32* |
| other(66) | 29,290 | .30(.17) | .30* |
| Antisocial Personality Scales | | | |
| MMPI based(16) | 3,420 | .16(.09) | .21* |
| PCL(9) | 1,040 | .28(.09)1 | .29* |
| other(37) | 8,875 | .16(.13) | .16* |

출처: Gendreau et al. (1997).

MMPI에서 자기보고식으로 평가된 반사회성척도보다 PCL-R과 같이 보험통계적(actuarial) 방식으로 전문평가자들에 의해 평정된 지표들의 재범예측력이 상대적으로 더 우수하였다. 특히 LSI-R(The Level of Service Inventory-Revised; Andrews & Bonta, 1995), SFS(Salient Factor Score; Hoffman, 1983), 그리고 PCL-R 등이 상대적으로 우수한 예측력을 지녔다. 이들 지표에 비하여 전과 경력은 재범 여부와 평균 .18 정도의 상관을 지녔으며, 재범과 가족구조는 .10, 성별은 .10, 사회경제적 지위는 .06 정도의 관련성을 지녔다. 따라서 PCL-R을 포함한 위험성 평가도구들의 재범예측력이 상대적으로 더 우수하다는 사실을 확인할 수 있었다. 6년 후에 실시된 또 다른 메타분석(Gendreau, Goggin, & Smith, 2002)에서도 이와 같은 결과는 재확인되었는데, 일반 재범과 PCL-R의 평균상관은 .25, 폭력적인 재범과 PCL-R의 평균상관은 .21 정도였으며, LSI-R과 일반 재범은 .38의 평균상관을, LSI-R과 폭력적인 재범과는 .29 정도의 평균상관이 산출되었다.

## 6. 정신병질 평가도구의 형사사법적 활용도

재범에 관한 메타분석은 PCL-R의 재범예측력이 그 어떤 범죄 관련 과거 기록, 인구학적 변수 혹은 환경 요인, 심지어 자기보고식으로 측정된 MMPI의 하위척도보다 더 우수함을 확인해 준다. 이와 같은 결과는 형사사법 현장에서 이들 도구의 활용도 면에서 매우 시사점이 크다. PCL-R과 그 이후에 개발된 LSI-R과 같은 보험통계적 위험성 평가도구들은 판결 과정 중 위험성을 평가하거나 재범을 예측해야 하는 경우에 더욱 많이 사용될 가능성이 있다. 피고인이나 재소자에 대한 전문가 감정 절차가 일반화된 북미지역, 그중에서도 특히 캐나다 대법원[8]과 미국의 텍사스, 오리건주 법원 등은 PCL-R 등의 위험성 평가도구를 이용하여 피고인이나 재소자의 위험성을 평가하는 일을 인가하고 있다.

이는 FBI 등 범죄수사에서도 범죄 프로파일링(criminal profiling)의 주요 기준으로 채택된 바 있는데, Petherick(2003)은 범죄현장의 특성을 토대로 해서도 범죄자의 유형을 정신병질적(psychopathic) 유형과 정신증적(psychotic) 유형으로 구분할 수 있음을 제안하였다. 전자에 해당

---

8) 캐나다 대법원[FC 870, T-1725-02 Vancouver, B. C.(2003)]에서는 시민의 안전을 보호할 국가의 책임을 근거로 수형자가 사회로 복귀할 시 위험성평가를 시행할 것을 의무화하였다. 이때 위험성 평가를 시행하는 주체는 사회과학·행동과학·의학 분야에서 대학원 수준의 학위를 취득하고 관련 분야에 전문지식이 있는 자로서 PCL-R 등과 같은 표준화된 위험성 평가도구를 사용하여야 한다고 정하고 있다. 평가결과의 신뢰성을 위하여 두 평가자의 평균치를 적용할 것을 권고하고 있다.

하는 범죄자의 사건 현장은 계획적이고 매우 잘 정돈된 반면, 후자의 경우에는 사건 현장에 우발적이고 폭발적인 폭행의 흔적이 있고 비구조화된 특징이 발견된다. 피해자의 선택에서도 전자의 경우에는 아예 면식이 없는 낯선 자를 선택하지만, 정신증적 범죄자의 경우에는 피해자와 어떤 식으로든(한 동네에 산다든가) 관련이 있는 경우가 많다. 나아가 살인사건의 경우에 정신증적 살인범은 범행 후에 시체를 사건 현장에 그대로 남겨두지만, 정신병질적 살인범은 시체를 교묘하게 유기한다고 한다.

　앞서 잠시 언급하였지만 판결 절차 중에도 피고인의 위험성 및 재범 가능성에 대한 평가는 매우 중요하다. Lally(2003)는 법정에서 사용되는 여러 평가도구에 대한 적합도 여부를 64명의 법정심리학 학위를 지닌 전문가들에게 평가시켰다. 이들은 모두 미국 법정심리위원회(Amerian

**표 4-3　성폭력 위험성 평가도구**

| 분류유목 | 측정도구 |
|---|---|
| 강력 추천 | PCL−R(62%) |
| 적합 | PCL−R(91%), MMPI−2(81%), PCL−SV(71%), WAIS−III(71%), VRAG(67%), SORAG (62%), penile plethysmograph(60%), SVR−20(57%), PAI(55%) |
| 애매−부적합 | MCMI−III, Stanford-Binet-Revised |
| 애매−판단 유보 | Abel Screen, WASI, KBIT, Halstead-Reitan, Luria-Nebraska |
| 매우 부적합 | Projective drawings(95%), sentence completion(76%), TAT(76%), 16PF(60%), Rorschach(52%), MCMI-II(50%) |
| 판단 유보 | Aggressive Sexual Behavior Inventory(81%), Coercive Sexual Fantasie Questionnaire (76%), MASA(76%), RMAS(72%), MSI(57%) |

**표 4-4　폭력 위험성 평가도구**

| 분류유목 | 측정도구 |
|---|---|
| 강력 추천 | PCL−R(63%) |
| 적합 | PCL−R(88%), MMPI−2(88%), PCL−SV(73%), WAIS−III(67%), PAI(61%) |
| 애매−부적합 | MCMI(II & III), Stanford-Binet-Revised |
| 애매−판단 유보 | HCR−20, WASI, KBIT, Luria-Nebraska, Halstead-Reitan |
| 매우 부적합 | Projective drawings(90%), TAT(82%), sentence completion(71%), Rorschach(53%), 16PF(53%) |
| 판단 유보 | LSI(80%) |

Board of Forensic Psychology)에 등록되어 있는 회원이었다. 전문가들은 법정 감정 절차에서 주로 다루는 여섯 가지 주제(범행 당시의 정신상태에 대한 평가 등)를 평가함에 있어서 심리평가도구의 적합도를 여섯 가지 등급으로 평가하였다. 〈표 4-3〉과 〈표 4-4〉에는 이들 주제 중 성폭력에 대한 위험 가능성과 폭력에 대한 위험 가능성을 평가하는 데 사용되는 도구들과 추천 정도가 제시되어 있다.

결과적으로 보자면 성폭력과 폭력의 위험성에 대한 평가에 있어서 전문가들은 MMPI-Ⅱ(Minnesota Multiphasic Inventory-Ⅱ: MMPI-Ⅱ)보다는 PCL-R을 더 많이 추천하였다는 점이 인상적인데, 그 이유는 자기보고식 검사지보다는 제3자(전문평가자)에 의한 평정치가 범죄자의 의도적인 왜곡 가능성으로부터 더 자유롭게 정신병질 등의 위험 특질을 평가할 수 있기 때문이다.

교정 분야 역시 정신병질은 재범 예방을 위한 교화 프로그램의 예후를 평가하는 데 도움이 된다. 정신병질자의 치료에 관하여 Wong(2000)은 성인 정신병질자의 치료를 다룬 문헌이 그 당시까지 75개 정도 존재한다는 사실을 확인하였다. 이들 중 많은 연구는 사이코패스에 대한 부적당한 진단 기준, 치료 프로그램의 불충분한 설명, 추적조사의 부재 등 다양한 문제를 안고 있었다. 이들 연구 중 신빙성 있는 연구결과를 보고하고 있는 연구는 Ogloff, Wong과 Greenwood(1990)의 연구로서 사회 내 처우 프로그램의 효과성을 검증한 것이었다. 연구자는 내담자를 정신병질, 비정신병질, 혼합집단 등으로 나누어 집단상담 프로그램을 실시하였는데, 이 중 PCL 점수가 가장 높았던 집단의 프로그램 탈락률이 가장 높았으며 이들은 더 낮은 동기, 기능 향상에서 정체를 보였다. Harris 등(1991), 그리고 Rice, Harris와 Cormier(1992)는 치료 프로그램에 참여하였던 사람 중 정신병질의 수준이 높은 사람이 후에 더 재범을 많이 저지르는 것으로 확인하였다. 재범을 직접적인 종속측정치로 사용하지 않고 다양한 심리 기능의 향상으로 치료 효과를 평가하였던 Salekin(2002)의 연구에서는 보다 구조화되고 집중적인 치료 프로그램을 실시하는 경우에 정신병질에 대한 치료 효과가 보다 더 높을 수 있음을 제안하였다. 하지만 이 연구에서는 교화 프로그램의 성공 여부를 측정하는 데 재범률을 채택하지 않았음을 주목할 필요가 있다.

평균 5.2년 동안 프로그램 참가자들의 재범 여부를 추적조사한 Seto와 Barbaree(1999)는 재범 여부가 치료 후 행동보다는 애초의 PCL-R 점수와 깊이 관련되어 있다는 것을 확인했다. 이는 정신병질의 정도에 따라 치료 효과가 차별적으로 발휘될 수 있다는 사실을 추정하게 하는데, Looman, Abracen, Serin과 Marquis(2005)는 이 점을 154명의 캐나다 연방교도소 수감자들을 대상으로 확인하였다. 1994년부터 1998년까지 치료에 참여하였던 154명의 성범죄자 중 재범 조사 당시 출소한 사람은 102명이었고, 이들의 재범 여부는 폭력범죄, 성범죄, 비폭력범죄 등으로 구별하였다. 참가자 중 70.4%가 재범을 하였고, 보호관찰 규칙 위반까지를 재범으로 평가하였다. [그림 4-4]에는 PCL-R 점수상에서 구분된 프로그램 참가자의 생존율이 도식화되어 있다. 이 그래프는 치료 과정 중 상당히 치료 효과가 좋았다고 평가되었던 사람과 그렇지 못했던 사람, 그리고 PCL-R의 중앙치를 중심으로 상하로 나눈 4개의 준거집단이 평균 5년 정도의 기간 동안에 재범을 저지르지 않고 성공적으로 생존한 결과를 제시하고 있다. 재미있는 점은 PCL-R 점수가 상대적으로 더 높았으나 치료 과정에 중 치료자에 의해 예후가 좋다고 판단된 사람의 생존 가능성이 가장 저조하다는 사실이다. 이 결과는 정신병질적 소양이 어떻게 교화 프로그램의 치료 효과와 상호작용하는지를 극적으로 보여 준다. 정신병질적 특성이 있는 사이코패스는 자신을 위장하거나 기만하는 데 자질이 있기 때문에 프로그램 시행 중에는 치료 효과를 과장하고 예후가 좋은 것처럼 조작한다. 하지만 프로그램이 종료되고 더 이상 기만할 필요성이 없을 시에는 본모습을 드러낸다고 해석할 수 있다.

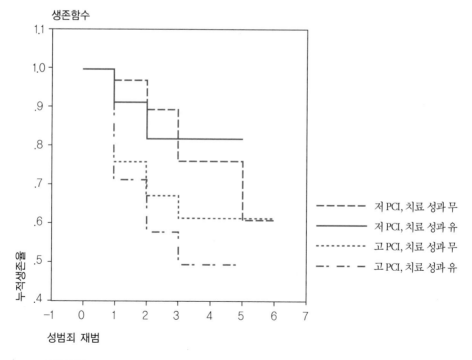

**그림 4-4**  PCL-R 점수와 치료의 예후에 따른 4개의 준거집단의 재범 여부 생존 분석

출처: Looman et al. (2005).

## 7. 국내 형사사법 현장에서의 PCL-R 활용 가능성

국내에서도 형사사법 현장에서 피고인이나 교도소 수감자 혹은 보호관찰 대상자의 위험성을 평가하는 일은 상당히 일상적인 업무로 시행되고 있다. 예방단계, 수사단계, 재판단계, 그리고 교정단계 등 거의 모든 형사사법단계에서 피의자 면담, 청구전조사, 수형자 분류심사, 가석방심사, 재범 예측 등 수많은 형사사법적 결정은 사실상 특정 범죄자에 대한 위험성 평가를 토대로 이루어진다. 따라서 위험성 평가에 도움이 되는 평가 절차의 개발은 국내의 형사사법 현장에서도 주요 과제가 아닐 수 없다. 특히 PCL-R은「특정 범죄자에 대한 보호관찰 및 전자장치 부착 등에 관한 법률」상 청구전조사에서 사용되고 있다.

현행「특정 범죄자에 대한 보호관찰 및 전자장치 부착 등에 관한 법률」상 청구전조사는 동법에서 규정한 위치추적 전자장치의 부착명령 청구요건에 해당하는 피의자에 대하여 전자장치의 부착명령 청구 및 판단을 위한 피의자에 관련된 정보를 조사하는 것을 의미한다.[9]

청구전조사는 검사가 보호관찰소(지소를 포함)에 청구하며, 조사의 주된 내용은 범죄의 동기, 피해자와의 관계, 심리 상태, 재범의 위험성 등 전자발찌 부착명령의 청구 및 판단을 위해 필요한 피의자의 정보 관련 사항이다.

청구전조사 제도는 전자발찌 부착명령의 필요성을 판단하기 위한 것으로, 전자발찌 청구 대상자의 실질적 요건을 사전에 충분히 조사하여 검사의 청구와 법원의 판결에 참고하기 위한 것이다(한영수, 강호성, 이형섭, 2013). 동법 제5조에서 규정된 형식적 요건을 충족하는 모든 피의사건에서 검사는 재범 위험성 여부를 판단하기 위해 청구전조사를 요청하며, 이때 조사 회보된 자료는 전자발찌 부착명령에 관한 재판에서도 피부착명령 청구자에 대한 재범 위험성 판단의

---

9)「특정 범죄자에 대한 보호관찰 및 전자장치 부착 등에 관한 법률」제6조(조사) ① 검사는 부착명령을 청구하기 위하여 필요하다고 인정하는 때에는 피의자의 주거지 또는 소속 검찰청(지청을 포함한다. 이하 같다) 소재지를 관할하는 보호관찰소(지소를 포함한다. 이하 같다)의 장에게 범죄의 동기, 피해자와의 관계, 심리 상태, 재범의 위험성 등 피의자에 관하여 필요한 사항의 조사를 요청할 수 있다.
② 제1항의 요청을 받은 보호관찰소의 장은 조사할 보호관찰관을 지명하여야 한다.
③ 제2항에 따라 지명된 보호관찰관은 지체 없이 필요한 사항을 조사한 후 검사에게 조사보고서를 제출하여야 한다. 〈개정 2012. 12. 18.〉
④ 검사는 제1항의 요청을 받은 보호관찰소의 장에게 조사진행 상황의 보고를 요구할 수 있다. 〈신설 2012. 12. 18.〉
⑤ 검사는 부착명령을 청구함에 있어서 필요한 경우에는 피의자에 대한 정신감정이나 그 밖에 전문가의 진단 등의 결과를 참고하여야 한다. 〈개정 2012. 12. 18.〉

핵심적인 근거 자료가 된다(김지선 외, 2014 재인용).

우리나라는 고위험 성폭력범죄자, 형기종료자와 가석방 및 가종료자를 대상으로 사회 내 관리 및 감독을 강화하기 위한 방편으로 실시되고 있으며, 시행 1년 이후에 간단한 효과성 분석 결과를 바탕으로 그 대상을 미성년자 유괴범죄, 살인범죄, 강도범죄로 확대한 것과 더불어 전자감독제도 실시 전에 유죄 확정 판결을 받고 형 집행을 종료한 지 3년이 경과하지 않은 성폭력범죄자에게도 소급 적용하고 있다.

현재 전자장치 부착 대상자를 선정하기 위해 청구전조사에서 활용하는 평가도구는 한국 성범죄자 재범 위험성 평가척도인 KSORAS[10]와 PCL-R이다. 2011년 6월 17일부터 청구전조사에 PCL-R이 활용되기 시작했으며, 주로 살인범죄나 아동유괴범죄에 활용된다. PCL-R은 성폭행 범죄를 대상으로 한 KSORAS와 함께 전자발찌 부착명령 청구나 선고에도 주요한 참고자료가 된다. 청구전조사 보고서 작성 시 조사관은 KSORAS와 PCL-R을 같이 체크해서 두 결과를 보고 재범 위험성의 '상' '중' '하'를 판단한다. 이때 두 가지 평가척도의 결과가 모두 '높음'이 나오는 경우에는 조사 지침에 따라 전자장치 부착 의견을 제시하도록 되어 있다. 둘 중 하나가 '중간'이거나 모두 '중간'으로 나온 경우에는 조사관이 그 외의 다른 요소를 고려하여 부착 의견을 제시하도록 되어 있다. 판결문에도 부착명령 KSORAS와 PCL-R의 결과 내지 점수가 부착명령 청구의 인용 내지 기각에 중요한 판단 근거로 명시된다. 이는 판사가 재범 위험성을 판단할 때에 각 평가척도의 점수를 고려하여 부착을 결정한다는 것을 의미하며, 현재 전자발찌 부착명령의 선정 및 결정에 가장 중요하게 고려되는 요인은 KSORAS나 PCL-R과 같은 재범 위험성 평가척도의 점수결과라고 볼 수 있다. 그러므로 부착 대상자를 선정하고 결정하는 검사나 판사와 같은 사법 판단자에게는 이러한 평가척도가 재범 위험성 예측에 정확한 결과를 제공하는지 여부가 중요한 쟁점이 된다(김지선 외, 2014).

MMPI나 PAI 등 자기보고식 종합심리검사 이외에 재범의 위험성을 평가할 수 있는 별다른 도구가 없는 현 실정을 고려할 때 PCL-R과 같은 재범에 대한 예언타당도가 확보된 도구의 활용은 그 필요가 절실하다.

---

10) KSORAS(Korean Sex Offender Risk Assessment Scale)는 국내 12개 교도소와 8개 보호관찰소에서 수집한 163명에 대한 데이터를 기초로 개발한 성범죄자 재범위험성 평가척도로, 전자장치 부착 대상자군의 재범위험성을 평가하는 계량적 도구이다(법무부, 2008). KSORAS 점수가 13점 이상이거나, 피해자가 아동이거나, 2인 이상인 경우에 조사한다(조사담당 보호관찰관 1명). 피조사자의 범죄전력과 관련된 정적 요인이 점수로 표현된다.

# 8. 논의 및 제언

이 장에서는 정신병질의 개념과 사이코패스의 인지행동 기능상의 특징에 대하여 살펴보았다. 범죄력이 있는 사이코패스의 재범에 관한 연구는 현재 활발하게 수행되고 있으며, 일부에서는 교정치료를 시도하고 그 결과를 보고하고 있다. 형사사법적으로도 미국과 캐나다, 영국, 호주 등에서는 위험성 평가 절차의 일부로서 PCL-R을 널리 사용하고 있다. 가석방 등의 형사사법적 의사결정 과정뿐 아니라 죄질의 개선 정도를 평가하기 위해 이 도구를 활용하고 있다. 이때 정신병질과 관련하여 나름대로 합의를 이루는 사실은 정신병질적 특성은 재범의 가장 효과적인 예측변수이며, 현재의 치료방법으로 사이코패스를 교정 및 교화시키기는 매우 어렵다는 점이다.

외국의 형사사법 현장에서 사이코패스라는 구분은 해당 피고인이나 재소자의 죄질이 개선될 여지가 없음을 강력히 예견하는 의미가 있으며, 따라서 형사사법단계에서 사이코패스라고 진단되는 것은 당사자에게는 상당히 불리하게 작용할 가능성이 있다. 이 문제는 정신감정에 있어 미래의 폭력 가능성을 예측하고 치료를 강제함으로써 야기되는 고전적 논쟁인 인권침해 가능성 그리고 이중처벌 금지의 위배와 같은 논쟁으로 회귀된다. 하지만 Kansas 대 Hendricks 판례(Kansas v. Hendricks 117 S Ct 2072_1997)는 공공의 안정과 이익을 이유로 위험 예측의 합법성을 인정한 바 있으며, 국내의 경우에도 성보호법 위반 대상의 신상공개와 관련하여 그들의 잠재적 위험성은 사회의 공익 유지 차원에서 공개하여도 무방하다는 점을 헌법재판소에서 인정한 바 있다. 따라서 판결전조사나 분류심사 단계에서 공공연하게 실시되고 있는 국내 범죄자에 대한 위험성 평가 절차는 재범 예측 타당도를 확보한 PCL-R 등의 도구를 활용하여 한 단계 더 전문화될 수 있을 것이다.

심리학적으로 보더라도 임상가의 주관적 판단에 근거하여 이루어지는 재범 예측은 매우 높은 오류긍정률(false positive)을 보여 예언타당도에 심각한 하자가 있다는 점이 지적되어 왔다. 따라서 연구자들은 판단에 보다 객관성을 확보할 수 있는 보험통계적 평가방법을 더 활용할 것을 권고한 바 있다(Grubin, 1999; Grove, Zald, Lebow, Snitz, & Nelson, 2000; Hood, Shute, Feilzer, & Wilcox, 2002). 실증연구(Goggin, 1994)에도 임상가들의 주관적 판단은 재범과의 평균상관이 .08 정도밖에 되지 않지만, 보험통계적 평가도구는 재범과의 평균상관이 .20을 넘는다는 사실을 보고하였다. 따라서 자기보고식 검사양식 대신 보험통계적 평가양식을 따르는 PCL-R의 사용은 재범 예측의 정확성을 기준으로 하더라도 가능한 한 빠른 시일 내에 국내에서 활용되어야 할 것이다. 이를 위해서는 한국형 정신병질을 진단할 수 있는 평가 기준을 탐색하고 표준화된 준거 측정치들을 포함한 타당도 연구가 다수 수행될 필요가 있다.

## 참고문헌

김지선, 장다혜, 김정명, 김성언, 한영수, 강호성, 문희갑(2014). 성폭력범죄자 사후관리시스템에 대한 평가연구(II). 형사정책연구원 연구총서, 625-648.

이수정, 고려진, 김재경(2009). 한국판 Psychopathy Checklist-Revised(PCL-R)의 구성타당도 연구. 한국심리학회지: 사회 및 성격, 23, 57-71.

이수정, 고려진, 박혜란(2008). 한국 성범죄자 위험성 평가도구 개발 및 타당도 연구. 형사정책연구, 76, 1-37.

이수정, 고려진, 손세림, 한상국(2016). 재범 추적을 통한 한국판 PCL-R의 예측타당성 연구. 형사정책연구, 27(2), 1-29.

이수정, 김민정(2010). 국내 범죄자를 대상으로 한 PCL-R 재범예측력에 대한 연구. 한국심리학회지: 법정, 1, 43-55.

이수정, 허재홍(2004). 잠재적 범죄위험 요인으로서의 정신병질(psychopathy). 한국심리학회지: 사회문제, 10(2), 39-77.

조은경, 이수정(2005). 한국 PCL-R 자료의 예비분석 결과. 범죄와 싸이코패시: 이해와 대책. 국제심포지움 발표논문집, 78-84.

조은경, 이수정(2008). 한국판 표준화: PCL-R 전문가 지침서. 서울: 학지사 심리검사연구소.

한영수, 강호성, 이형섭(2013). 한국전자감독제도론: 범죄인 위치추적과 전자발찌 운용에 관한 이론과 실무. 서울: 박영사.

Andrews, D. A., & Bonta, J. (1995). *The level of service inventory-revised*. Toronto: Multi-Health Systems.

Blackburn, R., & Lee-Evans, M. J. (1985). Reactions of primary and secondary psychopaths to anger evoking situations. *British Journal of Clinical Psychology, 24*, 93-100.

Blair, K. S., Newman, C., Mitchell, D. G. V., Richell, R. A., Leonard, A., Morton, J., & Blair, R. J. R. (2006). Differentiating among prefrontal substrates in psychopathy: Neuropsychological test findings. *Neuropsychology, 20*(2), 153-165.

Blair, R. J. R. (2001). Neuro-cognitive models of aggression, the antisocial personality disorders and psychopathy. *Journal of Neurology, Neurosurgery & Psychiatry, 71*, 727-731.

Blair, R. J. R. (2004). The roles of orbital frontal cortex in the modulation of antisocial behavior. *Brain Cognitive, 55*, 198-208.

Blair, R. J. R., & Coles, M. (2000). Expression recognition and behavioral problems in early adolescence. *Cognitive Development, 15*, 421-434.

Brandt, J. R., Kennedy, W. A., Patrick, C. J., & Curtin, J. J. (1997). Assessment of psychopathy in a population of incarcerated adolescent offenders. *Psychological Assessment, 9*, 429-435.

Burt, S. A., Krueger, R. F., McGue, M., & Iacono, W. G. (2001). Sources of covariation among attention-deficit/hyperactivity disorder, oppositional defiant disorder, and conduct disorder: The importance of shared environment. *Journal of Abnormal Psychology, 110*(4), 516.

Buss, A. H. (1961). *The psychology of aggression.* New York: John Wiley & Sons.

Cleckley, H. M. (1941). *The mask of sanity: An attempt to reinterpret the so-called psychopathic personality.* St. Louis: Mosby.

Cleckley, H. M. (1976). *The mask of sanity: An attempt to clarify some issues about the so-called psychopathic personality* (5th ed.). St. Louis: Mosby.

Cloninger, C. R., & Gottesman, I. I. (1987). Genetic and environmental factors in antisocial behavior disorders. In S. A. Mednick, T. E. Motiitt, & S. A. Stack (Eds.), *The causes of crime: New biological approaches* (pp. 92-109). New York: Cambridge University Press.

Cloninger, C. R., Sigvardsson, S., Bohman, M., & Von Knorring, A. L. (1982). Predisposition to petty criminality in Swedish adoptees: II. Cross-fostering analysis of gene-environment interaction. *Archives of General Psychiatry, 39*(11), 1242-1247.

Cooke, D. J. (1998). Cross-cultural aspects of psychopathy. *Psychopathy: Antisocial, criminal, and violent behavior,* 260-276.

Cooke, D. J., & Michie, C. (2001). Refining the construct of psychopathy: Towards a hierarchical model. *Psychological Assessment, 13*, 171-188.

Craft, M., Stephenson, G., & Granger, C. (1964). A controlled trial of authoritarian and self-governing regimes with adolescent psychopaths. *American Journal of Orthopsychiatry, 34*, 543-554.

Darke, S., Kaye, S., Finlay-Jones, R., & Hall, S. (1998). Factor structure of psychopathy among methadone maintenance patients. *Journal of Personality Disorders, 12*, 162-171.

Douglas, K. S., Ogloff, J. P., Nicholls, T. L., & Grant, I. (1999). Assessing risk for violence among psychiatric patients: The HCR-20 violence risk assessment scheme and the Psychopathy Checklist: Screening Version. *Journal of Consulting and Clinical Psychopathy, 67*, 917-930.

Dumas, J. E., Gibson, J. A., & Albin, J. B. (1989). Behavioral correlates of maternal depressive symptomatology in conduct-disorder children. *Journal of Consulting and Clinical Psychology,*

57(4), 516-521.

Ekblad, S. (1988). Influence of child-rearing on aggressive behavior in a transcultural perspective. Acta psychiatrica scandinavica. *Supplementum, 78*(344), 133-139.

Eysenck, H. J. (1977) *Crime and personality* (3rd ed.). London: Routledge & Kegan Paul.

Fairweather, G. W. (1954). The effect of selective incentive conditions on the performance of psychopathic, neurotic, and normal criminals in a serial rote learning situation. *Dissertation Abstracts International, 14*, 394-395. (University Microfilms No. 6940).

Farrington, D. P., & West, D. J. (1990). *The Cambridge study in delinquent development: A long-term follow-up of 411 London males* (pp. 115-138). Springer Berlin Heidelberg.

Fowles, D. C. (1980). The three arousal model: Implications of gray's two-factor learning theory for heart rate, electrodermal activity, and psychopathy. *Psychophysiology, 17*, 87-104.

Fowles, D. C. (1988). Psychophysiology and psychopathy: A motivational approach. *Psychophysiology, 25*, 373-391.

Frick, P. J. (1998). *Conduct disorders and severe antisocial behavior.* New York: Plenum.

Frick, P. J., Barry, C. T., & Bodin, S. D. (2000). Applying the concept of psychopathy to children: Implications for the assessment of antisocial youth. In C. B. Gacono (Ed.), *The clinical and forensic assessment of psychopathy: A practitioner's guide*, 3-24.

Frick, P. J., Barry, C. T., & Bodin, S. D. (in press). Applying the concept of psychopathy to children: Implications for the assessment of antisocial children and adolescents. In C. B. Gacono (Ed.), *The clinical and forensic assessment of psychopathy: A practitioner's guide.*

Fullam, R., & Dolan, M. (2006). Emotional information processing in violent patients with schizophrenia: Association with psychopathy and symptomatology. *Psychiatry Research, 141*(1), 29-37.

Gendreau, P., Goggin, C., & Little, T. (1997). *Predicting adult offender recidivism: What works!.* Public Works and Government Services Canada.

Gendreau, P., Goggin, C., & Smith, P. (2002). Is the PCL-R really the 'unparalleled' measure of offender risk?: A lesson in knowledge cumulation. *Criminal Justice and Behavior, 29*(4), 397-426.

Gerard, J. B. (1999). The medical model of mental illness-Its application to the insanity defense. *International Journal of Law and Psychiatry, 22*(1), 65-78.

Goggin, C. E. (1994). *Clinical versus mechanical prediction: A meta-analysis.* Unpublished manuscript. University of New Brunswick, St. John, New Brunswick, Canada.

Goldsmith, H. H., & Gottesman, I. I. (1996). Heritable variability and variable heritability in developmental psychopathology. *Frontiers of Developmental Psychopathology*, 5-43.

Grant, V. W. (1977). *The menacing strangers: A primer on psychopathy*. Oceanside, NY: Dabor Science Publications.

Gray, K. G., & Hutchison, H. C. (1964). The Psychopathic personality: A Survey of Canadian psychiatrist's opinions. *Canadian Psychiatric Association Journal, 28*, 452-461.

Greer, S. (1964). The relationship between parental loss and attempted suicide: A control study. *The British Journal of Psychiatry, 110*(468), 698-705.

Grove, W. M., Zald, D. H., Lebow, B. S., Snitz, B. E., & Nelson, C. (2000). Clinical versus mechanical prediction: A meta-analysis. *Psychological Assessment, 12*(1), 19-30.

Grubin, D. (1999). Actuarial and clinical assessment of risk in sex offenders. *Journal of Interpersonal Violence, 14*(3), 331-343.

Hare, R. D. (1970). *Psychopathy*. New York: Wiley.

Hare, R. D. (1978). Electrodermal and cardiovascular correlates of psychopathy. In R. D. Hare, & D. Schalling (Eds.), *Psychopathic behavior: Approaches to research* (pp. 107-143). New York: Wiley.

Hare, R. D. (1980). A research scale for the assessment of psychopathy in criminal populations. *Personality and Individual Differences, 1*, 111-119.

Hare, R. D. (1984). Performance of psychopath on cognitive task related to frontal lobe fumctions. *Journal of Abnormal Psychology, 93*(2), 133-140.

Hare, R. D. (1985). Comparison of procedures for the assessment of psychopathy. *Journal of Consulting and Clinical Psychology, 53*(1), 7-16.

Hare, R. D. (1986). *The Hare psychopathy checklist*. Ontario, Canada: Toronto Multi-Health Systems.

Hare, R. D. (1991). *The Hare psychopathy checklist-revised*. Ontario, Canada: Toronto, Ontario, Canada: Multi-Health Systems.

Hare, R. D. (1996). Psychopathy: A clinical construct whose time has come. *Criminal Justice and Behavior, 23*, 25-54.

Hare, R. D. (2003). *The Hare psychopathy checklist-revised* (2nd ed.). Toronto, Ontario, Canada: Multi-Health Systems.

Hare, R. D., & Craigen, D. (1974). Psychopathy and physiological activity in a mixed-motive game situation. *Psychophysiology, 11*, 197-206.

Hare, R. D., Forth, A. E., & Stachan, K. E. (1992). Psychopathy and crime across the life span. In R. D. Peters, R. J. McMahon, & V. L. Quinsey (Eds.), *Aggression and violence throughout the life span*. Newburry Park, CA: Sage.

Hare, R. D., Harpur, T. J., Hakstian, A. R., Forth, A. E., Hart, S. D., & Newman, J. P. (1990). The revised psychopathy checklist: Reliability and factor structure. *A Journal of Consulting and Clinical Psychology, 2*(3), 338-341.

Hare, R. D., Hart, S., & Harpur, T. (1991). Psychopathy and the DSM-IV criteria for antisocial personality disorder. *Journal of Abnormal Psychology, 100*(3), 391-398.

Harris, G. T., Rice, M. E., & Cormier, C. A. (1991). Psychopathy and violent recidivism. *Law and Human Behavior, 15*(6), 625-637.

Harris, G. T., Rice, M. E., & Cormier, C. A. (2002). Prospective replication of the violence risk appraisal guide in predicting violent recidivism among forensic patients. *Law and Human Behavior, 26*, 377-394.

Harris, G. T., Rice, G. T., & Quinsey, V. L. (1993). Violent recidivism of mentally disordered offenders: The development of a statistical prediction instrument. *Criminal Justice and Behavior, 20*(4), 315-335.

Hoffman, P. B. (1983). Screening for risk: A revised Salient Factor Score (SF81). *Journal of Criminal Justice, 11*, 539-547.

Hood, R., Shute, S., Feilzer, M., & Wilcox, A. (2002). Sex offenders emerging from long-term imprisonment: A study of their long-term reconviction rates and of parole board members' judgements of their risk. *British Journal of Criminology, 42*(2), 371-394.

Intrator, J., Hare, R., Stritzke, P., Brichtswein, K., Dorfman, D., Harpur, T., Bernstein, D., Handelsman, L., Schafer, C., Keilp, J., Rosen, J., & Machac, J. (1997). A brain imaging (single photon emission computerized tomography) study of semantic and affective processing in psychopaths, Biological. *Psychiatry 42*, 96-103.

Jackson, R. L., Rogers, R., Neumann, C. S., & Lambert, P. L. (2002). Female psychopathy: Does it conform to the two-factor model?. *Criminal Justice and Behavior, 29*, 692-704.

Johns, J. H., & Quay, H. C. (1962). The effect of social reward on verbal conditioning in psychopathic and neurotic militairy offenders. *Journal of Consulting Psychology, 26*, 217-220.

Kiehl, K. A. (2004). A paralimbic dysfunction hypothesis of psychopathy: A cognitive neuroscience perspective. In D. Barch (Ed.), *Cognitive and affective neuroscience of psychopathology.* Oxford University Press.

Kiehl, K. A., Hare, R. D., McDonald, J. J., & Brink, J. (1999). Semantic and affective processing in psychopaths: An Event-Related Potential (ERP) study. *Psychophysiology, 36*, 765-774.

Kosson, D. S., Suchy, Y., Mayer, A. R., & Libby, J. (2002). Facial affect recognition in criminal psychopaths. *Emotion, 2*, 398-411.

Lally, S. J. (2003). What test are acceptable for use in forensic evaluations?: A survey of experts.

*Professional Psychology: Research and Practice, 34*(5), 492–498.

Lee, S. J., Sohn, J. S., Lyons, P., & Menard, S. (2017). Testing the three-and four-factor models of the Korean version PCL-R as predictors of two antisocial outcomes?: Recidivism and risk. *Psychology, Crime & Law, 18*, 1–15.

Lee, S. J., Miller, H. A., & Moon, J. (2004). Exploring the forensic use of the Emotional Recognition Test (ERT). *International Journal of Offender Therapy and Comparative Criminology, 48*(6), 664–682.

Levenston, G. K., Patrick, C. J., Bradley, M. M., & Lang, P. J. (2000). The psychopath as observer: Emotion and attention in picture processing. *Journal of Abnormal Psychology, 109*, 373–385.

Loeber, R. (1990). Development and risk factors of juvenile antisocial behavior and delinquency. *Clinical Psychology Review, 10*(1), 1–41.

Loeber, R., & Dishion, T. J. (1983). Early predictors of male delinquency: A review. *Psychological Bulletin, 94*, 68–94.

Looman, J., Abracen, J., Serin, R., & Marquis, P. (2005). Psychopathy, treatment change, and recidivism in high-risk, high-need sexual offenders. *Journal of Interpersonal Violence, 20*, 549–568.

Lorenz, A. R., & Newman, J. P. (2002). Short report: Utilization of emotion cues in male and female offenders with antisocial personality disorder-Results from a lexical decision task. *Journal of Abnormal Psychology, 111*(3), 513–516.

Lykken, D. T. (1957). A study of anxiety in the sociopathic personality. *Journal of Abnormal and Social Psychology, 55*, 6–10.

Lykken, D. T. (1995). *The antisocial personalities.* Mahwah, NJ: Erlbaum.

Lynam, D. R. (1996). Early identification of chronic offenders: Who is the fledgling psychopath?. *Psychological Bulletin, 120*(2), 209–234.

Lyons, M. J., True, W. R., Eisen, S. A., Goldberg, J., Meyer, J. M., Faraone, S. V., Eaves, L. J., & Tsuang, M. T. (1995). Differential heritability of adult and juvenile antisocial traits. *Archives of General Psychiatry, 52*(11), 906–915.

Marshall, L. A., & Cooke, D. J. (1999). The childhood experiences of psychopaths: A retrospective study of familial and societal factors. *Journal of Personality Disorders, 13*(3), 211–225.

McCord, W., & McCord, J. (1964). *The psychopath: An essay on the criminal mind.* Oxford, England: D. Van Nostrand.

McDermott, R. (2000). Why information technology inspired but cannot deliver knowledge management. *Knowledge and Communities, 41*(4), 21–35.

Mednick, S. A., Gabrielli, W. F., & Hutchings, B. (1984). Genetic influences in criminal convictions: Evidence from an adoption cohort. *Science, 224*(4651), 891-894.

Metz, C. E., Wang, P. L., & Kronman, H. B. (1984). A new approach for testing the significance of differences between ROC curves measured from correlated data. In F. Deconick (Ed.), *Information processing in medical imaging* (pp. 432-445). New York, NY: Martinus Nijhoff.

Mokros, A., Vohs, K., Habermeyer, E., Neumann, C. S., Schilling, F., Hare, R. D., & Ether, R. (2014). Assessment of psychopathy in Austria: Psychometric properties of the psychopathy checklist-revised. *European Journal of Psychological Assessment, 30*(4), 243-250.

Ogloff, J. R., Wong, S., & Greenwood, A. (1990). Treating criminal psychopaths in a therapeutic community program. *Behavioral Sciences & the Law, 8*(2), 181-190.

Oltman, J. E., & Friedman, S. (1967). Parental deprivation in psychiatric conditions. 3. (In personality disorders and other conditions). *Diseases of the Nervous System, 28*(5), 298-303.

Olver, M. E., Neumann, C. S., Wong, S. C. P., & Hare, R. D. (2013). The structural and predictive properties of the psychopathy checklist-revised in Canadian aboriginal and non-aboriginal offenders. *Psychological Assessment, 25*(1), 167-179.

Olweus, D. (1978). *Aggression in the schools: Bullies and whipping boys.* Oxford, England: Hemisphere.

Paris, J. (1993). Personality disorders: A biopsychosocial model. *Journal of Personality Disorders, 7*(3), 255-264.

Patrick, C. J. (1994). Emotion and psychopathy: Startling new insights. *Psychophysiology, 31*(4), 319-330.

Petherick, W. (2003). What's in a name? Comparing applied profiling methodologies. *Journal of Law and Social Challenges, 5*(1), 173-188.

Pinel, P. (1809). *Medico-philosophical treatise on mental derangement* (2nd ed.). Paris: Brosson.

Pollock, V. E., Briere, J., Schneider, L., Knop, J., Mednick, S. A., & Goodwin, D. W. (1990). Childhood antecedents of antisocial behavior: Parental alcoholism and physical abusiveness. *American Journal of Psychiatry, 147*(10), 1290-1293.

Raine, A. (1992). Schizotypal and borderline features in psychopathic criminals. *Personality and Individual Differences, 13*(6), 717-721.

Raine, A. (1998). Antisocial behavior and psychophysiology: A biosocial perspective and a prefrontal dysfunction hypothesis. In D. Stroff, J. Brieling, & J. Maser (Eds.), *Handbook of antisocial behavior* (pp. 289-304). New York: John Wiley & Sons, Inc.

Raine, A. (2001). Psychopathy, violence, and brain imaging. In A. Raine & J. Sanmartin (Eds.),

*Violence and psychopathy* (pp. 35-56). New York: Academic Press.

Raine, A. (2002a). Biosocial studies of antisocial and violent behavior in children and adults: A review. *Journal of Abnormal Child Psychology, 30*(4), 311-326.

Raine, A. (2002b). Annotation: The role of prefrontal deficits, low autonomic arousal, and early health factors in the development of antisocial and aggressive behavior in children. *Journal of Child Psychology and Psychiatry, 43*(4), 417-434.

Rice, M. E., Harris, G. T., & Cormier, C. A. (1992). An evaluation of a maximum security therapeutic community for psychopaths and other mentally disordered offenders. *Law and Human Behavior, 16*(4), 399-412.

Robins, L. N. (1966). *Deviant children grown up: A sociological and psychiatric study of sociopathic personality*. Baltimore, MD: Williams.

Robins, L. N. (1978). Sturdy childhood predictors of adult antisocial behaviour: Replications from longitudinal studies. *Psychological Medicine, 8*(4), 611-622.

Robins, L. N. (1981). Epidemiological approaches to natural history research: Antisocial disorders in children. *Journal of the American Academy of Child Psychiatry, 20*, 566-680.

Rotter, J. B., Chance, J. E., & Phares, E. J. (1972). *Applications of a social learning theory of personality*. New York: Holt, Rinehart and Winston.

Salekin, R. T. (2002). Psychopathy and therapeutic pessimism: Clinical lore or clinical reality?. *Clinical Psychology Review, 22*, 79-112.

Satterfield, J. H. (1987). Childhood diagnostic and neurophysiological predictors of teenage arrest rates: An eight-year prospective study. *The causes of crime: New biological Approaches*, 146-167.

Seto, M. C., & Barbaree, H. E. (1999). Psychopathy, treatment behavior, and sex offender recidivism. *Journal of Interpersonal Violence, 14*(2), 1235-1248.

Siegel, R. A. (1978). Probability of punishment and suppression of behavior in psychopathic and nonpsychopathic offenders. *Journal of Abnormal Psychology, 87*(5), 514-522.

Sohn, J. S., Lyons, P., Menard, S., & Lee, S. J. (2017). Testing the three-and four-factor models of the Korean version PCL-R as predictors of two antisocial outcomes-recidivism and risk. *Psychology, Crime & Law, 23*(5), 472-486.

Sterling, S., & Edelmann, R. J. (1988). Reactions to anger and anxiety-provoking events: Psychopathic and nonpsychopathic groups compared. *Journal of Clinical Psychology, 44*, 96-100.

Stevens, D., Charman, T., & Blair, R. J. R. (2001). Recognition of emotion in facial expressions and vocal tones in children with psychopathic tendencies. *Journal of Genetic Psychology, 162*(2),

201-211.

Tellegen, A., Lykken, D. T., Bouchard Jr, T. J., Wilcox, K. J., Segal, N. L., & Rich, S. (1988). Personality similarity in twins reared apart and together. *Journal of Personality and Social Psychology, 54*(6), 1031-1039.

Thapar, A., & McGuffin, P. (1997). Anxiety and depressive symptoms in childhood: A genetic study of comorbidity. *Journal of Child Psychology and Psychiatry, 30*, 651-656.

Tubb, V. A. (2002). The factor structure and psychometric prosperities of the psychopathy checklist-revised: Data from an Hispanic federal-inmate sample. *Dissertation Abstracts International, 62*, 5426.

Vitacco, M. J., Rogers, R., Neumann, C. S., Harrison, K., & Vincent, G. (2005). A comparison of factor models on the PCL-R with mentally disordered offenders: The development of a four-factor model. *Criminal Justice and Behavior, 32*(5), 526-545.

Weaver, C. M., Meyer, R. G., Van Nort, J. J., & Tristan, L. (2006). *Two-, Three-, and Four-Factor PCL−R models in applied sex offender risk Assessments, 13*(2), 208-216.

Widom, C. S. (1976a). Interpersonal and construct systems in psychopaths. *Journal of Consulting and Clinical Psychology, 44*, 614-623.

Widom, C. S. (1976b). Interpersonal conflict and cooperation in psychopaths. *Journal of Abnormal Psychology, 85*, 330-334.

Widom, C. S. (1977). A methodology for studying noninstitutionalized psychopaths. *Journal of Consulting and Clinical Psychology, 45*(4), 674-683.

Williamson, S. E., Harpur, T. J., & Hare, R. D. (1991). Abnormal processing of affective words by psychopaths. *Psychophysiology, 28*(3), 260-273.

Wong, S. (2000). Psychopathic offenders. In S. Hodgins & R. Muller-Isberner (Eds.), *Violence, crime and mentally disordered offenders: Concepts and methods for effective treatment and prevention* (pp. 87-112). New York: John Wiley & Sons.

# 청소년비행

## 1. 청소년비행에 대한 이해

청소년의 비행은 어느 사회에서나 성인의 반사회적 행위나 범죄에 비해 관대한 처분을 받고 있다. 아직 의사결정능력이 미숙한 청소년기의 고유한 특성을 반영하는 처분이라고 할 수 있다. 또한 청소년의 비행을 보면 범죄 유형이나 동기 등에서 성인범죄와 유사한 부분이 있지만 분명히 성인범죄와는 다른 특징도 나타난다. 이러한 특징 때문에 사회학, 범죄학, 심리학 등 여러 학문 분야에서 청소년의 비행에 대한 많은 연구가 이루어져 왔다. 이 장에서는 청소년의 개념 및 청소년비행에 관하여 개념을 정리하고자 한다.

### 1) 청소년의 개념과 관련 법규

우리말에서 '청년'과 '소년'의 합성어를 일컬어 청소년이라고 한다. 즉, 청소년은 어른도 아니며 소년도 아닌 소년기에서 청년기로 가는 중간 단계를 말하는 것이다. 영어권에서 사용하는 청소년(adolescent)의 어원은 라틴어로 '성장하다(to grow up)'는 의미이며, 청소년기라고 함은 일반적으로 아동기에서 성인기로 성장해 가는 시기로서 이 시기를 흔히 십대나 사춘기라는 용어로 대체하여 부르기도 한다. 청소년에 대한 좀 더 구체적인 의미는 접근하는 목적에 따라 다

| 법령 | 조항 | 연령 | 규정 내용 | 적용 기관 |
|---|---|---|---|---|
| 「민법」 | 제4조 | 19세 | 성년의 정의 | 법무부 |
| 「형법」 | 제9조 | 14세 미만 | 14세 미만인 자는 벌하지 못함 | 법무부 |
| 「형사소송법」 | 제159조 | 16세 미만 | 선서 무능력자 | 법무부 |
| 「소년법」 | 제2조 | 19세 미만 | 소년의 정의 | 법무부 |
| 「청소년기본법」 | 제3조 | 9~24세 이하 | 청소년 육성에 관한 기본적인 규정(혜택의 부여) | 문화체육관광부 |
| 「청소년보호법」 | 제2조 | 만 19세 미만 | 미성년자 금지사항 영업자 의무사항 | 경찰청 |
| 「아동복지법」 | 제3조 | 18세 미만 | 아동의 정의 | 보건복지부 |
| 「근로기준법」 | 제65조 | 18세 미만 | 도덕상 또는 보건상 유해·위험한 사업에 사용하지 못함 | 고용노동부 |
| 「병역법」 | 제8조 | 18세부터 | 병역준비역 | 국방부 |
| 「주민등록법」 | 제24조 | 17세 이상 | 주민등록증 발급 대상 | 행정안전부 |

표 5-1 청소년 연령 구분 법령 실태

양하게 정의되고 있다.

청소년과 관련된 우리나라 법규를 〈표 5-1〉에 제시하였다. 우리나라의 청소년 관련 법규가 다른 이유는 연령에 따라 각기 다른 법 규정을 적용받기 때문이다. 법 규정에 따라 청소년의 개념도 재정립되고 있는데, 「소년법」에서는 19세 미만인 자로 청소년을 규정하고 있고, 「청소년기본법」에서는 9세 이상 24세 이하의 자로 규정하고 있으며, 「청소년보호법」에서는 만 19세 미만인 자로 규정하고 있다. 청소년을 지칭하는 용어도 청소년, 미성년자, 소년, 아동 등 법에 따라 다르다. 이와 같이 법률에 따른 연령과 명칭 구분은 입법 취지나 목적에 따라 각각 다르게 규정되어 있다.

## 2) 청소년비행의 개념

청소년이 일탈행동이나 법에 위반되는 행동을 하였을 때 우리는 그들을 비행청소년이라고 부른다. 비행에 대해 정해진 정의는 없으나 일반적으로 사회에서 청소년이 행하는 행동이 바람직하지 않다고 생각하는 일탈 및 문제 행동을 일컬어 비행이라는 용어를 사용한다. 이에 더해 Glueck와 Glueck(1950)는 비행을 '특정한 시간과 장소에서 법규범을 위반하는 소년의 행동'이

표 5-2  「소년법」상의 범죄소년, 촉법소년, 우범소년 구분

| 구분 | 연령 |
|------|------|
| 촉법소년 | 10~14세 미만의 형벌법규를 위반한 청소년 |
| 범죄소년 | 13~19세 미만의 형벌법규를 위반한 청소년 |
| 우범소년 | 10~19세 미만의 범죄를 범할 우려가 있는 청소년 |

라고 하였으며, Durkheim(1961)은 '사회에 신체적·정신적·물질적 피해를 준 경우는 물론 사회의 본질적인 안정과 믿음에 피해를 주는 것'이라고 정의하였다.

법률적인 개념에서 청소년비행은 「형법」에서 말하는 범죄보다 광의의 개념으로 사용한다. 즉, 과거의 객관적인 행위(범죄행위)와 장래에 죄를 범할 가능성까지를 포함하는 것이다. 이에 대한 내용이 〈표 5-2〉에 제시되어 있다.

〈표 5-2〉에서 보는 것처럼 우리나라 「소년법」은 10세 이상 19세 미만의 소년에 의한 범죄 및 비행행위에 있어 범죄소년, 촉법소년, 우범소년으로 구분한다. 여기서 범죄소년이라 함은 13세 이상 19세 미만인 소년이 형벌법령에 저촉하는 행위를 한 경우이고, 촉법소년은 형벌법규를 위반하였으나 10세 이상 14세 미만의 형사 미성년자의 행위로 형사책임을 묻지 않는 청소년을 말한다. 2022년부터 촉법소년의 연령을 13세, 「소년법」상 소년의 연령을 18세로 하향하는 개정안이 논의 중에 있다. 또 우범소년은 보호자의 정당한 감독에 복종하지 않는 성격을 지녔거나 정당한 이유 없이 가정에서 이탈하고, 범죄성을 지닌 사람이나 부도덕한 사람과 교제하거나 타인의 덕성을 해롭게 하는 성격이 있어 그 자체는 범죄가 아니지만 범죄를 저지를 우려가 있다고 인정되는 소년이다. 즉, 청소년비행이란 법을 어기는 범법행위뿐만 아니라 장래에 법을 위반할 우려가 보이며, 사회의 규범이나 가치체계를 위반하는 모든 일탈행동을 포함한다. 사회의 규범과 가치는 시대와 문화에 따라 달라지기 마련이며, 청소년비행의 의미도 시대나 문화에 따라 변해 간다. 시대의 변화에도 청소년비행을 성인범죄와 달리 좀 더 관대하게 대하는 경향은 여전하다. 우리는 비행청소년을 범죄자라고 부르지 않는다. 청소년의 일탈이나 비행 행동의 원인을 온전히 개인 내적 요인으로 보지 않고 미성숙하고 불안정한 청소년기의 특성이며, 가정이나 사회 환경 등의 외적 요인으로 보는 것이다. 성인범죄와 달리 청소년비행은 처벌보다 처우 및 보호적 관점에서 바라보는 것이 일반적이다.

## 2. 청소년비행의 실태

청소년비행의 현실을 보다 객관적으로 보기 위해 범죄에 관한 공식통계 자료를 기반으로 우리나라 청소년비행의 실태와 양적·질적인 변화를 살펴보겠다. 이 장에서 주로 사용되는 자료는 매년 대검찰청에서 발간하는 범죄 통계인 『범죄분석』의 자료를 정리한 『범죄백서』이며, 필요에 따라 『경찰백서』 『청소년백서』 등의 자료를 혼용하겠다. 통계에서 말하는 소년범죄란 엄밀히 말하면 청소년비행이 아닌, 보다 협의의 개념인 범죄를 의미한다. 즉, 「형법」을 위반한 범죄소년과 촉법소년을 의미하는 것으로, 이 장에서는 비행과 범죄라는 용어를 구분하지 않고 사용하겠다.

### 1) 형법범의 증가

2012년부터 2021년 동안 전체 범죄자 중 소년범의 비율은 〈표 5-3〉과 같고, 2012년부터 2021년 동안 전체 소년범죄자 중 특별법범과 형법범의 비율은 [그림 5-1]과 같다.

소년범죄자의 수는 2012년 118,714명에서 이후 지속적으로 감소하다가 2021년에는 소년범죄자가 55,854명인 반면, 전체 범죄자 중 소년범죄자의 비율은 2012년에 4.2%에서 점차 감소하여 2019년에 3.2%로 최저율을 보였고, 2021년에는 3.8%를 보여 증감을 반복하였다. 2017년(3.5%)과 2019년(3.2%)에 감소 현상이 두드러졌지만, 전체 범죄자인 대비 소년범죄자의 비율은 2020년부터 다시 증가하는 경향을 보였다.

[그림 5-1]을 보면 소년범 중 특별법범은 2012년 이후 지속적으로 감소하다가 2021년 37%로 증가하였고, 형법범(재산범, 강력범, 과실범 등)은 2012년 58.5%에서 2021년 63%까지 증감을 반복하였다. 이는 소년을 보호하자는 취지인 「소년법」 위반으로 처리하는 소년의 수에 비하여 범

**표 5-3**  전체 소년범 인원 및 전체 범죄인 중 점유 비율                                    (단위: 명, %)

|  | 2012 | 2013 | 2014 | 2015 | 2016 | 2017 | 2018 | 2019 | 2020 | 2021 |
|---|---|---|---|---|---|---|---|---|---|---|
| 전체 범죄자 | 2,316,969 | 2,389,660 | 2,374,372 | 2,495,255 | 2,581,748 | 2,407,061 | 2,290,052 | 2,361,611 | 2,215,577 | 1,483,352 |
| 소년 범죄자 | 118,714 | 101,148 | 87,854 | 88,733 | 87,277 | 84,030 | 75,150 | 75,197 | 72,344 | 55,854 |
| 구성비 (%) | 4.2 | 3.7 | 3.7 | 3.6 | 3.4 | 3.5 | 3.3 | 3.2 | 3.3 | 3.8 |

출처: 대검찰청(2022).

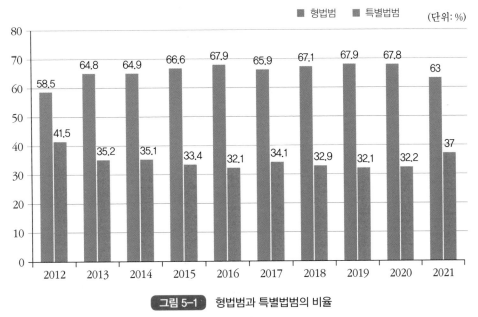

**그림 5-1** 형법범과 특별법범의 비율

출처: 대검찰청(2022).

죄의 내용이 심각하여 형사처분을 받는 소년의 수가 여전히 우위를 차지하고 있다는 것을 뜻하며, 청소년비행의 죄질이 어른의 죄질과 맞먹는 심각성을 가지고 있다는 점을 시사한다.

## 2) 재범률의 감소

〈표 5-4〉는 경찰청에서 보고한 초범 및 재범 자료이다. 2011년에는 재범자의 비율이 44.8%,

**표 5-4** 소년범 검거 및 재범 현황[1]  (단위: 명, %)

|  | 2011 | 2012 | 2013 | 2014 | 2015 | 2016 | 2017 | 2018 | 2019 | 2020 | 2021 |
|---|---|---|---|---|---|---|---|---|---|---|---|
| 전체<br>소년범 | 83,068 | 107,490 | 91,633 | 77,594 | 71,035 | 76,000 | 72,759 | 66,142 | 66,247 | 64,480 | 54,017 |
| 재범자<br>수 | 37,238 | 40,200 | 38,039 | 29,652 | 27,055 | 26,260 | 24,040 | 22,308 | 21,457 | 21,298 | 16,356 |
| 구성비 | 44.8 | 37.4 | 41.5 | 38.2 | 38.1 | 34.6 | 33.0 | 33.7 | 32.4 | 33.0 | 30.3 |

출처: KOSIS국가통계포털, 대검찰청(2022).

---

1) 형법범, 특별법범 포함.
　2008. 6. 22. 시행된 개정「소년법」에 따라 소년범의 나이 기준을 18세로 변경.

2012년에는 37.4%, 2013년을 기점으로 청소년 재범자의 수는 지속적으로 감소하였고, 소년 재범률 또한 해마다 감소하고 있다. 2016년과 2019년에 전체 소년범의 수는 전년도보다 증가하였지만, 재범률은 전년도보다 감소하여 초범이 재범보다 많았다. 또한 통계상으로 봤을 때, 청소년범죄는 초범자의 수가 재범자의 수보다 약 2~3배가량 많았음을 알 수 있다.

## 3) 저연령화

〈표 5-5〉는 소년범죄자(19세 이하)의 연령별 분포를 범죄유형별로 나타낸 것이다. 16~17세가 전체 1,325,570명 중 575,435명으로 43.4%라는 높은 비율을 차지하고 있으며, 범죄유형별로도 이 연령대가 전체적으로 가장 높은 비율을 차지하고 있다.

[그림 5-2]와 [그림 5-3]에서 소년범의 연령 특성을 보자면, 과거에 비하여 저연령(14~17세)의 소년범죄가 증가하고 있음을 파악할 수 있다. 특히 14세 이상부터 17세까지의 소년범죄의 수는 증가하고, 14세 미만과 18세 이상이 저지른 범죄의 수는 감소하고 있다. 14~17세에 해당하는 소년범의 비율이 2000년에는 약 61%였는데, 2015년에는 약 78%일 정도로 소년범죄의 저연령화가 일어나고 있다. 14세 미만인 소년범은 그 수가 매우 감소하고 있다.

**표 5-5** 소년범죄 유형별·연령별 현황(2006~2021년)[2]                                    (단위: 명)

| 연령층<br>범죄유형 | 14세 미만 | 14~15세 | 16~17세 | 18~19세[3] | 계 |
|---|---|---|---|---|---|
| 형법범[4] | 2,218 | 344,041 | 432,048 | 234,265 | 1,012,572 |
| 재산범 | 1,093 | 209,596 | 241,596 | 103,567 | 555,852 |
| 강력범 | 946 | 126,620 | 177,507 | 121,261 | 426,334 |
| 과실범 | 51 | 865 | 789 | 499 | 2,204 |
| 기타 | 128 | 6,960 | 12,156 | 8,938 | 28,182 |
| 특별범법 | 6,959 | 62,028 | 143,387 | 100,624 | 312,998 |
| 계(형법+특별법) | 9,177 | 406,069 | 575,435 | 334,889 | 1,325,570 |

출처: KOSIS국가통계포털, 대검찰청(2022).

2) 2008. 6. 22. 시행된 개정「소년법」에 따라 소년범의 나이 기준을 18세로 변경.
3) 개정「소년법」에 따라 2009년부터 19세 제외.
4) 형법범에 재산범, 강력범, 과실범, 기타 포함.

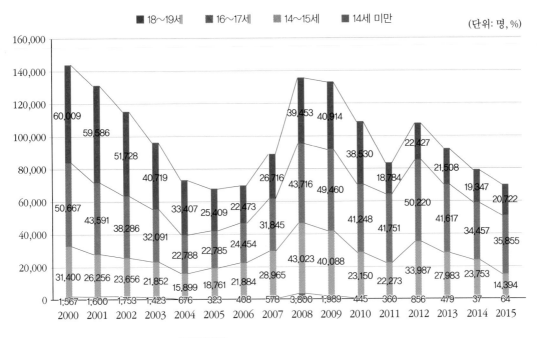

**그림 5-2** 소년범죄의 연령별 분포 변화

출처: 대검찰청(2016).

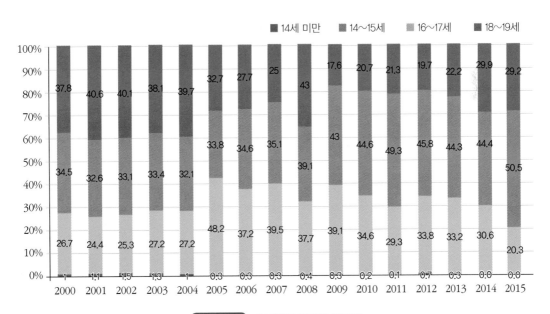

**그림 5-3** 소년범의 연령별 인구비

출처: 대검찰청(2016).

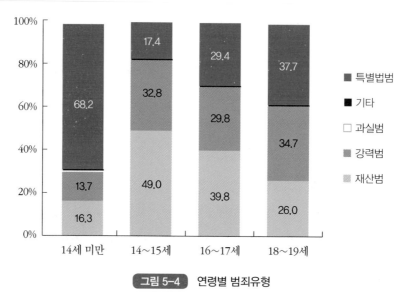

**그림 5-4** 연령별 범죄유형

출처: 통계청.

[그림 5-4]의 연령별 범죄유형을 보면 14~15세의 연령에서는 재산범죄가 49.0%로 매우 많은 비율을 차지하였고, 18~19세의 연령에서는 강력범죄가 34.7%로 높은 비율을 차지하였다. 또한 18세 이상에서는 특별법범죄가 37.7%로 제일 많고, 다음으로 강력범죄가 많았다. 재산범죄는 26.0%로 낮은 비율을 차지하고 있었다. 즉, 17세 이하 청소년은 주로 절도와 같은 재산범죄를 많이 저지르는 것으로 나타났고, 18~19세까지는 폭력과 같은 강력범죄를 많이 저지르는 것으로 해석된다.

## 4) 평균 학력의 저하

2008년에서 2012년까지 소년범죄자의 교육정도별 인원 및 구성비는 〈표 5-6〉과 같다. 2012년 교육정도별 구성비를 살펴보면 고등학교가 57.1%로 가장 높은 비중을 차지했으며, 그다음이 중학교 32.6%, 대학교 3.2%, 초등학교 이하 0.5% 순이다. 또한 소년인구의 급감에도 불구하고 범죄를 저지르는 초등학생의 숫자가 2008년 450명으로부터 2012년 513명으로 꾸준히 늘어나고 있다.

지난 5년간(2008~2012)의 교육정도를 살펴보면 고등학교 졸업자가 50% 이상으로 가장 높은 비율을 차지했고, 다음으로 중학교가 높았다. 대학교는 2008년에 8.1%였던 것이 2009년 들어 감소하는 추세를 보이고 있어 소년범의 평균 학력이 점차 낮아지고 있음을 알 수 있다.

| 표 5-6 | 청소년비행의 교육정도별 인원 및 구성비(2008~2012년) | | | | | | |
|---|---|---|---|---|---|---|---|
| 연도\교육정도 | 미취학 | 초등학교 | 중학교 | 고등학교 | 대학교 | 기 타 | 계 |
| 2008 | 31 (0.0) | 450 (0.3) | 33,922 (25.1) | 64,463 (47.8) | 10,970 (8.1) | 25,156 (18.7) | 134,992 (100) |
| 2009 | 32 (0.0) | 409 (0.4) | 34,126 (30.2) | 60,575 (53.6) | 4,392 (3.9) | 13,488 (11.9) | 113,022 (100) |
| 2010 | 18 (0.0) | 503 (0.6) | 28,640 (31.9) | 48,873 (54.4) | 2,183 (2.4) | 9,559 (10.6) | 89,776 (100) |
| 2011 | 18 (0.0) | 356 (0.4) | 27,237 (32.8) | 45,221 (54.4) | 940 (1.1) | 9,288 (11.2) | 83,060 (100) |
| 2012 | 21 (0.0) | 513 (0.5) | 35,074 (32.6) | 61,389 (57.1) | 3,417 (3.2) | 7,076 (6.6) | 107,490 (100) |

출처: 법무연수원(2013).

## 5) 범행 동기의 우발성

2009년 소년범죄자의 범행 동기는 [그림 5-5]와 같이 우발적 범행이 31%로 가장 많고, 호기심이 11.3%, 다음으로 이욕(利慾)이 8.9% 순으로 나타났다. 지난 10년간 소년범의 범행 동기를 살펴보아도 우발적 범행이 가장 많고, 다음으로 호기심이 많은 것으로 나타나서 동기에서는 큰

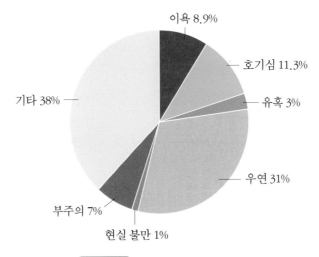

그림 5-5    소년범죄자의 범행 동기

출처: 대검찰청(2009).

변화가 없는 것으로 드러났다. 이는 청소년범죄가 여전히 우발적이고 부주의로 일어나는 경우가 많은 것으로 나타나고 있어 즉흥적·충동적인 청소년 행동양식의 위험성을 보여 주고 있다.

## 6) 청소년 성범죄의 증가

청소년기의 성적 호기심을 비롯하여 각종 성범죄 노출 기회가 증가함에 따라 청소년 성범죄가 매우 중대하였다. [그림 5-6]을 보면 2000년 1,366명이었던 청소년 성범죄자의 수가 2013년 3,295명으로 거의 3배수나 증가하였음을 살펴볼 수 있다.

그림 5-6    연도별 청소년 성범죄자의 수

출처: 대검찰청(2014).

심지어 한국의 10대 성범죄자 중 강간범의 비율이 미국보다는 2배, 일본보다는 10배가 높다는 자료가 발표되기도 하였다([그림 5-7] 참조).

[그림 5-8]을 보면 연령별 10대 성폭력 가해자의 분포를 살펴볼 수 있는데, 15~18세에 해당하는 청소년들이 많은 비율을 차지하고 있다. 성인과 10대 청소년 성범죄의 유형과 특성에 대한 차이는 [그림 5-9]와 같이 나타난다. 특히 특수강간 내 집단성폭행 부분에서 청소년은 성인보다 더 많은 비율을 차지하고 있는데, 이는 청소년범죄행위의 공범적 특성에서 비롯된 것으로

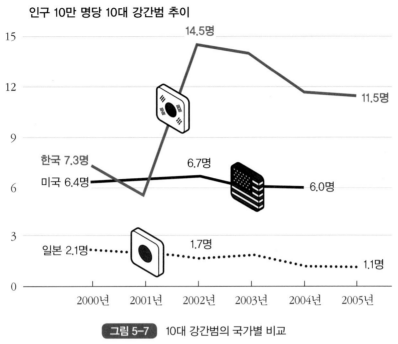

**그림 5-7** 10대 강간범의 국가별 비교

출처: FBI, 일본국립경찰학교, 대검찰청(2006).

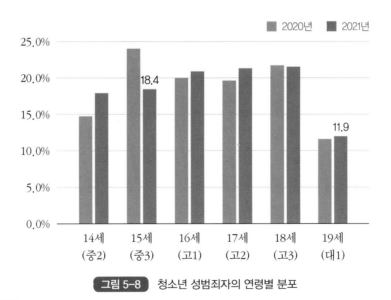

**그림 5-8** 청소년 성범죄자의 연령별 분포

출처: 경찰청(2022).

볼 수 있다. 또한 10대 강간사건에서 피해자는 모르는 사람일 경우가 상당하고, 초범일 경우가 [그림 5-10]처럼 77%에 달한다.

청소년 디지털 성범죄의 실태 또한 심각하다. 〈표 5-7〉의 불법촬영범죄 피의자 연령별 현황

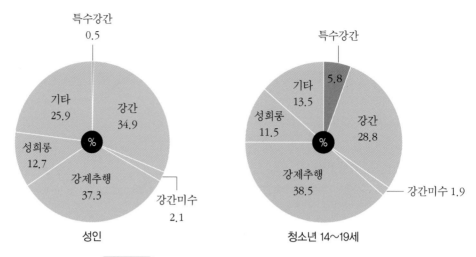

**그림 5-9** 성인과 10대 성범죄의 유형별 차이

출처: 한국성폭력상담소(2021).

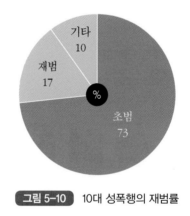

**그림 5-10** 10대 성폭행의 재범률

출처: 대검찰청(2022).

**표 5-7** 불법촬영범죄 피의자 연령별 현황(2014~2021)

|  | 10대 | 20대 | 30대 | 40대 | 50대 | 60대 | 70대 | 미상 | 계 |
|---|---|---|---|---|---|---|---|---|---|
| 2014 | 313 | 1,067 | 833 | 430 | 191 | 40 | 8 | 23 | 2,905 |
| 2015 | 411 | 1,550 | 1,148 | 537 | 221 | 49 | 11 | 34 | 3,961 |
| 2016 | 601 | 1,646 | 1,225 | 575 | 324 | 69 | 15 | 44 | 4,499 |
| 2017 | 817 | 2,013 | 1,343 | 697 | 309 | 111 | 42 | 105 | 5,437 |
| 2018 | 885 | 2,044 | 1,241 | 662 | 344 | 86 | 26 | 209 | 5,497 |
| 2019 | 922 | 2,091 | 1,156 | 691 | 323 | 133 | 37 | 203 | 5,556 |

| 2020 | 710 | 1,950 | 1,101 | 646 | 348 | 114 | 73 | 209 | 5,151 |
| 2021 | 941 | 1,956 | 1,297 | 732 | 375 | 124 | 38 | 329 | 5,792 |
| 계 | 5,600 | 14,317 | 9,344 | 4,970 | 2,435 | 726 | 250 | 1,156 | 38,798 |

출처: 경찰청(2015~2022).

을 보면 2014년에 313명이었던 청소년 가해자가 2021년에는 941명으로 증가하였고, 전반적으로 증가 추세에 있다. 전체 불법촬영범죄 대상 가해자의 연령별 현황에서는 매년 10대가 10% 이상을 차지하고, 해를 거듭할수록 10대의 비율이 증가하고 있다. 불법촬영범죄와 같이 디지털 성범죄를 저지른 청소년 가해자의 대부분은 해당 행위가 범죄라고 생각하지 못한다는 특성을 살폈을 때, 관련 교육 및 대책 마련이 시급하다.

## 7) 청소년비행의 추후 경향 예측

추후의 비행을 예측하기 위하여 지금까지 우리나라 청소년범죄자의 동향을 정리하면 다음과 같다. 첫째, 소년형법범이 증가하고 있다. 특히 소년재산범과 소년강력범이 증가하고 있는 반면에 교통사범과 폭력범의 비율은 감소하고 있다. 따라서 청소년비행과 관련하여 절도 및 폭력 범죄의 비율이 증가할 것으로 예상되므로 이에 대한 대책을 마련해야 할 것이다. 둘째, 소년의 재범률이 증가하고 있다. 1990년대 초반 20%대이던 재범률이 2000년도 들어 35%에 육박하고 있다. 셋째, 청소년 성범죄가 꾸준히 증가하고 있다. 따라서 청소년 성범죄에 대한 구체적인 대책 마련이 시급하다. 넷째, 14~17세 소년범죄자가 증가하고 있어 저연령화 경향이 보인다. 이 시기의 청소년들은 중학교와 고등학교에 재학 중이어야 할 시기이다. 하지만 현재 중등학교의 교육과정은 입시에 관심이 없는 청소년에게는 적합하지 않다. 그러므로 입시에 관심을 갖지 않는 청소년을 대상으로 한 다양한 활동을 마련해야 한다. 다섯째, 여전히 우발적 범죄가 높다. 청소년범죄의 동기를 보면 지난 10년간 우발적 범죄가 가장 높게 나타나 청소년 행동양식의 위험성을 보여 주고 있다. 이와 같은 결론을 토대로 청소년비행을 예방할 수 있는 대책을 마련해야 한다. 여섯째, 청소년범죄자의 평균 학력이 낮아지고 있다. 초등학생 소년범죄자의 수가 증가하였고, 대학생의 수는 감소하고 있는 것으로 봤을 때, 소년범죄자의 저연령화와 동시에 평균 학력의 저하가 발생하고 있음을 알 수 있다. 따라서 어린 연령의 아동기에서부터 청소년비행을 예방하기 위한 교육 및 지도가 이루어져야 한다.

## 3. 청소년비행의 원인

청소년비행의 원인은 개인적 요인과 사회 · 환경 요인과의 상호작용 과정에서 발생하는 복합적인 요인으로 볼 수 있다. 이 절에서는 청소년비행의 원인을 넓게는 발달적인 차원에서, 좁게는 개인적인 원인과 사회적 · 환경적 원인으로 분류하여 살펴볼 것이다. 개인적 원인으로는 생물학적 원인론, 심리학적 원인론으로 나누어 볼 것이며, 사회 환경과 비행에서는 가정, 친구, 학교, 인터넷게임이 비행에 미치는 영향을 살펴볼 것이다.

### 1) 청소년비행의 발달적 원인

#### (1) 생물학적 원인론

일반적으로 여자 청소년은 남자 청소년보다 2년 정도 급격히 성장을 한다. 여자 청소년의 경우, 약 10세 반경부터 2년 정도 매년 신장이 약 9cm 증가하는 급격한 성장을 보인다. 남자 청소년은 12세 반경부터 2년 정도 급격히 성장하는데, 이들은 매년 약 10cm 정도 키가 큰다. 체중역시 이 시기에 급격히 증가하는데, 청소년 초기에는 여자 청소년이 남자 청소년보다 체중이더 많이 나가지만 나중에는 남자 청소년의 체중이 여자 청소년의 체중을 능가한다.

청소년기에는 급격한 체중과 신장의 발달 외에도 2차 성징이 출현한다. 남자 청소년의 경우에는 음경과 고환의 크기가 증가하고, 음모와 겨드랑이 털 그리고 턱수염이 자라며, 첫 사정을하게 되고, 목소리가 굵어진다. 여자 청소년의 경우에는 가슴이 커지고, 음모와 겨드랑이 털이나오기 시작한다. 이러한 변화가 있으면서 키가 커지고, 어깨보다 둔부가 더 넓어지면서 초경을 하게 된다.

이와 같은 신체 변화는 내분비선에서 나와 혈관을 통해 신체에 전달되는 호르몬이라는 강력한 화학물질 때문에 나타난다. 사춘기 발달에 중요한 2개의 호르몬은 안드로겐과 에스트로겐이다. 안드로겐은 남성화가 되기 위한 호르몬이며, 에스트로겐은 여성화가 되기 위한 호르몬이다. 이 외에도 테스토스테론은 사춘기 남자 청소년의 발달에 매우 중요한 역할을 한다. 사춘기동안의 테스토스테론의 증가는 남자 청소년의 신체발달과 매우 밀접한 관계가 있으며, 특히 외부 생식기나 신장의 증가, 목소리 변화와 같은 것에 영향을 미친다.

청소년기에 비행이 증가하는 것과 관련해서 해석해 볼 수 있는 것은 이러한 신체 변화와 연결해 설명할 수 있다. 청소년기 발달에 반드시 있어야 하는 테스토스테론은 남성화를 시키기 위한 호르몬일 뿐 아니라 공격성에 영향을 미치는 호르몬으로 알려져 왔기 때문이다. 특히 후기 청소년의 경우에 테스토스테론이 그들의 공격성과 관련이 있다고 보고되어 왔다(Ramirez, 2003). 물론 테스토스테론은 공격성과 같은 부정적인 측면만 가지고 있는 것이 아니라 자신감과 같은 긍정적인 발달에도 영향을 준다(Nottelmann et al., 1987). 그렇지만 이러한 호르몬과 신체발달을 통해 청소년은 외적으로는 성인과 유사하지만 현실적으로는 아동으로 대우받는 이중적인 위치로 인해 비행이 증가한다고 볼 수 있다.

비행청소년의 증가는 변화하는 음식 패턴과 연관해서도 설명할 수 있다. 청소년이 많이 섭취하고 있는 패스트푸드는 참을성이 부족하고 공격적 행동을 증가시키는 것으로 알려져 있다. 또 학업 부진, 인지 결함, 저지능, 판단능력의 부족을 가져온다. 당분(탄수화물)의 과잉섭취 역시 공격성을 증가시키는 것으로 알려져 있다.

다음으로는 청소년비행의 원인을 심리학적 이론을 토대로 살펴보기로 한다. 심리학적인 원인을 살펴보기 위하여 먼저 청소년의 발달 과정을 이론적으로 살펴보고, 이러한 발달과 비행과의 관련을 밝히고자 한다.

### (2) 심리학적 원인론

청소년기 발달에 영향을 미치는 심리학적 이론으로는 고대 그리스로 거슬러 올라가는 초기 이론부터 시작하여 Freud의 이론을 근간으로 하는 정신분석이론, Piaget의 이론을 근간으로 하는 인지발달이론, Skinner의 이론을 근간으로 하는 행동주의이론, Maslow의 이론을 근간으로 하는 인본주의이론, Bronfenbrenner의 이론을 근간으로 하는 생태학적 이론을 들 수 있다. 이 장에서는 특히 성격발달에 초점을 둔 정신분석이론과 사고력발달에 초점을 둔 인지발달이론을 중심으로 살펴보고 이 두 이론과 비행과의 관련을 밝히고자 한다.

**정신분석이론**　정신분석이론을 대표하는 3인의 이론을 통해 청소년비행의 원인을 설명하고자 한다. Freud에 의하면 성격은 원초아(id), 자아(ego), 초자아(superego)의 관계를 통해서 이루어진다. 자신의 원초적인 본능에 해당하는 원초아와 이상을 추구하는 초자아가 대립할 경우에 그 둘의 관계를 중재해 주는 것이 자아이다. 청소년기의 비행 행동은 이러한 자아의 통제 기능이 결여되었기 때문으로 해석할 수 있다. 하지만 Freud는 청소년기에는 자아의 기능이 완전하지 못하며, 초자아의 기능이 더 중요하다고 주장하였다. 그에 의하면 초자아는 옳고 그름에 대한 부모의 규범들을 내면화하고, 부모가 좋아하는 행동은 '자아의 이상' 형태로, 부모가 싫어하는 행동은 '양심'의 형태로 내면화된다고 하였다. 즉, 실제의 부모가 모범을 보여 준 것보다 더 엄격하게 우리 속에서 부모가 행사하는 기능을 계속하여 '나'를 감시하고, 명령을 내리며 판결하고, 칭찬을 하거나 처벌을 두려워한다. 자신이 의식하지 못하는 '나쁜 생각'에 대해 스스로를 비난하여 죄책감에 시달린다. 이러한 가책은 사실 부모의 애정 상실에 대한 두려움에서 기인한다. Freud는 청소년기의 도덕성을 의미하는 초자아가 적절하게 발달하지 않은 이유에 대하여 유아기에 부모의 적절한 조력이 부재했기 때문이며, 이것이 선악 구분을 실패하게 만들고, 이로 인하여 청소년들은 즉각적인 만족을 추구하고 타인에 대한 배려가 부족하여 공격적이고 충동적인 행동, 그리고 심하면 정신병질적 증상을 보일 수 있다고 하였다.

Sullivan은 Freud의 성격구조 중 특히 자아에 관심이 있었는데, 자아가 인간발달에서 다른 사람과 어떠한 관계를 유지하는가가 중요하다고 인식하였다. 다른 사람과 상호작용을 하려는 욕구는 사회적 관계를 맺고 살아가는 유기체로서의 인간이 안정과 정서적 지지를 제공받기 위한 수단이기도 하다. 연령의 변화에 따라 상호작용의 형태는 달라지기 마련이고 그에 따른 욕구 대상 또한 달라지지만, 근본적인 관심사는 자신과 밀접한 관계를 가진 사람들과의 상호작용에 있다.

Sullivan(1953)은 유아기부터 청년 후기까지 여섯 단계로 분류하여 상호작용의 욕구에 대해 설명하였다. 이 중 청소년기는 Freud의 잠복기를 두 단계로 나누는 시기부터 시작한다. Sullivan은 이 시기를 소년기와 전 청년기로 구분하였다. 초등학교 시절인 소년기는 친구를 필요로 하는 시기이다. 이 시기에 다양한 인간 형태에 대해 알게 되고, 협동심과 경쟁심을 배우게 된다. 또한 눈부신 지적 성장을 하게 되고, 여러 종류의 사회적 고정관념도 습득하게 된다. 중요한 사건으로는 '감독 형태의 학습(learning of supervisory patterns)'을 들 수 있는데, 이것은 어린이가 상상의 인물을 마음속에 간직하고 있어서 그 상상적 인물이 항상 자신을 감독한다고 느끼는 것이다. 따라서 다른 사람이 보지 않는다고 하더라도 이 상상적 인물이 존재하기 때문에 자신의 행동을 통제한다고 생각할 수 있다. 4단계인 전 청년기에는 모든 것을 털어놓고 이야기할 수 있는 '단짝'이 필요한 시기로서 소년기가 다른 사람과의 관계를 폭넓게 하는 것이라면, 전 청년기의 특징은 그 관계를 깊게 하는 데 있다. 이 시기는 자신에 대한 견해를 수정할 수도 있다. Sullivan은 이 시기를 비교적 문제가 없고 안락한 시기로 보고 '평화와 위안의 시기(a period of peace and comfort)'라고 불렀다. 5단계인 청년후기의 상호작용 욕구는 이성과의 애정관계를 형성하는 욕구로 나타난다. 이 시기에는 생리적 변화가 일어나고, 성적 만족을 얻으려는 새로운 욕구가 함께 자리하며, 현실적으로 자신의 성적 욕구를 충족하는 것이 불가능하다는 것을 깨닫게 된다. 그래서 청년들은 이 욕망을 의식 밖으로 밀어내려고 노력하게 되며, 빨리 이 불안에서 벗어나고자 한다.

청소년비행에 대한 원인을 Sullivan의 이론을 토대로 밝히면 다양한 친구를 만나고, 그를 토대로 단짝을 형성하는 소년기 및 전 청년기 시절에 비행청소년은 제한된 교우관계를 형성하거나 혹은 인터넷 및 컴퓨터 게임과 같은 매체와 성장하는 경향이 있다. 따라서 사회적 고정관념을 습득할 기회를 박탈당하며, 감독의 역할을 해 주는 상상의 인물을 간직하기 어렵다. 더욱이 관계를 깊이 할 수 있는 단짝을 형성하기 어렵고, 따라서 일탈된 방향으로 성장할 수 있다는 것이다. 좋은 친구를 사귀는 것을 통해 자신을 가치 있는 사람으로 평가하는 전 청년기에 좋은 친구를 사귀기 어렵고, 좋은 친구의 가치가 객관적인 판단이 결여된 상태에서 이루어지므로 왜곡된 양상의 청소년기를 보낼 수 있다.

정신분석적 관점에서 청소년비행을 해석할 수 있는 이론은 Freud와 Sullivan의 이론 외에도 Erikson의 이론이 있다. Erikson은 초기에는 Freud의 이론에 영향을 받아 정신분석적 관점에서 훈련을 받은 사람이다. 그렇지만 나중에는 심리성적 발달 자체로 설명하기에는 한계가 있으며, Freud의 이론에 의하면 남근기에 성격이 완전히 형성되는 반면, Erikson(1968)은 생의 초기 경험이 중요하기는 하나 성장과정에서 문화적 · 사회적 경험이 인격 형성에 중요한 변수로 작용하여 청년기에도 인성은 변할 수 있고, 발달은 죽을 때까지 계속되는 과정이라고 주장하였다.

그는 인간의 발달을 '신뢰감 대 불신감' '자율성 대 수치심과 회의감' '주도성 대 죄책감' '근면성 대 열등감' '정체감 대 정체감 혼미' '친밀감 대 고립감' '생산성 대 침체성' '통합성 대 절망감'의 8단계로 나누어 설명하였다. 이러한 발달 과정 중 특히 청년기의 중요성을 강조하였는데, 왜냐하면 청년기는 정체감 형성에 결정적이기 때문이다(Erikson, 1963).

Erikson(1968)은 청년 및 청소년기의 정체감 형성단계를 다시 여덟 가지 발달로 세분화하였다. '시간 전망 대 시간 혼미' '자기확신 대 자의식' '역할 실험 대 역할 고착' '도제 견습 대 활동 불능' '정체감 대 정체감 혼미' '성의 양극화 대 양성 혼미' '지도력과 수행 대 권위 혼미' '신념 실천 대 가치관 혼미'가 그것이다. 청년기의 여덟 가지 발달은 사실 8단계의 인간발달과 깊은 연관이 있다. 청년기 시절의 '시간 전망 대 시간 혼미'는 초기 발달인 '신뢰감 대 불신감'과 깊은 연관이 있으며, '자기확신 대 자의식'은 두 번째 발달단계인 '자율성 대 수치심과 회의감'과 깊은 관련이 있고, 청년기의 '역할 실험 대 역할 고착'은 세 번째 발달단계인 '주도성 대 죄책감'의 영향을 받고, '도제 견습 대 활동 불능'은 네 번째 발달단계인 '근면성 대 열등감'과 깊은 관련이 있다. 따라서 초기 발달상 불행한 경험은 불신감, 회의감, 죄책감, 열등감과 같은 부정적인 발달을 촉진시키며, 이러한 내용은 청년기의 세부발달이라고 할 수 있는 시간 혼미, 자의식, 역할 고착, 활동 불능에 이어 정체감 혼미라는 상태를 야기한다. 정체감을 형성하는 또 다른 축으로 '상호 인지 대 자폐적 고립' '의지 결의 대 회의감' '역할 기대 대 역할 금지' '과업 동일시 대 무력감'

의 갈등을 들 수 있다. 인간발달의 첫 단계인 '신뢰감 대 불신감'에서 실패를 경험했을 때 청년 혹은 청소년은 시간 혼미를 경험할 뿐 아니라 자폐적 고립을 일으키기 쉽다. 두 번째 단계에서 수치심 및 회의감을 경험한 청소년은 자의식 결여뿐 아니라 회의감을 느끼기 쉬우며, 세 번째 단계에서 죄책감에 고착되어 있는 청소년은 역할 고착뿐 아니라 역할 금지에 고착되어 있을 수 있고, 열등감을 경험한 청소년은 활동 불능의 상태뿐 아니라 무력감을 느끼기 쉽다는 것이다.

다른 발달단계와 달리 청년기의 발달은 이전 발달의 경험과 밀접한 연관이 있으며, 이후 발달에도 지속적인 영향을 행사한다. 즉, 청년기에 성정체감을 경험하기보다는 양성 혼미를 경험한 청소년은 친밀감과 고립감 형성 시기에 고립감에 고착할 가능성이 높으며, 권위 혼미를 경험한 청소년은 침체성을 경험하기 쉽고, 가치관 혼미를 경험한 청소년은 노년기에 절망감을 경험할 가능성이 높다. 이러한 관계는 〈표 5-8〉에 제시하였다.

표 5-8  Erikson의 청년기 발달과업

| | 1 | 2 | 3 | 4 | 5 | 6 | 7 | 8 |
|---|---|---|---|---|---|---|---|---|
| 8단계 | | | | | | | | 통합성 대 절망감 |
| 7단계 | | | | | | | 생산성 대 침체성 | |
| 6단계 | | | | | | 친밀감 대 고립감 | | |
| 5단계 | 시간 전망 대 시간 혼미 | 자기확신 대 자의식 | 역할 실험 대 역할 고착 | 도제 견습 대 활동 불능 | 정체감 대 정체감 혼미 | 성의 양극화 대 양성 혼미 | 지도력과 수행 대 권위 혼미 | 신념 실천 대 가치관 혼미 |
| 4단계 | | | | 근면성 대 열등감 | 과업 동일시 대 무력감 | | | |
| 3단계 | | | 주도성 대 죄책감 | | 역할 기대 대 역할 금지 | | | |
| 2단계 | | 자율성 대 수치심과 회의감 | | | 의지 결의 대 회의감 | | | |
| 1단계 | 신뢰감 대 불신감 | | | | 상호 인지 대 자폐적 고립 | | | |

출처: Erikson(1968).

청소년비행과 관련하여 이러한 내용을 해석하면 영유아 시기의 발달 경험과 밀접한 관련이 있는 것으로 보인다. 즉, 1세 이전의 수유 및 배변 훈련 시기에 양육자가 충분한 반응을 해 주고, 스스로 문제를 해결할 수 있는 자율성을 키워 주며, 자기 스스로 할 수 있는 주도적인 역할을 유아기 이전에 충분히 경험하는 것은 청소년기에 나타나는 상호 인지, 의지 결의, 역할 기대, 과업 동일시와 같은 경험에 영향을 미친다. 아울러 시간 전망, 자기확신, 역할 실험, 도제 견습과 같은 긍정적 정체감을 형성할 수 있는 계기가 마련되는데, 비행청소년의 경우에는 환경의 열악함으로 신뢰감보다는 불신감을, 자율성보다는 수치심이나 회의감을, 주도성보다는 죄책감을, 근면성보다는 열등감을 경험한다. 따라서 긍정적인 정체감을 형성하기보다는 정체 혼미를 경험하기 쉽고, 설사 그렇지 않다고 하여도 왜곡된 과정에서 정체감을 형성한다. 즉, 절도와 폭력과 같은 방법으로 금전적 보상을 노리거나 또래관계에서 자신의 권력을 향상시키는 방법으로 정체감 형성을 시도한다.

**인지발달이론**    정신분석이론이 청소년의 무의식적인 사고의 중요성을 강조하는 것이라면, 인지발달이론은 청소년의 의식적인 사고를 강조하는 것이다. 인지발달이론은 Piaget의 이론을 근간으로 발달하였으나 그의 이론은 인지발달에만 초점을 두어 연구하였고, 청소년기의 주된 관심사라고 할 수 있는 사회적 관계에 대한 연구는 제한적이었다. 하지만 제한된 그의 연구를 토대로 Kohlberg(1984)가 도덕성 발달이론을 제시하였고, 이 이론을 적용한 Turiel(1983) 및 Selman(2003) 등과 같은 사회인지발달이론이 그의 연구를 확장시켰다고 볼 수 있다. Piaget(1947)에 의하면 인지발달은 뇌와 신경계의 성숙과 환경의 상호작용의 결과이다. 그의 인지발달이론에서는 도식, 적응, 동화, 조절 그리고 평형의 개념이 중요한 의미를 갖는다.

도식(schema)은 '인식의 틀'로서 사물이나 사건에 대한 전체적인 윤곽을 의미한다. 도식은 적응(adaptation) 과정을 통하여 발달하는데, 적응 과정은 동화와 조절의 상호작용을 통해 이루어지는 평형화(equilibration) 과정이라고 할 수 있다. 이 중 동화(assimilation)란 새로운 환경 자극에 반응함에 있어서 기존의 도식을 사용하여 새로운 자극을 이해하는 것을 의미한다. 즉, 환경에 맞추어 나를 변화시키기보다는 내 안의 것으로 환경을 이해하는 것이다. 조절(accommodation)은 기존의 도식으로 새로운 사물을 이해할 수 없을 때 기존의 도식을 변화하는 것을 의미한다. 즉, 환경에 맞추어 내가 변화하는 것으로 현실적으로 순수한 동화나 조절이란 존재하기 어려우나, Piaget는 순수한 동화로 이루어지는 것을 놀이라고 하였고, 순수한 조절로 이루어지는 것을 '학습'이라고 하였다. 그는 이러한 적응 과정을 통해 인지가 발달한다고 보았고, 이는 감각운동기, 전조작기, 구체적 조작기, 형식적 조작기의 4단계를 거친다고 하였다.

감각운동기는 모방과 기억, 사고의 시작단계이며, 대상 영속성을 인식하고 단순한 반사행동에서 목적을 가진 행동으로 발전하는 단계이다. 전조작기는 언어가 점차적으로 발달하고, 상징적인 형태로 사고하며, 일방적인 관계에서 사고할 수 있고, 사고와 언어가 자아중심적인 특징을 보인다. 구체적 조작기는 논리적으로 구체적인 문제를 해결할 수 있고, 보존개념의 이해, 유목화와 서열화 가능, 가역성을 습득할 수 있는 단계이다. 형식적 조작기는 논리적으로 추상적인 문제를 해결할 수 있으며, 사고가 점차 과학적으로 변화하고, 복잡한 언어 과제나 가설적인 문제 해결이 가능한 단계이다.

청소년기에 해당하는 발달단계는 이러한 4단계 중 형식적 조작기라고 할 수 있다. 구체적 조작기 이전의 아동은 추상적인 개념을 이해하기 어렵다. 따라서 현재 이외의 사건에 개입하기란 어렵다. 그렇지만 형식적 조작기에서는 시간을 초월하여 논리 · 추상적인 개념까지 다룰 수 있다. 구체적 조작기 이전의 아동은 문제를 사전에 계획해서 해결하기보다는 이것저것 시도해 보는 시행착오적 방법을 택한다. 그렇지만 형식적 조작기에서는 문제 해결을 위해 사전에 계획하고, 체계적으로 해결책을 시험한다.

주의해야 할 점은 Piaget의 발달단계는 연령이 되었다고 해서 저절로 발달이 이루어진다고 보기는 어렵다는 것이다. 물론 그의 이론에 의하면 훈련을 통해 발달이 촉진될 수 없다. 생물학적인 성숙과 더불어 적절한 환경 조성으로 발달이 이루어지는 것이다. 충분한 감각운동기의 경험, 전조작기의 경험, 구체적 조작기의 경험을 토대로 형식적 조작기에 이르는 것이지, 구체적 조작기에서 갑작스럽게 연령이 되었다고 하여 형식적 조작기에 이르는 것은 아니라는 것이다. 특히 형식적 조작기는 개인의 이전 경험에 따라 차이가 클 수 있고, 발달의 폭이 가장 크며, 개인에 따라서 이 시기의 인지적 특징인 추상적 사고가 다양할 수 있다고 하였다.

비행청소년에게는 이전 경험의 결손으로 충분한 학습을 통한 인지적 자극이 이루어지지 않는다. 청소년의 과업 중 대표적으로 생각할 수 있는 것이 학교생활을 통한 추상적 사고능력의 확장이다. 비행에 가담하는 청소년은 이러한 학교과업을 충분히 숙지하기 어렵다. 잦은 결석으로 인하여 기초 실력이 부진할 수밖에 없으며, 초기의 학습이 후기의 학습에 지속적으로 영향을 미치는 형식적 관계에서 시간이 흐를수록 비행청소년은 학습을 수행하기가 갈수록 어려워진다. 따라서 학업에 흥미를 잃게 되므로 학교 내에서도 학업 외의 것, 즉 누적된 결손에 영향을 받지 않고 쉽게 짱이 될 수 있는 외모나 싸움 등에 관심을 두든지 혹은 학교 밖의 것, 절도나 폭력과 같은 비행에 눈길을 돌리기 쉽다.

인지발달이론을 토대로 도덕적인 발달에 대한 깊이 있는 이론을 제시한 학자는 Kohlberg (1978)이다. 비록 말년에는 심한 우울증으로 삶을 불행하게 마감했지만 사회성발달을 고려할 때 원조 역할을 하는 것이 그의 도덕성 발달이론일 것이다. 그는 아동기 후기부터 성인에 이르기까지 도덕성 발달을 인지이론에 바탕을 두고 크게 세 가지 수준으로 제시하였다. 즉, 자기중심성 지배하에 있는 전인습적 수준과 아직도 옳고 그름이 주관적인 감정에 의해 좌우되지만 그러한 감정이 여러 사람에 의해 공감할 수 있음을 인식하는 인습적 수준, 그리고 옳고 그름의 판단이 객관적인 원리에 의해 이루어진다고 보는 후인습적 수준으로 나뉜다(Shaffer, 1999).

전인습적 단계(preconventional stage)는 주관적 감정이 판단을 좌우하는 감정적 이해(emotivism)라고 할 수 있다. 이 단계는 복종이 강조되며, 권위자의 위력을 인지하고 벌을 피하기 위해 행동하는 벌과 복종 중심의 단계와 자신이 필요하고 원하는 것을 얻기 위하여 행동을 하게 되는 쾌락주의적이고 이기적인 도덕성단계로 나뉜다.

인습적 단계(conventional stage)에서는 타인의 인정을 받거나 사회질서를 유지하기 위하여 규칙 및 사회규범에 복종하려고 노력한다. 이 단계는 착한 소년 소녀 지향단계와 사회적 질서를 유지하려는 도덕성단계로 나뉜다. 3단계인 착한 소년 소녀 지향단계에서는 타인에게 착한 사람으로 인정받기 위하여 도덕적인 행동을 보이는 단계이고, 4단계인 사회질서를 유지하는 도덕성단계에서는 합법적인 권위를 가진 규칙을 따르고자 도덕적 행동을 수행하는 단계이다.

후인습적 단계(postconventional stage)는 성별과 문화의 차이에 따라 도달하는 정도가 다르다고 하였다. 이 단계에서는 성문법과 권위자의 명령에 대립되어 방대한 정의의 원리에 의해 도덕적 행동이 결정되는 단계이다. 5단계인 사회적 계약 지향단계는 법이란 우리가 존중해야 할 의무가 있는 일종의 사회적 계약으로 생각되지만 인간의 권리나 존엄성을 손상시키는 법은 부당한 것으로 여기는 단계이다. 6단계인 개인적인 양심원리의 도덕성단계는 가장 높은 도덕단계로, 사람들은 양심에 대해 자신이 선택한 윤리적 원리에 기초하여 행동의 잘잘못을 정의하는 단계이다.

청소년기를 Kohlberg의 도덕성 발달이론에 비추어 해석하면 인습적 수준의 중반 이후부터라고 할 수 있다. 그러나 합법적인 권위에 대한 충분한 숙지 없이 4단계에 도달하는 것은 불가능하며, 따라서 많은 비행청소년은 합법적인 권위에 대한 충분한 인식이 부재하기 때문에 나타나는 것으로 보인다.

**기타 비행의 심리학적 원인론**   지금까지는 정신분석이론과 인지발달이론에 근거하여 청소년비행이 나타날 수 있는 특징을 설명하였다. 지금부터는 이러한 이론 외에 비행청소년의 심리적인 특성과 더불어 비행의 원인을 밝히고자 한다.

비행을 보이는 청소년의 대표적인 특성 중 하나는 낮은 지능일 것이다. 지능이 낮은 자가 범죄를 저지르는 경우에 원인은 낮은 지능으로 인해 법규를 잘못 이해하거나, 자신이 저지른 행동의 결과를 예측하지 못하기 때문이다. 경험적으로 나타나는 이론들에 의하면 낮은 지능과 비행은 상관이 있는 것으로 나타났으나, 해석에 주의해야 한다. 즉, 지능과 범죄의 상관은 범죄종류별로 다르게 나타나며, 범법행위를 하고 체포된 사람의 수가 전체 범법행위자를 대표할 수 없다는 해석의 한계가 있다. 하지만 여러 경험적 연구에 의하면 낮은 지능과 범법행위는 어느 정도 상관이 있는 것으로 나타나고 있다.

또 다른 심리학적인 특성으로는 성격이 있다. 특수한 성격이 범죄 발생과 관련이 있다고 보는 이론이 있는데, 예를 들면 좌절된 상황에서 보통 사람은 곧잘 적응해 내는데, 특수한 사람들은 좌절감을 준 사람이나 대치물에 대하여 공격적인 행동을 취한다는 것이다. 이와 같은 성격의 소유자는 비행을 저지르기 이전부터 이미 대담하고, 싸움에 말려들기 쉬우며, 쉽게 성을 내고, 부모나 선생님의 꾸중에 반항적인 성격 특성을 갖고 있기 때문에 비행을 저지를 확률이 높다.

최근 들어 사회문제가 되고 있는 반사회적 인격장애의 경우에 동기가 불분명하고, 뉘우침이 없으며, 뻔뻔스럽고, 극단적인 사고를 하는 특성이 있는 것으로 나타났다. 하지만 성격 요인이 비행에 직접적인 영향을 미치는가에 대한 분명한 해답은 제시하지 못하는 실정이다.

비행청소년의 경우 상당수가 충동적인 경향을 특징으로 들고 있다. 충동적인 특징을 설명할 수 있는 이상심리로 ADHD를 들 수 있다. ADHD는 매우 산만하고 부주의한 행동을 나타낼 뿐만 아니라 자신의 행동을 적절히 통제하지 못하고 충동적인 과잉행동을 나타내는 경우를 말한다. ADHD의 주된 특징은 부주의, 충동성, 과잉행동이다. 세 가지 특징은 시간이 흐를수록 심각해지면서 학업의 방해, 심각한 반사회적 행동 야기 등의 청소년문제를 일으키는 원인이 된다. 이 장애는 유전적 요인이나 미세한 뇌 손상 등의 생물학적 요인과 부모의 성격이나 양육방식과 같은 심리사회적 요인이 복합적으로 작용하여 유발되는 것으로 여긴다. ADHD 아동의 종단적 추적연구에서 약 31%의 ADHD 아동이 청년기에도 그 증상을 그대로 유지했으며, 청소년기까지 지속되는 경우에는 품행장애가 발생할 위험성이 높다는 보고가 있다.

품행장애는 폭력, 방화, 도둑질, 거짓말, 가출 등과 같이 난폭하거나 무책임한 행동을 통해 타인을 고통스럽게 하는 행위를 반복적으로 나타내는 경우를 말한다. 품행장애를 가진 청소년은 학교생활에서 어려움을 겪게 되며, 특히 학습장애라는 엉뚱한 진단명을 받기도 한다. 또한 주변 동료로부터 따돌림을 당할 가능성이 높으며, 대인관계 기술의 부족함을 공격적이고 위협적인 행동으로 대체한다.

비행 및 범죄에 영향을 미치는 내용으로 정신병질적(psychopathy) 특성을 들 수 있다. 이 이론에 의하면 정신병질적 특성이 있는 사람은 쉽게 지루해하며 죄의식이 낮고 이기적이며 타

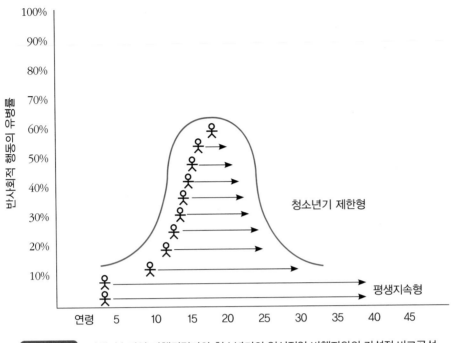

**그림 5-11**　평생지속적인 비행경력자와 청소년기의 일시적인 비행자와의 가설적 비교곡선

출처: Moffitt(1997).

인 배려 및 감정이입 능력이 부족하다고 한다. 이러한 성격은 타고난 것이며, 이러한 성격적 특성 때문에 비행 행동을 야기한다는 것이다. 하지만 이러한 성격적 특성은 일시적이라기보다는 지속적이기 때문에 한시적으로 나타나는 비행청소년의 행동을 설명하는 데 다소 제한적이다 (Cooke et al., 1999).

이와 같이 살펴본 생물학적·심리적 비행의 원인을 비행의 유형과 관련하여 해석하고자 한다. Moffitt(1997)은 비행의 지속 여부에 따라 비행자를 평생지속형(life course persistent type)과 청소년기 제한형(adolescents limited type)으로 구분하였다([그림 5-11] 참조). 평생지속형은 매우 어린 나이에 범죄를 시작하여 연령이 증가해 감에 따라 그 연령에 맞는 각종 범죄를 다양하게 저지르며 성인이 되어서도 범죄자로 남아 있는 집단을 말하며, '청소년기 제한형'은 발달 특성상 청소년 시기에 범죄를 저지르다가 성인기가 되면 그만두는 집단으로 대부분 여기에 속한다.

평생지속형은 어떤 상태와 상황에서든지 반사회적 행동을 지속적으로 한다. 이들은 아동기에 신경학적 문제를 겪거나 주의력결핍장애나 학습장애를 가지게 된다. 정신병질적 특성도 평생지속형 비행에 해당하는 특징이라고 할 수 있다. 이들은 매우 어린 시절부터 문제행동을 보였기 때문에 대인관계 기술을 학습할 기회가 없었으며, 학교나 또래 친구들과의 생활에서도 부적응적인 행동을 보여 대인관계가 자신과 유사한 비행청소년으로만 제한된다.

청소년기 제한형은 평생지속형과는 달리 정신병리학적인 문제가 없어 아동기에는 가족이나 친구들과 정상적인 대인관계를 맺고 문제를 보이지 않다가 청소년기에 들어서면서 비행을 저지른다. 성인과 유사한 신체적 성숙에도 불구하고 제한된 행동양식에 따라야 하는 데 불만을 갖고 갈등을 겪는 청소년은 일탈행동을 하는 친구들을 사귀고 이들의 행동을 따라 하면서 만족한다. 청소년기 제한형은 평생지속형이나 그 외 비행청소년의 행동을 모방하며 비행을 저지르지만, 성인이 되면 더 이상 갈등을 경험하지 않기 때문에 비행을 그만두게 된다. 생물학적 변화를 원인으로 하는 비행이 바로 여기에 해당할 것이다. 이들은 평생지속형과는 달리 어린 시절에 정상적인 사회화를 거쳤기 때문에 쉽게 사회로 돌아가는 것이다.

청소년비행을 신체적 · 심리적 이상과 같이 개인적 요인만으로 설명하는 것은 큰 무리가 있다. 개인적 요인과 함께 청소년이 성장하는 환경 사이의 상호작용에서 발생하는 복합적인 과정을 청소년이 비행행위를 일으키는 원인으로 보아야 한다.

## 2) 사회환경과 청소년비행

### (1) 가정 요인

가정은 발달 과정에 있는 청소년의 일차적 사회화 기능을 담당하고 있다. 가족의 경제적 지위나 결혼과 같은 가정의 구조적 측면과 부모의 양육 태도, 부모-자녀관계, 훈육방식 등의 기능적 측면을 통해 청소년비행을 예방하거나 유발할 수 있다.

부모의 사회경제적 지위나 이혼, 별거와 같은 결손가정은 직접적이기보다는 부수적으로 비행을 발생시킬 수 있다. 부모의 경제적 지위가 낮고 빈곤한 가정의 경우, 부모가 맞벌이를 하는 경우가 많고, 자연스레 자녀는 부모와 함께 보내는 시간이 줄고 부모의 감독에서 벗어나는 시간이 많아진다. 자녀는 가정에서 소속감이나 안정을 찾지 못하여 많은 시간을 밖에서 보내며 비행 위험 요인에 노출되는 시간이 많아진다. 결손가정도 이와 유사하다. 특히 부모의 사망보다는 이혼, 별거와 같이 부모의 불화로 생긴 결손은 자녀에게 스트레스와 함께 부모에 대한 신뢰를 떨어뜨리고 동시에 자녀에 대한 부모의 통제력도 떨어진다.

가정의 기능적 특징은 청소년비행과 좀 더 직접적인 관련이 있다. 부모의 양육 태도는 자녀의 인격 형성에 중요한 역할을 한다. Farrington(1978)은 부모의 양육 태도와 청소년의 공격 성향에 관한 연구를 종합한 결과 부모로부터 가혹한 양육을 경험한 아이는 8세부터 남을 무시하거나 소극적인 태도를 가지고 있으며, 강압적인 부모의 양육 태도, 부모의 범죄경력, 부모의 별거 등은 14세에 난폭한 비행을 유발하게 하고, 난폭한 비행은 이미 8~10세 때 보여 준 공격성 향과 밀접한 관련이 있다. 과잉보호 역시 자녀의 자립심과 자기통제력에 대한 사회화가 이루어 지지 않아 비행환경에 노출됐을 때 비판적인 사고 없이 쉽게 동조하게 되고, 자신을 통제하지 못해 비행을 직접 행하게 할 수 있다.

비일관적이고 지나치게 엄격한 훈육도 비행과 관련이 있다. 같은 상황에 대해서 부모가 때에 따라 묵인하기도 하고 처벌하기도 하면 자녀는 자신의 행동에 대한 결과에 혼란스러워하고 부 모를 신뢰하지 못하게 된다. 또한 일관적인 태도로 훈육을 하지 않으면 자녀는 가정에서 규범 과 규칙에 대한 개념과 의미를 배우지 못하여 사회화에도 문제가 생긴다. 너무 엄격하고 지나 친 신체적인 처벌도 자녀가 자신의 잘못을 이해하기보다는 처벌 상황만 피하면 된다는 생각을 하기 쉽고 부모에 대한 반발심과 함께 부모의 공격적인 행동을 학습하게 된다.

신체적 처벌보다 비행을 유발하는 더 큰 요인은 부모의 정서적 학대와 무시이다(Brown, 1984). 반대로 말하면 비행을 예방할 수 있는 가정의 중요한 기능적 요인은 부모와 자녀 간의 정 서적 친밀성이다. Dishion, Bullock과 Granic(2002)은 '양육 가설'에서 부모의 애정과 긍정적인 행동관리는 반사회적인 영향에 저항할 수 있는 사회적으로 유능하고, 심리적으로 건강한 아이 로 기를 수 있다고 하였다. 사회통제이론에서는 비행을 통제하는 네 가지 사회유대의 요소 가 운데 부모에 대한 애착을 강조한다. 부모와 많은 시간을 보내고 친밀한 대화를 통해 애착을 형 성하는 것은 부모와의 유대를 돈독하게 하고, 자녀로 하여금 부모의 의견을 중시하게 만들기 때문에 강한 통제력을 갖는다(Hirschi, 1969).

차별적 접촉이론에서는 범죄학습의 대부분은 주로 친밀한 대면집단에서 일어난다고 한다 (Sutherland & Cressey, 1974). 청소년에게 가정은 초기 사회화단계이고, 부모는 중요한 역할모델 이 된다. 부모의 부적절한 양육 태도와 감독 미흡, 공격성, 반사회적 태도 등을 경험하고 자란 아이는 가정에서 안정을 찾지 못하고 밖으로 나가 자신과 유사한 경험을 갖고 있는 또래 친구 를 찾게 되고, 그들과 어울리며 소속감을 느끼고 안정을 찾으려고 한다. 이때 어떤 친구를 만나 고 어울리는지가 향후 청소년의 비행 행동에 영향을 줄 수 있다.

### (2) 친구 요인

청소년은 재정, 교육, 미래 설계와 같은 문제에 대해서는 가족의 충고를 들으려고 하지만, 옷 차림이나 음주, 데이트, 여가활동과 같은 사회생활에 대해서는 친구들의 의견을 중요시한다 (Sebald, 1986). 청소년은 가족과 친구라는 두 세계에서 살고 있다. 대부분의 시간을 가정에서 보내던 아동기에서 청소년기로 넘어가면서 우정을 맺는 친구의 수가 점차 증가하고, 중대한 결정을 내리는 데 부모보다도 친구들이 중요한 영향을 주게 된다(Berndt, 1982). 비행에서도 마찬가지이다. 비행친구의 존재가 비행의 강한 예측 요인이라는 연구가 보고되고 있다(Loeber & Dishion, 1983; Pepler & Slaby, 1994). 그러나 비행친구와의 접촉이 비행의 원인인지, 비행을 저질렀던 청소년이 자신과 유사한 비행친구를 사귀는 것인지에 대해서는 논란이 많다.

사회학습이론에서는 비행친구와 접촉할수록 비행친구의 행동을 관찰하여 기술과 가치를 학습하게 되고, 학습된 일탈행위는 강화에 의해 강해지거나 처벌에 의해 약해질 수 있다고 한다(Akers, 1985). 예를 들어, 친구가 다른 사람의 지갑을 훔치다가 걸려서 처벌받는 것을 보면 지갑을 훔치면 처벌받는다는 것을 학습하게 되어 따라 하지 않지만, 만일 친구가 걸리지 않고 즐겁게 돈을 쓰는 것을 보게 되면 반대로 지갑을 훔치는 것이 강화되어 따라 하게 된다는 것이다. Warr와 Stafford(1991)는 비행친구의 행동을 모방하는 학습도 비행의 원인이 된다고 하였다.

이와 반대로 사회통제이론(Hirschi, 1969)에서는 비행의 원인이 비행친구와의 접촉이 아니라 사회유대의 약화(특히, 부모와의 유대 약화)이고, 비행의 결과로 비행친구와 접촉한다고 말한다.

청소년비행과 비행친구와의 접촉이 상호영향적이라는 주장도 있다. Thornberry와 Krohn(1997)은 비행경험이 있는 청소년이 자신과 유사한 비행친구들과 어울리게 되고, 이러한 접촉이 비행을 유지하고 더 발전시킨다고 하였다.

### (3) 학교 요인

가정이라는 일차적 사회화기관을 거쳐 청소년기가 되면 학교라는 이차적 사회를 경험하게 된다. 학교는 청소년이 대부분의 시간을 보내는 공간이며, 친구와 교사와의 관계를 통해 사회규범과 가치관을 학습하고 자아개념을 형성한다. 학교생활에 적응하지 못하고 바람직한 사회화를 경험하지 못하면 문제행동으로 나타날 수 있다. 예를 들어, 입시 위주의 교육과 부모의 높은 학업성취 욕구는 자녀로 하여금 압력을 느끼게 하여 낮은 학업성취도를 보이게 한다. 부수적으로 낮은 성적에 좌절감을 느낀 청소년은 더욱 심해진 교사의 공부 압력에 거부감을 느끼고 반항하면서 비행으로 이어질 수 있다.

일반긴장이론에서는 부모와 학교에서 기대하는 목표와 이에 부응하지 못하는 청소년과의 부정적인 관계가 청소년 분노와 관련 있으며, 이러한 분노는 비행, 폭력, 학교비행과 관계가 있다고 한다(Agnew, 1985). 즉, 학교에서 요구하는 기대와 이에 못 미치는 청소년에 의해 긴장이 야기되어 청소년을 비행으로 유도한다고 한다.

학교에서는 학업 부진과 이로 인해 발생하는 문제행동을 보이는 청소년을 위한 문제 해결 방법을 찾고 관심을 갖기보다는 문제라는 낙인과 함께 이들의 존재를 무시한다. 낙인이론에서는 어떤 사람이 비행자라고 낙인되면 비행적 정체감을 가지게 되며 관습적인 사회로부터 배척당한다. 이런 관점에서 비행청소년은 부정적 자아가 형성되고, 자신에게 낙인된 지위대로 행동할 수밖에 없고, 지속적인 비행을 하게 된다(Becker, 1963).

### (4) 인터넷게임

인터넷 관련 비행이란 인터넷을 매개로 이루어지는 비행으로, 이는 다시 인터넷상에서 이루어지는 직접적인 형태의 인터넷비행과 인터넷활동을 통해 현실에서 이루어지는 간접적인 비행으로 구분할 수 있다. 전자는 인터넷상의 음란물 접촉, 음란성 채팅, 해킹, 그리고 컴퓨터 바이러스 유포, 인터넷 도박 및 사기, 불법 인터넷의 사이트 운영과 이용이 포함된다. 후자는 인터넷중독과 관련된 무단결석 및 조퇴, 무단이탈, 채팅을 통한 즉흥적인 성관계 및 원조교제, 인터넷을 통해 이루어지는 불법적인 거래 등이 포함된다(조남근, 양돈규, 2001; 김은정, 2005 재인용). 이 중 인터넷게임에 장기간 노출되어 있는 청소년일수록 부정적인 행동을 유발할 확률이 높다(Funk, Buchman, & Germann, 2000). Anderson과 Dill(2000)의 연구에서도 청소년이 인터넷게임에 반복적으로 장기간 노출되었을 경우에 그렇지 않은 청소년보다 공격적 비행과 그 외의 비행을 더 많이 하는 경향이 있음을 확인했다. 이해경(2002)은 인터넷게임 중 청소년의 폭력적 게임 이용이 폭력을 모방하여 살인이나 폭력 범죄와 같은 강력범죄의 한 원인이 된다는 점을 언급한 바 있다.

## 4. 청소년비행의 문제점 및 대책

### 1) 청소년비행의 문제점

청소년범죄의 대책은 아직도 거시적·장기적 안목에서 이루어지지 못하고 있다. 청소년비행은 관련 기관 및 민간기관의 협력을 통해서만 해결될 수 있다. 그러므로 더욱 지역사회 및 관련 기관, 민간기관, 가정과 학교 사이의 긴밀한 협조가 필요하다. 청소년비행은 가정교육, 사회교육의 쇄신과 이들 기관 사이의 유기적인 관련하에서 해결되어야 하는데, 이들은 상호협력이 부족하다.

### (1) 인식, 논리적 문제점

청소년범죄에 대한 우려의 목소리를 되새겨 보아야 한다. 청소년범죄가 질적으로 흉폭화되고 있다는 문제의식에는 '소년들이 무치, 무례해지고 거칠어지고 있다'는 청년에 대한 기성세대의 일반화된 우려가 바탕에 깔려 있다. 특히 교육현장에서 들려오는 학생들에 대한 우려의 목소리는 매우 심각하다. 교사들에 대한 존경심은 사라졌고, 교권이 땅에 떨어졌으며, 교육 현장의 상황은 날로 심각해지고 있다고 한다. 영화 흉내 내기, 금품 갈취, 집단따돌림, 편싸움, 남녀 혼숙, 음주 · 약물 남용이 증가하고 있고, 대부분의 학생이 사회의 배금주의 풍조에 물들어 이기주의적이고 계산적으로 행동한다고 한다. 청소년들에 대한 우려의 목소리는 언론보도를 통해서도 자주 접하게 된다. 이는 청소년범죄를 강조하는 측면도 있지만 다른 목적이 게재되어 있을 수도 있다. 가령, 언론의 '청소년범죄 부각시키기' 혹은 소년사법 종사자들의 인원 및 예산 확대 요구 등이 그 예일 것이다. 그렇지 않다고 하더라도 청소년이 무례하고 거칠어지고 있다는 인식은 재고되어야 한다. 기성세대 혹은 부모들은 과거 자신이 보냈던 청소년기의 경험을 통해 오늘날의 청소년을 보려는 경향이 있다. 자신이 청소년기를 먼저 보냈으니 청소년 및 청소년기에 대해 잘 알고 있다고 생각하며, 이를 통해 오늘의 청소년들 혹은 청소년 자녀를 바라보고 대하려고 한다. 나아가 청소년범죄를 자신의 경험과 판단에 근거하여 해석하고 대처하려고 한다. 그러나 청소년범죄가 심각해지고 있는 현실은 성인의 과거 경험을 통한 일방적인 사고와 판단이 적절하지 못하였음을 보여 준다. 실제로 오늘날의 청소년은 기성세대가 보냈던 과거의 청소년기와 다른 가정과 사회 조건, 그리고 환경에서 생활하고 있을 뿐만 아니라 과거의 청소년과 다른 사고와 경험을 하고 있다. 그러므로 오늘날의 청소년을 과거의 청소년과 동일한 시각에서만 바라보고 대하는 것은 적절하지 못하며, 현대사회의 청소년범죄를 해결하는 데 큰 도움이 되지 못한다.

### (2) 공식통계의 문제점

청소년범죄 통계는 암수범죄를 전혀 포함하고 있지 못하다. 청소년범죄의 신고율은 매우 낮은 편이다. 한 연구에 따르면 특히 금품 갈취, 폭행, 협박의 피해자가 청소년인 경우에 경찰에 신고하는 비율은 2.8%이다(노성호, 1992). 다만, 전체 소년범죄의 어느 정도가 암수로 남는지를 말해 주는 경험연구는 그리 많지 않다. 외국의 한 연구에서는 심지어 전체 청소년범죄의 98.5%가 암수로 남는다(손동권, 1993).

경찰에 신고한다고 하여 모든 소년범죄가 공식통계에 등재되는 것은 아니다. 2001년의 통계에 따르더라도 소년범죄자는 14만여 명으로 기록되어 있지만, 경찰에서는 그보다 훨씬 많은 39만여 명의 풍기문란사범(싸움, 약물남용 등)을 적발하여 행위 정도가 중한 261명을 즉심에 회부하고, 나머지는 가정이나 학교에 통보하거나 훈방 조치하였다(경찰백서, 2001). 검찰과 법원 및 교정기관으로 갈수록 공식통계상의 범죄는 점차 줄어든다.

이렇게 본다면 공식통계라는 것은 경찰, 검찰, 법원 등의 직무수행이 낳은 하나의 부산물로서 이들 기관에 의해 범죄로 평가되고 걸러진 것임을 알 수 있다. 그 통계는 대개 시민의 신고에 의존하고 있다. 2001년 『경찰백서』에 따르면 경찰이 수사에 착수한 사건의 90% 정도는 시민의 범죄신고가 단서가 되었다(경찰백서, 2001: 190). 따라서 기준시점의 신고율을 1%라고 가정해 본다면 그것이 비교시점에 0.5%만 증가하더라도 공식통계상의 소년범죄는 45%의 증가로 나타난다. 물론 통계상의 범죄 증가는 신고율의 변화 외에도 실제 범죄의 증가를 시사할 수도 있고, 소추기관들의 소추전략의 변화에 기인할 수도 있다. 그러나 지난 반세기 동안 신고율에 변화가 없었다면 할 수 없고, 또 이것이 공식통계의 변화에 가장 큰 영향을 미친다는 점을 감안한다면 공식통계의 범죄 증가는 실제적인 소년범죄의 증가를 반영하기보다는 차라리 신고율의 증가를 보여 준다고 할 것이다. 즉, 공식통계는 시민이 어떤 사건의 어느 정도를 스스로 해결하지 못하거나 스스로 해결하지 않으려고 하는지를 보여 주고 있을 뿐인 것이다.

### (3) 가정의 문제점

가정은 청소년의 인격 형성에 큰 영향을 미치므로 올바른 가정교육이 필요하다. 하지만 부모의 지나친 간섭은 청소년에게 상당한 압박감을 형성하고, 부모가 주는 안일감과 의존감은 청소년을 나태주의에 빠지게 하거나 조그마한 어려움에도 쉽게 포기하게 만들기도 한다. 부모의 사랑과 신뢰감의 하락으로 계속 지시하는 패턴은 청소년들로 하여금 반항심을 불러일으켜 비행의 원인을 제공하고 있다.

가정교육의 문제점은 다음과 같다. 첫째, 행동과 생활의 파악 측면에서 볼 때 부모는 자녀의 생활 전반을 제대로 파악하고 있지 못함을 알 수 있다. 둘째, 훈육 차원에서 볼 때 범죄가 발전하는 과정에서 옳지 않은 행동, 반사회적인 행동을 사전에 예방하고 지도하는 훈육의 기능이 점차 약화되거나 무력화하는 것을 볼 수 있다. 셋째, 문제 대응력의 차원에서 볼 때 청소년범죄자들은 삶의 다양한 문제와 갈등을 해결하는 과정을 통해 문제를 관리해 나가는 능력을 가정에서 배우지 못한 경우가 많은 것을 알 수 있다.

한편으로, 증가하는 이혼율도 비행과 어느 정도 관련이 있다고 추정한다. 〈표 5-9〉는 2012년부터 2022년까지의 연령별 남자 이혼율을 제시한 것이다.

〈표 5-9〉를 살펴보면 부모 연령에 해당하는 35세부터 54세까지의 이혼율이 높게 나타났다.

| 표 5-9 | 2012~2022년까지의 연령별 남자 이혼율 | | | | | | | | | (단위: 해당 연령 남자인구 1천 명당 건, %) | |
|---|---|---|---|---|---|---|---|---|---|---|---|
| | 2012 | 2013 | 2014 | 2015 | 2016 | 2017 | 2018 | 2019 | 2020 | 2021 | 2022 |
| 일반 이혼율 | 5.4 | 5.4 | 5.4 | 5 | 4.9 | 4.8 | 4.9 | 5 | 4.8 | 4.5 | 4.2 |
| 15~19세 | 0 | 0 | 0 | 0 | 0 | 0 | 0 | 0 | 0 | 0 | 0 |
| 20~24세 | 0.5 | 0.5 | 0.5 | 0.6 | 0.6 | 0.6 | 0.6 | 0.6 | 0.4 | 0.4 | 0.4 |
| 25~29세 | 2.3 | 2.3 | 2.1 | 2 | 1.9 | 2 | 1.9 | 1.9 | 1.8 | 1.6 | 1.6 |
| 30~34세 | 5.5 | 5.5 | 5.5 | 5.1 | 5.2 | 5.1 | 4.8 | 4.8 | 4.3 | 3.9 | 3.6 |
| 35~39세 | 8.3 | 8.1 | 8 | 7.4 | 7.3 | 7.2 | 7.1 | 7.1 | 6.7 | 6.2 | 5.9 |
| 40~44세 | 9.6 | 9.6 | 9.5 | 8.7 | 8.3 | 8 | 8 | 8.1 | 7.8 | 7.1 | 6.9 |
| 45~49세 | 9.9 | 9.9 | 9.9 | 9.2 | 8.9 | 8.6 | 8.6 | 8.6 | 8 | 7.4 | 6.8 |
| 50~54세 | 8.3 | 8.4 | 8.2 | 8 | 7.8 | 7.7 | 7.9 | 8.1 | 7.7 | 7.1 | 6.5 |
| 55~59세 | 6.1 | 6.1 | 6.1 | 6 | 5.9 | 5.7 | 6.2 | 6.4 | 6.3 | 6.2 | 5.4 |
| 60세 이상 | 2.8 | 2.9 | 2.9 | 2.9 | 2.8 | 3 | 3.3 | 3.5 | 3.6 | 3.8 | 3.2 |

출처: 통계청(2023).

실제로 범죄청소년의 양쪽 부모가 함께 거주하는 정도는 그렇지 않은 경우보다 높았다. 따라서 비행을 줄이기 위해서는 가정의 역할을 대체할 수 있는 다양한 사회적 개입이 필요하다. 비행청소년의 문제로 한정할 것이 아니라 그 부모의 이혼을 조기에 예방하는 접근 역시 병행할 필요가 있다.

### (4) 소년보호조치 및 수사 절차상의 문제점

현행 「소년법」을 통하여 형성하고 있는 소년사법의 원리를 간단히 살펴보면 다음과 같다. 소년사건은 피해자의 고소, 고발이나 신고 및 수사 기관의 인지에 의하여 수사의 단서가 발견되고 수사가 개시되어 절차가 진행되기도 하고, 경찰서장이나 보호자, 학교와 사회복지시설의 장이 직접 소년부에 통고할 수 있다. 경찰서장 등에 의한 소년부 통지사건은 그 예가 거의 없어서 우리나라의 경우에 소년사건은 대부분 성인 형사사건 처리에 익숙한 사법경찰관리나 검사에 의하여 소년부로 송치되거나 기소유예나 기소가 된다. 소년사건은 40%가량이 기소되고, 이보다 약간 높은 비율이 불기소되며, 10% 내외가 소년부에 송치된다고 보면 된다. 문제는 소년부에 송치되는 사건뿐만 아니라 불기소되는 사건 처리에 있어서 많은 경우에 소년범이 가족관계, 학교생활, 직업생활이나 지역사회에서 적절한 통제기능의 밖에 놓여 있다는 것이다. 결국 이들은 그대로 문제 가족, 문제 학교, 문제 직업생활, 문제 지역사회로 돌려보낼 수밖에 없다. 소년부는 거의 대부분의 소년보호처분사건을 1호 처분에 따라 부모에게 돌려보내고 있는 실정이다. 따라서 적기를 놓친 소년보호조치는 호미로 막을 수 있는 일을 가래로도 막기 어려운 상황을 초래할 수도 있다.

### (5) 교정 · 보호기관의 문제점

소년원이나 소년교도소 등의 교정 · 보호 기관의 문제점을 살펴보면 다음과 같다. 첫째, 수용 위주에 급급한 실정이다. 먼저, 형사처벌을 받은 소년범을 수용하고 있는 김천소년교도소(구 천안소년교도소)의 경우에 수용 인원은 과다한 반면, 관리 인력은 크게 부족해 소년 개인의 특성에 맞는 비행성 제거 교육보다는 수용 위주에 급급한 실정이어서 소년범의 사회복귀에 재범 방지 기능이 제대로 발휘되지 못하고 있다(법률신문, 1997). 둘째, 구치소가 범죄학습 공간화가 되고 있는 실정이다. 소년구치소가 따로 없는 관계로 미결구금 소년범이 미결구금 성인범과 함께 섞여 있으면서 범죄를 오히려 학습하여 재범 방지에 전혀 도움이 되지 않는 것으로 나타나 소년구치소 시설도 필요하다는 지적이다. 셋째, 보호관찰관이 절대적으로 부족한 형편이어서 관찰관 활동도 월 1회 정도의 상담을 통한 형식적인 감시 · 감독 위주에 그치고 있다. 넷째, 보호관찰관의 전문성이 결여되어 있는 실정이다. 다섯째, 보호시설위탁처분을 위한 시설이 열악한 처지이다. 수용자에 대한 처우의 개별화가 이루어지지 못하여 교정시설 내에서 범죄 기술 및 사회에 대한 반감 등을 가르치고 조장해 역효과를 내고, 교정시설에 수용된 경력이 있다는 낙인이 오히려 범죄청소년의 사회복귀에 지장을 초래하여 시설 내 처우는 재범을 방지하는 것이 아니라 재범을 유발할 수 있다.

## 2) 청소년비행의 예방 및 방지 대책

### (1) 가정에서의 대책

가정은 부모의 애정과 혈연을 중심으로 한 혈연공동체로서 청소년이 세상에서 제일 먼저 접촉하는 최초의 사회집단이며 활동과 생활의 본거지이다. 따라서 가정 요인은 청소년범죄의 가장 중요한 원인의 하나로 다룬다.

청소년이 사회화 과정을 거치면서 부모의 훈육과 감독은 청소년에게 옳고 그름의 구별을 명확히 이해하게 하고 행동의 규범을 가르친다는 점에서 아주 중요한 사항이다. 가정에서의 적절한 훈육은 지배와 복종, 수용과 거부가 적절히 조화를 이루어야 하며, 주관적 · 독선적 훈육방법을 지양하고 객관적 · 민주적 훈육방법에 의한 청소년 훈육은 최선의 비행 예방 개선책이 된다. 또한 가정에서 부모는 청소년에 대한 감독관으로서의 태도를 버리고 격려자로서의 역할을 하여야 하고 청소년의 가치판단력을 길러 주어야 할 뿐만 아니라 가정이 청소년의 건전한 보금자리가 될 수 있도록 안전한 가정환경을 조성해야 한다.

가정에서의 청소년에 대한 올바른 훈육방법은 다음과 같다. 첫째, 부모는 무조건적인 간섭이나 지시를 지양하고 올바른 판단력과 독립심을 키워 주어야 한다. 둘째, 지나친 보호나 방임보다 다정한 인간애를 바탕으로 한 하나의 협력자 및 인격체로서 대우해야 한다. 셋째, 올바른 교우관계 및 이성교제를 지도하여 가족구성원으로서의 소속감을 갖게 해야 한다. 넷째, 일방적 강요보다는 훈육으로, 금기보다는 권장으로 지도방법을 바꾸도록 노력하여야 한다. 다섯째, 부모 자신이 스스로 준법적 태도, 건전한 윤리 또는 도덕을 실천하여야 한다. 여섯째, 원만한 결혼생활을 통하여 항상 존경받는 행동을 보임으로써 부모를 진정으로 사랑하고 따르는 부모의 권위가 회복되어야 한다. 이상의 방법을 무리 없이 유효적절하게 실천할 때 우리가 바라는 바람직한 가정상과 청소년상이 확립될 것이며, 청소년은 사회에 공헌할 수 있는 진정한 성인으로 성장할 수 있을 것이다.

### (2) 재범 방지를 위한 교정 · 보호 기관에서의 대책

우리나라의 교정 · 보호 기관의 현실을 살펴보면 수용 인원의 과다, 처우내용의 미분화, 전문인력의 부족 등 교정 여건이 매우 열악하다. 따라서 수용자에 대한 처우의 개별화가 이루어지지 못하여 교정시설 내에서 범죄 기술 및 사회에 대한 반감 등을 가르치고 조장시켜서 역효과를 내고 교정시설에 수용된 경력이 있다는 낙인이 오히려 범죄소년의 사회복귀에 지장을 초래하여 시설 내의 처우는 재범을 방지하는 것이 아니라 재범을 유발할 수 있다. 현재 각 소년교도소에는 14세 이상 20세 미만의 소년과 소년 처우 중 성년이 된 20세 이상 23세 미만의 수형자를 수용하고 있다. 그러나 이들을 한 시설에서 획일적으로 처우하는 것은 불합리하다. 15~22세의 연령층은 체격등위, 사고, 욕구 체계 등 정신 및 신체 발달 정도에 현격한 차이를 보이므로 소년처우는 이러한 특성에 따라 세분화하여 이에 알맞은 처우가 이루어져야 한다. 따라서 소년교정시설을 소규모화하고 처우 분류를 세분화하여 수용해야 하는데, 이를 위해서는 소년교도소를 증설해야 한다.

범죄인 처우에서는 시설 내 처우(교정 처우)를 더욱 개선하는 한편, 보호관찰, 사회봉사명령 지도, 수강제도 및 갱생보호와 같은 사회 내 처우를 더욱 확대하여야 한다. 사회 내 처우는 시설 내 처우보다 경비가 적게 들 뿐 아니라 범죄인의 재범 방지 및 사회복귀 효과도 크다는 것이 인정되고 있기 때문이다. 시설 내 처우의 사회화와 사회 내 처우의 확대로 민간 참여의 필요성이 증대했다. 이에 따라 자원봉사자의 선발을 합리화하고 협의기관의 조직 운영을 조장하여야 한다. 사법기관과 교정보호기관이 긴밀하게 협력하여 처우의 일관성과 연속성을 보장해야 하다. 따라서 소년범죄자에 대한 교정 처우는 재통합모델에 입각하여 개별화하고 과학적이고 사회화된 다원(多元) 처우를 행하여야 한다. 다양한 처우 프로그램이 개발되고 시험되어야 하며, 이들 프로그램에의 참가는 소년범죄자의 자발적 의사와 동의가 전제되어야 한다. 특히 소년원은 장단기 원생에게 적합하도록 특성화되어야 하며, 교육시설화가 되어야 한다. 다른 한편으로는 시설 내 처우의 폐해를 고려하여 조기에 가석방률과 가퇴원을 제고하여야 한다. 집행유예자에 대한 보호관찰을 결정할 때와 마찬가지로 가석방과 가퇴원을 심사 및 결정함에 있어서 가석방·가퇴원 예측표를 활용하는 등 재범위험성의 판정에 과학화를 기해야 한다. 보호관찰이나 갱생보호를 실시함에 있어서도 지도감독과 보호 또는 물질적 방법과 정신적 방법이 조화를 이루어야 하며 법적 요구와 함께 사회적 기능이 강조되어야 한다. 또한 현재 소년교도소에서는 전문적으로 분류심사와 이를 담당할 직원이 부족한 실정이다. 행형에서 분류 업무는 가장 기본이고 핵심이다. 이것이 철저히 이루어지지 않으면 교정효과를 기대하기 어렵다. 따라서 소년교도소에 분류심사과의 설치 및 분류 전담 직원의 증원도 요구된다.

### (3) 도시화에 따른 청소년비행 대책

도시화에 따른 청소년비행을 방지하기 위해서는 범죄의 발생 요인이 되는 여러 사회 조건의 개선이나 과도한 도시화의 억제 혹은 종합적인 도시계획을 기본으로 하여 지역문화나 지역복지를 충실하게 하는 기본적인 대응이 무엇보다 중요하다.

도시문제는 과밀화 및 대도시 위주의 성장에서 유래한다. 급격한 도시화로 인구의 과밀현상이 일어나고 이로 인하여 인구의 적정 배분에 심한 불균형을 초래하고 있으며, 도시에서 노동력의 잉여, 도시산업의 포화 상태, 시장 및 판로의 한계 등에 의해 도시의 실업률은 더욱 증대되고 있는 실정이다. 실업자는 기존 도시민과는 지역사회 공동생활에서 융화하기 어려워지며, 문화적 마찰을 일으키게 된다. 불량집단 지역은 저소득자, 무직자, 다수의 학교 중퇴자로 구성되어 있어서 그 사회의 지배규범, 도덕과는 별개로 이들 나름의 비행문화를 형성하고 있다. 이 불량지역은 비행전통이 정상적이며, 보편적인 생활양식으로 통용되고 있고, 이 지역에 거주하는 청소년은 그것을 무의식이며 자연스러운 행동양식으로 학습하여 받아들이게 된다. 이러한 학습은 비행 하위문화와 접촉함으로써 개인의 비행 동기와 기술을 습득할 뿐만 아니라 비행행위를 합리화해 주는 문화적 제규범과 가치관을 내면화하므로 양심의 가책을 받지 않고 비행자 역할을 수행하게 된다. 또한 지역사회가 바람직한 집단규범이 확립되어 있지 않고 각종 다양한

모순이 존재할 경우, 청소년은 자기의 행동을 정착시킬 표준을 잃어버리며 이런 경우에 급기야
는 비행을 저지르게 된다. 따라서 이러한 도시문제를 해결하기 위해서는, 첫째, 인구와 기능의
대도시 집중을 완화하고 지방도시와 농어촌을 육성해야 한다. 현재와 같은 인구나 도시 기능의
대도시 집중 현상은 근본적으로 도시화 현상에 의한 청소년범죄를 해결하기 어렵게 만들고 있
다. 대도시의 과도한 집중을 피하기 위한 근본 방안으로는 농어촌 및 낙후 지역을 개발하여 지
역 간 격차를 해소해야 한다. 둘째, 이미 형성된 시가지를 재편성하여 계획적으로 도시를 활성
화시키는 재개발사업이 필요하다. 도시재개발은 도시의 효율적인 기능 수행과 쾌적한 환경 조
성을 목적으로 하며, 공원녹지의 조성과 구획정리, 불량주택지구의 정비, 도로·상하수도 시설
등 도시의 기반 시설을 확충하는 것을 내용으로 한다. 또한 시가지의 무질서한 팽창을 억제하
고 녹지공간을 확보하기 위해 개발제한구역을 설정하고 토지를 합리적으로 이용해야 한다.

### (4) 청소년 마약류사범의 예방 및 치료를 위한 대책

우리나라에서 약물남용자에 대한 대응은 여타 범죄행위와 마찬가지로 사회 방위에 중심을
두고 단속과 엄한 처벌을 통한 사전억제에 초점이 맞추어져 왔다. 이에 따라 약물남용자를 대
부분 교정시설에 구금하거나 극히 제한된 소수의 중독자에게만 공주치료감호소와 같은 처우
프로그램을 제공하고 있을 뿐이다. 청소년의 약물남용에 대한 예방이 필요하다는 사회적 동의
가 있다고 하더라도 그 문제는 국가 교정 정책에 큰 의미를 갖지 못하였다. 이 같은 현실에서 대
다수의 약물남용 청소년은 방치되어 있으며, 국가 교정시설에 구금된 약물남용 청소년에 대하
여도 중독 상황을 억제하고 치료할 수 있는 치료 프로그램보다는 정신교육 중심으로 이루어지
는 등 효과적인 개입 프로그램은 거의 전무하다. 청소년 약물남용에 따른 치료방식은 다양하지
못하고, 퇴원 후 환자 관리가 제대로 이루어지지 않고 있어 가정과 학교에서의 예방 전략과 교
정시설에서의 치료전략에 맞추어 통합적으로 체계적인 대응책이 모색되어야 한다.

### (5) 청소년 사이버범죄 대책

청소년 사이버범죄는 우리 사회의 청소년을 전과자로 만들어 미래의 사회생활에 지장을 초
래하고 나아가 인터넷중독에 빠지게 하는 등 사회문제화되고 있다. 청소년을 사이버범죄에서
보호하기 위해 가장 중요하고 시급한 것은 사이버공간에 대한 적극적인 정화 노력으로, 건전한
사이버공간을 형성해 주는 것이 청소년 사이버범죄 예방을 위해 매우 중요하다. 현재 사이버공
간에는 상상도 할 수 없을 정도의 많은 사이트가 있다. 좋은 사이트도 있지만 유해한 사이트도
많이 있다. 이 모든 것을 경찰력이나 정부기관이 감시하고 제재한다는 것은 현실적으로 불가능

하다. 이에 민간단체의 자발적인 참여가 중요하고, 이러한 노력이 사이버공간을 건전화하는 데 큰 힘이 될 것이다.

청소년의 사이버범죄 중 가장 큰 비중을 차지하는 것이 온라인게임 관련 범죄이다. 무엇보다도 온라인게임과 관련한 청소년의 사이버범죄를 예방하기 위해서는 우선 게임업체의 사회적 책임의식과 피해 방지 노력이 필수적이다. 아이템을 현금 거래했을 경우, 약관 위반에 따라 불이익을 받을 수 있다는 것을 게임 사용자에게 주지시켜야 하고 게임 접속 시 해킹 방지 프로그램 설치 및 확인을 유도해야 한다. 무분별한 회원 수 증가만을 추구하여 사용자의 실명 인증, 미성년자의 부모 동의 등을 누락하는 일은 없어야 할 것이다.

청소년은 사이버공간에서의 일탈행위 등 범죄의 유혹에 쉽게 빠져 든다. 이를 예방하기 위해서는, 첫째, 학교와 가정에서 정보통신윤리 교육을 강화해야 한다. 초중고 교과서에 정보통신윤리와 관련된 내용을 대폭 보완 및 확대하여 어릴 때부터 사이버공간에서 지켜야 할 예절, 사이버범죄의 내용과 처벌 등에 대한 교육으로 사이버범죄도 다른 사람에게 큰 피해를 입힐 수 있는 범죄행위임을 인식시켜야 한다. 둘째, 사이버윤리를 정립하기 위한 제도적인 기반을 구축하고 이에 대한 기술 및 재정 지원이 이루어져야 한다. 셋째, 사이버범죄에 대한 철저한 단속과 수사가 이루어져야 한다. 이는 범죄자를 엄격하게 처벌하여 범죄는 반드시 처벌받는다는 인식을 가지게 함으로써 미래의 범죄 발생을 억제하는 효과가 있고, 경미한 범죄라도 일관되게 처벌함으로써 더 큰 범죄를 예방할 수 있는 효과가 있다.

### (6) 학생범죄 대책

청소년을 좌절과 실의에 빠지게 하고 급기야는 범죄에까지 이르게 하는 또 하나의 중요한 요인은 학교와 교육제도이다. 학업에 실패한 청소년은 심한 좌절을 경험하고, 학교의 가치를 거부하며, 반항적인 행동을 하게 되고, 학교에 더 이상 적응하지 못해 중퇴를 하거나 급기야는 범죄에 빠져들 수 있다. 학교에 애착이 낮고 공부를 포기한 학생은 범죄를 할 가능성이 높다고 주장한다. 특히 우리나라의 입시 위주의 주입식 교육제도는 학생범죄를 유발하는 중요 요인으로 작용할 것이다.

학생범죄를 방지하기 위해서는 무엇보다도 학교교육이 정상화되어야 하고, 단속과 처벌 위주의 단편적인 접근보다는 선도 및 예방을 중심으로 하는 교정(치료 또는 교육) 프로그램을 개발하여 보급하여야 하며 이에 관련된 시설을 설립 및 확충하여야 한다. 처벌 위주의 소년사법 처리 절차는 필연적으로 범죄를 확대 및 재생산시키며, 장기적으로 이들을 통제하기 위한 사회적 비용의 엄청난 증대라는 문제를 야기한다.

현행 제도하에서 선도 과정은 이미 사법적 통제 과정에 포착된 비행학생 및 학생범죄자를 대상으로 민간 또는 형사사법기관이 시행하도록 되어 있다. 현재의 프로그램을 보면 선도할 의지는 있으나 선도를 할 기관이 거의 없으며, 소수의 민간단체가 있기는 하지만 소위 하드웨어와 소프트웨어를 갖춘 기관은 거의 없다. 따라서 경찰제도 및 보호관찰제도에서 실시하고 있는 프로그램의 질적 향상을 위한 꾸준한 노력을 병행해야 할 것이다.

학생범죄를 근본적으로 해결하기 위해서는 심리학적 · 사회학적 · 교육적 · 행정적 · 법률적인 차원에서 체계적으로 근본적인 문제점을 진단하고, 종합적이고 지속적인 대책이 요구된다. 즉, 학생범죄에 대해 일관성 있게 지속적으로 대처하고 이를 체계적이고 효과적으로 달성하기 위한 학생, 가정, 교사, 학교, 유관기관, 지역사회, 그리고 정부 각각의 측면에서 다차원적이면서 동시적인 접근이 요구된다. 기존의 각종 대책은 지속적으로 시행되기보다는 전시효과에만 급급하여 제시만 되고 제대로 시행되지 않았다. 특히 언론에서 학생범죄를 심각한 사회문제로 보도하고 대통령의 특별지시가 내려지면 각 부처에서 온갖 대책을 마련하느라 부산스러웠다. 그러나 조금 잠잠해지거나 언론에서 관심을 보이지 않으면 그동안의 각종 대책은 흐지부지되고 말았다.

### (7) 종합적 예방 및 방지 대책

청소년범죄의 배경과 원인은 매우 다양하기 때문에 청소년범죄 대처는 종합적으로 이루어질 때 보다 더 효과적일 수 있다. 청소년범죄자에 대한 지역사회 내의 처우에서 종합적 대처의 가장 대표적인 프로그램으로는 범죄의 다양한 원인에 근거해 여러 차원에서 종합적으로 프로그램을 실행했던 Henggeler 등(Henggeler et al., 1992, 1997)의 '가정과 이웃보호 연구'가 있다. Henggeler 등의 '다체계적 치료'는 청소년 이외에 가정, 학교, 친구, 지역사회의 환경을 개선하려는 가장 대표적인 사후 종합적 프로그램으로, 지역사회 내에 전문적인 상담가를 배치하고 가정방문을 통한 개인상담뿐만 아니라 가정에서 부모와의 관계를 개선하는 가족치료를 실시하고, 학교에 적응하여 원만한 교우관계를 형성하도록 적극 지원하며, 비행친구의 영향력에서 벗어날 수 있도록 긍정적인 여가활동을 격려하는 등의 종합적인 전략을 사용하였다. 많은 연구는 여러 차원의 종합적 전략을 제시해 왔고 그 효과도 상당하다. 청소년범죄를 예방하기 위해서는 지역사회를 기반으로 지역사회 내에 전문가 혹은 상담가를 배치하거나 주민들로 구성된 자조적 조직체를 통해 청소년에 대한 적절한 인지훈련, 부모를 상대로 하는 교육과 치료, 학업 적응과 취업을 위한 노력 등 효율적인 서비스를 제공해야 한다. '종합적 지역사회 프로그램'(Kelling et al., 1998)은 또 다른 대표적인 종합적 프로그램으로, 이 프로그램에서는 지역사회의 여러 기관이 협력하여 정보 이외에 민간기관과 지역사회의 자원을 동원하여 청소년범죄를 어떻게 해결할 것인지에 관해 종합적으로 접근하고자 했다. 특히 지역 경찰과 협력하여 지역사회 기반의 청소년클럽을 구성하고, 이 클럽을 중심으로 청소년 이외에 부모를 대상으로 상담하고, 청소년을 위한 취업훈련을 비롯한 다양한 서비스를 제공하였다.

## 참고문헌

경찰청(2001). 경찰백서.

경찰청(2004). 경찰백서.

경찰청(2022). 경찰백서.

국가통계포털(2023). https://kosis.kr/index/index.do

김은정(2005). 폭력적 컴퓨터 게임과 공격적 비행, 인터넷 비행 및 인터넷 게임중독과의 관계: 청소년을 중심으로. 한국심리학회지: 임상, 24(2), 359-377.

노성호(1992). 한국의 청소년 비행화에 관한 연구. 고려대학교 대학원 박사학위청구논문.

대검찰청(2016). 범죄분석.

대검찰청(2022). 검찰연감

대검찰청(2022). 범죄분석

법무연수원(2004). 범죄백서.

법무연수원(2013). 범죄백서.

법원행정처(2013). 사법연감.

사이버수사대. http://cyberbureau.police.go.kr

손동권(1983). 보완처분에 관한 연구. 고려대학교 대학원 석사학위청구논문.

이해경(2002). 인터넷상에서 청소년들의 폭력게임 중독을 예측하는 사회심리적 변인. 한국심리학회지: 발달, 14(4), 55-79.

조남근, 양돈규(2001). 청소년이 지각한 사회적 지지와 인터넷 중독 경향 및 인터넷 관련 비행과의 관계. 한국심리학회: 발달, 14(1), 91-111.

청소년위원회(2005). 청소년백서.

통계청. http://www.nso.go.kr

한국성폭력상담소(2021). 한국성폭력상담소 상담통계. https://www.sisters.or.kr/consult/stat/6214


Agnew, R. (1985). Social control theory and delinquency: A longitudinal test. *Criminology, 30*, 48-87.

Akers, R. L. (1985). *Deviant behavior*. A social learning approach. Belmont, CA: Wadsworth.

Anderson, C. A., & Dill, K. E. (2000). Video games and aggressive thoughts, feelings, and behavior in the laboratory and in life. *Journal of Personality and Social Psychology, 78*(4), 772-790.

Becker, H. (1963). *Outsiders: Studies in the sociology of deviance*. New York: Free Press.

Berndt, T. J. (1982). The features and effects of friendship in early adolescence. *Child Development*, 1447-1460.

Brown, S. E. (1984). Social class, child maltreatment, and delinquent behavior. *Criminology, 22*, 259.

Cooke, D. J., Forth, A. E., & Hare, R. D. (1998). *Psychopathy: Theory, research, and implications for society* (Vol. 88). Springer Science & Business Media.

Cooke, D. J., Michie, C., Hart, S., & Hare, R. (1999). Evaluating the screening version of the hare Psychopathy Checklist-Revised(PCL: SV): An item response theory analysis. *Psychological Assessment, 11*(1), 3-13.

Dishion, T. J., Bullock, B., & Granic, I. (2002). Pragmatism in modeling peer influence: Dynamics, outcomes, and change processes. *Development and Psychopathology, 14*(4), 969-981.

Durkheim, E. (1961). *Moral education*. Free Press.

Erikson, E. H. (1963). *Childhood and society*. New York, NY: Norton.

Erikson, E. H. (1968). *Identity: Youth and crisis*. New York, NY: W. W. Norton.

Farrington, D. P. (1978). The family backgrounds of aggressive youths. In L. Hersov., M. Berger., & D. Shaffer (Eds.), *Aggression and antisocial behavior in children and adolescents* (pp. 73-93). Oxford: Pergamon.

Funk, J. B., Buchman, D. D., & Germann, J. N. (2000). Preference for violent electronic games, self-concept and gender differences in young children: Laying violent video games, desensitization, and moral evaluation in children. *American Journal of Orthopsychiatry, 70*(2), 233-241.

Glueck, S., & Glueck, E. (1950). *Unraveling juvenile delinquency*. Cambridge, MA: Harvard University Press.

Henggeler, S. W., Melton, G. B., & Smith, L. A. (1992). Family preservation using multisystemic therapy: An effective alternative to incarcerating serious juvenile offenders. *Journal of Consulting and Clinical Psychology, 60*, 953-961.

Henggeler, S. W., Pickrel, S. G., & Brondino, M. J. (1997). Multisystemic treatment of substance abusing/dependent delinquents: Outcomes for drug use, criminality, and out-of-home placement at posttreatment and 6-month follow-up. Manuscript submitted for publication.

Hirschi, T. (1969). *Causes of delinquency*. Berkerly, CA: California Press.

Kelling, G. L., Hochberg, M. R., Kaminska, S. L., Rocheleau, A. M., Rosenbaum, D. P., Roth, J. A., & Skogan, W. G. (1998). The bureau of justice assistance comprehensive communities program: A preliminary report. *Research in Brief*. Washington, DC: U. S. Department of Justice.

Kohlberg, L. (1978). Revisions in the theory and practice of moral development. *New Directions for Child and Adolescent Development, 1978*(2), 83-87.

Kohlberg, L. (1984). *The psychology of moral development: The nature and validity of moral Stage*. San Francisco: Happer & Row.

Loeber, R., & Dishion, T. J. (1983). Early predictors of male delinquency: A review. *Psychological Bulletin, 94*(1), 68-99.

Moffitt, T. E. (1997). Adolescence-limited and life-course-persistent offending: A complementary pair of developmental theories. In T. P. Thornberry (Ed.), *Developmental theories of crime and delinquency* (pp. 11-54). New Brunswick: Transaction Publishers.

Nottelmann, E. D., Susman, E. J., Dorn, L. D., Inoff-Germain, G., Loriaux, D. L., Cutler, G. B., & Chrousos, G. P. (1987). Developmental processes in early adolescence: Relations among chronologic age, pubertal stage, height, weight, and serum levels of gonadotropins, sex steroids, and adrenal androgens. *Journal of Adolescent Health Care, 8*(3), 246-260.

Pepler D. J., & Slaby R. G. (1994). Theoretical and developmental perspective on youth and violence. In L. D. Eron, J. H. Gentry, & P. Schlegel (Eds.), Reason to hope: A psychosocial perspective on Violence & Youth (pp. 27-58). Washington, D.C.: American Psychological Association.

Piaget, J. (1947). Du rapport des sciences avec la philosophie. *Synthese, 6*(3), 130-150.

Piaget, J. (1950). *The psychology of intelligence*. N.Y.: Routledge & Kagan Paul.

Piaget, J. (1952). *The origins of intelligence in children* (M. Cook Trans.). New York, NY: International Press.

Ramirez, J. M. (2003). Hormones and aggression in childhood and adolescence. *Aggression and Violent Behavior, 8*(6), 621-644.

Schneider, H. J., & 손동권(1998). 암수범죄에 관한 연구. 형사정책연구, 34(2), 193-222.

Sebald, H. (1986). Adolescents' shifting orientation toward parents and peers: A curvilinear trend over recent decades. *Journal of Marriage and the Family, 48*(1), 5-13.

Selman, R. L. (2003). *The promotion of social awareness*. New York: Russell Sage Foundation.

Shaffer, D. R. (1999). *Developmental psychology: Childhood & adolescence* (5th ed.). Pacific Grove CA: Brooks/Cole.

Smoak, B., Deuster, P., Rabin, D., & Chrousos, G. (1991). Corticotropin-releasing hormone is not the sole factor mediating exercise-induced adrenocorticotropin release in humans. *The Journal of Clinical Endocrinology & Metabolism, 73*(2), 302-306.

Sullivan, H. S. (1953). *The collected works of Harry Stack Sullivan*, M.D. New York: Norton.

Sutherland, E. H., & Cressey, D. R. (1974). *Criminology* (9th ed.). Philadelphia: J. B. Lippincott.

Thornberry, T. P., & Krohn, M. D. (1997). Peers, drug use, and delinquency. In D. M. Stoff, J. Breiling, & J. D. Maset (Eds.), *Handbook of antisocial behavior* (pp. 218-233). New York: Wiley.

Turiel, E. (1983). *The development of social knowledge: Morality and convention*. Cambridge University Press.

Warr, M., & Stafford, M. (1991). The influence of delinquent peers: What the they think or what they do?. *Criminology, 29*(4), 851-866.

# 정신장애와 범죄[1]

## 1. 정신장애에 대한 이해

### 1) 정신장애의 정의

일반적으로 잔인하고 폭력적이며 도저히 상상조차 할 수 없는 범죄는 정신질환자들의 소행이라고 생각하고, 이와 관련하여 대중매체는 정신이상과 폭력의 관련성을 집요하게 추적한다. 한 조사에 따르면, 미국의 황금시간대에 텔레비전에 등장하는 정신장애가 있는 인물의 73%가 폭력적으로 묘사되었다고 한다(Monahan, 1992). 즉, 정신적으로 이상이 있는 개인은 법을 준수하지 않고, 예측 불가능하며, 자신의 행동을 통제할 수 없다고 전제하고, 그들은 잠재적으로 위험한 사람일 것이라고 인식한다. 한편으로는 잔인하고 폭력적인 범죄를 저지르는 범죄자는 당

---

1) 미디어자료: 숨바꼭질(Hide and Seek, 2005).
　　　　　　 아이덴티티(Identity, 2003).
　　　　　　 프라이멀 피어(Primal Fear, 1996).
　　　　　　 장화 홍련(A Tale Of Two Sisters, 2003).
　　　　　　 파이트클럽(Fight Club, 1999).
　　　　　　 카인의 두 얼굴(Raising Cain, 1992).
　　　　　　 미저리(Misery, 1990).

연히 미쳤거나 정신적으로 문제가 있는 사람으로 간주하기도 한다.

　이 장에서는 이런 믿음에 대한 타당성을 검증하기 전에 용어의 개념을 정의할 필요가 있다. 우선 '정신질환(mental illness)'을 정의하면 개인의 삶과 일생을 살아가는 데 충분히 방해가 된다고 전문적으로 판명된 정신장애를 지칭한다. 정신질환은 정상적인 행동과는 구별되는 행동을 하게 만들며, 이런 행동을 하는 개인에 대해 이것이 특정한 병이라는 이유로 그들의 행동을 용서하기도 한다. 그렇지만 '정신장애(mental disorder)'라는 용어는 개인이 병을 앓고 있으므로 행동에 대해 책임을 덜 묻는다거나 동정심을 가져야 한다는 뜻은 아니다. 그렇기 때문에 심리학·정신의학·법학 문헌에서는 정신질환이라는 단어를 더 선호하지만, 사법과 민법에서는 덜 제한적인 정신장애라는 단어를 사용한다(Bartol, 1999).

　DSM-5에 따르면 정신장애는 인지·행동·정서 조절 면에서 임상적으로 유의한 장해를 나타내는 증후군으로 정의한다.

## 2) 정신장애 범죄자의 정의

　많은 사람은 '정신장애 범죄자'라는 말을 처음 들을 때, 마음속으로 Charles Manson,[2] David Berkowitz(Son of Sam),[3] Albert de Salvo(the Boston Strangler)[4]와 Jeffrey Dahmer[5] 등을 떠올린다. 이들은 그들이 행했던 끔찍한 범죄로 인해 외국에서 매우 유명한 범죄자들이다. 이들만큼 유명하지는 않지만, 거의 비슷한 수준의 기괴한 범죄자들이 뉴스에서 매일 보도되고, 텔레비전은 정신병을 가진 인물을 매우 폭력적으로 묘사하고 있다. 따라서 평범한 사람들에게 정신장애 범죄자들은 매우 많다고 느껴질 수 있으며, 그들의 행동은 기괴하고 대부분 폭력적으로 보인다.

　이와 같은 견해가 현실에서도 적용되는지를 판단하기 위해서는 정신장애 범죄자들의 통계자료를 참고하는 것도 도움이 된다. 이를 알아보기 위해서는 먼저 정신장애 범죄자에 대한 정의를 할 필요가 있다. 하지만 불행히도 널리 쓰이는 정의는 사실상 존재하지 않는다. 왜냐하면 2개의 주요한 사회적 체계, 즉 사법 체계와 정신건강 체계가 정신장애에 대해 다양한 해석을 하기 때

---

2) Charles Manson은 32세까지 20년 가까이 소년원과 교도소 수감을 반복했으며, 작곡을 배워 음악가로 살고자 했지만 그가 출감한 1960년대의 히피문화에 빠져 '맨슨 가족'을 구성한다. 사이비종교와 비슷한 이 가족은 지구의 종말을 대비해 살인과 살육, 테러를 주장하였다.
3) 1977년에 1년여 동안 6명을 살해하고 7명에게 상처를 입혀 뉴욕을 공포의 도가니로 몰아넣은 24세의 살인범이다.
4) 1962년부터 1964년까지 13명의 여성을 연쇄 살해하여 '보스턴 교살자'라고 불리면서 미국 동부 해안지역을 공포로 몰아넣었던 연쇄살인범이다.
5) 유복한 가정환경에서 성장해 1978년부터 1991년까지 최소한 15명을 살해하며 식인행위를 즐긴 연쇄살인범이다.

문이다. 각각의 체계 안에서조차도 정신장애와 정신병이라는 용어의 의미에 대해 동의가 거의 이루어지지 않았다.

그러나 일반적으로 정신장애가 있으며, 불법적인 행동에 연루된 개인을 정신장애 범죄자 (mentally disordered defendants)로 부른다. 즉, 이는 정신장애가 있고, 심각한 범죄 행동을 한 개인으로 정의된다. 이들은 정신적으로 정상이 아니라고 받아들이기도 하기 때문에 일부 정신장애 범죄자는 범죄혐의로 고발은 됐지만 유죄를 선고받지 않았다. 이러한 경우로 인해 '범죄자'라는 용어가 느슨하게 사용되기 시작했고, 몇몇 피고인은 그들의 범죄 행동에 대해 정신장애가 있었다는 이유를 들어 범죄에 대한 법적인 책임을 회피하려고 하기도 한다. 이러한 시도가 성공하면 그들은 법적 책임을 지지 않을 수도 있다. 이와 관련하여 정신장애와 형사책임 문제는 후에 좀 더 자세히 설명할 것이다.

## 3) 정신장애 범죄자의 실태

### ⑴ 정신장애자의 범죄현황

일반적으로 보자면 정신장애자를 흉악한 범죄와 연관지어 생각하기 쉽기 때문에 실제로 이러한 연관이 타당한지에 대해 알아볼 필요가 있다. 2010년부터 2021년까지 정신장애자의 범죄현황을 파악해 보면 다음과 같다. 대검찰청에서 매년 발간하는『범죄분석』을 통해 정신장애자에 대한 주요 범죄별 발생추이를 살펴보면 〈표 6-1〉에서 보는 바와 같이 2010년에 6,668건을 기록한 뒤 2011년 6,996건, 2012년 7217건, 2013년 8,418건, 2014년 9,533건으로 증가하다가 2015년 6,492건으로 대폭 감소하였다. 이후 2016년에 7,674건, 2017년에 8,842건으로 증가하다가 2018년에 7,076건으로 감소하였고, 2019년에 7,498건, 2020년에 8,631건으로 증가하다가 2021년에 7,912건으로 감소하는 등 증감을 반복하였다.

형법범의 경우, 죄명별로는 절도가 전체 형법범의 매년 20~30% 이상을 차지하여 가장 많은 점유율을 차지하였고, 그다음이 상해, 폭행 순이다. 2004년 형법범의 경우에 죄명별로 절도가 611명으로 전체 형법범의 15.3%였고, 상해가 284명으로 71%였다. 또한『폭력행위 등 처벌에 관한 법률』에서 의율하는 범죄가 전체 범죄에서 차지하는 비율은 2004년에 18%였으나 2013년에 8%로 서서히 감소하였다.

2013년 전체 형법범의 수는 1,057,855명(대검찰청, 2014)인 데 비해 정신장애 형법범의 수는 6,001명으로 전체와 비교해 볼 때 0.56%로 극히 일부를 차지하였다. 또한 2021년 전체 형법범의 수는 917,787명(대검찰청, 2022)이고, 정신장애 형법범의 수는 4,858명으로 전체 형법범의

| 표 6-1 정신장애자에 의한 주요 범죄 동향(2010~2021) | | | | | | | | | | | (단위: 명) |
|---|---|---|---|---|---|---|---|---|---|---|---|---|
| 죄명/연도 | 2010 | 2011 | 2012 | 2013 | 2014 | 2015 | 2016 | 2017 | 2018 | 2019 | 2020 | 2021 |
| 형법법계 | 3,818 | 4,023 | 4,259 | 4,945 | 5,426 | 3,727 | 4,440 | 5,123 | 4,148 | 4,410 | 5,084 | 4,858 |
| 살인 | 56 | 84 | 65 | 60 | 64 | 33 | 32 | 35 | 31 | 30 | 23 | 26 |
| 강도 | 37 | 54 | 48 | 31 | 42 | 25 | 34 | 30 | 25 | 16 | 26 | 10 |
| 방화 | 101 | 110 | 87 | 123 | 126 | 77 | 78 | 96 | 77 | 86 | 97 | 80 |
| 성폭력 | 219 | 244 | 290 | 383 | 499 | 257 | 264 | 356 | 273 | 237 | 260 | 49 |
| 폭행 | 398 | 389 | 435 | 524 | 722 | 501 | 608 | 740 | 564 | 707 | 721 | 718 |
| 상해 | 489 | 396 | 437 | 415 | 606 | 348 | 414 | 383 | 299 | 281 | 304 | 284 |
| 공갈 | 17 | 21 | 23 | 19 | 22 | 19 | 16 | 20 | 10 | 9 | 13 | 5 |
| 절도 | 1,252 | 1,405 | 1,264 | 1,559 | 1,644 | 1,195 | 1,469 | 1,720 | 1,342 | 1,380 | 1,626 | 1,444 |
| 장물 | 8 | 6 | – | 8 | 7 | 3 | 4 | 3 | 1 | 1 | – | 2 |
| 사기 | 225 | 211 | 272 | 278 | 255 | 205 | 232 | 238 | 202 | 198 | 297 | 262 |
| 횡령 | 40 | 34 | 20 | 57 | 67 | 59 | 81 | 95 | 101 | 142 | 179 | 168 |
| 배임 | 4 | – | 3 | 3 | – | | | 2 | 3 | – | | 1 |
| 폭력행위 등 | 4 | 19 | 14 | 13 | 53 | 43 | 2 | 1 | – | 1 | 1 | 5 |
| 전체 | 6,668 | 6,996 | 7,217 | 8,418 | 9,533 | 6,492 | 7,674 | 8,842 | 7,076 | 7,498 | 8,631 | 7,912 |

출처: 대검찰청(2011~2022) 재구성.

0.53%를 차지하고 있어 2013년에 비해 정신장애 형법범 수의 비율이 감소하였고, 이 역시 매우 적은 비율이다.

정신장애 범죄자에 대한 국가 차원의 통계에서는 발생건수, 범행 동기, 생활수준, 결혼 유무 등 인구통계학적인 부분에 대해서만 조사가 이루어져서 어떤 장애를 가진 범죄자가 얼마나 있는가에 대한 통계자료는 찾아보기 힘들다.

### (2) 정신장애 범죄자에 대한 태도

대개 특이하고, 기괴하며, 이해할 수 없는 범죄는 정신적으로 문제가 있거나, 아프고 병든 사람이 저지른다는 오해를 하기가 쉽다. 정신적으로 병든 사람은 사회규칙에 따라 행동하지 못하고, 예측할 수 없으며, 행동을 통제할 수 없다. 아무 때나 아무렇게나 행동하기 때문에 소위 '미친 사람'은 잠재적으로 위험하다고 할 수 있다. 즉, 사람들은 비인간적이고 이해할 수 없는 폭력행동은 제정신으로는 할 수 없으리라 확신한다. 따라서 극도의 폭력행위는 정신이상 때문에 발생하며, 결과적으로 정신이 병든 사람은 위험하고 심각한 범죄를 저지른다는 결론에 쉽게 도달한다. 하지만 이러한 결론이 실제로 확실한 것인가에 대해서는 재고해 볼 필요가 있다.

정신장애와 범죄의 관계에 대한 평가는 다양한 사회 변화에 영향을 받기도 하며, 앞에서 알아본 통계 현황처럼 정신장애와 범죄의 관계는 일반적인 믿음보다 실제로는 훨씬 관련성이 적다. 즉, 조현병으로 인한 것보다는 저연령, 약물남용 등으로 인해 발생하는 범죄의 빈도가 더 많으며, 일부 약물범죄의 경우에는 더 큰 위험성을 내포하기도 한다. 그렇다면 왜 우리는 정신장애와 잔인하고 폭력적인 범죄를 연결 짓게 되는 것일까?

그 이유로는, 첫째, 정신병으로 진단 내릴 때 필요한 증상으로 폭력성이 포함될 수 있기 때문이다. 폭력적인 사람이 폭력이라는 정신병의 한 증상을 보이기 때문에 정신병이 있다는 진단을 받을 가능성이 있다. 즉, 폭력 자체가 정신병을 진단하는 하나의 기준이 되는 경우가 있기 때문에 단순하게 미친 사람이 폭력적이라고 생각하게 되는 순환 오류를 범할 수 있다. 둘째, 정신과적 약물이 폭력적인 행동을 유발하기도 하며 통제할 수도 있기 때문이다. 하지만 이때 나타나는 공격성은 정신병의 직접적인 영향을 받은 것이 아니다. 셋째, 실제로 일반인 표본에서보다 정신병 표본에서 폭력은 덜 일반적인 것이지만, 폭력적인 특징이 있는 정신장애자를 선택하여 연구하는 방법을 사용하는 것은 폭력과 정신병이 강하게 연결되어 있다는 결과를 낳을 수 있다. 넷째, 분류를 위해 사용하는 정신병이나 범죄에 대한 공식기록은 정신병의 한 징후로서 나타나는 폭력에 더 주의를 기울이고, 이를 더 특별하게 기록하는 경향이 있다. 이럴 경우에 정신병과 범죄의 관계는 강한 것으로 나타나는 것이다. 다섯째, 미국의 경우에 1980년대 초부터 시작된 사회의 '탈시설화' 정책으로 인해 정신장애자들을 사회로 돌려보내는 경우가 많아졌다. 이때 폭력적인 정신장애자들은 사회복귀가 허락되지 않았고, 그 점이 부각되어 이후로 정신병이 폭력과 연합된다는 인식을 지니게 되었다(Howitt, 2002).

정신장애 범죄자는 종종 위험성에 대한 논쟁의 핵심이 되곤 한다. 다양한 법률은 정신장애 범죄자를 같은 범죄를 저지른 정신장애가 없는 범죄자에게 내려지는 전형적인 판결보다 더 오랜 기간 구금하려고 한다. 이러한 논쟁은 정신장애 범죄자들이 미래의 범죄 행동에 대한 위험성이 있다는 것과 따라서 더 이상 위험하지 않을 때까지 가두는 것이 필요하다고 결론짓는다. 이러한 분야의 연구 중 하나가 'Baxstrom'에 대한 위험성 평가이다(Steadman & Cocozza, 1974). 이는 Johnnie Baxstrom이라는 수감자의 사례로서 그는 2급 폭행으로 유죄가 입증되었고, 3년 6개월의 형을 선고받아 뉴욕의 교도소에 수감되었다. 2년 후, 교도소의 정신의학자는 그의 정신장애와 위험성을 발견하였고, 정신장애를 이유로 주립병원으로 이송했다. 그의 항의에도 불구하고 잠재적인 위험성 때문에 시설에 3년을 더 있었다. 후에 대법원은 그의 잠재적 위험성을 전문가 증언이 포함된 적법 절차 없이 개인이 주관적으로 평가하고, 정신장애를 이유로 그의 법정형을 원래의 형량을 초과하도록 한 것은 법의 평등보호 원칙을 위반한 것이라고 판결했다. 법원은 그에게 법 앞에서 평등한 보호를 받을 수 있고, 정신이상에 대한 위험성 평가를 다른 시민들의 절차와 똑같이 받을 수 있도록 하라고 명령하였다. 'Baxstrom'의 사례와 마찬가지로 소위Baxstrom 환자들이라고 불리는 집단은 정신의학자와 심리학자에 의해 위험한 정신장애자로 평가되었고, 그들은 병원으로 보내졌다. 결국 이 'Baxstrom' 환자들은 법적으로 부과된 형량을 넘어서 평균 8년을 더 구금되어 있었다. 하지만 실제로 'Baxstrom' 환자들은 매우 위험한 것은 아니었고, 단지 98명 중 14명이 위험으로 분류될 수 있는 행동을 나타내었다. 또 사회로 보낸 정신장애 범죄자 432명을 추적한 결과 단지 14.5%가 폭력범죄를 다시 저질렀다(Thornberry & Jacoby, 1979). 실증적으로 보자면 정신장애를 가진 범죄자가 일반범죄자보다 위험성이 더 높다는 견해는 잘못된 것이며, 정당한 법적 · 의학적 평가 없이 단지 정신장애만을 이유로 형기를 넘어선 구금은 개인의 평등권을 침해하는 것이라고 할 수 있다.

## 4) 범죄와 관련된 정신장애

이전의 연구는 심한 정신장애가 있는 개인이 심각한 범죄를 저지를 가능성이 일반 시민보다 높다고 보았다(Henn, Herjanic, & Vandepearl, 1976). 그러나 다른 연구에서는 과거에 최소 한 번의 폭력적인 행동을 했던 경력이 있는 남성 정신장애 환자들만이 병원에서 퇴원한 후 1년 안에 다시 폭력적인 행동을 보일 가능성이 높다고 확인되었다(Monahan, 1992). 그러므로 폭력과 정신장애는 부분적으로 관련이 있을 수 있다. 즉, 모든 정신장애자가 범죄와 관련이 있는 것은 아니지만, 일부 정신장애는 범죄와 연관될 가능성을 증가시키기도 한다. 이러한 점을 염두에 두고 범죄와 관련된 주요 정신장애를 살펴보도록 하겠다.

### (1) 조현병

조현병(schizophrenic disorder)은 정신병으로 알려져 있는 정신장애 중에서 가장 두드러진 범주이다. 조현병은 지각, 사고 또는 의식의 변화를 포함하고, 이러한 변화를 환각 또는 망상이라고 부른다. 이러한 지각 변화에 의거하여 현실을 잘못 추론하게 되는데, 이들은 이렇게 잘못된 추론이 진실이고 사실이라고 굳게 믿는 정신병적 장애를 지닌다. 조현병은 보통 미친 행동과 연관되는 정신장애이며, 종종 고도의 별난 행동을 보인다. 이 병은 복잡하고, 연속적인 정신장애이고, 사회경제적 손해를 가져오며, 피해자의 삶에 흔적을 남기기도 한다. 조현증적 행동은 가변적이기도 하지만 공통의 특성을 갖기도 한다. 즉, 형태, 감정, 그리고 개념의 심각한 손상이 공통적이다. 정신분열은 생각과 인지기능의 해체를 초래하고, 현실검증력이 없으며, 그들의 말은 이러한 특성을 반영한다. 그들의 생각은 단편적이고, 기괴하며, 망상적이다. 또한 세상에 대한 믿음이 깨지는 것이 보편적이나. 예를 들면, 조현병을 지닌 사람이 '빨간 머리의 매춘부를 죽이라는 임무를 맡았다'고 믿을 수 있다.

조현병의 특징적 증상은 망상, 환각, 와해된 언어, 심각하게 와해된 행동이나 긴장증적 행동, 음성 증상(정서적 둔마, 무논리증 또는 무욕증)으로, 조현병으로 진단받기 위해서는 이 같은 증상 가운데 2개(또는 그 이상)가 있어야 하며, 이 증세는 상당 기간 동안 존재해야 한다. 발병 이후 직업이나 대인관계, 자기관리 같은 하나 또는 그 이상의 주요 생활영역의 기능 수준이 발병 이전과 비교하여 현저히 감소되어 있는 경우가 많다. 이러한 장애의 징후는 적어도 6개월 이상 지속되어야 한다. 6개월 동안에는 앞서 언급한 특징적 증상이 나타나는 활동기를 적어도 1개월 정도 포함하고 있어야 하며, 음성 증상만 있거나 특징적 증상이 약화된 형태로 나타나는 전구기(활동기 이전)나 잔류기(활동기 이후)를 포함할 수 있다. DSM-IV에서는 조현병의 다섯 가지 하위유형을 편집형, 긴장형, 와해형, 미분화형, 잔류형으로 분류하는데(DSM-5에서는 하위 유형의 구분을 없앴다), 각각의 주요 특성은 다음과 같다.

조현병 환자에게 가장 자주 내려지는 진단은 편집형(paranoid type) 조현병이다. 이 장애는 일차적으로 인지적인 행동에서 드러나는데, 망상과 심한 의심이 계속 이어지는 것이 특징이다. 망상적 사고가 있더라도 어떤 측면의 지적 기능은 영향을 받지 않을 수도 있으며, 어떤 환경에서는 편집형 조현병 환자들이 비교적 잘 기능하고 있는 것처럼 보일 수 있다. 하지만 이들은 자신의 주변 세계를 잘못 해석하는데, 비록 상황을 정확하게 평가할 능력이 있더라도 대부분의 사람이 나타내는 반응을 저항적으로 받아들인다.

긴장형(catatonic type) 조현병은 운동 정지나 혼미에서부터 맹목적이거나 또는 환경에서 진행되고 있는 것과 연결되지 않는 것처럼 보이는 과도한 운동활동에까지 이르는 정신운동의 혼란이 특징이다. 이 유형의 조현병이 있는 사람은 말하기를 거부하고, 움직이지 않고 뻣뻣하게 있거나 극도로 안절부절못할 수 있다. 얼굴 찡그림, 다른 사람의 행동이나 버릇, 말에 대한 반복적인 모방 등의 수의적인 운동을 보이기도 하고, 초조성 긴장 행동이 있는 사람은 극단적으로 흥분하거나 말하면서 고함을 지르기도 한다. 긴장성 흥분을 장시간 지속적으로 경험하는 환자는 다른 사람에게 대단히 파괴적이고 폭력적일 수 있다.

와해형(disorganized type) 조현병이 있는 사람은 표현이 지리멸렬하고 전반적으로 와해된 행동과 둔화된 또는 극도로 부적절한 정서 반응을 보인다. 이들은 활발하나 맹목적으로 행동한다. 마치 애들처럼 사회적 관습을 무시하며, 때를 못 가리고 함부로 소변이나 대변을 볼 수 있다. 낄낄

거리거나 바보 같은 행동을 습관처럼 하거나 실명할 수 없는 동작을 취하는 경우도 흔히 있다.

미분화형(undifferentiated type) 조현병은 조현병의 진단 기준을 충족시키지만, 앞의 세 가지 유형 중 어느 하나에도 부합하지 않는 환자에게 적용된다. 즉, 조현병 활동기의 특징적인 증상을 보이지만, 앞 유형의 준거에는 맞지 않는 것이다.

잔류형(residual type) 조현병은 증세가 경감되어 조현병의 기준을 완전히 충족시키지는 않지만, 일부 증세가 남아 있는 경우이다. 즉, 어떤 사람이 이전에 조현병의 진단 준거에 해당되었지만, 특이한 행동이나 기괴한 신념 등 극히 경미한 양성 증상이 계속되는 경우를 말한다.

조현병은 발생 빈도가 높고 형사재판에서도 가장 자주 문제가 되는데, 현실적으로 조현병 환자는 망상이나 환청과 관련하여 폭력을 행사하는 경우가 많다. 조현병 환자가 범죄에 해당하는 행위를 했을 경우에 바로 책임무능력이 인정되는 것은 아니고, 행위 당시의 책임능력이 문제가 되는 것이다(정필자, 2004). 또한 조현병과 범죄와의 관계에 대해서는 조현병은 범죄성이 높지 않다는 주장이 있으며(Taylor & Guun, 1984), 조현병이나 정서장애, 기질성 뇌증후군보다는 성격장애자와 약물 및 알코올 의존 환자가 더 위험하다는 주장도 있다(Tardiff & Sweillam, 1980). 조현병 환자는 위험성 면에서 일반인보다 빈도는 낮으나, 치명도는 더 높은 것으로 나타난다. 즉, 전체 환자 중 심각한 문제를 일으키는 사람은 극히 일부이며, 이들이 실제보다 훨씬 더 과장되게 위험해 보이는 것이다.

우리나라의 연구에서도 조현병 환자 100,000명 중 40명(살인은 13명) 정도가 강력범죄를 저지르는 데 반하여, 일반인의 강력범죄율은 100,000명 중 155명(살인은 2.3명) 정도로 나타나 조현병 환자가 일반인에 비해 전체적인 강력범죄 비율은 낮으나 살인의 위험은 56배에 이르는 것으로 나타났다(장동원, 1991). 조현병 환자의 범죄는 살인이 많은 것이 특징이고, 그 밖에 상해, 방화, 반복적인 절도나 폭행을 범하기도 한다(정필자, 2004).


(2) 망상장애

편집장애라고도 불리는 망상장애는 현재 적어도 1개월 동안 한 개 또는 그 이상의 기괴하지 않은 망상을 보인다. 망상체계가 기괴한지, 기괴하지 않은지에 대한 판단은 망상장애와 조현병을 결정하는 데 특히 중요하게 고려된다. 망상장애(delusional disorder)는 조현병, 편집성 성격장애, 우울증 등을 동반하기 때문에 분명한 경계선을 가지고 있지 않다. 모든 망상장애의 필수적인 특징은 망상체계가 있다는 것이다. 이는 자신을 위협하는 스파이가 있다거나, 자신을 속이고, 음모를 꾸미고, 괴롭히고, 원한을 갖고 있다는 믿음을 가장 빈번하게 포함한다.

이 장애의 중요한 특징은 망상이 기괴하거나 큰 해체가 필요없다는 것이다. 일반적으로 피해

망상은 분노, 원한, 때로는 폭력과 함께 나타난다. 이때 의심은 한 개인이나 그 이상의 사람들에게 막연하게 나타나거나, 직접적으로 나타나는 것이 일반적이다. 망상의 주된 증상으로 현실과는 다른 잘못된 강한 믿음으로 피해망상, 과대망상, 신체망상, 색정망상, 관계망상 등의 다양한 내용으로 구성되어 있다. 그중에서도 피해망상은 범죄 행동, 특히 폭력적인 범죄 행동과 가장 밀접한 관련이 있다. 의처증이나 의부증이 있는 환자는 배우자를 살해하는 범죄 행동을 나타낼 수 있다.

망상장애 환자들은 피해망상이나 과대망상에 빠져 있고, 중대 범죄사건을 일으키기까지 오랫동안 숨겨져 있다가 공격적인 범죄행위를 일으키는 것으로 알려져 있다. 그들은 초기단계나 경중일 때는 인식하기가 어렵기 때문에 매우 위험시되기도 한다. 망상장애 환자는 인격이 비교적 잘 유지되어 황폐까지 이르는 경우가 많지 않고, 망상이 기이하지 않기 때문에 심신미약을 인정하여 징역형과 병과하는 경우가 많다. 그렇기 때문에 정상으로 오인되거나 증세보다 장애 정도가 낮게 판단될 수 있다(정필자, 2004). 이와 같은 영향 때문인지 법무부 치료감호소에서 1987년부터 11년간 추적한 통계에 따르면 다른 증세의 합병을 제외하고 망상장애만으로 치료감호소에 수감된 범법 인원은 현재 증가 추세에 있기는 하지만, 전체의 1%에 불과하다(최상섭, 강순기, 1998).

### (3) 기분장애

기분장애(mood disorder)는 일정 기간 우울하거나 들뜨는 기분의 장애가 주축이 된 일련의 정신장애를 지칭하며, 부수적으로 망상, 환각, 혼동, 자신에 대한 그릇된 태도, 지각이나 행동의 장애가 따른다. DSM-5에 따르면 기분장애의 두 가지 유형에는 우울장애와 양극성장애가 있다. 우울장애와 양극성장애는 어떤 다른 신체적·정신적 장애에서 기인되지 않은 기분 또는 정서적인 반응상의 장애를 말한다. 우울장애 중 가장 일반적인 진단은 주요우울장애이다. 이는 한 번도 조증이나 경조증 삽화 없이 한 번 이상의 주요우울병 삽화를 경험하는 것이다. 주요우울병 삽화의 특징은 우울한 기분, 거의 모든 행동에서 흥미나 즐거움을 상실하는 것과 함께 다음 증상 중 최소한 네 가지 이상을 포함하는 것이다. 이 증상은 적어도 2주 이상 동안 지속되어야 하며, 개인의 일상적인 기능상의 변화를 수반해야 한다. 주요우울병 삽화에서 일어날 수 있는 부가적인 증상은 체중조절을 하지 않는데도 두드러진 체중 감소 혹은 증가, 계속적인 수면 문제, 초조해하거나 지나치게 처져 있는 행동, 피로감, 명확하게 생각을 할 수 없는 것, 무가치감, 그리고 죽음과 자살에 대한 잦은 생각 등이다.

기분장애와 범죄와의 연관은 많지 않다는 주장이 많다. 하지만 우울증 환자는 난폭할 때가 거의 없다고 하나 조증 환자보다는 우울증 환자가 훨씬 더 범죄와 연관성이 있다는 주장도 있다(Tardiff & Sweillam, 1980). 범죄 행동의 발달에서 우울증의 역할은 탐구단계에 있다고 할 수 있다. 초기 연구자료에서는 우울증이 비행, 특히 십대 소녀에게서 나타나는 비행과 강한 관련이 있다고 지적하였다(Kovacs, 1996; Obiedallah & Earls, 1999). 우울증은 십대가 자신의 안전이나 행동의 결과에 무관심한 것처럼 보이게 한다. 그들은 단지 자신에게 일어나는 일에 신경을 쓰지 않는 것인데, 이러한 점이 그들을 비행으로 이끌 수 있는 가능성을 증가시킬 수 있다. 또한 사람들은 우울할 때 삶의 흥미를 잃고, 사회생활, 학교, 직장에서 더욱 고립될 수 있다. 우울증은 대량 살인, 직장에서의 폭력, 경찰이 범죄자를 쏴야 하는 상황에서의 자살 등에 매우 중요한 역할을 할 수도 있다.

우울증은 절도죄를 범하는 정신질환자 중 가장 흔한 진단이며, 절도를 범하는 우울증 환자에는 네 가지 유형이 있다. 첫째 유형은 스트레스 상황에 있는 소외된 젊은 여성이며, 둘째 유형은 만성 우울 증상을 가진 중년 여성, 셋째 유형은 가족의 죽음 등과 같은 급성 상실과 관련된 우울을 가진 사람들, 넷째 유형은 우울 증상을 경험하는 성격장애를 가진 사람이다. 우울증 관련 살인은 가정 내 살인이 가장 흔한 유형이며, 심한 우울증으로 만사가 절망적이고 더 이상 살 이유가 없다고 느낄 때 죽음은 유일한 해결방법으로 보일 수 있고, 이때 살인 후에 자살로 끝맺는 경우가 많다. 우울증은 성범죄와도 연관될 수 있다. 이런 경우, 범죄가 환자에게 위안을 주는 효과가 있을 수 있다고 하며, 우울증이 자제력을 약화시켜서 성범죄를 저지르는 수도 있다(장동원, 1990). 하지만 기분장애 환자가 범죄행위로 치료감호소에 수용되는 비율은 전체 피치료감호자의 1.3%에 불과하였다(최상섭, 강순기, 1998).

### (4) 반사회적 인격장애

반사회적 인격장애(antisocial personality disorder)는 15세 이후에 나타나는 범죄, 폭행, 비행 등과 관계가 있다. 이 진단은 18세가 되어야 내릴 수 있지만, 15세 이전에 만성적으로 계속되어 온 품행장애의 경력이 핵심 특징으로 포함된다. 15세 이후에는 다른 사람들의 권리를 무시하고, 침해하는 행동 패턴이 만연해 있어야 한다. 그러한 행동에는 법 위반, 사기성, 충동성이 있거나 미리 계획을 세우지 못함, 참을성이 없고 공격적임, 무모하여 자신 및 다른 사람들의 안전을 고려하지 않음, 항상 무책임함, 다른 사람을 다치게 하거나 학대하거나 물건을 훔친 뒤에도 후회하지 않음 등이 포함되며, 이들 중 적어도 3개 이상이 포함되어야 한다.

반사회적 인격장애자는 공감능력이 부족하며, 다른 사람들에게 냉소적이다. 또한 잦은 성적 행동, 과도한 음주, 불법적인 약물 사용이 일찍부터 나타나고, 가족, 친구, 애인과의 책임 있고,

친밀하며, 지속적인 관계를 유지하는 능력이 손상되어 있다. 이들은 성인이 되어서 독립을 하거나 자기부양을 하는 것에 실패하며, 교정시설을 포함한 사회시설에서 생활하거나 가족에게 의지하면서 살게 된다.

반사회적 인격장애자들과 범죄에 대한 관련성은 상반된 연구결과가 있다. 우선 반사회적 인격장애자 중 다수가 다른 사람들의 권리를 빈번하게 침해하지만, 전과자로 기록되어 있지 않다는 견해가 있다. 지역사회를 대상으로 한 대규모 역학조사 연구결과, 과거력으로 볼 때 반사회적 인격장애를 가지고 있는 것으로 분류될 수 있는 사람들 중 반 이상이 지속적, 만성적으로 반사회적 행동을 해 왔음에도 뚜렷하게 구속을 당한 적이 없는 것으로 밝혀졌다(Robins & Regier, 1991). 반면, 성격장애자의 범죄는 상습누범자 상당수가 반사회적 인격장애자로 치료감호에 처해지는 경우가 많다는 연구결과도 있다. 일부 통계에 의하면 범법자의 약 60%, 교도소 재소자의 76%가 반사회적 인격장애자라고 하고, 반사회적 인격장애자의 75%가 교통위반 이외의 이유로 적어도 1회 이상 구속된 경력이 있다(정규원, 1997).

### (5) 다중성격장애

해리성 정체감장애(dissociative identity disorder)라고 불리는 다중성격장애(Multiple Personality Disorder: MPD)의 필수적인 특징은 '한 사람 안에 순환적으로 행동을 통제하는 2개 또는 그 이상의 구별되는 성격이 존재'하는 것이다. 각 성격 상태는 분리된 이름을 포함하여 구별되는 개인력(인생), 자기상, 정체성을 경험한다. 정기적으로 적어도 2개의 성격이 개인의 행동을 완전히 통제한다. 한 성격에서부터의 그러한 변화는 매우 갑작스럽게 이루어지고, 스트레스나 일부 환경자극에 의해 유발된다. DSM-5에 따르면 성격 각각은 다양한 수준에서 다른 성격이 있음을 일부 인식하고 있거나 혹은 완전히 인식하고 있을 수 있다. 이 장애는 남성보다 여성에게서 3~9배 정도 많이 일어나며, MPD를 경험하는 사람은 피암시성이 높거나 감수성이 예민하다.

MPD가 보고된 사례는 역사적으로 극히 드물다. 그러나 미국에서 1980년부터 1989년 사이에 MPD로 진단된 사례의 수가 200개에서 적어도 6,000개까지 극적으로 증가하였다. 이러한 증가의 원인 중 하나는 미국정신의학회가 공식적으로 이 장애를 DSM-III에 넣어 인정하였기 때문이다.

때때로 MPD는 범죄에 대한 책임을 감면받기 위한 조건으로 성공적으로 사용되고는 하였다. 1984년에 있었던 State v. Rodrigues 재판에서 세 건의 남색과 한 건의 강간으로 기소된 피고인은 MPD를 이유로 무죄를 선고받았다. 1978년에 있었던 State vs. Milligan 재판에서도 Billy Milligan은 24개의 분리된 성격을 가지고 있다고 주장하였고, 세 건의 강간에 대해 정신장애를 이유로 유죄가 아니라는 판결(NGRI)을 받았다. 그러나 일반적으로 MPD는 성공적인 변호가 되지 못한다. 이와 관련하여 신비탈의 교살자로 알려진 Kenneth Bianchi에 대해 서술한 〈예 6-1〉을 참고하기를 권한다.

MPD 사례에서 특히 어렵고 중요한 문제는 개인의 정체성과 책임성에 대한 문제이다. 이와 관련하여 우선 Robin Grimsely의 사례를 간단히 살펴보면 다음과 같다.

> Robin Grimsley는 가슴에 혹이 있다는 진단을 받았다. Robin은 이것이 심리적인 외상(trauma)이었고, 자신을 충동적이고 공격적이며 불안한 Jennifer라는 성격으로 해리시켰다고 했다. 어느 날 Jennifer는 술을 마시고 운전을 하였고, 음주운전으로 단속에 걸렸다. Robin은 그녀가 Jennifer였을 때, 원래의 성격인 Robin은 어떤 일이 일어나는지 알지 못했고 Jennifer의 행동을 전혀 통제할 수 없었으며, 원래의 성격인 Robin으로 돌아왔을 땐 Jennifer가 한 일에 대한 기억이 없다고 주장하였다. Robin은 MPD로 진단받았고, 치료를 받고 있었다. 그럼에도 법정은 '차를 운전한 사람은 단지 한 명이고, 음주운전으로 기소된 사람도 단지 한 사람이다. 그녀의 행동을 통제하는 성격이 하나의 의식 상태인지 또 다른 의식 상태인지는 중요하지 않으며, 그녀는 자각하였고, 그녀의 행동은 그녀 자신의 의지의 산물이다. Jennifer가 무의식이었거나 비자발적으로 행동했다는 증거는 없다'고 하면서 Robin에게 책임을 지게 했다.

만약 변화된 성격이 원래의 사람과 다르다면 범죄를 저지르지 않은 사람이 처벌을 받는 것은 죄가 없는 사람이 처벌을 받는 것이 될 것이다. 위 사례에서 Robin은 다른 성격인 Jennifer가 한 일에 대해 자신이 교도소에서 살게 되고, 처벌받는 것은 부당하다고 주장할 수 있다. 더 좋은 대안이 없기 때문에 Robin에게 벌을 주어야 하지만, 그러한 처벌은 무죄인 사람에 대한 부당한 조치라는 요소를 포함한다.

샴쌍둥이 중 한 명이 다른 쌍둥이가 말릴 사이도 없이 자발적으로 갑자기 누군가에게 총을 쏜 상황을 가정해 보자. 이때 한 명은 무죄이기 때문에 샴쌍둥이 모두가 교도소에 수감되는 것은 부당하다. 이러한 경우에 법정이 해야 할 것이 분명하지 않지만, 쌍둥이 모두를 수감하는 것은 상당히 불법적인 요소를 포함한다. MPD에서 각각의 성격이 범죄를 저지른 한 명을 완전히 혹은 거의 통제하지 못한 샴쌍둥이와 같이 전혀 다른 사람이라면 이와 비슷한 불법적인 요소는 MPD가 있는 사람을 처벌할 때 생긴다.

대조적으로 그러한 처벌은 만약 다른 성격이 한 사람의 다른 면을 대신하는 것이라면 이러한 방식의 처벌은 불법적인 것이 아니다. 이러한 가정에서는 Robin과 범죄를 저지른 Jennifer 모두 처벌을 받아야 한다. 즉, 그녀에게 Robin과 Jennifer는 일부이다. 따라서 전체적인 한 사람인

Grimsley는 그녀의 일부가 한 일에 대해 책임을 져야 한다.

　MPD의 사례에서 다른 성격(alter)이 실제로 다른 사람(person)인지를 적절한 방법으로 결정하는 것은 매우 어렵다. 실제로 다른 사람이라면 처벌은 잘못된 것이고, 그렇지 않다면 처벌은 정당한 것이다.

　MPD는 정신과의사들과 학자들 사이에서 그것이 실제로 존재하는 것인가에 대해 상당한 토론이 있어 왔고, 때로는 정신의학의 UFO로 언급되기도 했다(Ondrovik & Hamilton, 1991). 결론적으로 명확히 존재하는 것으로서 MPD의 타당성은 정신건강 전문가들과 법 전문가들 모두에 의해 매우 많이 토론되어 왔다. 하지만 현재 한 성격이 완전히 다른 성격을 통제하는 완벽한 해리상태의 MPD가 실제로 존재한다는 확실한 증거는 거의 없다(Bartol, 1999).

---

**예 6-1**　다중성격장애를 주장한 사이코패스

　'산비탈의 교살자'는 살인의 잔인성과 가학적인 특성으로 미국에서 널리 알려져 있다. 피해자들은 젊고, 매력적인 여성들이었는데, 강간과 교살을 당했으며, 피해자들의 나체는 로스앤젤레스의 산비탈에 잘 보이도록 전시되었다. '산비탈의 교살자'는 1년(1977~1978) 동안 최소 12건의 살인에 대한 책임이 있었다.

　Bianchi의 경찰공무원이 되고자 하는 목표는 그가 성인이 된 후 삶 전반에서 대부분 일치하였다. 그는 전문대학의 경찰 서비스 프로그램에 참석한 적도 있었다. 그는 다양한 경찰 부서에 여러 차례 지원하였지만, 일자리를 얻는 것에 성공하지 못했다. 결국 그는 경비원으로 직장을 구하게 되었다.

　Bianchi는 성공적으로 직업을 유지할 수 없었다. 고등학교를 졸업한 후 9년 동안 최소 12개의 직업을 가졌다. 그의 성장과정은 거짓말, 사기, 불법적인 행동의 연속이었고, 훔친 신용카드를 사용하는 것에서부터 청소년 성매매를 알선하는 것까지의 불법적인 행동을 해 왔다. 로스앤젤레스에서 생활한 마지막 1년 동안 Bianchi는 심리학자로 가장하여 사무실까지 마련했다. 그는 지역신문에 최근 졸업한 심리학자를 모집한다는 구인광고를 내어 거짓 학위와 거짓 자격증명서를 구하였다. 그는 구인광고를 보고 연락한 사람들에게 이력서뿐 아니라 공식적인 대학 성적증명서를 요구하였다. 그는 백여 명의 지원자들로부터 자신의 이름을 넣은 학위와 서류를 위조하기 위한 충분한 정보를 얻을 수 있었다.

　19세에 Bianchi는 고등학교 때 사귀던 여자친구와 결혼을 했지만, 결혼생활은 8개월 정도밖에 유지하지 못했다. 26세에 그는 한 여성과 동거를 시작하였고, 그녀는 아들을 낳았다. 아들이 태어난 후, 동거녀는 워싱턴주 벨링햄으로 이사를 했고, Bianchi도 3개월 동안 그녀와 함께 살았다. 벨링햄에서 그는 사설경비업체의 감독 자리를 얻었다. 그러나 Bianchi는 워싱턴에서 두 명의 여성을 살인한 죄로 1979년 1월 11일에 체포되었다.

상당한 증거가 있었는데도 Bianchi는 자신이 무죄라고 주장하였다. 그는 자신의 또 다른 성격인 'Steve'가 살인을 저질렀다고 주장하였다. Steve가 살인을 했기 때문에 Bianchi는 책임이 없고, 워싱턴주의 McNaughten 원칙하에 정신이상으로 인한 무죄(Not Guilty by Reason of Insanity: NGRI)를 주장하였다. 법정은 그가 실제로 MPD인지 확인하기 위해 전문가팀을 구성하였다. 법정은 전문가들이 동의한다면 그가 MPD임을 인정하여 정신장애 항변을 받아들이기로 했다. 그리하여 전문가팀은 그의 과거와 현재 행동에 대해 신중하게 조사했고, Bianchi는 MPD가 아님을 알아냈다. 비록 Bianchi가 MPD에 대해 교과서적으로 알고 있었지만(아마도 이러한 심리학적인 지식은 그가 가짜 심리학자를 할 당시에 얻은 것으로 생각됨), 그는 전문가들에 의해 인지되는 MPD의 매우 미묘한 부분을 알지 못했다. 전문가들은 Bianchi가 정신병질(psychopathy)이라고 결론내렸다. Bianchi는 사형을 면하기 위해 재빨리 자신이 유죄라고 주장하기 시작했다.

Bianchi가 성적 욕구를 충족하기 위해 살인을 했다는 것은 그의 생활에 대해 철저히 평가하면서 분명해졌다. 아마도 그의 동거녀가 임신했을 때 살인이 일어나고, 아들이 태어난 후 살인이 멈춘 것은 우연이 아닐 것이다.

출처: Bartol(1999)에서 재구성.

### (6) 물질 관련 장애

물질 관련 장애에는 두 가지 하위분류가 있다. 하나는 물질장애와 관련된 것이고, 하나는 비물질 관련 장애에 대한 것이다. 물질장애는 알코올, 카페인, 대마, 환각제, 수면제, 담배 등 열 가지의 서로 다른 약물을 포함하고 있는데, 필수적인 증상은 물질 관련 문제들이 있음에도 불구하고 지속적으로 물질을 사용하게 되는 인지·행동·생리적인 증상군이다. 비물질장애는 행위 중독에 관한 것이므로 여기서는 논외로 한다.

어떤 물질을 주입한 직후에는 심각한 행동적·심리적·생리적 증상과 증세가 유발될 수 있는데, 물질중독은 흔히 물질 의존이나 남용과 관련이 된다. 그러나 물질중독의 한두 가지 삽화만으로는 남용이나 의존의 진단을 내리기에 충분하지 않다. 물질을 최근에 주입한 증거는 신체검사나 개인력, 신체 배설물이나 체액의 분석물 등을 통해 밝혀진다.

범죄와 관련한 약물 관련 장애에서 가장 많이 언급되는 것은 술이다. 폭력은 술에 의해 유발되지는 않는다고 하더라도, 적어도 쉽게 행사하게 한다는 견해가 있으며, 술의 소비를 줄이면 난폭한 범죄는 줄어들 것이라는 견해가 보편적이다. 그러나 범행 당시의 중독 상태에 관한 영국의 공식통계에 따르면 음주운전을 제외하고는 특별한 관계가 없다고 한다. 여기에는 약물남용 자체가 범죄로서 항목 간에 중복이 있을 수 있고, 약물남용과 범죄는 성격장애자나 비행청소년의 한 증상으로 간주되기 때문에 그들이 특별히 연관이 많을 것이라는 선입관을 갖고 있기 때문이다.

미국에서 중죄인의 72%가 범행 당시에 술의 영향하에 있었다고 하고, 살인자 중 64%가 범행 전에 술을 마셨다고 하며, 술과 난폭한 범죄는 50% 정도에서 연관이 있다고 할 수 있으며, 따라서 술이 난폭한 범죄의 한 요인이 될 수 있다는 견해도 있다. 약물남용은 범죄와 상당한 연관이 있다는 것이 일반적인 견해이고, 이때 범죄는 대개 그 습벽을 지속하기 위해, 즉 약물을 지속적으로 구입하기 위한 재산범죄가 주를 이루며, 난폭한 범죄는 상대적으로 드물다(장동원, 1990).

## 2. 정신장애와 형사책임

### 1) 정신장애 항변

정신장애 범죄자들에게 가장 잘 알려진 사법적 결정은 정신장애로 인한 무죄(Not Guilty by Reason of Insanity: NGRI)이다. 이것은 간단히 말해 정신장애가 있는 범죄자에게는 책임능력이 없기 때문에 유죄판결을 하지 않는다는 취지이다. 영국에서는 700년 동안 정신장애 항변이 인정되어 왔다. 미국 법정에서도 이를 따라 정신장애로 인한 무죄를 인정하게 되었다. 만약 특정 정신장애로 인한 범죄 행동의 책임을 묻지 않으려고 한다면 이것을 어떻게 증명하고 측정할 수 있을까? 그러기 위해서는 정신장애로 인한 무죄에 대해 정확히 개념화할 필요가 있고, 범죄를 저지른 당시의 상태가 정신장애의 상태였는지 '온전한 정신'이었는지에 대해 법원이 판결을 내려야 한다. 이는 정신장애 범죄자의 범죄에 대한 책임을 결정해야 하는 법이 미국의 각 주마다 다르며, 법의 적용 또한 조심스러워야 하기 때문이다. 일부 주에서는 공식적으로 정신장애 항변을 인정하지 않고 있으며, 심지어 범행 당시의 피고인의 정신상태에 대한 증거를 피고인이 직접 증명하도록 하고 있다.

여기서 말하는 정신장애는 심리학적이고 의학적인 용어가 아닌 법적인 용어이다. 예를 들어, 환청이나 망상으로 인해 조현병을 진단받을 수 있지만 옳고 그름을 판단할 수 있었다면 법적으로 정신장애가 아니다(Wrightsman, Nietzel, & Fortune, 1994). 즉, 정신의학자나 정신건강 전문가들이 정신장애로 진단하더라도, 이러한 진단이 배심원들의 판단을 더 쉽게 하거나 더 정확한 판단을 하게 하는 것은 아니다. 따라서 일부 정신건강 전문가들은 법과 행동과학이 모순된다고 주장하기도 한다(Winslade & Ross, 1983). 법은 우리가 자유의지를 가지고 행동한다고 가정하기 때문에 불법적인 행동을 한다면 처벌을 받아야 한다고 주장한다. 하지만 행동과학에서 행위는 개인 자체의 조건과 환경조건 모두에 영향을 받는다고 가정하고, 따라서 책임성이라는 개념의 의미가 약화되고 처벌에 대한 정당성에 의문을 가지게 되는 것이다.

### ⑴ 정신장애 항변의 판단 기준

정신장애 항변에 대한 법적 기준은 무엇인가? 지금부터는 현재 사용되고 있는 몇 가지 판단 기준을 살펴볼 것이다. 형사책임을 정의하는 법적인 기준은 주마다 다르지만, 모든 주에서 기본적으로 법정에서 하는 증언에 대해서는 책임이 있다고 가정한다. 그러므로 만약 정신장애를 주장한다면 피고인은 자신에게 있는 법적 책임에 대한 반증을 하기 위해 증거를 보여 줘야 하는 의무를 가지게 된다. 이와 관련된 법적 쟁점은 고의성이나 불법적인 행동에 대한 특성이나 질을 알고 있는 정신상태에 대한 평가이다. 범죄가 되기 위해서는 그 행위가 법을 위반할 뿐 아니라 필수적으로 고의성이나 범죄적 마음이 동반되어야 하기 때문이다.

모든 정신장애 항변의 기준은 비합리성(irrationality)과 충동(compulsion)의 두 표준을 기초로 한다. 만약 개인이 범행 당시에 자신의 비합리적인 정신 과정을 통제하지 못했고, 혹은 충동에 의해 자신의 행동을 통제하지 못했다면 그 개인의 범죄에 대하여 어느 정도나 모든 책임을 면제할 수 있는 근거가 된다(Bartol, 1999). 이제부터는 미국 법 내에서 판례들을 통해 마련된 원칙을 연도순으로 살펴보겠다.

**McNaughten 원칙**    1843년 스코틀랜드에서 Daniel McNaughten이 영국 수상의 비서를 수상이라고 착각하여 살해하였다. McNaughten은 편집증적인 망상에 의해 수상이 보수당과 함께 자신을 해할 음모를 꾸미고 있다고 믿고 있었다. 처음에 그는 유럽을 여행하면서 자신의 상상 속에서 고통을 주는 사람을 피하려고 애썼다. 하지만 그 일이 잘되지 않자 수상을 스토킹하게 되었고, 결국 수상의 집 앞에서 기다리다가 수상이라고 생각되는 사람을 향해 총을 쏜 것이다. McNaughten은 살인으로 기소되었고, 정신장애를 이유로 무죄(NGRI)를 주장하였다. 9명의 의학 전문가들은 이틀에 걸쳐서 그의 정신상태를 평가하였고, 모두 그가 정신장애가 있음에 동의하였다. 결국 법원은 그가 범죄를 저질렀음에도 정신이 혼란스러워 자신의 정신 기능을 통제할 수 없었기 때문에 죄를 묻는 것이 비인간적이라는 결론을 내렸다. 그리하여 그는 정신장애로 인한 무죄(NGRI)를 선고받고 정신병원에 수감되었다. 그 후 1851년에 McNaughten 원칙이 미국의 연방법원과 거의 모든 주법원에서 사용되기 시작했다.

이 원칙은 범죄를 저지를 당시에 정신장애로 인해 이성을 상실하여 행동의 본질과 결과를 몰랐거나 또는 알고 있었다고 하더라도 그 행동이 잘못인지를 몰랐을 경우, 범죄 행동에 대한 책임을 묻지 않는다는 것이다. 따라서 McNaughten 원칙은 'right and wrong test'라고도 불렸는데, 이것은 범행 당시 자신의 행동에 대해 알고 있거나 도덕적인 기준에서 옳고 그름을 판단할 수 있는 감각이라는 인지적인 요소에 중점을 두었기 때문이다(Bartol, 1999). 현재도 미국 내의 약 20개 주에서는 이 원칙을 정신장애 항변에 대한 판단 기준으로 채택하고 있다. 그러나 이 원칙은 범죄행위를 할 수 있는 능력과 통제의지를 고려하지 않고 옳고 그름을 판단할 수 있는 인지능력만 고려한다는 이유로 비판을 받았다. 따라서 이 원칙은 수정이 필요해졌다.

**Durham 원칙**    1954년 콜롬비아에 사는 Monte Durham은 26세로 오랫동안 정신장애가 있었으며, 사소한 절도의 범죄전력이 있었다. 당시 그의 범행은 강도였지만, 그의 이러한 불법적인 행동이 '정신장애 또는 정신적 결함' 때문이었으므로 무죄를 선고받았다. 이 판결에서 도출된 것이 Durham 원칙이다. McNaughten 원칙이 옳고 그름을 아는 것에 초점을 두는 반면, Durham 원칙은 만일 불법행위가 정신질환이나 정신적 결함의 산물이라면 책임을 지우지 않는다는 것이다. 즉, 만약 한 개인에게 질병이나 결함이 있다면 유죄가 되기 부족하다는 것이 쉽게 가정되는 것이다.

이 원칙은 배심원들이 보다 알기 쉽고 간단하기 때문에 많은 주에서는 이러한 단순성에 매력을 느꼈다. 그러나 이 원칙을 적용할 때 '정신장애'에 대한 정의는 애매하고 주관적이라는 것이 나타났고, 이러한 상황은 재판에서 정신의학의 자유재량권 만연과 정신건강 전문가들의 오용문제를 촉진시켰다(Bartol, 1999). 즉, 법전문가들의 입장에서 보면 재판의 결과가 거의 전적으로 정신의학자의 의견에 의해 좌우되므로 자신의 고유한 기능이 정신의학자와 심리학자에게 넘어간 양상이 된 것이다. Durham 원칙의 가장 큰 문제는 형사책임 능력을 판단하는 확고한 기준이 없다는 점이다. 또 다른 문제점은 범법자 중에 알코올과 마약에 중독된 사람들 그리고 습관적인 도박벽이 있는 사람들이 자신의 범죄행위가 정신질환에 의해 생성된 것이라는 주장을 많이 하게 되었다는 것이다(박광배, 2002).

**Brawner 원칙**    Durham 원칙의 비판과 함께 살인범죄 관련 정신장애 항변에 대한 관심과 논쟁이 시작되었다. 살인범이 정신장애 항변을 사용하여 성공하자 사회적인 항의를 시작으로 이 항변을 제한적으로 사용할 수 있도록 법안 개정이 시도되었다. 많은 사람은 살인범이 정신장애로 인한 무죄(NGRI)판결을 받아 정신병원에서 쉽게 풀려 나와 다시 피해를 주지 않을까 걱정하였다. 사회적으로 정신장애 항변을 없애야 한다는 주장까지 제기되었다. 미 의회에서 정신장애 항변을 보다 더 사용하기 어렵게 하기 위해 1962년 미국법학원(American Law Institute: ALI)이 모범형 법전(Model Penal Code)을 통해 새로운 기준을 세우고, 새로운 Brawner 원칙을 제시하였다.

Brawner 원칙은 만약 범행 당시 정신질환이나 정신적 결함으로 인해 자기 행위의 본성과 질(quality)을 인식하지 못했다면 그 범죄행위에 대해 책임을 지지 않는다고 규정하고 있다(Bartol, 1999). 즉, 정신질환이나 정신적 결함에 의해 초래된 행위 시에 피고인이 자기 행위의 범죄성을 감지할 수 있는 충분한 역량이 결여되어 있었거나 법이 요구하는 합당한 행위를 수행할 충분한 역량이 결여되어 있었을 때는 그 범죄행위에 대하여 형사책임을 지지 않는다는 것이다(박광배, 2002). 이 원칙과 McNaughten 원칙과의 다른 점은 '감지(appreciation)'라는 단어를 사용하여 범죄 행동의 감정적 결정 요인을 인정하고, 행동에 대한 이해가 전혀 없었던 것뿐 아니라 어느 정도 능력의 결핍도 인정하는 것이다. 이는 사물변별능력과 의사결정능력을 모두 포함하는 새로운 기준이다(Wrightsman et al., 1994). Brawner 원칙은 현재 미국에서 가장 널리 적용되고 있으며, 법 관계자의 재량권과 정신의학 전문가의 전문 의견 개진을 모두 충분히 허용하고, 수용하는 기준으로 간주되고 있다(박광배, 2002).

### (2) 정신장애 항변에 대한 비판
정신장애 항변이 널리 이용되면서 이로 인한 우려도 생겨났다. 이들 중 몇 가지를 살펴보면 다음과 같다.

첫째, 정신장애 항변이 범죄자들과 상습적으로 문제를 일으키는 사람들을 병원으로 보내고, 결국 그들을 자유롭게 한다는 것이다. 예를 들면, Kemper는 할머니를 살해한 후, 정신이상을 이유로 캘리포니아의 병원으로 보내져 5년을 지냈다. 그가 석방된 지 3년 후에 그는 자신의 정신과 기록을 봉인해 줄 것을 청원했다. 이때 정신의학자들은 Kemper를 평가하여 그가 정상이라고 결론지었고, 판사는 그의 요청을 들어주었다. 사법당국은 법원이 그러한 결정을 내리기 불과 3일전에 Kemper가 엄마와 여성 한 명을 죽였다는 것을 알아차리지 못했던 것이다. 그 후, Kemper는 표준화된 심리학적 검사의 정답을 기억하고 있었고, 그래서 매우 적응적인 대답을 할 수 있었다고 하였다.

정신병을 앓고 있는 살인자들은 교도소를 피하고 결국 병원으로 보내져 석방되기 위해 정신장애 항변을 이용하곤 한다. 이러한 일이 얼마나 자주 일어나는지에 대해서는 알려져 있지 않지만, 자료는 정신장애를 이유로 무죄로 결정된 사람들이 비슷한 범죄로 고소된 다른 범죄자들보다 더 자주, 더 오랜 기간 구금됨을 나타냈다. 물론 그러한 판결 후에도 추가로 조건부 석방의 기간을 겪을 수도 있다. 또한 정신장애 항변에 성공한 범죄자들의 석방 이후를 추적해 보면 일반

강력범보다 재범률이 높은 경향이 있었다. 즉, 대부분은 위험성이 높지 않으나 병원에서 도망친 정신장애 범죄자들은 사회에 매우 위험할 수 있다. 가장 큰 문제는 그러한 사건들이 항상 일어날 수 있는 일이며, 따라서 정신장애 항변이 어느 정도 사회정의에 대한 일정한 위협이 된다는 것이다. 그러나 실제로 그러한 사고는 항상 일어나는 것이 아니고 드문 것이다. 또한 모든 정신장애 범죄자가 정신병적 징후를 더 이상 보이지 않을 때까지 병원에 있는다면 일부 폭력에서 사회를 보호하기 위해 정신병을 가진 많은 사람의 권리를 지나치게 위반하게 되는 것이다.

둘째, 정신장애 항변이 단지 부자들을 위한 수단이 된다는 것이다. 1982년 미국 대통령을 암살하면 영화배우 조디 포스터가 자신과 사랑에 빠질 것이라고 믿어 레이건 대통령을 저격했던 John Hinckely의 부모는 정신과적 평가와 전문가 증언을 위해 50만 달러에서 100만 달러를 썼다. 즉, 부자들이 교도소에 수감되는 것을 피하는 데 정신장애 항변이 많은 기여를 한다는 것이다. 하지만 정신장애 항변에 대한 모든 비판 중에 이것은 자료에 의해 가장 많이 부정된다. 오랜 연구들은 정신장애 항변의 사용이나 성공에서 사회경제적 또는 인종적 편향을 발견하는 데 실패했다(Boehnert, 1989). 그리고 이러한 비판은 1985년에 있었던 Ake vs. Oklahoma 사건에 대한 대법원 판례에 의해 약화되었다. 이 사건은 가난한 범죄자가 정신장애 항변을 하기 위해 주 예산으로 정신과적 지원에 대한 권리를 인정받은 것이었다. 비록 한 명 이상의 전문가를 고용할 여유가 있는 피고인이 정신장애 항변에서 이익을 얻기 더 쉽겠지만, 이것이 정신장애 항변의 결과에 유일한 영향력을 미치는 것이 아니다. 결정적인 전문가, 화학자, 사립탐정을 고용할 능력이 있는 피고인은 그런 능력이 없는 피고인보다는 더 많이 유리하겠지만, 정신장애 항변뿐 아니라 결정적인 증거, 혈액 분석 등 기타 증거에 의지하는 피고인은 비용 때문에 정신장애 항변이 금지되어야 한다고 제안하지 않는다.

셋째, 정신과적 전문가에게 너무 많이 의지한다는 것이다. 즉, 정신장애에 대한 평가가 정신의학자들과 임상심리학자들이 충분하지 않거나 훈련받지 않은 것들에 대해서 의견을 제공하도록 강요한다는 것이다. 예를 들면, 미래의 위험한 행동을 예측하고, 심리학적 연구와 법적인 문제의 관계에 대한 많은 지식을 주장하도록 강요받고, 한 사람의 정신상태에 대한 가능성을 보다 분명히 표현하도록 강요받는다. 임상의학자들이 타당하고 적합하게 정신병리를 진단할 수 있는지, 진단결과로 범죄 행동에 대한 책임을 정확히 고려할 수 있는지, 앞의 두 문제에 대한 답이 '예'라면 전문가인 심리학자들의 답이 비전문가가 답하는 것과 무엇이 다른지에 대한 의구심이 끊이질 않을 것이다. 이 문제에 대한 하나의 대체 수단으로 전문가 증언이 최고의 선택이 되지 않도록 하기 위해 피고인의 정신상태와 정신적으로나 행동 통제에 어떤 영향을 줄 것인지에 대해 증언을 하고, 피고인이 정신이상인지 아닌지에 대한 증언은 피하도록 하고 있다.

표 6-2   정신장애 항변의 판단 기준

| 원칙 | 처음 이용된 시기 | 주요 내용 |
|---|---|---|
| McNaughten 원칙 | 1843년 | 범행 당시에 정신질환으로 인해 행동의 본질과 결과를 몰랐거나 알고 있었다고 하더라도 그 행동이 잘못된 것인지를 몰랐을 경우에 범죄 행동에 대한 책임을 묻지 않는다는 것 |
| Durham 원칙 | 1954년 | 불법적인 행동이 정신장애나 정신적 결함에 의한 것이라면 범죄에 대한 책임을 지지 않는다는 것 |
| Brawner/ALI 원칙 | 1972년 | 정신질환이나 정신적 결함에 의한 행위 시에 피고인이 자기 행위의 범죄성을 감지할 수 있는 충분한 역량이 결여되어 있었거나 법이 요구하는 합당한 행위를 수행할 충분한 역량이 결여되어 있었을 때는 형사책임을 지지 않는다는 것 |
| GBMI | 1975년 | 피고인은 범죄에 대해 책임을 져야 하지만, 정신장애가 있다는 것을 인정해 주는 것 |

그 밖에 다양한 문제가 제기되었고, 사회가 법제도에 대해 회의적으로 생각하는 와중에 법에 대한 개혁과 보완을 위해 새로운 법안이 제안되었다. 1975년 미국의 1/4 정도 주에서 피고인이 정신이상 항변을 했을 경우에 한하여 새로운 기준인 유죄이지만 정신장애적인 상태(Guilty But Mentally Ill: GBMI)를 선고할 수 있는 법안이 통과되었다. 그러므로 판결의 종류는 유죄, 무죄, NGRI, GBMI의 네 가지가 있으며, GBMI 선고를 받을 경우에는 유죄판결을 받은 피고인과 마찬가지로 형을 언도받지만, 그 형을 병원에서 시작해 치료가 완치되면 교도소로 이송되어 남은 기간을 복역하게 된다.

GBMI 선고 또한 문제점이 제기되었다. 배심원제도를 시행하는 미국의 경우에 정신장애 항변에 대한 개념 자체가 배심원에게는 어려운데, GBMI를 판결의 종류에 더함으로써 배심원에게 정신장애 항변이 가능한 정신질환과 가능하지 않은 정신질환을 구분하도록 요구하게 된 것이다. 또한 같은 정신질환 증상을 보이지만 정신장애 항변을 하지 않은 피고인은 GBMI 판결을 받을 수 없고, 정신장애가 있는 개인은 범죄의도를 가질 수 없고 행동을 책임질 수 없기 때문에 GBMI는 논리적으로 있을 수 없는 판결이라는 비판도 있다(Wrightsman et al., 1994).

## 2) 법정에 설 능력

이론적으로 능력은 무죄추정의원칙과 관련이 있지만, 평등원칙이나 적법 절차의 원리, 자신

2. 정신장애와 형사책임 **181**

을 변호할 권리와도 관련이 있다. 법적으로 미국 대법원은 모든 능력은 같으며, 같은 원칙을 포함한다는 규정을 갖고 있지만, 실제로 다양한 능력이 있으며, 각 능력은 그것에 맞는 평가가 필요하다. 가장 기본적인 형태에서 능력은 법적인 절차를 알고 적절하게 기능할 능력을 말한다. 즉, 법적인 절차에 대한 이해, 변호사와의 의사소통, 법적 절차 속에서의 자신의 역할 인식, 법적으로 타당한 결정하기 등과 같은 능력 중 하나 혹은 그 이상에서의 심각한 결함이 없는 것을 말한다.

'법정에 설 능력(competency to stand trial)'은 가장 일반적인 용어로, 자신에게 어떤 일이 일어

표 6-3 능력 평가도구

| 도구명 | 도구 설명 |
|---|---|
| CST: Competency Screening Test | 문장완성검사의 일종으로, 하버드 대학교 심리학자들(Lipsitt, Lelos, & McGarry, 1971)이 개발함. 각 문장은 0점에서 2점으로 평가되며, 점수가 높을수록 능력이 있는 것임. 따라서 극히 낮은 점수는 조작이나 거짓을 나타냄. 이 도구는 높은 평가자 간의 신뢰도와 내적 일치도를 나타내지만, 높은 오류 긍정률[6]이 생기는 경향이 있음. 예를 들면, "내가 판사에게 말할 기회가 생긴다면 나는 _____라고 말하겠다." "만약 배심원이 나를 유죄라고 한다면 나는_____." 등의 문항이 있음. |
| CAI: Competency Assessment Instrument | 하버드 팀에 의해 만들어진 지침서의 일종으로, 내담자와 논의를 통해서 스트레스에 대처하는 그들의 사고나 감정, 낙관적인 정도, 일반인과 구별되는 감각 등을 조사하는 1시간 정도의 임상면담. 13~15개의 다른 특성이나 능력의 유형에 대한 질문이 있고, 평점은 CST와 비슷함. 이 도구는 노스캐롤라이나 피고인집단을 통해 표준화되었고, 평가자 간 일치도는 90%이지만 타당화 작업이 좀 더 필요함. |
| FIT: Fitness Interview Test | 30분 정도의 면담에 대한 지침서의 일종으로, 정신건강 전문가와 변호사가 함께 시행하는 것임. 이 도구는 캐나다에서 법적으로 허가되었으며, 미국에서는 IFI(Interdisciplinary Fitness Interview)가 있음. FIT와 IFI 모두 정신병에 관한 항목(11개의 범주)과 특정 법 분야에 관한 항목(5개의 범주)으로 구성되어 있음. 평가자 간 일치도는 76%이고, 타당화 작업이 좀 더 필요함. |
| GCCT: Georgia Court Competency Test | 21개의 질문으로 구성된 지침서의 일종으로, 세 가지 영역에 대한 특성, 즉 일반적인 법 지식, 판사의 업무, 변호사의 업무에 대한 질문으로 구성됨. 이 도구는 정신병에 대해 철저히 조사하지는 못하지만, 대신 능력의 행동적인 면에 초점을 맞추고 있음. 능력을 평가하는 다른 도구들의 결과와 높은 상관을 나타냄. |

6) 오류 긍정률은 실제 위험성은 낮은데도 위험성이 높은 것으로 예측하여 무고한 시민의 신체적 자유를 박탈하는 경우를 말하는 것으로 잘못된 예측을 나타낸다. 제7장 '범죄 위험성 평가'를 참고하길 바란다.

나고 있는지에 대해 정신적으로 감지하고 이해하기 위한 인지적 · 기능적 능력을 말하는데, 특히 법적 절차에 대한 이성적 · 실제적 이해를 지니는 것이다. 이는 1960년에 있었던 Dusky vs. US 재판에서 유래된 것이다. Milton Dusky는 33세의 남성으로 강간을 하려는 십대 청소년 2명을 도운 것과 유괴사건에 대한 혐의를 받고 있었다. 그는 명백히 조현병을 지니고 있었지만, 그럼에도 법정에 설 능력이 있는 것으로 밝혀졌다. 유죄판결에서 그는 45년 형을 선고받았다. 미국 대법원은 '피고인이 그에 대한 법적 절차를 이성적, 실제적으로 알고 있으며, 변호사와 의사소통할 능력이 충분하다'고 판단한 것이다. 그러나 그는 범행 시각, 장소, 일부 사건에 대해 충분히 알지 못했다. 재심에서 그의 형량은 20년으로 줄었다.

전통적으로 능력을 철저하게 평가하기 위해서는 임상면담, 정신상태에 대한 조사, 심리학적 검사, 사회적 기록을 포함하여야 하지만, 최근에는 면담과 심리학적 검사에 의해 이루어지는 것이 일반적이다. 이러한 심리학적 검사 중 일부를 〈표 6-3〉에 소개하였다.

## 3) 형사책임 평가도구

정신장애 항변 자체는 0.1~0.5%의 심각한 범죄의 피고인들이 사용하며, 이 중 1~5%의 항변이 법원에 의해 받아들여지고 있지만 각 지역에 따라 성공할 확률이 각기 다른 것으로 나타났다. 예를 들어, 캘리포니아주에서는 정신장애 항변이 1/27,000이었고, 뉴욕주에서는 1/11,000이었지만, 콜로라도주에서는 44%의 성공 확률을 보였다(McGinley & Pasewark, 1989). 미국의 각 주에서 정신장애 항변을 위한 기준이 되는 법안과 원칙에 차이를 보이고 있어 신뢰성 있는 정신감정 평가가 법원 판결에 더 중요하게 작용하고 있다. 따라서 다음에서는 정신장애 항변과 법정에 설 능력과 관련하여 형사책임을 평가하기 위한 도구들을 알아보고자 한다.

### (1) Rogers 형사책임 평가척도

범죄자가 자기 행위의 의미에 대해 알고 있는지를 결정하는 데에는 전통적으로 심리학자에 의한 면담이 이용되었고, 이러한 면담들은 종종 기준이 없었으며, 구조화되어 있지 않았다. 따라서 보다 더욱 신뢰로운 절차가 필요하게 되었고, 이러한 목적에서 발달하게 된 것이 Rogers 형사책임 평가척도(Rogers Criminal Responsibility Assessment Scales: R-CRAS)이다. 이 평가척도는 형사책임에 대한 법적인 평가에 대해 진단적으로 구조화된 면담의 논리를 응용하는 것이다.

형사책임에 대한 평가는 몇 가지 임상적 이유 때문에 복잡하다. 자신의 정신장애를 과장하거나 속이는 경우에 평가 자체가 본질적으로 기억에 의존해야 하고, 완전하지 않고 서로 대립되는 기록이 있을 수 있으며, 정신장애나 정신적으로 결함이 있는 사람에게 법적인 원칙을 적용해야 하기 때문에 평가결과를 도출하기가 복잡해질 수밖에 없다(Rogers & Cavanaugh, 1981). 이런 이유로 Rogers와 몇 명의 정신의학자와 임상심리학자들이 25개의 변인으로 구성된 정신법률적 결정모형인 R-CRAS를 1980년에 개발하였다. 척도의 Part I은 정신장애를 측정하는 데 유의미한 심리학적 변인의 장애 정도를 측정하고, Part II는 GBMI와 McNaughten 원칙의 경험적인 결정모형을 포함하는 ALI 원칙과 관련하여 형사책임에 대한 정확한 의견을 제공하도록 돕는다. R-CRAS 단축형의 평균 계수는 .60, 개인변인에 대한 평균 신뢰도계수는 .58이며, 각 변인들의 신뢰도는 유의미한 수준이다. 결정변인에 대한 일치도는 91%로, 평균 .81의 kappa계수를 지닌다.

이 도구의 목적은 범행 당시와 관계있는 심리학적 변인들을 수량화하여 정신장애 항변을 위한 결정모형에 바탕을 둔 체계적이고 타당한 도구를 마련하는 것이었다. 범죄 책임에 대한 평가는 서로 상이하고 복잡한 임상적인 결과를 다루며, 법정 진단과 전문가 의견에 대한 타당성과 신뢰성에 관한 실증적인 토대가 부족하기 때문이다. R-CRAS의 변인들은 피고인의 자기보고서의 신뢰성 측정, 기질적 결함의 여부, 정신병리, 인지 통제 능력, 행동 통제 능력의 다섯 가지 영역으로 구성되어 있다. 각각의 영역은 조사자가 서술문으로 된 척도에서 심리학적이거나 상황적 변인에 점수를 매기도록 한다. 다음에는 이러한 항목 중 일부가 예시되어 있다.

이와 같은 R-CRAS를 ALI와 McNaughten 원칙, GBMI 판결 기준에 맞게 해석하여 위계적 판단모형을 통해 범죄의 책임에 대한 전문가 의견에 도달한다. 첫째, 정신장애의 위장 여부를 판단한다. 이때 정신장애가 위장된 것이라는 판단이 나오면 그다음의 모든 단계가 중단된다. 둘째, 기질성 결함의 여부를 판단한다. 셋째, 정신질환의 여부를 결정한다. 넷째, 인지 통제 능력의 여부를 결정한다. 다섯째, 행동 통제 능력의 여부를 결정한다. 여섯째, 인지 통제 능력 혹은 행동 통제 능력의 부재가 정신질환에 의한 결과인지를 판단한다. 여섯 단계 중 첫째, 셋째, 다섯째, 여섯째 단계에서 부정적인 판단이 나오면 그 즉시 정신장애의 부재를 판단하고, 다음 단계를 중단한다. 마지막 여섯째 단계에서 긍정적인 판단이 나오면 범행 당시에 정신장애가 존재했던 것으로 최종 판단된다(박광배, 2002).

**예 6-2** R-CRAS의 실례

**항목 10. 혐의가 제기된 범죄에 대한 기억상실**

(이 문항은 환자의 자기보고에 의한 기억상실이 아닌, 조사자에 의한 기억상실 평가를 말한다)

(0) 정보 없음

(1) 기억상실 부재: 전체 사건의 상당한 세부내용을 기억하는 환자

(2) 확실하지 않은 의의를 가지며 사소하게 존재: 몇 가지 사소한 세부사항을 잊어버린 환자

(3) 가볍게 존재: 사건의 내용을 기억하기는 하지만 다수의 세부사항을 기억하지 못하는 환자

(4) 중간 정도 존재: 혐의가 제기된 범죄의 주요 부분을 기억하지 못하지만 발생했을 것이라고 믿어지는 세부사항은 충분히 기억을 하는 환자

(5) 심각하게 존재: 혐의가 제기된 범죄의 대부분에 대해 기억상실을 보이지만 발생했을 것이라고 믿어지는 세부사항은 충분히 기억을 하는 환자

(6) 극심하게 존재: 혐의가 제기된 범죄 전체에 대하여 완전히 기억상실을 보이는 환자

**항목 11. 혐의가 제기된 범행 당시 망상**

(0) 정보 없음

(1) 망상의 부재

(2) 망상의 출현 의심(예: 의심스러운 자기보고에 의해서만 지지됨)

(3) 망상이 명백하게 존재했지만 혐의가 제기된 범죄와 실제적인 관련은 없음

(4) 망상이 명백하게 존재했고, 혐의가 제기된 범죄에 기여를 했지만 그 수준이 지배적이지는 않음

(5) 혐의가 제기된 범죄를 저지르는 데 근거가 되는 지배적인 망상의 명백한 존재

출처: Wrightsman(1987)에서 재구성.

(2) 범행 당시의 정신상태

　R-CRAS는 범죄의 책임을 평가하는 유일한 표준도구이지만, 평가자의 편견에 의해 결과가 영향을 받는다는 단점이 있었다. 이 척도를 사용하는 것에 대해 전문가들의 이의가 제기되었고, 범죄 책임을 평가하는 전문가들 사이의 결과에 대한 일치율을 높일 수 있는 표준화되고 구조화된 면담방법을 발전시키자는 의견이 모아졌다. 그 결과로 새로운 면담기법인 범행 당시의 정신상태(Mental State at the time of Offense: MSO)를 개발하게 되었다(Melton, 1987). 이것은 척도나 표준화된 형식 없이 정신장애 항변 법안들과 정신병리에 지식이 있는 전문가가 범행 당시의 심리

적인 정보를 범죄 심문방법을 이용하여 정보를 얻는 것이다. MSO방법을 통해서 심리적·신체적인 정보뿐만 아니라 경찰조사 보고서, 기소자 측의 자료, 변호사의 자료를 모아 총체적으로 조사한다. 이 방법은 특히 법정에 설 능력이 없음(Incompetent to Stand Trial: IST)[7]을 구별할 수 있으며, 범죄책임에 대한 전문가의 결과가 97%의 일치율을 보였다.

이 기법은 4단계로 이루어져 있다. 첫째, 시작(inception)단계에서는 피고인에게 면담의 목적, 결과의 통보, 면담에 대한 비밀보장에 대해 설명한다. 정신상태에 대한 모든 자료는 법정에 제시해야 하므로 비밀보장성의 한계를 명확하게 인식하고 있어야 한다. 둘째, 정찰(reconnaissance)단계에서는 과거의 정신병리적 문제의 정도와 종류, 과거 치료의 종류, 범죄행위의 여부, 주변 환경, 약물 사용 여부를 파악한다. 셋째, 세밀한 탐문(detailed inquiries)단계에서는 범행 당시의 상황, 생각, 행동, 감정, 태도에 대해 면담하여 현재의 정신병리와 범행 당시의 정신병리 유무가 평가되는데, 이것을 심리부검(psychological autopsy)이라고 한다. 범행 당시의 정신병리의 유무를 가려내는 것은 쉽지 않지만 피고인의 행동이 정신병리에서 야기되었는지에 대한 중요한 정보를 제공한다. 면담자는 부정확한 기억과 의도적인 부정직성에 대해 충분한 지식과 경험을 바탕으로 중요한 정보를 가려내야 한다. 마지막 단계에서는 수집된 정보를 통합하여 결론을 도출한 후 재판에 관계 있는 모든 당사자에게 통보하여야 한다. 필요하다면 최종 평가 전에 피고인에게서 얻은 정보는 더해지거나 수정되어야 한다.

**표 6-4** 형사책임 평가도구 비교

| R-CRAS | MSO |
| --- | --- |
| 경찰보고서, 변호사 기록, 기타 성장과정에 대한 기록과 피고인의 자기보고서를 비교하여 평가하는 방식. 범행 계획, 범죄성 인식, 자기통제와 같은 요인이 수집된 정보를 분석하여 평가됨. 뇌 손상의 가능성을 토대로 위장된 정신장애를 평가함. DSM에 기록된 장애를 확인하고, 특히 인지적·행동적 통제에 대한 능력이 평가됨. | 3개의 면담세트로 구성. 첫째, 피고인에 대한 역사적 정보에 대해 초점을 맞춤. 둘째, 범죄에 대해 초점을 맞춤. 셋째, 피고인의 현재 정신상태를 평가함. 3개의 섹션은 모두 중요하지만, 한 섹션은 기이한 행동, 정서 불안, 일시적인 장애, 의심스러운 신경심리학적 결함과 같은 실제 문제에 초점을 두는 경향이 있음. |

7) 기본적으로 능력이란 피고인이 법적 절차에 대한 의미를 이해하고 숙지할 역량으로 언급되며, 만약 법적 절차에 대한 이해, 자신의 변호인과의 의사소통, 절차상에서 자신의 역할에 대한 인지, 법적 의사결정능력 중 하나 또는 그 이상의 능력에서 심각한 결함이 있다면 능력이 없다고 판단된다. 외국에서는 법정에 설 능력에 대한 평가는 많은 논쟁이 되고 있고, 능력을 평가하는 도구가 개발되고 있다. 이와 관련하여 법정에 설 능력 평가에 대한 사례(〈예 6-3〉 참조)를 통하여 이해를 돕고자 한다.

정보가 수집되면 평가자는 다음 사항을 유의해야 한다. 첫째, 피고인의 범행 당시 상황을 이해하기 위해 진단을 내려야 한다. 둘째, 정신장애의 존재가 범죄 행동에 대한 직접적 원인이 아닐 수 있기 때문에 임상적인 진단과 특정한 범죄 행동과의 관계를 평가해야 한다. 그러므로 임상가는 측정한 정신질환이 피고인의 판단, 주의집중, 대인관계, 그 밖에 법적으로 중요한 정신상태를 손상시키거나 교란하였을 가능성을 반드시 평가하여야 한다(박광배, 2002).

### (3) 위장된 정신장애의 탐지

앞서 제시한 두 종류의 정신장애를 탐지하기 위해 검사와 함께 꼭 확인해야 할 것이 정신장애의 위장이다. 정신장애 항변을 이용하여 책임을 회피하거나 감소시키려는 가능성이 언제나 존재하기 때문에 이것은 중요한 절차이다. 심리검사에서의 위장 여부는 능력검사에서 무작위로 응답하는 경우에 순전히 우연에 의해 정답을 맞힐 확률보다 더 낮은 검사결과를 보이는 사람이나, MMPI 같은 인성검사에서 정상적이거나 비정상적인 사람 모두가 특정한 방향으로 응답하는 당연한 대답을 하는 문항을 포함시켜서 그 문항에 대한 답이 일반적이지 않게 답한 사람을 찾아내는 방법이 주로 사용된다.

위장된 정신장애를 가장 잘 변별하는 검사는 MMPI에서 산출된 F원점수와 K원점수의 차이이다. 특히 F척도는 이상반응의 경향을 탐지하는 데 효과적이고 정신병리의 정도를 나타내는 좋은 지침이 되며, 일반적인 성격과 행동양식 및 사고형태를 알 수 있다(김중술, 1999). F척도의 T점수로 80~99에 속하는 사람은 모든 문항에 '아니요'라고 답했거나, 고의로 나쁘게 왜곡하여 대답했을 가능성이 있다. Schretlen(1988)에 의해 개발된 위장탐지척도(malingering scale)의 단어점수(VOC) 그리고 Bender-Gestalt의 처음 5개 소척도 점수의 합(BG5)이 위장된 정신장애를 변별하는 것으로 나타났다(박광배, 2002).

근래에는 MFAST(Miller, 2005) 등 법정에서의 정신장애 위장을 평가하는 보다 전문화된 검사가 등장하고 있다. MFAST(Miller Forensic Assessment of Symptoms Test)는 위장된 정신장애를 신뢰롭고, 타당하게 심사하도록 개발된 도구이다. 정신장애를 이유로 법정에 설 능력이 없음(incompetent to stand trial)을 나타낸 50명의 형사 피고인에 대한 연구(Miller, 2004)에서 MFAST는 MMPI-2의 F척도(fakebad)와 높은 상관을 나타냈다.

**예 6-3**  Jamie Sullivan: 법정에 설 능력에 대한 평가

Jamie Sullivan은 24세로 켄터키주의 작은 식품점 점원이었는데, 자신이 일하는 가게에 불을 질러 방화, 강도, 살인으로 기소되었다. 가게가 문을 닫은 후에 다시 돌아가 경비원을 위협하여 문을 열게 하고, 현금 800달러를 훔쳤으며, 경비원을 창고에 가두었다. 그 방에는 휘발유를 뿌린 후 불을 질렀다. 결국 경비원은 화재로 죽었다. 지나가던 운전자가 이를 목격하였고, 몇 시간 후 할머니 집에 있던 Sullivan은 체포되었다. 만약 Sullivan이 방화, 강도, 살인 모두로 기소된다면 사형판결을 받을 가능성이 있었다.

Sullivan은 정신지체였고, 중학교를 중퇴했으며, 심리학자에 의해 IQ가 68이라는 평가를 받았다. 그는 자신의 이름과 간단한 문장은 읽고 쓸 줄 알았으나, 그 이상은 할 줄 몰랐다. 그는 약물남용 경험이 있었고, 15세때 다섯 곳의 이웃집에 침입하여 교정캠프에 참여한 적이 있었다. 그는 군 입대를 하려고 했지만, 지능이 낮고, 약물 사용 습관이 있었기 때문에 군대에서 거절당했다. 그의 변호사는 Sulliivan의 정신적 문제는 법정에 설 능력에 영향을 미칠 것이라고 생각했고, 심리학자에게 그를 평가하도록 하였다. 심리학자는 면담과 몇 가지 검사를 하고 경찰 자료를 검토한 후, 다음과 같은 결론을 내렸다. 즉, Sullivan의 현재 IQ는 65이며, 환상이나 망상 증세는 없지만 '신은 자신의 아이들을 보살피기 때문에 그들에게는 아무런 일도 생기지 않을 것이다.'라는 강한 종교적 신념을 표현했다. 심리학자는 Sullivan에게 곧 열릴 재판에 대해 몇 가지 질문을 했고, 그는 다음과 같이 대답했다.

질문: 당신은 무엇 때문에 기소되었나요?

대답: 돈을 훔치고, 가게에 불을 질렀습니다.

질문: 또 다른 것은 없나요?

대답: 그들은 내가 Ricky(경비원)를 죽였다고 하더군요.

질문: 만약 배심원이 당신에게 유죄판결을 내린다면 어떤 일이 일어날까요?

대답: 전기의자에 앉겠지만, 신이 나를 보살펴 줄 것입니다.

질문: 판사는 법정에서 무엇을 하나요?

대답: 그는 모두에게 무엇을 해야 하는지를 말합니다.

질문: 재판이 열리면 당신의 변호사가 할 일은 무엇인가요?

대답: 배심원에게 내가 무죄라는 것을 보여 주는 것이죠.

질문: 그가 어떻게 하는 것이 최선을 다하는 것일까요?

대답: 질문을 하고, 내가 Ricky를 다치게 하지 않았다고 말하는 겁니다. 나는 Ricky를 좋아했어요.

질문: 재판에서 검사가 할 일은 무엇이죠?

대답: 내가 유죄를 받게 하는 것입니다.

질문: 누가 당신이 유죄인지 아닌지를 결정하나요?

대답: 배심원이죠.

Sullivan이 법정에 설 능력이 있는지 아닌지를 결정하기 위해 심리학자는 그가 정신지체인지, 그가 법적 절차를 정확하게 이해하지 못하는 것인지 등을 검사했다. 심리학자는 Sullivan이 자신의 변호사를 도울 수 있고, 재판의 목적과 특성뿐 아니라 자신이 기소당한 것을 이해하고 있다고 평가했다. 판사는 Sullivan이 법정에 설 능력이 있다고 결정했고, 결국 유죄판결을 받아 평생을 감옥에서 보내야 했다.

Sullivan과 비슷한 피고인은 연간 3만여 명이며, 그들은 법정에 설 능력이 있는지를 평가받는다(Nicholson & Kugler, 1991).

출처: Wrightsman, Creene, Nietzel, & Fortune(2002)에서 재구성.

## 4) 우리나라 「형법」상의 책임능력

책임능력이란 형식적으로는 일정한 범죄행위에 대하여 그 책임을 추궁할 수 있는 적격성 여부라고 할 수 있고, 실제로는 자기의 행위가 법에 의하여 허용 또는 금지되어 있는가를 통찰하고 그에 맞추어 자기의 의사를 자유로이 결정할 수 있는 능력을 말한다. 책임능력에 관해서 「형법」은 '행위의 불법을 통찰하고 이에 따라 행위를 조정할 수 있는 행위자의 능력' '법규범에 따라 행위할 수 있는 능력' 또는 '형식적으로 일정한 범죄에 대하여 그 책임을 추궁할 수 있는 주관적 적격성이라고 할 수 있고, 실질적으로 자기의 의사를 자유로이 결정할 수 있는 능력' 등으로 정의하고 있다. 이상과 같은 정의를 볼 때 「형법」상 책임능력은 불법을 변별할 수 있는 능력과 그에 따라 행위할 수 있는 능력으로 정의할 수 있다(정규원, 2001).

「형법」제9조에서 '14세가 되지 아니한 자의 행위는 벌하지 아니한다.'라고 하여 형사미성년자를 규정하고 있다. 제10조 제1항에서는 '심신장애로 인하여 사물을 변별할 능력이 없거나 의사를 결정할 능력이 없는 자의 행위는 벌하지 아니한다.'라고 하여 심신상실자의 경우에 책임능력이 없음을 규정하고 있다. 제10조 제2항에서는 '심신장애로 인하여 전항의 능력이 미약한 자의 행위는 형을 감경할 수 있다.'라고 규정하고 있다. 제11조에서는 '청각 및 언어 장애인의 행위는 형을 감경한다.'라고 하여 청각 및 언어 장애인을 한정책임 능력의 경우와 같이 보고 있다.

여기서 심신장애는 일반적으로 정신장애와 같은 의미라고 해석되고 있으며, 심신장애의 내용을 병적 정신장애, 심한 의식장애, 정신박약, 심한 정신병성으로 구별한다. 병적 정신장애에는 내인성 정신병인 조현병, 조울증, 간질이 있고, 외인성 정신병인 창상성 뇌손상, 알코올 등에 의한 중독, 기타 감염성 정신장애 등이 있다. 심한 의식장애의 예로는 최면성 혼수 상태, 심한 흥분이나 충격, 심한 과로 상태, 명정 등을 들고 있으며, 심한 정신병성으로는 정신병질, 심한 신경쇠약, 충동장애 등을 들고 있다.

「형법」제10조 제1항에서 말하는 사물을 변별할 능력이란 일반적으로 영미법상의 McNaughten 원칙에서와 같이 지적 능력에 관한 요소이지만, 그것보다는 좀 더 넓게 해석하여 선악의 판단을 할 수 없는 경우뿐만 아니라 합리적인 판단을 할 수 없는 경우까지도 포함하는 개념이다(진계호, 1996). 의사를 결정할 능력은 사물의 변별(불법의 통찰)에 따라 자신의 행위를 조종할 수 있는 능력을 의미하는 것으로서 의지능력이라고도 하며, 영미법상의 Durham 원칙의 영향을 받은 것이라고 할 수 있다(정규원, 2001). 국내의 경우에 정신장애의 본질에 대해 아직 일반인에게 잘 알려지지 않았다는 사실과 함께 이런 현상은 법정에서도 지배적인 것으로 판단된다.

「형법」에서 책임능력을 규정하는 방법에는 생물학적 · 심리학적 · 혼합적 방법이 있다.

첫째, 생물학적 규정방법은 행위자에게 일정한 비정상적인 생물학적 상태가 인정되면 책임무능력이라는 것이다. 정신적 결함의 원인, 즉 정신병, 정신지체 등과 같은 생물학적 원인에 기초하여 규정한다. 이러한 생물학적인 방법을 사용하는 입법례는 프랑스 형법(1810년) 제64조, 미국의 Durham Rule, 영국의 1957년 살인죄법, 독일 형법 제19조, 우리나라 「형법」제9조, 제11조 등이 있다. 책임능력의 판단에 대한 논의에서는 처우 문제와 관련하여 생물학적 요소의 비중을 점차 중시하는 추세이다(정필자, 2004).

둘째, 심리학적 방법은 본래 책임이란 행위자가 적법하게 행위할 수 있었음에도 범죄로 나아간 데 대한 비난이므로 행위자가 어떠한 사유에 의하든 사물을 변별하거나 의사를 결정할 능력이 없었다면 책임무능력이라는 견해이다. 심리학적 방법을 사용하는 입법례는 1986년 7월 북독일연방헌법 제1차 초안 제46조, 영국의 전통적인 McNaughten 원칙, 이탈리아 형법 등이 있다.

셋째, 혼합적 방법은 오늘날 가장 널리 채용되고 있는 방법이다. 혼합적 방법은 행위자의 비정상적인 심리 상태를 책임무능력의 생물학적 요소로 규정하고, 이 요소가 행위자의 변별능력이나 의사결정능력에 어떠한 영향을 미쳤는가를 심리학적 요소로 심사하는 방법이다. 대부분의 입법례가 이에 속하며, 우리 「형법」제10조 제1항, 제2항도 혼합적 방법에 의하여 책임능력을 규정하는 것이라고 파악된다(정규원, 2001).

혼합적 방법은 생물학적 요소와 심리학적 요소를 어떻게 결합시키는가에 따라 세 종류로 구분할 수 있다. 첫째, 정신장애라는 생물학적 요소와 변별능력이라는 심리학적 요소만을 결합하는 것으로, 영미법상의 McNaughten 원칙, 뉴욕의 신형법, 일본의 구형법 등이 있다. 둘째, 정신장애라는 생물학적 요소와 의사결정능력 혹은 억제능력이라는 심리학적 요소만을 결합하여 책임능력 유무를 판단하는 방법으로, 영미법상의 저항불능 충동테스트 등이 있다. 셋째, 정신장애라는 생물학적 요소와 변별능력, 의사결정능력 모두를 심리학적 요소로 결합하여 책임능력 보유 여부를 판단하는 방법으로, 미국의 모범형법전, 독일의 형법, 오스트리아의 형법, 우리나라의 「형법」 등이 이 부류에 속한다.

## 5) 우리나라의 정신감정

### (1) 정신감정의 필요성

심신장애에 대한 판단은 법률문제이므로 전문가의 정신감정이 필수는 아니라는 것이 다수의 견해이다(김일수, 2004; 이재상, 2003). 그러나 책임능력을 판단함에 있어서 심신장애 여부에 대한 판단이 필수적인 것에 비해, 법관은 심신장애 여부에 대한 판단을 내릴 수 있는 전문지식을 가지지 못한 경우가 대부분이므로 많은 경우에서 법관은 감정인을 선정하여 감정을 명할 필요가 있다(정규원, 2001).[8] 즉, 법관이 자의로 정신장애를 가진 범죄자에 대해 판단을 내리는 것은 정신의학적 · 심리학적 지식에 대한 무지로 인해 잘못된 판단을 내릴 가능성이 있다는 것이다. 따라서 전문가 감정의 필요성이 증가하고 있다.

하지만 감정결과에 법관이 어느 정도 따라야 하는가 하는 문제는 논란이 많다. 이러한 점은 특히 형사상 책임능력 유무를 판단하는 데 중요한 의미를 가진다. 대법원 역시 '심신장애의 정도는 전문가의 정신감정에 의하여 가리는 것이 원칙적으로 바람직한 것이지만 기록에 나타난 제반자료와 공판장에서의 피고인의 태도 등을 종합하여 그 정도가 판단되는 경우에는 전문가의 감정에 의하지 않고 이를 인정하였다 하여 위법이라고 할 수 없다'고 판결한 바 있다.[9] 그러나 또 다른 판결에서는 정신과 전문의로 하여금 심신장애의 상태를 감정하게 해야 함에도 불구하고…… 피고인의 태도와 진술만으로…… 심신장애에 있지 아니하다고 단정하는 것은…… 채증법칙 위반이라고 함으로써 감정이 필수적이라고 인정한 적도 있다(정필자, 2004).

### (2) 정신감정의 절차 및 방법

감정은 특별한 학식, 경험이 있는 자에게 전문지식 또는 그 지식에 의한 판단이나 의견을 보

---

8) 「형사소송법」 제169조: 법원은 학식 경험 있는 자에게 감정을 명할 수 있다.
9) 대법원 판례 1987. 7. 24. 87도1141.

고시켜서 법관의 판단능력을 보충하는 증거조사방법이다. 형사정신감정은 주로 범죄 성립의 책임요건인 책임능력을 대상으로 하고, '현재 및 범죄행위 시의 정신상태 내지 판단능력'을 감정한다.

감정 기간은 법원이 연장 또는 단축할 수 있으나, 통상 30일 정도이다. 현행「형사소송법」에는 감정을 누구에게 하도록 하여야 하는가에 대한 구체적인 규정을 두고 있지는 않기 때문에 실무에서는 법원이나 지원장이 매년 복수의 국공립병원이나 대학부속병원 또는 종합병원의 장들로부터 검정과목별로 추천받은 감정인의 명단을 활용한다. 또한 감정 기일에 신체나 정신 감정을 할 필요가 있는 경우 이외에는 감정촉탁[10] 방법으로 하도록 하고 있다. 감정은 증거조사의 일종으로, 감정인은 감정결과를 기재한 서면(감정서)을 법원에 제출하도록 하고 있다.[11] 그러므로 정신감정을 한 정신과의사나 심리학자도 피감정인의 심신장애 여부에 대한 감정서를 법원에 제출하여야 한다(정규원, 2001).[12]

이때 정신감정을 의뢰받은 의사는 피감정인 또는 가족을 면담하여 본인의 과거 및 현재 병력, 가족의 병력을 확인하고, 피감정인의 신체 상태, 정신상태(외모, 태도 및 행동, 의식 및 지남력, 감정 반응 상태, 사고 과정 및 내용, 지각, 기억력, 일반지식 및 지능, 판단력 및 병식) 등을 관찰하며, 임상심리학적 검사, 뇌파검사, 방사선검사 등을 통하여 정신상태를 감정한다. 그 결과에 따라 현재의 정신질환 유무, 증세와 정도 등을 확정 짓게 되며, 이로써 범행 당시의 정신상태에 대한 판단을 가능하게 하는 것이다(정필자, 2004).

### (3) 정신감정과 판례

「형법」에는 심신장애로 인한 사물변별능력이나 의사결정능력의 유무 등이 행위에 대한 책임과 관련한 요건으로 제시되어 있다. 하지만 실제 판결에서 어떠한 것이 중요 요건이 되는지 알

---

10)「형사소송법」제179조의2 제1항: 감정촉탁이란 '법원이 필요하다고 인정하는 때에는' '공무소·학교·병원·기타 상당한 설비가 있는 단체 또는 기관에 대하여 감정을 촉탁'하는 것을 말한다.

11)「형사소송법」제171조 제1항

12) 정신감정서에 기술되어야 하는 내용에 대해서는 아직 많은 논의가 이루어지고 있는 것 같지는 않다. 이 점에 대해서는 다음과 같은 미국 모범형법전 제4장 제5조에 의한 감정보고서(report of the examination)가 참조될 수 있을 것으로 생각된다. ① 감정의 특성에 관한 설명, ② 피고인의 정신상태에 관한 진단, ③ 피고인이 정신질환이나 정신적 결점으로 인하여 고통당하고 있다면 그에 대한 소송절차를 이해하거나 그 자신이 항변에 조력할 수 있는 그의 능력에 관한 의견, ④ 책임무능력에 관한 항변을 채용하려는 의사통지서가 제출되었을 경우, 그러한 사실이 존재한다면 그 행위의 범죄성(위법성)을 인식할 수 있는 또는 법률 요건에 그 행위를 순응시킬 수 있는 피고인의 능력이 소추된 범행 당시에 어느 정도로 손상되었는가에 관한 의견, ⑤ 법원이 제시하는 경우에는 소추된 죄의 요소를 이루고 있는 특수한 정신상태를 지니게 된 피고인의 능력에 관한 의견이 그것이다.

아보기 위해 심신장애와 관련한 대법원 판례를 살펴보았다. 판례에 나타난 주요 내용은 다음과 같다.

첫째, 심신장애의 유무 및 정도의 판단은 법률적 판단으로서 반드시 전문감정인의 의견에 기속되어야 하는 것이 아니고, 정신질환의 종류와 정도, 범행의 동기, 경위, 수단과 태양, 범행 전후의 피고인의 행동, 반성의 정도 등 여러 사정을 종합하여 법원이 독자적으로 판단할 수 있다. 즉, 단순히 피고인에 대한 정신감정 결과만을 따르는 것이 아니라 정신감정 결과는 물론이고 거기에 앞서 적시한 여러 사정을 종합적으로 검토하여 피고인이 이 사건 범행 당시에 심신상실 상태에 있었다는 결론에 이르는 것이다.[13]

둘째, 충동조절장애와 같은 성격적 결함으로 인한 범행을 심신장애로 인한 범행으로 볼 수 있는지의 여부에 대해서는 다음과 같은 판결 요지를 밝히고 있다. 자신의 충동을 억제하지 못하여 범죄를 저지르게 되는 현상은 정상인에게서도 얼마든지 찾아볼 수 있는 일로서 특단의 사정이 없는 한 성격적 결함을 가진 사람에 대해서 자신의 충동을 억제하고 법을 준수하도록 요구하는 것이 기대할 수 없는 행위를 요구하는 것이라고 할 수 없다. 그러므로 원칙적으로 충동조절장애와 같은 성격적 결함은 형의 감면사유인 심신장애에 해당하지 아니한다고 봄이 상당하지만, 그것이 매우 심각하여 원래 의미의 정신병을 가진 사람과 동등하게 평가할 수 있는 경우에는 그로 인한 절도 범행은 심신장애로 인한 범행으로 보아야 한다.[14]

셋째, 피고인의 심신장애 정도가 불분명한 경우에 법원이 취해야 할 조치와 정신질환자로서 재범의 위험성이 있는 자에 대하여 법원이 취해야 할 조치에 대해 다음과 같이 밝히고 있다.[15] 피고인이 범행 당시 심신장애의 정도가 단순히 사물을 변별할 능력이나 의사를 결정할 능력이 미약한 상태에 그쳤는지 아니면 그러한 능력이 상실된 상태이었는지의 여부가 불분명한 경우, 피고인의 정신장애의 내용 및 정도 등에 관하여 정신과의사로 하여금 감정을 하게 한 다음, 감정결과를 중요한 참고자료로 삼아 범행의 경위, 수단, 범행 전후의 행동 등 제반 사정을 종합하여 범행 당시의 심신상실 여부를 경험에 비추어 규범적으로 판단하여 그 당시에 심신상실의 상태에 있었던 것으로 인정되는 경우에는 무죄를 선고하여야 한다. 또한 법원으로서는 피고인에 대한 정신감정을 실시함에 있어 그 장애가 장차 사회적 행동에 미칠 영향 등에 관하여 아울러 감정하게 하고, 그 감정 의견을 참작하여 객관적으로 판단한 결과 정신질환이 계속되어 피고인

13) 대법원 판례 1999. 8. 24. 선고 99도1194.
14) 대법원 판례 1999. 4. 27. 선고 99도693, 99감도17.
15) 대법원 판례 1998. 4. 10. 선고 98도549.

을 치료감호에 처함이 상당하다고 인정될 때는 치료 후의 사회복귀와 사회안전을 도모하기 위하여 별도로 보호처분이 실시될 수 있도록 검사에게 치료감호 청구를 요구할 수 있다.

넷째, 범죄의 준비 등 치밀한 계획이 심신장애 판단을 하는 데 주요 고려사항이 되고 있다. 즉, 범죄의 준비 상황 등에서 나타난 치밀성 등에 비추어 범행 당시 심신장애 상태에 있었다고 보기 어렵다고 한 '강도살인, 강도예비'의 사례가 있다.[16] 이와 관련한 '존속살해' 판례[17]에서 피고인은 이 사건 범행 당시까지 교수로서 연구와 강의를 하는 외에도 회사를 경영하는 등 사회생활과 가정생활을 정상적으로 영위해 왔고, 이 사건 범행 이틀 전부터 치밀하게 범행을 계획 및 준비하여 이를 실행에 옮겼으며, 특히 범행 직전에는 타인이 출입한 것처럼 가장하기 위해 범행 장소인 피고인의 집 5층과 6층 사이에 설치된 철제 출입문을 미리 열어 놓았고, 범행 후에는 범행에 사용한 칼과 범행 당시에 입었던 옷 및 이를 담았던 가방 등을 주도면밀하게 내다 버리는 등 죄증의 인멸을 시도하였다. 사실관계가 이와 같다면 피고인이 이 사건 범행 당시에 심신장애로 인하여 사물을 변별할 능력이나 의사를 결정할 능력이 없거나 미약한 상태에 있었다고 볼 수는 없다고 할 것이라 판시한 바 있다.

다섯째, 범행을 기억하고 있지 않다는 사실만으로 바로 범행 당시에 심신상실 상태에 있었다고 단정할 수 있는지의 여부에 대한 판결 요지는 다음과 같다. 「형법」상 심신상실자라고 하려면 그 범행 당시에 심신장애로 인하여 사물의 시비선악을 변별할 능력이나 변식하는 바에 따라 행동할 능력이 없어 그 행위의 위법성을 의식하지 못하거나 이에 따라 행위를 할 수 없는 상태에 있어야 하기 때문에 범행을 기억하고 있지 않다는 사실만으로 바로 범행 당시에 심신상실 상태에 있었다고 단정할 수는 없다[18]는 것이다. 이와 반대로 부분적 공술이 이론 정연하여 기억력이 있다고 인정될 경우에도 이로서 반드시 전반적 심신상태가 일반인과 동일하다고 할 수 없다는 판례[19]도 있다.

여섯째, 기록에 나타난 제반자료를 종합하여 피고인의 범행 당시의 심신장애 정도가 심신미약이라고 인정할 수 있는 이상 반드시 피고인에 대한 정신감정을 하여야 할 필요는 없다고 밝히고 있다. 이와 관련하여 정신감정을 거치지 않고 피고인의 전후 진술, 범행 당시 정황에 비추어 심신장애자가 아니라고 한 조치에 대해서 다음과 같은 입장을 취하고 있다. 피고인이 검찰에서 범행에 관한 기억이 없다고 하였으나 법정에서는 범행 사실을 전부 시인하였다. 피고인의

16) 대법원 판례 1985. 6. 25. 선고 85도696.
17) 대법원 판례 1996. 5. 10. 선고 96도638.
18) 대법원 판례 1985. 5. 28. 선고 85도361.
19) 대법원 판례 1954. 12. 17. 선고 54도189.

정신상태에 관하여는 피고인이 과거에 이유없이 쓰러지거나 돈을 주고 수집한 빈 병을 깨 버린 일이 있어 피고인에게 원인 모를 병이 있는 것 같다는 피고인 처의 진술이 있다. 하지만 이 진술만으로 피고인에게 정신질환이 있다고 하기에는 어렵고, 피고인이 뇌를 다친 여부에 관하여는 인정할 자료가 없기에 피고인의 범죄경력, 범행의 경위, 방법 및 범행 후의 정황 등을 종합하여 범행 당시에 피고인이 사물을 판별할 능력이나 의사결정능력이 없었거나 미약하였다는 변소를 배척한 조치는 정당하며, 그에 대해 정신감정을 거치지 아니하였다고 하여 위법이라 할 수 없다[20]고 판시한 경우도 있었다.

이와 같은 심신장애와 관련된 판례들의 내용을 간단히 요약해 보면 우선 피고인의 심신장애 정도나 판단의 유무에서 전문감정인의 의견에 기속되지 않고 여러 사정을 종합하여 법원이 독자적으로 판단할 수 있다. 또한 심신장애 판단에서 성격 결함을 나타내는 장애가 매우 심각한 경우에 심신장애 상태로 인정되는 데 주요한 요건이 되며, 범죄의 치밀한 준비, 범행 후 주도면밀한 죄증의 인멸을 기도한 사실 등은 심신장애 상태로 인정되지 않는 데 주요한 요건이 되는 것을 알 수 있다. 하지만 범행에 대한 기억의 유무는 심신장애로 판단되는 데 있어서 각 판례마다 상반된 의견을 보이기도 한다. 마지막으로, 제반자료를 종합하여 피고인의 범행 당시의 심신장애 정도를 인정할 수 있는 이상 정신감정을 할 필요는 없다고 밝히고 있다.

**정신감정 결과와 실제 판결**    우리나라에서는 범법을 행한 사람이 수사단계나 법정에서 정신장애자로 의심될 만한 언행을 보이거나 정신병의 과거력이 있을 때에 주로 정신과의사에게 정신감정을 의뢰하는 것으로 되어 있다. 범인의 형사책임 능력 유무를 판단하는 데 정신감정 결과가 참고자료로 이용될 것이므로 감정결과가 판결에 어느 정도 반영되는지에 대한 문제는 중요한 관심사라고 할 수 있다. 이러한 문제에 대해 다음과 같은 연구결과가 있다.

우선 감정결과가 판결에 많이 반영되었던 질환으로는 정동장애, 조현병, 망상장애, 비정형 정신병, 해리성장애, 충동조절장애, 꾀병, 성도착증 등이 있다. 이러한 질환에서는 감정결과와 판결이 60% 이상에서 일치하였고, 기질성 정신장애, 정신지체, 알코올/약물중독, PTSD 등에서는 정신감정 결과와 판결이 20% 이하에서만 일치하였다(조성연, 2002). 여기서 감정결과와 판결이 일치하지 않았던 이유로는 법적 판결 시 범법정신장애자의 병적인 정신상태 이외에도 외부로 드러나는 언행이나 과거의 상태, 재범의 가능성 등을 다루고 있기 때문이라고 논하고 있다.

1990년부터 1997년까지 서울시립은평병원으로 정신감정이 의뢰된 범법정신장애자는 심신

---

상실이 58.7%, 심신미약이 34.7%, 형사책임 능력이 있는 경우가 6.6%로 나타났으며, 감정의뢰된 범법 피의자의 80% 이상에서 형사책임 능력이 없거나 한정되어 있다는 결과를 얻었다(최윤정, 조지희, 권정화, 1998). 감정결과와 판결결과는 심신상실 36.3%, 심신미약 73.0%에서 일치하였으며, 일치하지 않는 경우에 법관이 정신과의사보다 형사책임 능력을 모두 무겁게 부과한 것으로 나타났다.

마지막으로, 연구에서는 정신감정서와 재판결과가 같은 경우가 90%였다. 그러나 1987년부터 2001년까지 꾸준히 감정결과와 재판결과가 다른 경우가 있었으며(10%), 그중 심신상실로 감정하였으나 재판에서는 심신미약으로 판정받은 경우가 92%였고, 심신미약으로 감정하였으나 재판에서 심신상실로 판정받은 경우가 7%, 나머지는 정상으로 감정하였으나 재판에서 심신미약으로 판정한 경우가 1%였다. 이는 재판을 통하여 형이 가중되는 경우가 상대적으로 많다는 것을 알 수 있다.

반면, 정상으로 감정하였으나 재판에서 치료감호로 판정한 경우는 성격장애와 절도가 가장 많았다. 이는 정신감정에서는 환자의 범죄 당시의 정신병적 증상이 의사결정능력에 얼마나 영향을 미쳤는지에 중점을 둔 반면, 재판에서는 향후 정신병을 치료하지 않았을 경우에 재범의 위험이 얼마나 높아질지에 중점을 두었기 때문으로 추정하고 있다(조성연, 2002).

감정결과와 판결이 일치하지 않았던 이유는 판결문 기록에서 단서를 찾아볼 수 있다. 판결문은 범행의 동기, 경위와 결과, 전후 상황 및 범행을 전후한 피고인의 행동 및 범행 후 정황, 경찰 수사단계에서부터 법정에 이르기까지 피고인의 진술내용과 태도 등에 비추어 보면 과거부터 정신질환으로 인하여 재범의 위험성이 있으므로 피고인이 정신장애로 사리를 변별하거나 의사를 결정할 능력이 미약한 상태에 있지 아니하였음이 명백하고, 범행 당시 피고인에게 정신질환이 있었다고 볼 자료는 없기 때문이라고 밝히고 있다. 이와 같은 결과로 볼 때, 법적 판결 시 범법정신장애자의 병적인 정신상태 이외에도 외부로 드러나는 언행이나 과거의 상태, 재범의 가능성 등을 고려하고 있음을 알 수 있다.

## 3. 정신장애 범죄자의 치료

정신장애를 이유로 무죄판결을 받은 사람들은 효과적인 치료, 석방, 지역사회에서의 사후관리 등과 관련하여 정신건강 전문가들에게 걱정과 불안을 일으킨다. 정신장애를 이유로 무죄판결을 받은 사람에 대한 효과적인 치료와 관리는 특별히 어려운 문제이다. 왜냐하면 이러한 판결은 임상전문가들에게 두 가지 모순된 명령을 내리는 것과 마찬가지이기 때문이다. 즉, 지나친 제한을 하지 않는 한도 내에서의 치료와 사회안전이라는 균형을 맞추기 힘든 두 과제를 적절히 조화시켜야 하는 것이다. 그렇다면 정신장애로 인해 무죄판결을 받은 사람에게 어떤 효과적인 치료가 있을까? 일반적으로 범죄자집단을 수용하는 곳이 아닌, 보통의 정신병원에서 볼 수 있는 환자에게 적용되는 치료와 비슷한 방식으로 접근할 수 있을 것이다. 다음에서는 각각의 다양한 증상을 나타내는 정신장애 범죄자에게 적용할 수 있는 몇 가지 치료방안에 대해 알아보고자 한다.

## 1) 정신병적 증상을 나타내는 정신장애 범죄자

정신장애를 이유로 무죄판결을 받는 대부분의 범죄자는 망상이나 환각 등에 기초하여 책임 없음이 증명된다. 정신장애 진단을 받는 데 범죄자 중 82.3%에서 망상이 중요한 역할을 했으며, 그들 중 35.2%는 환각 증상을 함께 나타냈다(Rogers, 1986). 즉, 정신장애 범죄자는 범죄를 저지를 당시에 이러한 증상의 영향을 많이 받았을 것이다. 따라서 이러한 증상을 치료하는 것이 필요한데, 약물치료는 정신장애 양성 증상을 호전시키는 데 매우 효과적인 것으로 알려져 있다(Kane & Freeman, 1994; Richelson, 1996). 신경이완제[21]는 이런 증상을 치료하는 데 가장 일반적으로 사용된다(Breslin, 1992). 이때 생산되는 약물[22]도 이러한 정신병적 증상에 탁월한 효과가 있다(Richelson, 1996).

약물치료와 함께 심리치료를 병행하는 것도 효과적이다(Lowe & Chadwick, 1990). 예를 들면, 정신병적 증상을 보이는 사람에게 자기통제 훈련을 하는 것이 유용할 수 있다(Breier & Strauss, 1983). 이러한 자기통제 과정은 세 단계로 구성된다. 첫째는 자기관찰을 통해 정신병적 증상에 대해 인식하는 단계이다. 둘째는 자기평가를 통해 증상의 신호로 나타나는 행동을 분명하게 인지하는 것이다. 셋째는 자기통제방법을 학습하는 것이다. 결론적으로 이들에게는 약물치료와 심리치료가 병행되는 것이 가장 효과적이며, 이때 환자들은 광범위한 계획과 치료에 전념하는 태도가 필요하다(Rice, Harris, & Quinsey, 1996).

---

21) 여기서 언급한 신경이완제는 토라진(Thonrazine), 플루페나진(Prolixin), 할로페리돌(Haloperidol), 치오리다진(Mellaril), 페르페나진(Trilafon) 등이 있다.

22) 클로자핀(Clozapine), 리스페리돈(Risperidone), 올란자핀(Olanzapine), 세르틴돌(Sertindole), 쿠에티아핀(Quetiapine) 등이 있다.

## 2) 기분장애를 지닌 정신장애 범죄자

우울증을 나타내는 정신장애 범죄자에 대한 치료는 특히 주의가 필요하다. 기분장애를 일차적으로 진단받은 범죄자들의 수는 적은 편이지만, 상당수가 범행 당시에 심각한 증상이 완화되는 순간에 촉발된 것이고, 그 이후 적절한 치료가 제공되지 않으면 병세가 더 심해지기 때문이다(Rogers, 1986). 우울증을 보이는 정신장애 범죄자의 경우, 우울증 치료에 일반적으로 사용되는 전기충격요법이 유용할 수 있다. 또한 약물치료는 물론 인지행동치료를 병행해야 한다. 인지행동치료는 다양한 임상장면에서 유용함이 증명되고 있다. 인지행동치료는 양극성장애에도 효과가 있음이 나타났다(Satterfield, 1999). 인지행동적 접근을 이용하는 치료는 정신장애 범죄자의 자기통제와 문제 해결 기술에 초점을 맞춘다. 인지행동치료는 우울증이 있는 범죄자에게서 나타나는 부정적이고, 잘못된 자기도식과 비합리적인 신념을 다루는 데 이용된다. 대인관계 치료 역시 사용되는데, 이는 우울증에는 효과적이었으나 양극성장애를 가진 사람에게는 효과성이 덜하다는 연구결과가 있다(Weissman, 1994).

## 3) 물질 관련 장애가 있는 정신장애 범죄자

정신장애 범죄자에 대한 자료는 물질 관련 장애가 두 번째로 많은 진단임을 나타내고, 따라서 중요한 치료적 쟁점이 된다. 이들은 불법 약물을 사용하기 위해 추가 범죄를 저지르는 경우가 일반적이기에 치료의 실패는 재범을 야기하기도 한다. 일부 문헌에서는 알코올중독 범죄자의 치료는 혐오치료, 자기통제, 이완훈련, 의사소통, 자기주장, 사회기술 훈련과 같은 행동치료, 가족치료가 효과적이라고 한다(Ross & Lightfoot, 1985). 일반적인 인지행동 전략은 약물 사용 전의 자기통제와 문제 해결 기술 등의 학습에 초점을 맞춘 것이 유용하다.

다음에서는 약물 관련 범죄자에게 사용하는 프로그램을 하나 소개하려고 한다. 이는 치료공동체(The Therapeutic Community: TC)라고 불리는 것으로, 약물 관련 재소자들의 치료에 주로 사용되는 방법이다. 교정시설이나 분리된 독립시설에서 치료대상자에게 총체적 치료환경을 제공하여 치료 및 재활의 극대화를 꾀하는 것이다. 이 프로그램의 특징은 치료대상자들이 다른 일반재소자들과는 완전히 격리되어 독립된 공동체를 구성하며, 치료를 받고 재활 과정에 있는 대상자들이 새로운 치료대상자의 치료에 중요한 역할을 하는 것이다. TC의 한 예가 미국 델라웨어주에 있는 CREST 아웃리치센터(CREST outreach center)이다. CREST 아웃리치센터에서의 치료는 6개월에 걸친 5단계 모델로 구성되어 있다(Inciardi, 1995).

첫 번째 단계는 입소, 평가 및 오리엔테이션 등으로 진행되며, 보통 2주가 소요된다. 새로운 입소자들은 기존의 재소자들로부터 시설 내의 규칙이나 일정에 대해 설명을 들으며, 전담 카운슬러에게 배정되어 개인의 필요에 대한 평가를 받는다. 이 단계에서는 새로운 재소자를 집단치료에 참여시키지 않으며, 단지 시설의 규칙이나 절차 등에 대해 익숙해지도록 한다.

두 번째 단계에서 재소자들은 TC 활동에 참여해야 한다. 이에는 조회, 집단치료, 일대일 상호작용, 다른 입소자들과의 대면을 통한 동기 부여, 새로운 입소자들이 시설에 잘 적응할 수 있도록 하는 등의 활동이 포함된다. 이 단계에서 재소자들은 비로소 집단치료나 일대일 상호작용 등의 과정을 통해서 약물복용이나 범죄 등 자신의 문제에 초점을 맞추게 된다. 재소자들은 집단치료 또는 다른 재소자와 직원 간의 비공식적 상호작용에서 자신이 보여 준 태도나 행동에 적합한 책임을 부여받기 시작한다. 그리고 시설 내 특정 업무에 할당되어 책임감과 적절한 작업 기술을 습득한다. 그들은 또한 자신의 전담 카운슬러와 지속적인 일대일 면담을 갖는다. 두 번째 단계의 우선적인 목적은 재소자들을 집단치료에 참여시키고, 그들에게 부여한 책임을 완수하게 함으로써 적극적인 커뮤니티의 일원으로 만드는 것이다. 이 단계는 8주 정도 지속된다.

세 번째 단계는 두 번째 단계의 연속선상에 있으나 그들로 하여금 다른 재소자들의 역할 모델이 되도록 하고, TC에서 이루어지는 작업을 매일 감독하는 역할을 하게 한다. 이 단계의 재소자들은 관리 및 감독의 지위로 승급하여 추가의 책임을 부여받는데, 이를 통해 새로운 입소자들에게 바람직한 모델로서의 역할을 수행할 수 있도록 한다. 이 단계에서도 역시 재소자들은 전담 카운슬러와 지속적인 개인상담을 하며, 집단치료에서는 그룹활동의 촉진자로서의 역할도 수행하게 된다. 이 단계는 5주 정도 지속된다.

네 번째 단계에서 재소자들은 직업을 구하기 위한 준비를 시작한다. 여기에는 가상 인터뷰, 구직 관련 세미나, 용모 관리, 지역사회와의 관계 설립, 추가 교육이나 직업훈련의 탐색 등이 포함된다. 이 단계는 사회로의 환원을 준비하는 과정으로, 2주 정도 소요된다. 재소자들은 지속적으로 개별 또는 집단 치료에 참여하며, 시설 내 작업에 대한 책임을 진다. 이 밖에 사회로의 환원, 구직 및 직장 유지, 거주 등과 관련된 추가 세미나나 그룹토론 등을 하게 된다.

다섯 번째 단계는 사회로의 환원단계이다. 이 단계의 재소자들은 직장을 다니지만, 시설 내에서 거주하면서 아래 단계의 재소자에게 역할 모델을 하게 된다. 여기서는 일과 치료의 균형에 초점을 맞춘다. 재소자들은 계속 세미나나 시설 내 활동에 참여한다. 그들은 또한 직업과 지속적 치료 등과 관련된 집단토론에 참여한다. 그리고 은행계좌를 개설한다든지, 생활에 필요한 비용 등에 대해 예산을 설정해 본다든지 하는 활동을 통해 시설을 떠날 준비를 한다. 이 단계는 약 7주간 지속되며, 이 단계를 마치면 총 26주 동안의 CREST 아웃리치센터 프로그램을 졸업하고 사회로 돌아가게 된다.

## 4. 결론

우리는 다양한 대중매체를 통해 연일 일어나는 사건과 사고를 접한다. 특히 범죄사건들, 그 중에서도 잔인하고, 특이하고, 이해할 수 없는 범죄사건을 접하다 보면 범인이 도대체 어떤 생각으로 저지른 일인지, 과연 사람으로서 할 수 있는 일인지 등을 생각하게 된다. 이러한 생각은 특별한 범죄를 저지르는 사람은 정신적으로 문제가 있거나, 정상은 아닐 것이라는 결론에 도달하게 하기 쉽다. 그렇다면 현재 일어나고 있는 특이하고 잔인한 범죄는 확실히 비정상적이거나 정신장애를 가진 사람에 의해 저질러지는 것인가? 이 질문에 대한 답은 '예'일 수도 있고, '아니요'일 수도 있다. 분명한 것은 정신장애를 가진 범죄자가 저지르는 범죄가 전체 범죄에서 차지하는 부분이 매우 적다는 것이다. 정신장애 범죄자가 특별한 범죄를 저지를 가능성이 전혀 없는 것은 아니지만, 대부분의 특별한 범죄가 정신장애 범죄자에 의한 것이 아니다. 정신장애를 가진 사람 중에서도 이미 범죄전력이 있는 사람이 정신장애 범죄자로서 재범을 하는 경향이 있다는 사실도 염두에 두어야 할 것이다.

정신장애 범죄자와 관련한 또 다른 문제는 정신장애 범죄자에게 법적 책임을 물을 수 있느냐 하는 것이다. 외국에서는 오랜 역사 속에서 다양한 판례를 통해 정신장애를 이유로 무죄를 주장하는 정신장애 항변이 행해져 왔고, 정신장애 항변에 대한 원칙이 세워져 왔다. 이러한 원칙을 간략히 살펴보면 McNaughten 원칙은 범행 당시에 정신장애로 인하여 자기 행동의 결과를 몰랐거나 또는 알고 있었다고 하더라도 그 행동이 잘못된 것인지를 몰랐을 경우에 범죄 행동에 대한 책임을 묻지 않는다는 것이다. Durham 원칙은 만약 범죄행위가 정신질환이나 정신적 결함의 산물이라면 범죄에 대한 책임을 지우지 않는다는 것이다. Brawner 원칙은 정신질환이나 정신적 결함에 의해 초래된 행위 시에 피고인이 자기 행위의 범죄성을 감지할 수 있는 충분한 역량이 결여되었거나 합법적인 행위를 수행할 역량이 결여되어 있을 때 그 행위에 대한 형사책임을 지지 않는다는 것이다.

정신장애 항변은 다양한 비판을 받기 시작했고, 새로운 기준인 GBMI를 선고할 수 있는 법안이 통과되었다. 즉, 판결의 종류가 유죄, 무죄, NGRI, GBMI의 네 가지이다. 또한 정신장애 항변을 이용하는 범죄자가 생겨나면서 정신감정에 대한 철저한 조사가 필요하게 되었고, 그로 인해 형사책임을 평가하는 도구가 발달되었다. 이러한 도구에는 R-CRAS가 있으며, 범행 당시의 정신상태를 측정하기 위한 MSO가 있다.

　정신장애 범죄자의 형사책임 능력에 대하여 우리나라에서는 '심신장애로 인하여 사물을 변별할 능력이 없거나 의사를 결정할 능력이 없는 자의 행위는 벌하지 아니한다.'라고 규정하고 있다. 심신장애에 대한 판단은 법률문제이기 때문에 전문가의 정신감정이 반드시 이루어져야 하는 것은 아니지만, 법관은 정신의학적·심리학적 지식이 부족하기 때문에 정신장애 범죄자의 정신상태에 대해 정확한 판단을 내리기 어렵다. 따라서 정신의학·심리학 분야의 전문가에 의한 보다 정확한 평가가 이루어져야 하겠다. 또한 정신장애를 초기에 발견하고 치료수감하는 것은 정신장애 피고인의 심각한 범죄에 대한 재범률을 낮출 수 있는 중요한 방법 중 하나이다. 그러므로 법 지식과 경험을 겸비한 전문적인 심리학자나 정신의학자들이 피고인의 범죄 책임 및 정신감정을 평가하는 중요한 역할을 맡아야 한다. 이때 한 사람의 정신역량평가는 완전하게 이루어질 수 없다는 것을 숙지하고 있어야 한다.

　정신장애 범죄자를 위한 의료적·심리적 치료는 대개 일반 정신장애자와 비슷한 방법으로 이루어진다. 즉, 약물치료, 인지행동치료, 행동치료, 가족치료 등이 있다. 또한 집단을 구성하여 구성원들 간의 비공식적 상호작용을 경험하고, 모델링 등을 통해 사회적응 능력을 향상시켜 나가는 프로그램도 있다. 하지만 실제로 정신장애가 있는 개인의 범죄 행동에 대한 확실한 기준이 존재하지 않으며, 대부분의 경우에 제대로 치료를 받지 못하고 수감되는 것이 현실이다. 범죄자의 인권문제도 중요하지만 올바른 정신감정과 평가를 통해 범행에 대해 강력하고 올바른 판결과 적용을 실현할 수 있어야 한다.

## 참고문헌

김일수(2004). 형법총론. 서울: 박영사.

김중술(1999). 다면적 인성검사: MMPI의 임상적 해석. 서울: 서울대학교출판부.

대검찰청(2011~2022). 범죄분석.

박광배(2002). 법심리학. 서울: 학지사.

이재상(2003). 형법총론. 서울: 박영사.

장동원(1990). 정신질환과 범죄. 형사정책연구, 1(1), 93-111.

장동원(1991). 정신질환자의 범죄성에 관한 연구. 한국형사정책연구원, 29(32), 47-51.

정규원(1997). 형법상 책임능력에 관한 연구: 판단기준을 중심으로. 서울대학교 대학원 석사학위논문.

정규원(2001). 형사책임과 정신감정. 한국심리학회 춘계 심포지엄.

정필자(2004). 정신장애 범죄자의 치료감호제도에 관한 연구. 공주대학교 대학원 석사학위논문.

조성연(2002). 피정신감정자의 **법률적인 분석**. 국립감호정신병원.

진계호(1996). **형법총론**. 서울: 대왕사.

최상섭, 강순기(1998). 한국에서의 범법정신질환자의 현황에 관한 연구: 법무부 치료감호소의 11년간의 통계적 고찰. 대한법의학회지, 22(2), 34-35.

최윤정, 조지희, 권정화(1998). 형사적 정신감정결과와 법원관결에 관한 고찰. 신경정신의학, 46(5), 903-912.


Bartol, C. R. (1999). *Criminal behavior: A psychological approach* (5th ed.). Upper Saddle River, NJ: Prentice Hall.

Boehnert, C. E. (1989). Characteristics of successful and unsuccessful indanity pleas. *Law and Human Behavior, 13*, 31-39.

Breier, A., & Strauss, J. S. (1983). Self control in psychotic disorders. *Archives of General Psychiatry, 40*, 1141-1145.

Breslin, N. A. (1992). Treatment of schizophrenia: Current practice and future promise. *Hospital and Community Psychiatry, 43*, 877-885.

Henn, F. A., Herjanic, M., & Vandepearl, R. H. (1976). Forensic psychiatry: Diagnosis of criminal responsibility. *The Journal of Nervous and Mental disease, 162*, 694-696.

Howitt. D. (2002). *Forensic and criminal psychology*. Prentice Hall.

Inciardi, J. A. (1995). The therapeutic community: An effective model for corrections-based drug treatment. In K. C. Hass, & G. P. Alpert (Eds.), *The delemmas of corrections* (3rd ed.). IL: Waveland Press, Inc.

Kane, J. M., & Freeman, H. L. (1994). Towards more effective antipsychotic treatment. *British Journal of Psychiatry, 165*, 22-31.

Kovacs, M. (1996). Presentation and course of major depressive disorder during childhood and later years of the life span. *Journal of the American Academy of Child and Adolescent Psychiatry, 35*, 705-715.

Lipsiitt, P., Lelos, D., & McGarry, A. (1971). Competency for Trial: A Screening Instrument. *American Journal of Psychiatry, 128*, 105-109.

Lowe, C. F., & Chadwick, P. D. (1990). Verbal control of delusions. *Behavior Therapy, 21*, 461-479.

McGinley, H., & Pasewark, R. A. (1989). National survey of the frequency and success of the insanity plea and alternate pleas. *Journal of Psychiatry and Law, 205*, 208-214.

Melton, G. B. (1987). *Reforming the law: Impact of child development research*. New York: Guilford

Press.

Miller, H. A. (2004). Examinig the use of the M-FAST with criminal defendants incompetent to stand trial. *International Journal of Offender Therapy and Comparative Crimiology, 48*(3), 268-280.

Miller, H. A. (2005). The Miller-Forensic Assessment of Symptoms Test(M-FAST): Test generality and utility across race, literacy, and clinical opinion. *Criminal Justice and Behavior, 32*(6), 591-611.

Monahan, J. (1992). Mental disorder and violent behavior: Perceptions and evidence. *American Psychology, 47,* 511-521.

Nicholson, R. A., & Kugler, K. E. (1991). Competent and incompetent criminal defendants: A quantitative review of comparative research. *Psychological Bulletin, 109,* 355-370.

Obiedallah, D. A., & Earls, F. J. (1999). *Adolescent girls: The role of depression in the development of delinquency.* Washington, DC: National Institute of Justice.

Ondrovik, J., & Hamilton, D. (1991). Credibility of victims diagnosed as multiple personality: A case study. *American Journal of Forensic Psychology, 9,* 13-17.

Rice, M. E., Harris, G. T., & Quinsey, V. L. (1996). Treatment of forensic patients. In B. D. Sales & S. A. Shah (Eds.), *Mental health and law: Research, policy and services.* Durham, NC: Carolina Academic Press.

Richelson, E. (1996). Preclinical pharmacology of neuroleptics: Focus on new generation compounds. *Journal of Clinical Psychiatry, 57*(Suppl 11), 4-11.

Robins, L. N., & Regier, D. A. (1991). *Psychiatric disorders in America: The epidemiologic catchment area study.* New York: Free Press.

Rogers, R. (1986). *Conducting insanity evaluations.* New York: Van Nostrand Reinhold.

Rogers, R., & Cavanaugh, J. L. (1981). The Rogers criminal responsibility assessment scales. *Illinois Medical Journal, 160,* 164-169.

Ross, R. R., & Lightfoot, L. O. (1985). *Treatment of the alcohol-abusing offender.* Springfield, IL: Thomas.

Satterfield, J. M. (1999). Adjunctive cognitive-behavioral therapy for rapid-cycling bipolar disorder: An empirical case study. *Psychiatry: Interpersonal and Biological Processes, 62*(4), 357-369.

Schretlen, D. (1988). The use of psychological tests to identify malingered symptoms of mental disorder. *Clinical Psychology Review, 8,* 451-476.

Steadman, H. J., & Cocozza, J. J. (1974). *Careers of the criminally insane.* Lexington, MA: Lexington Books.

Tardiff, K., & Sweillam, A. (1980). Assault, suicide and mental illness. *Archives General Psyciatry, 37*(2), 164-169.

Taylor, P. J., & Guun, J. (1984). *Violence and psychosis*. British Medical Journal, 1945–1949. 288.

Thornberry, T. P., & Jacoby, J. E. (1979). *The criminally insane: A community follow-up of mentally ill offenders*. Chicago, IL: University of Chicago Press.

Weissman, M. M. (1994). Psychotherapy in the maintenance treatment of depression. *British Journal of Psychiatry, 165*, 42–50.

Winslade, W. J., & Ross, J. W. (1983). *The insanity plea*. New York: Scribner.

Wrightsman, L. S. (1987). *Psychology and the legal system*. Thomson Brooks/Cole Publishing Co.

Wrightsman, L. S., Creene, E., Nietzel, M. T., & Fortune, W. H. (2002). *Psychology and the legal system*. Pacific Grove, CA: Brooks/Cole.

Wrightsman, L. S., Nietzel, M. T., & Fortune, W. H. (1994). *Psychology and the legal system*. Pacific Grove, CA: Brooks/Cole.

Wrightsman, L. S., Nietzel, M. T., Fortune, W. H., & Creene, E. (1998). *Psychology and the legal system*. Pacific Grove, CA: Brooks.

# 범죄 위험성 평가

## 1. 범죄 위험성 평가란 무엇인가

### 1) 범죄 위험성 평가

사회가 급속도로 산업화되어 감과 동시에 우리는 더욱 빠른 속도로 변화해 가는 정보화시대를 살고 있다. 고유의 전통 가치를 뒤로 하고, 과학기술의 급격한 변화로 일상적인 생활방식마저도 와해되어 가고 있다. 가족관을 예로 들면, 전통적인 가치관에서 벗어나 종래의 기준으로 보기에는 불완전한 형태의 가족구조가 늘어 가고, 이러한 불완전한 가족구조에 알맞은 가치관을 성립하려는 노력은 미비한 채 급격한 사회변화는 진행되고 있다. 이런 변화는 가족구성원의 인성에 심각한 영향을 미치고, 부적응 현상과 무규범 상태, 소외와 일탈행위의 증가, 그리고 인간관계의 단절을 야기하였다. 이에 따른 결과로 과거의 전통적인 범죄에서는 볼 수 없었던 형태의 범죄(불특정 다수에 대한)도 기승을 부리고 있다. 범죄는 점점 조직화, 흉포화되고 있고, 매스컴을 통해서든 실제 생활에서든 범죄 발생에 대한 이야기를 직접적, 간접적으로 듣고 경험하면서 살아가고 있다.

그렇다면 우리는 범죄에서 잠재적인 피해자로 남아야 하는가? 범죄에서 자유로울 수는 없는가? 대답은 '없다'이다. 범죄는 인간이 사회적인 동물임을 포기할 때만이 사라질 것이고, 우리는 잠재적인 피해자가 될 가능성에서 자유로워질 것이다. 범죄로부터의 절대적인 자유가 불가능하다면 잠재적인 피해자가 될 가능성을 줄이는 방법은 없는가라는 질문을 해 볼 수 있다. 경찰의 민생 치안을 강화한다든가, 도덕을 강화한다거나, 법률의 빈틈을 없앤다든가, 범죄자의 범죄성을 평가하여 재범을 차단하는 방법이 방편으로 될 수 있겠다. 이러한 방편 중에서 이 장에서는 범죄자의 범죄성을 평가하는 방법에 대해 논의하고자 한다.

범죄성을 평가하는 방법은 과학적인 근거를 들어 설명하는 것이 바람직하고, 또한 타당할 것이다. 그렇다면 과학이란 무엇인가? 과학은 묘사, 설명, 예측, 그리고 통제의 4단계와 목적을 가진다고 말할 수 있다. 묘사(description)란 관찰을 통해 어떤 현상에 대해 표현하는 것이고, 설명(explanation)이란 묘사된 현상이 왜 일어나는지 상관관계를 조사하는 것이다. 예측(prediction)은 설명을 바탕으로 미래에 발생할 현상에 대해서 추론하는 것이고, 마지막으로 통제(control)는 예측된 현상을 조작하여 영향력을 미치려는 노력이다. 여기서 범죄성을 평가하는 것은 현재 일어난 범죄를 묘사하고, 왜 그런 범죄를 저지르게 되었는지를 평가하여 설명하고, 재범에 대한 위험성이 있는지 없는지를 평가하여 범죄를 예측하며, 이는 미래의 범죄를 통제 및 조작하는 것이 궁극적인 목표이다. 과거부터 범죄에 대한 위험성을 평가하는 것의 주요 관심사는 재범에 대한 것이었다. 즉, 범죄자가 미래에 사회로 복귀했을 때 다시 범죄를 저지를지를 평가하는 것으로, 다른 사회구성원을 보호하고 범죄자를 효율적으로 통제하기 위해 사법을 담당하는 모든 기관에서 과거부터 해 오고 있는 업무이다. 20세기 초부터 연구자들은 공식적인 기록이나 서류에 기입된 인구통계학적 정보 그리고 범죄경력에 대한 자료를 범죄 위험성 평가에 사용해 왔다.

위험성 평가가 꼭 범죄를 통제하는 범죄 관련 분야에서만 사용되는 것은 아니다. 정신병동에서 입원환자가 발작을 일으킬 것인지, 발작으로 인해 폭력적이고 공격적인 행동이 나타날 것인지를 평가하는 것도 위험성 평가라고 할 수 있다. 예를 들어, 조현병 환자를 폐쇄병동에 입원시킬 것인지, 개방병동에서 생활하게 할 것인지, 또는 지역 재활센터로 보내도 될 것인지를 결정하는 것도 위험성 평가를 통해서 가능하다. 교도소 내 입소자에 대하여 위험성 평가를 해서 참여 프로그램을 배정하고, 한 방에서 같이 생활할 입소자도 분류할 수 있다. 이렇듯 범죄 분야에서의 재범 관련 위험성 평가를 하는 것 외에도, 병원에서 환자들을 분류하고 참여 프로그램 배정에 사용되기도 한다. 하지만 이 모두가 미래 행동에 대한 예측을 기본으로 하고 있다는 공통점이 있다. 앞서 언급했듯이, 범죄뿐만 아니라 미래 행동에 대한 적절한 대처와 통제를 가하기 위한 수단으로 사용되고 있는 것이다.

병원의 임상장면과 같이 범죄 관련 분야 외에서도 위험성 평가는 표현을 달리하더라도 광범위하게 사용되고 있다. 그러나 이 장에서는 범죄성, 즉 범죄 관련 분야에서의 위험성 평가만을 다루고자 한다. 범죄 관련 분야에서 위험성이란 무엇인가? Clark(1999)는 위험성 평가는 위험 평가와 의미가 다르다고 하였다. 위험성(risk)은 개인이 미래에 다른 범죄를 행할 것 같은 것을 의미하고, 위험(dangerousness)은 범죄같이 피해자가 있는 위험한 결과나 불행한 결과에 대한 것이다. 그렇지만 risk와 dangerousness의 의미는 고정된 것이 아니라 문맥에 따라, 시간의 흐름에 따라 변한다. 'risk'는 전통적으로 기회의 상실이나 획득과 관련해서 사용되어 왔다. 그러나 risk가 hazard, danger 또는 harm의 개념과 연합되었다. 'dangerousness'는 문맥상 그리고 상황적 요인뿐만 아니라 성격적 특성까지도 설명할 수 있는 'risk'로 대체되었다. Kemshall(1996)은 위험성 평가에 대해 일어날 해로운 행동이나 사건의 개연성을 계산하고, 행동이나 사건의 빈도를 평가하며, 행동이나 사건이 미칠 영향에 대해서 그리고 그 영향의 확률을 계산하는 것이라고 하였다. 즉, 빈도나 개연성에 대해 일반적인 확률 계산으로 표현되는 것과 미칠 것 같은 영향과 잠재적인 희생자들 또는 그럴듯한 가능성에 대한 계산이 위험성 평가인 것이다. MacLean Report(2000)에서는 위험성에 대한 평가를 '공공에 지속적인 위험을 가지고 있는 심각한 폭력범죄자나 성범죄자를 평가'하는 것이라고 제안하였다. 이와 같이 위험성이라는 정의는 연구자마다 자신의 연구에 맞게 가변적으로 약간씩 조작되어 정의해 왔다.

따라서 이 장에서 범죄성을 평가한다는 것은 바로 위험성을 평가한다는 것이고, 위험성을 범죄를 저지를 가능성 또는 재범 가능성이라고 정의하고, 위험성 평가는 미래에 범죄를 저지를 가능성을 측정 및 평가하는 것이고, 위험 요인(risk factor)은 범죄 가능성을 야기하는 요인이나 재범 가능성을 촉진하는 요인으로 정의하며, 범죄는 법에 규정된 범법행위라고 정의하고자 한다. 위험성 평가는 범죄를 저지를 가능성을 평가하는 것 또는 미래에 재범할 가능성을 평가하는 것으로 정의한다. 그러나 재범 가능성과 달리 '범죄를 저지를 가능성'이라는 용어에는 재범뿐만 아니라 초범 가능성에 대한 뜻도 포함되어 있어서 실제로 재범연구에 따른 인권침해 소지가 논란이 되고 있는 현 시점에서 초범 가능성에 대한 연구나 용어는 언급하기 난해한 문제이다. 따라서 이 장에서는 재범 가능성에 초점을 맞추어 진행하고자 한다.

재범 가능성을 평가하고 범죄를 예측하여 운영하였던 우리나라의 대표적인 행형시설이 청송 감호소이다. 이곳은 과거 「사회보호법」을 근거로 '개전의 정'[1]이 없는 사람, 즉 재범이 예측되는 범죄자를 선고 기간이 넘어서까지 사회에서 격리 및 통제하도록 정해진 곳이었다. 또한 '미수

---

[1] 한국의 「형법」 제59조는 현저한 개전의 정을 선고유예 혹은 집행유예의 전제조건으로 명시하고 있다. 이는 재범의 가능성이 없을 때에만 집행유예나 선고유예가 가능하다는 의미이다.

범'에 대한 법적 처벌도 범죄 예측에 근거한 것이다. 사실상 범죄행위에 대한 '예측'과 '통제'는 간단한 문제가 아니다. 예측을 위한 직접적인 위험성 평가도구에서부터 위험 요인도 불분명하고, 이에 따른 정확성에 대한 오류의 위험도 뒤따른다. 따라서 청송감호소 폐지 논쟁의 주요 쟁점은 완벽하지 않은 미래의 범죄 예측으로 사람을 사회로부터 격리시킨다는 것은 과도한 처사로, 미래를 담보로 신체적 자유를 제한한다는 것은 심각한 인권침해라는 것이다. 인권침해 소지에 대한 논쟁은 과거 여러 서구 국가에서도 별반 다르지 않았다. 이렇듯 범죄 예측에 대한 피할 수 없는 비판은 미래에 대한 범죄를 정확히 예측할 수 있느냐에 대한 것이다.

## 2) 범죄 위험성 평가를 통한 범죄 예측 비판

미래에 범죄를 저지를 가능성을 예측하는 데 비판적인 관점(박광배, 2001)에는 먼저 실증주의적 비판이 있다. 이것은 예측 자체에 대한 불신, 즉 정확한 예측에 대한 불신에서 파생된 비판으로, 1974년 미국정신의학회는 정신과의사 혹은 다른 전문가에 의한 범죄 예측을 전혀 신뢰할 수 없다는 공식적인 견해를 발표했고, 미국심리학회도 1978년에 동일한 견해를 표명하였다. 이것은 실제로 범죄 예측을 하는 주체인 심리전문가들의 견해라는 점에서 범죄 예측의 정확성에 대한 불신이 얼마나 심각한 것인지를 단적으로 보여 준다. 전문가들은 정확한 예측이 부정확한 예측보다 더 적다고 생각한다는 것이다. 이렇게 위험성 평가에 의한 범죄 예측의 정확성을 불신하는 전문가들은 미래에 있을 범죄행위에 대한 예측을 토대로 현재 개인에게 불이익 혹은 이익이 되는 결정을 내리는 것에 반대할 수밖에 없다.

두 번째로, 인권과 관련된 비판이다. 범죄 예측이라는 것 자체가 인권침해 소지가 다분하다는 것이다. 한 개인이 미래에 범죄를 범하리라고 예상해서 현재 어떤 조치를 취한다면 비록 이 예측이 정확하다고 하더라도 아직 일어나지 않은 일에 대하여 미리 벌하는 것이므로 윤리적으로 정당화되지 않는다는 주장이다.

세 번째로, 범죄 예측이라는 것은 심리전문가의 직업윤리와 상충된다는 전문가적인 관점에서의 비판이다. 정신의학을 담당하는 전문가의 직업적 의무는 정신·심리적 문제를 가진 사람을 치유하고, 정상적인 생활을 하도록 돕는 것에 국한되어야 하고, 전문가들이 사회통제를 위한 도구로 이용되어서는 안 된다는 주장이다. 즉, 위험한 개인으로부터 사회를 보호하는 것보다는 환자 개인의 복지와 안녕에 대한 염려가 심리전문가에게는 우선한다는 직업적 윤리의식에 기초하고, 위험한 개인으로부터 사회를 보호하는 것은 경찰 및 기타 공권력이 할 일이라는 것이다.

마지막으로, 법철학적인 관점인데, 범죄 예측은 법학적 인간관과 상충된다는 것이다. 범죄 예측은 인간의 행위가 예측 가능하다는 전제하에 이루어진다. 즉, 인간의 행위를 결정하는, 파악 가능한 요인이 존재한다는 가정이다. 그러나 법철학은 법이 범죄자에게 벌을 가할 수 있는 윤리·철학적 근거는 인간을 기본적으로 자유의지에 의해 행위하는 존재로 파악하는 데 있다. 즉, 인간의 행동은 자신의 자유로운 결정에 의해 이루어지고, 따라서 그 행위의 결과에 대한 책임 소재도 바로 그 행위자에게 물어야 한다는 것이다. 그런데 특정한 요인에 의하여 범죄행위가 예측된다는 전제는 자유의지에 의해 행위하는 존재로서의 인간관과는 매우 상반되는 견해이다. 어떤 사람이 범죄를 저지를 확률이 높다고 하여 감금 상태에 처한다면 그로 하여금 스스로 선택하여 범죄를 저지르지 않을 기회와 권리를 박탈하는 것과 같다는 주장이다.

지금까지 위험성에 대한 정의와 목적에 대해서 알아보았고, 범죄 가능성을 평가하고 예측하는 데 대한 비판에 대해서도 알아보았다. 이와 같은 비판에도 불구하고 위험성 평가가 형사사법 절차에서 불가피하게 사용되는 이유는 무엇인가? 이는 위험한 개인으로부터 국민을 보호하고, 교도소 직원을 보호하고, 교도소 내의 다른 입소자를 보호하고, 자살을 포함하여 그들 자신의 위험한 행위로부터 그 개인을 보호하기 위함이다. 그렇다면 비판에도 불구하고 이 같은 이유로 인해 불가피하게 사용되고 있는 위험성 평가에 대한 주요한 논점은 무엇이겠는가? 바로 오류를 줄이는 것이다. 따라서 위험성 평가의 오류를 줄이고 정확성을 높이는 방법은 무엇이고, 좀 더 정확한 예측이 가능한 평가방법에는 어떠한 것이 있는지 그리고 실제 현장에서의 적용과 실례 등에 대해서 살펴보고자 한다.

## 2. 위험성 평가의 통계방법

### 1) 정신의학적 위험성 평가와 통계적 위험성 평가

위험성을 평가하고 재범을 예측하는 데 활용하는 분류체계는 수없이 많지만, 전통적으로 보자면 크게 두 가지 평가체계로 나누어 생각해 볼 수 있다. 정신의학적 위험성 평가와 통계적 위험성 평가가 그것이다. 가장 전통적인 그러나 우리나라에서는 아직까지도 흔히 사용되고 있는 정신의학적 평가의 가장 큰 특징은 평가 판단의 과정이 상당히 직관적이라는 것이다. 대상자의 현재의 인격 상태와 환경조건 또는 과거의 성장환경 등을 전반적으로 분석 및 검토하여 최종적으로 당사자의 재범 가능성을 전문가들이 '예' 아니면 '아니요'로 판단하는 형식으로 이루어진다. 이 방법을 흔히 전체적 평가법이라고도 부르는데, 정신의학적 · 직관적 평가법은 식업적 전문성에 주로 의존한다. 그러나 이 방법은 통계적 · 과학적 사실에 근거하지 않아 결국 판단 근거의 타당성과 신뢰성에 대해 다양한 의문점이 제기되었다(Grove, Zald, Lebow, Snitz, & Nelson, 2000). 이 중 가장 심각한 문제는 정신건강 전문가들에 의해 이루어지는 위험성 판단이 지나치게 보수적인, 즉 높은 수준의 오류긍정률을 지닌다는 것이다. 다시 말해 실제 재범이 낮은 사람을 재범이 높다고 예측하는 오류로 인권침해의 소지가 발생할 수 있다.

반면, 통계적 평가법은 대개 범죄자와 비범죄자 집단을 대상으로 재범과 관련이 있는 요인을 조사하고 이를 통계적으로 체계화한 기준에 근거하여 이루어진다. 소위 범죄 예측표라고 불리는 일정한 범인성 요인을 기준으로 각 개인의 위험 요인을 계량적인 방법으로 측정해 낸다. 범죄 통계표에 의한 예측은 과거의 많은 사례에 대한 실제 경험에 의존하기 때문에 객관성과 타당성을 확보할 수 있다는 큰 장점이 있다. 경험적인 자료에 대한 사전분석을 근거로 위험 요인을 산출하기 때문에 일정한 훈련 기간을 거치면 쉽게 적용할 수 있다. 주로 정적 위험 요인의 유무로 재범 예측을 진단하는 것이다. 이런 형태의 범죄 통계학적인 변수들로 구성된 위험성 평가체계가 정신의학자들의 직관적인 위험성 판단보다 재범을 예측하는 데 훨씬 우수한 예언타당도를 지닌다는 것은 여러 연구에서 확인할 수 있다(Grann, Belfrage, & Tengstorm, 2000). 통계적 위험성 평가 요인을 살펴보면 다음과 같다(Hanson, 2000).

**(고)정적 위험 요인**    정적 위험 요인(static risk factor)으로 구성된 범죄 통계적 위험성 평가체계의 준거를 살펴보면 초범 연령, 과거 가석방 유무, 폭행전력, 약물 습관 등 사건 및 전과기록을 토대로 해당 범죄자의 과거 범죄전력에 대한 항목 등 변하지 않는 변수로 구성되어 있다. 지능도 정적 위험 요인에 속한다. 장기간의 재범 잠재력을 평가하는 데 유용하게 사용할 수 있다.

**(역)동적 위험 요인**    동적 위험 요인(dynamic risk factor)은 치료를 목적으로 재소자의 특성을 평가하는 경우에는 정적 위험 요인만으로 구성된 통계적인 위험 요인은 별반 도움이 되지 않고, 동적 위험 요인에 대한 보다 체계적인 진단이 처우의 적용 측면에서는 더 도움이 된다고 알려져 있다(Andrews & Bonta, 1998). 동적인 위험 요인은 전과나 본 범의 내용 등 범죄경력 이외의 사실, 예컨대 약물의 사용 여부와 약물의 종류, 고용 상황, 반사회적 경향을 포함한 범죄에 대한 인지 및 태도 등을 포함한다. 최근에는 동적 위험 요인을 표준화된 심리검사를 토대로 판단하기도 한다. 동적 위험 요인도 두 가지로 분류할 수 있다. 안정적 위험 요인(stable factor)과 급성 위험 요인(acute factor)이 그것이다. 안정적 위험 요인은 몇 달 심지어 몇 년 동안에 걸쳐

지속되는 항목들로 구성되어 있다. 예를 들면, 알코올중독과 같은 것으로, 치료자들이 주로 관심을 갖는 요인들이다. 즉, 치료자들은 안정된 동적 요인이 변하면 재범 위험성에도 변화가 있다고 믿는다. 성범죄자에 대한 치료적 관심도 안정된 동적 위험 요인(예로 성적 편견)에 있다. 또 다른 동적 위험 요인은 급성 위험 요인으로 몇 주나 며칠, 몇 분같이 단시간에 일어나는 격정적인 요인들로 구성되어 있다. 예를 들면, 흥분, 피해자의 접근과 같은 것이다. 이는 공공관리 감독자들이 특히 관심을 갖는데, 범죄자가 가장 위험할 때의 징후이기 때문이다.

재범 예측에 있어 범죄 통계학적 변수들의 예언타당도에 대한 여러 연구에도 불구하고, 통계적 절차에 대한 회의론에서는 예언타당도가 아직 미약한 수준이라고 비판하고 있다. 이는 예측 자체가 가지고 있는 태생적인 한계로 아무리 높은 위험성 예측을 하는 변수들을 사용한 도구이더라도 100% 예측은 불가능하므로 오류 발생은 불가피하고 오류에서 자유로울 수 없다. 즉, 예측에서 오류 긍정률과 오류 부정률이라는 두 가지 오류를 범할 수밖에 없는 것이다.

## 2) 예측 오류: 오류 긍정과 오류 부정

예측을 하기 위해서는 우선 과거의 많은 사례를 적정한 통계자료로 수집하여 분석하고, 그 결과에 기초하여 위험성 여부를 예측한다. 아무리 정확한 정도가 높다고 하더라도 예측된 위험성과 실제 위험성은 똑같을 수 없기 때문에 [그림 7-1]과 같은 네 가지 경우가 나타난다.

실제 위험성이 높다는 것은 실제로 범죄를 다시 저질렀는지, 즉 재범 사실을 통해서 알 수 있는 것으로 과거 통계적인 예측에서도 위험성이 높다고 예측을 한 경우를 진 긍정(true positive)이라고 하며, 실제 재범을 하지 않은 것을 과거에 위험성이 낮다고 예측하는 경우를 진 부정(true negative)이라고 한다. 이 두 경우는 통계적 방법으로 실제 위험성을 제대로 정확하게 예측

|  |  | 실제 위험성 | |
|---|---|---|---|
|  |  | 높음 | 낮음 |
| 예측 위험성 | 높음 | 진 긍정 | 오류 긍정<br>(과다분류 오류) |
|  | 낮음 | 오류 부정<br>(과소분류 오류) | 진 부정 |

**그림 7-1** 예측 위험성과 실제 위험성

출처: 이수정(2004).

하였기 때문에 아무런 문제가 되지 않는다. 그러나 실제 재범을 할 사람을 재범 위험성이 낮은 것으로 예측하여 사회에 방치하는 경우를 오류 부정이라고 하며, 실제 재범을 하지 않을 것인데 재범 위험성이 높을 것이라고 예측하여 무고한 시민의 신체적 자유를 박탈하는 경우를 오류 긍정이라고 한다. 이 두 경우는 잘못된 예측 오류이다. 위험성을 평가하는 평가자들이 흔히 저지르는 오류는 오류 긍정으로, 1종 오류라고 부르기도 한다.

　위험성을 평가하는 데 사용되는 통계적 예측에서는 대부분 위험성의 높고 낮음을 정하기 위하여 일정한 선정률, 즉 선택비(selection ratio 또는 절단점 cutting point; [그림 7-1]에서 가로 실선)가 이용된다. 이 기준이 변하면 두 가지 잘못된 예측의 비율이 크게 달라질 수 있다. 오류 부정을 줄이고 싶다면 기준점을 낮추어서 가급적 많은 사람의 위험성이 높은 것으로 예측될 수 있도록 하면 된다. 그러나 이 경우에 지나치게 많은 사람이 과다하게 실제 위험성보다 위험한 것으로 평가되고 분류되어 필요 이상의 사람을 위험성이 높은 것으로 오류 긍정 판단을 하게 되고, 결과적으로 그들을 잠재적 범죄자로 낙인을 찍게 된다. 오류 긍정의 오류는 기준점을 높이면 줄어든다. 형사사법에서는 대체로 오류 긍정이 많은데, 이는 실무자들이 무언가 잘못되었을 때 책임을 추궁 받는 이유로 보수적 결정을 선호하는 경향이 있기 때문이다.

## 3) 기저율과 예측효율성

　기저율(base rate)이란 정해진 기간 동안에 특정 행위가 특정 집단 내에서 실제로 일어나는 빈도이다. 예를 들어, 일정 기간 동안에 발생하는 특정 범죄의 자연발생률을 말한다. [그림 7-1]에서 진 긍정률을 말하고, 세로로 된 점선이 기준이다. 예측효율성이란 예측도구가 특정 집단에 대한 기저율에 의한 예측을 능가하는 정도이다. 실제 범죄 발생률과 진 긍정률과의 일치율을 말하는 것이다. 예컨대, 모든 범죄행위에서 특정 행위(사기범죄)에 대한 기저율이 65%라고 하면 단순히 모든 범죄자를 위험성이 높은 것으로 분류하여 적어도 65%의 정확성은 확보할 수 있다. 따라서 이 경우에 어떠한 예측도구라도 예측의 이점을 가지려면 적어도 65% 또는 그 이상의 정확성이 있어야 한다. 반대로 폭력적 재범률의 기저율이 3%라고 한다면 위험성이 낮은 사람을 선별하여 적어도 97%의 정확한 분류가 자동적으로 가능해진다. 즉, [그림 7-1]에서 세로로 된 점선이 왼쪽(진 긍정)으로 이동하면 실제 범죄 발생률이 낮은 것이므로 진 부정을 찾아내면 더욱 효율적이고, 실제 범죄 발생률이 높은 범죄행위에서는 기저율(세로 점선)이 오른쪽(오류 긍정)으로 이동해서 진 긍정을 찾아내면 예측효율성이 높다는 것이다. 이처럼 오류 긍정을 줄이기 위해 진 긍정률을 높이면 오류 부정(범죄자를 놓아 주는)을 같이 높이게 되고, 범죄자를 하나라도 더 검거하기 위해 기저율을 낮추면 오류 긍정(범죄자가 아닌 사람을 잡는)이 커지게 된다. 따라서 기저율이 50%에 가까울수록 예측도구가 예측의 정확성을 높일 수 있는 확률이 그만큼 높아진다. 즉, 희귀한 사건은 더 많은 오류 긍정을 초래하는 반면, 매우 빈번한 사건은 더 많은 오류 부정을 초래한다.

위험성 평가도구의 예측 실패는 대부분의 경우에 자살이나 도주와 같이 기저율이 0%에 가까운 비교적 희귀한 경우를 예측하려고 하기 때문에 발생한다. 가석방심사위원회, 법정심리학자 또는 기타 전문가들은 발생률이 10%도 안 되는 희귀한 행위에 관한 예측을 토대로 보호관찰이나 보안처분 등 추가 처분을 집행하고 있다. 이러한 결정은 범죄자가 위험성이 높은 것으로 분류되면 그에 대한 타당성을 직접 검증할 수 없기 때문에 안전한 결정이기는 하나 정확한 결정인지는 검증할 수 없게 되는 모순이 존재한다.

## 4) 예측 오류 이유

정신의학적 판단법이 매우 높은 수준의 오류 긍정을 초래하는 한 가지 이유는 범죄 예측을 행하는 심리학자나 정신과의사들이 오류 부정과 오류 긍정의 두 가지 판단 오류 중에서 특히 오류 부정을 가능한 한 최소화하려는 무의식적 노력을 하기 때문이다. 오류 부정은 범죄를 범하지 않을 것으로 예측된 사람이 범죄를 범하는 판단 오류이다. 이런 오류가 발생하면 예측을 한 주체인 심리학자 및 정신과의사에게 책임귀인이 가해질 수 있으므로 오류 긍정이 높아지더라도 오류 부정을 최소화하고자 애쓰게 된다. 따라서 [그림 7-1]에서 선정률 혹은 선택비 [selection ratio(cutting off)]를 낮게 잡아서 위험·비위험 판단을 해 온 것이다.

오류 긍정이 높아지는 다른 이유는 모집단 내에서 범죄를 범하는 사람의 기저율이 극히 낮기 때문이다. 그러나 기저율이 낮아서 오류 긍정이 많을 수밖에 없다는 주장은 과장된 주장일 수 있다. 범죄 예측을 할 때 지역사회의 모든 주민이 대상인 경우는 없다. 만약 '최근에 반복적인 공격성을 보인 사람들'을 대상으로 범죄 예측을 하는 경우, 이 모집단에서의 범죄발생 기저율은 대단히 높아질 수 있다. 따라서 앞으로 이 분야의 연구가 보다 발전하여 범죄 예측을 위한 대상 모집단의 성향을 많이 파악하는 것이 모집단의 기저율을 높이는 방법이 될 것이고, 그때는 정확한 예측이 가능해질 수 있다.

범죄는 특정한 한두 가지의 원인으로 발생하는 것이 아니라 수많은 요인과 그 요인들 간의 복잡한 상호작용, 그리고 그 밖의 다른 환경 및 상황 요인과 상호작용하기 마련이다. 따라서 범죄 예측에서의 오류가 아직 범죄에 대한 예측력 있는 변인이 무엇인지를 규명해 내지 못한 것이 가장 중요한 요인일 수 있다. Litwack과 Schlesinger(1987)에 의하면 미래에 범할 범죄에 대해 가장 강력한 예측력을 가지는 변인은 두 가지가 있다. 한 가지는 '최근에 폭력성을 반복적으로 보였는지 여부'와 '그로부터 처벌받지 않았는지 여부'라는 것이다. 반복적인 폭력성은 성격이나 인성에 의해 유발된다고 한다. 따라서 최근의 폭력성 전력과 인성변수들을 함께 고려하면 더욱 정확성이 높은 범죄 예측이 가능할 것으로 추정된다.

## 3. 위험성 평가체계의 종류

Van Voorhis, Braswell과 Lester(2000)는 범죄자에 대한 위험성 평가체계를 세 가지 범주로 정리하였다. 첫째는 정적 위험성 평가체계로, 주로 보안을 목적으로 하여서만 위험성을 평가한다. 따라서 인구통계학적 변수나 범죄행위 관련 통계자료(actuarial data), 즉 정적 위험 요인에 주로 근거한다. 둘째는 요구 평가체계로, 범죄경력보다는 수형자에게 당장 필요한 것이 무엇인지를 파악하는 것이다. 예를 들어, 직업훈련이 필요한지, 교육이나 경제적 도움이 필요한지, 치료가 필요한지 등을 주로 조사한다. 셋째는 동적 위험성 평가체계로, 치료를 목적으로 재소자의 특성을 평가하려는 경우에는 동적인 위험 요인에 대한 체계적인 진단이 처우의 적용에는 더욱 도움이 된다고 알려져 있다(Andrews & Bonta, 1998). 동적인 위험 요인은 전과나 본 범의 내용 등 범죄경력 이외의 사실, 예컨대 약물의 사용 여부와 약물의 종류, 고용 상황, 반사회적 경향을 포함한 범죄에 대한 인지 및 태도 등을 포함한다. 처우의 수혜자가 지닌 동적인 위험 요인 특성과 처우의 내용이 잘 들어맞을 수 있도록 조정될 때만이 교정치료 프로그램의 효력이 최대화된다고 알려져 있다(Gendreau, 1996).

### 1) 정적 위험 요인으로 구성된 평가체계

정적 위험 요인으로 구성된 위험성 평정체계의 준거들을 살펴보면 앞에서도 잠깐 언급된 초범 연령, 과거 가석방 유무, 폭행전력, 약물 습관 등 사건 및 전과기록을 토대로 하여 해당 범죄자의 과거 범죄전력에 대해 상세하게 질의한다. 미연방 가석방지침에서는 전과의 내용이나 초범의 연령 등 본 범의 죄질보다는 판단대상자의 과거 전력에 더 관심이 많다. 이는 미래의 재범 예측에는 본 범의 잔인성보다 과거의 행동적 습관이 더 중요할 수 있다는 논리적 판단을 근거로 한다.

| 표 7-1 | SIR(Statistical Information in Recidivism: SIR) |

| | |
|---|---|
| 본 범 내용 | 폭행전력 |
| 　절도 | 　없음 |
| 　가택침입 | 　있음 |
| 　도주 | 　두 번 이상 |
| 　해당사항 없음 | 혼인 여부 |
| 초범 연령 | 　기혼 혹은 동거 |
| 　21세 이전 | 　독신 |
| 　39세 이후 | 바로 전 범행을 저지른 시기 |
| 　해당사항 없음 | 　6개월 미만 |
| 과거 수용경력 | 　2년 이상 |
| 　없음 | 　해당사항 없음 |
| 　3~4번 | 합산한 총 형기 |
| 　5번 이상 | 　5~6년 |
| 과거 가석방 유무 | 　6년 이상 |
| 　있음 | 　해당사항 없음 |
| 　없음 | 과거 성폭행 유무 |
| 탈옥전력 | 　있음 |
| 　있음 | 　없음 |
| 　없음 | 과거 가택침입 유무 |
| 위험수로 분류되었던 전력 | 　없음 |
| 　있음 | 　1~2 |
| 　없음 | 　3~4 |
| 최초로 기소된 연령 | 　5번 이상 |
| 　19세 미만 | |
| 　19~22세 | |
| 　23~30세 | |
| 　31~40세 | |
| 　41~49세 | |
| 　49세 이상 | |

출처: Nuffield(1989) 재인용.

　　정적 위험 요인으로 구성된 평가지표 중에서 캐나다의 가석방 결정을 위해서 사용하는 위험성 판단지표인 SIR(Statistical Information on Recidivism: SIR)을 예로 들어 위험성 예측의 정확성을 살펴보고자 한다(〈표 7-1〉 참조).

　　범죄 통계적 정적 요인을 근거로 위험성을 판단하는 기준들의 효과성을 검증하기 위해서는

위험성 판단의 결과로 사회에 복귀한 범죄경력자가 재범을 얼마나 저지르는가를 확인해 보면
될 것이다. [그림 7-2]에는 SIR의 재범예측력이 도식화되어 있다. 원래 신호탐지이론에서 출발
한 ROC(Receiver Operating Characteristic: ROC) 분석은 [그림 7-1]에서의 네 가지 예측가능성에
근거한다. 우선 위험하다고 예측한 범죄자가 후에 진짜로 재범을 하는 경우(True Positive: TP),
위험하다고 예측하였으나 재범을 하지 않는 경우(False Positive: FP), 위험하지 않다고 예측하였
던 범죄자가 나중에도 재범을 저지르지 않는 경우(True Negative: TN), 위험하지 않다고 예측하
였으나 후에 재범을 저지르는 경우(False Negative: FN)의 네 가지가 재범 예측 시 고려해야 할 가
능성이다. 이 네 가지 가능성을 토대로 예측력에 관한 두 가지 지표를 산출할 수 있는데, 그것은
예측도구의 민감성(sensitivity)과 한정성(specificity)이다. 참고로 민감성지표는 TP/(TPFN)로, 한
정성지표는 TN/(FPTN)로 산출한다. 이들 두 지표가 높으면 높을수록 실제 재범자를 잘 맞힐 확
률과 실제 비재범자를 잘 맞힐 확률은 증가하는 것이다.

일정한 기준을 토대로 재범 예측을 하고, 후에 준거행동을 토대로 ROC 분석을 실시하여 산
출된 [그림 7-2] 곡선은 SIR과 같은 예측도구가 변별기준을 중심으로 얼마나 정확하게 재범을
예측해 주는지를 나타내는 효과크기(effect size)를 반영한다. TP와 FP의 상대적인 크기에 영향
을 받는 AUC(Area Under Curve: ACU)는 만일 100%의 TP와 0%의 FP를 기록하면 면적은 1 혹은

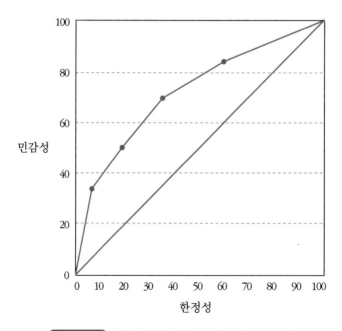

그림 7-2    재범 예측을 위한 SIR 척도의 ROC 분석

출처: Bonta, Harman, Hann, & Cormier(1996).

3. 위험성 평가체계의 종류

100이 된다. 하지만 재범 예측의 기준이 진정한 재범자 중 50%만을 제대로 예측해 내고 진정한 비재범자 중 50%를 재범할 것이라고 잘못 예측하면 50 혹은 .50의 AUC를 지닐 것이다. 일반적으로 예측도구는 FP에 비하여 TP가 상대적으로 더 크기를 기대한다. ROC 분석은 기저율이나 선별률에 영향을 받지 않기에 최근에는 다양한 예언타당도 연구에서 광범위하게 활용되고 있다. Cohen에 따르면 .70 이상의 AUC는 효과크기 .80 혹은 상관계수 .50에 대응되며, AUC .65는 d .50, 상관계수 .10에 해당되고, AUC .50은 d 0, 상관계수 0에 대응된다고 보고하였다.

[그림 7-2]에 제시된 대로 정적 위험 요인을 근거로 한 SIR의 예측력은 확연히 우연 수준을 넘어서서 약 .74에 이른다. 이는 정적 위험 요인만으로도 상당히 효과적으로 재범을 예측할 수 있다는 사실을 보여 준다. 정적 위험성 평가체계의 예측력이 대략 .70대인 것으로 보고되는 또다른 증거는 여러 연구에서도 반복적으로 나타나고 있다(Hanson & Thornton, 1999).

## 2) 심리학적 평가도구에 근거한 위험성 평가체계

정적 위험 요인만을 토대로 하였을 때, 정신의학적인 위험성 평가보다는 훨씬 재범을 정확하게 예측한다는 지배적인 인식(Grove et al., 2000)에도 불구하고 심리학적인 평가도구는 여전히 교정 현장에서 유용하게 활용된다. 특히 다양한 처우 방안의 배분 시 해당 수형자와의 적합성을 고려해야 하는데, 심리학적인 평가도구를 이용한 임상적인 위험성 진단은 교정 프로그램의 효과성을 좌우할 수 있다. Van Voorhis 등(Van Voorhis et al., 2000)은 이를 특히 반응성(responsivity)의 원칙이라고 지칭하면서 수형자의 특성과 프로그램의 특성이 서로 잘 들어맞아야 프로그램의 교정효과가 최대화될 수 있음을 지적하였다.

〈표 7-2〉에는 Megargee와 Bohn(1979)이 제시하였던 MMPI에 근거한 수형자유형에 대하여 Zager(1988)가 유형별 행동 특성을 간략하게 정리한 결과를 제시하였다. 최근에는 MMPI-II를 이용하여 컴퓨터로 개인 프로파일의 약 66%까지 유형을 분류할 수 있게 되었다. 나머지 33%의 사례는 추후에 검토하여 분류하도록 되어 있다. 이 분류체계는 수형자의 심리적인 문제에 대해 매우 진단적인 판단을 할 수 있도록 도와주기에 교도소 내에서의 적응문제를 예측하는 데 매우 유용하다(Megargee, 1994).

**표 7-2** MMPI 점수를 근거로 한 수형자 프로파일

| 프로파일 유형 | 해석 |
|---|---|
| Item | MMPI의 거의 모든 척도가 70점 이하로서 점수분포가 전반적으로 낮다고 볼 수 있다. 이들은 비교적 안정적이고, 교정 당국과의 갈등이나 문제가 적은 편이다. |
| Easy | 전반적으로 점수분포가 낮다. 종종 Hy와 Pd 척도는 높은 점수분포를 보이나 프로파일은 오른쪽으로 내리막 경사를 가진다. 이들은 명석하고 안정적이며, 적응을 잘하고, 좋은 인적 지원세력을 가지고 있고, 대인관계가 좋은 편이다. |
| Baker | 이 유형은 전형적으로 Pd와 D 척도가 약간 높으며, 오른쪽으로 내리막 경사를 지니는 점수분포를 지닌다(중간 정도). 부적절하고, 불안해하며, 활동이 위축되고, 독단적이며, 알코올 남용 경향이 있다. |
| Abel | Pd와 Ma 척도에서 중간 정도의 점수를 지닌다. 이들은 충동적이며, 조작적인 면도 있으나 매력적이고 성취지향적이며, 구금에도 비교적 적응하는 것으로 알려져 있다. |
| George | 이 유형은 Baker와 점수분포가 유사하나 Hs, D, Hy 척도가 상대적으로 더 높은 점수분포를 지닌다. 이들은 열심히 일하고, 순종적이지만 불안해하며, 학습된 범죄적 가치를 가지는 것으로 기술되고, 종종 교육과 직업훈련 프로그램에서 긍정적 효과를 발휘하는 것으로 알려지고 있다. |
| Delta | Pd 척도에는 중간 이상의 높은 정도에 이르는 점수분포를 가지나, 나머지 척도는 점수분포가 70 이하이다. 비도덕적, 쾌락주의적, 자기중심적, 조작적이나 명석하며, 동료나 권력기관 등과 관계가 좋지 않은 충동적 감각을 추구하는 사람이라고 한다. |
| Jupiter | 오른쪽으로 오르막 경사를 가지는 중간 정도에서 높은 정도의 점수분포가 있으며, 전형적으로 Sc, Ma, Pt 척도에서 점수가 높다. 이들은 교도소에서 기대했던 것보다 출소 후에 더 잘 행동한다고 알려져 있다. |
| Foxtrot | 이 유형은 80 이상의 높은 점수를 몇몇 척도에서 기록하고 간혹 기타 척도에서도 70 이상의 높은 점수를 보인다. Sc, Ma, Pd의 세 가지 척도가 점점 점수가 높아지는 오르막 경사를 보인다. 이들은 강인하고, 서민생활 물정에 밝으며, 냉소적이고, 반사회적인 것으로 특징지어지며, 대부분의 분야에서 결점이 있고, 지나칠 정도로 범죄경력이 많으며, 교도소에서도 잘 적응하지 못하는 것으로 알려져 있다. |
| Charlie | 80이 넘는 척도가 있고, 일부 척도도 70이 넘는 높은 점수분포가 있으며, 전형적으로 Sc, Pa, Pd 척도의 고도가 가장 높으며, 오른쪽 오르막으로 경사가 지는 것으로 알려져 있다. 이들은 적대적이고, 염세적이며, 격리되고, 공격적이며, 반사회적인 것으로 특징지어진다. 이들은 대체로 오랜 기간 사회에 잘 적응하지 못하고, 전과경력도 많으며, 복합적인 약물남용 경험도 있는 것으로 알려져 있다. |
| How | 적어도 세 가지 척도가 70 이상의 T 점수를 보이는 가장 높은 점수분포를 가지며, 특히 개별적 척도에 대한 점수분포라기보다는 복수의 점수분포라는 특징이 있다. 이들은 불안정하고, 흥분되고, 정신적 장애와 문제를 가지는 것으로 특징지어지며, 대부분의 분야에서 효과적으로 기능하지 못하고 따라서 많은 것을 필요로 한다. |

출처: Zager(1988) 재인용.

**표 7-3** PAI의 척도

| | 척도 | 문항 수 | 척도 설명 |
|---|---|---|---|
| 타당성 척도 | 비일관성(ICN) | 10 | 수검자가 얼마나 일관성 있는 반응을 했는지를 나타낸다. |
| | 저빈도(INF) | 8 | 대부분의 사람과 다른 방식으로 반응하는 경향을 측정한다. |
| | 부정적 인상(NIM) | 9 | 일부러 불편함이나 문제 있는 것처럼 보이려는 경향을 측정한다. |
| | 긍정적 인상(PIM) | 9 | 바람직한 인상을 주려고 하는 경향을 측정한다. |
| 임상 척도 | 신체적 호소(SOM) | 24 | 전환(SOM-C), 신체화(SOM-S), 건강 염려(SOM-H)로 구성되어 있으며, 신체 기능 및 건강 관련 문제에 대한 관심을 측정한다. |
| | 불안(ANX) | 24 | 인지적(ANX-C)·정서적(ANX-A)·생리적(ANX-P) 불안 |
| | 불안관련장애(ARD) | 24 | 강박증(ARD-O), 공포증(ARD-P), 외상적 스트레스(ARD-T) |
| | 우울(DEP) | 24 | 인지적(DEP-C)·정서적(DEP-A)·생리적(DEP-P) 우울 |
| | 조증(MAN) | 24 | 활동 수준(MAN-A), 과대성(MAN-G), 초조성(MAN-I) 고양된 기분, 과대성, 활동 수준 증가, 초조성, 참을성 부족 등과 같은 특징 포함 |
| | 망상(PAR) | 24 | 과경계(PAR-H), 피해의식(PAR-P), 원한(PAR-R) 주변 환경의 잠재적 위험에 대한 지나친 경계, 원한을 품는 경향, 타인에게 부당한 대우를 받는다는 생각 등과 관련 |
| | 정신분열병(SCZ) | 24 | 정신병적 위험(SCZ-P), 사회적 위축(SCZ-S), 사고장애(SCZ-T) 기이한 신념과 지각, 사회적 효율의 저하, 사회적 무쾌감, 주의력 결핍 등의 내용을 포함한다. |
| | 경계선적 특징(BOR) | 24 | 정서적 불안정(BOR-A), 정체성문제(BOR-I), 부정적 관계(BOR-N), 자기손상(BOR-S) 감정 통제의 어려움, 강렬하고 투쟁적인 대인관계, 정체감 혼란, 자기파괴적인 충동적 행동 등을 포함한다. |
| | 반사회적 특징(ANT) | 24 | 반사회적 행동(ANT-A), 자기중심성(ANT-E), 자극 추구(ANT-S) |
| | 음주문제(ALC) | 12 | 알코올 사용, 남용, 의존과 관련된 행동과 결과를 평가한다. |
| | 약물 사용(DRG) | 12 | 약물 사용, 남용, 의존과 관련된 행동과 결과를 평가한다. |
| 치료 고려 척도 | 공격성(AGG) | 18 | 공격적 태도(AGG-A), 언어적 공격(AGG-V), 신체적 공격(AGG-P) 분노, 공격성, 적개심과 관련된 태도와 행동 특징을 측정한다. |
| | 자살관념(SUI) | 12 | 죽음이나 자살과 관련된 사고를 평가한다. |
| | 스트레스(STR) | 8 | 현재 혹은 최근에 경험한 생활 스트레스를 평가한다. |
| | 비지지(NON) | 8 | 친구 및 가족과의 상호작용에서 얻는 사회적 지지 수준을 측정한다. |
| | 치료 거부(RXR) | 8 | 심리적·정서적 변화에 대한 개인적 관심을 측정한다. |
| 대인관계 척도 | 지배성(DOM) | 12 | 대인관계에서 독립성, 주장성, 통제성을 측정한다. |
| | 온정성(WRM) | 12 | 대인관계에서 사교적이고 공감하는 정도를 측정한다. |

출처: Morey(1991) 재인용.

수형 기간 동안의 적응문제를 예측함에 있어서 심리학적인 평가도구의 유용함은 Lee와 Edens(2004)의 연구에서 재확인되었다. 범죄 통계적인 위험 요인(AUC.64)만으로 문제행동을 예측할 때보다는 심리학적인 평가지표들(AUC.83)을 함께 이용했을 때 수형자의 시설 내 문제행동을 더 잘 예측할 수 있었다. 이는 소위 직업적인 전과자, 즉 전과가 매우 많은 수형자는 수형생활이 익숙하지 않은 신경증적인 수형자보다 시설 내에서 더욱 적응적이라는 사실을 뒷받침하여 준다(Van Voorhis et al., 2000).

이와 같이 MMPI 검사로 나타난 수형자들의 유형은 적절한 처우 방안을 선택하는 데 매우 진단적인 정보를 제공한다. 최근에는 MMPI 이외에 CPI(California Personality Inventory), MCMI(Millon Clinical Multiaxial Inventory), PAI(Personality Assessment Inventory)를 근거로 한 잠재적 위험성의 유형분류 체계를 자주 사용한다고 알려져 있다. 이들 표준화된 성격검사는 수형자의 분류 등 진단적인 목적으로 주로 사용되고 있으나 가석방 심의 등의 의사결정 과정에는 자주 사용되지 않고 있다. 따라서 이들 도구의 구체적인 재범예측력은 알려진 바가 없으나 최근의 한 연구(Listwan et al., 2003)에서는 성격검사 결과 산출된 수형자 유형 중 신경증적인 유형의 수감자는 출소 후 10년에 걸친 재범 가능성이 공격적인 유형보다 훨씬 높다는 사실을 보고한 바 있다.

## 3) 동적 위험 요인을 고려한 위험성 평가체계

경험적인 연구는 개인의 범죄적 특성에 대한 보다 동적인 측면의 평가가 범죄 통계에 기초한 정적 위험 요인 이외에도 재범의 부가적인 변량을 유의미하게 설명해 준다는 사실을 확인하였다(Loza, Dahliwal, Kroner, & Loza-Fanous, 2000). 동적인 위험 요인은 나아가 적절한 처우 방안의 선택과 죄질 개선의 진전도 파악에 간략하면서도 매우 유용한 정보를 제공해 준다. 동적인 위험 요인은 주로 해당 범죄자의 사회환경적 특성이나 약물, 정신병력 등과 같이 노력 여하에 따라 개선이 가능한 자료를 지칭하는데, 최근에는 범죄와 관련된 태도나 인지구조, 충동성 등의 감정적인 특성까지를 광범위한 동적인 위험 요인에 포함시키는 추세이다. 또한 대다수의 도구가 일단은 범죄 통계적인 조사자료를 근거로 하고 있더라도 동적 위험 요인에 대한 추가 면담 후에 임상적인 판단을 내려 최종 평가에 포함시키는 형태를 취한다.

Hare가 개발한 PCL-R의 등장과 함께 범죄 통계적 자료를 근거로 위험성의 개별 요소들을 판단하는 도구들이 현재 이 분야에서 가장 인기가 있다. 다음에 제시한 Level of Service Inventory-Revised(LSIR; Andrews & Bonta, 1995), Violent Risk Appraisal Guide(VRAG; Quinsey et al., 1998), Historical, Clinical Risk-20(HCR-20; Webster et al., 1997) 등이 해당 범죄자의 범죄

표 7-4 | 동적 위험 요인을 측정하는 위험성 평가도구

| 위험영역 | 도구명 |
|---|---|
| 직장에서의 위험 요인 | Workplace Risk Assessment(WRA-20)<br>Employee Risk Assessment(ERA-20) |
| 배우자에 대한 폭력 | Spousal Assault Risk Assessment Guide(SARA) |
| 폭력 | Hare Psychopathy Checklist Revised(PCL-R)<br>Historical Clinical Risk-20(HCR-20)<br>Violent Risk Appraisal Guide(VRAG) |
| 성폭력 | Sex Offender Risk Appraisal Guide(SORAG)<br>Sexual Violence Risk-20(SVR-20)<br>Static-99/ Static 2002<br>Sex Offender Needs Assessment Rating(SONAR) |

출처: 이수정, 윤옥경(2003) 재인용.

경력 자료와 추가적인 구조적 인터뷰를 통하여 동적인 위험 요인을 평정하는 방식으로 제작되어 사용되고 있는 대표적인 위험성 평가도구들이다. 〈표 7-4〉에는 성인을 대상으로 표준화된 위험성 평가도구가 제시되어 있다.

이들 도구의 가장 큰 특징은 세 가지이다. 첫째는 앞서 지적한 바와 같이 범죄전력에 대한 사건보고서나 전과보고서를 판단의 주요 근거로 사용한다는 점이다. 따라서 이런 도구들은 범죄통계적 위험성 평가도구에 포함되며, 객관적 자료를 근거로 범죄 행동과 밀접하게 관련된 동적 위험 요인만을 평가한다. 둘째는 동적 위험성 평가도구들은 MMPI와 같은 지필보고식 검사가 아니라 일정한 훈련을 받은 전문가에 의한 세밀한 관찰을 측정의 기본양식으로 한다. 따라서 응답자의 의도적인 반응 왜곡을 염려할 필요가 없다. 셋째는 검사의 개발 목적이 MMPI나 CPI, MCMI 혹은 PAI처럼 정신건강 일반을 모두 평가하는 것이 아니라 특정한 영역의 범죄 위험 가능성만을 측정하도록 매우 협소하게 조정되어 있다는 것이다. 일반적인 임상적 평가도구보다 고안단계에서부터 특정한 범죄의 동적인 위험 요인에만 초점을 맞추고 있는 것으로, 이런 도구들이 해당 범죄의 재범을 예측해 내는 데 일반 심리검사보다 상대적으로 더 우수한 예언타당도를 지니는 것은 당연히 예상할 수 있는 일이다.

〈표 7-5〉의 LSI의 경우, 정적 위험성 평가체계와 달리 임의로 가중치를 정하는 대신 전과력조차도 여러 개의 독립된 문항으로 대치하였다. 또한 범죄와 관련된 환경적인 특성, 나아가 약물중독이나 사회적 관계 등의 동적인 요인, 감정적인 문제, 정신병력, 그리고 친범죄적 태도까지를 위험 요인으로 매우 광범위하게 설정하고 있다. 비교적 판단이 쉬운 LSI에 비해 PCL-R,

표 7-5    LSI(Level of Supervision Inventory)

**범죄전력**
_____ 1 과거 유죄판결 횟수
_____ 2 두 번 이상 유죄
_____ 3 세 번 이상 유죄
_____ 4 세 번 이상이면 그 횟수
_____ 5 16세 이전에 체포되었던 경험
_____ 6 교도소 수용 경험
_____ 7 탈옥 경험
_____ 8 수용시설 규율 위반 경험
_____ 9 집행유예나 보호관찰이 보류된 경험
_____ 10 폭행이나 폭력 관련 전력

**교육/취업**
_____ 11 현재 취업 중
_____ 12 종종 실업
_____ 13 취업 경험 없음
_____ 14 해고 경험

**교육 정도**
_____ 15 10학년 미만
_____ 16 12학년 미만
_____ 17 1번 이상 정학이나 퇴학당한 경험

주부나 연금수령자: # 18
학교나 직장, 실업 중인 자: # 18, # 19, # 20
_____ 18 활동 참가
_____ 19 또래 상호작용
_____ 20 상사와 상호작용

**재정**
_____ 21 문제 있음
_____ 22 연금에 의존

**가족/혼인 관계**
_____ 23 부부간 불만족 혹은 유사 상황
_____ 24 따스하지 않으나 부모 동거
_____ 25 따스하지 않으나 친척 동거
_____ 26 범죄자 가족/배우자

**의식주**
_____ 27 불만
_____ 28 지난해 3번 이상 주소 이전
_____ 29 범죄적 환경

**여가 시간**
_____ 30 특별한 활동 없음
_____ 31 시간을 더 잘 활용할 수 있음

**동료**
_____ 32 사회적 고립
_____ 33 몇몇 전과자와 친분
_____ 34 전과자들과 친구
_____ 35 범죄 저항적 사람들과 친분
_____ 36 범죄 저항적 사람들과 친구

**음주/약물 문제**
_____ 37 음주문제 있었음
_____ 38 약물문제 있었음
_____ 39 현재 음주문제 있음
_____ 40 현재 약물문제 있으면 해당 약물명
#39 혹은 #40 응답 시 #41~#45 점수 계산
_____ 41 법률 위반
_____ 42 부부관계/가족관계 문제
_____ 43 학교/직장 문제
_____ 44 의료문제
_____ 45 다른 이상적 문제 있으면 기록

**정서/성격**
_____ 46 적당한 장애
_____ 47 심한 장애
_____ 48 과거 정신과적 치료
_____ 49 현재 정신과적 치료
_____ 50 심리평가 시 문제 확인

**태도/방향**
_____ 51 범죄 지지적
_____ 52 반관습적
_____ 53 양형에 부정적
_____ 54 관리감독에 부정적

**제언**

* LSI 총점

출처: Andrews & Bonta(1995) 재인용.

HCR-20, VRAG는 보다 더 전문적인 판단을 평가자에게 요구한다. 이들 세 가지 도구는 전통적인 심리검사의 양식인 지필검사 방식을 택하지는 않고 있으나 심층적인 범죄심리적 특징에 관한 전문지식을 요구한다. 이 분야에 전문지식을 지닌 평가자들은 일정한 훈련을 거쳐 범죄통계적 사실을 토대로 〈표 7-6〉에 제시된 기준에 대하여 판단을 내린다. 이때 표준화된 훈련

**표 7-6** 세 가지 심리역동적 위험 요인 평가도구

| HCR-20(Webster, Douglas, Eaves, & Hart, 1997) | | PCL-R(Hare, 1991) | | VRAG(Quinsey, Harris, Rice, & Cormier, 1998) |
|---|---|---|---|---|
| 과거 전력 척도 | 과거 폭행 유무 | 요인 1: 대인관계 변수 | 요인 2: 사회적 일탈 변수 | PCL 점수 |
| | 최초 폭행 연령 | 경쾌한/피상적인 매력 | 자극에 대한 욕구/쉽게 권태 느낌 | 초등학교 적응 |
| | 대인관계 불안정 | 과대망상 | 기생하는 생활습관 | 최초 범죄 연령 |
| | 직업문제 | 병리적인 거짓말 | 행동 통제력 부족 | DSM-III 성격장애 |
| | 약물 오남용문제 | 속이고 조작하기 | 아동기 행동상의 문제 | 16세 이전 부모로부터 격리 |
| | 주요 정신장애 | 후회, 죄의식 결여 | 현실적인 장기목표 부재 | 과거 조건부 가석방의 실패 경력 |
| | 정신병질적 소양 | 낮은 정서성 | 충동성 | 비폭력범죄전력 |
| | 초기 부적응 | 무감각/공감능력 부족 | 무책임함 | 결혼한 적 없음 |
| | 성격장애 | 자신의 행동에 대한 책임의식 결여 | 청소년비행 | 조현병 |
| | 과거 보호관찰 실패 | | 조건부 가석방의 취소 | 범죄 시 피해자 상해 |
| 임상척도 | 통찰력 부족 | | 다양한 범죄경력 | 음주경력 |
| | 부정적 태도 | | | 범죄 시 남성 피해자 있음 |
| | 현재 주요 정신장애 증상 | | | |
| | 충동성 | | | |
| | 치료 무반응 | | | |
| 위험관리 척도 | 실현 가능성 없는 계획 | | | |
| | 불안 요인에 노출 | | | |
| | 지지관계 부족 | | | |
| | 교정 시도에 불응 | | | |
| | 스트레스 | | | |

출처: 이수정, 윤옥경(2003) 재인용.

절차는 평가자 간 일치도를 확보하노록 돕는다. 정신의학적인 위험성 평가와 이 도구들이 다른 점은 첫째, 이와 같은 판단의 일치도를 확보하는 과정, 둘째, 모든 지표에 대한 판단이 사건기록이나 전과기록을 토대로 이루어진다는 것이다. 따라서 전문지식을 지니고 훈련받은 평가자라면 누구나 동일한 평가결과를 산출하게 된다.

위험성 평가 시 최근에 가장 많이 사용되고 있는 이 세 가지 도구에 있어 흥미로운 공통점은 위험성의 기준으로 정신병질이라는 개념을 주요 지표로 포함하고 있다는 것이다. 국내에서는 정신병질자라는 개념이 아직 일반화되어 있지 않지만, 범죄학 분야의 연구가 활발한 북미지역과 영국, 호주 등에서는 범죄자의 정신병질적 특성이 매우 중요한 재범 예측의 기준으로 인정받고 있다(Bartol, 1999; Cleckly, 1976; Hare, 1996). 최초로 정신병질자의 심리적 특성에 대해 정의를 내린 Cleckly(1976)에 따르면 이들은 외관상으로는 상당히 정상적으로 보이고 지능도 보통 이상의 수준이지만, 극단적으로 이기적이며 타인을 자신의 목적 달성의 도구로 이용하고 무책임하면서 냉담하며 쉽게 거짓말을 하는 특성을 지닌다고 하였다. Hare는 이런 특성들을 계량적으로 측정해 낼 수 있는 22문항의 도구를 개발하였고, 후에 두 문항을 삭제하여 20문항의 단축형 도구를 만들어 현장 적용에 편의를 도모하였다(〈표 7-6〉 참조).

최근의 연구(Hare, 1996; Hare, Forth, & Stachan, 1992)에서는 전체 인구의 약 1% 그리고 수용되어 있는 범죄자의 약 15~25%가 이 범주에 해당되며, 이들의 재범 가능성은 그 어떤 범죄집단보다도 더 높다는 사실을 보고하였다. 범죄자 중 재범 가능성이 가장 높은 것으로 알려진 정신병질자 집단의 신경심리적·인지행동적 특성은 상당히 많은 연구자에 의해 반복적으로 관찰되어 왔다(Kosson et al., 2002; Patrick et al., 1994). 특히 Raine(1993)은 정신병질자의 뇌 기능이 정상인이나 정신병질적 특성을 지니지 않은 전과자와는 상당히 다른데, 특히 전두엽과 측두엽의 신경활동에 이상이 있음을 보고하였다. 이와 같은 정신병질자의 신경 기능적 이상은 이제 상당히 타당한 사실로 학계에서 인정을 받아 HCR-20, VRAG 등의 위험성 평가도구를 통한 정신병질적 특성에 대한 판단이 재범 예측의 주요 기준으로 채택하고 있는 실정이다. 나아가 캐나다 대법원에서는 시민의 안전을 보호할 국가의 책임을 근거로 수형자가 사회로 복귀할 시 위험성 평가를 시행할 것을 의무화하였다. 이때 위험성 평가를 시행하는 주체는 사회과학·행동과학·의학 분야에서 대학원 수준의 학위를 취득하고 관련 분야에 전문지식이 있는 사람으로서 PCL-R 등과 같은 표준화된 위험성 평가도구를 사용하여야 한다고 정하고 있다. 또한 평가결과의 신뢰성을 위하여 두 평가자의 평균치를 적용할 것을 권고하고 있다.

이 도구들의 예언타당도에 관한 실증적인 연구에서 PCL-R의 폭력성 전반에 걸친 일반적인 평균 예측은 약 .68, 신체적인 폭력에 대한 평균 예측력은 약 .73, 성폭력에 관한 평균 예측력은 약 .69 정도로 보고되었다. 이에 비해 HCR-20의 신체적 폭력에 관한 평균 예측력은 약 .76, 폭력적 범법행위에 관한 예측력은 .80이며, VRAG의 폭력에 관한 평균 예측력은 약 .83, 성폭력에 관한 평균 예측력은 약 .71 정도인 것으로 보고되었다. 물론 어떤 표본을 대상으로 하여 얼마만큼의 기간을 두고 이 같은 연구를 하였는가에 따라 예측력의 정도가 약간씩 변동되고 있지만 이들 지표는 개별 연구에서 산출된 예측력을 평균한 지표로 이해하면 된다. 결과는 대충 PCL-R 이후에 개발된 VRAG나 HCR-20의 예언타당도를 약간씩 더 높은 것으로 보고하고 있으나, 이는 이들 도구가 PCL-R보다 조금 더 많은 예측치를 포함시키고 있기 때문이기도 하다.

　하지만 이 도구들은 모두 기본적으로 위험성을 평가하는 기본 기법상에서 동일한 입장을 취한다. 해당 범죄자의 범죄기록을 심리적 평가도구들과 함께 추가로 사용한다는 점이다. 즉, 전문지식을 지닌 전문가들이 일정한 훈련을 마친 후에 본인의 임상적 지식과 범죄 통계적 기록을 토대로 〈표 7-6〉에 제시된 것과 같은 지표들을 판정하게 된다. 이런 위험성 평가의 결과는 측정방식이 비교적 객관적이고, 미래의 재범 가능성을 상당히 만족할 만한 수준까지 예측해 줄 수 있다는 점 때문에 캐나다와 미국의 많은 법정, 나아가 사형선고 시에도 매우 중요한 판단의 근거로 사용되고 있다(Edens, Petrila, & Buffington-Vollum, 2001).

## 4. 위험성 평가의 활용

　위험성의 측정을 토대로 한 범죄의 예측은 예방단계, 수사단계, 재판단계, 그리고 교정단계 등 형사사법의 거의 모든 단계에서 유용한 정보를 제공한다.

### 1) 수사단계에서의 위험성 평가

　범죄의 수사단계 과정에서 수사를 종결시키는 경우에 범죄자의 처리나 처분을 결정하기 위한 목적으로 위험성을 평가하기도 한다. 특히 소년사건의 경우에 형사사법기관의 개입의 필요성이나 개입의 시기와 정도를 결정하기 위하여 비행성을 측정하는 경우가 있다. Farrington(1987)은 청소년의 비행 가능성을 평가 및 예측한 논문을 토대로 다음과 같은 위험 요인을 추출한 바 있다.

• 문제행동 가능성, 부정직 · 공격적 · 반사회적 행위

- 부모의 양육 태도 방임, 잔인하거나 가혹한 태도, 변덕스러운 훈육, 부적절한 관리감독
- 부모나 형제의 전과 혹은 비행력
- 불안정한 가족구조, 즉 이혼이나 조기 별거로 인한 결손가정
- 낮은 가계 소득, 대규모 가족, 열악한 주거환경, 부모의 불규칙한 취업 상태, 이로 인한 사회적 박탈
- 낮은 지능, 낮은 학업성취도, 수업 결손으로 인한 학교 부적응

우리나라에서도 재범 가능성을 판단하기 위한 자료로 수사단계부터 이 같은 위험 요인과 유사한 항목에 대해 수집하고 있다. 비행소년에 대한 훈방조치는 주로 파출소단계에서 이루어지나 경찰의 의사결정을 위하여 따로 제작되어 시행되고 있는 표준화된 재범 예측도구는 알려져 있지 않다. 일반적으로 해당 사건의 위법성, 소년의 비행경력이나 보호자의 관리감독 의지 등이 주요 준거로 사용되고 있다. 훈방이 된 소년을 제외한 비행청소년에 대한 조사는 파출소나 경찰서에서 실시된다. 피의자 신문조서, 소년범 환경조사서, 비행성 예측자료표, 피의자통계원표, 검거통계원표, 발생통계원표와 지문을 찍은 카드, 소년사건처리부, 소년신상조사표 등이 작성된다(이춘화, 2001: 117). 이 중에서 재범 위험성의 판단에 근거가 될 수 있는 자료는 소년범 환경조사서와 비행성 예측자료표라고 할 수 있겠다.

이 두 자료의 내용을 구체적으로 살펴보면 재범 예측이 어떠한 근거에서 이루어지는지를 짐작할 수 있다. 소년범 환경조사서에는 기본 인적사항 및 가족사항과 교우관계, 성장 과정과 성격, 소행의 변화, 그리고 개전의 정이 있는지 여부 등이 기입된다. 비행성 예측자료표는 보다 구체적으로 소년의 과거 비행경력과 교우관계, 학교생활 등 환경을 조사하는데, 각 조사항목에 점수를 부여해 합산된 점수에 따라 비행 위험성을 판정하도록 되어 있다. 생계담당 보호자가 부모라면 0점이, 부모 이외의 사람이라면 6점이 부여되며, 의무교육의 이수 여부에 따라 취학을 하지 않았거나 중퇴를 한 경우에는 7점을 부여한다. 1주일 이상의 장기결석 경험이 있는 소년에게는 9점이 주어지고, 경찰에 단속되거나 무위도식하는 친한 친구가 1명 있는 경우에는 5점이, 2명 이상일 때는 8점을 부여한다. 가출 경험의 경우에는 3회 이상의 가출 경험에는 8점이 주어지고, 14세 미만의 연령에 법률 저촉행위를 한 경험이 있을 경우에는 16점을 부여한다. 각 항목의 점수를 합산해 종합 판정이 나오면 이러한 판정을 바탕으로 경찰은 처분의견을 기록하는데, 구공판, 구약식, 기소유예, 소년부송치 중 선택하도록 되어 있다. 이렇게 조사된 문서는 사건기록과 함께 검찰에 송치된다. 경찰단계에서 작성된 비행성 예측자료표는 검사의 처분 결정에 근거자료로 제공된다. 하지만 담당검사의 처분 결정에 어떤 자료가 어떻게 그리고 얼마나 고려되는지

표 7-7 | 비행촉발 요인조사표

| | |
|---|---|
| 1. 가족의 구조　　　　　　　( 　)점<br>　가정결손 여부 및 생계담당 보호자 등 4문항 | 4. 가출 경험　　　　　　　　( 　)점<br>　가출 경험에 대한 3문항 |
| 2. 가족의 기능적 역할　　　　( 　)점<br>　가정불화, 학대, 애착, 전과자 유무 등 5문항 | 5. 비행전력 및 환경　　　　　( 　)점<br>　전과 및 본 범의 내용, 조발비행 여부 등 10문항 |
| 3. 학교생활　　　　　　　　( 　)점<br>　무단결석, 적응문제, 진학 의지, 교우관계 등 6문항 | 6. 개인적 위험 요인　　　　　( 　)점<br>　음주, 약물, 성경험, 준법의식, 책임감 등 16문항 |

출처: 이수정 외(2003) 재인용.

에 대해서는 별로 알려진 바가 없다. 또한 해당 소년범의 개별 위험성 요인이 소년의 재범을 예측하는 데 얼마나 효과성을 지니는지에 관해서도 실증적인 증거가 미비한 실정이다.

비행성 예측자료표의 실증적 증거 미비와 각 요인 가중치의 불명확한 근거로 인해서 더욱 정확한 소년 재범 예측과 처우 판단을 위한 도구가 필요함에 따라서 2003년부터 시범적으로 전국 2개 경찰서 여성청소년계에서 청소년범죄자를 대상으로 범죄심리사들이 비행성을 평가하였고, 2005년부터는 전국 경찰서에서 확대하며 실시되고 있다. 범죄심리사들이 소년범들의 비행성을 평가하고 재범을 예측하는 데 사용하는 도구로는 비행촉발 요인조사표(〈표 7-7〉 참조)와 표준화된 종합심리검사인 PAI(〈표 7-3〉 참조)가 사용되고 있고, 지속적인 자료를 축적 중에 있다. 수사단계에 있는 소년범의 비행 위험성을 평가하기 위한 목적으로 개발된 비행촉발 요인조사표는 경찰서에서 사용하고 있던 비행성 예측자료표에 비하여 동적인 위험 요인이 함께 구성되어 있다.

〈표 7-7〉의 비행촉발 요인조사표는 가족의 구조, 가족의 기능적 역할, 학교생활, 가출 경험, 비행전력 및 환경과 동적인 위험 요인을 내용으로 하는 개인적인 위험 요인이 총 44점으로 구성되어 있다. 비행촉발 요인조사표가 예측도구로 공식적으로 사용되기 위해서는 추적조사를 통해 재범 예측과 실제 재범의 정확성을 도출해야 한다. 따라서 현재는 지속적인 자료 축적과 추적연구의 과정에 놓여 있다.

## 2) 검찰단계에서의 기소유예 결정과 위험성 평가

검찰단계에서 선도를 조건으로 기소를 유예시키는 경우에 피의자의 죄질은 여러 각도에서 평가받는다. 미국의 경우, 검찰단계에서 기소결정을 위하여 가장 많이 활용되고 있는 일명 검찰관리정보체계라고 불리는 사건평가표가 있다. 이 기준에 따르자면 피의자의 죄질은 본 범의 특성, 즉 현재 피의자가 저지른 범죄의 심각성과 피의자의 과거 범죄경력이 검사의 사건 처리 우선순위를 결정하는 데 가장 주요한 기준이 된다. 본 범의 심각성 여부는 피해자의 수, 부상 정도, 협박의 유무에 의해 주로 판정되며, 이 외에도 무기 사용의 정도, 재물의 소실, 피해자와의 관계, 검거된 시점, 증거물, 목격자에 의한 피의자 확인 여부 등이 주요 인자로 고려된다. 반면, 피의자 특성은 과거 범죄로 중형을 받았는지, 동일 사건으로 체포되었던 적이 있는지, 그리고 무기를 사용했던 적이 있는지, 체포 당시의 신분 상태(기소유예나 가석방 상태인지) 등으로 평가된다. 기본적인 논리는 본 범의 내용이 얼마나 심각한지 그리고 과거 범죄전력이 어느 정도인지에 따라 기소확률이 결정되어야 한다는 것이다.

우리나라의 경우에 소년사건을 중심으로 살펴보면 경찰에서 사건기록과 함께 송치된 사건에 대해 검사는 판단을 내려야 하는데, 사건을 형사사건으로 다루어야 할지, 아니면 보호사건으로 다루어야 할지를 결정하거나 또는 기소를 유예하는 결정을 내릴 수 있다. 형사사건으로 할 것이냐 보호사건으로 할 것이냐의 법률적 판단 기준은 검사가 볼 때 벌금 이하의 형이 부과될 것이 예상되는 사건 또는 검사가 판단하기에 보호처분에 해당하는 상당한 이유가 있을 때는 관할 소년법원(부)에 송치하게 된다. 소년부 송치결정이 된 사건을 '소년보호사건'이라고 부르는데, 소년보호사건의 판결에서도 비행소년의 개선 가능성과 재범 위험성을 판단하기 위한 조사제도가 존재한다. 이는 재판단계에서의 위험성 평가 부분에서 다룰 것이다.

소년부로 송치한 사건 이외의 사건에 대해 기소를 할 것인가, 아니면 단순한(조건 없는) 기소유예를 할 것인가, 또는 선도를 조건으로 하는 기소유예 처분을 할 것인가를 판단하기 위해서는 범죄 위험성의 측면과 선도보호의 필요성이 중요하게 고려된다(오영근, 1998). 소년선도보호 지침에 의하면 선도조건부 기소유예의 대상과 기준은 재범 가능성이 희박한 범죄소년을 대상으로 정상을 참작하여 결정하도록 되어 있다. 이때 경찰이 작성한 사건기록과 함께 환경조사서와 비행성 예측자료표가 판단의 자료가 되며, 검사는 소년을 직접 심문하여 재범 가능성과 보호의 필요성을 판단한다. 예외로 서울지방검찰청에서는 '푸른 상담실'을 설치하여 검사의 최종 결정 전에 청소년/범죄 관련 연구자들(대학교수와 연구원 등)과의 상담을 통해 비행청소년의 위험성과 환경을 재검토하고 있다.

상담 과정에서는 가족구성과 부모의 결혼 상태, 친부모 여부, 가정의 수입과 주거 상태, 가족 화목도와 가출 및 외박 경험, 성격 특성과 스트레스 해소방법, 학교생활, 성적, 교사와의 관계, 취업 경험 및 장래희망, 친구관계, 이성관계, 절도, 약물, 폭력 등 비행경험, 범죄전력, 그리고 본 범의 사실과 이유 등 상당히 다양한 측면을 포괄적으로 다룬 후에 상담자의 의견을 제시하도록 되어 있다. 물론 이러한 상담기록이 실제로 검사의 결정에 어떤 역할을 하는지에 대해서는 알 수 없지만 범죄청소년의 환경과 비행경력을 통해 재범의 위험성을 측정해 보려는 시도임에는 틀림이 없다. 그러나 인터뷰 형식이다 보니 체계화되고 표준화된 측정도구를 이용하지 못하고, 따라서 재비행 예측에 자의적 판단이 개입될 가능성을 배제하기 힘들다.

## 3) 재판단계에서의 위험성 평가

재판과 판결에서 범죄 위험성에 대한 판단은 형의 종류를 결정하는 데 중요한 근거가 된다. 먼저, 「형법」 제59조 제1항에 1년 이하의 징역이나 금고 등을 선고해야 할 경우에 양형의 조건(「형법」 제51조에 근거)을 참작하여 개전의 정이 현저할 때는 그 형의 선고를 유예할 수 있다고 규정하고 있고, 「형법」 제62조 제1항에는 3년 이하의 징역이나 금고 등을 선고하는 경우, 마찬가지로 양형의 조건을 고려하고 정상참작의 이유가 있을 때 집행을 유예할 수 있다고 규정하고 있다. 여기서 '개전의 정'이나 '정상참작'의 이유에는 범죄 위험성에 대한 의미가 내포되어 있다고 할 수 있다. 그 근거로 제시할 수 있는 것이 「형법」 제59조의2에 재범 방지를 위해 선고유예 시 보호관찰을 명할 수 있다고 규정하고 있으며, 집행유예의 경우에는 보호관찰과 함께 사회봉사와 수강명령도 부과할 수 있다고 규정하고 있다. 선고유예나 집행유예는 피고인에 대한 잠재적 위험성 평가가 꼭 필요한 의사결정 과정이다. 이런 의사결정은 궁극적으로 피고인을 사회로 복귀시키기 때문에 국가는 이들의 잠재적 위험성으로부터 사회를 보호해야 할 의무를 지니기 때문이다.

한편, 소년범에 대해 집행유예나 선고유예를 결정할 때는 형사법원은 관할 보호관찰소에 판결전조사(presentence inquiry)를 요구할 수 있다. 그 목적은 선고유예나 집행유예를 내리면서 보호관찰이 필요한지의 여부를 결정하고 감독과 준수사항의 수준을 결정하기 위한 것으로 볼 수 있다. 판결전조사는 법원이 요청하고 보호관찰관이 담당하는데, 판결전조사서에는 범행 동기, 직업, 생활환경, 교우관계, 가족 상황, 피해 회복 여부 등과 함께 범죄경력과 가족관계 및 생활 정도, 성장과정, 정신 및 신체 상태, 보호자의 보호능력 등이 포함되어 있다. 판결전조사서에는 범죄원인과 재범 위험성, 보호관찰 대상자로서의 적격성에 관한 조사담당 보호관찰관의 의견이 첨부된다(이춘화, 2001).

보호관찰에서의 위험성 평가는 보호관찰 대상자의 사회 재적응 기회와 보호관찰 자격을 평가하는 데 중요한 역할을 한다. 보호관찰관이 유죄가 확정된 범죄자에 대한 판결전조사보고서(presentence investigation report)를 완결하면 이를 기초로 판사가 형의 기간과 특성을 결정한다.

대체로 피고인이 재범을 하지 않고 지역사회에 위험을 초래하지 않을 가능성이 있는 경우에 보호관찰과 형의 유예를 결정한다. 물론 보호관찰은 보호관찰 대상자가 법을 준수하고 보호관찰 조건을 어기지 않을 것이라는 신뢰의 표시이기도 하다. 따라서 경미한 범행을 한 초범자가 보호관찰을 받을 가능성이 가장 높으나 과밀수용이 심각한 경우에는 일부 강력 범죄자까지 확대되기도 한다. 최근에는 보호관찰이 수용 공간의 한계로 인한 어쩔 수 없는 선택이 되기도 하나 불행하게도 보호관찰을 받은 강력범죄자의 재범률이 대단히 높아서 심각한 문제로 지적되고 있다. 따라서 판사 등이 최선의 보호관찰 결정을 할 수 있도록 하기 위하여 증명된 도구나 평가 기구가 절실히 필요하다. 사실 보호관찰의 활용이 확대되면 판사가 어떤 범죄자에게 자유형을 선고할 것인가를 결정하는 것보다는 보호관찰 대상자에게 어느 정도의 조건과 감독을 명할 것인가를 결정하는 경우가 더 빈번해질 수도 있다.

재판단계에서 재범 위험성이 법원판결에 중요하게 고려되는 또 다른 경우는 「사회보호법」에 의거한 감호처분의 결정과 관련되어 있다. 「사회보호법」의 목적은 죄를 범한 자로서 재범의 위험성이 있고 특수한 교육과 개선, 치료가 필요한 경우에 사회복귀와 사회보호를 달성하는 것이다(제1조).[2] 상습적으로 범죄를 저지르는 사람은 재범 위험성이 높다는 것을 전제로 상습적인 범죄자로부터 사회를 보호하려는 의도에서 제정되어 시행되었던 이 법은 최근에 와서 폐지되었다. 이는 재범 위험성의 측정이 범죄경력에 과도하게 근거한 반면, 재범 위험 측정의 질적인 측면(범죄성향이나 태도, 사회적 위해도 등)이 간과되어 실제 「사회보호법」이 설정하고 있는 사회의 안전을 해치는 위험에서 사회를 보호한다는 목표가 달성되지 못하고, 절도범 등 잡범이 보호감호 처분을 받은 사람의 절대 다수를 차지하는 결과를 낳은 데 연유하였던 것으로 보인다.

한편, 소년사건의 경우에는 재판단계에서 위험성 평가를 위한 제도가 하나 더 있다. 검찰에서 소년부송치를 한 사건(소년보호사건)은 소년부판사에 의해 보호처분을 받게 되는데, 처분을 결정하기에 앞서 소년법원은 소년에 대한 조사를 위해 소년을 분류심사원에 위탁할 수 있도록 하고 있다. 위탁된 소년은 1개월 정도 수용되어 여러 검사와 교육을 받는다. 비행의 원인을 진단하고 재비행성을 예측하며 거기에 따른 적절한 교정 처우방법을 제시하는 것을 목적으로 하는 분류심사원의 활동은 과학적 범죄 위험성 예측을 시도하고 있다. 소년분류심사원의 조사는 심리검사, 신체검사, 뇌파검사, 행동관찰, 면접 및 관련자 조사 등으로 구성된다. 심리검사의 경우에 MMPI와 로르샤흐검사, 주제통각검사, 형태지각검사(BGT), 묘사검사(HTP)와 더불어 지

---

2) 「사회보호법」은 '동종 또는 유사한 죄로 2회 이상 금고 이상의 실형을 받은 자가 다시 동종 또는 유사한 죄를 저지르고' 상습성이 있을 경우에 7년 이내에서 보호감호에 처할 수 있다고 규정하고 있다.

능검사와 욕구진단검사, 적성검사 등이 병행된다. 각종 검사와 면접이 종결되면 분류심사관은 검사결과와 관찰·면접 결과를 토대로 분류심사결과 통지서를 작성한다. 여기에 재비행 예측에 대해 의견을 쓰는 것도 포함하고 있다. 이 통지서는 법원에 제출되어 보호처분 결정의 자료로 이용되고 있다. 하지만 현재 사용되고 있는 심리검사 중 투사기법은 판단의 일관성에 문제가 있다는 점 때문에 외국의 경우에는 위험성의 변별 목적으로는 더 이상 사용되지 않는다. 또한 표준화된 심리검사 중에서도 MMPI는 재범 예측을 위한 변별도구이기보다는 처우의 적용을 위한 진단도구로 더 많이 사용된다. 따라서 현행 분류심사 지표들의 적절한 사용법에 대해서는 추후에 보다 신중하게 연구될 필요가 있다.

## 4) 행형단계에서의 시설 분류와 위험성 평가

최근의 연구는 동적인 위험 요인들에 관한 체계적인 조사가 범죄자의 분류 및 처우의 적용에 매우 도움이 된다는 사실을 지적하였다(Bonta & Cormier, 1999). Van Voorhis 등(Van Voorhis et al., 2000)은 범죄 행동과 관련된 심리역동적 측면을 보다 더 계량적인 방법으로 측정하여 실제로 위험성의 진단과 재범 예측에 활용할 것을 권고하였다. Megargee(1994)처럼 이미 표준화된 검사를 사용하여 위험성을 분류한다거나 Hare(1991)와 같이 재범 위험성과 특히 연관이 있는 심리학적 측정도구를 개발하여 이를 범죄 통계적인 근거자료를 토대로 재평정하여 위험성 평가와 재범 예측에 보다 더 정확성을 기하려고 노력하고 있다. 경험적 연구들은 개인의 범죄적 특성에 대한 역동적인 측면의 평가가 범죄 통계적 위험 요인 이외에 재범의 부가적인 변량을 조금 더 설명해 준다는 사실을 확인하였다(Hoge, 1999; Loza, Dahliwal, Kroner, & Loza-Fanous, 2000).

행형단계에서 재범 위험성의 예측이 중요하게 고려되는 측면은 크게 두 가지로 구별해서 볼 수 있다. 하나는 보호관찰자 분류에서 재범 예측의 역할이고, 하나는 시설수용자의 분류에서 재범 예측의 역할이다. 먼저, 보호관찰 처분을 받은 사람에 대한 감독과 재범 방지를 위한 분류에 대해 알아보자. 1997년 이전에는 성인과 소년 보호관찰 대상자에 대한 분류 처우의 기준이 달랐으나 1997년 1월 1일 이후의 보호관찰 대상자 분류지도지침에서는 성인과 소년 구별 없이 동일하게 적용되고 있다(진수명, 2001: 190). 분류는 보호관찰관의 지도 및 감독의 순응 정도, 재범 위험성, 개선 가능성, 환경 등을 참고하여 행한다. 이를 토대로 세 가지 등급으로 분류되는데, 일반관리 대상자(B급), 주요관리 대상자(A급), 그리고 추적조사 대상자(A중)가 그것이다. 일반관리 대상자는 보호관찰 성적이 양호하고 재범 가능성이 희박한 부류이고, 주요관리 대상자는 재범 가능성이 있어서 보다 적극적인 감독과 준수사항 부과가 필요한 등급이며, 추적조사 대상자는 소재를 파악하여 필요시 신속히 신병을 확보해야 하는 대상자 군이다. 재범 위험성의 판단이 분류자의 주관에 따라 달라질 수 있다는 점은 한계점으로 지적되고 있다. 필요한 경우에는 심리검사와 성격검사 등을 할 수 있도록 하고 있으나 아직 체계적이고 과학적인 재범 예측에는 이르지 못하고 있다. 이 한계를 극복할 수 있는 방법으로 대상자의 성과 연령, 범죄내용과 심각성(범죄유형) 등이 고려된 과학적이고 표준화된 예측도구의 개발이 제안되기도 한다.

한편, 시설에 수용되면 관리와 처우를 위한 분류가 필요하다. 따라서 조사와 분류가 이루어진다. 수형자의 분류에 대해서는 수형자 분류처우규칙에 규정되어 있다. 새로 들어온 신입자에 대해 분류심사를 하는 것은 '수형자의 개성과 능력, 교육 정도, 범죄의 원인을 과학적으로 진단하여 개별 처우의 적정을 기하는 것'을 목적으로 하고 있다. 신입자에 대한 분류는 미래 재범 위험성의 측면보다는 수용생활에 얼마나 잘 적응할 수 있을 것인가가 더 중요해 보인다. 분류처우규칙 제7조에 따르면 분류심사는, ① 사고 발생 가능성 여부 등의 보안상 위험도, ② 적절한 교육을 위한 계획의 수립, ③ 알맞는 작업종목의 결정, ④ 보건·위생 상태 점검, ⑤ 석방 후 보호대책 자료 수집을 위해 실시되고 있다. 분류지표는 5개 영역으로 구분되어 있는데, 생활과정(12점)은 가출, 양육 형태, 유해물 흡입, 문신이나 성기 변형의 항목이 포함되며, 교육 및 직업과정(8점)에는 교육 기간, 성적, 중퇴 여부, 직업경력이 포함되어 있다. 본 범의 내용(32점)은 형기, 범죄동기, 흉기 사용 여부, 합의 여부, 검거 유형, 피해 정도, 공범 여부, 미결 수용 시 생활태도가 포함되는데, 범죄동기에 가중치가 부여되어 있다. 범죄경력(30점)은 최초 범죄 연령, 범죄경력, 반사회성 집단 소속, 교정시설 수용 기간과 재범 기간으로 구성되어 있는데, 범죄경력에 가중치가 상당히 부여되어 있다. 심사평점(18점)에는 인성검사와 상담평점이 속해 있다. 이 다섯 가지 영역의 총점을 바탕으로 수형자가 분류되고, 4개의 계급으로 나뉜다. A급인 개선 가능자, B급인 개선이 곤란한 자, C급인 개선이 극히 곤란한 자와 급수를 정하기 어렵거나 필요성이 적은 사람은 D급으로 분류된다. 신입 수용자의 분류는 수용생활 적응과 보안의 효율성을 위해 이루어지는 측면이 강하며, 재범 위험성이라는 측면은 상대적으로 덜 고려되고 있다고 볼 수 있다.

## 5) 가석방 결정과 위험성 평가

재범 예측이 다시 중요하게 고려되는 시점은 가석방 여부를 심사하는 때이다. 가석방의 요건에 대해서는 「형법」 제72조에 규정되어 있으며, 이에 따라 가석방에 대한 기본 요건이 갖추어진

수형자 중에서 누진 계급이 최상급에 속하거나 또는 재범 위험성이 없고 사회생활에 잘 적응할 수 있다고 인정을 받은 수형자는 위원회에 가석방을 신청할 수 있다(「형의 집행 및 수용자의 처우에 관한 법률」제121조). 가석방심사위원회는 가석방의 적격 여부를 판단하기 위해 수형자의 연령, 죄명, 범죄동기, 형기, 수형생활 중 행장, 가석방 후의 생계 수단과 생활환경, 재범 위험성 유무 등 모든 사정을 참작하여야 한다. 교정국(2002) 자료에 따르면, 과거에는 가석방 심사 기준이 주로 범죄사실을 위주로 이루어져서 가석방 심사 대상자의 범위가 제한적이었으나 1998년 5월에 이르러 심사 기준이 재범 가능성 유무로 전환되었다고 한다. 즉, 가석방 심사의 기준이 본 범의 죄질보다는 수형생활 중의 자격증 취득이나 생계 수단의 습득 혹은 해당 수형자의 생활환경 등을 토대로 하여 미래의 재범 가능성을 판단하겠다는 것이다. 이와 같은 사실은 수형 기간 동안의 수형자 자신의 노력 여하에 따라 사회복귀를 앞당길 수도 있음을 의미하며, 나아가 일반 시민 역시 재범 위험성이 없는 사람이 가석방되면 보다 안전한 생활을 할 수 있다는 점에서 다행이라고 하겠다. 여기에는 반드시 한 가지 전제가 있다. 재범에 대한 예측이 과학적이고 체계적으로 행해져서 오류 가능성을 최소화할 수 있어야 한다는 것이다. 잘못 예측된 기준을 바탕으로 가석방이 결정된다면 시민의 안전을 보장하는 것이 불가능해지기 때문이다.

가석방심사위원회는 조기석방의 결정을 위하여 다양한 곳에서 자료를 수집하여 해당 수형자에 대하여 개별화된 재범 예측을 해야 한다. 그러나 현재는 대체로 위원회에서 재소자의 구두정보에 거의 의존하여 해당 재소자의 가석방 여부를 결정하고 있다. 하지만 미국의 경우에는 재범예측표를 판단의 준거로 사용하고 있는데, 미연방 가석방지침을 살펴보면 유죄판결을 받은 전력이 있는가, 30일 구류 이상의 형이 집행된 전력이 있는가, 최근 범행 당시의 나이, 현재의 범행 전에 범죄 없이 지낸 기간, 현재 집행유예/가석방/연금규칙 위반 또는 탈옥 시도, 마약중독의 전력을 평가하고 각 항목별로 점수는 가중되어 있다. 이는 범죄행위의 심각성, 즉 죄질과 범죄자의 보호관찰 위반 가능성, 즉 잠재적 위험성이라는 두 가지 기준 모두를 적용하고 있다.

죄질에 근거하여 주로 가석방 여부를 결정하도록 제작된 미연방 가석방지침과는 달리 미주리주의 가석방위원회가 개발하여 활용하고 있는 보호관찰예측표는 주로 범죄자의 특성을 중심으로 보호관찰 결정을 내린다. 이런 형태의 보호관찰예측표는 가석방 유무만을 결정하는 것뿐만 아니라 그 후 어느 정도의 강도로 보호관찰을 하는 것이 바람직한가를 결정하기 위한 목적으로 사용된다. 미주리주 가석방위원회의 보호관찰예측표의 판단 준거는 교육/직업에 관한 항목, 법률적 체포경력, 약물이나 정신결함 같은 잠재적 문제 보유 여부, 가정과 사회 해체 정도, 공격적이고 폭력적인 사건 유무, 책임감 유무, 약물이나 알코올 문제 여부로 구성되어 있다. 즉, 보호관찰예측표에 따르면 직업도 없고 학교에도 다니지 않거나 전과경력이 많고 약물남용

문제가 있으며 가족이 해체되었고 한두 번 폭력이나 공격적인 사고를 일으킨 적이 있고 책임감이 없는 범죄자일수록 가석방 가능성은 낮으며 보호관찰의 강도는 심화되어야 한다.

## 5. 결론 및 제언

이 장에서는 위험성에 대해서 '범죄를 저지를 가능성 또는 재범 가능성'이라고 제한적으로 정의를 내리고 위험성을 평가하는 방법과 오류, 그리고 평가하고 예측하는 데 정확성을 높이는 방법에 대해서 살펴보았다. 또한 현재 사용되고 있는 평가체계와 실제 현장에서의 활용에 대해서 살펴보았다. 범죄적 위험성을 평가하고 예측한다는 것은 태생 자체가 수많은 오류를 내포하고 있고 이에 대한 비판이 주를 이룬다. 그럼에도 형사사법체제에서 범죄적 위험성의 평가와 예측은 실재해 왔다. 왜냐하면 위험한 개인으로부터 시민과 교도관, 그리고 다른 재소자들을 보호하고 위험한 개인이 자신에게 행할 수 있는 위험을 사전에 방지하기 위함 등이 그 이유이다.

지금까지 제시된 범죄 위험성의 평가 기준을 정리하여 보자면 크게 두 가지 맥락을 찾아낼 수 있다. 해당 사건의 심각성 정도와 범죄자 개인의 범죄성향이다. 이 중 전자는 형벌의 응보적 기능을 중시하는 판결단계에서 주요한 판단 지표가 된다. 허나 후자의 경우에는 형벌을 구체적으로 적용하거나 해당 피고인 혹은 수형자를 사회로 복귀시키는 단계에서 재범 예측과 관련지어 중요하게 고려된다. 이는 현대의 형벌론이 단순한 처벌의 개념을 넘어서 범죄자의 범죄성에 대한 치료 및 재범의 예방을 광의의 목적으로 포함시키게 된 까닭 때문이기도 하다(이윤호, 1999). 그것이 의료적인 치료행위이든 정신의 개조이든, 궁극적으로 행동 변화를 야기하려는 시도가 성공하기 위해서는 해당 피치료자의 상태에 대한 정확한 진단이 우선 전제되어야 한다.

수사단계에서 소년피의자에 대해서 이루어지는 소년범 환경조사서와 비행성 예측자료표는 정적 위험 요인을 토대로 재범 위험성을 평가한다. 평가의 단계는 다분히 기계적으로 이루어지도록 제작되어 있기에 활용적 측면에서는 상당 부분 편의를 고려한 흔적이 엿보인다. 이에 비해 서울지방검찰청의 '푸른 상담실'에서 이루어지고 있는 위험성 평가 절차는 일단 청소년/범죄 관련 연구자들이 해당 청소년의 위험성과 환경을 다시 한 번 심층적으로 검토한다는 데 의미가 있다. 가족의 기능적 구조와 환경, 그리고 학교생활 적응 등 상담의 내용을 보면 상당 부분이 동적인 위험 요인을 평가 절차에 포함시키고 있다. 다만 아쉬운 점은 이런 상담기록이 실제로 검사의 결정에 어떤 역할을 하는지에 대해서는 전혀 알 수 없다는 사실이다.

소년 및 성인에 관한 분류심사 절차에서는 우리나라에서도 이미 심리학적인 위험성 평가 절차를 도입하고 있다. 여러 가지 표준화된 심리검사는 이런 목적으로 활용되는데, 문제는 이런 분류의 결과가 실제로 재범 예측에 어떤 기능적 역할을 하는지는 잘 알려져 있지 않다는 것이다. 특히 보호국에서는 투사기법까지의 다양한 심리검사도구를, 교정국에서는 한동안 MMPI를 수형자 분류에 참조하여 왔다. 하지만 이런 평가도구 활용의 성패는 궁극적으로 변별 절차의 목표 달성에 이 도구들이 어느 정도 효과적인 결과를 산출하는가 하는 경험적인 증거에 달려 있다. 만일 위험성 평가척도가 재범을 예측하기 위하여 제작된 것이었다면 피평가자가 일정 기간 후 과연 재범을 하였는가 하는 행위의 유무가 준거지표가 될 것이고, 수형 기간 동안의 문제행동을 예측해 내는 것이 평가의 목표였다면 교도소에서의 규율 위반 횟수가 준거행동이 되어야 한다. 하지만 위험성 평가의 목적이 재범 예측을 위한 잠재적 범죄성의 변별이 아니라 구체적으로 어떤 처우를 어떻게 적용할 것인지와 같은 진단적인 목적으로 수형자의 특성을 분류하는 것이라면 수형자의 시설 내 적응 정도나 처우 프로그램에서의 성취도 등이 광범위하게 평가되어야 할 것이다. 이와 같이 평가목표와 변별도구의 용도가 과연 부합하는가 하는 문제 때문에 다양한 평가도구는 그것을 궁극적으로 적용해야 하는 현장의 특성을 반영하게 된다.

전통적으로 처벌의 응보적 기능만을 중요시해 온 우리나라의 법 환경은 수형자가 당장 처벌을 받게 되는 본 범 이외에 과거의 전력이나 환경적 특성, 범죄적 사고경향이나 아직 발생하지 않은 미래의 행동 가능성 등을 의사결정 과정에 포함시키는 것에 대하여 상당히 부정적 입장을 취해 온 것이 사실이다. 하지만 최근 전과에 주로 근거를 두고 보호감호 대상자를 결정하였던 심사 절차에 대한 문제점의 제기와 파기는 과연 우리가 잠재적 범죄 위험성을 어떻게 정의하여야 하는가 하는 근본적인 문제에 대해 다시 한번 생각해 보게 한다.

또한 법적 의사결정자가 아닌 민간인(아무리 전문지식을 지니고 훈련의 절차를 거쳤다고 하더라도)에 의한 판단의 결과가 어느 부분에서 어느 정도까지 받아들여야 하는가에 관해서는 더욱 심각한 논쟁점이 존재한다. 범죄자의 잠재적 위험성에 관한 평가는 법적 전문지식만으로는 결코 달성할 수 없는 문제이다. 이미 발생한 본 범에 대한 죄질의 경중을 따지는 일은 법조문의 분석적 적용과 실무경험으로 가능하겠으나, 범죄성향의 진전도를 파악하여 미래까지도 예측해야 하는 일은 법적 지식만으로 결코 달성 가능한 일이 아니다. 또한 여러 가지 유예제도 또한 본 범의 죄질만을 고려한다기보다는 사회로 복귀하였을 때의 잠재적인 위험 가능성도 고려 대상이 되어야 한다. 이런 점 때문에 범죄 위험성의 평가는 국내에서도 불가피하게 실시될 수밖에 없는데, 때에 따라서는 자체적으로 개발한 도구나 절차를 사용한다거나 전과에 근거하여 의사결정을 내리고 있는 실정이다. 허나 문제는 애초에 이 같은 도구나 절차를 개발하는 단계가 다분히 편의에 의해 기획되었으며, 위험성 평가를 내려야 하는 주체들도 전혀 행동평가의 전문가들이 아니라는 점이다. 더욱이 평가 설차의 직힙성 여부에 대한 실증적인 증거를 찾아내기는 매우 힘들다. 즉, 개발 자체가 중요했지 그렇게 개발된 도구나 절차가 장기적으로 얼마나 효과적인지는 별로 중요하게 다루어지지 못하였다. 따라서 기획적으로 구성된 위험성의 평가 절차는 때에 따라 필요 이상으로 복잡하게 이루어져 있는 경우도 있다. 투사검사를 소년범의 위험성 평가에 사용하는 사례가 대표적인 예로서 심리학에 관한 전문지식이 없는 현장실무자들이 이런 어려운 검사를 실시하여 판단을 내리는 일은 위험성을 평가하기보다는 위험성을 조작하는 측면이 없지 않다. 어차피 법 절차의 특성상 위험성의 평가가 불가피하다면 실무자들은 이 분야를 좀 더 전문화시켜야만 한다. 그리고 제대로 실시되고 있는지에 관한 효과성 검증까지 지속적이고도 체계적인 관찰이 이루어질 때만이 범죄적 위험성을 평가하는 제도의 적용 타당성에 관해 사회적 공감대가 형성될 것이다.

## 참고문헌

박광배(2001). 법심리학. 서울: 학지사.

법무부 교정국(2002). 국민의 정부 교정행정개선.

법무연수원(2002). 범죄백서.

오영근(1998). 선도조건부기소유예제도의 실태와 개선방안. 형사정책연구, 6(4), 79-116.

이수정(2004). 분류심사론.

이수정, 윤옥경(2003). 범죄위험성의 평가와 활용방안. 한국심리학회지: 일반, 22(2), 99-126.

이수정, 조은경, 양애란, 이수경, 황인숙, 백승경, 장미정, 이미선(2003). 비행촉발 요인조사서.

이윤호(1999). 형사정책. 서울: 박문각.

이춘화(2001). 소년사건의 조사제도에 관한 연구. 한양대학교 대학원 박사학위청구논문.

진수명(2001). 보호관찰과 과학적 분류처우 방법. 보호 12호. 171-221.

Andrews, D. A., & Bonta, J. (1995). *LSI-R: The level of service inventory revised*. Toronto: Multi-Health Systems, Inc.

Andrews, D. A., & Bonta, J. (1998). *The psychology of criminal conduct* (2nd ed.). Cincinnati, OH: Anderson Publishing Co.

Bartol, C. R. (1999). *Criminal behavior: A psychosocial approach* (5th ed.). New Jersey, NJ: Prentice-Hall.

Bonta, J., & Cormier, R. B. (1999). Corrections research in Canada: Impressive progress and promising prospects. *Canadian Journal of Criminology, 41*(2), 235-247.

Bonta, J., Harman, W. G., Hann, R. G., & Cormier, R. B. (1996). Prediction of recidivism among federally sentenced offenders: A re-validation of the SIR(Statistical Information on Recidivism) scale. *Canadian Journal of Criminology, 38*(1), 61-79.

Clark, D. (1999). Risk assessment in prisons and probation. *Forensic Update, 1*, 15-18.

Cleckly, H. (1976). *The mask of sanity* (5th ed.). St Louis, MO: Mosby.

Cohen, J. (1992). A power primer. *Psychological Bulletin, 112*, 155-159.

Douglas, K. S., Ogloff, J. P., Nicholls, T. L., & Grant, I. (1999). Assessing risk for violence among psychiatric patients: The HCR-20 violence risk assessment scheme and the psychopathy checklist : Screening version. *Journal of Consulting and Clinical Psychopathy, 67*, 917-930.

Edens, J. F., Petrila, J., & Buffington-Vollum, J. K. (2001). Psychopathy and the death penalty: Can the psychopathy checklist-revised identify offenders who represent a continuing threat to society?. *Journal of Psychiatry & Law, 29*(4), 433-448.

Farrington, D. P. (1987). Early precursors of frequent offending. In J. Q. Wilson & G. C. Loury (Eds.), *From children to citizen: Families, schools, and delinquency prevention*(pp. 27-50). New York: Springer.

Gendreau, P. (1996). Offender rehabilitation: What we know and what needs to be done. *Criminal Justice and Behavior, 23*, 144-161.

Grann, M., Belfrage, H., & Tengstrom, A. (2000). Actuarial assessment of risk for violence: Predictive validity of the VRAG and historical part of the HCR-20. *Criminal Justice and Behavior, 27*, 97-114.

Grove, W. G., Zald, D. H., Lebow, B., Snitz, B., & Nelson, C. (2000). Clinical versus statistical prediction: A meta-analysis. *Psychological Assessment, 12*, 19-30.

Hanson, R. K. (2000). *Risk assessment*. First in a series of ATSA Informational Packages.

Hanson, R. K., & Thornton, D. M. (1999). *Static 99: Improving actuarial risk assessments for sex offenders*. Ottawa: Public Works and Government Services Canada.

Hare, R. D. (1980). A research scale for the assessment of psychopathy in criminal populations. *Personality and Individual Differences, 1*, 111-119.

Hare, R. D. (1991). *The Hare psychopathy checklist-revised*. Totonto, Ontario, Canada: Multi-Health Systems.

Hare, R. D. (1996). Psychopathy: A clinical construct whose time has come. *Criminal Justice and Behavior, 23*, 25-54.

Hare, R. D., Forth, A. E., & Stachan, K. E. (1992). Psychopathy and crime across the life span. In R.

D. Peters, R. J. McMahon, & V. L. Quinsey (Eds.), *Aggression and violence throughout the life span*. Newburry Park, CA: Sage.

Harris, G. T., Rice, M. E., & Cormier, C. A. (2002). Prospective replication of the violence risk appraisal guide in predicting violent recidivism among forensic patients. *Law and Human Behavior, 26*, 377-394.

Harris, G. T., Rice, M. E., & Quinsey, V. L. (1993). Violent recidivism of mentally disordered offenders: The development of a statistical prediction instrument. *Criminal Justice and Behavior, 20*, 315-335.

Hoge, R. D. (1999). An expanded role for psychological assessments in juvenile justice systems. *Criminal Justice and Behavior, 26*, 251-266.

Howitt, D. (2002). *Forensic and criminal psychology*. Pearson Education.

Kemshall, H. (1996). Reviewing risk: A review of research on the assessment and management of risk and dangerousness-Implications for policy and practice in the probation service. London: Home Office.

Kosson, D. S., Suchy, Y., Mayer, A. R., & Libby, J. (2002). Facial affect recognition in criminal psychopaths. *Emotion, 2*, 398-411.

Lee, S. J., & Edens, J. F. (2004). Exploring predictors of institutional misbehavior among male Korean inmates. *Criminal Justice and Behavior*, in press.

Listwan, S. J., Sperber, K. G., Spruance, L. M., & Van Voorhis, P. (2003). High anxiety offenders in correctional setting: It's time for another look. *2003 Program for The American Society of Criminology 55th Annual Meeting*, 199-199.

Litwack, T. R., & Schlesinger, L. B. (1987). Assessing and predicting violence: Research, law, and applications. Handbook of forensic psychology. *Wiley Series on Personality Processes*, 205-257.

Loeber, R., & Dishion, T. (1983). Early predictors of male delinquency. *Psychological Bulletin, 94*, 68-99.

Loza, W., Dahliwal, G., Kroner, D. G., & Loza-Fanous, A. (2000). Reliability, construct, and concurrent validities of the self-appraisal questionnaire: A tool for assessing violent and nonviolent recidivism. *Criminal Justice and Behavior, 27*, 356-374.

MacLean Report. (2000). *Recidivism amongst serious violent and sexual offenders*. Edinburgh: Scottish Executive.

Megargee, E. (1994). Using the Megargee MMPI-based classification with the MMPI-2's of male prison inmates. *Psychological Assessment, 6*(4), 337-344.

Megargee, E., & Bohn, M. (1979). *Classifying criminal offenders: A new system based on the MMPI*.

Beverly Hills, CA: Sage Publications.

Morey, C. (1991). *The personality assessment inventory manual*. Odessa, FL: Psychological Assessment Resources.

Nuffield, J. (1989). *Parole decision-making in Canada: Research towards decision guidelines*. Ottawa: Solicitor General Canada.

Patrick, C. J., Cuthbert, B. N., & Lang, P. J. (1994). Emotion in the criminal psychopath: Fear image processing. *Journal of Abnormal Psychology, 103*, 523-534.

Quinsey, V. L., Harris, G. T., Rice, M. E., & Cormier, C. A. (1998). *Violent offenders: Appraising and managing risk*. Washington, DC: American Psychological Association.

Raine, A. (1993). *The psychopathology of crime*. New York: Academic Press.

Van Voorhis, P., Braswell, M., & Lester, D. (2000). *Correctional counseling and rehabilitation* (4th ed.). OH: Anderson.

Webster, C. D., Douglas, K. S., Eaves, D., & Hart, S. D. (1997). *HCR-20: Assessing the risk for violence*(Version 2). Vancouver: Mental Health, Law, and Policy Institute, Simon Fraser University.

Zager, L. (1988). MMPI-based criminal classification system: A review, current status, and future directions. *Criminal Justice and Behavior, 15*, 39-57.

# 제 3 부

# 범죄유형별
# 심리적 메커니즘

PSYCHOLOGY OF CRIMINAL BEHAVIOR

# 성범죄

## 1. 성범죄의 정의, 유형, 특성

사회나 문화마다 범죄의 개념이나 죄의 경중은 각기 다르다. 하지만 어느 문화나 사회, 시대를 막론하고 중범죄로 인식되는 자연범이 있는데, 그 대표적인 범죄가 살인과 성폭력이다 (Andrews & Bonta, 1998). 이 두 범죄는 어느 사회의 형사사법제도에서이든지 엄격히 다뤄져 왔고, 많은 학자의 관심 대상이 되어 왔다. 우리나라에서도 살인사건에 대한 사회적인 관심은 예외가 아니었다. 하지만 상대적으로 성범죄에 대해서는 학계의 분석적인 관심이 미온적인데, 이는 성을 금기시하고 남자와 여자의 성을 각기 다르게 이해하는 우리나라의 전통적인 유교관과 무관하지 않다. 성범죄의 주요 피해자인 여성 피해자에 대한 부정적인 시각(성범죄를 유발하는 옷차림이나 행동으로 성범죄를 유발했다는 등의 책임 전가와 순결을 잃은 여성이라는 낙인)과 성폭력 범죄를 단순히 남성의 순간적인 성적 충동에 의한 이벤트적인 사건으로 생각하는 것 또한 성폭력 범죄연구가 다른 중범죄연구에 비해 비교적 활발하지 않은 이유이다. 이는 수사 및 재판 과정이 성폭력 가해자보다 오히려 피해자에게 더 불리하게 진행되는 양상에 대한 대답이 될 수도 있다.

서구 사회에서는 성범죄와 연관하여 성폭력범죄유형에 따른 범죄의 구체적이고 차별적인 정의, 생태학적이고 진화론적인 연구, 성폭력 관련 살인에 대한 유형 및 특성 분류 등 매우 구체적인 연구가 이루어져 왔다. 하지만 국내 연구주제를 살펴보았을 때, 성폭력에 관한 연구는 양적으로 적은 것은 아니나 연구의 주된 주제가 주로 '성폭력의 실태, 사회복지적 · 제도적 접근, 피해자에 대한 차별적 상담기법의 효과' 등 표면적인 논문에 그쳤음을 알 수 있다(공진자, 2003; 김종원, 2003; 서영주, 2003; 이명희, 2003; 장승희, 2003). 즉, 성폭력범죄에 대한 본질적인 연구나 원인, 상황적 조건과 범죄촉발 요인 등에 대한 체계적인 연구의 노력은 상당히 미흡하였다고 할 수 있다. 범죄는 날로 흉악해지고, 더욱이 성과 관련된 범죄가 급증함에 따라 성폭력범죄에 대한 보다 학문적이고 구체적인 검토와 연구가 필요하다는 주장에는 이견이 없으리라고 본다. 따라서 이 절에서는 앞으로의 경험적 연구를 수행하기 위해 사전적으로 성폭력범죄에 대해 학계에 알려진 이론과 국내외 「형법」상 성폭력범죄의 정의 및 경험적인 자료를 종합적으로 검토해 보고자 한다.

## 1) 일반적인 정의

성범죄의 정의는 문화권마다 조금씩 차이가 있기는 하지만 대체로 물리적 혹은 사회적 폭력 및 위협을 통해 육체적 · 심리적 혹은 경제적 압력을 가하여 성적 결정권을 침해하는 행위로 축약하여 정리할 수 있다. 또한 구체적인 위협이나 폭력은 없지만, 성 결정능력이 없거나 의사표현능력이 없는 상대방을 이용하여 행하는 성적 행위까지도 성범죄에 포함시킨다. 우리나라에서는 강간, 강간미수, 강간치상 및 직장 내 성희롱 등을 성범죄로 분류하고 있다. 하지만 이 분류는 경험적 연구 등을 통한 실제적인 분류라기보다는 형사정책의 의사결정에 용이한 법적(표면적) 분류에 지나지 않는다. 여성학적 입장에서는 성폭력을 '당사자의 의사와 관계없이 그리고 피해자의 저항 형태나 정도에 관계없이 상대방의 의사에 반한 강제적인 성관계 행위'라고 표현하기도 한다. 또한 우리나라에서의 성범죄에 대한 가장 일반적인 인식은 강간행위가 이루어졌는지, 즉 여성의 성기 내에 남성의 성기 삽입이 이루어졌는지에 초점을 두는 경향이 있었다. 이것은 피해자를 '여성'으로 한정시키고, 비록 여성의 성기 내의 삽입행위는 없었다고 할지라도 피해자에게 수치심과 모멸감을 주는 성적인 행동을 강간의 범주에 포함시키지 않았다. 그러나 2012년 형법 제297조 강간의 객체를 '부녀'에서 '사람'으로 개정하여 현재는 남녀 구분 없이 강간의 피해자로 인정하고 있다.

## 2) 「형법」에 근거한 국내의 정의

시대의 흐름과 의식의 변화에 따라 성범죄의 심각성이 대두되면서 성폭행 관련 법안이 신설, 삭제, 개정되었다. 다음은 현재 개정된 우리나라 「형법」 제32장의 강간과 추행의 죄와 관련된

| 표 8-1 | 강간과 추행의 죄 |
|---|---|
| 제297조(강간) | 폭행 또는 협박으로 사람을 강간한 행위 |
| 제297조의2 (유사강간) | 폭행 또는 협박으로 사람에 대하여 구강, 항문 등 신체(성기 제외)의 내부에 성기를 넣거나 성기, 항문에 손가락 등 신체(성기 제외)의 일부 또는 도구를 넣는 행위 |
| 제298조(강제추행) | 폭행 또는 협박으로 사람에 대하여 추행을 한 행위 |
| 제299조(준강간, 준강제추행) | 사람의 심신상실 또는 항거불능 상태를 이용하여 간음 또는 추행을 한 행위[1] |
| 제300조(미수범) | 강간, 유사강간, 강제추행, 준강간, 준강제추행의 미수 |
| 제301조 (강간 등 상해·치상) | 강간, 유사강간, 강제추행, 준강간, 준강제추행부터 미수범까지의 죄를 범한 자가 사람을 상해하거나 상해에 이르게 한 행위 |
| 제301조의2 (강간 등 살인·치사) | 강간, 유사강간 및 강제추행부터 미수범의 죄를 범한 자가 사람을 살해한 행위 |
| 제302조 (미성년자 등에 대한 간음) | 미성년자 또는 심신미약자에 대하여 위계 또는 위력으로써 간음 또는 추행을 한 행위 |
| 제303조 (업무상위력 등에 의한 간음) | ① 업무, 고용 기타 관계로 인하여 자기의 보호 또는 감독을 받는 사람에 대하여 위계 또는 위력으로써 간음한 행위 ② 법률에 의하여 구금된 사람을 감호하는 자가 그 사람을 간음한 행위 |
| 제305조 (미성년자에 대한 간음, 추행) | ① 19세 미만인 자가 13세 미만의 사람을 간음하거나 추행한 행위 ② 19세 이상의 자가 13세 이상 16세 미만인 사람을 간음하거나 추행한 행위 |
| 제305조의2(상습범) | 상습으로 제297조(강간), 제297조의 2(유사강간), 제298조(강제추행)부터 제300조(미수범)까지, 제302조(미성년자 등에 대한 간음), 제303조(업무상위력 등에 의한 간음) 또는 제305조의 죄를 범한 행위 |

범죄에 대한 내용이다.

'강간과 추행의 죄'[2] 중 제297조(강간)의 죄를 범한 자는 3년 이상의 유기징역, 제297조의 2 (유사강간)의 죄를 범한 자는 2년 이상의 유기징역, 제298조(강제추행)의 죄를 범한 자는 10년 이하의 징역 또는 1천 500만 원 이하의 벌금형, 제299조(준강간, 준강제추행)의 죄를 범한 자는 강간, 유사강간, 강제추행의 예에 의하며, 제301조(강간 등 상해·치상)의 죄를 범한 자는 무기 또는 5년 이상의 징역, 제301조의2(강간 등 살인·치사)의 죄를 범한 자는 무기 또는 10년 이상의

---

1) 관련 미디어자료, PD수첩(http://www.imbc.com/broad/tv/culture/vod). 은폐된 진실-특수학교 성폭력(2005. 11. 1. 방송분).
2) 「형법」 제32장의 내용 중 '강간과 추행의 죄'에 관한 내용을 표로 재구성하였다.

징역, 제302조(미성년자 등에 대한 간음)의 죄를 범한 자는 5년 이하의 징역, 제303조(업무상위력 등에 의한 간음)의 죄를 범한 자 중 제1항에 해당하는 자는 3년 이하의 징역 또는 3천만 원 이하의 벌금형, 제2항에 해당하는 자는 10년 이하의 징역에 처한다. 또한 제305조(미성년자에 대한 간음, 추행)의 죄를 범한 자는 강간, 유사강간, 강제추행, 강간 등 상해·치상, 강간 등 살인·치사의 예에 의하며, 제305조의2(상습범)의 죄를 범한 자는 그 죄에 정한 형의 1/2까지 가중한다.

주의 깊게 보아야 할 것은 변화된 시대 상황을 반영하여 다양화된 성범죄에 효과적으로 대처하기 위하여 2012년에 유사강간죄를 신설하고, 성범죄의 객체를 부녀에서 사람으로 확대하며, 친고죄 및 혼인빙자간음죄를 폐지한 점이다.

유사강간죄는 구강, 항문 등 신체의 내부에 성기를 넣는 행위 또는 성기, 항문에 손가락 등 신체의 일부 또는 도구를 넣는 행위로, 이는 비정상적이고 변태적인 성행위로서 폭행이나 협박에 기하여 이와 같은 행위를 가하는 경우에 침해결과가 강간에 비하여 결코 작다고 볼 수 없다는 입장이다. 더욱이 폭행 또는 협박에 의하여 의사를 억압하고 그와 같은 범죄행위를 실행한 경우에는 인격적인 침해가 발생할 뿐 아니라 그 침해로 인한 신체의 손상 위험도 매우 높다는 이유로 2012년 12월 18일에 신설된 조항이다.

또한 2020년 5월 19일에 제305조 제2항을 신설하여 미성년자의제강간죄의 연령이 상향되어 13세 이상 16세 미만의 사람을 간음하거나 추행을 한 19세 이상인 사람은 피해자의 동의가 있더라도 강간이나 강제추행으로 처벌이 가능해졌다. 여기서 '의제강간'이란 본래 행위에 '협박 및 폭행이 수반되어야 한다.'라는 강간죄의 요건을 충족하지 않더라도 강간죄로 간주한다는 의미이다. 본 죄는 19세 이상인 자가 상대방이 16세 미만임을 인지하거나 19세 미만인 자가 상대방이 13세 미만임을 인지하였음에도 피해자와 성적인 관계를 한 경우에 처벌받을 수 있고, 공소시효의 적용을 받지 않는다.

친고죄는 고소가 있어야 공소를 제기할 수 있는 범죄로서 정지조건부 범죄라고 한다. 이는 단지 경찰에 범죄사실을 신고하는 것만으로 수사나 재판이 이루어지지 않고 고소를 해야만 수사 및 재판이 진행되는 범죄를 의미한다. 친고죄 규정 삭제 이전에는 친고죄인 성범죄(강간죄나 강제추행죄 등) 피해를 당한 경우에 경찰에 피해 사실을 신고하는 것만으로 수사가 개시되지 않고 고소장이 있어야 수사하는 것이 일반적이었다. 물론 「형사소송법」상 고소는 구두로 가능하나, 재판상 고소 여부가 다투어질 여지를 줄이기 위해 경찰이 수사실무상 고소장을 요구하는 일이 빈번했다. 그러나 친고죄 규정이 삭제되면서 경찰에 강간 피해 사실을 신고하면 별도로 고소장을 제출하지 않아도 수사와 재판을 할 수 있게 되었다. 또한 피해자나 제3자가 신고하지 않더라도 경찰이 탐문 중 강간 등 범죄사실을 알게 되거나 여죄를 추궁 중에 피의자가 성범죄를 자백하는 경우에도 경찰의 인지수사를 통해 기소 및 공판이 가능하게 되었다.

혼인빙자 간음죄는 '혼인을 빙자하여 음행의 상습 없는 부녀를 기망하여 간음한 자'를 처벌하는 것으로, 「형법」 제304조에 규정되어 있던 법이다. 하지만 헌법재판소는 혼인빙자간음죄가 사생활의 비밀과 자유를 침해하며, 여성이 혼전 성관계를 요구하는 상대방 남자와 성관계를 가질 것인가의 여부를 스스로 결정한 후 자신의 결정이 착오에 의한 것이라고 주장하면서 상대방

**표 8-2** 「성폭력범죄의 처벌 등에 관한 특례법」 제2조 제1항

| | |
|---|---|
| 제1호 | 「형법」 제22장 성풍속에 관한 죄 중 제242조(음행매개), 제243조(음화반포 등), 제244조(음화제조 등) 및 제245조(공연음란)의 죄 |
| 제2호 | 「형법」 제2편 제31장 약취(略取), 유인(誘引) 및 인신매매의 죄 중 추행, 간음 또는 성매매와 성적 착취를 목적으로 범한 제288조 또는 추행, 간음 또는 성매매와 성적 착취를 목적으로 범한 제289조, 제290조(추행, 간음 또는 성매매와 성적 착취를 목적으로 제288조 또는 추행, 간음 또는 성매매와 성적 착취를 목적으로 제289조의 죄를 범하여 약취, 유인, 매매된 사람을 상해하거나 상해에 이르게 한 경우에 한정한다), 제291조(추행, 간음 또는 성매매와 성적 착취를 목적으로 제288조 또는 추행, 간음 또는 성매매와 성적 착취를 목적으로 제289조의 죄를 범하여 약취, 유인, 매매된 사람을 살해하거나 사망에 이르게 한 경우에 한정한다), 제292조[추행, 간음 또는 성매매와 성적 착취를 목적으로 한 제288조 또는 추행, 간음 또는 성매매와 성적 착취를 목적으로 한 제289조의 죄로 약취, 유인, 매매된 사람을 수수(授受) 또는 은닉한 죄, 추행, 간음 또는 성매매와 성적 착취를 목적으로 한 제288조 또는 추행, 간음 또는 성매매와 성적 착취를 목적으로 한 제289조의 죄를 범할 목적으로 사람을 모집, 운송, 전달한 경우에 한정한다] 및 제294조(추행, 간음 또는 성매매와 성적 착취를 목적으로 범한 제288조의 미수범 또는 추행, 간음 또는 성매매와 성적 착취를 목적으로 범한 제289조의 미수범, 추행, 간음 또는 성매매와 성적 착취를 목적으로 제288조 또는 추행, 간음 또는 성매매와 성적 착취를 목적으로 제289조의 죄를 범하여 발생한 제290조 제1항의 미수범 또는 추행, 간음 또는 성매매와 성적 착취를 목적으로 제288조 또는 추행, 간음 또는 성매매와 성적 착취를 목적으로 제289조의 죄를 범하여 발생한 제291조 제1항의 미수범 및 제292조 제1항의 미수범 중 추행, 간음 또는 성매매와 성적 착취를 목적으로 약취, 유인, 매매된 사람을 수수, 은닉한 죄의 미수범으로 한정한다)의 죄 |
| 제3호 | 「형법」 제2편 제32장 강간과 추행의 죄 중 제297조(강간), 제297조의2(유사강간), 제298조(강제추행), 제299조(준강간, 준강제추행), 제300조(미수범), 제301조(강간 등 상해·치상), 제301조의2(강간 등 살인·치사), 제302조(미성년자 등에 대한 간음), 제303조(업무상 위력 등에 의한 간음) 및 제305조(미성년자에 대한 간음, 추행)의 죄 |
| 제4호 | 「형법」 제339조(강도강간)의 죄 및 제342조(제339조의 미수범으로 한정한다)의 죄 |
| 제5호 | 이 법 제3조(특수강도강간 등)부터 제15조(미수범)까지의 죄 |

제1항 각 호의 범죄로서 다른 법률에 따라 가중처벌되는 죄는 성폭력범죄로 본다.

남성의 처벌을 요구하는 것은 여성 스스로가 자신의 성적 자기결정권을 부인하는 행위라는 점, 결혼과 성에 관한 국민의 법의식에 많은 변화가 생겨나 여성의 착오에 의한 혼전 성관계를 형사법률이 적극적으로 보호해야 할 필요성이 미미해졌다는 점, 사생활에 대한 비범죄화(非犯罪化) 경향이 현대 「형법」의 추세이고 세계적으로도 혼인빙자간음죄를 폐지해 가는 추세이며, 일본, 독일, 프랑스 등에서도 혼인빙자간음죄에 대한 처벌 규정이 없는 점, 그 밖에 국가 형벌로서의 처단 기능 약화, 형사처벌로 인한 부작용 대두의 점 등을 고려하면 그 목적을 달성하기 위하여 혼인빙자간음행위를 형사처벌하는 것은 수단의 적절성과 피해의 최소성을 갖추지 못하였다는 이유로 위헌판결을 받아 효력을 상실하게 되었다.

이처럼 개인의 성적 의사결정을 존중하는 방향으로 법안이 신설 및 삭제되면서 동시에 이를 침범한 성폭력범죄에 대해서 가중처벌하고 그 절차에 대한 특례를 규정하는 법안이 생성되었다. 1994년에 제정된 「성폭력범죄의 처벌 및 피해자보호 등에 관한 법률」은 성폭력범죄를 예방하고, 피해자를 보호하며, 성폭력범죄의 처벌 및 그 절차에 대한 특례를 규정함으로써 국민의 인권신장과 건강한 사회질서의 확립에 이바지함을 목적으로 제정된 것이다. 이 법은 2010년 「성폭력범죄의 처벌 등에 관한 특례법」과 「성폭력방지 및 피해자보호 등에 관한 법률」이 제정되어 폐지되었다. 해당 법안에서는 성폭력범죄를 〈표 8-2〉에 있는 「형법」에 해당하는 죄로 규정짓고 있다.

이 법은 '강간과 추행의 죄'뿐만 아니라 '성풍속에 관한 죄' '약취와 유인의 죄' '강도강간죄', '특수강도강간죄' 등에 해당하는 범죄를 모두 성폭력으로 인정하여 기존의 '강간죄'보다 피해자의 범위를 폭넓게 인정하였다. 또한 피해자에 대한 불이익처분의 금지, 고소 제한에 대한 예외, 피해자의 신원과 사생활 비밀 누설 금지, 심리의 비공개, 신뢰관계에 있는 자의 동석, 성폭력 피해상담소 설치, 피해자의 의료보호 등에 관한 법령을 마련하여 강간죄에 비해 비교적 피해자 보호에 신중을 기하였다.

또한 「성폭력범죄의 처벌 등에 관한 특례법」[3] 중 성폭력 피해자가 형사 절차상 경찰 · 검찰 수사단계에서 성폭력 피해자의 인권을 보호하기 위한 보호조치의 의미로 성폭행 피해자의 수사 절차상 보호에 대한 내용이 보완되었는데, 관련 내용은 〈표 8-3〉과 같다.

「성폭력범죄의 처벌 등에 관한 특례법 시행령」 중 제3조 신상정보의 제출에 관한 내용은 2014년 12월 30일자로 개정되어 등록대상자는 제42조 제1항[4]의 판결이 확정된 날부터 30일 이

---

3) 성폭력범죄의 처벌 및 그 절차에 관한 특례를 규정함으로써 성폭력범죄 피해자의 생명과 신체의 안전을 보장하고 건강한 사회질서의 확립에 이바지함을 목적으로 한다. 〈시행 2013. 12. 19.〉

4) 제42조(신상정보 등록대상자) ① 제2조 제1항 제3호 · 제4호, 같은 조 제2항(제1항 제3호 · 제4호에 한정한다), 제3조부

표 8–3 「성폭력범죄의 처벌 등에 관한 특례법」에 따른 수사절차상 피해자 지원 조항

| | |
|---|---|
| 영상물의 촬영 · 보존<br>(제30조) | 피해자가 19세 미만이거나 신체적인 또는 정신적인 장애로 사물을 변별하거나 의사를 결정할 능력이 미약한 경우에는 피해자의 진술내용과 조사과정을 비디오녹화기 등 영상물 녹화장치로 촬영 · 보존한다. |
| 심리의 비공개(제31조) | 성폭력범죄에 대한 심리는 그 피해자의 사생활을 보호하기 위하여 결정으로써 공개하지 아니할 수 있다. 또한 증인으로 소환받은 성폭력범죄의 피해자와 그 가족은 사생활 보호 등의 사유로 증인신문의 비공개를 신청할 수 있다. |
| 증인지원시설의<br>설치 · 운영(제32조) | 각급 법원은 증인으로 법원에 출석하는 피해자 등이 재판 전후에 피고인이나 그 가족과 마주치지 아니하도록 하고, 보호와 지원을 받을 수 있는 적절한 시설을 설치한다. |
| 전문가의 의견 조회<br>(제33조) | 법원은 정신과의사, 심리학자, 사회복지학자, 그 밖의 관련 전문가로부터 행위자 또는 피해자의 정신 · 심리상태에 대한 진단소견 및 피해자의 진술내용에 관한 의견을 조회할 수 있다. |
| 신뢰관계에 있는<br>사람의 동석(제34조) | 범죄의 피해자를 증인으로 신문하는 경우에 검사, 피해자 또는 법정대리인이 신청할 때에는 재판에 지장을 줄 우려가 있는 등 부득이한 경우가 아니면 피해자와 신뢰관계에 있는 사람을 동석하게 하여야 한다. |
| 진술조력인의 수사과정<br>참여(제36조)<br>진술조력인의 재판과정<br>참여(제37조) | 피해자가 13세 미만의 아동이거나 신체적인 또는 정신적인 장애로 의사소통이나 의사표현에 어려움이 있는 경우 원활한 조사를 위하여 직권이나 피해자, 그 법정대리인 또는 변호사의 신청에 따라 진술조력인으로 하여금 조사과정에 참여하여 의사소통을 중개, 보조하게 할 수 있다. |
| 비디오 등 중계장치에<br>의한 증인신문(제40조) | 범죄의 피해자를 증인으로 신문하는 경우 검사와 피고인 또는 변호인의 의견을 들어 비디오 등 중계장치에 의한 중계를 통하여 신문할 수 있다. |

내에 성명, 주민등록번호, 주소 및 실제 거주지, 직업 및 직장 등의 소재지, 연락처(전화번호, 전자우편주소), 신체정보(키와 몸무게), 소유 차량의 등록번호와 같은 신상정보를 자신의 주소지를 관할하는 경찰관서의 장에게 제출하여야 한다. 다만, 등록대상자가 교정시설이나 치료감호시

터 제15조까지의 범죄 및 「아동 · 청소년의 성보호에 관한 법률」 제2조 제2호의 범죄(이하 '등록대상 성범죄'라 한다)로 유죄판결이 확정된 자 또는 같은 법 제49조 제1항 제4호에 따라 공개명령이 확정된 자는 신상정보 등록대상자(이하 '등록대상자'라 한다)가 된다. 다만, 「아동 · 청소년의 성보호에 관한 법률」 제11조 제5항의 범죄로 벌금형을 선고받은 자는 제외한다. ② 법원은 등록대상 성범죄로 제1항의 판결을 선고할 경우에 등록대상자라는 사실과 제43조에 따른 신상정보 제출 의무가 있음을 등록대상자에게 알려 주어야 한다.
③ 법원은 제1항의 판결이 확정된 날부터 14일 이내에 제2항의 고지사항을 서면으로 판결문 등본에 첨부하여 법무부 장관에게 송달하여야 한다.

설에 수용된 경우에는 그 교정시설의 장 또는 치료감호시설의 장에게 제출해야 한다. 또한 등록 대상자의 제출 정보가 변경된 경우[5]에는 그 사유와 변경내용을 변경사유가 발생한 날부터 20일 이내에 제출하여야 한다. 또한 등록대상자는 최초 등록일부터 1년마다 주소지를 관할하는 경찰 관서에 출석하여 사진을 촬영해야 하고, 교정시설의 경우 석방 또는 치료감호 종료 전에 사진을 촬영한다. 경찰서 및 교정시설의 장은 해당 자료를 전자기록으로 저장·보관하여 범죄경력 자료와 함께 법무부장관에게 송달하여야 한다.

## 3) 미국 범죄 관련 보고서의 정의

미국의 경우에는 강간과 강간 이외의 성폭력범죄[6]의 피해자로 단지 여성만을 인정하는 것이 아니라, 남자 성인과 여자 아동 및 남자 아동도 인정하고 있다. 성범죄에 대한 미국의 주요 관련 기관의 정의를 살펴보면 〈표 8-4〉와 같다.

표 8-4    미국 범죄 관련 보고서의 정의

| NCVS | 강간(rape) | • 폭력적인 성교 또는 성교 시도가 있어야 함<br>• 피해자 인정: 12세 이상의 남성과 여성을 모두 피해자로 인정하며, 피해자는 가해자와 동성일 수도 있고, 이성일 수도 있다는 것을 인정 |
|---|---|---|
| | 성폭력<br>(sexual assault) | • 강간 또는 강간 시도 이외의 성범죄를 지칭함<br>• 피해자가 원하지 않는 성적인 접촉 모두를 범죄로 인정<br>• 피해자 인정: 강간보다 넓은 범위로 성범죄행위를 인정 |
| | 강간과 성폭력 모두 완결된 성범죄뿐 아니라,<br>시도된 성범죄도 범죄로 인정 | |

5) 「성폭력범죄의 처벌 등에 관한 특례법 시행령」 제3조(신상정보의 제출 내용등) 제3항 관할경찰관서의 장 또는 교정시 설 등의 장은 제출정보와 변경정보를 받으면 다음 각 호의 관련 서류를 확인하는 방법으로 진위를 확인하여야 한다. 1. 주민등록증(재외국민의 경우에는 여권을 말한다)·운전면허증 또는 학생증 2. 여권 및 외국인등록증(외국인만 해당 한다) 3. 여권 및 「재외동포의 출입국과 법적 지위에 관한 법률」 제7조에 따른 국내거소신고증 또는 국내거소신고 사실 증명(외국국적동포인 경우만 해당한다) 4. 재직증명서〈개정 2015. 1. 20., 2017. 6. 20.〉

6) 외국에서도 과거에는 범죄자가 상대 여성의 의지에 반(反)하여 여성의 질 내에 남성의 성기를 삽입하는 행위가 이루어 져야 성폭력으로 인정이 되었지만, 현재는 삽입이 이루어지지 않았더라도 삽입하려는 시도만 있어도 성폭력으로 인정을 하고 있는 추세이고, 상대방의 의지에 반하여 상대방에게 혐오감을 주는 눈빛이나 언행, 몸을 밀착시키는 행위 등도 성 폭력으로 인정하고 있는 추세이다. 질 내 성기의 삽입이 성폭력의 필수조건이 아니게 됨으로 인해서 피해자로 인정하는 범위도 여성뿐 아니라 남성에게까지 확대되고 있다.

| UCR | 강간<br>(rape) | • 의지에 반(反)하여 폭력적이고 강제적인 성교를 행하는 행위. 완전한 성교뿐<br>아니라 성교 시도 또한 범죄로 인정<br>• 피해자 인정: NCVS와 대조적으로 미성년자는 피해 조사 대상에서 제외했고,<br>폭력을 수반하지 않은 합법적인 수준에서의 공격은 이 범행의 범위에서 제<br>외했음. 의제강간과 근친상간 제외 |
| --- | --- | --- |
| | 성범죄<br>(sex offense)-<br>Part II offense | • 정조나 체면, 도덕성 등에 반하는 법적인 강간과 남색을 포함 |
| NIBRS | 강간<br>(rape) | • 폭력적인 성교<br>• 상대방의 의지에 반하여 행하는 성교<br>• 위의 두 요건을 모두 포함한 폭력적이고 상대방의 의지에 반하는 성교<br>• 폭력적이지는 않지만, 상대방의 의지에 반하는 성교<br>• 폭력적이지도 않고, 상대방의 의지에 반하여 행한 성교가 아닐지라도 상대<br>방이 미성년이거나 심신미약인 경우도 범죄로 인정(이는 미성년이나 심신미<br>약자의 경우에 성교에 대한 자신의 의지를 제대로 나타낼 수 없다는 점을 감<br>안한 결과임)<br>• 피해 인정: 남성과 여성 모두 피해자로 인정, 완전한 성교뿐 아니라 성교를<br>하기 위한 위협이나 시도도 범죄로 인정 |
| | 의제강간<br>(statutory rape) | • 성교 시 위협이나 폭력은 없었지만, 상대방이 미성년인 경우 |
| | 남색<br>(sodomy) | • 폭력적인 구강성교, 항문성교<br>• 상대방의 의지에 반하여 행하는 구강성교, 항문성교<br>• 위의 두 요건을 모두 포함한 폭력적이고 상대방의 의지에 반하는 구강성교,<br>항문성교<br>• 폭력적이지는 않지만, 상대방의 의지에 반하는 구강성교, 항문성교<br>• 구강성교, 항문성교를 하기 위한 폭력이나 위협이 없고 상대방의 의지에 반<br>하지 않았을지라도, 상대방(남, 여 모두 피해자로 인정)이 미성년이거나 심<br>신미약인 경우도 범죄로 인정 |
| | 도구를 사용한<br>성폭행<br>(sexual assault<br>with an object) | • 상대방의 의지에 반하여 강제로 자신의 성기를 상대방의 성기나 항문 또는<br>기타 개구에 삽입하기 위해 도구를 사용하는 행위 |
| | 애무<br>(fondling) | • 성적인 욕구 충족을 위해서 상대방의 의지에 반하여 강제로 상대방의 몸을<br>만지는 행위<br>• 음탕한 행동과 아동치한도 이에 속함 |
| | 근친상간(Incest) | • 금혼 촌수의 관계에 있는 사람들 사이의 폭력성이 없는 성교 |

National Crime Victimization Survey(NCVS)는 미국 법무부 산하기관인 Bureau of Justice Statistics(BJS)에 의해 조사된 통계자료이다. NCVS[7]는 성범죄를 강간(rape)과 성폭력(sexual assault)으로 구분하였고, 강간과 성폭력의 범위로 완전한 성교(삽입)뿐 아니라, 성교(삽입) 시도 또한 인정하고 있다. 단, 이 조사에서 피해자의 연령은 12세 이상으로 한정하였다. NCVS는 대표성을 확보하기 위해 무작위 샘플링 방법을 사용하여 매년 수천 가구와 개인을 대상으로 조사를 실시하며, 이때 설문조사 및 인터뷰를 통해 전국적으로 범죄 피해 관련 정보를 수집할 수 있다. 즉, 수사 관련 기관들이 기소된 성범죄를 조사한 것이 아니라 피해자를 직접 조사한 통계이기 때문에 수사기관이 도출한 통계에서 잘 나타나지 않는 암수범죄율을 비교적 잘 나타낸다.

Uniform Crime Reporting(UCR)은 경찰기록에 근거한 통계자료이다. UCR[8]은 성범죄를 강간 (rape; Part I offense)과 성범죄(sex offense; Part II offense)로 분류하고 있다. 기존에 비판받았던 '강제적인 강간(forcible rape)'이라는 정의는 2013년 이후 '강간(rape)'으로 대체되었다. NCVS가 의제강간(statutory rape)을 '강간'으로 정의하고 있는 반면, UCR은 의제강간을 '강간'의 정의에서 배제하였다. 따라서 피해자로 인정되는 범위가 NCVS보다 협소하다.

National Incident-Based Reporting System(NIBRS)는 경찰기관에 의해 조사된 통계자료이다. NIBRS[9]는 강간과 기타 다른 성범죄에 대해서 UCR보다 더 구체적인 정의를 제공한다. UCR이 강간의 피해자를 여성으로 한정한 데 반해, NIBRS는 피해자의 범위를 사람(person)으로 규정하고 있다. 즉, 〈표 8-4〉에서 NIBRS의 정의 중 상대방이란 용어는 남성과 여성을 모두 피해자로 인정한다는 의미이다. 다시 말해 NIBRS는 UCR보다 피해자의 범위를 더 넓게 인정하고 있다.

## 4) 국내 정의와 외국 정의의 차이

현재 우리나라 「형법」에서는 여러 성범죄유형 중 피해강도가 가장 큰 강간에 대하여 폭행 또는 협박으로 사람을 강간한 자는 3년 이상의 유기징역에 처한다(「형법」 제 297조)고 규정하고 있다. 과거 강간의 대상이 될 수 있는 자를 부녀에 한정하였으나, 2012년 법률 개정을 통해 객체를 '사람'으로 변경하였다. 또 다른 차이점은 성기 삽입이 이루어지지 않았더라도, 삽입의 시도를 강간으로 인정하는 외국과는 달리 과거 우리나라에서는 성기 삽입이 이루어져야만 강간으로 인정해 주었는데, 2012년 '유사강간죄'를 신설하여 이 문제점을 해소하였다. 예를 들어, 가해자가 자신의 성기를 피해자의 성기에 삽입하지 않고 항문에 삽입했을 경우, 강간죄가 성립하는 것이 아니라 유사강간죄가 성립한다.[10]

'상대방의 의지에 반(反)하는 행위'는 강간죄 성립에 중요한 요소이다.[11] 영국 및 미국의 문헌은 강간의 정의를 신체적인 강요뿐 아니라 심리적인 강요에 의한 강제적인 성교라고 정의하고 있다. 여기서 성교란 성기의 삽입(질뿐 아니라 항문과 구강 삽입도 포함)만으로 국한되는 것이 아니라, 삽입을 하려는 시도도 포함하고 있으며, 여성뿐 아니라 남성도 피해자로 인정하고 있고, 남성이 여성에게 행하는 강간뿐 아니라 남성이 남성에게 행하는 강간도 인정하고 있다.[12] 완전하게 이루어진 성교뿐 아니라 성교 시도도 강간으로 인정하고 있는데, 성교 시도 시에 사용한 위협이 신체적인 위협뿐 아니라 언어적인 위협일 경우에도 강간으로 인정한다(Howitt, 2002; Riedel & Welsh, 2002). 그러나 우리나라의 경우에는 삽입이 이루어지지 않은 사건은 강간미수죄로 인정하고 있으며, 강간죄보다는 경미한 처벌에 처하고 있다.

## 2. 성범죄의 실태

### 1) 우리나라의 실태

우리나라 강력범죄의 전체적인 증가 또는 감소 추이를 알아보기 위해 〈표 8-5〉를 그림으로 나타내면 [그림 8-1]과 같다.

---

10) 그러나 강간을 하려는 범행의도(여성의 성기에 가해자 자신의 성기를 삽입하려는 의도)가 매우 명백한 경우에는 강간치상죄가 성립할 수 있다.

11) 영국과 미국은 데이트 도중 상대방 여성이 원하지 않음에도 강제로 성관계가 이루어졌을 경우에 강간으로 인정하고 있으며, 심지어 부부 사이에서의 강요된 성관계도 강간으로 인정하고 있다.
관련 미디어자료: 그것이 알고싶다(http://www.sbs.co.kr/new/tv/docu). 내 아내 내 맘대로 할 수 있다? -아내 강간과 부부의 성(2004. 9. 11. 방송분).

12) 관련 미디어자료: 그것이 알고싶다(http://www.sbs.co.kr/new/tv/docu). 침묵 속의 절규-동성강간을 말한다(2004. 2. 5. 방송분).

**표 8-5** 강력범죄의 죄명별 발생 현황(1981~2021)                                    (단위: 건)

|  | 합계 | 살인 | 강도 | 성폭력 | 방화 |
|---|---|---|---|---|---|
| 1981 | 8,125 | 625 | 2,504 | 4,568 | 428 |
| 1982 | 8,763 | 538 | 2,274 | 5,459 | 492 |
| 1983 | 8,724 | 518 | 2,498 | 5,244 | 464 |
| 1984 | 9,401 | 581 | 2,834 | 5,482 | 504 |
| 1985 | 9,664 | 600 | 3,135 | 5,453 | 476 |
| 1986 | 8,860 | 617 | 2,695 | 5,002 | 546 |
| 1987 | 9,342 | 653 | 3,102 | 5,034 | 553 |
| 1988 | 9,298 | 601 | 3,446 | 4,658 | 593 |
| 1989 | 10,412 | 578 | 4,085 | 5,102 | 647 |
| 1990 | 11,440 | 666 | 4,195 | 5,519 | 1,060 |
| 1991 | 9,619 | 630 | 2,766 | 5,175 | 1,048 |
| 1992 | 9,675 | 615 | 2,549 | 5,447 | 1,064 |
| 1993 | 11,639 | 806 | 2,876 | 7,051 | 906 |
| 1994 | 13,304 | 705 | 4,469 | 7,415 | 715 |
| 1995 | 10,852 | 646 | 3,414 | 6,174 | 618 |
| 1996 | 12,155 | 690 | 3,586 | 7,158 | 721 |
| 1997 | 12,967 | 789 | 4,282 | 7,120 | 776 |
| 1998 | 15,416 | 966 | 5,407 | 7,886 | 1,157 |
| 1999 | 15,633 | 984 | 4,712 | 8,830 | 1,107 |
| 2000 | 17,780 | 964 | 5,349 | 10,189 | 1,278 |
| 2001 | 18,431 | 1,064 | 5,546 | 10,446 | 1,375 |
| 2002 | 17,759 | 983 | 5,953 | 9,435 | 1,388 |
| 2003 | 20,416 | 1,011 | 7,327 | 10,365 | 1,713 |
| 2004 | 19,539 | 1,082 | 5,762 | 11,105 | 1,590 |
| 2005 | 19,941 | 1,091 | 5,266 | 11,757 | 1,827 |
| 2006 | 21,006 | 1,064 | 4,684 | 13,573 | 1,685 |
| 2007 | 20,922 | 1,124 | 4,470 | 13,634 | 1,694 |
| 2008 | 22,987 | 1,120 | 4,827 | 15,094 | 1,946 |
| 2009 | 25,791 | 1,390 | 6,379 | 16,156 | 1,866 |
| 2010 | 27,482 | 1,262 | 4,395 | 19,939 | 1,886 |
| 2011 | 29,248 | 1,221 | 4,021 | 22,034 | 1,972 |
| 2012 | 26,915 | 1,022 | 2,626 | 23,376 | 1,882 |

| | | | | |
|---|---|---|---|---|
| 2013 | 31,642 | 959 | 2,001 | 29,097 | 1,730 |
| 2014 | 34,126 | 938 | 1,618 | 29,863 | 1,707 |
| 2015 | 35,139 | 958 | 1,472 | 31,063 | 1,646 |
| 2016 | 32,963 | 948 | 1,181 | 29,357 | 1,477 |
| 2017 | 36,030 | 858 | 990 | 32,824 | 1,358 |
| 2018 | 35,272 | 849 | 841 | 32,104 | 1,478 |
| 2019 | 35,066 | 847 | 845 | 32,029 | 1,345 |
| 2020 | 32,812 | 805 | 692 | 30,105 | 1,210 |
| 2021 | 35,126 | 692 | 511 | 32,898 | 1,025 |

출처: 대검찰청(2022).

성폭력은 2002년 9,435건에서 2021년 32,898건으로 지난 20년간 약 3.5배가 증가하였다. 연도별로 보면 대체로 지속적인 증가 추세를 유지하고 있으며, 2010년에 19,939건으로 전년 대비 16,156건보다 10.5% 증가하였다. 도표에서 볼 수 있듯이, 성폭력은 강력범죄 중에서 가장 많은 수를 차지하고 있고, 현재까지도 꾸준히 증가하고 있다. 반면, 강도 발생률의 경우에 2003년과 2009년의 이례적인 증가를 제외하고는 전반적으로 감소 추세를 보이고 있다. 이전에 1972년부터 2002년까지 성폭력(이전에는 강간으로 표기)과 강도는 전반적으로 함께 증가하였는데, 이것은 강도범죄가 강간으로 이어지는 경우가 많기 때문으로 추측한다. 하지만 최근 통계를 보면

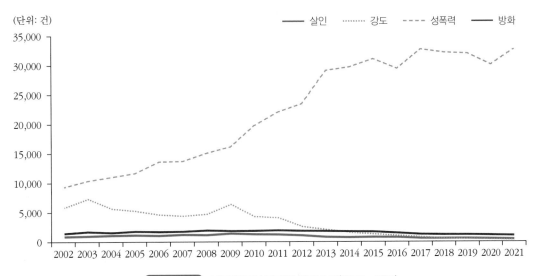

**그림 8-1** 강력범죄의 죄명별 발생추이(2002~2021)

출처: 대검찰청(2022).

| 표 8-6 | 강도의 죄명별 발생 현황(2011~2022) | | | (단위: 명) |
|---|---|---|---|---|
| | 강도 | 강도상해 · 치상 | 강도살인 · 치사 | 강도강간 |
| 2011 | 1,080 | 1,185 | 74 | 132 |
| 2012 | 569 | 827 | 29 | 66 |
| 2013 | 379 | 669 | 28 | 48 |
| 2014 | 299 | 503 | 27 | 43 |
| 2015 | 282 | 486 | 30 | 21 |
| 2016 | 213 | 398 | 22 | 16 |
| 2017 | 165 | 311 | 26 | 19 |
| 2018 | 155 | 253 | 19 | 24 |
| 2019 | 127 | 233 | 22 | 10 |
| 2020 | 110 | 209 | 19 | 5 |
| 2021 | 86 | 149 | 16 | 8 |
| 2022 | 79 | 163 | 14 | 5 |

출처: 경찰청(2022).

성폭력과 강도는 서로 다른 추세를 보이고, 표기법도 '강간'을 '성폭력'으로 대체하면서 강간뿐 아니라 '특수강도강간 등'과 '카메라 등 이용촬영' '통신매체이용음란' 등 다양한 죄명을 성폭력 범죄에 포함하였고(〈표 8-7〉 참조), 강도범죄가 점차 감소하는 특성을 보이면서 더 이상 강간과 강도를 연계하여 설명하는 것이 어려워졌다.

강도사범의 죄명별 발생 현황은 〈표 8-6〉에서 보는 바와 같다. 2011년부터 2022년까지 지난 11년간 강도는 1,080명에서 79명으로 92.7% 감소하였고, 강도상해 · 치상은 1,185명에서 163명으로 86.2% 감소하였다. 강도살인 · 치사는 74명에서 14명으로 81.1% 감소하였고, 강도 강간은 132명에서 5명으로 96.2% 감소하였다. 이와 같이 강도사범의 죄명별 발생건수가 극감할 수 있었던 것은 높은 발생건수 대비 검거건수로 인한 것일 수 있다. 예시로, 2011년 강도 발생건수 대비 검거건수는 64.2%였으나 2022년에는 96.2%로 크게 상승하였다. 또한 앞에서 언급한 강도사범의 죄명별 발생건수 대비 검거건수의 평균은 98.4%로 굉장히 높은 수준의 검거 비율이다. 전반적으로 강도범죄는 잘 통제되는 것으로 보이나 강도강간범과 같은 유형에는 주의를 기울여야 한다. 강도강간범은 기회주의형 성범죄자의 유형으로 분류할 수 있는데, 강도강간이 강도범죄에서 차지하는 비율이 그다지 큰 것은 아니지만, 강도강간자는 높은 공격성을 지닌 기회주의형 성범죄자일 가능성이 높으므로 비록 적은 비율일지라도 간과할 수 없는 범죄자의 유형이다.

표 8-7　성폭력범죄 발생 현황(2013~2021)　　　　(단위: 명)

| 연도 | 2013년 | 2014년 | 2015년 | 2016년 | 2017년 | 2018년 | 2019년 | 2020년 | 2021년 |
|---|---|---|---|---|---|---|---|---|---|
| 합계 | 28,786 | 29,517 | 30,651 | 28,993 | 32,234 | 31,396 | 31,396 | 29,467 | 32,080 |
| 강간 · 강제추행 | 22,342 | 21,172 | 21,352 | 22,229 | 24,106 | 23,467 | 23,531 | 21,702 | 20,267 |
| 카메라 등 이용촬영 | 4,823 | 6,623 | 7,623 | 5,185 | 6,465 | 5,925 | 5,762 | 5,032 | 6,212 |
| 통신매체 이용음란 | 1,411 | 1,257 | 1,135 | 1,109 | 1,249 | 1,365 | 1,437 | 2,047 | 5,067 |
| 성적 목적 공공장소 침입 | 210 | 465 | 541 | 470 | 414 | 639 | 666 | 686 | 534 |

출처: 경찰청(2022).

표 8-8　강력범죄 피해자의 관계별 현황(2021)

| 관계 죄명 | 성폭력 | 살인 | 강도 | 방화 | 계 |
|---|---|---|---|---|---|
| 직장 관계자 | 1,573(5) | 34(4.4) | 6(0.8) | 15(1.6) | 1,628(4.8) |
| 친구 | 1,152(4) | 29(3.8) | 20(2.6) | 7(0.8) | 1,208(3.5) |
| 애인 | 1,369(4) | 57(7.3) | 11(1.4) | 38(4.1) | 1,475(4.3) |
| 친족 | 747(2) | 186(24.2) | 4(0.5) | 180(19.7) | 1,117(3.3) |
| 지인 | 3,762(12) | 110(14.2) | 85(11.1) | 105(11.5) | 4,203(12.3) |
| 타인 | 14,883(47) | 140(18.1) | 516(67.5) | 350(38.2) | 15,889(46.6) |
| 기타 | 1,585(5) | 59(7.6) | 23(3) | 136(14.8) | 1,820(5.3) |
| 미상 | 6,422(20) | 157(20.4) | 99(13.1) | 85(9.3) | 6,763(19.8) |
| 계 | 31,493(100) | 772(100) | 764(100) | 916(100) | 34,103(100) |

출처: 대검찰청(2022).

　〈표 8-8〉에서 알 수 있듯이, 성폭력범죄는 기타 다른 강력범죄보다 직장 관계자, 친족, 지인 등의 면식관계 안에서 이루어지는 경우가 많다. 이는 성폭력이 충동적으로 모르는 사람이 실행하는 범죄일 거라는 일반적인 인식이 실제와는 다르다는 점을 시사한다. 특히 직장 상사나 동료의 성폭력범죄는 단순한 성적인 욕망으로 인한 것이 아닌 권력관계를 매개로 이루어진다는 특성을 보인다. 또한 성폭력범죄의 원인이 단순한 성욕이라고 볼 수 없다는 페미니즘 이론을 뒷받침해 주는 것이라고 할 수 있다. 친족에 의한 근친강간의 경우에 시급히 사회적 대책을 마련해야 한다. 근친에 의한 강간은 아버지가 딸에게 혹은 삼촌이 조카에게 등 주로 피해자가 미

성년일 경우가 많다. 또한 가해자와 계속 대면하게 되는 가족 내지 친척이라는 특성상 강간이 단발로 그치지 않고 긴 시간 동안 지속적으로 행해지는 것이 대부분이다.

## 2) 외국의 실태

우리나라뿐 아니라 외국의 통계조사도 다양한 성범죄 중 강간에 대한 조사가 많다. 여기서 언급한 통계조사도 비록 초점이 강간에 맞추어져 있지만, 통계조사상의 강간 또는 성적인 공격 행위는 기타 다른 여러 성범죄를 포함하고 있다(Riedel & Wels, 2002).

앞서 언급했듯이, 강간을 어떻게 정의하느냐에 따라 강간범죄에 대한 통계 수치는 달라진다. [그림 8-2]는 미국 NCVS에서 발표한 12세 이상의 인구 1,000명당 강간피해율의 결과이다. NCVS 통계는 설문지 등을 이용해 미국 전역에서 일반인이 직접 응답하는 시스템이며, 이러한 방식으로 수집한 강간피해율[13] 자료 중 2000년부터 2021년까지 재구성한 자료는 [그림 8-2]와 같다.

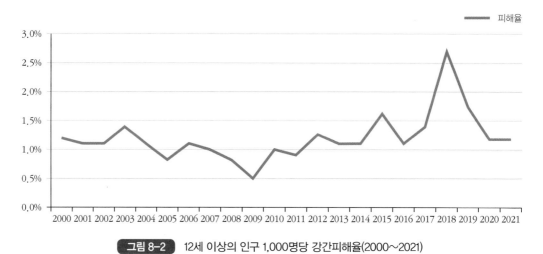

그림 8-2   12세 이상의 인구 1,000명당 강간피해율(2000~2021)

출처: United States Department of Justice, Federal Bureau of Investigation.

[그림 8-2]에서 볼 수 있듯이 강간피해율은 불안정한 형태이기는 하지만, 2000년부터 2009년 까지는 감소하는 추세를 보이다가 2019년까지는 증가하는 추세를 보인다. 특히 2018년에는 전

---

13) 1. 이 통계조사에서 NCVS는 완전히 이루어진 강간뿐 아니라 강간하려는 시도도 범죄율에 포함하여 조사하였다.
   2. 12세 이상 인구의 강간 피해에 대한 NCVS 통계자료(출처: Bureau of Justice Statistics 범죄 피해보고서)를 한글 도표로 재구성하였다.

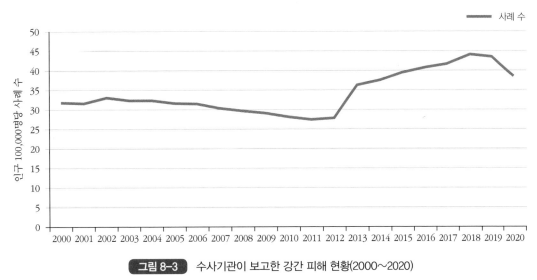

**그림 8-3**　수사기관이 보고한 강간 피해 현황(2000~2020)

출처: FBI Crime Data Explorer.

년도에 비해 약 2배가량 강간피해율이 증가하여 주의가 필요하였으나 코로나19 시작된 2019년부터는 다시 하락세를 유지하는 것처럼 보인다. 이후 2020년부터 2021년까지 12세 이상 인구 1,000명당 강간피해율은 1.2% 정도의 수준을 유지하고 있다.

　UCR 자료는 여성이 폭력적으로 강간을 당한 피해 현황을 수사기관(FBI)이 조사한 자료[14]이다. 해당 자료를 보면 2000년부터 2012년까지는 NCVS의 결과와 비슷하게 감소 추세를 보이는 것을 알 수 있다. 비록 감소 추세를 보일지라도, 보고된 피해 사례 수에서는 NCVS와 매우 큰 차이를 보인다. UCR이 보고하는 2000년부터 2020년까지 인구 100,000명당 강간피해율은 0.05%도 되지 않는다. 2019년이 0.044%로 가장 높은 피해율을 보고한 때이다. NCVS의 자료에서는 근래 강간피해율을 1.2%로 보고하고 있고, UCR은 평균 0.03%를 기록하고 있으므로 NCVS에 보고되는 강간피해 사례의 채 1/10도 되지 않는 피해율을 보고하였다. 이러한 차이는 성범죄의 실태를 조사하는 방법에서 비롯된다고 할 수 있다. 이어서 성범죄 실태조사 방법의 문제점에 대해서 논의하겠다.

## 3) 성범죄 실태조사의 문제점

　NCVS의 1999년도 자료에 따르면 12세 이상 인구 중 201,000명이 강간(70%) 또는 강간시도

---

14) 인구 100,000명당 강간 피해 통계(출처: FBI Crime Data Explorer).

(30%)의 피해를 당하였고, 182,000명이 강간 이외의 기타 성범죄의 피해를 당한 것으로 보고되었다. 반면, UCR과 같은 수사기관의 통계자료는 피해자 조사자료의 약 1/3에도 못 미치는 범죄피해율(32%)을 보고하였다. 피해자들이 수사기관에 피해율을 덜 보고하는 이러한 현상은 바로보복의 두려움에서 원인을 찾을 수 있다. 또 다른 원인은 주변 사람들의 시선 또는 피해자 자신에 대한 스스로의 비난, 자책감 등과 같은 피해자 자신의 개인적인 문제 때문이다. 다시 말해서성범죄는 다른 범죄들보다 암수범죄의 비율이 높다. 아직까지는 성범죄의 피해자는 여성인 경우가 대부분이다(Greenfeld, 1997).

　성범죄를 당한 피해 여성의 경우에 가해자가 아닌 피해자임에도 주변의 질책하는 시선 등으로 인해 사회생활을 하는 데 불이익을 당하는 경우가 많고, 수사 또는 재판 과정에서 피해자의과거 성경험 등 피해자 개인의 사생활이 노출되는 부담 때문에 피해 여성들은 성범죄를 당하고서도 섣불리 수사기관에 신고를 하지 못하는 실정이다. 또한 우리나라는 성기 삽입 유무에 큰초점을 두고 성범죄의 피해 실태를 파악하고 있는 실정이므로 드러나지 않은 성범죄의 피해율은 상식 수준을 초월하는 것으로 보인다.

## 3. 성범죄자의 유형

### 1) 일반적인 성범죄자 유형

　많은 사람이 성범죄가 단순히 제어되지 않는 성적인 욕망과 충동에 의해 일어난다고 생각하고 있다. 그러나 오로지 순간적인 성적 충동에 의한 강간은 흔치 않다. 성적인 충동을 해소하기위함과 성적인 욕구는 성범죄의 필수요건이 아니다(Howitt, 1991). 성범죄 중 피해강도가 가장강하고, 자주 일어나는 유형인 강간은 폭력적인 행동을 수반하는 경우가 대부분이다. 그러한행동을 표출하는 동기와 심리기제는 유형마다 다르다. 다음은 동기·심리적 특성에 의한 강간의 다섯 가지 유형이다.

#### (1) 남성성 확인형(power-assurance rapist)
　강간범들 중 가장 흔한 유형으로, 여성에게 자신이 남성임을 과시하기 위해 강간하는 자들이다. 실제 이들은 여성에게 매력을 어필할 만한 남성다운 외모나 체격을 갖추지 못한 경우가 많다. 때문에 여성과 정상적인 경로를 통한 데이트를 경험하지 못하고, 여성을 지배하는 통제력을 느끼고 싶어 하지만 사회적, 성적으로 여성과 교제하는 데 자신감이 매우 결여된 사람들이다. 이러한 유형의 자들은 일상생활에서는 남자다움을 제대로 표현하지 못하기 때문에 자신의 남성성을 확인하려는 내적인 욕구를 분출하기 위한 성행위에 대해 환상을 가지고 있다. 이들은 자신이 여성을 강간하고 있는데도 마치 자신이 상대방을 배려하고 있다고 착각하는 모습을 보인다(Palermo & Farkas, 2001).

이들은 강간 시에 여성들에게 스스로 옷을 벗게 하고 이를 통하여 피해자도 섹스를 즐긴다는 혼자만의 환상을 부추긴다. 즉, 사실을 왜곡하고 피해자가 강간당하는 것을 즐기며 자기와 성적 유희에 빠질 거라고 생각한다. 이러한 유형의 강간은 가해자들이 자신의 남성다움에 대한 불안을 해소하기 위하여 범행을 저지르는 경우이다. 그러나 범행 이후에도 불안이 해소되지 않고 더 깊어지면 긴 시간을 지체하지 않고 다음 범행을 저지른다. 강압적인 수단을 사용하기는 하지만 그 정도가 매우 심각한 수준은 아니며, 위협을 수반한다. 무기 사용은 흔하지 않다. 이들은 범행 전에 미리 피해자를 물색하여 피해자의 행동을 감시한 후, 피해자를 유혹하거나 유인하여 강간을 저지르는 계획된 범행이다. 계획된 유혹 시나리오가 거부되었을 때 좌절감과 공황 상태로 말미암아 강간살인에 이르게 되고, 살해 후 사체 훼손을 통하여 성적 환상을 실현한다. 이들은 피해자를 유혹하여 자신의 성적 능력을 표현하려고 시도하며, 이러한 유혹이 거절되었을 때 살해하기 전에는 의도하지 않았던 성적 유희를 위한 환상시스템(사후 사체 훼손)을 도입한다. 강간을 하는 동안에 성적 판타지를 표현하고, 자신의 성적 능력에 대한 피해자의 언어적 보상을 원한다. 범행 후에는 피해자의 옷이나 다른 물건을 기념품(trophies)으로 가져온다. 이는 피해자의 물품을 추후 자위행위에 사용하기 위한 목적이다(Hazelwood, 1987; Groth, Burgess, & Holmstrom, 1977).

## (2) 권력형(power-assertive rapist)

자신의 우월성, 우세, 통제를 매개로 성적인 범죄행위를 저지르는 이들은 성적인 만족감을 추구하는 것이 목적이 아니라 성행위를 통하여 자신의 힘과 남성다움, 성적인 매력을 과시하기 위한 것이 목적이다. 따라서 이들은 상대방에게 자기의 주체성, 성적인 능력 및 지배성을 증명하여 자신 속에 있는 열등감, 왜소감을 부정하려고 안간힘을 쓰며, 그래서 자주 이런 범행을 저지른다. 그러나 범행 주기는 일정하지 않고, 산발적이다. 이들의 성범죄 대상은 동년배 또는 연하의 여성인 경우가 많으며, 클럽이나 파티장, 술집 같은 곳에서 피해자를 물색한 후, 매우 매너가 좋은 신사적인 태도로 피해자에게 다가가 환심을 산 후에 범행을 저지른다. 이 유형은 데이트 강간의 흔한 예이다(Hazelwood, 1987; Groth et al., 1977). 보통 집 밖이나 어두운 거리, 숲 속에서 공격하고, 희생자를 지배할 만큼의 무력만을 사용한다. 따라서 희생자가 강하게 저항하면 더 심한 폭력을 사용하지 않고 오히려 도망을 간다. 이러한 유형은 우발적이거나 무작정 범죄를 저지르는 것이 아니라 미리 목표를 선택하고서 준비한다.

이런 유형의 성범죄자들은 강간을 범하는 동안에 발기 상태를 유지시키는 데 문제가 있을 수있으며, 사정을 너무 빨리 혹은 늦게 하기도 한다. 사춘기 초기부터 정상적인 이성애 경향이 발달되지 않고, 대신 노출증이나 관음증 등과 같은 특이한 성적 경험을 많이 했다고 알려져 있다. 어떤 사람들은 그들이 동성애 경향을 강하게 억압하기 때문에 그러한 성격의 소유자가 된다고 한다. 이들은 자신의 비정상적 행동과 동성애적 욕망에 대한 죄의식 때문에 갈수록 고독하고 수줍어하며 여성에 대한 부적절감을 느끼기도 한다(Burgess & Holmstrom, 1974a, 1974b). 그러나 이들은 평소 일상생활 장면에서는 무난한 사회성을 보이기 때문에 전형적인 강간범으로 보이지는 않는다(Hazelwood, 1987; Groth et al., 1977). 희생자들은 대체로 신체적으로 상처를 받은 흔적이 없으므로 다른 형태의 강간 피해자들보다 상대적으로 비난을 더 많이 받는다.

### (3) 분노치환형(anger-retaliatory rapist)

이 유형의 성범죄자들은 여성을 적대시하며 여성을 처벌할 목적으로 성폭행을 한다. 일반적으로 자신보다 연령이 높은 피해자, 자신이 증오하는 사람과 비슷한 외모나 분위기를 가지고 있는 사람을 택한다. 범행 자체는 계획되지 않을 수 있으나 분노 표출의 연장선상에서 여성에게 폭력을 행사한다. 공격 패턴은 옷을 찢어 버리거나 복부를 가격하여 쌓여 있던 분노를 해소하는 것과 같이 매우 폭력적이다. 주로 신체적 학대를 목적으로 피해자를 공격하고, 이들은 본인이 중요하게 여기는 어떤 여성에 대한 분노를 느낀다. 다시 말해, 이 유형의 사람들은 자신이 늘 두려워하는 대상이 따로 있으며, 그에게 복수하고 싶은 심정을 항상 지니고 있지만 그 대상에게 직접 표출하지는 못하고 자신보다 약하고 만만한 여성에게 강제적이고 폭력적인 성행위를 함으로써 그 공격성을 치환시킨다. 이들은 여성을 처벌하고 모욕감을 주기 위한 방편으로 섹스를 활용한다. 따라서 이러한 분노치환형 성범죄자에게 피해자는 분풀이의 도구가 되는 것이다(Hazelwood, 1987; Groth et al., 1977).

대부분 계모에게 모진 학대를 받았거나 어머니로부터의 유기, 애인으로부터 실연 등의 경험이 있고, 그러한 여성들과 비슷한 여성을 공격하는 데 물리적 폭력을 곧바로 사용한다. 피해자가 모욕감을 견디면 그치는 경향이 있으나 반항하면 잔인한 살인에 이르기도 한다. 이들은 스스로가 참을성이 있다고 느낀다. 따라서 자신을 분노에 대한 과잉통제형이라고 생각한다. 분노를 느끼면서도 그것을 겉으로 표현하지 않는 사람은 적절한 상황적 요인에 의해 순간적으로 억압된 감정을 표출하기 쉽다. 즉, 분노에 대한 과잉통제형이 오히려 도발적인 상황에서 분노를 공격행동으로 바로 연결하기 쉽다는 것이다(조은경, 1997). 분노를 유발하는 요인이 있을 때는 분노가 한층 강해져서 이를 참지 못하고 범행을 저지른다. 이것은 분노를 조절하는 힘이 매우 약하다는 것이다. 공격행동에 일정한 패턴이 있는 경우는 매우 드물고, 공격 후에 분노가 감소하면서 긴장감이 점차 사라진다. 그러나 증오의 직접적인 원인이 제거되지 않아 결국 분노가 다시 생겨나고, 여자들을 향해 분노를 표출하지 않으면 극도의 긴장감에 시달리므로 이를 해소하고자 연쇄적으로 범행을 저지른다(전대양, 2005). 간단히 말해 이 유형의 성범죄자들은 성욕 때문에 성범죄를 저지르는 것이 아니라, 피해자를 해치고 그녀의 가치를 떨어뜨리려는 분노 때문에 성범죄를 저지른다(Groth & Birnbaum, 1979).

### (4) 가학형(anger-excitement rapist)

이 유형은 성범죄 중에서 가장 드물고, 가장 난폭한 형태이며, 성적인 만족을 피해자의 고통이나 공포를 통해서 충족하려는 경향을 보인다. 이런 유형의 성범죄자들은 자신의 성적 환상에 의거하여 범행수법을 미리 준비해 두었다가 비면식관계에 있는 피해자를 선택하여 가학적인 행위를 한다. 이는 분노와 권력이 성적으로 변형되어 가학적인 공격 행위 그 자체에서 흥분을 일으키는 정신병리학적 형태로, 의도적으로 피해자를 학대하며 피해자가 무기력하거나 고통을 받는 모습 등에서 쾌락과 만족감을 얻는다. 반항하는 피해자로부터 만족감을 얻기 때문에 피해자를 때리고, 목 조르고, 입을 막는 등의 거칠고 가학적인 행위를 한다(Amir, 1971). 또한 성행위 도중에 욕설이나 음탕한 말을 하거나 또는 피해자에게 시켜 성적 자극이 지속되도록 한다. 이러한 가혹한 고문이 격해지면 피해자의 손과 발 등을 절단하기도 하고, 심지어 살인에까지 이르는 경우도 많다. 피해자는 낯선 사람인 경우가 많다. 범행수법을 사전에 치밀하게 계획한 후 범행을 하기 때문에 범행 주기는 비정기적이다(Hazelwood, 1987; Groth et al., 1977; Groth & Birnbaum, 1979).

### (5) 기회주의형(opportunistic rapist)

이 유형의 가해자들은 처음부터 성적 의도가 있었던 것은 아니고 가택침입, 절도와 같은 재산범죄 등을 행하는 과정에서 여성에 대한 성적 충동으로 인해 성범죄를 저지른다. 예를 들면, 강도짓을 하는 동안에 강간할 수 있는 기회가 생기면 단순히 범하는 경우로, 성범죄자 위험성 분류에서 큰 의미를 갖지는 않으며 피해자의 저항이 있을 때를 제외하고는 분노를 보이지 않는 특징을 지닌다. 따라서 이런 유형의 가해자는 별다른 성일탈적 경향을 지니지 않을 가능성이 높다. 강렬한 성적 환상으로 인하여 강간을 저지르는 것은 아니지만, 성행위를 도구적으로 하는 것으로 보아 이들은 공격적 성격이나 반사회적 생활패턴이 내면화되어 있을 가능성이 있다

(Burgess, & Holmstrom, 1974b; Groth et al., 1977; Hazelwood, 1987).

### (6) 데이트 강간

데이트 강간이란 넓은 의미로는 아는 사람에 의한 강간을 말하고, 좁은 의미로는 이성 간의 데이트에서 일어나는 강간을 말한다. 여기서 이성 간의 데이트란 이성과 계획된 만남을 갖는 것을 말한다. 이와 달리 좀 더 세부적으로 14세 이상의 남녀 쌍방이 이성애의 감정이 있거나, 그 가능성을 인정하고 만나는 관계에서 일어나는 강간이 데이트 강간으로 정의되기도 한다. 여기서 14세 이상이라고 연령을 한정한 것은 어린이 성폭행과 구별하고 이성애의 감정이 있다라고 규정한 것은 단순히 아는 사람에 의한 강간과 구별하기 위한 것이다. 또한 남녀 쌍방이 이성애의 감정을 갖는 관계로 규정한 것은 동성애는 포함하지 않음을 의미한다. 그리하여 데이트 강간의 가해자는 남성이고, 피해자는 여성으로 한정한다(박영규, 성광호, 1998). 성범죄 피해자 중 3/4에 해당하는 피해자가 면식관계에 있는 자에 의해서 성범죄를 당했다고 보고하였다(Greenfeld, 1997).

## 2) 특이 성범죄자 유형

성범죄의 유형도 어떤 접근을 통하느냐에 따라 여러 분류가 나올 수 있다. 여기서는 국내에서 경험적으로 연구된 적이 없지만, 발생하고 있는 범죄 동향상 앞으로 검토되어야 할 성범죄유형을 소개하고자 한다. 따라서 여기에 거론되는 성범죄로 인한 피해의 위험성은 다른 범죄에 비해서 상대적으로 매우 높기에 재범 예측 시에도 중요한 예측인자로 적용될 수 있을 것이다.

### (1) 아동치한 및 소아애호증(child molester & pedophilia)

아동치한범[15]은 어린아이를 상대로 성적인 행위를 하여 유죄판결을 받은 자로서 아동치한으로 판명받기 위해서는 가해자의 나이가 피해자보다 적어도 5세 정도 연상이어야 한다. 수감된 성범죄자들 중 아동치한범은 대체로 강간범들보다 나이가 많다. 그들은 강간범과 비교해 봤을 때 범죄력에서 성과 관련되지 않은 다양한 범죄전과가 있었고, 강간범과 같이 조기에 범죄를 시작하지는 않는 것으로 나타났다(Boxter, Marshall, Barbaree, Davidson, & Malcolm, 1984). 아동

---

15) 관련 미디어자료: 세븐데이즈(http://www.sbs.co.kr/new/tv/7days). 아동성범죄, 재범의 악순환을 끊어라(2006. 2. 24. 방송분).

치한범과 강간범들로 구분된 연구에서 이들은 가족 내 폭력과 좀 더 관련이 있었고, 신체적 · 성적 학대의 경험이 높으며(Howitt, 2002), 그들의 초기기억은 피해의 테마와 파괴적인 행동에 의해 특성화되었음이 밝혀졌다(Ford & Linney, 1995).

아동치한범은 고착화된 가해자와 퇴행화된 가해자로 양분할 수 있다(Groth & Birnbaum, 1978). 고착화된 가해자들은 성장 발육상 영구적이거나 일시적으로 그들의 성적 관심을 성인보다는 아동에게 두는 경우이다. 이들은 간혹 성인과 성적인 접촉을 하기는 하지만, 의도된 것이 아닌 우연한 기회에 이루어지는 성관계일 뿐이다. 이들의 약 1/8은 기혼자이며, 피해아동을 선택할 시에 면식관계에서만 찾는 것이 아니라 낯선 아동 중에서도 선택한다.

퇴행화된 가해자들은 성적인 발육상 성숙하기는 했지만, 성 심리의 초기단계로 회귀하는 특성을 보인다. 이들은 처음에는 어린아이보다는 또래의 여성이나 성인 여성에게 관심을 보이지만, 나중에는 성적인 관심을 모조리 아이에게 돌린다. 이들 중 3/4이 기혼자이며, 고착화된 가해자들이 낯선 아동도 범행 대상으로 삼는 것과는 달리, 퇴행화된 가해자들은 친척이나 가족 등 주변의 친밀한 관계의 아동을 범행 대상으로 삼는다(Howitt, 1992). 페미니스트 이론에 의하면 근친상간 가해자의 경우에 퇴행화된 가해자 범주에 해당한다. 성인 여성과 성적인 관계를 유지하는 성인 남성이 아동에게 성적인 범행을 저지를 때, 그들이 단지 그 순간에만 퇴행화된 특성을 보인 것이라고 말할 수는 없다. 이러한 경우에 그들은 성인 여성을 단지 아동에게 접근하기 위한 수단으로 이용하기 때문이다(Howitt, 1992). 이러한 가해자의 특성에 따른 분류 이외에 피해자에 따른 분류도 있다.

피해자가 자신의 아이인지(친자녀와 양자녀) 아니면 법적으로 어떠한 관계도 갖지 않는 친족 이외의 아이인지에 따라 구분된다. 이 대부분은 양부(피해자 엄마의 법적인 남편)에 의해 이뤄지고, 피해아동이 동성인지 이성인지에 따라서 구분된다(Marshall, Barbaree, & Butt, 1988). 피해아동이 여성인 경우가 남성인 경우보다 7배가량 많은데, 그 이유는 동성애 혐오적인 태도 때문이라고 알려져 있다(Walsy, 1994). 성폭력이 주로 양부에 의해 이루어지는 서구 사회와는 달리 우리나라의 경우에는 가해자가 주로 친부에 의한 경우가 많다. 하지만 이는 이혼과 재혼을 많이 하는 서구 사회의 가족구조의 특징을 반영한 것이므로 큰 의미가 있는 것은 아니다. 우리나라도 이혼율과 재혼율이 높아지고 있는 현실을 고려했을 때, 머지않은 장래에는 가족 내 성폭행의 가해자 유형이 보다 더 다양해지리라 예상해 볼 수 있다.

## (2) 변태성욕

변태성욕(paraphilia), 일명 성도착증은 일반적으로 어디에서나 비정상적인 대상 행위 및 상황과 반복적이고 강한 성적 충동, 환상과 행동으로 특징짓는다(Meloy, 2000). 이런 양상은 노출증이나 관음증, 물품음란증이나 복장도착증 등에서 분명하게 나타나고 있다(Prentky et al., 1989). 즉, 변태성욕자는 불특정 다수에게 행해지는 성적 이상 징후를 모두 포함하는 개념으로 적용되고, 성적 피학증, 성적 가학증 등도 변태성욕의 하위유형으로 진단된다(DSM-5).[16] 노출증, 관음증, 물품음란증 같은 형태의 징후는 이미 우리나라에서 많이 알려져 있고, 범죄유형도 보편화되어 있다.

### (3) 성적 가학증과 성 관련 살인

성적 가학증(sadism)과 성 관련 살인(sexual homicide)은 서로 밀접하게 연관되어 있으며, 피해의 위험성이 가장 크고 재범 예측 및 예방 연구에서도 핵심이 될 수밖에 없다. 성적 가학증은 가학적인 행위로 성적인 만족을 얻는 것을 말한다. 가학적인 변태성욕은 인간 심층심리의 저변에 깔려 있는 공격적이며 파괴적인 욕망이 이성에 의해 제어되지 못할 때 발생하는 현상으로 보고 있기 때문에 이성이 발달하지 못한 유아기에는 누구나 어느 정도의 가학적인 모습을 찾아볼 수 있으며, 자기소외감이 심한 자폐증 환자나 애정 결핍이 있는 사람이 성적인 충족의 대상으로 가학적인 행위를 한다고 알려지기도 하였다(Meloy, 1992).

성적 살인은 가해자가 성적 행동을 하는 동안에 의도적으로 사람을 죽이는 것을 의미한다(Meloy, 2000). Douglas, Burgess와 Ressler(1992)도 성적 살인은 죽음으로 향하는 행동의 결과를 기본으로 하는 성적 요소(행동화)를 포함한다고 정의하였다. 즉, 사건 며칠 혹은 몇 주 전에 이미 성적 살인을 위한 세밀한 계획을 짰는지(종종 일급살인이나 악질적 살인으로 부과), 피해자의 거절이 있음에도 가해자가 알코올중독에 의해 충동적으로 살인을 저질렀는지(격정적인 살인, 즉 과실치사 부과)와 같은 정서와 사고의 다양성을 고려할 필요가 있다(Meloy, 2000).

인구통계학적으로 성적 살인자는 대부분 남성이고, 첫 사건은 보통 30세 이전에 발생한다고 알려져 있다. 성적 배우자로 인한 성적 살인이 일어나기도 하지만 그런 경우는 거의 드물며(Meloy, 1996), 피해자의 대부분은 가해자와 성적으로 친밀감을 갖고 있는 사람들이 아닌 낯선 여성이나 얼굴 정도만 아는 사이의 사람이 피해자의 86%이고(Dietz, Hazelwood, & Warren, 1990), 대체로 피해자와 가해자는 같은 인종이다. 또한 성적 살인 가해자는 배우자와는 성적인 친밀감을 가지는 동시에 보통 밖에서 성관계를 맺고, 그들 중에서 성폭력과 살인 대상자를 선

---

16) DSM-5란 Diagnostic and Statistical Manual of Mental Disorders 제5판의 약자로, 미국의 공식적인 정신의학 진단체계이다.

택한다. 일상생활에서의 애착이나 결합에서는 극도로 성적인 공격성을 억제하기 때문에 그가 범죄자임을 알기가 대단히 어렵다. Meloy(1992)는 성적 살인자들의 이런 행동 패턴은 범죄 피해자가 완전히 낯선 사람일 때 본인의 정체가 드러날 위험이 줄기 때문이라고 설명하였다.

성적 살인 가해자의 하위집단으로 성적 가학자(sadists)는 종종 배우자와 성교 시 다양한 방법으로 잔인한 행동을 함으로써 순종을 종용한다고 알려져 있다(Deitz, Hazelwood, & Warren, 1990; Warren, Hazelwood, & Deitz, 1996; Meloy, 1992). 간혹 성적 가학자가 낯선 여자 피해자를 죽이기 시작하는 경우에 배우자와 합의적인 성관계를 하기도 한다. 성적 살인범은 크게 두 집단으로 분류할 수 있다. 첫 번째 집단은 조직화된 범죄현장을 남기는 강박적인 성적 살인범 집단(impulsive sexual merder), 즉 성적 가학성과 반사회성 및 자기애성 성격장애 진단을 받은 사람들로서 이들은 만성적으로 정서가 격리된 초기 사이코패스이다.[17] 이들은 자동적으로 과잉행동을 하고, 대부분 초기 외상(trauma)은 없는 것으로 나타났다(Meloy, 2000). 두 번째 집단은 비조직화된 범죄현장을 남기는 성적 살인범으로, 이들은 정동장애나 정신질환 및 회피적 특질을 지닌 여러 성격장애로 진단된다. 이들은 상당히 정신질환적이며, 애착에 굶주려 있고, 경조증적인 과잉행동과 신체적이거나 성적인 학대 경험을 갖고 있는 것으로 나타났다. 이 외에도 이들은 우울증 전력이 있고(68%), 37%가 수감 기간 동안에 실시한 로샤검사[18]에서 우울증지표와 정적 상관을 나타냈다(Meloy, 2000).

### (4) 시체애호증

이는 성 관련 살인과는 차이가 있다. 성 관련 살인은 과격하고 가학적인 성적 행위를 통한 살인, 즉 살인을 위한 성적 행동의 증가라고 본다면, 시체애호증(necrophilia)은 죽은 시체에 대해 성적 각성을 경험하고 있는 증상으로, 시체를 성행위의 대상으로 삼는다. 이미 사망하였거나 죽어 가고 있는 사람을 바라보면서 성교를 하거나 자위를 함으로써 성적 쾌감을 얻는 경우이다. 달리 말해 성 관련 살인자와 시체애호증을 살인행위에서의 차이로 보자면 성 관련 살인은 마지막 단계가 살인이 될 것이고, 시체애호자는 첫 단계가 살인의 단계가 될 수 있다. 우리나

---

17) 최초로 사이코패스의 심리적 특성에 대해 정의를 내린 Cleckly(1976)에 따르면 이들은 외관상으로는 상당히 정상적으로 보이고 지능도 보통 이상의 수준을 지니고 있지만, 극단적으로 이기적이며 타인을 자신의 목적 달성의 도구로 이용하며 무책임하면서 냉담하고 쉽게 거짓말을 하는 특성을 지닌다.

18) 로샤검사는 일련의 막연하고 무의미한 잉크반점에 의해 한 사람에게서 일어나는 지각 반응을 분석하여 그 개인의 인격 성향을 추론하는 정신상태 진단검사이다. 다시 말해, 이 검사는 환자에게 모호하고 불규칙한 형태의 잉크 얼룩을 제시한 후 투영되는 환자의 지각 반응을 분석하여 개인의 인격 성향을 추론하는 검사로, 불안, 긴장, 갈등을 측정하여 주로 개인의 성격구조를 밝히려는 검사이다.

라에서도 2009년 용인 미성년자 살인사건에서 시체강간을 한 경우가 있다고는 하지만 시체애
호증보다는 호기심에 의한 것일 수 있다. 따라서 아직까지 국내에서 시체애호자에 대한 사례는
공식적으로 보고되지 않았다.

---

**예 8-1** 시체애호자[19]

　　Smith와 Braun(1978)은 살인죄로 형을 받은 한 남자에 대한 사례를 보고하였다. 이 경우, 살인자는 여성을
살해한 후에 성교를 하였다. 시체애호(Necrophiliac, 시체에 성적인 매력을 갖는 것)는 희귀한 것이다. 살인과
병행된 경우는 더더욱 희귀한데, 범죄자는 죽은 여성과 성교를 한 것이 처음이 아니라고 보고했다. Smith와
Braun이 제공한 설명 중 하나는 정신분석이론에서 나온 것이다. 간략히 말해서, 시체애호증은 해결되지 않
은 오이디푸스 콤플렉스와 거세불안의 결과라는 것이다. 즉, 범죄자는 자신의 엄마에 대한 사랑과 애정을 추
구하였다. 다른 여성들은 엄마의 애정에 대한 상징이고, 그는 사랑을 추구하였다. 그러나 범죄자는 아버지가
자신의 의도를 안다면, 자신을 거세시킬 것이라고 두려워하였다. 정신분석이론에서 사랑에 대한 이런 욕망
은 본능적인 것이고, 항상 직·간접적으로 표현된다. 다른 관점은 사회학습이론에 바탕을 둔 것이다. 범죄자
의 행동은 성교의 효과를 강화시킴으로써 유지되었다. 그는 성교 도중 파트너를 목졸라 죽였다. 이전의 성적
인 파트너들은 이것을 '성적인 게임'으로 여겼고, 이것은 무의식으로 가장되었으며, 이것이 그의 흥분을 고
조시켰다. 따라서 성교와 무의식의 상을 연합시키는 경험이 있었던 것이다. 또한 범죄자는 어렸을 때 아버지
가 시체와 성교하는 것을 본 적이 있다고 했다. 과연 어떤 설명이 옳은 것인가?

---

## 4. 성범죄의 원인을 설명하는 이론

### 1) 사회학습이론

　　사회학습이론은 인간의 행위가 기쁨을 추구하고 고통을 피하도록 조직되어 있다는 전제하에
인간의 모든 행위와 그에 따른 정의는 학습된다고 주장한다. 범죄행위 또한 다른 행위와 마찬
가지 방식으로 물질적이고 사회적인 강화를 통해 학습된다. 일탈행위가 사회적으로 받아들일

---

19) Andrews & Bonta(2003)의 책 내용을 한글로 재구성하였다.

수 있는 것인지 없는 것인지, 좋은 것인지 나쁜 것인지를 결정하는 사회적인 정의(definition)는 사회적인 강화를 통해 학습된다. 그러한 사회적인 정의는 범죄의 학습에 있어 보상이 따를 것이라는 직접적인 신호 혹은 범죄행위에 대한 처벌을 피하기 위해 사용되는 합리화로서 역할을 한다. 범죄행위는 개인의 하위문화 환경에서 사회적 정의와 물질적 보상을 통해 차별적으로 강화된 행위이다. 물질적 강화는 종종 범죄 자체에 의해 주어진다. 따라서 개인이 가난할 때, 범죄행위는 그것 자체의 보상에 의해 유지될지도 모른다(Franklin & Marilyn, 2004). 간단히 말해, 사회학습이론은 타인의 어떤 행동에 대한 보상이나 처벌을 보고 모방을 통해 그 행동을 학습한다는 것이 주요 골자이다. 사회학습이론은 성범죄자들이 그들이 처한 사회적인 환경 안에서 성범죄에 대한 관대한 신조를 배운다고 주장한다. 일반인에 비해서 성범죄자는 강간에 대한 전문지식을 더 효과적으로 배우고, 성범죄와 폭력성에 대해 우호적이다(Howitt, 2002).

## 2) 인지왜곡이론

성범죄를 지향하는 태도나 행동은 다양한 대인관계 속에서 학습되고, 강압적이고 강제적인 남성-여성의 관계를 나타내는 성범죄에 대한 신조는 사회화되며, 다양한 집단 내에서의 유대감, 미디어매체를 통해서 강화된다(Russell, 1984). Ellis(1989)는 미디어매체를 통해 촉진되는 네 가지 학습 과정을 제안하였다. 첫째, 남성은 미디어매체에 묘사되는 여성에 대한 강압적이고, 폭력적인 행동을 모방한다. 둘째, 남성은 성행위와 폭력성을 묘사한 매체를 봄으로 인해 성행위와 폭력을 더욱더 연합시킨다. 셋째, 그러한 미디어매체를 통해서 강간신화(rape myth)가 강화되고 지속된다. 넷째, 텔레비전 중독자들은 성적인 공격에 대해 무감각해지고, 성적인 공격에 수반되는 고통, 공포, 모욕감 등에 대해서 관대한 태도를 지니게 된다. 강간신화는 성범죄자가 불법적인 성행동에 몰두하게 하고, 그런 행동을 저질렀을 경우에 그 행동의 합리화, 정당화를 용이하게 한다. Sykes와 Matza(1957)는 이러한 행위에 대한 합리화, 정당화를 중화기법이라고 설명하였다.

보편화된 강간신화 중 하나는 바로 '여성의 예는 아니요이다.'라고 생각하는 것이다(Koss & Harvey, 1991). 또 다른 강간신화는 '정숙한 여자는 강간당하지 않는다'는 것이다. 성범죄자들은 피해 여성이 자신을 유혹하고 자극했다고 생각한다. 이러한 강간신화는 피해 여성이 심각한 신체적인 상해를 입은 경우에도 피해 여성이 성관계에 동의했다고 믿는 고정관념을 지속시킨다. 더욱 문제가 되는 것은 성범죄자뿐만 아니라, 비범죄자인 일반 성인남성과 청소년도 이러한 강간신화를 믿고 있다는 것이다(Burt, 1980; Koss, Gidycz, & Wisniewski, 1987; Muehlenhard &

표 8-9   강간신화 수용도

- 여성 피해자가 가해자에게 키스하거나 애무를 하고 가해자로 하여금 그녀의 손을 묶도록 허락하였다면 성 파트너에 의해 강제적인 성관계를 가졌을 경우에 그것은 여성 피해자의 잘못이다.
- 파티에서 만난 남성과 술에 취해서 여성이 원하지 않는 성관계를 가졌을 경우, 그 여성은 스스로 먹잇감이 된 것이다. 남성들은 성관계 상대를 구하기 위해 파티에 온 것이기 때문이다.
- 자신이 너무 훌륭하기 때문에 길거리에서 남자들과 대화를 할 수 없다고 생각하는 거만한 여성은 혼(강간을 당하는 것)이 날 만하다.

Hollabaugh, 1988). 남성지배적인 문화에서 이러한 인식(강간 피해 여성을 비난하는 것)은 남성의 성범죄를 고무시키고, 여성은 강간당하기를 바라며, 강간당할 만한 여성이 강간을 당한다는 인식에 의해 성범죄에 대한 남성 스스로의 관대함을 촉진시킨다. 강간 피해 여성에 대한 비난은 남성이 강간 행동을 합리화하기 위해 사용하는 가장 좋은 탈출구 역할을 한다. Burt(1980)는 인지왜곡으로 생성된 강간신화에 대해 서구 사회에서 보이는 강간 피해 여성에 대한 비난에 기초하여 '강간신화 수용도(The rapemyth acceptance Scale)'[20]를 개발하였다. 그중 강간의 정당화를 가장 잘 나타내는 특징적인 신화는 〈표 8-9〉와 같다.

이 중 특히 마지막 신화는 여성에 대한 남성의 지배욕이나 통제욕의 단면을 보여 준다. 강간에 대한 이러한 견해는 기꺼이 성범죄를 저지르겠다는 의지를 나타낸다.

Malamuth 등(1986)은 강간에 대한 선천적인 성향에 대해 측정하기 위해 '만약 검거될 위험이 없다면 강간을 하겠는가?'라는 자기보고식 질문항목을 만들었다. 이와 유사한 자기보고식 질문을 사용한 Tieger(1981)의 연구결과, 강간을 일종의 즐기기 위한 유혹 정도로 생각하는 남성은 강간의 가능성에 대한 이 질문에서 높은 점수를 나타내었고, 강간을 심각한 범죄라고 생각하며 성역할에 대해서 고정관념을 가지고 있지 않은 남성은 낮은 점수를 나타내었다. 그러나 이 연구에서 사용된 강간 가능성에 대한 질문은 응답자들이 자신의 응답으로 인해 자신이 어떻게 비추어질지를 알 수 있는 여지가 많기 때문에 질문항목 자체가 가지는 취약함이 있다(Howitt, 2002).

---

20) Burt(1980)의 책 내용을 한글 표로 재구성하였다.

## 3) 사회문화이론

Hall과 Barongan(1997)은 강간에 영향을 미치는 사회-문화적인 요소가 있다고 주장했다. 문화적 특성의 구분은 크게 개인문화와 집단문화로 나누어 볼 수 있다. 미국과 같은 서구 문화에서는 개인 자신의 이익을 성취하기 위해 애쓴다. 반면, 집단문화에서는 집단의 이익에 더 가치를 둔다. 집단문화의 나라는 개인문화의 나라보다 성범죄가 덜 발생한다. 그러나 Hall과 Barongan(1997)의 이러한 주장은 통계적으로 유용한 증거를 제시하지 못하였다. 미국 내에서 흑인사회는 백인사회보다 더 집단적인 특성을 나타냄에도 흑인 남성에 의한 성범죄율은 통계적으로 높은 수준으로 나타난다. Hall과 Barongan(1997)은 이러한 현상이 그들이 주장한 문화적인 요소에 의한 것이 아니라, 흑인과 백인 사이의 사회-경제수준의 상이점 때문이라고 하였다. Hall과 Barongan(1997)은 낮은 사회-경제수준은 성범죄를 저지르게 되는 데 영향을 끼치는 주요한 요인이고, 백인보다는 흑인이 더 낮은 사회-경제수준에 있는 경우가 많기 때문에 흑인사회가 백인사회보다 미국 내에서 집단문화를 유지함에도 불구하고 흑인 남성의 성범죄율이 높다고 주장하였다.

나라마다 성범죄를 다르게 정의하고, 여성은 자신이 당한 성범죄에 대해 보고하기를 꺼려 하고, 경찰들 또한 성범죄에 대한 기소를 덜 하려는 경향이 있기 때문에 실질적으로 국제적인 범죄율의 비교는 문제가 있다. 개인문화인 미국과 집단문화인 홍콩의 대학생들에게 실시한 자기보고식 성범죄에 대한 조사결과에 따르면 홍콩 학생들이 미국 학생들보다 성범죄에 대해 덜 보고하였다. 집단문화의 학생들이 성적인 폭력의 수준을 더 낮게 보인 것에는 몇 가지 이유가 있다. 첫째, 집단문화에서는 집단의 목표를 공유하기 때문에 폭력을 포함한 대인 간의 갈등을 최소화하려는 경향이 있다. 둘째, 집단문화에서는 개인적인 욕구를 집단의 욕구보다 덜 중요시한다. 셋째, 집단문화에서는 자신이 속한 지역사회의 명예를 손상시키는 것을 부끄럽게 생각하고, 그것은 곧 범죄 행동을 억제하는 역할을 한다. 이러한 세 가지 이유로 집단문화의 학생들은

표 8-10  성범죄 발생률에 영향을 미치는 문화적 요인

| | |
|---|---|
| 남녀불평등 | 여성의 경제적 · 법적 · 정치적인 지위를 남성의 지위와 비교하고, 직장에서 남성의 평균수입과 여성의 평균수입을 비교하는 지표이다. |
| 문화적 영향 | '합법적인 폭력지표'라고 할 수 있다. 즉, 학교에서의 체벌, 살인자에 대한 사형비율 등과 같은 일종의 합법적인 폭력에 대한 수용도를 의미한다. |
| 사회적 혼란 | 사회적인 규칙의 힘이 약해짐에 따라서 사회가 불안정해진 정도를 의미한다. 지리적인 이동, 이혼 · 편부모 가정의 증가, 종교에의 귀속 감소 등의 요소가 이에 해당한다. |

더 낮은 수준의 성적 폭력성을 보고하였다(Howitt, 2002).

Baron과 Straus(1989)는 사회적인 이론에 근거하여 나라마다 다른 중요한 차이점을 조사하였다. 나라마다 성범죄 발생률이 다른 이유 세 가지[21]는 〈표 8-10〉과 같다.

데이터 수집결과, 남성을 더 선호하는 남녀불평등적인 사회와 사회적 혼란이 존재하고 있는 사회에서 더 많은 성범죄가 일어나고 있는 것[22]으로 나타났다. 결과적으로, 세 가지 요소 중 문화적인 영향(cultural spillover)은 남녀불평등(gender inequality)과 사회적 혼란(social disorganization)보다 성범죄에 대한 설명력이 다소 떨어진다고 보고되었다(Howitt, 2002).

## 4) 페미니스트 이론

페미니스트 이론가들은 성범죄가 사회적인 성구조 안에서 만들어진 것이라고 주장한다. 남성의 권력을 유지하기 위해 여성을 통제하는 다양한 사회적인 구속이 있다. 그러한 구속은 여성의 재산권에 대한 불인정, 아내를 때리는 남편을 묵인하는 양상으로 사회적 상황에서 나타난다. 강간에 대한 페미니스트 이론의 기본신조는 다음과 같다.

- 강간은 권력과 사회적 지위에서의 남녀불평등[23]과 연관성이 있다.
- 강간은 성적인 욕망보다 오히려 권력과 지배욕에 대한 욕망에 의해 동기화된다.

이러한 페미니스트의 신조를 바탕으로 Ellis는 다음과 같은 가설을 세우고 검토하였다(Ellis, 1989).

- 남녀평등을 지향하는 사회는 강간 피해자의 수가 더 적을 것이다.
- 강간범은 비강간범보다 여성에 대해서 덜 평등주의적인 성향을 나타내었고, 강간에 대해서는 긍정적인 태도를 가지고 있었다.

실제로 남녀평등 문화의 사회에서는 강간율이 더 적기 때문에 전자의 가설은 설득력이 있다. 그러나 후자의 가설은 설득력이 다소 떨어진다. 강간과 여성에 대한 다른 인식연구에서 강간범

---

21) Baron과 Straus(1989)의 내용을 한글 표로 재구성하였다.
22) 관련 미디어자료: PD수첩(http://www.imbc.com/broad/tv/culture/pd/vod). 강간죄를 개혁하라(2005. 4. 12. 방송분).
23) 관련 미디어자료: PD수첩(http://www.imbc.com/broad/tv/culture/pd/vod). 교수님과 성폭력(2003. 12. 9. 방송분).

이 비강간범과 별반 차이점을 보이지 않았기 때문이다(Howitt, 2002).

## 5. 성범죄자의 심리적 특성

### 1) 발달적 특성

#### (1) 가족관계의 문제

성범죄자는 성장과정에서 성적 학대나 다른 폭력의 피해 경험이 있는 경향이 많고, 가족과의 관계도 문제가 있다고 한다(Hall & Barongan, 1997). 부모는 사회의 규범과 가치, 신념을 전달하고 다른 사회구성원들에 대한 애착을 증진시키는 역할을 하는데, 비일관적인 감시와 훈육 그리고 친사회적 모델의 부재, 무시, 학대는 범죄와 폭력행동을 이끈다는 많은 증거가 있다(McCord, 1983; Smith, 1995; Straus, 1991; Widom, 1989). 성범죄자의 경우에 부모와의 관계가 제대로 형성되어 있지 않아서 타인과의 관계 형성에도 어려움을 보이는 등 초기 대인관계부터 장애가 있다. 이들은 자존감이 낮으며, 사회적 상황에서의 자신감이 부족하다. 부모를 모두 적대시하고(Levant & Buss, 1991), 어머니와의 관계가 상호적이지 못하다. 어머니와의 긍정적인 의사소통 빈도가 낮고, 이러한 경향은 강압 등을 통한 성범죄와 관련되어 나타난다(Tingle, Bernard, Robbin, Newman, & Hutchinson, 1986). 또한 부모의 약물중독은 자녀의 성적 일탈로 이어질 가능성을 나타내는데, 성범죄자들의 청소년기에 보호자들은 대부분 약물에 중독되어 있었다. 알코올중독의 경우는 17~43%에 달했고, 모친의 약물중독은 43%, 부친의 약물중독은 62%에 이른다는 보고(Graves, Openshaw, Ascione, & Ericksen, 1996)가 있었다. 이는 성범죄와 부모의 약물·알코올 남용은 무관하지 않은 관련성을 지닌다고 하겠다.

#### (2) 성적 학대 및 신체적 학대

성범죄자들이 어린 시절에 성폭력 피해에 노출되었다는 사실이 있으며(Becker & Hunter, 1997; Fagan & Wexler, 1988; Knight & Prentky, 1993), 아동기의 성적 학대 경험이 성범죄와 연관되어 있음을 주장한다(Fehrenbach, Smith, Monastersky, & Deisher, 1986; Kahn & Chambers, 1991; Kobayashi, Sales, Becker, Figueredo, & Kaplan, 1995). Ford와 Linney(1995)는 성범죄자들에게서 어린 시절에 신체적 학대 경험과 가정폭력에 노출된 경험이 있음을 확인하였다. Graves 등(Graves et al., 1996)도 어린 시절에 부모의 자녀 방임이나 학대가 성범죄와 연관됨을 증명하였

다. Awad와 Sanders(1991)는 아동을 성폭행하는 성범죄자의 경우에 어릴 때 성적 학대를 더 많이 받았음을 확인하였다. Knight와 Prentky(1993)는 학대아동에게서 관찰된 일부 요인이 어린 시절에 학대받은 경험이 있는 성범죄자들과 관련이 있음을 지적했다. 이러한 주장은 피해자에게 책임을 돌리는 것과 같은 인지왜곡이 청소년 성범죄 재범과 관련이 있음을 시사하는 연구와 맥을 같이한다(Kahn & Chambers, 1991; Schram, Milloy, & Rowe, 1991).

신체적 학대의 경험이 있었다는 것도 밝혀졌다. 청소년기에 성폭력 피해에 노출되었던 성범죄자들은 일반적으로 좀 더 어린 나이에 비행을 시작하며, 더 많은 피해자를 양산하고, 여성 피해자뿐만 아니라 남성 피해자도 만든다. 또한 좀 더 침입범죄를 저지를 가능성이 많으며, 정신장애적 요소를 지니고 있을 가능성이 더 많다고 한다(Cooper, Murphy, & Haynes, 1996; Hilliker, 1997). 여자 성범죄자의 경우에는 청소년기에 성학대에 노출된 적이 더 많았으며(Phan & Kingree, 2001), 특히 폭력적인 성적 학대에 시달리거나 오랜 동안 성적 학대에 노출되었던 경우(Burton, Miller, & Shill, 2002)에 더욱 성범죄를 저지를 가능성이 높아지는 것으로 나타났다.

어릴 때 성적 학대에 노출된 성범죄자들은 성격장애를 지니기도 한다. Carpenter, Peed와 Eastman(1995)은 청소년기에 자기보다 어린 아동을 상대로 성범죄를 자행한 성범죄자는 또래를 대상으로 범죄를 저지른 청소년과 비교했을 때 밀론임상다축성격검사(Millon Clinical Multiaxial Inventory: MCMI)의 분열병질 · 회피 · 의존 척도에서 상대적으로 높은 점수를 기록했음을 발견했다. 그러나 몇몇 연구에 따르면 성범죄자의 피학대 경험이 다른 범죄자들과 크게 다르다는 근거가 일관적이지 않으며(Knight & Prentky, 1993; Spaccarelli, Sandler, & Roosa, 1994), 성범죄의 인과관계에서 아동기 학대가 차지하는 역할과 비중은 상당히 복잡하다는 주장도 존재한다(Prentky, Harris, Frizzell, & Righthand, 2000).

## 2) 성격적 특성

성범죄자는 반사회적 · 병리학적 생활방식과 같은 특징적 생활양식을 보인다(Malamuth & Brown, 1994). 이들은 높은 수준의 반사회적 성향을 지니며, 타인에 대한 감정이입 및 자기행동에 대한 자책감이 부족하고 자신의 행위를 숨기고자 하는 성향을 보인다. 특히 자신의 행동으로 상해를 입게 되는 피해자에 대한 감정이입 능력이 현저히 떨어진다. 즉, 정서공감능력의 결핍이 나타나는데, 이들은 대부분 분노를 혐오로, 두려움을 놀라움으로 잘못 인식한다(Hudson et al., 1993). 자기보고식 질문에 의하면 이들은 여성의 주장은 적대적으로, 다정한 것은 유혹하는 것으로 여성의 감정을 해석하는 데 무능했으며(Malamuth & Brown, 1994), 강간범은 피해자 역시 성관계하기를 원하고 즐긴다는 잘못된 인식을 가지고 있다. 또한 이들은 자기도취적 성향을 가진다. 이들은 성공격적인 행동에 몰입하여 자신의 권위나 힘을 나타내려고 하고, 성범죄를 통해 자신의 부족함과 나약함을 잊고자 한다. 이들에게 나타나는 정신분열적 성향은 사회성 부족, 소외감, 둔마된 단조로운 정서행위 등이다.

친구와 또래집단이 부족하며, 주요한 타인과의 관계가 매우 빈약하고, 사회관계 자체가 정상적으로 발달하지 못한 경우가 많다. 이들의 경계선적 성향은 대인관계를 매우 불안정하게 하고, 소유욕을 강하게 하며, 질투심을 유발하고, 의존 성향을 높게 만든다.

사고도 매우 극단적이고 양분적인 경향이 강하며, 자신과 타인 모두의 가치를 인정하지 않는 행위를 보인다. 수동적이고 공격적인 성향은 타인과의 관계에서 자신감을 부족하게 하며, 특히 분노를 표현하는 상황에서는 이와 같은 성향이 두드러진다. 분노의 감정을 직접적으로 표현하기보다는 타인에게 해가 될 수 있는 방해물을 만드는 것과 같은 간접적인 방법으로 표현한다. 해리적 성향은 행동이 의식과 분리되어 표출되는 경우를 의미하는데, 성과 관련된 일탈적 환상에 빠지는 경우가 흔하고 내적으로 지나치게 몰두하기도 한다. 일상적인 수준에서는 이해하기 힘든 사고와 행동에 몰입하며, 사고와 행동이 성과 관련되는 경우가 많다고 알려져 있다(Carich, Newbauer, & Stone, 2001). 경험적 연구자료를 통해 성범죄자들의 대표적인 성격 특성으로 가장 많이 설명되는 요인은 정서공감능력의 결여와 고립이다.

## (1) 고립

성적 살인범과 강간범의 비교에서 발견된 흥미로운 결과는 성적 살인범들은 살인을 저지르지 않은 강간범에 비해 고립감의 정도, 사회성 및 정서성이 다르게 나타났다는 것이다(Boss, 1949; Brittain, 1970; Dietz et al., 1990; MacClloch, Snowden, Wood, & Mills, 1983). 살인자의 거의 반은 고독한 사람이고, 또래집단의 구성원이 아니었으며, 특히 성인인 경우에 1/3은 다른 사람들과 접촉을 하지 않는 사회적으로 완전히 고립된 사람이었다. 살인자의 거의 반은 범죄행위 시 혼자 살고 있었고, 60% 이상은 그들의 인생에서 여성과 친밀한 관계를 가져 본 경험이 매우 적었으며, 나눔과 신뢰 상황에서 정서가 제한적으로 작용하는 경향이 있었고, 성적 살인자의 86%는 성장환경상 그런 특성들 중 적어도 한 가지 특성을 가지고 있었다. 사회적 · 정서적인 고립은 가학적 범죄자와 성적 살인범 연구에서 일관되게 나타났다. Brittain(1970)은 가학적 살인범은 내향적이고, 소심하며, 사회적으로 고립되어 있다고 했으며, MacClloch 등(MacClloch et al., 1983)은 가학적 범죄자가 유년기에 사회적 관계에서 어려움을 겪었음을 보고하였고, Dietz 등(Dietz et al., 1990)은 성적 가학자들은 대체로 나르시즘이 있다고 설명하였다. Boss(1949)도 가학

변태성욕자를 'Wall of grey glass'라고 지칭하면서 이들은 세상과 분리되어 있음을 상조하였다.

### (2) 정서공감능력 결여

정서공감능력은 자기개념화와 감정에 대한 이해 및 타인에 대한 반응능력으로, 인지적인 면과 감정적인 면으로 이루어져 있다(Grubin, 1999). 투사로 설명되는 측면은 타인 인식에 대한 인지능력으로 언급되고, 슬픔, 동정이나 타인이 고통을 받을 때 대부분의 사람이 느끼는 감정 등은 인식에 따라 나타나는 정서적 반응으로 언급된다. 정서공감능력의 두 측면 모두 비정상성에 영향을 끼치는데, 이것은 타인에 대한 인식능력이 없거나 타인에 대한 인지적 느낌은 갖지만 정서적인 반응이 부적절한 경우[24]로 나타난다.

정서공감능력에서의 비정상성은 성적 공격행동 시 다른 행동과 상호작용한다. 타인의 고통이나 아픔을 이해하거나 인식하지 못한다면 피해자의 고통 상황이 가해자에게는 아무런 의미가 없을 것이고, 성적인 만남이나 공격은 살인을 하기 위해 단계적으로 증가될 것이다(Grubin, 1999).

### (3) 사회 및 대인관계 기술의 문제

성적으로 폭력적인 행동을 보인 성범죄자들 사이에서는 유년 시절에 가정불안, 해체, 폭력이 일반적으로 나타났다(Bagley & Shewchuk-Dann, 1991; Miner, Siekert, & Ackland, 1997; Morenz & Becker, 1995). 다수의 실증연구에 따르면 성범죄자 중 다수가 부모 또는 부모 중 한 사람으로부터 신체적·정서적 분리를 경험했다(Fehrenbach et al., 1986; Kahn & Chambers, 1991; Smith & Israel, 1987). 또한 성범죄자들은 부적절한 사회적 기술, 취약한 또래관계, 사회적 고립(Fehrenbach et al., 1986; Katz, 1990; Miner & Crimmins, 1995)을 경험하는 등 사회적 능력이 크게 결여되어 있다고 한다(Becker, 1990; Knight & Prentky, 1993). 이런 취약한 사회적 기술로 인해 이들은 연령에 알맞은 사회적 관계를 형성하지 못한다. Cortoni와 Marshall(2001)은 성범죄를 단순히 성적 욕구 충족만이 아니라 타인에 대한 통제적 욕구 등과 연관지어 설명함으로써 성범죄자의 사회적 관계 기술의 취약성에서 오는 범죄를 우회적으로 증명하였다.

### (4) 정신건강 문제

성범죄자들은 청소년기에 행동장애 진단과 반사회적 특질이 빈번히 관찰되었다(Kavoussi,

---

24) 예를 들어, 타인이 고통받고 있는 것을 볼 때 기쁘거나 분노하고, 성적인 각성을 느끼는 경우이다.

Kaplan, & Becker, 1988; Miner, Siekert, & Ackland, 1997). 충동조절문제와 생활충동성 같은 행동 및 성격적 특성을 나타낸다는 연구도 있었다(Prentky et al., 2000).

## 3) 인지적 특성

### (1) 성경험과 신념, 일탈적 성적 충동

성범죄자는 성에 대한 왜곡된 인식, 올바른 의사소통 능력의 부족 등으로 인해 자신의 행동, 타인의 반응, 상황 등을 적절하게 인식하지 못한다(Carich et al., 2001). 성범죄자들은 자신의 행위가 일반인에게는 경멸적인 것임에도 인지적 왜곡 과정을 통한 일탈행위를 수행하여 자기만족을 추구하고 이를 통해 자기존중감을 유지하고자 노력한다. 많은 성범죄자는 자신의 행위를 정당화하는 방법으로 피해자가 유혹했다는 주장을 하기도 한다(Becker, 1988; Bethea-Jackson & Brissett-Chapman, 1989; Fillmore, 1987; French, 1989). 이들의 이러한 인지적 왜곡은 자신의 행위를 정당화하고, 핑곗거리를 제공하며, 행위 자체를 부정하고 최소화함으로써 성 관련 일탈행위를 지속하게 하는 중요한 요인이 된다. 왜곡된 인지과정은 성범죄자가 일탈적인 범죄행위를 지속하는 핵심 역할을 수행한다(Carich et al., 2001).

성범죄자의 성에 대한 그릇된 신념은 청소년기부터 시작한다고 볼 수 있다. 30개 주 1,600명의 청소년 성범죄자를 대상으로 실시한 연구(Ryan, Miyoshi, Metzner, Krugman, & Fryer, 1996)가 그 예이다. 해당 연구에서는 참가자의 1/3만이 성관계를 다른 사람에 대한 마음이나 사랑을 증명하기 위한 하나의 방식으로 인식했으며, 나머지는 성관계를 권력과 지배력을 느끼기 위함이거나(23.5%) 분노를 해소하기 위해(9.4%) 또는 상처입히고 비하하거나 벌을 주기 위한(8.4%) 도구로 받아들였다. 한편, 남자 대학생과 성인 성범죄자를 대상으로 한 연구에 따르면 일탈적인 성적 충동이 성적으로 강압적인 행동과 강력한 상관관계를 가지고 있다(Hunter & Becker, 1994; Knight & Prentky, 1993).

### (2) 성적 환상과 강간신화

가학성 범죄의 동기 원인으로 환상의 중요성은 이미 여러 번 밝혀진 바 있다. 가학적 범죄 시 그들의 마음 상태는 성적 환상 상태에 놓여 있고, 한 번 성적 살인을 한 사람과 비교했을 때 성적 연쇄살인을 한 집단은 환상과 좀 더 의미 있게 관련되어 있었다(Grubin, 1999). 이러한 성적 환상은 관음증과 물품도착과 같은 행동과 상상에서 나타난 것을 사전연습하는 범죄와 조직화된 범죄현장을 남기는 습관을 지닌 범죄자들에게서도 나타났다.

성적 환상과 관련된 연구 중 하나는 '왜 가학적 범죄자는 환상 상태에서 범행을 하는가?'에 내한 설명과 '유사한 환상을 지닌 성격장애자들'을 설명하는 방법이다. 여기서는 범죄자의 나르시스틱하고 반사회적인 특성을 함께 설명한다. 또 다른 접근방법은 과거력과 행동변인을 찾는 것이다. 성적 환상은 부모와 분리되었던 과거력, 신체적 · 성적 학대와 가학적 범죄자에게 있는 성도착적 행동에 의해 강한 영향을 받는다. 나아가 초기 애착관계, 초기 외상, 폭력적 환상의 일상, 환상과 행동이 그들의 사고패턴에 반복적으로 영향을 미친다(Burgess, Hartman, Ressler, Douglas, & McCormack, 1986; Dietz et al., 1990). 환상과 관련된 연구결과를 살펴보면 환상은 틀림없이 가학성 범죄자에게 중요한 위험 요인이지만, 성적 환상 그 자체가 성범죄를 구성하는 것은 아니고 환상의 전이, 단계적인 행동 실행이나 범죄가 고무된 불분명한 고리 등이 함께 작용해야 가학적 성범죄가 형성됨을 알 수 있다(Grubin, 1999).

## 6. 성범죄의 재범 예방

### 1) 성범죄자의 재범률

성범죄자들은 일반 폭력범죄자들과는 다른 특성을 보이는 범죄자집단으로, 이들의 재범을 억제하고자 할 때 고려하여야 할 여러 가지 위험 요인은 고유하게 존재한다. 이러한 위험 요인은 단지 구금이나 감시 등의 방안으로는 자연적으로 제거되지 않으며, 위험 요인을 치료하기 위한 구체적인 접근이 시행되어야만 재범을 예방할 수 있기 때문에 재범률을 살펴보는 것은 의미가 있다. 재범 요인에 대한 심리학적 접근은 사회학적 요소(정적 요소)처럼 고정되어 있지 않아 보다 역동적인 관계성을 살필 수 있고, 신경 · 정신학적 영역보다 자유의지(의식)적 개념을 더 적용할 수 있기 때문에 재범 예측은 물론이고 개입에 대한 계획까지도 가능한 보다 실질적인 접근방법이라고 여긴다.

재범(recidivism)의 의미는 '상습적으로 범죄를 범한다'는 것이다. 즉, 과거에 저지른 범죄 행동을 다시 저지른다는 의미이다. 과거에 행한 범죄와 동일한 유형의 범죄를 행하고 이로 인하여 유죄를 선고받는 것을 재범으로 보는 경우, 과거에 저지른 범죄와 정확하게 동일한 유형의 범죄는 아니지만 동일한 범주에 포함될 수 있는 범죄를 다시 행하여 유죄를 선고받는 경우, 과거에 행한 범죄와 전혀 다른 범주의 범죄를 행하여 유죄선고를 받는 경우와 이 모든 유형과 동일하지만 유죄를 선고받지는 않은 경우로서 암수범죄(暗數犯罪)의 가능성을 고려하는 경우 등이 있다(Furby, Weinrott, & Blackshaw, 1989). 일반적으로 공식통계로 재범률을 측정하는 경우에는 암수범죄가 포함되지 않으므로 정확한 수치의 재범률을 측정하는 것이 사실상 매우 어렵고, 동일한 범주에 대한 재범 여부만을 측정하는 것이 아닌 동일하지 않은 다른 범주의 범죄를 행했을 경우에도 재범 수치에 포함시키는 경향이 있어서 이러한 방식으로는 동종범죄의 재범률을 고찰하기 어려운 문제가 발생한다. 성범죄의 경우[25]도 마찬가지로 성범죄자의 위험성에 대해 고찰하기 위해서는 과거에 성범죄로 인하여 유죄를 선고받은 범죄자에 대하여 일정 기간 동안의 관찰에 근거한 성범죄의 재범을 측정하는 것이 바람직하며, 암수범죄의 가능성을 고려하여 신중하게 재범률을 평가함이 바람직하다. 이와 관련하여 얼마 동안 재범을 측정하여야 하는가의 문제도 고려해야 하는데, 많은 연구자는 최소한 5년 정도의 관찰 기간을 가질 것을 권고한다(이수정, 김경옥, 2005). 성범죄자의 재범률에 대한 조사결과는 조사에 따라서 통계율이 크게 차이가 나 일반적인 성범죄자의 재범률을 이해하기는 어려운 점이 있다.

미국의 경우에는 24,000여 명의 성범죄자들에 대한 61개의 재범연구를 검토한 결과, 단지 13.4%만이 석방된 지 34년 이내에 새로운 성범죄를 저지른 것으로 나타났다(Hanson & Bussiere, 1998). 이러한 재범률은 암수범죄를 포함하지 않았기 때문에 실제 범죄보다 과소측정된 것으로 볼 수 있으며, 약 20년간의 추적조사에 의하면 성범죄자의 재범률은 30∼40%까지 증가하는 것으로 나타났다(Hanson, Steffy, & Gauthier, 1993; Prentky, Lee, Knight, & Cerce, 1997).

『경찰백서』(2004)에 의하면 우리나라 강간범죄의 재범률은 약 67.5%이며, 형사정책연구원의 조사에 의하면 신상공개제도에 의해 신상이 공개된 청소년 상대 성범죄자 7,208명 중 동일한 범죄경력이 있는 경우가 83.4%에 이른다(여의도연구소, 2005). 2009년 한 해만 하더라도 성폭력범죄로 기소된 사람들 중 초범자는 32%, 재범자는 68%를 차지하였다.[26] 재범자 중 동종전과자는 16%, 이종전과자는 84%에 달했다. 이 같은 통계치는 매년 크게 다르지 않아서 성폭력범죄자 중 재범자가 차지하는 비율은 약 60∼70%에 이른다고 알려져 있다. 즉, 성범죄의 경우에 재범자가 전체 성범죄자의 2/3 이상을 차지한다고 할 수 있는데, 이는 외국에 비해 상당히 높은

---

25) 관련 미디어자료

　　그것이 알고싶다(http://www.sbs.co.kr/new/tv/docu). 심층분석 연쇄 성폭행범 그들은 누구인가?(2006. 3. 18. 방송분).

　　세븐데이즈(http://www.sbs.co.kr/new/tv/7days). 8년간의 연쇄 성폭행! 발바리의 공포, 막을 내리나(2006. 1. 20. 방송분).

26) 한국형사정책연구원 홈페이지 '범죄와 형사사법 통계정보'(자료 출처: 대검찰청 범죄분석)를 이용하였다.

　　http://crimestats.or.kr/hpweb/main/index.k2?cmd=sub_5_view&org_id=101&tbl_id=IS_06&tbl_nm=성폭력범죄 발생추이&gb=is.

수준으로, 재범률의 측정방법 및 측정대상의 특이성이 반영된 결과임에 유의하여야 한다. 경찰청 통계의 경우에 강간범의 재범률이라기보다는 일정 시기에 검거된 강간범 중 전과가 있는 자의 비율이었다. 또한 형사정책연구원에서 보고된 자료의 경우에는 청소년을 대상으로 한 성범죄자들 중 신상이 공개된 죄질이 좋지 않은 자들이었다. 따라서 이들의 재범률은 일반 강간범에 비해 과대평가의 오류가 있다. 보다 정확한 성범죄의 재범률 자료는 국내 형사사법기관을 통해서는 별도로 보고되지 않고 있다. 이는 대상자에 대한 장기종단적 추적연구의 수행이 상당히 어렵기 때문이다.

## 2) 성범죄 재범 예방을 위한 방법

### (1) 성폭력범죄자에 대한 치료적 접근

성폭력범죄자에 대한 치료적(therapeutic) 접근이 10~20년 전에 시작된 서구와 달리 우리나라는 현재 시작단계에 있다고 해도 과언이 아니다. 치료적 접근이란 성폭력범죄자를 단지 감금하고 처벌하는 것이 아니라, 성폭력범죄자에게 범죄 행동을 유발하였던 여러 심리적 이상성(psychological abnormality)을 규명하여 교정 및 치료하는 것을 기반으로 하는 접근을 말한다.

독일의 경우에는 1998년에 「성범죄 및 기타 위험한 범죄와의 투쟁에 관한 법률」을 제정하여 성폭력범죄자를 심리장애를 가진 자로 이해하고 일정한 시설에 수용하여 치료처우를 진행하였다. 성폭력범죄자로 2년 이상의 자유형을 선고받고 치료가 적절한 경우에는 대상자의 동의 여부와 관계없이 반드시 사회치료를 받도록 하고 있다(전영실 외, 2007).

미국에서는 1990년에 「여성에 대한 폭력법(Violence Against Women Act)」을 제정하고 1991년에 미국심리학회에서 여성 대상 남성폭력전담 특별업무팀(American Psychological Associations Task Force on Male Violence against Women)을 구성하는 등 성폭력범죄 척결에 총력을 기울였다. 미국에서는 성폭력범죄자를 위험성 수준으로 분류하여 개인에게 적절한 강도의 치료 프로그램을 실시하고 있다.

성폭력범죄자를 대상으로 치료 프로그램을 실시하는 것은 성폭력범죄자의 범죄 행동에는 범죄자 자신의 감정, 인지 혹은 의지 능력의 손상이 어느 정도 연관되어 있고, 그러한 손상에 대한 복구는 적절한 심리적 개입을 통해 가능하다는 가정에서 비롯된 것이다. 이러한 치료적 접근을 통해 단기간의 교정 · 교육 프로그램에 머물러 있던 성범죄자에 대한 처우 프로그램이 그들의 범죄 행동과 관련된 이상성을 장기적으로 치료하는 '치료 프로그램' 단계로 심화되었다고 말할 수 있겠다.

성폭력범죄자 치료 프로그램이 갖는 의의는 무엇보다도 성폭력범죄의 재범 방지에 있다. 성폭력범죄자에 대한 치료처우에 관심이 큰 독일에서도 치료처우의 의의를 재범 방지에서 찾고 있다. 즉, 치료받기에 적합하고 치료가 필요한 범죄자를 치료하지 않고 석방하는 것은 올바르게 치료한 후에 석방하는 경우보다 시민에게 더 위험하다는 생각이다(전영실 외, 2007 재인용). 형사적 제재를 받는 범죄자에게 치료처우가 적절하게 시행되었을 때 재범 수를 현저하게 줄일 수 있으며, 그로 인해 미래의 피해자 수를 감소시킬 수 있다(Marshall, Marshall, Serran, & O'Brien, 2011). 효과적인 중재는 재범 방지에 기여하여 앞으로의 범죄 피해를 줄일 수 있을 뿐 아니라, 결과적으로 경찰, 사법 절차, 구금, 피해자에게 소요되는 비용을 상당히 감소시킬 수 있다(Marshall, 1992; Prentky & Burgess, 1990).

## (2) 성폭력범죄자의 치료에 대한 현대적 접근

성폭력범죄자의 치료에 대한 현대적 접근이 출현한 것은 1960년대로 볼 수 있다(Marshall et al., 2011). 1960년대 이전에도 소아애호증과 같은 성적 일탈성은 종종 언급되었으나, 주로 그러한 행동의 특성 파악이나 치료보다는 원인을 설명하는 것 위주로 연구가 진행되었다(예: Ellis, 1915; Hirschfeld, 1920; Freud, 1957). 이러한 원인에 대한 초점은 당시 서구에 지배적이었던 정신역동적(psychodynamic) 접근의 흐름과 무관하지 않다. 하지만 1960년대 심리학계에는 행동주의(behaviorism)가 지배적 접근으로 등장하여 인간 행동의 형성 과정에서 학습의 역할을 강조하였고, 성적 일탈성 또한 이전에 이미 발달된 성적 일탈행동에 대해 보상이 반복적으로 이뤄져서 형성되는 결과물이라고 보았다. 1960년대의 행동주의 접근법은 학습 과정을 통하여 자동화된 학습 과정을 제거하기 위한 노력을 치료의 중심에 두었다.

**재발방지 모델**    성폭력범죄자에 대한 치료접근에서 가장 중요한 변화가 일어난 것은 1980년대에 재발방지(relapse prevention) 모델이 출현한 이후이다. 재발방지 모델은 당시 Alan Marlatt라는 미국의 심리학자가 알코올이나 니코틴 중독과 같은 중독행동을 치료하기 위해 개발한 접근이었다. 재발방지 접근을 따르는 모델은 각 범죄자가 자신의 범행 및 전조 요인에 대해 매우 구체적이고 상세한 설명을 하는 것을 요건으로 한다. 이때 전조 요인으로 제시되는 것은 피해자에 대한 성적 생각, 범행 전 계획, 피해자에게 접근하기 위한 기회 마련, 범행 방해를 극복하기 위한 약물 섭취 여부 등이다. 즉, 범죄자로 하여금 그들을 재범 위험성에 놓이게 했던 상황은 어떤 것이었는지, 사람은 누구였는지, 감정과 사고는 어떠했는지를 열거하여 리스트를 만들 것을 요구하고 이것을 위험 요인으로 분류한다. 위험 요인 리스트가 만들어지면 위험 요인을 앞으로 어떻게 피할 것인지에 대해 계획을 세우도록 한다(Marques, Day, & Nelson, 1994). 재발방지 모델에서 필수적으로 이뤄졌던 것 중 하나가 범죄 개방 부분이다. 재발방지 모델에서는 특히 이 부분을 매우 엄격하게 적용하여 성범죄자가 범죄 사실을 개방하고 그것을 인정하도록 요구하였으며 범행 사실, 즉 범행 설명은 사건에 대한 공식기록과 정확히 일치할 것이 요구되었다. 이때 핵심이 되는 사안은 바로 범행을 지지하는 사고이며, 이것이 가장 중요한 재범 요인으로 간주되어 변화를 요구받았다. 하지만 재발방지 모델을 엄격하게 적용함에 따라 여러 가지 문제가 생겨났다.

많은 성범죄자는 다른 사람들 앞에서 자신의 사건에 대해서 이야기하기를 매우 꺼려 하며, 수치심과 창피함, 반발심 등으로 사건을 설명하는 데 매우 폐쇄적인 태도를 보였다.

재발방지 모델에서는 범죄 개방이 순조롭게 이뤄지지 못한 참여자는 비순응적인 참여자로 간주되었으며, 따라서 그들은 더욱 치료가 진전되기 어려웠다. 뿐만 아니라 범죄자들이 범죄 사실을 설명할 때 기억의 왜곡이 발생한 경우에 피해자의 진술을 기반으로 한 공식문서와 정확히 일치하지 않았다. 마찬가지로 피해자 측에도 범죄 사실에 대한 왜곡이 있을 수 있어 가해자의 설명과 정확히 일치시키는 것은 더욱 어려웠고, 이렇게 될 경우에 범죄 개방 부분이 범죄 사실 인정으로 연결되지 않아 치료를 진전시키는 것이 어려웠다. 재발방지 모델의 또 다른 취약점은 범죄 발생 위험 요인과 발생메커니즘에 많은 시간을 보내면서 정작 미래의 잠재적인 위험에 어떻게 대처해야 하는지 대처 기술을 가르치는 데에는 너무 시간을 적게 투자한다는 것이었다. 즉, 범죄자가 아무리 위험성을 인식하고 있어도 그것을 대처할 만한 기술이 없으면 재발을 방지하는 것은 사실상 불가능할 것이기 때문이다.

**반응성 모델**    위험성, 욕구, 반응성(Risk Needs Responsivity: RNR) 모델은 범죄학자 Andrews와 Bonta(1998)가 주창한 것으로 범죄학계에 널리 알려진 모델이다. RNR 모델의 기본이 되는 세 가지 원리, 즉 위험성, 욕구, 반응성은 성폭력범죄자를 위한 치료 프로그램에서 고려해야 할 중요한 원칙으로 간주되고 있다. 우선 위험성의 원칙은 성폭력범죄자의 치료에서 그들의 위험성이 반드시 고려되어야 한다는 것이다. 이때 위험성은 범행을 저지를 가능성을 지칭한다. 위험성이 치료 프로그램에서 고려되어야 하는 이유는 두 가지이다. 첫째, 개인의 위험성 정도에 따라 치료에 대한 반응에 차이가 있을 수 있고(Andrews & Dowden, 2006; Friendship, Mann, & Beech, 2003), 둘째, 치료와 같은 중재를 통해 변화가 이뤄질 때 위험성 또한 변할 수 있기 때문이다(Andrews & Bonta, 1998).

위험성 요인은 크게 정적 위험 요인(static risk factor)과 동적 위험 요인(dynamic risk factor)으

로 나뉜다. 정적 위험 요인은 중재를 통해 영향을 받거나 변화할 수 없는 요인으로, 나이, 결혼 유무, 전과경력, 출소 시 나이, 최초 범행 나이 등이 해당된다. 동적 위험 요인으로는 중재를 통해 영향을 받고 변화 가능한 요인으로, 인지적 왜곡, 성범죄를 지지하는 태도, 충동성, 자기통제 부족, 성적인 일탈성 등이 해당되며, 이러한 동적 위험 요인이 보통 치료의 목표가 된다. 동적 위험 요인은 RNR 모델의 두 번째 원칙인 욕구의 원칙과 상당 부분 겹친다.

욕구의 원칙이란 범죄를 발생시키는 범죄자의 욕구가 무엇인지를 알아내야 한다는 것이다. 범죄자의 범죄욕구를 예로 들자면, 성적 일탈성에 대한 만족, 스트레스에 대한 반사회적 대처, 지루함과 자극 추구 경향에서 오는 일탈행위 등을 들 수 있다. 따라서 성적 일탈성 극복, 반사회성 극복, 자기통제력 신장, 자기관리 능력 강화 등의 범죄 발생 욕구(동적 위험 요인)는 성범죄자 치료의 목표영역이 된다. 위험성 부분이 누구를 치료목표로 삼아야 할 것인지 알려 주는 것이라면, 범죄 발생 욕구 부분은 무엇을 치료의 목표로 삼아야 할 것인지를 알려 준다.

마지막으로, 반응성의 원칙은 치료 프로그램을 시행할 때 개인이 가지고 있는 특수성을 고려해야 한다는 원칙이다. 성범죄자와 연관해서 고려되는 반응 요인으로는, 가령 변화하려는 동기가 어느 정도 있는지(motivation to change), 범죄의 책임 및 통제 위치를 내외부 중 어디에 두는지(locus of control), 사이코패스적 성향을 가지고 있는지(psychopathy) 등이 있다. 개인의 학습 방식, 학습 능력, 지능, 성별 등도 치료에 대한 개인의 반응에 영향을 미칠 수 있는 요인으로 간주된다. 프로그램 적용 시 성범죄자 개인의 특성을 고려하지 않고 모든 성범죄자에게 같은 프로그램을 적용할 경우에 문제가 생길 수 있다. 획일적 프로그램을 적용하기 위해서는 아주 세부적인 치료 매뉴얼을 구성하여 적용해야 하는데, 이는 치료매뉴얼의 기술적인 부분에만 지나치게 집중하여 치료효과를 떨어뜨리는 결과를 초래할 수 있다. 치료매뉴얼에 제시되는 내용은 같은 내용이라도 개인에게 다양한 반응을 불러일으킬 수 있으며, 어떠한 치료자가 그것을 사용하는가에 따라서 다른 결과를 양산할 수 있다. 따라서 개인의 능력(치료자와 참여자 모두)과 학습 방식을 고려해서 사용해야 한다(Harkins & Beech, 2007).

**좋은 삶 모델**  좋은 삶 혹은 좋은 삶 가꾸기 모델은 성폭력범죄자에 대한 대안적인 치료모델로 등장하였다(Good Life: GL; Ward, 2002; Ward & Mann, 2004). GL 모델의 기본가정은 범죄 행동이 좋은 삶을 이루는 데 실패한 것으로, 범죄자가 좋은 삶을 이루기 위해 필요한 개인의 구체적인 목표 및 방법 등을 알아내고 삶의 만족감을 높이기 위해 필요한 기술, 태도, 자기신념 등을 갖는다면 범죄를 스스로 억제할 수 있다는 것이다. GL 모델은 인간의 긍정성과 자기실현 욕구를 강조한 긍정심리학(Seligman, 2003)이나 임상적 문제 개입에 있어서 내담자의 참여 동기를 강조한 동기상담(Miller & Rollnick, 2013) 등 인접 학문에서 영향을 받았다고 할 수 있다. GL 모델을 적용한 성범죄자 치료 프로그램에서는 첫째로 친사회적 삶의 의미를 스스로 찾게 도와주며, 둘째로 친밀감 결함이나 감정적 외로움을 극복하여 더 나은 삶을 살며 목표를 성취하도록 단계별로 도와준다.

RNR 모델이 범죄 발생 욕구나 위험성을 다루어 재범을 줄이는 것에 목표를 두었다면, GL 모델은 이것을 다룸에 있어서 범죄자 개개인의 특별한 가치, 삶의 위치, 그리고 관리 전략을 중시한다. 또한 개인의 삶의 목표, 개개인의 기본욕구, 능력, 자율성, 행복 및 건강에 대한 이해 등을 강조한다. GL 모델에서 이러한 것을 강조하는 기본가정은 만족스러운 삶이 재범을 낮추는 데 도움이 될 것이라는 것이다. GL 모델을 적용한 치료 프로그램은 기본적으로 인지행동치료 형식을 취한다. 프로그램에서 다루는 주제로는 책임 수용의 어려움, 공감능력 부족, 대처능력 부족, 낮은 자존감, 인지적 왜곡, 친밀감 부족, 대인관계 결함, 성적 일탈, 만족스러운 삶을 살기 위한 방법 등으로 기본적인 인지행동치료에서 사용하는 프로그램 내용과 거의 유사하다. 그러나 GL 모델 접근을 사용할 경우에는 범죄자가 가지고 있는 장점과 긍정성에 초점을 맞춘다는 데 차이가 있다. 즉, 범죄자의 결함을 다루는 데 긍정성을 활용한다는 것이 차별적인 특징이다. 가령, 성범죄자가 사건 개방 시 보여 주는 부인/최소화의 경향은 재발방지 모델에서는 참여자의 비순응성을 보여 주고 치료의 진행을 방해하는 부정적인 요소로 간주되어 왔다. 그러나 긍정성을 강조하는 GL 모델에서는 참여자가 보여 주는 방어적 태도조차도 방어성을 통하여 자신의 범죄가 받아들여질 수 없다는 것을 최소한 인정하는 셈이라고 인식한다. 따라서 치료자는 방어적 내담자에게 공격적이거나 위협적인 태도를 취하지 않는다. 이는 치료자와 내담자 사이에 형성되어야 할 믿음을 위협하는 것으로, 전체적인 치료예후에 부정적 영향을 미치기 때문이다(Fernandez et al., 2006; Marshall et al., 2011).

### (3) 치료 프로그램 실시와 재범률의 관계

12개의 연구결과를 토대로 메타분석을 실시한 결과(N=1.313), 치료를 받은 성범죄자집단의 재범률은 19%였고, 비치료집단의 경우에는 27%로 나타났다(Hall, 1995). 아동 대상 성범죄자에 대한 4년 후 조사에서는 치료집단 18%, 비치료집단 43%가 재범하였다(Barbaree & Marshall, 1998). 80개의 성범죄 치료결과를 분석한 Alexander(1999)의 연구에서는 치료집단과 비치료집단의 재범률이 각각 7.2%와 17.6%로 유의미한 차이를 보였다. 한 연구에서는 296명의 성범죄 치료집단과 283명의 비치료집단의 6년 후 재범 추적조사를 한 결과, 재범률이 14.5%와 33.2%인 것으로 보고되었다(Nicholaichuk, Gordon, Gu, & Wong, 2000). Hanson의 2002년 연구에서는 치료집단의 성범죄 재범률이 9.9%, 비치료집단의 성범죄 재범률이 17.3%인 것으로 나타났다 (Hanson, 2002). 69개의 연구결과(N=22,000)를 종합하여 성범죄자의 재범률을 추적한 연구에서 는 비치료집단에 비해 치료집단의 재범률이 37% 더 낮았다고 한다(Losel & Schmucker, 2005).

특히 수용시설 내에서 인지행동치료나 행동치료를 받은 경우에 재범률이 3~31%까지 줄어 드는 것으로 나타났다. Marques 등(Marques et al., 1994)은 Arkansas State Hospital에 수용된 아 동치한범과 강간범을 대상으로 자발적으로 치료에 응하여 무선적으로 선택된 치료집단, 자발 적으로 치료를 원했으나 선택되지 않은 집단, 비자발적 참여자로 세 집단을 나누었다. 이는 재 범률 감소에 긍정적인 결과를 산출하는 치료요인을 확인하기 위한 연구였는데, 이완훈련, 성교 육, 사회기술 훈련, 스트레스와 분노 조절 훈련, 재범 방지 요법을 포함한 인지치료를 실시한 결 과, 7년 후 자발적 치료집단의 경우에 8.2%, 자발적으로 치료를 원했으나 선택되지 않은 집단 은 13.4%, 비자발적 치료집단은 12.5%로 나타났다(Marques et al., 1994). 아동치한범과 강간범 을 상대로 수용 기간 동안에 인지행동치료를 실시하고, 가석방 기간 동안에 재범 방지 요법을 실시한 두 연구에서는 6년 후 아동치한범의 재범률은 3%, 강간범의 재범률은 20%로 나타났다 (Hildebran & Pithers, 1992). 7년 후 재범률은 치료집단의 경우에 6%, 비치료집단의 경우에 33% 로 나타났다(Pithers et al., 1989).

하지만 치료집단과 비치료집단 간에 차이가 나타나지 않은 연구도 존재한다. 두 연구 모두 심리치료 없이 행동치료만 시행하였고, 한 연구에서는 대상자가 고위험군인 가족 외 아동치한 범이었다. 출소 후 심리·행동 치료를 지속적으로 실시한 경우에 치료집단의 재범률은 6~39% 였고, 모든 치료집단이 비치료집단에 비해 재범률이 낮았다. 아동치한범과 노출증인 대상자 4,381명을 대상으로 인지행동치료(혐오치료, 긍정적 조건과 바이오피드백, 자위 재조건화, 공감훈 련, 재범 방지 요법)를 실시한 결과 이성 소아애호증인 자의 재범률은 6%였고, 동성 소아애호증 인 자의 재범률은 15.1%였다(Maletzky, 1993). 노출증인 자를 대상으로 혐오치료(전기쇼크, 악취 를 혐오 자극으로 사용), 수음 재조건화(masterbatory reconditioning)와 혐오치료(aversion therapy), 자위습관화 치료(masturbatory satiation)를 하고 8년 뒤 재범을 추적한 결과, 치료집단의 재범률 은 39.1%, 비치료집단의 재범률은 57.1%로 나타났다(Marshall et al., 1991). 가족 외 아동치한범 에게 사회적 기능, 스트레스 조절, 피해자 공감, 재범 방지 등에 초점을 맞춘 인지행동치료를 실 시하고 1년 후 재범을 추적한 결과, 치료집단의 재범률은 12.2%였고, 치료 중도 탈락 집단의 재 범률은 34.9%였다. 또 아동치한범을 대상으로 사회적 기술 훈련과 혐오치료, 수음 재조건화 치 료를 시행한 후의 재범률은 치료집단은 13.2%, 비치료집단은 34.5%였다(Grossman, Martis, & Fichtner, 1999). 치료효과에 대한 연구를 요약하자면 대부분 인지행동적인 요인들을 가미한 치료 프로그램을 중도 탈락하지 않고 성공적으로 완수한 경우에 재범률이 감소한다고 결론지을 수 있다.

### (4) 청소년 성범죄자를 위한 치료전략

많은 연구에서 모든 성범죄의 상당 부분은 청소년기에 시작될 가능성이 크고, 특히 강간범의 20% 그리고 아동폭력의 50% 이상이 청소년에 의해 이뤄진다고 평가(Deisher, Wenet, Paperny, Clark, & Fehrenbach, 1982; Showers, Farber, Joseph, Oshins, & Johnson, 1983; Abel, Mittleman, & Becker, 1985; Becker & Abel, 1985; Longo & Groth, 1983; Groth, Longo, & McFadin, 1982)되었다. 학자들은 성폭력 감소를 위한 가장 효율적인 방법은 청소년범죄자에 대한 처치를 장기적으로 하는 방법뿐(Barbaree & Cortoni, 1993)이라고 입을 모으고 있다. 따라서 형사정책과 정신건강 전문가 및 모든 영역에서 청소년 성범죄자 치료의 중요성이 부각되고 있다. 미국의 경우에 1982년에 20개에 불과했던 청소년 성범죄자에 대한 치료 프로그램의 중요성을 인식하여 10년도 채 안 된 1988년에는 특화된 청소년 성범죄 프로그램만도 520개 이상으로 확산되었다(National Adolescent Perpetrator Network, 1988).

우리나라와 다른 그들의 대처 방안을 보고 놀라지 않을 수 없다. 이미 여러 학자에 의해 많은 프로그램이 소개되고 실시되었지만(Becker, 1988; Elliot, 1987; Fillmore, 1987; Groth, Hobson, lucey, & Pierre, 1981; Johnson & Berry, 1989; Kahn & Lafond, 1988), 이들은 10여 년이 지난 후에도 체계적인 연구결과가 미흡하다며 치료결과의 효과성을 더욱 명확히 평가하기 위한 연구를 끊임없이 하고 있다. 이는 하나의 완벽한 결과와 정답만을 요구하는 한국 현실에서는 도저히 불가능한 연구태도이다.

더욱이 놀랄 만한 것은 미국 전체 주의 800개가 넘는 모든 전문가그룹이 연계망(The National Adolescent Perpetrator Network)을 이뤄서 지역사회의 옹호, 체계와 법적 반응, 사정 및 처치 등 전반적인 부분을 함께 논의하고 연구한다는 점이다. 진행 역시 모든 형사사법기관과 임상적 중재가 함께 이뤄지고 있다(Barbaree & Cortoni, 1993). 이러한 청소년 가해자 치료 프로그램을 시행하기 위해서는 먼저 치료자와 가석방(보호관찰) 담당자, 가해자 가족 및 피해자 가족까지도 문서로 계약을 해야 한다. 치료의 목적은 가해자의 설명능력과 치료에 대한 책임감과 미래 범죄 예방을 증가시키는 것이다. 또한 이들에 대한 치료는 여기서 멈추는 것이 아니라 높은 위험 상황에 대한 모니터링과 가해자의 소재 파악 및 이사 등에 대한 광범위한 확인과 조절이 가능한 형사사법 관계자와의 결합이 빠져서는 안 된다(Margolin, 1983)며, 관계 당국과의 긴밀한 관계를 의무화하고 있다. 이는 범죄자 한 명에 대한 처리도 각 단계별(수사기관, 사법기관 및 교정기

| 표 8-11 | 성범죄자를 위한 치료전략(1993) |
|---|---|

**치료 전: 행동 변화를 위한 동기 개발**

  1. 부인

  2. 최소화

  3. 피해자 비난 → 피해자 공감

**치료계획**

  4. 범행 선행 요인 이해 및 범행 순환

**치료: 행동 변화 목표**

<u>일탈적 성적 행동</u>

  5. 일탈적 성적 각성의 감소

  6. 인지적 왜곡의 제거

  7. 자신의 피해화에 대한 논의

  8. 건강한 성의 강조, 성교육

<u>범죄 관련 비성적 요소</u>

  9. 사회적 경쟁력 증가 및 분노 조절

  10. 범죄적 사고, 생활패턴 및 행동의 감소

  11. 물질남용 치료

  12. 가족의 역기능 및 범행을 지지한 친구들

**사후처치: 성범죄 재발방지**

  13. 퇴행 예방에 대한 개발

    1) 내적 자기조절력

    2) 외부적 슈퍼비전

  14. 퇴행 예방

  15. 사후관리

관)로 다르게 적용하고 있는 우리나라와는 너무도 대조적인 모습이 아닐 수 없다. 지금부터는 사회의 전반적인 참여로 더욱 효과 있는 청소년 성범죄자에 대한 치료전략을 간단히 소개하고, 우리나라에서도 적용 가능한 성범죄 치료모델을 제시해 보기로 하겠다.

  치료전략은 각 단계별로 범죄의 부인과 부정에 대한 접근, 자기의 행동 변화에 대한 동기화로 시작되어 주요한 부분으로 퇴행 예방[27]을 위한 처치를 다시 단계별로 나누어 실시한다. 즉, 일탈

---

27) 치료적 차원에서 재범이라는 용어 대신에 퇴행(relapse)이라고 표현한다.

적 성적 각성(Becker, Hunter, Stein, & Kaplan, 1989)과 밀접하게 관련된 자신의 피해화(Ryan, Lane, Davis, & Issac, 1987; Showers et al., 1983) 정도의 감소, '건강한 성적 관심(healthy sexuality)'을 개발시키는 성교육(Groth et al., 1981; Hains, Herrman, Backer, & Graber, 1986; Lombardo & DiGiorgio-Miller, 1988) 및 성범죄의 동기화 요인[28]에 대한 조절 등이 치료 과정에 포함된다(Fillmore, 1987; Groth et al., 1981; Hains et al., 1986; Lombardo & DiGiorgio-Miller, 1988; Ryan et al., 1987).

가능하다면 직접적인 대면을 통한 집단치료를 지향하고, 직면 시에는 지지적인 환경이 비인간적이거나 폭력적인 공격, 비수용적인 상황과 혼동되지 않도록 주의해야 한다(Margolin, 1983; Ryan et al., 1987; Stenson & Anderson, 1987).

### (5) 정신분석적 치료기법

전통적인 정신분석이론에 따르면 성도착은 유아적인 성적 발달단계에 고착된 것이 성인기까지 지속된 것으로 보고하고 있다. 특히 오이디푸스 콤플렉스가 잘 해소되지 않은 사람이 지니고 있는 아버지에 의한 거세불안이 성도착 형태로 나타날 수 있다고 주장한다. 예를 들면, 성적 가학증을 보이는 사람은 어린 시절의 외상 경험을 타인에게 가함으로써 복수를 하는 동시에 소아기적 외상을 극복하려는 무의식적 시도를 하는 것으로 볼 수 있다(권석만, 2006).

대상관계이론에서는 대상관계로부터 도피하기 위해 타인에게 해를 가하는 것으로, 어머니의 정신 내적 표상으로부터 불완전하게 분리개별화가 되면 자신이 독립된 인간이라는 주체성이 내적 혹은 외적 대상과 융합되거나 그 대상에 의해 삼켜져 버릴 것이라는 위협을 계속 느끼게 되어 성적 표현을 통해 자신의 독립을 주장하게 된다는 것이다. 이러한 사람은 성행위 후 안도감을 느끼는데, 이는 어머니에 대한 승리의 느낌이라고 볼 수 있다. 자기심리학에서는 자기응집력을 회복하기 위한 필사적인 시도로, 타인의 공감이 없는 상태에서 자기의 통합과 자기응집력을 회복하려는 무의식적 노력이 성도착을 낳는다고 한다. 심리적 취약성이 포기나 분리에 위협을 주고 성행위나 성적 공상을 통해 살아 있다는 느낌을 가지게 되는 것이다. 즉, 성범죄로 인한 자기만족은 하나의 약물과 같은 효력을 가지는 것으로 볼 수 있다(신희천, 2000). 이렇듯 정신분석적 치료에서는 어린 시절에 경험한 성적인 충격 경험을 회상해 내고 거세불안을 위시한 심리적 갈등이 성도착적 문제로 나타나고 있다는 것을 깨닫도록 유도하는 것이 중요하다.

치료 과정에서 치료자는 자신의 성도착적 충동이 의식화되는 것에 대하여 불안과 혐오감을 경험할 수 있고 이러한 불쾌한 감정으로 인해 성도착증 환자를 처벌하려는 태도가 나타나기 쉽

---

28) ① 사회 경쟁력 결여, ② 분노와 적대감, ③ 범죄적 사고, 생활패턴, 행동, ④ 물질남용, ⑤ 가족의 역기능이 그것이다.

운데, 이러한 태도를 잘 자제하는 것이 중요하다. 성기기에 고착된 소아애호증 환자의 경우, 자아강도가 잘 유지되고 있다면 정신분석치료가 효과를 거둘 수 있다는 보고가 있다. 일반적으로 자신의 성도착문제에 대해 괴로워하거나 증상의 원인을 궁금해하는 환자는 비교적 치료효과가 좋지만 성도착증 환자는 흔히 경계선, 자기애성 또는 반사회적 인격장애를 동반하는 경우가 많다. 이러한 경우에는 치료가 매우 어려운 것으로 알려져 있다(권석만, 2006).

### (6) 인지행동치료기법

성범죄자에 대한 인지행동치료기법은 주로 일탈적인 성적 선호를 수정하는 방법을 사용한다. 즉, 일탈적 성적 자극이나 환상으로 인한 성적 각성에 기피적인 사건을 연합시키는 혐오치료방법을 사용하는 것이다. 예를 들면, 여성의 구두에 성적 매력을 느끼는 사람에게는 구두를 볼 때마다 전기쇼크를 가하면 구두에 대한 매력이 제거될 수 있다는 것이다(Marshall & Barbaree, 1990). 성도착자는 성도착적 상상을 하면서 자위행위를 하는데, 이러한 성적 공상의 내용을 정상적인 대상과의 성행위로 바꾸어 주는 것이 필요하고, 정상적인 이성관계를 형성하여 성적 욕구를 해소할 수 있도록 사회적 기술 훈련과 자기주장 훈련 등을 병행하는 것이 바람직할 것이다. 그 외에도 분노 조절, 성교육, 상담, 가족치료 등이 이루어지기도 한다. 혹은 피해자 인식 및 피해자에 대한 공감능력의 향상도 치료방법이 될 수 있다. 이러한 치료는 표준화가 되어 있지 않다는 점에서 결점을 내포하고 있다. 즉, 치료가 효과성이 나타나기도 전에 중단되거나 프로그램에 참여하고 있는 과정에서의 변화에 대한 평가 또한 거의 보고되지 않고 있다.

인지행동치료의 효과성에 대한 연구로는 청소년 성범죄자에 대한 지역사회 치료 프로그램의 긍정적 효과를 보고한 연구가 있다. 이 프로그램은 또래와의 문제, 가족 갈등, 학교문제에 초점을 두고 이루어졌으며, 치료 프로그램을 받지 않은 통제집단과 비교되었다. 비록 8명의 집단에 대한 연구였지만, 치료 프로그램이 끝난 후에 재범률은 치료를 받은 집단이 유의미하게 낮은 것으로 나타났다. 성인강간범과 아동치한범을 대상으로 한 Hildebran와 Pithers(1992)의 연구에 의하면 치료 프로그램을 받은 집단이 통제집단보다 재범률이 낮은 것으로 나타났다(Winick, Bruce, & LaFond, 2003).

### (7) 외과적 거세와 약물치료

오늘날 많이 사용되는 치료기법은 아니지만, 외과적 거세(surgical castration)는 유럽에서 성충동과 성적 재범을 줄이기 위해서 광범위하게 사용되었던 기법이다. 거세는 일반적으로 공격성을 감소시키는 것으로도 알려져 있다. 거세의 효과에 대한 연구에 의하면 거세된 성범죄자의 위험성이 매우 높음에도 재범률은 매우 낮은 것으로 나타났다. 거세의 효과에 대해서는 여러 연구에서 거의 의심의 여지가 없는 것으로 나타나고 있지만, 이 효과도 범죄자의 자발성에 따라서 제한적일 수 있다고 한다. 즉, 강요에 의해서 거세를 받은 범죄자는 불법적으로 테스토스테론이나 근육 증강제와 같은 호르몬을 시술받을 수 있고, 이로 인하여 거세의 효과가 반감될 가능성이 있다. 동화작용을 일으키는 스테로이드 호르몬은 불법적으로 쉽게 손에 넣을 수 있는 약물이기 때문에 거세를 하는 것이 많은 성범죄자에게 쉽게 적용될 수 있는 기법은 아니라는 것이 일반적인 견해이다.

근래에는 세로토닌계 약물치료가 거세보다 더욱 인기 있는 방법으로 사용되고 있다. 다양한 세로토닌계 약물을 포함하여 항안드로겐(antiandrogen) 약물(cyproterone acetate, gonadotropinreleasing hormone analog, leuprolide acetate, medroxyprogesterone acetate 등)이 많이 사용되고 있다. 항안드로겐 약물은 성적 충동을 감소시키는 것으로 검증되었지만, 몇 가지 부작용으로 남성이 이 약물을 먹는 것을 기피하기도 한다. 즉, 체중 증가, 피로감 증가, 두통, 우울 등의 부작용을 야기하는 것으로 알려져 있다(Winick et al., 2003).

## 3) 피해자의 저항

Bart와 O'Brien(1985)은 성범죄사건 당시 피해자 저항에 대한 연구를 위해 여성 피해자들과의 인터뷰를 통해서 사건 당시 피해자의 저항에 대해 조사하여 저항의 유형을 분류하였으며, 저항유형과 저항 정도가 피해 정도, 피해자 자신의 감정에 미치는 영향에 대해서 조사하였다. 연구결과, 다음과 같은 6개의 저항 유형이 나타났다. ① 달아나기, 달아나려는 시도, ② 소리 지르기, ③ 빌거나 사정(애원)하기, ④ 가해자를 설득하기, ⑤ 주변 상황 이용하기, ⑥ 물리적인 힘으로 대응하기 등이다.

연구결과, 이와 같은 저항방법을 사용한 피해자가 사용하지 않은 피해자보다 강간피해를 더 막은 것으로 나타났다. 강간을 막은 피해자는 달아나기, 소리 지르기, 물리적인 힘으로 대응하기, 주변 환경의 기회 이용하기의 저항방법을 주로 사용하였고, 강간을 당한 피해 여성은 주로 빌기, 애원하기의 저항방법을 사용한 것으로 나타났다. 또한 강간을 막은 피해 여성은 사건 당시 분노와 흥분 감정을 가지는 경향이 많았고, 강간을 당한 피해 여성은 사건 당시 죽음이나 신체 훼손에 대한 두려움의 감정을 가지는 경향이 많은 것으로 나타났다. 강간을 당한 여성 중에서도 물리적으로 대응하는 저항방법을 사용한 피해자는 물리적인 대응을 하지 않은 피해자보다 피해 후에 덜 침체된 감정 상태를 보이고, 강간을 당했다는 사실에 대해서 스스로를 덜 비난하는 것으로 나타났다.

## 4) 성범죄자의 치료

성범죄자를 치료하기 위해 지켜야 할 원칙을 크게 세 가지로 정리하면 다음과 같다.

첫째, 성범죄자의 치료에서 RNR 원칙을 더욱 고려해야 한다. 앞서 RNR 모델에서 지적했듯이, 성범죄자 치료는 위험성에 따라 치료의 강도가 달라질 수 있으므로 재범의 위험성을 고려하여야 한다. 이를 위해서는 성범죄자 재범 위험성 평가 시행을 더욱 강화할 필요가 있다. 현재 국내의 치료 현장에서는 치료집단을 나눔에 있어 재범 위험성 수준을 고려하지 않고 있다. 또한 KSORAS, HAGSOR과 같이 이미 개발된 성범죄자 위험성 평가도구도 일부 시설에서만 사용하고 있다. 위험성을 토대로 대상자를 분리하지 않기 때문에 저위험군과 고위험군에게 같은 프로그램을 적용하고 있는데, 이것은 매우 위험한 일이다. 강도가 낮은 프로그램을 고위험군에게 적용한 결과, 고위험군자의 위험성이 충분히 감소되지 못한 채 출소하여 재범의 가능성이 여전히 남아 있게 되기 때문이다. 위험성 이외에 욕구와 반응성 부분에서도 아직 국내의 치료 프로그램은 충분히 다룰 대비가 되어 있지 못하다. 가령, 국내의 성범죄자 치료 프로그램에 대한 실태조사(한국형사정책연구원, 2012)에서 치료자들을 심층면접한 결과를 보면 성범죄자 중 극도로 저항이 심하거나 부인하는 대상자를 별도로 고려하거나 혹은 지능이나 학력 수준이 낮은 대상자들을 위한 프로그램을 별도로 개발해야 하는 필요성을 제기하고 있다. 이는 집단치료 시 성범죄자 개인의 반응성을 고려해야 함을 시사한다.

둘째, 성범죄자 치료에서 장점 기반의 접근(strength-based appoach)에 대한 도입을 모색해 볼 수 있겠다. 앞서 성범죄자 치료의 모델 중 하나로 제시된 좋은 삶 모델의 장점 기반 접근을 참고할 필요가 있다. 특히 성범죄자는 치료 프로그램 참여에 저항적인 태도를 보이는 경향이 있으므로 그들의 참여 동기를 강화하는 프로그램을 시행한다면 치료효과를 더욱 높일 수 있을 것이다. 이를 위해 캐나다와 호주 등지에서 유용하게 사용되고 있는 치료 전 예비 프로그램을 국내에 도입하는 방안을 고려해 볼 수도 있다. 뿐만 아니라 치료자의 특성과 치료분위기 등에서 긍정적 분위기를 창출할 수 있도록 각별한 노력이 필요하다. 성범죄자의 결함에 대한 지나친 강조나 범죄성에 대한 과도한 부각은 그들에게 삶은 여전히 위험한 것이어서 범죄 없이 삶을 친화적으로 만드는 것은 불가능하다는 인식을 줄 수 있다. 긍정적 치료분위기와 공감적 치료자를 통해 친사회적 인간관계 맺기의 좋은 예를 습득하여 성범죄자 스스로 친사회적 삶이 본인에게 의미가 있다는 것을 인식하게 할 필요가 있다. 이러한 자각과 인식이 치료를 통해 반복된다면 결국 그들의 내적 변화 또한 점차 가능해질 것이다.

셋째, 성범죄자 치료 프로그램을 성공적으로 이행하고 재범 방지 및 재사회화에의 기여라는 본연의 의의를 살리기 위해서는 치료에 참가하였던 대상자의 출소 이후의 재발방지를 지원할 필요가 있다. 이를 위해서는 외국의 일부 교정시설에서 집행하고 있는 사후관리 프로그램을 도입하여 출소자의 사회 내 적응을 도와 재범을 억제해야 하겠다. 이와 함께 출소 이후의 재범 여부를 파악하여 치료 프로그램의 구성요건과 재범이 어떻게 연관성을 지니는지 확인할 필요가 있겠다. 이는 치료에 참여하였던 성범죄자가 과연 재범률이 떨어지는지를 확인하는 것뿐 아니라 프로그램의 어떤 요소가 재범을 억제하는 데 구체적으로 효력이 있는 것인지 확인할 수 있는 길이다. 이와 함께 무엇보다도 중요한 것은 교정당국이 앞서 언급한 주요 원칙과 방향에 일치된 생각을 지니는 것이 필요하다. 보안 위주의 교정행정 속에서 치료의 기능은 축소될 위험성이 있다.[29] 교정행정의 목표는 위험 관리뿐 아니라 교화의 목적도 꼭 달성해야 한다는 것을 명심해야 한다.

## 7. 결론

지금까지 논의한 내용에서 알 수 있듯이, 성범죄라는 것은 일반적으로 널리 수용되고 있는 성충동, 성적인 욕망에 의해서만 발생하는 단순한 범죄가 아니다. 다양한 사회적 관계와 더불어 그러한 관계와 연합된 개인적인 성향이 함께 작용하여 성범죄가 발생하는 것이다. 그렇기 때문에 개인만을 대상으로 하거나 사회적인 문제에만 초점을 맞추어 일방면적으로 문제를 해결하려고 하는 것은 바람직하지 않고, 가해자 개인, 피해자 개인, 가해자와 피해자가 모두 공존하는 사회, 성범죄를 직접적으로 다루고 있는 법제도의 문제점 등을 모두 고려하는 다방면적인 문제 해결책을 찾으려고 노력하여야 한다. 현재 우리나라에서 성범죄로 인한 문제를 해결하고자 하는 노력이 전혀 없는 것은 아니다. 법률을 개선하여 수사과정과 재판과정에서 피해자 및 가해자의 인권을 보호하려고 노력하고 있다. 예를 들면, 수사 및 증인 심문 시에 피해자를 보호하기 위해 '수사기관 또는 법원의 재량에 따라 신뢰관계에 있는 자를 동석하게 할 수 있다'[30]는

---

29) 2013년도부터 상담을 주로 담당하던 교회직렬과 심리평가를 주로 담당하던 분류직렬이 모두 교정직으로 통합되었다. 과거 별정직 형태로 전문적인 기능을 담당하던 직렬이 모두 보안 중심의 교정직렬로 통합되는 경우에 수형자에 대한 상담치료나 분류 심사의 기능은 전문성 결여로 인하여 후퇴할 가능성이 농후하다.

조항을 '동석의무화'[31]의 강제조항으로 개선하였고, 강간 피해자 보호법(Rape Shield Law; Riedel & Welsh, 2002: 221-223)을 도입하여 성범죄 피해자의 과거 성경험과 성적인 성향의 증거 사용을 제한함으로써 제2차 피해자화를 줄일 수 있도록 노력하고 있다.

그러나 이러한 법제도 개선보다 더 중요한 것은 성범죄에 대한 국민의 인식 변화이다. 많은 사람이 성범죄를 단순히 성적인 욕망을 제어하지 못한 남성에게서 우발적으로 행해지는 범죄라고 인식하고 있다. 이러한 잘못된 인식에 덧붙여 남성은 생래적으로 성적인 욕망이 강하며, 성적인 충동을 제어하는 통제력이 약하다는 인식은 대부분 성범죄의 피해자인 여성에게 범죄 유발 책임을 전가하며, 성범죄는 정숙한 여성에게는 발생하지 않고 성범죄를 당할 만한 여성에게 발생한다는 잘못된 인식을 확산시킨다. 이러한 현상은 성범죄로 인해 신체적인 외상뿐만 아니라 정신적으로도 큰 아픔을 겪은 피해자가 사회적으로 또 한 번 아픔을 겪게 하는 결과를 초래한다. 이는 비단 심리적인 괴로움으로만 끝나는 것이 아니라, 사회에서의 보이지 않는 매장 등을 통해 생계에까지 위협을 주는 수준으로 가는 경우도 많다. 이는 성범죄가 한 인간의 삶을 완전히 말살시킬 수도 있는 범죄라는 것을 잘 나타낸다. 따라서 성범죄를 단순히 이벤트적인 단순범죄로 생각할 것이 아니라 한 인간이 또 다른 한 인간의 신체를 자유로이 건사할 수 있는 최소한의 자유의지를 무참히 짓밟는, 인간의 존엄성을 무시하는 차원의 범죄로 인식하고 피해자를 따뜻이 보듬어 줄 수 있는 사회 분위기를 조성해야 한다. 물론 이에 앞서 법제도 개선 또한 선행되어야 한다. 동시에 성범죄 가해자를 단순히 처벌만 하는 것에 그칠 것이 아니라 치료 차원에서 접근하여 효과적으로 재범을 예방하는 정부 차원의 노력이 있어야 한다.

## 참고문헌

공길자(2003). 성폭력 가해자에 대한 수강명령 프로그램 비교분석. 평택대학교 대학원 석사학위논문.
권석만(2006). 현대이상심리학. 서울: 학지사.
경찰청. 「경찰청범죄 통계」.
경찰청(2022). 경찰백서.
경찰청(2012). 경찰백서.
경찰청(2004). 경찰백서.

---

30) 「성폭력범죄의 처벌 등에 관한 특례법」 제22조 제2항.
31) 「성폭력범죄의 처벌 등에 관한 특례법」 제22조 제3항.

김종원(2003). 인터넷상에서 불건전 유해정보의 피해와 문제점 및 대응방안 연구. 가천대학교 대학원 석
　　사학위논문.

대검찰청(2012). 범죄분석.

대검찰청(2022). 범죄분석.

박영규, 성광호(1998). 성범죄 예방 · 처벌의 법률지식. 서울: 청림출판.

서영주(2003). 성폭력 관련 법률의 개선방안에 관한 연구. 강원대학교 대학원 박사학위논문.

신희천(2003). 성도착증과 성정체감 장애. 서울: 학지사.

여의도연구소(2005). 성범죄자 전자위치확인제도 도입방안. *Issue Brief, 5*(2).

윤정숙, 이수정, 김일수(2012). 성범죄자를 위한 치료 프로그램 개발 및 제도화방안(I). 형사정책연구원 연
　　구총서, 1, 442.

이명희(2003). 친족 성폭력 피해자의 후유증과 그 회복과정 연구. 경성대학교 대학원 박사학위논문.

이수정, 김경옥(2005). 성범죄 재범률 실태 및 치료적 대안 모색: 보안감시를 넘어서서. 한국심리학회: 사
　　회 및 성격, 19(3), 83-99.

이수정(2013). 성폭력범죄자의 심리와 재범방지 대책. 한국여성연구학회협의회.

이수정(2014). 청소년 성범죄자들의 특이성, 어떻게 평가할 것인가?. 한국경찰연구, 13(2), 271-310.

장승희(2003). 청소년의 성폭력 인식에 관한 연구: 광주/전남지역 고등학생을 중심으로. 전남대학교 대
　　학원 석사학위논문.

전대양(2005). 연쇄강간범의 범죄심리학적 특성. 한국범죄심리연구, 2.

전영실, 강은영, 박형민, 김혜정, 황태정, 정유희(2007). 성폭력범죄의 유형과 재범억제방안. 한국형사정
　　책연구원 연구총서, 7(3).

조은경(1997). 충동성과 공격성향이 강력범죄에 미치는 영향. 형사정책연구, 8(2), 135.

법제처. http://www.moleg.go.kr


Abel, G. G., Mittleman, M. S., & Becker, J. V. (1985). Sex offenders: Results of assessment and
　　recommnendations for treatment. In M. H. Ben-Aron, S. J. Hucker, & C. D. Webster (Eds.),
　　*Clinical criminology: The assessment and treatment of criminal behavior* (pp. 207-220). Toronto:
　　M & M Graphics.

Alexander, M. A. (1999). Sexual offender treatment efficacy revisited. Sexual Abuse: *A Journal of
　　Research and Treatment, 11*, 101-117.

Amir, M. (1971). *Patterns in focible rape.* Chicago: University of Chicago Press.

Andrews, D. A., & Bonta, J. (1998). *The psychology of criminal conduct* (2nd ed.). Cincinnati, OH:
　　Anderson.

Andrews, D. A., & Bonta, J. (2003). The psychology of criminal conduct (3rd ed.). *Case studies and empirical knowledge: The case of necrophiliac* (pp. 57-58). Cincinnati, OH: Anderson.

Andrews, D. A., & Dowden, C. (2006). Risk principle of case classification in correctional treatment. *International Journal of Offender Therapy and Comparative Criminology, 50*, 88-100.

Awad, G. A., & Sanders, E. B. (1991). Male adolescent sexual assaulters: Clinical observations. *Journal of Interpersonal Violence, 6*, 446-460.

Bagley, C., & Shewchuk-Dann, D. (1991). Characteristics of 60 children and adolescents who have a history of sexual assault against others: Evidence from a controlled study. *Journal of Child and Youth Care, Special Issue*, 43-52.

Barbaree, H. E., & Cortoni, F. A. (1993). Treatment of the juvenile sex offender within the criminal justice and mental health system. In H. E. Barbaree, W. L. Marshall, & S. M. Hudson (Eds.), *In the juvenile sex offender* (pp. 243-263). New York: Guilford Press.

Barbaree, H. E., & Marshall, W. L. (1998). Treatment of the sexual offenders. In R. M. Wettstein (Ed.), *Treatment of offenders with mental disorders*. New York: Guilford Press.

Baron, L., & Straus, M. (1989). *Four theories of rape: A state level analysis*. New Haven, CT: Yale University Press.

Bart, P. B., & O'Brien, P. H. (1985). *Stopping rape: Successful survival strategies*. New York: Pergamon.

Becker, J. V. (1988). Adolescent sex offenders. *Behavior Therapist, 11*, 185-187.

Becker, J. V. (1990). Treating adolescent sexual offenders. *Professional Psychology: Research and Practice, 21*(5), 362-365.

Becker, J. V., & Abel, G. G. (1985). Methodological and ethical issue in evaluating and treating adolescent sexual offenders. In E. M. Otey & G. D. Ryan (Eds.), *Adolescent sex offenders: Issues in research and treatment* (pp. 109-129). Rockville, MD: Department of Health & Human Services.

Becker, J. V., & Hunter Jr, J. A. (1997). Understanding and treating child and adolescent sexual offenders. *Advances in Clinical Child Psychology, 19*, 177-197.

Becker, J. V., Hunter, J. A., Stein, R. M., & Kaplan, M. S. (1989). Factors associated with erection in adolescent sex offenders. *Journal of Psychopathology and Behavioral Assessment, 11*, 353-362.

Bethea-Jackson, G., & Brissett-Chapman, S. (1989). The juvenile sexual offender: Challenges to assessment for outpatient intervention. *Child and Adolescent Social Work Journal, 6*(2), 127-137.

Boss, M. (1949). *Meaning and content of sexual perversions*. New York: Grune & Stratton.

Boxter, D. J., Marshall, W. L., Barbaree, H. E., Davidson, P. R., & Malcolm, P. B. (1984). Deviant sexual behavior: Differenting sex offenders by criminal and personal history, psychometric measures, and sexual response. *Criminal Justice and Behavior, 11*, 447-501.

Brittain, R. F. (1970). *The sadistic murderer, medicine, science and the law, 10*, 198-207.

Burgess, A. W., & Holmstrom, L. L. (1974a). *Rape: Victim of crisis*. Bowie, Maryland: Robert J. Brady.

Burgess, A. W., & Holmstrom, L. L. (1974b). Rape trauma syndrome. *American journal of Psychiatry, 131*(9), 981-986.

Burgess, A. W., Hartman, C. R., Ressler, R. K., Douglas, J. E., & McCormack, A. (1986). Sexual homicide: A motivational model. *Journal of Interpersonal Violence, 1*, 251-272.

Burt, M. (1980). Cultural myths and support for rape. *Journal of Personality and Social Psychology, 38*, 217-230.

Burton, D. L., Miller, D. L., & Shill, C. T. (2002). A social learning theory comparison of the sexual victimization of adolescent sexual offenders and nonsexual offending male delinquents. *Child Abuse & Neglect, 26*(9), 893-907.

Carich, M. S., Newbauer, J. F., & Stone, M. H. (2001). Sexual offenders and comtemporary treatment. *Journal of Individual Psychology, 57*(1), 3-17.

Carpenter, D. R., Peed, S. F., & Eastman, B. (1995). Personality characteristics of adolescent sexual offenders: A pilot study. *Sexual Abuse: A Journal of Research and Treatment, 7*(3), 195-203.

Cleckly, H. (1976). *Mask of sanity: An attempt to clarify some issues about the so-called psychopathic personality* (5th ed.). St. Louis, Mo: CV Mosby.

Cooper, C. L., Murphy, W. D., & Haynes, M. R. (1996). Characteristics of abused and nonabused adolescent sexual offenders. *Sexual Abuse: A Journal of Research and Treatment, 8*(2), 105-119.

Cortoni, F., & Marshall, W. L. (2001). Sex as a coping strategy and its relationship to juvenile sexual history and intimacy in sexual offenders. *Sexual Abuse: A Journal of Research and Treatment, 13*(1), 27-43.

Deisher, R. W., Wenet, G. A., Paperny, D. M., Clark, T. F., & Fehrenbach, P. A. (1982). Adolescent sexual offense behavior: The role of the physician. *Journal of Adolescent Health Care, 2*, 279-286.

Dietz, P. E., Hazelwood, M. S., & Warren, D. S. W. (1990). The sexually sadistic criminal and his offences. *Bulletin of American Academy of psychiatry and the Law, 16*, 163-178.

Dietz, P. M., Spitz, A. M., Anda, R. F., Williamson, D. F., McMahon, P. M., Santelli, J. S., Nordenberg, D. F., Felitti, V. J., & Kendrick, J. S. (1999). Unintended pregnancy among adult women exposed to abuse or household dysfunction during their childhood. *Journal of the American Medical Association, 282*(14), 1359-1364.

Douglas, J. E., Burgess, A. W., & Ressler, R. K. (1992). *Crime classfication manual*. New York:

Lexington.

Elliot, J. G. (1987). The treatment of serious juvenile delinquents in Massachusetts. *Educational Psychology in Practice, 3*, 49-52.

Ellis, D. (1989). *Theories of rape: Inquiries into the causes of sexual aggression.* New York: Hemisphere.

Ellis, H. (1915). *Sexual inversion* (Vol. 2). FA Davis Company.

Fagan, J., & Wexler, S. (1988). Explanations of sexual abuse assault among violent delinquents. *Journal of Adolescent Research, 3*, 363-385.

Federal Bureau of Investigation, Crime Data Explorer. *Trend of Rape from 2000 to 2021.* Retrieved September 28, 2023, from https://cde.ucr.cjis.gov/LATEST/webapp/#/pages/home.

Fehrenbach, P. P., Smith, W., Monastersky, C., & Deisher, R. W. (1986). Adolescent sex offenders: Offender and offense characteristics. *American Journal of Orthopsychiatry, 56*(2), 225-233.

Fernandez, Y. M., Marshall, W. L., Marshall, L. E., & Serran, G. A. (2006). *Treating sexual offenders: An integrated approach.* New York: Routhledge.

Fillmore, A. (1987). Treatment of the juvenile sex offender. *Health Visitor, 60*, 97-98.

Ford, M. E., & Linney, J. A. (1995). Compative analysis of Juvenile sexual offenders, violent nonsexual offenders, and status offenders. *Journal of Interpersonal Violence, 10*(1), 56-70.

Franklin, P. W., & Marilyn, D. M. (2004). *Criminological theory.* New Jersey: Pearson/Prentice Hall.

French, D. D. (1989). Distortion and Lying as defense process in the adolescent child molester. *Journal of Offender Counseling, Services and Rehabilitation, 14*, 161-167.

Freud, S. (1957). Three essays on the theory of sexuality. In J. Strachey (Ed. & Trans.), *The standard edition of the complete psychological works of Sigmund Freud* (Vol. 7, pp. 125-243). London: Hogarth Press. (Original work Published 1905).

Friendship, C., Mann, R. E., & Beech, A. R. (2003). Evaluation of a national prison-based treatment program for sexual offenders in England and Wales. *Journal of Interpersonal Violence, 18*, 744-759.

Furby, L., Weinrott, M. R., & Blackshaw, L. (1989). Sex offender recidivism: A review. *Psychological Bulletin, 105*, 3-30.

Graves, R. B., Openshaw, D. K., Ascione, F. R., & Ericksen, S. L. (1996). Demographic and parental characteristics of youthful sexual offenders. *International Journal of Offender Therapy and Comparative Criminology, 40*(4), 300-317.

Greenfeld, L. A. (1997). *Sex offences and offenders: An analysis of data on rape and sexual assault* (NCJ-163392). Washington, DC: Department of Justice, Ofiice of Justice Programs.

Grossman, L. S., Martis, B., & Fichtner, C. G. (1999). Are sex offenders treatable?: *A research overview. Psychiatric Services, 50*, 349–361.

Groth, A. N., & Birnbaum, H. (1978). Adult sexual orientation and attraction to underage person. *Archves of Sexual Behavior, 7*(3), 175–181.

Groth, A. N., & Birnbaum, H. (1979). *Men who rape: The psychology of the offener.* New York: Plenum Press.

Groth, A. N., Burgess, A. W., & Holmstrom, L. (1977). Rape, power, anger and sexuality. *American Journal of Psychiatry, 134*, 1239–1248.

Groth, A. N., Hobson, R. E., lucey, K. P., & St. Pierre, J. (1981). Juvenile sexual offenders: Guidelines for treatment. *International Journal of Offender Therapy and Comparative Criminology, 25*, 265–275.

Groth, A. N., Longo, R. E., & McFadin, J. (1982). Undetected recidivism among rapists and child molesters. *Crime and Delinquency, 28*, 450–458.

Grubin, D. (1999). Actuarial and clinical assessment of risk in sex offenders. *Journal of Interpersonal Violence, 14*(3), 331–344.

Hains, A. A., Herrman, L. P., Backer, K. L., & Graber, S. (1986). The development of a psycho-educational group program for adolescent sex offenders. *Journal and Offender Counseling, Services and Rehabilitation, 11*, 63–76.

Hall, G. (1995). Sexual offender recidivism revisited: A meta-analysis of recent treatment studies. *Journal of Consulting and Clinical Psychology, 63*(5), 802–809.

Hall, G., & Barongan, C. (1997). Prevention of sexual aggression: Sociocultural risk and protective factors. *American Psychologist, 52*(1), 5–14.

Hanson, R. K. (2002). Recidivism and age: Follow-up data from 4,673 sexual offenders. *Journal of Interpersonal Violence, 17*(10), 1046–1062.

Hanson, R. K., & Bussiere, M. T. (1998). Predicting relapse: A meta-analysis of sexual offender recidivism studies. *Journal of Consulting and Clinical Psychology, 66*(2), 348–362.

Harkins, L., & Beech, A. R. (2007). Measurement of the effectiveness of sex offender treatment. *Aggression and Violent Behavior, 12*, 36–44.

Hazelwood(1987). Analyzing the rape and prifiling the offender. In P. R. Hazelwood & Burgess (Eds.), *Practical aspects of rape investigation: A multidisciplinary approach.* New York: Elsevier.

Hildebran, D., & Pithers, W. (1992). Relapse prevention: Application and outcome. In W. O'Donohue & J. Geer (Eds.), *The sexual abuse of children: Clinical issues.* Hillsdale, NJ: Lawrence Earlbaum.

Hilliker, D. R. (1997). *The relationship between childhood sexual abuse and juvenile sexual offending: Victim to victimizer?* (Doctoral dissertation, ProQuest Information & Learning).

Hirschfeld, M. (1920). *Die homosexualitat des mannes und des weibes.* Berlin: L. Marcus Verlagsbuchhandlung.

Howitt, D. (1991). Britain's substance abuse policy: Realities and regulation in the United kingdom. *International Journal of the Addictions, 3,* 1087-1111.

Howitt, D. (1992). *Child abuse errors.* Harlow: Harvester Wheatsheaf.

Howitt, D. (1995). *Paedophiles and sexual offences against children.* Chichester: Wiley.

Howitt, D. (2002). *Forensic and criminal psychology.* Harlow: Pearson Education.

Hudson, S. M., Jones, R. S., Marshall, W. L., Wales, D. S., Mcdonald, E., Bakker, L. W., & McLean, A. (1993). Emotional recognition skills of sex offenders. *Annals of Sex Research, 6,* 199-211.

Hunter Jr, J. A., Goodwin, D. W., & Becker, J. V. (1994). The relationship between phallometrically measured deviant sexual arousal and clinical characteristics in juvenile sexual offenders. *Behaviour Research and Therapy, 32*(5), 533-538.

Hunter, J. A., & Becker, J. V. (1994). The role of deviant sexual arousal in juvenile sexual offending etiology, evaluation, and treatment. *Criminal Justice and Behavior, 21*(1), 132-149.

Johnson, T. C., & Berry, C. (1989). Children who molest: A treatment program. *Journal of Interpersonal Violence, 4,* 185-203.

Kahn, T. J., & Chambers, H. J. (1991). Assessing reoffense risk with juvenile sexual offenders. *Child Welfare, 70,* 333-344.

Kahn, T. J., & Lafond, M. A. (1988). Treatment of the adolescent sex offender. *Child and Adolescent Social Work Journal, 5,* 135-148.

Katz, R. C. (1990). Psychosocial adjustment in adolescent child molesters. *Child Abuse and Neglect, 14*(4), 567-575.

Kavoussi, R. J., Kaplan, M., & Becker, J. V. (1988). Psychiatric diagnoses in adolescent sex offenders. *Journal of the American Academy of Child and Adolescent Psychiatry, 27*(2), 241-243.

Knight, R. A., & Prentky, R. A. (1993). Exploring characteristics for classifying juvenile sex offenders. *The juvenile sex offender* (pp. 45-83). New York, NY: Guilford Press.

Kobayashi, J., Sales, B. D., Becker, J. V., Figueredo, A. J., & Kaplan, M. S. (1995). Perceived parental deviance, parent-child bonding, child abuse, and child sexual aggression. *Sexual Abuse: A Journal of Research and Treatment, 7*(1), 25-44.

Koss, M. P., & Harvey, M. R. (1991). *The rape victim: Clinical and community interventions* (2nd ed.). Thousand Oaks, CA: Sage Publications.

Koss, M. P., Dinero, T. E., Seibel, C. A., & Cox, S. L. (1988). Stranger and acquaintance rape: Are there differences in the victim's experience?. *Psychology of Women Quarterly, 12*, 1-24.

Koss, M. P., Gidycz, C. A., & Wisniewski, N. (1987). The scope of rape: Incidence and prevalence of sexual aggression and victimization in a national sample of higher education students. *Journal of Consulting and Clinical Psychology, 55*(2), 162-170.

Levant, M. D., & Buss, B. A. (1991). Parental identification of rapists and pedophiles. *Psycological Report, 69*, 463-466.

Lombardo, R., & DiGiorgio-Miller, J. (1988). Concepts and techniques in working with juvenile sex offenders. *Journal of Offender Counseling, Services and Rehabilitation, 13*, 39-53.

Longo, R. E., & Groth, A. N. (1983). Juvenile sexual offense in the histories of adult rapists and child molesters. *International Journal of Offender Therapy and Comparative Criminology, 27*, 150-155.

Losel, F., & Schmucker, M. (2005). The effectiveness of treatment for sexual offenders: A comprehensive meta-analysis. *Journal of Experimental Criminology, 1*(1), 117-146.

MacClloch, M. J., Snowden, P. R., Wood, P. J. W., & Mills, H. E. (1983). Sadistic fantasy, sadistic behavior and offending. *British Journal of Psyciatry, 143*, 20-29.

Malamuth, N. M., & Brown, L. M. (1994). Sexually aggressive men's perceptions of women's communications: Testing three explanation. *Journal of personality and Social Psychology, 67*, 699-712.

Malamuth, N. M., & Ceniti, J. (1986). Repeated exposure to violent and non-violent pornography: Likelihood of raping ratings and laboratory aggression against women. *Aggressive Behavior, 12*, 129-137.

Maletzky, B. M. (1993). Factors associated with success and failure in the behavioral and cognitive treatment of sexual offenders. *Annals of Sex Research, 6*(4), 241-258.

Margolin, L. (1983). A treatment model for the adolescent sex offender. *Journal of Offender Counseling Services and Rehabilitation, 8*, 1-12.

Marques, J. K., Day, D. M., Nelson, C., & West, M. A. (1994). Effects of cognitive-behavioral treatment on sex offender recidivism preliminary results of a longitudinal study. *Criminal Justice and Behavior, 21*(1), 28-54.

Marques, J. K., Nelson, C., West, M. A., & Day, D. M. (1994). The relationship between treatment goals and recidivism among child molesters. *Behaviour Research and Therapy, 32*, 577-588.

Marshall, W. L. (1992). The social value of treatment for sexual offenders. *Canadian Journal of Human Sexuality, 1*, 109-114.

Marshall, W. L., & Barbaree, H. E. (1990). An integrated theory of the etiology of sexual offending. In W. L. Marshall, D. R. Laws, & H. E. Barbaree (Eds.), *Handbook of sexual assault: Issues, theories and treatment of the offender*. New York: Plenum.

Marshall, W. L., Barbaree, H. E., & Butt, J. (1988). Sexual offeders against male childre: Sexual preferences for gender, age of victim, and type of behavior. *Behavior Research and Therapy, 26*, 383-391.

Marshall, W. L., Jones, R., Ward, T., Johnston, P., & Barbaree, H. E. (1991). Treatment outcome with sex offenders. *Clinical Psychology Review, 11*(4), 465-485.

Marshall, W. L., Marshall, I. E., Serran, G. A., & O'Brien, M. D. (2011). *Sexual offender treatment: A positive approach*. New York: Routledge.

McCord, J. (1983). A forty year perspective on effects of child abuse and neglect. *Child Abuse Neglect, 7*, 265-270.

Meloy, J. R. (1992). *Violent attachments*. Northval, NJ: Jason Aronson, Inc.

Meloy, J. R. (1996). Stalking (obsessional following): A review of some preliminary studies. *Aggression and Violent Behavior, 1*(2), 147-162.

Meloy, J. R. (2000). *Violence risk and threat assessment: A practical guide for mental health and criminal justice professionals*. San Diego, CA: Specialized Training Services.

Miller, W. R., & Rollnick, S. (2013). *Motivational interviewing: Helping people change*. New York: Guilford Press.

Miner, M. H., & Crimmins, C. L. S. (1995). Adolescent sex offenders: Issues of etiology and risk factors. *The Sex Offender, 1*, 9-1.

Miner, M. H., Siekert, G. P., & Ackland, M. A. (1997). Evaluation: Juvenile sex offender treatment program, Minnesota correctional facility?. Sauk Centre. Final report-Biennium 1995-1997. Minneapolis, MN: University of Minnesota, Department of Family Practice and Community Health, Program in Human Sexuality.

Morenz, B., & Becker, J. V. (1995). The treatment of youthful sexual offenders. *Applied and Preventive Psychology, 4*(4), 247-256.

Muehlenhard, C. L., & Hollabaugh, L. C. (1988). Do women sometimes say no when they mean yes?: The prevalence and correlates of women's token resistance to sex. *Journal of Personality and Social Psychology, 54*, 872-879.

National Adolescent Perpetrator Network. (1988). Preliminary report from the national task force on juvenile sexual offending. *Juvenile and Family Court Journal, 39*, 1-67.

Nicholaichuk, T., Gordon, A., Gu, D., & Wong, S. (2000). Outcome of an institutional sexual offender treatment program: A comparison between treated and matched untreated offenders. *Sexual Abuse: A Journal of Research and Treatment, 12*(2), 139-153.

Palermo, G. B., & Farkas, M. A., (2001). *The dilemma of the sexual offender*. Springfield, IL: Charles C. Thomas Publisher.

Phan, D. L., & Kingree, J. B. (2001). Sexual abuse victimization and psychological distress among adolescent offenders. *Journal of Child Sexual Abuse, 10*, 81-90.

Pithers, W. D., Beal, L. S., Armstrong, J., & Petty, J. (1989). Identification of risk factors through clinical interviews and analysis of records. In D. R. Laws (Ed.), *Relapse prevention with sex offenders* (pp. 77-87). New York: Guilford Press.

Prentky, R. A., Burgess, A. W., Rodous, F., Lee, A., Hartman, C., Ressler, R., & Douglas, J. (1989). The presumptive role of fantasy in serial sexual homicide. *American Journal of Pschiatry, 146*, 887-891.

Prentky, R. A., Harris, B., Frizzell, K., & Righthand, S. (2000). An actuarial procedure for assessing risk with juvenile sex offenders. *Sexual Abuse a Journal of Research and Treatment, 12*(2), 71-93.

Prentky, R. A., Lee, A. F., Knight, R. A., & Cerc, D. (1997). Recidivism rates among child molesters and rapists: A methodological analysis. *Law and Human Behavior, 21*(6), 635-659.

Prentky, R., & Burgess, A. W. (1990). Rehabilitation of child molesters: A cost-benefit analysis. *American Journal of Orthopsychiatry, 60*, 108-117.

Riedel, M., & Welsh, W. N. (2002). *Criminal violence: Patterns, causes, and prevention*. Los Angeles: Roxbury.

Russell, D. E. H. (1984). *Sexual exploitation: Rape, child sexual abuse, and workplace harassment*. Beverly Hills: Sage.

Ryan, G., Lane, S., Davis, J., & Issac, C. (1987). Juvenile sex offenders: Development and correction. *Child Abuse and Neglect, 11*, 385-395.

Ryan, G., Miyoshi, T. J., Metzner, J. L., Krugman, R. D., & Fryer, G. E. (1996). Trends in a national sample of sexually abusive youth. *Journal of the American Academy of Child and Adolescent Psychiatry, 35*, 17-25.

Schram, D. D., Milloy, C. D., & Rowe, W. E. (1991). *Juvenile sex offenders: A follow-up study of reoffense behavior*. Olympia, WA: Washington State Institute for Public Policy.

Seligman, M. E. (2003). Forward: The past and future of positive psychology. In C. Keyes & J. Haidt (Eds.), *Flourishing: Positive psychology and the life well-lived* (pp. xi-xx). Washington, DC: American Psychological Association.

Showers, J., Farber, E. D., Joseph, J. A., Oshins, L., & Johnson, C. F. (1983). The sexual victimization of boys: A three-year survey. *Health Values: Achieving High Level Wellness, 7*, 15-18.

Smith, G. (1995). 5 Hierarchy in families where sexual abuse is an issue. In C. Burck & B. Speed (Eds.), *Gender, power and relationships*. London and New York, NY: Routhledge.

Smith, H., & Israel, E. (1987). Sibling incest: A study of dynamics of 25 cases. *Child Abuse and Neglect, 11*(1), 101-108.

Smith, S. M., & Braun, C. (1978). Necrophilia and lust murder: Report of are a rare occurrence. *Bulletin of the American Academy of Psychiatry and the Law, 6*, 259-268.

Spaccarelli, S., Sandler, I. N., & Roosa, M. (1994). History of spouse violence against mother: Correlated risks and unique effects in child mental health. *Journal of Family Violence, 9*(1), 79-98.

Stenson, P., & Anderson, C. (1987). Treating juvenile sex offenders and preventing the cycle of abuse. *Journal of Child Care, 3*, 91-102.

Strachey (Ed. and Trans.) *The standard edition of the complete psychological works of Sigmund Freud* (Vol. 7, pp. 123-243). London: Hogarth Press (Originally published 1905).

Straus, M. A. (1991). Discipline and deviance: Physical punishment of children and violence and other crime in adulthood. *Social problems, 38*(2), 133-154.

Sykes, G. M., & Matza, D. (1957). Techniques of neutralization: A theory of delinquency. *American Sociological Review, 22*, 664-670.

Tieger, D. (1981). Self-rated likelihood of raping and the social perception of rape. *Journal of Reasearch in Personality, 15*, 147-158.

Tingle, D., Bernard, G. W., Robbin, L., Newman, G., & Hutchinson, D.(1986). Childhood and adolescent characteristics of pedophiles and rapists. *International Journal of Law and Psychiatry, 9*, 103-116.

United States Department of Justice, Federal Bureau of Investigation. (Ongoing from 1973). *National Crime Victimization Survey (NCVS)*. Retrieved September 28, 2023, from https://bjs.ojp.gov/data-collection/ncvs.

Walsy, A. (1994). Homosexual and heterosexual child molestation: Case characteristics and sentencing differentials. *International Journal of Offender Theraphy and Comparative Criminology, 38*, 339-353.

Ward, T. (2002). Goold lives and the rehabilitation of sexual offenders: Promises and problems. *Aggression and Violent Behavior, 7*, 513-528.

Ward, T., & Mann, R. (2004). Good lives and the rehabilitation of offenders: A positive approach to sex offender treatment. *Positive Psychology in Practice*, 598-616.

Warren, D. S. W., Hazelwood, M. S., & Deitz, P. E. (1996). The sexually sadistic serial murder.

*Journal of Forensic Science, 41*(6), 970-974.

Widom, C. (1989). The cycle of violence. *Science, 244*, 160-166.

Williams, F. P., & Mcshane, M, D. (2004). *Criminological theory*. Pearson Education. Inc, Upper Saddle River.

Winick, B. J., & LaFond, J. Q. (2003). Sex offender reentry courts: A cost effective proposal for managing sex offender risk in the community. *Annals of the New York Academy of Sciences, 989*(1), 300-323.

## 살인

# 1. 개관

## 1) 살인의 개념

살인은 생명을 영원히 제거한다는 점에서 다른 모든 범죄와 구분되는 범죄로, 인간의 생명을 단절시키는 돌이킬 수 없는 결과를 낳는다. 하지만 그것이 반드시 불법적인 것만은 아니다. 우선 상해의 의향이 존재하지 않는 우발적인 사고와 같이 용서 가능한 살인행위(excusable homicides)도 있고, 경찰관이 도주하는 강도범을 사살하거나 시민이 자기방어를 위하여 사람을 죽이는 경우와 같이 죽일 의향이 있더라도 어쩔 수 없는 것으로 받아들일수 있는 정당화가 가능한 살인행위(justifiable homicides)도 있다. 이에 비해 우리의 관심 대상이 되는 살인은 한 개인이 타인에 의해 불법적인 죽임을 당하는 범죄적 살인행위(criminal homicides)이다.

살인을 포함한 기타 폭력행위는 그것이 합법적인지 아닌지 혹은 사회적으로 지탄을 받아야만 하는 일인지 혹은 그것이 계산된 것인지 아니면 전혀 예상치 못하게 우연에 의해 발생한 결과인지에 따라서 서로 다른 의미를 가질 수 있다. 예를 들면, 병사가 전장에서 조국을 위하여 적을 살해하거나 경찰관이 법집행 과정에서 불가피하게 행사할 수 있는 살인행위 등의 유형은 합법적이면서 사회적으로 용인되는 살인행위이다. 가장 보편적인 살인행위의 유형은 자신의 경

제적 이득을 위하여 타인의 생명을 말살하는 것인데, 이 경우에는 법률적으로 불법적인 것은
물론이고 사회적으로도 지탄받아 마땅하다. 더욱이 대구 지하철 참사와 같이 불특정인을 타깃
으로 한 무차별 살해나 동기가 없는 살해와 같이 비정상적이고 무자비한 살인행동은 모든 사람
을 경악하게 하는 실로 충격적인 사건이다.

살인도 종류는 다양하다. 그중에서도 범죄학의 주요 관심 대상이 되는 살인은 역시 범죄적
살인으로서 이것은 그 행위가 계산된 것이든 아니든 또는 사회적으로 지탄받을 행위이든 아니
든 법률적으로 불법적인 살해행위였음에는 재론의 여지가 없다.

FBI의 공식통계(Uniform Crime Report, 2000)에 따르면 전체 폭력범죄에서 살인은 언제나 12%
로 일관성 있는 비중을 차지해 왔다. 또한 지표범죄(index crimes)에서 살인은 단지 0.2%만을 차
지한다고 보고되었다. 따라서 매년 살인으로 살해되는 피해자의 수가 교통사고로 목숨을 잃는
경우보다 훨씬 적음에도 우리가 살인범죄에 대해서 두려워하고 그것을 가장 강력한 범죄행위
로 다루고 있는 이유는 살인은 사람의 생명을 앗아 가는 생명에 대한 위협뿐만 아니라, 살인의
결과 초래되는 피해가 영원히 원상회복될 수 없을 뿐더러 살인으로 인해 피해가족이 겪을 갖가
지 피해도 엄청난 것이기 때문이다.

사람들은 살인사건의 피해자에게 동정심을 갖기 마련이다. 이는 대부분의 살인사건 피해자
는 연약할 뿐 아니라 강하고 공격적인 가해자에 의해서 살해되는 것으로 간주하기 때문이다. 그
러나 이러한 일반적 가정이 항상 옳은 것은 아니다. 왜냐하면 보편적으로 살인사건에서 네 건
중 한 건은 피해자가 먼저 살인범을 공격한 결과이기 때문이다. Wolfgang(1958)은 이를 'victim-
precipitated homicides'라고 칭한 바 있는데, 그는 자신의 필라델피아 연구에서 26%의 살인사
건이 사실상 피해자에 의해 유발된 것임을 발견하였다. Luckenbill(1977)도 자신의 캘리포니아
연구에서 전체 살인사건의 무려 63%가 피해자에 의해서 시작된 것이었다고 추정하였다.

살인에 대한 가장 비상식 같은 상식 중 하나는 사소한 다툼에 기인하여 살인사건이 발생한다
는 것이다. 즉, 살인이란 극단적으로 심각한 인간 행동이지만 살인의 동기는 의외로 매우 사사
로운 것에 지나지 않는 것이기도 하다. 부부, 친구, 동료 등 친밀한 개인 간의 말다툼이 결국 살
인으로까지 번질 수 있는 것이다.

## 2) 살인범죄에 관한 법률적 규정

범죄적인 행위로 살인을 규정하기 위해서는 어느 나라를 막론하고 법률로 규정되어 있는 구
성요건에 해당하고, 위법하며, 유책한 행위로 범위를 정하여야 한다. 이 장에서는 살인범죄에

관한 국내 「형법」의 규정을 살펴봄으로써 살인에 대한 정의를 내리고자 한다. 살인이라는 결과발생을 중심으로 한 결과론적인 관점에서 살인의 정의를 분류하기보다는 고의로 범행을 계획한 살인에 대한 정의에 초점을 맞춘 것이다. 그러므로 실제로는 살인범죄인 내란 목적의 살인과 방화치사, 교통방해치사 등 사람의 사망이라는 결과가 발생했지만 살인의 고의가 없는 치사범죄 등은 제외하고 살인을 규정할 것이다.

살인과 과실치사(negligent manslaughter)의 주요한 차이점은 죽이려는 고의성이 있었느냐 하는 것이다. 과실치사는 태만이나 무모함의 결과로 다른 사람을 죽이는 것이다. 죽일 의도가 없었음에도 법은 무모함과 부주의한 행동이 다른 사람을 죽일 수 있음을 함축하고 있다. 예를 들어, 장난으로 총을 돌리다가 총이 발사되어 누군가를 죽인 사람은 과실치사에 해당할 것이다. 다른 예로, 야생동물을 잡으려던 사냥꾼이 실수로 다른 사냥꾼을 쏜 것도 이에 해당할 것이다.

이에 비해 비과실치사(nonnegligent manslaughter)는 사전 계획 없이 다른 사람을 죽이는 것이다. 다른 말로 범죄자의 원래 의도는 희생자를 죽이는 것이 아니었으나 특정 상황에서 너무 흥분하고 감정이 격해져서 부분적으로 스스로를 통제하지 못하게 되어 사람을 죽인 경우이다.

표 9-1 「형법」상 살인관계 규정

| 관련 법 | 법조 및 죄명 | 개념 규정 |
|---|---|---|
| 「형법」 | 제88조(내란목적의 살인) | 국토를 참절하거나 국헌을 문란하게 할 목적으로 사람을 살해한 죄 |
| | 제250조 제1항(살인) | 살인의 가장 기본적인 규정 |
| | 제250조 제2항(존속살해) | 존비속관계에서 비속이 존속을 살해한 경우 |
| | 제252조 제1항 (촉탁, 승낙에 의한 살인 등) | 피해자의 촉탁 또는 승낙을 받아 살해한 경우 |
| | 제252조 제2항 (촉탁, 승낙에 의한 살인 등) | 사람을 교사하거나 방조하여 자살에 이르게 한 경우 |
| | 제253조 (위계 등에 의한 촉탁살인 등) | 피해자의 촉탁이나 승낙을 받거나 자살교사 방조의 형태를 띠고 있으며 위계 또는 위력을 사용하는 경우 |
| | 제254조(미수범) | 위의 모든 규정에 의하여 미수에 그친 경우 |
| | 제255조(예비, 음모) | 살인범죄를 범할 목적으로 예비 또는 음모한 경우 |
| | 제301조의2 (강간 등 살인·치사) | 폭행 또는 협박으로 사람을 강간하는 범죄 중 살인고의에 의해 사람을 살해한 경우 |
| | 제388조 (강도살인) | 폭행 또는 협박으로 타인의 재물을 강취하거나 기타 재산상의 이익을 취득하거나 제3자로 하여금 취득하게 한 강도의 범죄 중 살인의 고의에 의해 사람을 살해한 경우 |

살인은 고의를 가지고 의도적으로 행한다는 점에서 〈표 9-1〉에서와 같이 현행 「형법」은 살인의 죄라 하여 보통살인, 존속살해, 촉탁·승낙에 의한 살인, 자살의 교사·방조, 위계에 의한 촉탁살인, 예비·음모 등으로 규정하고 있다. 보통살인은 살인죄에 관한 가장 기본규정으로서 고의로 살해할 의도를 가지고 사람을 해하는 것으로, 대부분의 살인이 여기에 속한다. 이에 대한 형량은 사형, 무기 또는 5년 이상의 징역으로 규정되어 있다. 존속살해는 존비속의 관계에서 비속이 고의나 우발적으로 존속을 살해하는 경우로서 이에 대한 형량은 사형, 무기 또는 7년 이상의 징역으로 규정된다.

촉탁, 승낙에 의한 살인은 피살자의 촉탁이나 승낙을 받아 살해하는 경우로서 역시 감경 규정을 두고 있으며, 형량은 1년 이상 10년 이하의 징역으로 규정되어 있다. 자살의 교사·방조죄는 사람의 자살을 교사하거나 방조하여 죽음에 이르게 하는 경우로서 형량은 전항의 규정과 같다. 위계 등에 의한 촉탁살인은 피살자의 촉탁이나 승낙을 받거나 자살교사 방조의 형태를 띠고 있으나, 그것이 실제로는 위계 혹은 위력에 의한 것일 경우에는 일반살인죄의 예에 의해 다스린다.

살인미수는 앞서 나열한 모든 죄에 있어 미수에 그친 경우도 기수범과 동일하게 처벌한다. 살인예비·음모죄는 보통살인, 존속살해, 위계·위력에 의한 살인범죄를 범할 목적으로 음모한 죄를 처벌할 목적으로 규정한 조항으로, 형량은 10년 이하의 징역으로 규정되어 있다. 특별법상의 살인 규정으로는 「특정범죄 가중처벌 등에 관한 법률」상으로 미성년자 약취 또는 유인 살인·치사죄 등이 있으며, 이는 본 범에 더해서 형이 가중되는 규정으로 구성되어 있다.

이와는 달리 미국에서 살인은 '살의를 품은 사람에 의해 행해지거나 암시되는 한 인간의 불법적인 죽음'(Black, 1990)을 뜻한다. 미국 대부분의 주에서 살인은 같은 살인 행위이더라도 다른 법적 조항을 통해 두 가지 등급으로 나누고 있으며, 어떤 주는 살인을 3등급으로 분류하기도 한다. 3등급 체계는 한때 죽음에 대해 죗값을 치러야 할 살인과 그렇지 않은 것을 구별하기 위해서였다(Gardner, 1985). 하지만 최근에 와서는 이들 등급 간의 구별이 희미해졌다. 따라서 1급 살인과 2급 살인만을 크게 구분하는데, 1급 살인은 계획적이고 고의적인 의도로 저지른 살인이다. 2급 살인은 의도적이고 불법적이나 계획적이지 않은 살인으로 특징짓는다. 2급 살인의 경우는 아들을 죽인 음주 운전자를 목 졸라 죽인 아버지와 같은 충동적 살인(crimes of passion)이 대표적인 사례이다. 범죄 통계보고서(Uniform Crime Report: UCR)는 1급 살인과 비과실치사와 같은 2급 살인을 범죄적 살인의 한 항목으로 엮는다.

이상에서 볼 수 있듯이 살인이 전체 범죄에서 차지하는 비율은 낮지만, 살인의 결과는 회복할 수 없는 피해라는 점 때문에 중대한 범죄로 다루어지고 있으며, 법률적으로는 고의 여부가 매우 중요한 판단 기준이 된다.


## 2. 살인범죄의 발생추이

### 1) 국내 살인범죄 발생추이

〈표 9-2〉는 살인범죄의 발생건수와 인구 10만 명당 발생률이다. 국내 살인범죄는 1989년부터 2009년까지 증가하다가, 2010년부터 2021년까지 전반적으로 감소하고 있다. 이를 '인구 10만 명당 발생건수'인 살인범죄율로 환산하여 살펴보더라도 유사한 추세를 보인다. 특별한 점은 2000년대가 1990년대와 2010년대보다 평균 살인 발생률이 높게 나타났다는 사실이다. 2008년의 발생률은 2021년의 발생률과 비교하면 약 2배 정도 감소했다. 1989년부터 1997년까지는 평균 1%대로 나타났고, 이후 2012년까지는 평균 2%대를 유지하며, 최근에는 평균 1%대로 나타났다. 이는 수사기관의 노력과 다수의 CCTV 및 사회적 인식 강화 등 다양한 원인 때문에 살인율이 지속적으로 감소하고 있다는 것을 증명하는 것이다.

**표 9-2**   **살인범죄의 발생건수 및 발생률(인구 10만 명당 발생률)**                    (단위: 건(%))

| 연도 | 발생건수 | 연도 | 발생건수 | 연도 | 발생건수 |
|---|---|---|---|---|---|
| 1989 | 578(1.4) | 2000 | 964(2.0) | 2011 | 1,221(2.4) |
| 1990 | 666(1.6) | 2001 | 1,064(2.0) | 2012 | 1,029(2.0) |
| 1991 | 630(1.5) | 2002 | 983(2.0) | 2013 | 966(1.9) |
| 1992 | 615(1.4) | 2003 | 1,011(2.1) | 2014 | 938(1.8) |
| 1993 | 806(1.8) | 2004 | 1,084(2.3) | 2015 | 958(1.9) |
| 1994 | 705(1.6) | 2005 | 1,091(2.2) | 2016 | 948(1.9) |
| 1995 | 646(1.4) | 2006 | 1,064(2.2) | 2017 | 858(1.7) |
| 1996 | 690(1.5) | 2007 | 1,124(2.3) | 2018 | 849(1.6) |
| 1997 | 789(1.7) | 2008 | 1,120(2.3) | 2019 | 847(1.6) |
| 1998 | 966(2.1) | 2009 | 1,390(2.0) | 2020 | 805(1.6) |
| 1999 | 984(2.1) | 2010 | 1,262(2.0) | 2021 | 692(1.3) |

출처: 대검찰청(1990~2022), 통계청(1989~2022).

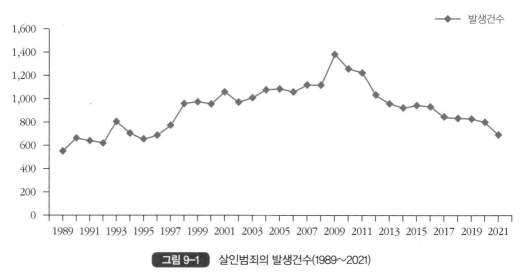

그림 9-1    살인범죄의 발생건수(1989~2021)

출처: 대검찰청(1990~2022), 통계청(1989~2022).

[그림 9-1]은 1989년부터 2021년까지 공식 범죄 통계를 이용한 국내 살인범죄의 발생추이를 보여 준다. 국내 살인범죄 발생건수를 살펴보면 1992년 615건을 시작으로 1993년에 806건으로 급격히 증가하였다가 1994년에는 705건으로 감소하고 그 후는 약간의 증감을 보이지만, 2009년까지 지속적으로 증가하였다. 하지만 2011년을 기점으로 살인 발생건수가 급감하였고, 가장 최근인 2021년에는 692건을 기록하는 등 전반적으로 국내 살인 발생건수는 감소하고 있다.

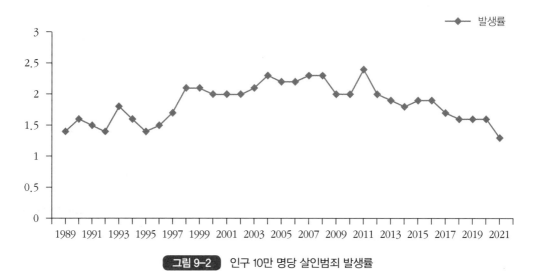

그림 9-2    인구 10만 명당 살인범죄 발생률

출처: 대검찰청(1990~2022), 통계청(1989~2022).

## 2) 외국 살인범죄 발생추이

〈표 9-3〉에서는 한국, 미국, 일본, 독일의 살인범죄율을 비교하였다. 각 국가별로 살인범죄율 추이를 살펴보면 한국의 살인범죄율은 일본의 살인범죄율에 비해서 다소 높지만 미국의 살인범죄율에 비하면 현저하게 낮다. 하지만 낮은 발생률을 안정적으로 유지하는 일본과 비교하였을 때, 한국의 살인범죄율은 2009년까지 증가 추세로 나타나다가 근래 들어 감소 추세로 돌아선 것을 알 수 있다. 한국은 미국과 독일보다 비교적 늦은 시기부터 감소 추세를 보여 2013년부터 독일보다 낮은 살인범죄율을 보인다. 또한 한국은 미국과 독일에 비하여 점차 안정적으로 살인범죄율이 낮아졌다.

표 9-3  한국, 미국, 일본, 독일의 살인범죄율 추이(2004~2018)

| 연도 | 한국 | 미국 | 일본 | 독일 |
|---|---|---|---|---|
| 2004 | 0.9 | 5.5 | 0.5 | 1.1 |
| 2005 | 0.8 | 5.7 | 0.5 | 1.1 |
| 2006 | 0.9 | 5.8 | 0.5 | 1.0 |
| 2007 | 0.9 | 5.7 | 0.4 | 0.9 |
| 2008 | 0.9 | 5.4 | 0.5 | 0.9 |
| 2009 | 1.1 | 5.0 | 0.4 | 1.0 |
| 2010 | 1.0 | 4.8 | 0.4 | 1.0 |
| 2011 | 0.8 | 4.7 | 0.3 | 0.9 |
| 2012 | 0.9 | 4.7 | 0.3 | 0.8 |
| 2013 | 0.7 | 4.5 | 0.3 | 0.8 |
| 2014 | 0.7 | 4.4 | 0.3 | 0.9 |
| 2015 | 0.7 | 4.9 | 0.3 | 0.8 |
| 2016 | 0.7 | 5.4 | 0.3 | 1.2 |
| 2017 | 0.6 | 5.3 | 0.2 | 1.0 |
| 2018 | 0.6 | 5.0 | 0.3 | 0.9 |

출처: United Nations Office on Drugs and Crime(UNODC).

## 3. 살인범죄의 분류

## 1) 살인사건의 유형별 분류

〈표 9-4〉는 현재까지 학자들이 개념적으로 그리고 경험적으로 살인을 분류했던 전략적 변수를 도표화한 것이다. 살인사건에서 피해자-가해자의 관계, 사건의 상황, 피해자의 성별과 결혼 여부, 살인동기 그리고 가해자의 정신상태, 약물이나 음주 등 다른 개인적 변수에 근거한 분류체계는 보다 질적으로 살인범죄를 이해하는 데 기여할 수 있다는 점에서 가치가 있다. 이러한 분류체계는 연구자들에 따라 단일 요소 또는 복수 요소로 살인을 분류하는 전략적 요인으로 살인을 연구하는 데 사용되고 있다. 살인을 분류하는 요소는 학자에 따라 다양하게 전개될 수 있으며, 이러한 요소들을 모두 포함해서 연구하는 자체가 난해하다는 것도 이해해야 할 것이다. 그러나 여기서 〈표 9-4〉의 각 요인별로 보는 살인사건의 특성을 이해하는 것은 매우 의미

표 9-4 살인사건의 유형별 분류[1]

| 분류변수 | 유형 | 출처 |
|---|---|---|
| 피해자-<br>가해자 관계 | 1. 가족과 지인(일차적)<br>   낯선 사람(이차적) | Parker & Smith(1979);<br>Smith & parker(1980) |
| | 2. 가족, 지인, 낯선 사람 | Riedel & Przybylski(1993);<br>Rojek & Williams(1993) |
| | 3. 친밀한 가족<br>   친밀하지 않은 가족<br>   주로 친밀한 사람<br>   주로 친밀하지 않은 사람 | Parker & Toth(1990)(가족/지인만) |
| | 4. 낯선 사람, 지인, 친구, 다른 친척,<br>   치정관계 | Decker(1993) |
| | 5. 결혼한, 동거하는, 이혼한, 연애 중인<br>   관계 | Rodriguez & Henderson(1995)<br>(배우자 살인만) |

---

1) 〈표 9-4〉는 설명적인 수집단계의 연구에서 사용되는 여러 가지 살인 분류 전략을 나타낸 것으로, 피해자와 가해자의 나이, 인종, 성과 다른 객관적으로 정의된 변수들(예를 들면, 무기 같은)을 기반으로 한 유형학은 포함되지 않았다. 살인을 이같이 유형화한다는 것은 이질적인 살인사건들에서 동일성을 찾고, 또한 여기에는 겹치는 요소들이 있기도 해서 연구에 따라서 살인사건을 해석하는 방향이 다를 수 있다는 것은 명시할 필요가 있다.

| 상황 | 1. 동시 발생<br>　또 다른 것과 함께 범죄(이차적)<br>　동시에 발생하지 않음(일차적) | Jason, Strauss & Tyler(1983);<br>Harries(1989) |
|---|---|---|
| | 2. 강도 유형<br>　살인범죄<br>　피해자 유발(언쟁)<br>　기타 | Wright & Davis(1977) |
| 관계와 상황 | 1. 가족-충돌, 가족-기타<br>　지인-충돌, 지인-기타<br>　낯선 사람-충돌, 낯선 사람-기타 | Williams & Flewelling(1988) |
| | 2. 강도, 기타 강력범죄, 친밀한 사람<br>　기타 가족, 지인, 비강력범죄 | Parker(1995);<br>Loftin & parker(1985);<br>Parker(1989) |
| | 3. 가족, 지인, 타인-강력(felong),<br>　타인-비강력범죄(non-felong) | Zahn & Sagi(1987) |
| 피해자의<br>성별과 결혼 여부 | 1. 남성-기혼, 미혼<br>　여성-기혼, 미혼 | Browne & Williams(1993)<br>(배우자 살인만) |
| 가해자의<br>상황과 정신병 | 1. 정신이상, 범죄, 충돌 | Cornell, Benedek & Benedek(1989) |
| 가해자의 동기 | 1. 표현적<br>　도구적<br>　강간<br>　길거리 폭력단<br>　기타<br>　모름 | Block(1993);<br>Block & Block(1992) |
| 약물 관련 | 1. 약물<br>　수단적<br>　조직적 | Goldstein, Brownstein, & Ryan(1992) |
| | 2. 중죄가 아닌 약물 관련<br>　중죄 유형의 약물 관련<br>　무기로 약물 사용 | Harries(1993) |
| 알코올 관련 | 1. 알코올<br>　피해자나 가해자의 알코올중독<br>　(예 또는 아니요) | Przybylski & Block(1991) |

출처: Smith & Zahn(1999).

있는 일이다.

피해자-가해자의 관계는 상황적 단서로 가장 많은 연구의 초점이 되어 왔다. 또한 다른 범죄와 동반해서 발생하는 살인은 전형적으로 타인과 연루되며, 반면에 분쟁이나 대립과 같이 감정이 연루된 상황은 서로 알고 있는 개인 간의 살인일 경우가 많다. Cornell 등(1989)의 연구결과에서는 범죄와 연루된 살인(crime type homicide)의 가해자가 감정과 연루된 살인(conflict type homicide)의 가해자보다 범죄력, 학교생활의 부적응을 좀 더 보고한다는 사실을 확인하였다. 반면에 감정과 연루되어 살인을 하는 가해자는 살인사건 이전에 높은 수준의 스트레스 상황에 있었다고 보고되기도 한다.[2]

## 2) 발생상황에 따른 분류

학자에 따라서는 상황만을 중심으로 살인을 분류하는 경우도 있으나, 관계 상황을 동시에 고려한 연구도 있다. 상황을 기준으로 분류한 경우에는 강도 등의 범죄 과정에서 살인이 부차적으로 발생했는지, 아니면 동시에 발생했는지 또는 언쟁 등과 같이 피해자가 유발했는지 등을 고려한다.

살인사건을 둘러싼 상황별로 살인을 다섯 가지로 나누면 다음과 같다([그림 9-3] 참조). ① 분쟁 관련(argument) 살인, ② 강간, 강도, 주거침입 절도와 같은 강력범죄와 연관된 살인(index crimes), ③ 마약 관련(narcotics) 살인, ④ 갱 관련(gang related) 살인, ⑤ 이유가 알려지지 않은 살인(unknown)이 그것이다.[3] 이를 보면 지난 30년 동안 분쟁이 살인사건을 촉진하는 가장 중요한 요소임을 알 수 있다. 이는 살해 당시에 피해자 유발 요소가 살인동기에 미치는 영향이 크다는 증거이기도 하다. 1970년대 후반에는 강도 등과 관련된 살인이 증가세를 보였고, 갱 관련 살인은 1985년 이후로 증가하다가 1990년 즈음에 감소하는 추세로 나타났다. 마약 관련과 갱 관련 살인이 전체 살인범죄의 상황별 유형에서 차지하는 비율은 극히 낮았다.

상황이라는 개념은 두 가지 측면에서 설명할 수 있다. 첫째, 살인사건이 발생한 상황이 가해자의 다른 범죄에 부차적으로 발생한 것인가 아니면 살인이 주목적으로 발생한 것인가를 구분하는 것이고, 둘째, 살인사건이 발생한 상황에서 피해자가 살인을 유발하는 역할을 했는가의

---

2) 연구대상은 비행청소년들로, 성인살인범은 아닐지라도 상황이나 분쟁과 관련된 살인의 경향성을 파악하는 데에는 도움이 된다.
3) 단지 상황적 단서에만 귀인하여 이러한 분류를 한 것이 문제가 있을 수도 있으나 크게 이 다섯 가지 범주로 상황을 나눈다.

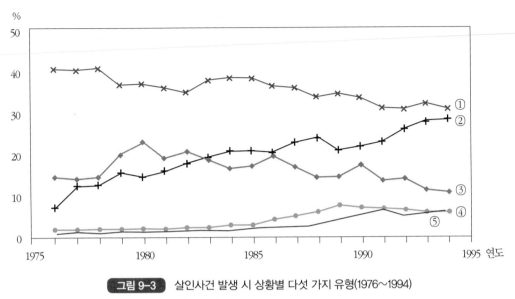

**그림 9-3**  살인사건 발생 시 상황별 다섯 가지 유형(1976~1994)

출처: FBI, Crime in the United States; UCR(Annual).

여부이다. 상황은 가해자 관점에서는 살인이 주목적인지 부차적인지 그 밖에 다른 상황이 있는지가 고려될 수 있으나, 상황을 피해자 관점에서 본다면 피해자의 저항 정도와 관련되는 것이므로 살해 직전에 피해자가 어떻게 가해자를 자극했는지를 파악하는 것이다. 살인 목적 여부와는 관계없이 가해자는 범행 당시에 피해자의 자극(언어적 · 물리적 공격 등)에 민감할 수밖에 없을 것이며, 따라서 이는 가해자의 살해동기를 이해하는 중요한 요소가 된다. 이러한 피해자 유발(victim precipitation) 개념은 살인을 이해하는 중요한 개념으로 주목받고 있다(Block, 1993; Felson & Messner, 1998; Polk, 1997). 피해자 유발을 판단하는 기준은 피해자와 가해자의 상호작용이 일어나는 사건 발생 시에 누가 먼저 흉기를 사용하였는가에 의해서도 판단될 수 있다(박순진, 2000; Wolfgang, 1958).

## 3) 관계에 따른 분류

살인은 극악무도한 살인마가 저지르는 것이라는 생각에 무리가 있는 것은 아니지만 실제로 대부분의 살인사건에서는 피해자와 가해자의 관계가 비교적 가까운 개인일 경우가 많다. 배우자, 친구, 지인과 같이 비교적 가까운 개인이 대상인 경우가 많다고 보고되기 때문이다.

〈표 9-5〉는 2016~2021년까지 미국에서 발생한 살인사건에서 가해자-피해자의 관계를 비

| 표 9-5 | 미국 살인사건 피해자-가해자 관계의 네 가지 유형(2016~2021) | | | (단위: %) |
|---|---|---|---|---|
| 연도 | 가족 | 지인 | 타인 | 알 수 없음 |
| 2016 | 11.0 | 13.0 | 11.0 | 49.0 |
| 2017 | 11.0 | 14.0 | 10.0 | 49.0 |
| 2018 | 12.0 | 13.0 | 10.0 | 48.0 |
| 2019 | 12.0 | 13.0 | 10.0 | 48.0 |
| 2020 | 10.0 | 13.0 | 10.0 | 52.0 |
| 2021 | 10.0 | 13.0 | 10.0 | 52.0 |

출처: FBI, Crime in the United States; UCR.

율로 제시하였다. 2016년부터 2021년의 추이를 살펴보면 가족관계는 감소하는 추세를 보이고, 지인관계는 평균 13.2%, 타인관계는 평균 10.2%를 유지하였다. 과거부터 현재까지 알 수 없는 관계는 약 50%로, 다른 관계에 비해 차지하는 비율이 상당히 높았다.

미국의 경우에 1960년대부터 1990년대까지의 살인유형은 다양한 방법으로 연구되어 왔다. 이러한 분석자료는 각각의 독립된 도시 안에서 발생한 다른 형태의 살인에 대해(Block, 1977; Lundsgaarde, 1977), 복합적인 도시들 안에서의 다른 유형의 살인에 대해(Curtis, 1974; Riedel, Zahn, & Mock, 1985), 그리고 약물 관련, 조폭 관련, 강도 관련 또는 배우자 살인 등에 대해 이루어진 연구를 토대로 작성된 것이다. 1963년부터 2021년까지 UCR 자료를 분석해 얻은 네 가지의 일반적인 범죄(가족, 지인, 타인, 알려지지 않은 관계) 안에서의 살인 유형을 보면 지난 60년 동안 지인에 의한 살인이 가장 많이 발생하였고, 알 수 없는 관계에 의한 살인은 1963년 6%에서 2021년 52%로 증가하였다. 반면, 가족에 의한 살인은 1963년 31%에서 2021년 10%로 급격히 줄어들었다. 가족에 의한 살인은 점차 줄어들었고, 반면에 알 수 없는 관계에 의한 살인은 급격히 증가하고 있는 것이다.

하지만 실제로 80% 이상의 살인범죄가 면식관계에 있는 사람에 의해서 이루어지고 있으며, 그중에서도 상당수는 가족 간 살인으로 밝혀졌다. 즉, 물질적 취득이 주요한 동기인 강도살인과 같은 경우를 제외하고는 대부분의 살인사건은 가족 등 친밀한 관계를 통해서 이루어지고 있다. 그 이유는 가족은 대부분의 시간을 가까이서 보내고 있기 때문에 물리적 근거리 관계에 있는 사람들은 즐거움의 주요 근원이기도 한 동시에 때로는 심리적 좌절과 상처의 주요 근원이기도 하다. 따라서 통상 극단적 감정을 요하는 살인에는 아무런 감정을 갖지 못한 타인을 살해하는 경우보다 가족 간 살인이 더 많을 수 있다. 이런 점에서 Thio(1983)는 살인을 가족사(family

| 연도 | 동거친족 | 기타친족 | 친구 | 애인 | 지인 | 직장 | 타인 | 기타 | 계 |
|---|---|---|---|---|---|---|---|---|---|
| 2011 | 24.5 | 6.5 | 3.6 | 10.5 | 6.2 | 2.9 | 13.4 | 11.6 | 449 |
| 2012 | 26.2 | 6.5 | 2.7 | 10.5 | 9.4 | 2.9 | 19.5 | 2 | 446 |
| 2013 | 23.6 | 4.8 | 2.4 | 13.0 | 8.0 | 2.9 | 15.1 | 7.7 | 377 |
| 2014 | 23.5 | 6.3 | 3.8 | 10.5 | 6.9 | 1.8 | 16.1 | 2.5 | 447 |
| 2015 | 26.2 | 3.9 | 2.6 | 11.3 | 7.7 | 5.1 | 15.4 | 3.6 | 389 |
| 2016 | 26.6 | 4.5 | 2.6 | 11.1 | 7.7 | 3.4 | 17.4 | 5.3 | 379 |
| 2017 | 30 | 4.4 | 2.9 | 7.5 | 8.4 | 4.4 | 15.7 | 2.3 | 344 |
| 2018 | 27.1 | 4.6 | 2.0 | 8.8 | 10.9 | 4.0 | 13.1 | 4.0 | 350 |
| 2019 | 23.8 | 8.1 | 2.6 | 5.8 | 10.1 | 1.7 | 16.2 | 4.1 | 345 |
| 2020 | 24 | 5.6 | 2.3 | 9.4 | 10.9 | 3.8 | 12.3 | 2.9 | 341 |
| 2021 | 24.4 | 4.9 | 3.3 | 5.5 | 12.4 | 2.9 | 13.7 | 4.2 | 307 |

표 9-6 한국의 살인기수 사건에서 피해자-가해자 관계(2011~2021) (단위: 명)

출처: 경찰청(2012~2021).

affair)라고도 칭한 바 있다.

대부분의 살인사건에서 배우자, 전 배우자, 자녀, 친구, 지인과 같이 가까운 대상인 경우가 많은 것은 한국의 살인사건에서 그대로 확인된다.

〈표 9-6〉의 2011~2021년까지의 한국의 살인기수 사건에서 가해자와 피해자와의 관계는 다양한 양상을 보인다. 전체 인원은 2011년 449명에서 2021년 307명으로 다소 감소했다. 전체 관계 중 동거친족 관계가 가장 높은 비율이었고, 그다음으로 타인, 애인, 지인 순인 것으로 보아 가까운 사람에게 살해당하는 경우가 빈번한 것으로 보인다. 친족(동거, 기타), 친구, 애인, 지인 비율의 합이 약 50~55%로, 살인 피해자의 절반 이상이 가까운 사람에게 살해당하고 있는 현실이다. 현재 우리나라는 파트너 살인 통계가 없어 정확한 살인범죄의 가해자-피해자 관계를 파악할 수 없다는 한계가 있고, 이에 경찰청은 2023년 말부터 파트너 살인 통계를 산출할 예정이라고 밝혀 향후 국내 파트너 살인범죄의 특성을 살필 수 있을 것이다.

〈표 9-7〉은 미국에서 1976년부터 2005년까지 발생한 살인사건의 피해자-가해자 관계를 분석한 것이다. 해당 분석은 미국 법무부 법무통계국(U.S. Department of Justice, Bureau of Justice Statistics)에서 발표하였는데, FBI의 1976~2005년까지의 Supplementary Homicide Reports (SHR) 자료를 사용하였다. 이를 보면 지난 30여 년간 배우자나 연인 관계처럼 친밀한 관계 (intimate relationship)인 사람에게 살해당한 사람은 여성이 더 많았다는 것을 알 수 있다. 구체

| 표 9-7 | 미국의 살인사건에서 피해자-가해자 관계(1976~2005) | (단위: %) |

| 피해자-가해자 관계 | 피해자 | |
|---|---|---|
| | 남성 | 여성 |
| 배우자 | 3.0 | 18.3 |
| 전 배우자 | 0.2 | 1.4 |
| 연인 | 1.8 | 10.4 |
| 부모 | 1.3 | 2.8 |
| 자녀 | 2.1 | 5.4 |
| 형제자매 | 1.2 | 0.9 |
| 기타 가족관계 | 2.2 | 2.8 |
| 이웃 | 1.1 | 1.3 |
| 고용주/피고용인 | 0.1 | 0.1 |
| 친구/지인 | 29.4 | 17.0 |
| 기타 지인관계 | 4.6 | 3.4 |
| 타인 | 15.5 | 8.7 |
| 미상 | 37.4 | 27.6 |

출처: Fox & Zawitz(2007).

적으로 여성 피해자는 남성 피해자에 비해 친밀한 혹은 가족 관계에 있었던 사람에게 살해당할 가능성이 높았고, 남성 피해자는 지인이나 낯선 사람에게 살해당하는 경우가 많았다.

## 4. 살인범죄의 동기

살인을 동기라는 측면에서 분류한 시카고 살인 프로젝트는 상당한 호응을 얻었다. 1965년과 1989년 사이에 18,000건 이상의 살인을 검토한 것을 기초로 해서, 특히 Block 등(1992)은 살인에 대한 감춰진 동기를 기반으로 살인의 유형을 만들어 냈다. 이 유형에서 살인은 숨겨진 동기가 표현적인 것으로 결정되는지 아니면 도구적인 것으로 결정되는지에 따라 분류된다. 이러한 동기 분류는 상황 코드에 기초한 분류와도 상당히 유사함에도 철저하게 기록이 검토되고, 가해자의 내부 동기에 맞춰진 분류라는 점에서 상황에 초점을 둔 기존의 다른 연구와는 차원이 다르다.

범죄의 동기를 도구적 동기와 표현적 동기로 구분하는 것은 그동안 범죄학 연구에서 널리 사용되어 왔다. 도구적(instrumental) 동기는 미래에 명백한 목적(돈을 얻거나 사회적 지위를 높이는 것과 같은)을 이루기 위해 행해지는 것이고, 반면에 표현적(expressive) 동기는 화, 분노, 욕구 불만으로 인한 계획되지 않은 행동이다(Block & Christakos, 1995; Block, 1976; Decker, 1993, 1996; Siegel, 1998). 도구적이냐 표현적이냐 하는 구별은 간혹 계획적인 범죄와 무의식적인(격노) 범죄 사이의 차이와도 유사하다.

범죄통제의 관점에서는 억제정책이 도구적 동기를 갖는 범행을 억제하는 데 효과적이라고 여긴다(Chambliss, 1967; Parker & Smith, 1979; Thomas & Williams, 1977). 반면에 표현적인 범죄는 법적인 처벌로는 억제할 수 없는 것으로 여긴다. 다른 범죄 예방 개입 전략도 도구적 · 표현적 동기의 차이와 직접적으로 연관이 있다.

이러한 동기상의 구분을 살인연구에 적용하면 특정한 상황과 자극은 도구적 동기나 표현적 동기로 분류될 수 있다. 논쟁, 말다툼, 낭만적 삼각관계, 사춘기집단의 살해(예를 들면, 청소년기 갱이나 일진회), 대인 간의 논쟁은 전형적으로 표현적인 행동으로 분류된다. 왜냐하면 그것들의 주된 자극은 폭력 그 자체이기 때문이다(Block & Christakos, 1995; Decker, 1996; Polk, 1994). 반면에 또 다른 중죄를 저지르면서 발생하는 살인은 도구적 살인으로 분류된다. 그 이유는 가해자가 다른 중죄의 목적을 추구하는 것에서 피해자의 죽음이 잠재적으로 예정된 결과이기 때문이다. 대부분의 강도살인범이 처음부터 피해자를 살해하려고 의도하는 것은 아니지만(Maxfield, 1989), 강도를 유발하는 행동은 도구적인 목표에 의해 명확하게 동기를 부여받으며, 사춘기집단에 의한 살인은 충동적이고 상황적이며 기회주의적이고 무의식적이며 실용적이지 않은 것으로 묘사된다. 그러나 보복 살인의 경우에는 도구적 · 표현적 이분법에 근거해서 동기를 명백하게 분류하는 것이 어렵다(Polk, 1994).

대부분의 범죄학 연구가 도구적 행동과 표현적 행동을 구별되는 개체로 여기는 반면에, Block과 Block(1993)은 두 가지 동기 유형 모두 동일한 범죄의 유형 사이에서 존재하는 것 같다고 지적하였다. 예를 들면, 노상 갱 폭력은 도구적이면서 기업가적인 활동의 결과일 수도 있는 반면에 다른 폭력적인 갱 상황은 충동적이고 감정적이면서도 표현적인 폭발을 포함한다. 대조적으로 Felson(1993)은 모든 공격적인 행동을 목표지향적인 또는 도구적인 것으로 해석하였다. 왜냐하면 그것은 사람들이 가치 있게 여기는 것을 얻기 위한 시도이기 때문이다. 이러한 관점에서는 심지어 분노로 인한 표현적 폭력행동도 인지된 범죄에 대한 도구적 반작용을 반영하는 것으로 평가된다. 또한 Woodworth와 Porter(2002)는 사이코패스가 갑작스러운 충동이나 감정 등에 의해 조절되는 표현적 공격성이 아니라 감정 반응에 의하여 생성되지 않는 도구적 공격성에 더 민감함을 밝히고, 일반적인 살인자가 표현적 공격성에 의하여 범행하는 반면에 사이코패

표 9-8 ) 살해 동기와 주요 변수별 특성(N = 34,329)

| 변수 | | 구분 | 전체 빈도 (건) | 전체 비율 (%) | 도구적 (%) | 표현적 (%) |
|---|---|---|---|---|---|---|
| 동기 | | 도구적 | 7,005 | 20.4 | | |
| | | 표현적 | 27,324 | 79.6 | | |
| 가해자 특성 | 인종 | 백인 | 11,621 | 33.9 | 30.0 | 34.8 |
| | | 아프리카계 미국인 | 18,751 | 54.6 | 62.2 | 52.7 |
| | | 히스패닉 | 3,957 | 11.5 | 7.7 | 12.5 |
| | 연령대 | 20세 미만 | 6,517 | 19.0 | 25.5 | 17.3 |
| | | 20~39세 | 21,184 | 61.7 | 64.5 | 61.0 |
| | | 40세 이상 | 6,628 | 19.3 | 10.0 | 21.7 |
| | 성별 | 남자 | 30,048 | 87.5 | 94.4 | 85.8 |
| | | 여자 | 4,281 | 12.5 | 5.6 | 14.2 |
| 피해자 특성 | 인종 | 백인 | 13,047 | 38.8 | 42.6 | 36.8 |
| | | 아프리카계 미국인 | 17,346 | 50.6 | 49.7 | 50.8 |
| | | 히스패닉 | 3,918 | 11.4 | 7.7 | 12.4 |
| | 연령대 | 20세 미만 | 4,642 | 13.5 | 15.1 | 13.1 |
| | | 20~39세 | 21,062 | 61.4 | 54.4 | 63.1 |
| | | 40세 이상 | 8,625 | 25.1 | 30.5 | 23.7 |
| | 성별 | 남자 | 26,319 | 76.7 | 77.6 | 76.4 |
| | | 여자 | 8,010 | 23.3 | 22.4 | 23.6 |
| 상황 | 피해자-가해자 | 아는 사람 | 18,843 | 54.9 | 51.4 | 55.8 |
| | | 가족 또는 친밀한 타인 | 9,706 | 28.3 | 9.1 | 33.2 |
| | | 낯선 타인 | 5,780 | 16.8 | 39.5 | 11.0 |
| | 흉기 여부 | 총 사용 | 22,564 | 65.7 | 65.0 | 65.9 |
| | | 총 사용 안 함 | 11,765 | 34.7 | 35.0 | 34.1 |
| | 환경 | 도시환경 | 18,408 | 53.6 | 57.1 | 52.7 |
| | | 비도시환경 | 15,921 | 46.4 | 42.9 | 47.3 |

출처: Miethe & Drass(1999).

스 살인범은 도구적 공격성에 의하여 더 자주 범행을 한다고 주장하였다.

〈표 9-8〉은 실인사건의 동기와 주요 변수의 특징을 나타낸 것이다. 이를 보면 살인 가해자의 특징은 남자, 아프리카계 미국인, 20~39세에서 차지하는 비율이 가장 높았다. 피해자의 특징도 가해자의 특징과 비슷하였으며, 살인의 상황적 요소를 고려하면 피해자와 가해자는 대부분 아는 사람들 간에 발생하는 살인이었고, 살인의 50.7%에서 총기가 사용되었으며, 도시환경에서 주로 발생하였다. 이러한 경향성은 대부분의 도구적인 살인과 표현적인 살인 모두에서 나타났다. 그러나 명백한 차이는 낯선 가해자는 도구적 동기에서 훨씬 일반적인 반면에 가족구성원 또는 친밀한 집단(남자친구 같은)인 살인자는 표현적 동기에서 더욱 일반적으로 존재한다는 것이다.

여기서 우리는 살인의 동기를 표현적인가 아니면 도구적인가로 구분하는 기준에 대하여 분명히 해 둘 필요가 있다. 가장 중요한 판단 기준은 구체적으로 범죄 목적이 존재하고, 이를 달성하기 위하여 살해라는 수단이 동원되어 실제로 구체적인 보상물(금품, 금전, 성욕 충족 등)이 생겼거나 생길 것으로 예측해서 저지른 살인이라면 도구적 동기라고 볼 수 있다. 즉, 살인의 경우에 살인 자체가 목적이 아니라 또 다른 목적을 위한 수단으로 피해자를 살해하여 구체적인 보상물을 획득하거나 예상했다면 이는 도구적 동기를 가진 것이라고 할 수 있다. 예를 들어, 보험금을 탈 목적으로 가족을 살해한 경우, 강간이나 강도의 목적을 달성하기 위하여 또는 그 행위를 은폐하기 위한 수단으로 살해하고 성욕의 충족, 금품이나 금전을 획득하는 등의 구체적인 보상물이 생긴 경우이다.

반면에 살해 자체가 목적이거나 수단으로 이용되었더라도, 이를 통해 구체적인 보상물이 불분명한 경우를 표현적 동기로 구분할 수 있다. 비정상인의 살인행위도 표현적 범죄로 구분한다. 예를 들면, 피해자의 모욕, 무시, 학대 등으로 가해자가 분노, 공포, 비관하여 살해를 한 경우가 이에 해당한다. 이러한 경우에는 살해 자체가 목적이며, 살해 후 구체적인 보상물이 없거나 예상되지 않는다. 또한 망상장애, 우울증, 학대 받는 여성증후군 등의 정신질환이나 알코올, 마약 등의 중독, 미신적 신념 등에서 살해한 경우도 그러한 행위를 통하여 구체적인 보상물이 없거나 예상되지 않는다. 대구 지하철 방화사건의 경우에 정신질환자가 사회에 대한 불만으로 지하철에 불을 질렀다면 그 행위로 가해자가 얻을 수 있는 구체적인 보상물이 존재하지 않기 때문에 표현적 동기에 해당한다. 어떤 정신질환자가 피해자를 영생시키기 위하여 살해하라는 망상적 지시를 받아 살해했다면 영생이라는 목적을 달성하기 위하여 살해 자체가 수단으로 이용되었지만, 이 경우에도 가해자에게 구체적인 보상물이 없다는 점에서 표현적 동기에 해당한다고 간주해야 한다.

## 5. 살인범죄자의 인구통계적 특성

살인을 설명하는 인구통계적 요인에는 경제적 조건, 인종, 성별, 연령 등과 같은 개인적 변수가 자주 언급된다. 이러한 요소들은 주로 사회학적인 관점에서 설명하는 것으로, 다음에서 이를 간략하게 살펴보고자 한다.

### 1) 경제적 조건

범죄의 사회적인 원인으로 사회계층을 논하는 것은 가장 일반적이다. 공식통계상으로도 범죄는 가난한 계층에서 많이 발생한다. 사회학자들은 그러한 점에서 범죄 형태를 빈부의 격차 또는 경제적 영향과 관련지어 설명하려는 경향성이 강하다. 예를 들어, 불경기와 호경기, 부촌과 빈민지역, 실업율과 범죄율, 경제적 불평등 등을 주요한 범죄 요소로 보고 연구한다.

이와 관련하여 실업과 경제적 불평등에 초점을 둔 연구가 중심을 이루고 있다. Brenner(1976)는 1940년부터 1973년까지 미국의 국내 범죄와 실업에 대한 통계를 연구하여 실업률이 1% 증가할 때마다 살인은 5.7% 증가한다고 확인하였다. Hsieh 등(1993)은 가난, 경제적 불평등과 살인과 폭력 등에 초점을 맞추어 1980년부터 1991년 사이에 발표된 34개의 연구를 분석하여 가난과 경제적 불평등 모두가 높은 수준의 폭력범죄와 관계가 있다고 주장하였다. Land 등(1990)은 경제적 박탈과 관련된 다른 변수를 통제한다면 실업은 살인과 일관된 반비례 관계에 있다고 주장하였다. 또 범죄율이 높은 지역사회는 다양한 범죄 요소(가난, 실업, 높은 이혼율과 결손가정, 높은 인구밀도, 황폐한 주거환경, 변변치 못한 교육기관, 기타 사회적 서비스, 잦은 이사와 인구이동, 소수인종과 소수민족의 집중 등)를 모두 갖추고 있다는 점에서 다중공선성(multicollinearity)을 배제한 연구(기초적 회귀모델로 통합하고 집락분석을 통해 분석)를 통해 자원 박탈/풍요라는 집락에 흑인 비율, 결손가정 아동의 비율, 가난, 소득불균형이 포함됨을 발견하였다. 낮은 수입 자체보다는 여기에 낮은 교육수준, 높은 유아 사망률, 열악한 주거시설, 결손가정 등의 조건을 포함하여 연구 중이다. 이러한 측면에서 경제적 조건에 따른 사회계층은 살인범죄 설명에서 여전히 논쟁거리로 남아 있다. 반면에 강도나 절도 등과 같은 재산범죄와는 간접적 관련성이 강조되고 있다.

## 2) 인종

자칫 인종 간 범죄 발생의 차가 우리와는 관련성이 없다고 생각할 수 있으나, 중동이나 동남 아시아 계통 외국인의 불법 취업과 이에 따른 외국인의 범죄가 늘어나면서 향후 인종에 따른 범죄는 주요한 관심거리임이 분명하다. 더욱이 국제결혼이 하나의 사업으로까지 정착되어 일 반화되고 있는 현 시점에서 단일민족이라는 정체성을 부르짖기보다는 인종이라는 요소에 주 의를 기울일 필요가 있다. LaFree 등(1996)은 살인에 대한 연구에서 사회인구통계학적(socio- demographic) 요소로 인종은 살인과 강한 상관을 보인다는 것을 밝혔다.

Blau와 Blau(1982)는 인종불평등(racial inequality)과 범죄적 폭력(criminal violence) 간에는 의 미 있는 관련성이 있다고 주장하였다. 이들의 이론은 불평등이 범죄적 폭력을 저지르게 하며 사회통제가 약해지게 한다고 주장한다. 자본주의사회에서 기본이 되는 노력에 대응한 자원의 분배를 고려할 때, 인종적 배경 때문에 극소의 분배를 받는 개인은 분노하고 좌절하며 적대감 을 가지게 된다고 주장한다. 하지만 후속연구에서는 인종이 정확히 분류되지 않아서 여전히 인 종은 확실하지 않은 요인으로 남아 있다.

[그림 9-4]의 인종과 성별에 따라 살해당한 비율을 살펴보면 남성, 여성 모두 흑인이 백인보 다 더 많이 살해당하는 것으로 나타났다. 특히 1970년대에는 모든 인종과 성별의 살해 비율이 급격히 증가하였다. 이후 1980년대에는 흑인 남녀가 살해당한 비율은 감소하였으나 백인 남녀 가 살해당한 비율은 증가하였다. 1990년대부터 2000년대까지 모든 집단원이 살해당하는 비율

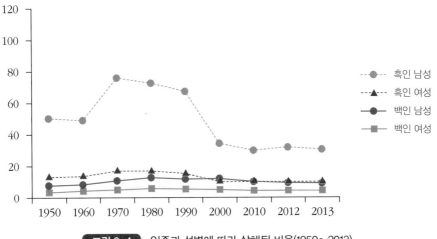

**그림 9-4** 인종과 성별에 따라 살해된 비율(1950~2013)

출처: National Center for Health Statistics.

은 감소하였고, 2010년대 초반에 비교적 안정적인 비율을 유지하였다.

## 3) 성별

성별은 사회계층의 또 다른 중요한 열쇠이다. 성별에 따른 범죄성 차이를 발견하는 것은 사회적 약자라는 관점에서 보면 사회계층이나 인종과는 상반되는 점이 있다. 즉, 하류계층, 소수민족이나 유색인종의 살인범죄율이 높듯이 여성도 사회적 약자이므로 살인범죄율이나 살인피해율이 높아야 한다고 생각할 수 있다. 그러나 전체 인구의 반이 여성인 점을 고려할 때 여성 살인 피해자는 23%에 불과하고(SHR, 1993), 여성 살인 가해자는 9%밖에 미치지 못한다(FBI, 1994). 한국의 경우에도 살인범의 90%가 남성이라는 점에서 보면, 여성은 살인범죄에서 거리가 멀다고 할 것이다.[4] 양적으로 살인은 외국이나 한국에서도 남성에 의한 범죄라는 경향성이 짙다.

한편, 여성보다 남성의 살인율이 높은 이유에 대하여 진화심리학에서는 양육투자이론과 성 선택이론을 제시한다. 즉, 번식변동율이 클수록 이성을 통한 번식률을 높이기 위하여 살인과 같은 위험한 선택을 하게 된다는 것이다. Daly 등(1996)은 살인사건의 데이터를 근거로 가난하고 결혼을 못 한 남자가 돈 많고 결혼한 남자를 죽일 가능성이 높다고 주장하였다. Campbell(1999)은 여성도 공격성을 보인다고 주장하였고, 희생자 역시 같은 여성인 경우가 많으며, 물리적 공격보다는 언어적 공격에 머무는 경우가 많은데, 그 이유는 여성이 생존과 삶에 더 큰 가치를 높이려는 방향으로 진화했기 때문이라고 하였다. 따라서 여성에게는 극단적인 살인과 같은 범죄율이 적다는 것이다.

살인 동기에서는 성별에 따른 질적 차이가 있다는 견해가 있다. Svalastoga(1956)는 가해자가 남성인 경우와 여성인 경우를 비교하여 살인의 성별 특징을 설명하였다. 남성의 경우에는 격정이나 싸움, 말다툼에 의한 기회적인 살인이 많은 반면, 여성의 경우에는 낯선 이에 대한 일시적인 감정의 폭발로 범행에 이르는 경우가 많다. 또한 여성 살인의 경우에는 가족 간의 불화나 원한, 분노에 의해 보다 많이 발생한다. 따라서 여성 가해자의 경우에 남편, 자녀, 애인 등의 피해자가 많은 것이 특징이다.

---

4) 우리나라의 경우, 살인범 중 여성이 차지하는 비율은 12.2%에 해당한다. 대검찰청(2005: 243).

## 4) 연령

마지막으로, 살인을 구조적으로 설명하는 요소 중 연령을 살펴보자. 인구사회학적 요소 중에서 연령보다는 인종이나 성별, 특히 사회적·경제적 조건 등이 더 관련성 있는 연구대상이었다. 범인성이라는 이슈에서 재산범죄(property crimes)에 관한 것이 중요한 주제로 연구되어 왔기 때문일 것이다. 이 변수와 연관해서는 주로 연령대에 따른 연구(age cohorts)나 특정 연령과 살인율에 대한 연구가 이루어졌다.

Hirschi와 Gottfredson(1983)은 연령은 다른 인종이나 성별과 같은 인구통계학적 요인과 같이 다양하게 분포하지 않는다고 주장하면서 수입, 고용관계, 결혼관계, 가족 형태, 경제적·사회적 긴장, 나이가 들어감에 따른 성숙의 교화(maturational reform) 등에 영향을 받지 않으며, 전형적으로 범죄는 사춘기 후반에 관찰되고 성장한 후에는 전반적으로 확장된다고 주장하기도 하였다. 특정 연령대로 보자면 살인비율은 10대 후반이나 20대 초반에 정점을 이루며, 그 이후부터는 급격히 감소하는 것으로 알려져 있다. 우리나라의 경우에 살인범의 평균연령은 점차 증가하여 30대에 이른 것으로 나타나고 있다.

## 6. 살인범죄자의 개인적 특성

## 1) 정신장애

간혹 망상장애로 인해 살인사건이 벌어지기도 한다.[5] 하지만 정신장애 자체가 살인의 일반적인 원인이 된다는 것을 입증한 논문은 단 한 편도 없다. 다만, Blackburn(1971)에 의하면 정신장애자의 살인은 억압적인 형이나 편집광적·공격적인 형이 많다. 가족을 살해하는 경우, 정신병에 원인을 두려는 연구가 많아서 치료감호 대상자를 주로 연구하기도 하였다. 간혹 학대에 기인한 배우자살해[6]나 학대 때문에 발생하는 존속살해 등을 발견할 수는 있어도 정신장애가 일반적으로 살인의 개인적 이유라고 보기는 힘들다. 따라서 정신장애를 살인자의 개인적 요인이라고 일반화할 수는 없다.

---

5) 정신장애와 범죄에 관해서는 이 책의 제6장을 참조.
6) 배우자살해에 관해서는 이 책의 제12장을 참조.

## 2) 마약

마약과 살인의 관계는 그동안 충분히 조사되지는 않았다. 살인은 상대적으로 드물게 발생하고, 반드시 사건이 발생한 후에 연구되기 때문에 인과관계를 알기 어렵고 불법적인 약물 사용에 대한 정보도 부족하기 때문이다. 그러나 살인이 약물과 관련된다는 증거도 있다. 일반적으로 1980년대에는 코카인과 관련된 살인범죄율이 증가하였다(Hanzlick & Gowitt, 1991). Barr 등(1993)은 낮은 사회경제적 지위에 있는 흑인 남성이 다른 인구통계학적 집단보다 알코올과 마약 사용 비율이 높다고 주장했고, 다른 연구에서는 흑인, 라틴아메리카인, 미국 원주민의 살인에서 마약과 관련성이 높다는 주장이 나왔다(Abel et al., 1987; Bachman & Wallace, 1991; Garriott, 1993; Goodman et al., 1986; Tardiff et al., 1995; Welte & Abel, 1989).

전체적으로 보자면 살인의 가해자와 피해자 모두 일반적인 사람보다 더 마약과 관련이 있는 것으로 보인다(Abel, 1987; Brownstein et al., 1992; Garriott, 1993; Goldstein et al., 1992; Goldstein et al., 1989; Hanzlick & Gowitt, 1991; Klein et al., 1991; Spunt et al., 1995). 또한 마약 관련 살인은 여러 마약을 사용하는 범죄자들 사이에 일반적이라는 증거도 있다(Fendrich et al., 1995; Garriott, 1993; Ray & Simons, 1987; Spunt et al., 1995; Spunt et al., 1994).

〈표 9-9〉는 폭력 관련 범죄유형에서 약물 사용을 보고한 수형자의 비율인데, 이에 의하면 연방교도소에 수감 중인 살인범 중에서 29.4%가 약물 사용을 보고했으며, 주 교도소에 수감 중인 살인범 중에서는 26.8%가 살해 시 약물복용 상태였음을 보고하여 매우 의미 있는 비율을 보여 주고 있다.

표 9-9　폭력 관련 범죄유형에서 마약 사용을 보고한 수형자의 비율(1997)　(단위: %)

| 범죄유형 수형자 | 연방 교도소 | 주 교도소 |
|---|---|---|
| 살인 | 29.4 | 26.8 |
| 성폭력 | 7.9 | 21.5 |
| 강도 | 27.8 | 39.9 |
| 폭행 | 13.8 | 24.2 |
| 기타 | 15.9 | 29.0 |

출처: Office of National Drug Control Policy(2000).

## 3) 알코올

일반적으로 알코올은 마약에 비해 살인과 더 관련성이 있다고 논한다. 확실한 경험적 연구 결과는 부족하더라도 마약에 비하여 알코올이 살인과 폭력에 더 상관을 보인다고 일컫는다. Parker(1993, 1995)는 살인으로 치닫는 알코올과 폭력성과의 관련성을 이론화하는 데 노력을 기울였다. 반면에 Fagan(1990)은 알코올중독과 대인관계에서의 공격성에 대해 연구하는 데 기여하였다. 이들의 연구는 알코올이 대인 간 폭력행위의 촉매가 될 수 있다는 가정을 확인해 준다. 알코올 관련 살인을 이해하기 위해서는 사회적·심리적·경제적·문화적 요인 등 여러 관련 범주를 포함하는 포괄적인 모델에 따른 주요한 자료를 수집해야 한다. 특히 우리나라처럼 알코올 소비가 높은 경우에 대인 간의 우발적 폭행과 알코올이 관련될 가능성은 높을 것이라고 짐작할 수 있다.

## 7. 살인의 대책

어떤 유형의 범죄이든 범죄에 대한 대책을 제시한다는 것은 실로 어려운 일이다. 현재 대부분의 학자는 살인의 경우에 교육이나 정신위생적인 측면에서 개인의 욕구불만에 대하여 평화적이고 합리적인 배출구를 찾는 것이 매우 중요하다고 지적한다. 정신건강은 살인 발생을 줄이는 중요한 예방책이 될 수 있다. 욕구불만에 대한 인내성이나 사회적으로 용인된 감정의 발산법을 익숙하게 하기 위해서는 유아 초기에 건전한 가정환경에서의 적절한 사회화가 필요하며, 사회의 저변에 있거나 주변인으로부터 열등감이나 소외감에 시달리는 사람은 삶의 보람이나 사회와의 연대감을 회복시켜 주는 것도 필요하다.

형사정책상의 관점에서는 처벌을 엄격하게 적용하는 것 이외에 살인행위와 결부되기 쉬운 총기, 도검류, 독극물 등의 단속을 강화하는 것이 중요하다. 그 이외에 알코올은 충동과 연결되기 쉬우므로 음주의 악습에 빠지지 않도록 선도하는 일도 필요할 것이며, 공격행위의 주요한 모델 중 하나인 폭력적인 TV나 영화 등 매스컴의 규제에 관해서도 부분적인 예방법이 도모될 수 있을 것이다.

## 1) 사형제도

살인범에 대한 형벌에서 사형제도는 높은 교육효과가 있을 것으로 생각되었다. 하지만 이에 대한 살인억제효과에 대해서는 오히려 부정적인 견해가 많은 것이 사실이다. 미국의 경우에 사

표 9-10 │ 미국 각 주별 사형 존폐에 따른 살인비율의 비교(1980~1995)[7]

| 주 | 폐지 기간 | 1980 | 1981 | 1982 | 1983 | 1984 | 1985 | 1986 | 1987 | 1988 | 1989 | 1990 | 1991 | 1992 | 1993 | 1994 | 1995 |
|---|---|---|---|---|---|---|---|---|---|---|---|---|---|---|---|---|---|
| Maine* | 1980~1995 | 3 | 3 | 2 | 2 | 2 | 2 | 2 | 3 | 3 | 3 | 2 | 1 | 2 | 2 | 2 | 2 |
| Vermont* | 1980~1995 | 2 | 4 | 2 | 4 | 2 | 3 | 2 | 2 | 2 | 2 | 2 | 2 | 2 | 4 | 1 | 5 |
| New Hampshire | | 3 | 3 | 2 | 2 | 1 | 2 | 2 | 3 | 2 | 3 | 2 | 4 | 2 | 2 | 1 | 2 |
| Rhode Island* | 1980~1995 | 4 | 4 | 4 | 3 | 3 | 4 | 4 | 4 | 4 | 5 | 5 | 4 | 4 | 4 | 4 | 3 |
| Massa-chusetts* | 1980~1982 1984~1995 | 4 | 4 | 4 | 4 | 4 | 4 | 3 | 4 | 4 | 4 | 4 | 4 | 4 | 4 | 4 | 4 |
| Michigan* | 1980~1995 | 10 | 9 | 9 | 10 | 10 | 11 | 11 | 12 | 11 | 11 | 10 | 11 | 10 | 10 | 10 | 9 |
| Ohio* | 1980 | 8 | 7 | 6 | 6 | 5 | 5 | 6 | 6 | 5 | 6 | 6 | 7 | 7 | 6 | 6 | 5 |
| Indiana | | 9 | 7 | 7 | 5 | 6 | 6 | 6 | 6 | 6 | 6 | 6 | 6 | 8 | 8 | 8 | 8 |
| Wisconsin* | 1980~1995 | 3 | 3 | 3 | 3 | 3 | 3 | 3 | 4 | 3 | 4 | 5 | 5 | 4 | 4 | 5 | 4 |
| Iowa* | 1980~1995 | 2 | 3 | 2 | 2 | 2 | 2 | 2 | 2 | 2 | 2 | 2 | 2 | 2 | 2 | 2 | 2 |
| Illinois | | 11 | 11 | 9 | 10 | 9 | 8 | 9 | 8 | 9 | 8 | 8 | 11 | 11 | 11 | 12 | 10 |
| North Dakota* | 1980~1995 | 1 | 2 | 1 | 2 | 1 | 1 | 1 | 2 | 2 | 1 | 1 | 1 | 2 | 2 | 0 | 1 |
| South Dakota | | 1 | 2 | 3 | 2 | 2 | 2 | 4 | 2 | 3 | 1 | 2 | 2 | 1 | 3 | 1 | 2 |
| Montana | | 4 | 3 | 4 | 2 | 4 | 6 | 3 | 4 | 3 | 4 | 5 | 3 | 4 | 3 | 3 | 2 |
| Wyoming | | 6 | 6 | 9 | 6 | 3 | 4 | 5 | 2 | 3 | 4 | 5 | 3 | 4 | 3 | 3 | 2 |
| West Virginia* | 1980~1995 | 7 | 6 | 5 | 5 | 4 | 4 | 6 | 5 | 5 | 7 | 6 | 6 | 6 | 7 | 5 | 5 |
| Virginia | | 9 | 9 | 7 | 7 | 8 | 7 | 7 | 7 | 8 | 8 | 9 | 9 | 9 | 8 | 9 | 8 |
| Oregon* | 1981~1983 | 5 | 4 | 5 | 4 | 5 | 5 | 7 | 6 | 5 | 5 | 4 | 5 | 5 | 5 | 5 | 4 |
| Washington | | 6 | 5 | 4 | 5 | 5 | 5 | 5 | 6 | 6 | 4 | 5 | 4 | 4 | 5 | 6 | 5 |
| Idaho | | 3 | 4 | 3 | 4 | 3 | 2 | 3 | 3 | 4 | 3 | 3 | 2 | 4 | 3 | 4 | 4 |

출처: FBI(1981~1996); Snell(1996).

*한시적으로 사형을 폐지했던 주

---

7) 살인비율은(인구 10만 명당) 정수로 반올림하였다. 상기된 기간 동안에 사형제도가 폐지된 주들이다. 상기된 연도의 12월 31일에 결정되었다.

형제도가 폐지된 주의 살인사건 발생률이 사형제도가 존치된 주보다 오히려 더 낮다는 사실이 사형에 의한 억제효과가 기대보다 적거나 없다는 것을 의미하는 것이라고 지적되기도 하였다. 더구나 동일한 주에서 사형제도가 있었던 때와 폐지되었던 때, 그리고 다시 존치된 시기별로도 살인사건의 발생률에는 큰 변화와 차이가 없었다고도 한다. 따라서 사형제도는 결코 살인범죄를 억제하지 못한다고 할 수 있다. 이처럼 사형제도조차도 살인범죄를 억제하지 못하는 이유는 바로 살인범죄가 계산된 행동의 산물이 아니라 대부분은 폭발적인 감정의 압박으로 저질러지는 격정에 의한 범죄일 가능성이 크기 때문이다(이윤호, 2002).

〈표 9-10〉에는 1980년부터 1995년까지 또는 부분적으로 사형제를 시행한 주와 폐지한 주의 살인비율이 나타나 있다. 사형제도가 여전히 존재하는 뉴햄프셔주의 1980년부터 1995년까지 발생한 살인율은 사형을 폐지한 메인주의 살인율과 비슷하다. 또한 매사추세츠주의 1983년을 제외한 1980년에서 1995년까지 사형제를 폐지한 기간 동안의 살인 발생률은 두드러진 증감을 보이지 않는다.

이것은 사형제를 폐지한다고 해도 살인 발생률이 두드러지게 늘어나지 않았다는 것을 시사한다. 사형제를 폐지한 노스다코타주의 살인 발생률은 사형제가 존재하는 사우스다코타주, 몬타나주, 와이오밍주의 살인비율에 비해 훨씬 더 낮다. 특히 오리건주의 경우에는 1981년부터 3년간 사형제를 폐지하였다가 1984년부터 다시 사형제를 시행하였는데, 살인비율은 점차 증가하였다. 이 같은 결과는 사형제도가 가지는 살인에 대한 억제효과를 확신할 수 없다는 것을 확인해 주는 증거이다.

## 2) 무기의 통제

우리나라는 총기 소지를 규제하기 때문에 총기에 의한 살인은 중요한 이슈가 되지 않지만,[8] 미국은 현재 살인의 형태 중 가장 두드러지는 것이 총기를 사용한 살인이다. 1996년 살인의 67.8%가 총으로 자행되었고, 이 중 56%가 권총살인이었다. 미국 인구통계청의 조사에 따르면 권총이 없고 또 다른 무기도 사용할 수 없었다면 살인율은 57%나 감소할 것이라고 한다. 물론 총기가 없으면 다른 수단을 이용하여 살인할 것인지에 대해서는 논쟁의 여지가 남아 있지만 현재로서 살인은 미국인 사망원인 중 10번째에 해당하며, 미국은 선진국 중 총기 사용 살인이 가장 많은 나라이다(조준현, 2005).

---

8) 우리나라의 경우에 총기에 의한 살인 발생 비율은 1% 미만이다(박형민, 2003).

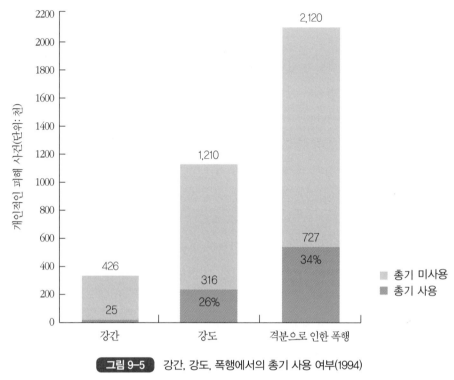

그림 9-5 강간, 강도, 폭행에서의 총기 사용 여부(1994)

출처: Bureau of Justice Statistics(1997).

살인에서 총기 사용이 많았던 것에 비하여 강간, 강도, 가중폭행 등의 범죄유형에서는 총기 사용이 높지 않으며, 대부분 치명적이지도 않다. 총기를 범죄수단으로 사용하는 경우에 가장 일반적인 용도는 강도, 강간 또는 피해자의 승낙을 얻으려는 목적으로 위협하는 것이다. 대부분의 총격사건은 치명적이지 않다고 보고하였다(Cook, 1985).[9] 따라서 이러한 피해자 중 소수만이 신체적으로 해를 입지만, 일반 사람은 총기 폭력의 위험성과 잠재성 때문에 심각한 것으로 받아들인다.

[그림 9-5]에 있는 1994년 미국 내 범죄 피해조사(National Crime Victimization Survey: NCVS)에 따르면 그 해에 약 1,068,000건의 총기범죄 중 강도범행에서는 316,000개의 총기가 사용되었고, 과잉폭행사건에서는 727,000개,[10] 강간사건에서는 25,000개의 총기가 사용되었다(Bureau of Justice Statistics, 1997). 따라서 총기가 사용된 비율은 낮다. 총기가 사용된 경우에도 대부분이

---

9) 대략적으로 치명적인 상처를 입는 경우는 총이 개입된 6개의 사건에서 1건에도 미치지 못하였으며, 대부분의 사건에서는 상처를 전혀 입지도 않았다(Cook, 1985).

10) 이 중 94,000건인 12.93%만이 부상을 당하였다.

권총(handgun)이며, 이러한 범죄유형의 92%가 모두 권총에 의한 범죄이다.

강도나 폭행과 같이 총기를 도구적으로 사용하는 경우가 다른 무기에 의해 저질러지는 폭력범죄에 비해서 피해자의 죽음을 가져오는 경우가 더 많다. 따라서 총기를 사용한 강도사건은 칼을 사용한 강도사건보다 3배 정도의 치사율을, 다른 무기를 사용한 경우보다는 10배 정도의 치사율을 보인다는 것이 일반적인 비율로 알려져 있다(Cook, 1987).

총은 사용에 있어 특별한 전문지식을 요하지 않고 먼 거리에서 빠르게 사람을 죽일 수 있어서 공포감을 조성하는 데 상당한 힘이 있기 때문에 피해자 혹은 가해자의 생명과 직결되는 중요한 무기인 것은 당연하다. 그러나 가해자의 목적이 누구를 해친다는 것 자체보다는 강도, 위협 또는 자기방어가 더 주된 목적이라면 총기는 실제 사용보다는 앞서의 예와 같은 사용자의 목적을 성취하기 위하여 다른 무기에 비해서 더 효율적일 수 있다는 것은 숙지할 필요가 있다. 이러한 총기와 관련된 수단적 사용에 대한 가설은 경험적인 연구에서 지지되는 바가 충분치 않아서 아직까지는 의문의 여지가 많다고 여긴다.

총기가 폭력적 경향이 있는 사람에게 더 잘 사용되는가는 미국에서 공공의 관심사이다. 그러나 무엇보다 중요한 것은 총기의 사용 가능성이다. 총기를 사용하는 데 비용이나 시간 등의 요소도 있지만, 사건 발생 당시에 총기의 사용 가능성 여부가 중요하다. 한 연구에서는 자살과 타살 사건에서 가정에서의 총기 존재 여부가 비율을 증가시켰다고 보고하기도 하였다(Kellermann et al., 1992, 1993).

## 3) 통합적 대책

[그림 9-6]에는 범죄 예방에 대한 과학적인 접근법이 제시되어 있다. 효율적인 해결책을 찾기 위해서는 우선 문제를 정의해서 살인과 관련된 사건을 정리할 필요가 있다. 인구통계학적·지리학적·시간적·상황적·관계적인 자료를 수집하여야 한다. 첫 번째 단계가 주로 누가, 언제, 어디서, 무엇을, 그리고 어떻게에 초점을 맞추었다면, 두 번째 단계는 왜 이 사건이 일어났는지에 대한 것을 정의해야 할 것이다. 관련 분야에서 원인론적인 연구가 활발한 것도 방법론적으로 원인에 대해 과학적으로 규명하는 것이 살인사건을 해결하는 데 중요하기 때문이다. 다음 단계는 전 단계에서 얻은 다량의 정보를 가지고 중재 프로그램을 개발하고 실험하는 단계이다. 아직까지는 중재 프로그램이 폭력을 방지하는 효과 면에서 확실한 효율성이 검증되지는 않았다고 하지만 나날이 고질적이고 심각해지는 폭력범죄를 보면 중재 프로그램의 필요성은 자명하다.

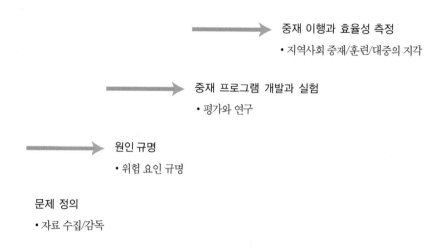

중재 이행과 효율성 측정
• 지역사회 중재/훈련/대중의 지각

중재 프로그램 개발과 실험
• 평가와 연구

원인 규명
• 위험 요인 규명

문제 정의
• 자료 수집/감독

그림 9-6    범죄 예방을 위한 과학적 접근법

중재 프로그램을 실시할 경우에 두 가지 원칙에 따른다. 첫째, 지속적인 지지체계를 바탕으로 중재 프로그램을 평가하고 발전시켜야 할 것이다. 둘째, 기존의 중재 프로그램에 대한 엄격한 평가가 이루어져야 할 것이다. 따라서 이 중재 프로그램이 실제로 전국적 규모로 적용되기 이전에 그 결과에 대한 평가가 완료되어야 한다. 마지막 단계는 폭력 감소를 이루어 낸 중재 프로그램의 성공적인 수행이다. 여기서 성공적인 중재란 임상적으로나 학문적인 결과로도 효율성이 인정되어야 한다는 것을 의미하며, 이에 따른 자료적 증거도 포함하여야 한다. 이것은 정책적인 결정을 하는 데 증거로 사용되는 데까지 연결되어야 한다는 것을 의미한다.

## 4) 폭력범죄의 생태학적 모델

Tolan과 Guerra(1994)는 다른 형태의 범죄를 일으킬 수 있는 젊은이의 범죄 예방 프로그램을 구별하기 위하여 생태학적 모델을 제안하였다. 이들의 생태학적 모델은 개인적 요소, 가까운 대인관계, 가까운 사회적 배경, 그리고 사회규범체제를 포함한다. 우선 '개인적 요소'를 위한 프로그램은 가난한 사람들 간의 관계에서 일어나는 폭력의 위험을 줄이고, 저학력 사람들 그리고 다른 사람들에 대항하는 폭력 사용에 대한 잘못된 신념을 고쳐 주고자 하는 것이다. 다음으로, 가까운 대인관계는 부모와 자식 사이의 좋지 않은 감정적 유대관계, 폭력적인 친구집단의 압력, 그리고 어른을 돌보는 마음이 없는 것과 같은 요인을 개선하기 위한 것이다. 그리고 가까운 사회적 배경은 희생자가 있는 가족, 육체적 공격을 당할 수 있는 환경적 요소, 그리고 학교나 교회와 같이 이웃들과 사회적 유대관계를 누릴 수 있는 기회의 부족과 같은 요인을 바꾸기 위한 것이다. 마지막으로, 사회규범체제는 범죄를 증가시키는 문화에 깊이 뿌리박혀 있는 요소, 경제적 상황, 그리고 범죄행위에 대한 낮은 처벌 등과 같은 요인의 위험성을 바꾸기 위해서이다.

〈표 9-11〉은 전술한 생태학적 수준에 따라 범죄를 예방하려는 전략을 기술하였다. 일례로 전체적 부분을 예로 들어 보면, 부모교육 프로그램은 아이들을 키우면서 아이들과 교류하는 방법으로(가까운 대인관계) 범죄 예방에 영향을 주려고 시도하는 것이다. 앞서 제시한 범죄 예방 전략은 범죄를 완전히 없애기 위한 것이 아니라 그것들이 모두 효과적으로 범죄를 예방할 수

표 9-11 **폭력범죄 예방 전략**

| 폭력범죄에 영향을 미치는 체계 | 예방 대책 유형 | | |
|---|---|---|---|
| | 전체적 | 선택적 | 암시적 |
| 개인적 요소 | • 모든 학생에게 범죄 위험 교육 제공<br>• 아이들이 성적 학대를 분간하고 알리도록 가르침<br>• 모든 아이를 위한 충분한 조기교육 제공 | • 범죄를 목격한 아이를 위한 치료법 제공<br>• 강도가 들었을 때 피해를 받지 않도록 편의점 직원에게 기술을 가르침 | • 성범죄자 치료<br>• 범죄자를 위해 심리서비스 제공<br>• 사회적 프로그램을 통해 더 이상 범죄자가 되지 않도록 방지 |
| 가까운 대인관계 | • 모든 새로운 부모를 위한 부모교육 실시<br>• 젊은이들에게 이성과 어떻게 좋은 유대관계를 형성할 수 있는지 교육 | • 학교 안의 싸움 해결을 위한 중재 프로그램 설치<br>• 매우 위험한 젊은이의 경우, 성인 조언자를 늘림 | • 가족 안의 폭력적인 아이를 위한 부모교육 실시<br>• 부모-자식의 유대관계를 증진 |
| 가까운 사회적 배경 | • 학교로 무기를 들여오지 못하게 금속탐지기 설치<br>• 젊은이에 대한 성인의 감독을 확대하기 위해 방과 후 프로그램 개설 | • 집 안에 있는 아이들을 위해 안전한 장소를 마련하고, 학교로부터 위험한 지역을 감시<br>• 위험한 이웃들로부터 폭력을 예방하는 구역을 설정 | • 범죄를 당한 여성을 위한 충분한 피신처 제공<br>• 지역사회에 있는 불법 무기시장 통제<br>• 가족 내 폭력희생자의 신분과 안전을 위한 전문적인 건강 프로그램 개발 |
| 사회규범체제 | • 대중매체 속의 폭력물 축소<br>• 수입의 불균등 축소 | • 저소득층 분산<br>• 도심지 젊은이에게 맞는 직업 창출 프로그램을 강화 | • 폭력범죄에 대한 엄정한 처벌 강화<br>• 한 달에 하나의 총기만 구입할 수 있도록 규제하고 각 주의 불법적인 소총 이동을 통제 |

출처: Smith & Zahn(1999).

있는 전략이라는 것을 나타내고 있는 것이다. 또한 이러한 예들은 발생 가능성이 높은 범죄를 해결할 수 있는 방법을 서술해 주고, 범죄 예방에 영향력 있는 다양한 체계를 제시한다. 특히 젊은 층에서 발생하는 범죄에 대한 효과적인 예방 전략을 얻어 낼 수 있다(Kazdin, 1994; Lipsey & Wilson, 1993; Tolan & Guerra, 1994).

하지만 〈표 9-11〉의 범죄 예방 전략은 적어도 두 가지 한계점이 있다. 첫째로 범죄행위를 예방하는 직접적인 전략과 범죄로 인해 발생하는 희생자를 예방하는 전략 사이에 특별한 구분이 없다는 것이다. 이러한 구분이 직접적으로 명백하게 필요한 것은 아니지만, 둘 다 범죄 예방 차원에서 보았을 때 필요하고, 전략들의 배열 사이의 혼합을 없애기 위해서도 중요하다. 둘째로 범죄의 특별한 유형 사이에 예방법의 차이가 없다는 것이다. 예를 들면, 적어도 세 가지 유형의 범죄 예방법이 모두 동일하다는 것이다. 그 세 가지는 표현적 범죄, 도구적 범죄, 정신장애와 관련된 범죄이다. 사실 이러한 세 가지 유형의 범죄 예방법을 발전시키는 것이나 다른 유형에 따른 범죄 예방법을 추측해 보는 것이 가능하다. 비록 특별한 전략적 구분은 없다고 하여도 몇몇 프로그램에서 서로 다른 유형의 범죄를 처리하는 특정한 예방 전략을 그려 볼 수는 있을 것이다.

## 5) 폭력범죄 방지 전략

범죄를 예방하는 전략 중 가장 가능성 있는 방법은 범죄 예방을 위한 조기교육을 실시하는 것이다. 범죄를 행하도록 만드는 요인을 피하기 위하여 교육을 강화하고 지식을 발전시켜서 범죄를 일으킬 가능성이 있는 개개인을 변화시키는 것이다. 예를 들면, 나중에 자라서 범죄 행동을 하거나 반사회적 행동을 일으키는 위험 요인을 가지고 있는 아이들을 학교에서 바로잡아 주는 것이 아니라 유치원 때부터 바로잡아 준다는 것이다(Kazdin, 1994). 미국의 예를 들면, 미취학아동이 대상인 페리 프리스쿨 프로젝트(Perry Preschool Project)[11]는 비행과 범죄를 줄이는 데 효과적이었다고 보고된 바 있다(Barnett & Escobar, 1990).

가족 유대를 강화시켜서 범죄를 예방할 수도 있다. 예를 들면, 발달 과정 중인 아이가 있는 가정을 지원하는 것으로, 방문과 다른 전략적 방법으로 교육과 상담 등 적절한 서비스를 제공하는 것이다. 이러한 지원체계는 장기간의 평가를 통해서 청소년의 폭력성에 대한 위험 요소를 줄였다고 보고되었다(Kazdin, 1994). 특히 이러한 서비스를 받은 십대 모자가정은 자신의 아

---

11) 이 프로젝트는 학교 내의 프로그램이 바탕이 되어 위험성이 높은 청소년에게 문제 해결능력의 향상, 분노 조절, 그리고 다른 행동 기술에 대해 교육하였다.

이를 학대하는 일이 줄었다고 밝혔다(Olds, Henderson, Chamberlin, & Tatelbaum, 1986). 또한 부모관리 훈련(parent management training)도 부모-자식 간의 성서적 유대관계를 강화하고, 부모가 자신의 십대 아이들을 감독하는 능력을 향상시키는 데 효과적이었다(Kazdin, 1994; Tolan & Guerra, 1994).

　폭력 방지 프로그램의 효율성을 극대화하기 위해 무엇보다 중요한 것은 프로그램을 진행하는 동안의 질에 달려 있다. 행정적 지원이 부족하다거나 프로그램 진행자의 자질이 나쁘다면 프로그램 전체에 악영향을 미치기 때문이다. 따라서 지속적인 평가와 연구가 이루어지도록 노력해야 할 것이다.

# 참고문헌

경찰청(2012~2021). 범죄 통계.

대검찰청(1990~2022). 범죄분석.

박순진(2000). 피살자유발에 의한 살인의 개념과 실체. 피해자학연구, 8(6), 325-357.

박형민(2003). 살인범죄 실태에 대한 연구. 서울: 한국형사정책연구원.

이윤호(2002). 범죄학개론. 서울: 박영사.

조준현(2005). 범죄학. 서울: 법원사.

통계청(1989~2022). 장래인구추계.

Abel, G. G., Becker, J. V., Mittelman, M., Cunningham-Rathner, J., Rouleau, J. L., & Murphy, W. D. (1987). Self-reported sex crimes of nonincarcerated paraphiliacs. *Journal of Interpersonal Violence, 2*(1), 3-25.

Bachman, J. G., & Wallace, J. M. Jr. (1991). The 'drug problem' among adolescents: Getting beyond the stereotypes. *Ethnicity & Disease, 1*, 85-97.

Barr, K. E., Farrell, M. P., Barnes, G. M., & Welte, J. W. (1993). Race, class, and gender differences in substance abuse: Evidence of middleclass/underclass polarization among black males. *Social Problems*, 314-327.

Barnett, W. S., & Escobar, C. M. (1990). Economic costs and benefits of early intervention. In S. J. Meisels & J. P. Shonkoff (Eds.), *Handbook of early childhood intervention* (pp. 560-582). New York: Cambridge University Press.

Black, H. C. (1990). *Black's law dictionary*. St. Paul, MN: West Publishing.

Blackburn, R. (1971). Personality types among abnormal homicides. *British Journal of Criminology, 11*, 14-31.

Blau, J. R., & Blau, P. M. (1982). The cost of inequality: Metropolitan structure and criminal violence. *American Sociological Review, 47*, 114-129.

Block, C. R. (1993). The meaning and measurement of victim precipitation. In Questions and answers in lethal and nonlethal violence. *US Department of Justice*, 185-193.

Block, C. R., & Block, R. (1993). *Street gang crime in Chicago* (pp. 1-8). US Department of Justice, Office of Justice Programs, National Institute of Justice.

Block, C. R., & Christakos, A. (1995). Intimate partner homicide in Chicago over 29 years. *Crime and Delinquency, 41*(4), 496-526.

Block, R. (1976). Homicide in Chicago: A nine-year study(1965-1973). *Journal of Criminal Law and Criminology, 66*(4), 496-510.

Block, R. L. (1977). *Violent crime*. Lexington, MA: Lexington Books.

Block, R. L., & Block, C. R. (1992). Homicide syndromes and vulnerability: Violence in Chicago community areas over 25 years. *Studies on Crime and Crime Prevention, 1*, 61-87.

Brenner, M. H. (1976). *Estimating the social costs of national economic policy*. Washington, DC: U.S. Government Printing Office.

Brownstein, H. H., Baxi, H. R. S., Goldstein, P. J., & Ryan, P. J. (1992). The relationship of drugs, drug trafficking, and drug traffickers to homicide. *Journal of Crime and Justice, 15*(1), 25-44.

Campbell, J. C. (1999). Staying alive: Evolution, culture, and womans intrasexual aggression. *Behavioral and Brain Sciences, 22*, 203-252.

Chambliss, W. (1967). The negative self: An empirical assessment of a theoretical assumption. *Sociological Inquiry, 34*, 108-112.

Cook, P. J. (1985). The case of the missing victims: Gunshot woundings in the national crime survey. *Journal of Quantitative Criminology, 1*, 91-102.

Cook, P. J. (1987). Robbery violence. *Journal of Criminal Law and Studies, 15*, 405-416.

Cornell, D. G. (1989). Doing of juvenile homicide: A review of the literature. In E. P. Benedek & D. G. Cornell (Eds.), *Juvenile homicide* (pp. 3-36). Washington, DC: American Psychiatric Press.

Curtis, L. A. (1974). *Criminal violence*. Lexington, MA: Lexington Books.

Daly, M., & Wilson, M. (1996). Evolutionary psychology and marital conflict: The relevance of stepchildren. In D. M. Buss, & N. Malamuth (Eds.), *Sex, power, conflict: Evolutionary and feminist perspective* (pp. 9-28). New Work: Oxford University Press.

Decker, S. H. (1993). Exploring victim-offender relationships in homicide: The role of individual and event characteristics. *Justice Quarterly, 10*(4), 585-612.

Decker, S. H. (1996). Deviant homicide: A new look at the role of motives and victim-offender relationships. *Journal of Research in Crime and Delinquency, 33*(4), 427-449.

Fagan, J. (1990). Intoxication and aggression. In M. Tonry & J. Q. Wilson (Eds.), *Crime and justice: A review of research* (pp. 241-320). Chicago: University of Chicago Press.

Federal Bureau of Investigation. Uniform Crime Reporting. (2000). Supplementary Homicide Reports [special analysis].

Felson, R. B. (1993). Predatory and disputerelated violence: A social interactionist approach. *Clarke & Felson*, 103-125.

Felson, R. B., & Messner, S. F. (1998). Disentangling the effects of gender and intimacy on victim precipitation in homicide. *Criminology*, 36(2), 405-423.

Fendrich, M., Mackesy-Amiti, M. E., Goldstein, P., Spunt, B., & Brownstein, H. (1995). Substance involvement among juvenile murderers: Comparisons with older offenders based on interviews with prison inmates. *International Journal of the Addictions, 30*(11), 1363-1382.

Fox, J. A. & Zawitz, M. W. (2007). *Homicide trends in the United States*. U.S. Department of Justice, Bureau of Justice Statistics. Retrieved from BJS website: https://bjs.ojp.gov/library/publications/homicide-trends-united-states

Garriott, J. C. (1993). Drug use among homicide victims: Changing patterns. *The American Journal of Forensic Medicine and Pathology, 14*(3), 234-237.

Gardner, T. J. (1985). *Crime law: Principles and case*. St. Paul, MN: West Publishing.

Greenfeld, L. A., & Snell, T. L. (1999). *Women offenders* (p. 1). Washington, DC: US Department of Justice, Office of Justice Programs, Bureau of Justice Statistics.

Goldstein, P., Brownstein, H. H., & Ryan, P. J. (1992). Drug-related homicide in New York: 1984 and 1988. *Crime & Delinquency, 38*(4), 459-476.

Goldstein, P., Brownstein, H. H., Ryan, P. J., & Bellucci, P. A. (1989). Crack and homicide in New York City, 1988: A conceptually based event analysis. *Contemporary Drug Problems, 16*(4), 651-687.

Goodman, R. A., Mercy, J. A., & Rosenberg, M. L. (1986). Drug use and interpersonal violence: Barbiturates detected in homicide victims. *American Journal of Epidemiology, 124*(5), 851-855.

Hanzlick, R., & Gowitt, G. T. (1991). Cocaine metabolite detection in homicide victims. *JAMA: The Journal of the American Medical Association, 265*(6), 760-761.

Hsieh, C. C., & Pugh, M. D. (1993). Poverty, income inequality, and violent crime: A meta-analysis of recent aggregate data studies. *Criminal Justice Review, 18*(2), 182-202.

Hirschi, T., & Gottfredson, M. (1983). Age and the explanation of crime. *American Journal of Sociology*, 552-584.

Kazdin, A. E. (1994). Interventions for aggressive and antisocial children. In L. D. Eron, J. Gentry, & P. Schlegel (Eds.), *Reason to hope: A psychological perspective on violence and youth* (pp. 341-382). Washington, DC: American Psychological Association.

Kellermann, A. L., Rivara, F. P., Rushforth, N. B., Banton, J. G., Reay, D. T., Francisco, J. T., Locci, A. B., Prodzinski, J. P., Fligner, C., & Hackman, B. B. (1992). Suicide in the home in relation to gun ownership. *New England Journal of Medicine, 327*, 467-472.

Kellermann, A. L., Rivara, F. P., Rushforth, N. B., Banton, J. G., Reay, D. T., Francisco, J. T., Locci, A. B., Prodzinski, J. P., Hackman, B. B., & Somes, G. (1993). Gun ownership as a risk factor for homicide in the home. *New England Journal of Medicine, 329*, 1084-1091.

Klein, M. W., Maxson, C. L., & Cunningham, L. C. (1991). Crack, street gangs, and violence. *Criminology, 29*(4), 623-650.

Land, K. C., McCall, P. L., & Cohen, L. E. (1990). Structural covariates of homicide rates: Are there any invariances across time and space?. *American Journal of Sociology, 95*, 922-963.

LaFree, G., & Drass, K. A. (1996). The effect of changes in intraracial income inequality and educational attainment on changes in arrest rates for African Americans and whites, 1950 to 1990. *American Sociological Review, 61*, 614-634.

Lipsey, M. W., & Wilson, D. B. (1993). The efficacy of psychological, educational, and behavioral treatment: Confirmation from metaanalysis. *American psychologist, 48*(12), 1181-1209.

Luckenbill, D. (1977). Criminal homicide as a situational transaction. *Social Problems, 25*, 176-186.

Lundsgaarde, H. P. (1977). *Murder in space city*. New York: Oxford University Press.

Maxfield, M. (1989). Circumstances in supplementary homicide reports: Variety and validity. *Criminology, 27*(4), 671-695.

Mercy, J. A., Rosenberg, M. L., Powell, K. E., Broome, C. V., & Roper, W. L. (1993). Public health policy for preventing violence. *Health Affairs, 12*(4), 729.

Miethe, T. D., & Drass, K. A. (1999). Exploring the social context of instrumental and expressive homicides: An application of qualitative comparative analysis. *Journal of Quantitative Criminology, 15*(1), 121.

Office of National Drug Control Policy (ONDCP). (2000). *The national drug control strategy*. The White House, Washington, DC.

Olds, D. L., Henderson, C. R., Chamberlin, R., & Tatelbaum, R. (1986). Preventing child abuse and neglect: A randomized trial of nurse home visitation. *Pediatrics, 78*, 65-78.

Parker, R. N. (1993). The effects of context on alcohol and violence. *Alcohol Health and Research World, 17*, 117-122.

Parker, R. N. (1995). Bringing booze back in: The relationship between alcohol and homicide. *Journal of Research in Crime and Delinquency, 32*(1), 3-38.

Parker, R. N., & Smith, M. D. (1979). Deterrence, poverty, and type of homicide. *American Journal of Sociology, 85*, 614-624.

Peterson, R. N., & Krivo, L. J. (1993). Racial segregation and black urban homicide. *Social Forces, 71*, 1001-1026.

Polk, K. (1994). *When men kill: Scenarios of masculinity violence*. New York: Cambridge University Press.

Polk, K. (1997). A reexamination of the concept of victim-precipitated homicide. *Homicide Studies, 1*(2), 141-168.

Ray, M. C., & Simons, R. L. (1987). Convicted murderers accounts of their crimes: A study of homicide in small communities. *Symbolic Interaction, 10*(1), 57-70.

Riedel, M., Zahn, M., & Mock, L. F. (1985). *The nature and patterns of American homicide*. Washington, DC: USGPO.

Siegel, D. A. (1998). Resource competition in a discrete environment: Why are plankton distributions paradoxical?. *Limnology and Oceanography, 43*, 1133-1146.

Smith. M. D., & Zahn, M. A. (1999). *Homicide*. CA: Sage.

Snell, T. L. (1996). *Capital punishment 1995*. US Department of Justice, Office of Justice Programs, Bureau of Justice Statistics.

Spunt, B., Brownstein, H., Goldstein, P., Fendrich, M., & Liberty, H. J. (1995). Drug use by homicide offenders. *Journal of Psychoactive Drugs, 27*(2), 125-134.

Spunt, B., Goldstein, P., Brownstein, H., Fendrich, M., & Langley, S. (1994). Alcohol and homicide: Interviews with prison inmates. *Journal of Drug Issues, 24*(1), 143-163.

Svalastoga, K. (1956). Homicide and social contact in Denmark. *American Journal of Sociology, 62*, 37-41.

Tardiff, K., Marzuk, P. M., Leon, A. C., Hirsch, C. S., Staji, M., Portera, L., & Hartwell, N. (1995). Cocaine, opiates, and ethanol in homicides in New York city: 1990 and 1991. *Journal of Forensic Sciences, 40*(3), 387-390.

The Federal Bureau of Investigation. (n. d.). *Uniform Crime Reports*, Retrieved from https://ucr.fbi.gov/crime-in-the-u.s

Thio. (1983). *Deviant behavior* (2nd ed., pp. 101108). Boston, MA: Houghton Mifflin Co.

Thomas, C. W., & Williams, J. S. (1977). Actors, actions, and deterrence: A reformulation of Chamblisss typology of deterrence. In M. Riedel, & P. A. Vales (Eds.), *Treating the offender: Problems and Issues*. New York: Praeger.

Tittle, C. R., & Villemez, W. J. (1977). Social class and criminality. *Social Forces, 56*, 474-503.

Tolan, P., & Guerra, N. (1994). *What works in reducing adolescent violence: An empirical review of the field*. Unpublished manuscript, University of Colorado, Institute for Behavioral Sciences, Center for the Study and Prevention of Violence, Boulder.

United Nations Office on Drugs and Crime (UNODC). *Victims of intentional homicide, 1990-2018*. https://dataunodc.un.org/content/data/homicide/homicide-rate

Welte, J. W., & Abel, E. L. (1989). Homicide: Drinking by the victim. *Journal of Studies on Alcohol, 50*, 197-201.

Wolfgang, M. E. (1958). *Patterns of homicide*. Philadelphia, PA: University of Pennsylvania Press.

Woodworth, M., & Porter, S. (2002). In cold blood: Characteristics of criminal homicides as a function of psychopathy. *Journal of Abnormal Psychology, 111*, 436-445.

# 연쇄살인과 프로파일링[1]

 문헌에서 발견할 수 있는 가장 오래된 연쇄살인사건은 15세기 프랑스의 귀족이었던 Gilles de Rais의 연쇄살인으로, 이 사건에 의하여 수백 명의 아이가 고문, 강간 및 살해당했으며, 피해자에게 사후강간을 하고 피해자의 손을 범행 이후의 성적 행위를 위해서 잘라 두었다고 알려져 있다. 동시대에 연쇄살인범 Countees Elizabeth Bathbory는 어린 소녀들을 고문하고 살해하였으며, 자신의 피부 미용을 위해서 피해자들의 피로 목욕을 하기도 하였다고 한다(Myers, Burgess, Burgess, & Douglas, 1999). 이러한 연쇄살인범들은 당시 사회를 놀라게 하고 많은 관심을 받았지만, 학문적인 연구의 대상이 되지 못하고 단순히 정신이상으로 치부되는 경우가 많았다. 1900년대에 이르러 연쇄살인이 법정 및 임상 분야의 관심을 받게 되었지만(Meloy, 2000), 여전히 학계의 주된 관심 분야는 되지 못하였고 연쇄살인에 대한 연구 또한 그리 많지 않았다.

 하지만 많은 사회과학자가 연쇄살인범죄로 관심을 돌렸고(Mott, 1999; Egger, 1997; Hickey,

---

1) 이 장의 내용과 관련된 미디어자료:
　KBS 〈차인표의 블랙박스〉. 악마의 두 얼굴−연쇄살인범은 타고나(2002년 7월 28일 방영).
　　〈추적 60분〉. 부천 어린이 살해사건−누가 아이들을 죽였나(2004년 2월 18일 방영).
　　　　화성연쇄살인사건 D−11 마지막 공개수배(2006년 3월 22일 방영).
　　〈KBS 스페셜〉. 악의 가면 사이코패스(2005년 4월 10일 방영).
　MBC 〈PD수첩〉. 유영철 보고서 거짓의 진실(2005년 1월 18일 방영).
　SBS 〈그것이 알고싶다〉. 인간의 비극−살인……사형(2006년 5월 13일 방영).

1997; Holmes & Holmes, 1998; Jenkins, 1994; Ressler, Burgess, & Douglas, 1988), 이것은 범죄 발생의 양적·질적인 변화와도 무관하지 않다. 예를 들어, 미국에서는 연간 대략 35명의 연쇄살인범에 의해서 약 5,000명의 피해자가 살해되고 있으며, 일부 연구자는 미국에서 발생하는 모든 살인사건의 1/3 정도가 연쇄살인에 해당한다고 주장하기도 하였다(Holmes & Holmes, 1996). 이와 같이 연쇄살인에 의한 피해자의 수를 정확하게 추정하는 것은 매우 어려운 일이지만, 미국에서 연쇄살인 발생률이 과거에 비해서 증가하고 있다는 점은 분명한 것 같다. 미국에서는 연쇄살인범죄의 발생률이 증가되기 시작하였던 지난 1970년대부터 연쇄살인범죄에 관심을 갖고 이에 대한 연구와 수사기법(범죄자 프로파일링)을 개발하기 위해 노력해 왔으며, 미국뿐만 아니라 영국, 캐나다, 유럽, 일본 등의 국가에서도 연쇄살인에 대한 연구 및 연쇄살인범죄에 대한 범죄자 프로파일링기법 개발에 많은 관심을 두고 있다.

우리나라는 비교적 연쇄살인이 매우 드물게 발생하고 있지만, 낮은 발생률에도 불구하고 사회에 미치는 파장이 크고, 대중매체와 일반인의 관심이 매우 높기 때문에 꾸준히 논쟁의 대상이 되어 왔다. 1986년부터 1991년에 이르기까지 약 10건의 강간살인사건이 발생했던 화성연쇄살인사건을 비롯하여 1999년에서 2000년 사이에 9차례나 강도살인을 저지른 정두영 사건, 1975년에 18명을 살인한 김대두 사건 등 연쇄살인에 해당될 수 있는 사건들이 발생하였던 바가 있으나, 이에 대한 집중적인 논의는 매우 부족하였던 것이 사실이다. 그러나 '유영철 사건'이 발생한 이후로 연쇄살인범죄에 대한 관심이 매우 증대되었고, 과거에 일어났던 몇몇 살인사건에 대해서도 연쇄살인의 관점에서 새롭게 조명해 보고자 하는 노력이 이루어지고 있다. 하지만 외국에 비하여 아직은 연쇄살인범죄에 대한 연구가 초기단계에 머물고 있으며, 범죄유형화 측면에서 연쇄살인을 어떻게 정의 내려야 할지에 대한 논의에서도 일치된 결론을 내리지 못하고 있는 실정이다. 따라서 이 장에서는 연쇄살인범죄에 대한 외국의 연구결과를 중심으로 연쇄살인범죄의 개념과 특성을 이해하고 연쇄살인범죄의 유형을 고찰하여 우리나라의 연쇄살인범죄 연구 및 범죄자 프로파일링기법 개발을 위한 기초자료로 삼고자 한다.

# 1. 연쇄살인범죄의 개관

## 1) 연쇄살인범죄의 개념

연쇄살인이라는 용어는 1974년에서 1979년까지 약 30여 명의 여성을 살해한 Ted Bundy가 저지른 잔혹한 범죄를 지칭하기 위해 처음 사용되었다(Simons, 2001). 이후 1970년대 미국에서는 연쇄살인(serial murder) 및 다중살인(mass murder) 발생률이 증가하여 사회문제로 대두되었으며, 이러한 사건을 최대한 빨리 해결하기를 바라는 여론의 압력으로 법집행기관들은 사건을 해결하기 위해서 가능한 한 모든 수사기법을 동원하였다. 연쇄살인범죄는 각각의 범죄가 매우 다양한 방식으로 발생하고 범죄의 원인(동기) 또한 매우 다양하기 때문에 범죄들 간의 동질성을 파악하기가 상당히 어려운 범죄유형이다(Mott, 1999). 또한 수사과학(investigative science) 및 행동과학(behavioral science)이 발달하면서 연쇄살인의 개념을 정의하고 유형을 분석하여 이를 수사에 적용하려는 시도가 이루어졌다. 이때 가장 먼저 이러한 연구를 수행한 것이 FBI의 행동과학부(Behavioral Science Unit: BSU)였다.[2]

1978년 초에 이르러 행동과학부에서는 교도소에 수감된 연쇄살인범(serial killer)들을 인터뷰하였으며, 이러한 자료를 토대로 Hazelwood와 Douglas(1980)는 연쇄 성적 살인(serial sexual homicide)을 체계적 범주(organized nonsocial category)와 비체계적 범주(disorganized asocial category)로 구분하였다.[3] Hazelwood와 Douglas(1980)의 이분법적 유형론은 FBI 범죄자 프로파일링의 근거가 되고 있으나 이에 대한 다양한 비판이 제기되었다. 이분법적 유형론에 대한

---

[2] 1972년 버지니아주 콴티코에 위치한 FBI 아카데미 내에 행동과학부(Behavioral Science Unit: BSU)가 설치되었으며, 행동과학부에는 범죄자 프로파일링(criminal profiling) 전담부서가 설치되어 범죄자 프로파일링 대상 범죄에 대한 연구, 전문 프로파일러 양성 및 교육을 전담하다가 1990년대에 이르러 국립폭력범죄분석센터(National Center for the Analysis of Violent Crime: NCAVC)가 신설되었다. 현재 범죄수사분석센터(CIAP), 방화·폭파사건수사서비스(ABIS), 폭력범죄자체크프로그램(ViCAP)의 세부 부서로 구성된 프로파일링·행동평가부(PBAU)로 개편되었다(권창국, 2002; Woodworth & Stephen, 1999).

[3] 체계적 범죄자(organized offender)와 비체계적 범죄자(disorganized offender)는 미국 FBI 행동과학부에서 연쇄살인범 죄자의 유형을 분류하는 대표적인 방식으로, 우리나라에서는 용어의 사용에 있어 학자 간 견해가 아직 일치되지 않고 있다. 학자에 따라서 organized offender를 '체계적 범죄자'(Ressler & Shachtman, 1992), '정연한 범죄자'(박광배, 2001), '조직적 범죄자'(곽대경, 2001; 임준태, 2003), '질서형 범죄자'(노용우, 2000)라고 지칭하거나, disorganized offender는 '비체계적 범죄자'(Ressler & Shachtman, 1992), '혼란된 범죄자'(박광배, 2001), '비조직적 범죄자'(곽대경, 2001; 임준태, 2003), '무질서형 범죄자'(노용우, 2000)라고 지칭하기도 하는데, 이 장에서는 체계적 범죄자(organized offender)와 비체계적 범죄자(disorganized offender)로 지칭하기로 한다.

비판에 대해서는 연쇄살인의 유형을 검토하면서 자세히 살펴보고자 한다.

한편, Douglas, Burgess, Burgess와 Ressler(1992)는 1980년대 후반에 미국정신의학회의『정신장애 진단 및 통계편람(Diagnostic and statistical manual of mental disorder: DSM)』을 모델로 하여 살인, 방화, 강간 및 성폭행을 세부유형으로 분류한『범죄분류 매뉴얼(Crime classification manual)』을 발간하였다(Myers et al., 1999).『범죄분류 매뉴얼』은 범죄유형에 따른 용어를 정의하고 수사를 지원하기 위해 수행되는 연구에 필요한 자료를 축적하기 위한 목적으로, FBI의 국립폭력범죄분석센터에서 발행하였다. 매뉴얼에서 사용하고 있는 범죄유형별 용어의 정의는 FBI에서 범죄현황을 파악하기 위하여 매년 발간하는 공식적인 범죄 통계인 UCR에서 사용하고 있는 용어의 정의에 따라 살인, 방화 및 성폭행을 하위범주로 구분하였다. 그 내용을 보자면 피해자, 범죄현장 및 피해자와 범죄자의 상호작용 특성 등에 관한 정보에 근거하여 피해자, 범죄유형, 범행스타일에 의한 범주와 동기에 의한 범주로 분류하였다.

『범죄분류 매뉴얼』은 FBI에서 축적한 광범위한 자료와 범죄학 이론에 근거하여 비교적 객관적이고 상세한 범죄유형화를 시도하였다. 연쇄살인범죄는 살인범죄의 하위유형에 포함되는 범죄이므로 이 장에서는『범죄분류 매뉴얼』에서 제시하고 있는 살인범죄의 범주 중 특히 연쇄살인범죄에 대한 개념을 중심으로 내용을 살펴보고자 한다.

## 2) 피해자 수와 공간적 특성에 의한 구분

먼저 피해자의 수에 따라 살인범죄를 분류하면 단일살인(single homicide), 이중살인(double homicide), 삼중살인(triple homicide), 다중살인(mass homicide)으로 구분할 수 있다. 단일살인은 한 사건, 한 장소에서 1명의 피해자가 살해된 경우이며, 이중살인은 한 사건, 한 장소에서 2명의 피해자가 살해된 경우, 삼중살인은 한 사건, 한 장소에서 3명의 피해자가 살해된 경우, 그리고 다중살인은 한 사건, 한 장소에서 4명 이상의 피해자가 살해된 경우를 의미한다. 다중살인은 다시 두 범주로 분류되는데, 고전적 다중살인과 가족 다중살인이 그것이다. 고전적 다중살인(classic mass murder)은 수초, 수분 혹은 며칠에 걸쳐 일정한 기간 동안에 한 장소에서 한 사람에 의해 일어나는 다수에 대한 살인사건을 의미하며, 가족 다중살인(family mass murder)은 4명 이상의 가족이 한꺼번에 살해되는 경우를 의미한다. 이때 가해자가 자살하는 경우가 있는데, 이것은 다중살인/자살(mass murder/suicide)로 분류되며, 가해자가 자살하지 않은 경우에만 가족 다중살인으로 분류된다.

한편, 연속살인과 연쇄살인은 범죄가 발생한 공간적 특성과 피해자의 수에 의해서 분류되는

데, 연속살인(spree murder)은 두 곳 이상의 장소에서 1건의 사건이 발생하는 경우이며, 이때 범죄자는 심리적 냉각기(cooling off period)를 거치지 않는다. 예를 들어, 1949년 9월 6일, 뉴저지에서 연속살인범인 Howard Unruh는 동네를 걸어 다니면서 이웃들에게 총을 발사하여 13명이 사망하고 3명이 중상을 입었다. 이 경우에 범죄가 발생한 시간은 20여 분에 불과하였지만, 다른 장소로 이동하면서 발생한 사건이기 때문에 이 사건은 다중살인이 아닌 연속살인으로 분류된다. 연쇄살인(serial murder)은 세 곳 이상의 개별적인 장소에서 3건 이상의 개별적 사건이 발생하는 경우로서 이때 범죄자는 살인사건을 행하는 동안에 심리적 냉각기를 갖게 된다. 연쇄살인범은 범죄와 관련된 환상을 갖고, 상세하게 범행 내용을 계획하고, 마지막으로 저지른 살인으로부터 심리적 냉각 상태가 되었을 때 범행을 다시 저지른다. 이러한 냉각 기간은 최소한 수일, 수주 혹은 몇 달이 될 수도 있는데(Lester, 1995), 학자에 따라서는 최소한 30일 정도의 심리적 냉각기가 나타난다는 주장도 제기된 바 있다(Douglas et al., 1992; Lester, 1995).

이와 같은 개념에 근거하여 볼 때, 연쇄살인과 연속살인을 구분하는 일차적인 기준은 개별적인 사건에서 개별적인 피해자가 일련의 시간적 간격에 따라 반복적으로 발생하는가의 여부, 즉 연속적으로 발생하는 사건들의 개별성과 심리적 냉각기의 존재 여부일 것이다. 따라서 이러한 두 가지 측면에 근거하여 연쇄살인범죄의 개념화가 이루어져야 한다.

## 3) 동기에 의한 구분

동기에 의한 살인범죄의 분류(Douglas et al., 1992)는 범행 동기별로 살인의 유형을 구분하고 있지는 않으며, 단지 일반적인 살인범죄의 동기를 구분하고 있다. 살인범죄의 동기 중에서 특히 연쇄살인범의 동기를 살펴보고자 한다. 살인범죄의 동기는 4개의 큰 범주와 24개의 하위범주로 구분되는데, 범죄적 이익을 위한 동기, 개인적 원인에 의한 동기, 성적 동기, 집단적 원인에 의한 동기가 큰 범주에 해당되며, 각 동기 유형은 다시 세부 유형으로 구분된다.

범죄적 이익을 위한 동기 유형에는 금전적인 이익을 위해서나 혹은 갱 간의 갈등이나 경쟁과 같은 한 집단의 이익을 위하여 살인을 저지르는 경우가 포함된다. 몸값을 받아 내기 위한 유괴살인이나 보험금을 노린 살인사건 등이 이에 해당한다. 개인적 원인에 의한 살인은 한 개인이 가지고 있는 여러 동기에 의하여 살인이 발생되는 경우로, 원한, 치정, 극단적 가치관 등에 의한 살인이 해당된다. 성적 동기는 개인적 동기에 해당될 수 있는 범위이지만 살인에 중요한 동기로 작용하기 때문에 독립된 하나의 범주로 구분되고 있다. 연쇄살인의 동기는 대부분 이 유형에 포함되나(Meloy, 2000; Beasley, 2004; Ressler et al., 1988; Warren, Hazelwood, & Dietz, 1996),

때때로 범죄자에 따라 개인적 이익을 목적으로 연쇄살인을 저지르기도 한다. 7명의 연쇄살인범에 대한 심층적 사례연구에 의하면(Beasley, 2004) 7명 중에서 4명은 성적 동기로 인해 범행을 저질렀고, 나머지 3명은 개인적 이익을 위해 살인을 한 후에 피해자의 소유물 중에서 보석이나 차량, 돈을 훔쳐간 것으로 나타났다. 집단적 이익에 의한 살인에는 사이비종교 등에서 종교적 의식의 하나로 살인을 자행하는 경우나 집단의 이익을 위해 인질극을 벌이는 테러 등이 포함되며, 이 유형은 개인적 이익을 위한 살인과 유사하지만 집단적 차원에서 발생한다는 점에서 구별된다.

## 2. 연쇄살인범의 특성

### 1) 연쇄살인범의 아동기

연쇄살인범은 하루아침에 살인범이 되는 것이 아니라 어린 시절부터 독특한 특성을 갖는다고 한다(Gerdes, 2000; Simons, 2001). 이러한 견해에 의하면 연쇄살인범은 어린 시절의 고통스러운 경험을 갖고 있으며, 장기간의 사회적 박탈 및 심리적인 학대 상태에 놓이는 경우가 많다. 많은 경우에 가족 중 정신질환, 마약 및 알코올 중독, 그리고 범죄경력을 가진 사람이 있으며, 심각한 정서적 학대를 받고 성적인 기능장애를 가지고 성장하기도 한다(Gerdes, 2000; Beasley, 2004). 또한 이들은 어린 시절에 자신이 받았던 처벌을 불공정하고 학대적인 것으로 인식하며, 어머니와의 관계가 냉담했다(Simons, 2001). 적절한 역할모델이 되어 줄 아버지가 없거나 아버지가 있더라도 신체적으로나 성적으로 혹은 정서적으로 학대적인 아버지를 가지고 있는 경우가 많다고 알려져 있다(Egger, 1997; Simons, 2001).

연쇄살인범들은 어린 시절의 학대 경험으로 인하여 적절하게 방어기제를 발달시키거나 사용하기 어려우며, 이러한 이유로 학교나 사회, 직장에서 적응의 어려움을 겪고, 자신이 속해 있는 환경에서의 부적응으로 인하여 적절한 청소년기의 발달단계를 거치지 못하게 된다. 그리하여 또래들과 어울리는 대신에 자기만의 세계에 집중하게 되어 여러 가지 환상을 키워 나가게 되며, 정서적으로 성숙하지 못하고, 적절한 방식으로 자신의 환상을 다룰 수 있는 능력을 발달시키지 못하는 것으로 추정된다(Gerdes, 2000; Lester, 1995; Simons, 2001). 하지만 이런 연구는 대부분 연쇄살인범과의 대화나 그들에 대한 기록을 토대로 어린 시절의 경험을 회고한 결과를 기반으로 하고 있으므로 이와 같은 어린 시절의 경험이 있다고 하여 모두 연쇄살인범으로 자라나는 것은 아니라는 점을 염두에 둘 필요가 있다.

## 2) 공간적 이동성

공간적인 특성으로 연쇄살인범을 구분하기도 한다. 이를 기준으로 보자면 특정 장소에서 범행을 하는 살인범(place-specific killer)과 지리적으로 이동하는 살인범(traveling killer, interjurisdictional killer)으로 분류할 수 있다. 특정 장소에서 범행을 하는 살인범은 오직 한 곳에서만 살인을 하는 유형이며, 이동성 살인범은 많은 주(州) 및 지역에 걸쳐서 살인을 저지르는 유형이다. 특히 시체의 유기 장소와 피해자 납치 장소가 다를 경우에 시체를 유기하는 위치가 납치하는 위치보다 범죄자의 거주지를 더욱 잘 예측해 준다는 연구결과가 있다(Mott, 1999). 지리적으로 이동하는 범죄자들은 1년에 수천 마일을 여행하면서 살인을 저지르는데, 이들은 체포를 피하고 법집행관들에게 혼란을 주기 위해서 이동을 선호하는 경향이 있다(Holmes & Holmes, 1996).

**표 10-1** 지리적 특성에 의한 연쇄살인범 구분

| 지리적으로 안정적인 연쇄살인범 | 지리적으로 이동하는 연쇄살인범 |
|---|---|
| • 일정 기간 동안 동일 지역에서 거주한다.<br>• 거주지역과 동일한 지역 혹은 근교에서 살인을 저지른다.<br>• 거주지역 혹은 근교에 시체를 유기한다. | • 계속 여행을 한다.<br>• 법집행에 혼란을 야기하기 위해서 여행을 한다.<br>• 먼 지역에 시체를 유기한다. |

출처: Holmes & Holmes(1996).

## 3) 사회적 특성

미국 대부분의 연쇄살인범은 매력적이고 남성적이며 경찰이나 경찰 업무에 관심을 가지는 경향이 있는 것으로 나타났다. 또한 범죄가 반복됨에 따라서 점점 더 계획성이 감소하고, 살인을 행하는 시간 간격이 줄어드는 반면, 범행에 사용되는 폭력은 증가하였다(Holmes & Holmes, 1996).

한편, 연쇄살인범들은 학교에서 교과 수행을 잘할 수 있을 정도의 지능을 가지고 있으나 대부분 학업적으로 실패하고, 숙련된 직업을 수행할 능력을 가지고 있으나 실제로 비숙련 노동에 종사하며, 일부 범죄자는 안정적인 직업을 가지고 있는 경우도 있다고 한다. 즉, 이들은 전반적

으로 보통 정도의 능력을 가지고 있음에도 학교, 군대, 사회관계, 직업의 측면에서 모두 수행이
열악한 것으로 나타났다(Ressler et al., 1988).

## 4) 피해자의 선택

일반적인 다중살인범은 자신의 피해자가 누가 되든 관심을 두지 않는다. 다중살인범에게는
자신과 접촉하는 사람은 누구나 자신의 피해자가 될 수 있다. 그러나 연쇄살인범은 피해자의
유형을 자신이 선택한다. 연쇄살인범은 스스로 피해자를 선택하고, 범행 장소와 과정을 계획하
며, 그러한 조건이 충족되지 않았을 경우에는 살인을 하지 않기도 한다(Douglas et al., 1992).

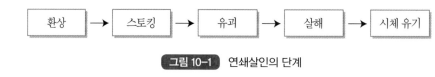

**그림 10-1**  연쇄살인의 단계

출처: Holmes & Holmes(1996).

연쇄살인범에게는 실제로 범행을 하기 이전 상상의 과정이 중요한 작용을 한다. 이들은 이상
적인 피해자의 상(image)을 지속적인 상상 과정에서 만들고, 실제로 살인을 저지를 때는 자기
상상 속의 이상에 가까운 사람을 피해자로 선택하려고 한다. 또한 피해자가 수중에 들어왔을
때 어떻게 무엇을 할 것인가에 대한 많은 생각을 갖고 있다. 이들은 피해자를 어떻게 학대하고,
어떤 폭력을 행사할 것인가를 상상을 통해서 세세한 사항까지 생각해 둔다. 때로는 자신의 마
음에 드는 피해자를 발견할 때까지 기다리기도 하며, 정신적 상상의 과정에서 피해자를 증오스
러운 존재로 전이시켜서 피해자를 비인격화하고, 자신이 만들어 낸 왜곡된 도덕관을 적용하여
피해자에 대한 폭력행위를 합리화시켜서 죄책감을 갖지 않게 된다(Holmes & Holmes, 1996).

## 5) 연쇄살인의 단계

### (1) 환상

연쇄살인범은 일반적으로 지속적인 상상을 통하여 폭력적인 충동을 키우고, 이를 계속 강화
시킨다. 이들은 상상을 통하여 자신의 피해자를 비인간화시키고, 자신이 만들어 낸 왜곡된 도
덕관을 적용하여 피해자에 대한 폭력을 합리화시키는 과정을 거친다. 상상이 계속 정교해지면

이것을 현실에서 시행해 보고자 하는 욕구도 더욱 커지고, 상상만으로 얻게 되는 만족감이 점점 감소해서 상상 속의 폭력을 현실에서 실행하기 위해 준비한다.

### (2) 피해자 물색(스토킹)

범행을 저지르기에 적합한 피해자를 학교, 이웃 혹은 직장에서 물색하고 적절한 대상이 선택되면 실제로 폭력을 행사하기로 결심한다.

### (3) 유괴

범행을 실행하면서 피해자를 비인격화하고 마치 해충처럼 여기게 된다. 범죄자는 자신의 범행을 합리화하기 위해 필요한 모든 이유를 만들어 낸다. 현실에서 범행의 실행은 단지 범죄자가 상상을 통해서 했던 모든 것을 재현하는 것에 불과하기 때문에 이에 대한 죄책감은 느끼지 못한다.

### (4) 살해

범죄자는 자신이 상상한 것 중에서 자신의 만족을 가장 크게 해 주는 방법을 선택하여 범행을 저지르며, 범죄자에게는 피해자의 깊은 고통과 절망을 보는 것이 매우 중요한 자극이 된다.

### (5) 시체의 유기

시체를 처리할 때 보이도록 전시하는지 혹은 수사관들이 발견하기 어렵도록 숨기는지의 여부도 범죄자의 심리를 파악할 수 있는 중요한 단서가 된다. 피해자의 시체를 전시하는 경우는 자신의 범죄경력을 광고하고자 하는 의도가 내포되어 있다.

## 6) 연쇄살인의 심리기제

왜곡된 사고단계(distorted thinking)는 결과를 깊이 생각하지 못하고 자신의 행동에 대한 보상만을 추구하는 단계이다. 연쇄살인범들의 일상생활에서의 심리 상태가 이 단계에 해당한다. 이것은 연쇄살인범은 일상생활에서도 어느 정도의 왜곡된 사고방식을 가지고 있다는 것을 의미한다. 일상생활 도중에 어떤 사건이 계기가 되거나 스트레스로 인하여 심리적 저하 상태(the fall)로 빠지는데, 이 단계는 외부의 자극이 어떠한 성격의 것인지에 관계없이 자극에 대한 반응이 폭력적으로 나타나는 단계이고, 절대 이전 단계로 되돌아가지 못한다.

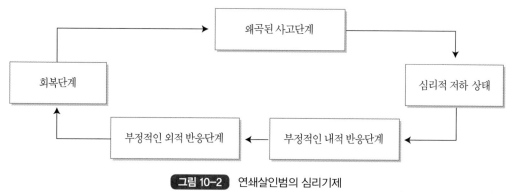

그림 10-2    연쇄살인범의 심리기제

출처: Holmes & Holmes(1996).

　　다음 단계인 부정적인 내적 반응단계(negative inward response)에서 연쇄살인범은 타인에 대한 우월성과 독단성을 가지며, 범죄자 자신이 너무나 중요해서 이같이 취급받아서는 안 된다는 생각에 사로잡힌다. 부정적인 외적 반응단계(negative outward response)에 이르면 혼자만의 생각으로 가지고 있었던 타인에 대한 우월성과 독단성이 행동으로 표출되고, 더 이상 행동의 결과에 대해서는 생각하지 않게 된다. 상상 속에서만 실행했던 범죄를 실제로 저지를 결심을 하게 되고, 범죄의 피해자를 물색하여 스토킹하고 유괴하기에 이른다.

　　마지막으로, 회복단계(restoration)에 이르면 자신의 행동결과에 대해서 생각할 수 있는 어느 정도의 심리적 여유를 되찾게 되고, 피해자를 신중하게 다루어 자신의 안전을 최대화하려는 생각을 갖게 된다. 이 단계에서는 자신이 겪을 수 있는 위험성을 최소화하고자 노력하면서 피해자를 살해하고 시체를 유기하는 과정에서 심리적 만족감을 얻는다(Holmes & Holmes, 1996).

　　시체의 유기까지 완료하면 범죄자의 심리기제의 한 주기가 끝난 것이며, 범죄자는 만족감에 빠져서 심리적인 안정 상태에 이르고, 다시 [그림 10-2]의 왜곡된 사고단계로 돌아간다. 하나의 범행이 완료되고 심리적 만족감에 빠져서 왜곡된 사고단계로 가게 되면 다시 심리적 저하 상태가 될 때까지 일정 기간의 시간이 경과하는데, 이때가 심리적 냉각기가 된다.

## 7) 임상적 진단

　　연구결과에 의하면 대부분의 연쇄살인범이 성적인 동기를 갖고 있다고 한다. 특히 성적인 동기를 갖는다는 충분한 증거가 있는 경우에 이들은 가학적 변태성욕(sadism)이나 반사회적 인격장애로 진단받을 확률이 높다(Holmes & Deburger, 1988; Geberth & Turco, 1997; Meloy, 2000). 또한 한 가지 이상의 성격장애로 진단되는 경우가 있는데, 다중인격장애, 해리성장애, 반사회적 인격장애, ADHD로 진단되기도 한다(Anderson, 1999).

대부분의 연쇄살인범은 정신병에 해당되지 않으며, 정신건강 전문의들은 오히려 이들을 정신병질 혹은 반사회적 인격장애로 진단한다(Simons, 2001). 반사회적 인격장애자는 수치심이 없고, 양심의 가책을 느끼지 않으며, 자신의 행동에 대한 죄의식이 없다. 또한 애정이나 연민을 느끼지 못하는데, 이것을 어린 시절에 가족으로부터 거부당한 경험에서 원인을 찾기도 한다(Simons, 2001; Egger, 1997). 성적 동기를 가진 연쇄살인범의 경우에 성도착중 증세를 보이는 경우가 많으며, 물품음란중이나 의상도착중(cross-dressing) 증세를 보이는 경우도 많다(Myers et al., 1999).

해외의 연구(Beasley, 2004; Anderson, 1999; Simons, 2001)에서는 연쇄살인범을 정신병질로 진단하는 경우를 종종 볼 수 있다. Beasley(2004)는 7명의 연쇄살인범에 대하여 심층인터뷰, 사건 자료의 검토, 정신병질 검사도구 PCL-R[4]의 자료 등을 종합적으로 검토하여 이들의 특성을 분석하였는데, 7명의 연쇄살인범 중에서 4명이 정신병질로 진단되었다. 정신병질은 외관상 상당히 정상적으로 보이고 지능도 보통 이상의 수준이지만, 극단적으로 이기적이며 타인을 자신의 목적 달성의 도구로 이용하고 무책임하면서 냉담하고 쉽게 거짓말을 하는 특성을 갖는다(이수정, 고선영, 양종희, 2004). 이후의 연구(이수정 외, 2004; Anderson, 1999; Beasley, 2004; Kosson, Suchy, Mayer, & Libby, 2002; Patrick, Cuthbert, & Lang, 1994; Simon, 2001)에서는 연쇄살인뿐만 아니라 성폭력범죄나 폭력범죄의 심리적 원인으로도 정신병질을 의심하는 결과를 제시하였다.

## 3. 연쇄살인범죄에 대한 범죄자 프로파일링의 적용

범죄자 프로파일링은 범죄를 저지른 범죄현장을 분석하고 유형 및 무형의 증거에 대한 설명을 통하여 범죄자의 성격 유형을 파악해 내며, 다른 범죄와의 유사성(연관성)을 밝혀 수사선을 설정하고 용의자를 파악하기 위한 수사기법의 하나이다(Douglas, Ressler, Burgess, & Hartman, 1986; Pinizzotto & Finkel, 1990; Rossmo, 2000). 범죄자 프로파일링[5]은 1960~1970년대에 미국

---

4) PCL-R은 Hare(1986)에 의해 개발된 정신병질자의 특성을 측정해 낼 수 있는 도구로, 기존에 개발된 22문항을 이후에 20문항으로 수정한 반구조화된 인터뷰 기법을 통한 검사도구이다.
5) 범죄자 프로파일링은 실무적으로나 학문적으로 매우 많은 관심을 받고 있는 수사기법 중 한 가지이며, 강간, 살인, 고문

에서 기존의 수사기법으로 해결하기 어려운 강력범죄(연쇄살인, 강간, 성폭행, 방화 등)가 증가함에 따라 이에 대한 수사의 효율성을 높이고자 FBI의 행동과학부를 중심으로 개발된 수사기법이다. 1972년에 설립된 행동과학부의 요원들은 범죄자에 대한 상세한 자료를 수집해 나갔으며, 이러한 자료는 프로파일링을 위해 매우 유용하게 사용되었다.

행동과학부에 축적된 자료와 1978년 초에 실시된 교도소에 수감된 연쇄살인범들에 대한 인터뷰 자료를 토대로 하여 FBI 요원이었던 Hazelwood와 Douglas(1980)가 살인 및 연쇄살인을 체계적이고 비사회적인 범주(organized nonsocial category)와 비체계적이고 반사회적 범주(disorganized asocial category)로 구분하였다. 이후에 Ressler 등(1988)이 '비사회적' 용어와 '반사회적' 용어를 삭제하여 비체계적 및 체계적 범주로만 구분하였으며, 이러한 유형 구분은 성행위가 주된 동기로 작용하는 살인, 강간, 성폭행, 시체 훼손, 시체성애 등의 범죄에서 특히 유용하다. 체계적 및 비체계적 유형론은 FBI 범죄자 프로파일링기법의 이론적 근거가 되기도 한다.

그러나 비구조적 인터뷰기법에 의한 자료 수집, 이론적 근거가 결여된 경험에 의존한 분석방식, 연구의 정확성 및 타당성 부족 등 FBI의 이분법적 유형론에 근거한 프로파일링에 대한 비판이 제기되면서 좀 더 객관적이고 타당한 이론에 근거한 프로파일링기법의 개발에 대한 필요성이 제기되어 왔고, 근래에는 통계적 접근방식에 의한 연쇄살인범죄의 유형 분석과 이러한 연구결과에 근거한 프로파일링 방식이 제기되고 있는 추세이다.

이 장에서는 가장 일반적인 연쇄살인범죄의 유형론으로 일컫는 FBI의 이분법적 유형론과 Holmes와 Holmes(1996)의 유형론을 살펴보고, 이에 대한 비판적 논의를 검토한 후에 근래의 통계적 접근방식을 통한 연쇄살인범죄의 유형 분석에 대해 고찰해 보고자 한다.

## 1) 미국 FBI의 이분법적 유형론

### (1) 이분법적 유형론의 전제

1972년 FBI에 행동과학부가 설립되면서 본격적으로 강력범죄에 대한 범죄자 프로파일링을 지원하게 되었다. 이분법적 유형론은 축적된 자료와 1978년에 실시된 연쇄살인범들에 대한 인터뷰자료 등을 근거로 하여 범죄자 프로파일링의 대상이 되는 범죄유형을 체계적 및 비체계적

---

및 수족절단 등의 범죄에서 정신병리적 증거가 나타나는 경우에 적용될 수 있는 수사기법이다. 일반적으로 앞의 범죄들에 대한 범죄자 프로파일링의 유용성이 강조되며, 자살이나 살인에서부터 뚜렷한 정신병리적 증상이 나타나지 않는 경우를 비롯하여 심지어 은행강도나 스토킹, 인질협상 등의 범죄에 관여한 범죄자도 프로파일링의 대상이 될 수 있다는 주장이 있다(Holmes & Holmes, 1996).

인 형태로 나눈 방식이다.

이분법적 유형론의 주요 전제는 행동 특성과 그에 상응하는 범죄자의 특징에 의한 범죄해석에 있다. 그리하여 체계적인 범주는 체계적인 범죄자 특성에 상응하는 조직적이고, 체계적이고, 사전 계획적인 범죄를 포함하며, 전형적으로 성도착 범죄가 이에 해당한다. 반대로 비체계적인 범주는 무질서하고, 우연적이며, 정신질환을 갖고 있는 범죄자의 특성을 보이는 것을 포함한다(Kocsis, Cooksey, & Irwin, 2002).

이분법적 유형론은 네 가지 전제에 근거한다(Holmes & Holmes, 1996). 첫째, 범죄현장은 범죄자의 성격을 반영한다. 살인범죄에서 피해자가 살해된 방식은 매우 중요하며, 다른 물리적 혹은 비물리적 증거 또한 범죄자의 성격을 평가하는 데 매우 중요하다. 예를 들어, 범죄현장의 혼란스러운 정도에 의하여 범죄자의 성격이 체계적인지 혹은 비체계적인지를 평가할 수 있다. 둘째, 한 범죄자가 저지른 범죄의 범행방식은 유사하다. 범죄현장은 숙련된 프로파일러가 범죄자의 인증(signature)이라고 판단할 수 있는 단서를 남기는데, 인증은 범죄자가 범행을 저지르는 자신만의 독특한 방식을 의미한다. 따라서 범죄자는 저지르는 매 사건마다 자신만의 동일한 혹은 최소한 유사한 양식을 보인다. 셋째, 인증은 일관성을 갖는다. 범죄자의 인증은 범죄자가 범죄를 행하는 단일한 방식을 의미한다. 인증에는 살해하는 방식, 강간범죄자가 피해자에게 범행 시에 하는 말, 범죄자가 범죄현장에 남기는 특정한 흔적(양식) 등이 포함된다. 넷째, 범죄자의 성격은 변하지 않는다. 개인의 핵심적인 성격 특성은 시간이 흘러도 쉽게 변하지 않는다. 즉, 특정한 성격 측면은 변화될 수 있지만, 성격의 핵심 요소는 안정적이며, 시간, 상황, 주변 여건 등에 의해서 매우 경미하게 변화된다. 따라서 범죄자의 성격 특성은 동일한 혹은 유사한 범행방식을 갖도록 하는 원인이 된다(Holmes & Holmes, 1996).

### (2) 이분법적 유형론의 내용

이분법적 유형론에서는 두 가지 개념이 범죄현장 분석 시에 중요한 의미를 갖는다. 범죄자가 범죄를 저지를 때 남기는 두 가지의 심리적 단서, 즉 범행수법(Modus Operandi: M.O.)과 인증이 그것이다(Holmes & Holmes, 1996).[6] 범행수법은 수사관이 사건의 관련성을 파악하고자 할 때 매우 중요한데, 범행수법의 유사성에 근거하여 범죄분석 및 다른 사건 간의 연관성 분석(linkage analysis)을 하게 된다. 범행수법은 학습된 행동으로, 범죄를 저지르는 동안에 범죄자가

---

6) M.O.는 Modus Operandi의 약자로서 사전적 의미로는 절차, 작업방식이라는 뜻을 지닌다. 범죄자 프로파일링에서의 M.O.는 범죄자의 범행방식을 의미하므로 이 장에서는 범행수법이라고 해석하고자 한다.

보이는 범죄자만의 독특한 행동양식이다. 범죄자는 시간이 지남에 따라서 범행수법을 개발하고, 범죄경력이 쌓이면서 자신의 범행수법을 수정하여 재형성한다. 한편, 상습 폭력범죄인은 범죄를 저지르는 동안에 또 다른 범죄 행동 요소를 갖게 되는데, 이것이 인증이다. 범행수법과는 다르게 인증은 일정하고 영속적으로 유지된다. 그러나 때때로 인증도 범죄자가 범죄를 계속 저지름에 따라 진화하기도 하며, 범죄현장에서 발생하는 우발적인 상황으로 인하여 나타나지 않기도 한다(Holmes & Holmes, 1996). 즉, 범행수법은 범죄가 저질러진 방식 혹은 범죄를 완성하기 위해서 필요한 행동을 의미하며, 대조적으로 인증은 범죄가 일어나는 동안에 일관되게 표출되는 행동을 의미하지만 범죄를 완성하기 위해서 범죄자가 필수적으로 필요로 하는 행동은 아니다(Mott, 1999).

체계적 범죄자와 비체계적 범죄자는 각각의 범주에 포함되는 행동 특성을 보이며, 체계적 범죄자는 체계적인 범죄현장의 특성을 보이고, 비체계적 범죄자는 비체계적인 범죄현장의 특성을 보인다는 것이 분석의 기본 틀이 된다. 비체계적 범죄자는 스스로가 이상해 보여서 사람들이 기피하는 반면, 체계적 범죄자는 자신과 어울릴 만한 사람이 없다고 스스로 느껴 사람들과 어울리는 것을 꺼려 한다. 이들은 범죄의 촉발 요인을 갖는데, 이 요인들이 현실적 요인일 수도 있고, 상상에 의한 요인일 수도 있다. 체계적 범죄자는 집에서 멀리 떨어져 있어도 안정감을 느낀다. 그래서 집에서 멀리 여행할 수도 있고, 피해자를 멀리 떨어져 있는 장소로 데려갈 수도 있다. 이러한 특성들이 체계적 범죄자의 체포를 어렵게 만드는 요인으로 작용한다(Holmes &

표 10-2 체계적 범죄자의 특성

| 성격 특성 | 범행 후 행동 | 인터뷰기법 |
|---|---|---|
| • 높은 지능<br>• 사회적으로 적절함<br>• 성적 능력을 가짐<br>• 파트너와 함께 생활<br>• 높은 출생 계층<br>• 어린 시절에 엄격한 훈육<br>• 감정 통제 가능<br>• 남성적 이미지<br>• 매력적 외모<br>• 이동성이 있음<br>• 대중매체에 관심이 많음 | • 범죄현장에 돌아옴<br>• 경찰을 따라다니는 경찰애호가<br>• 시체를 범죄현장에서 이동<br>• 시체를 광고하듯이 배치 | • 직접적 전략의 사용<br>• 상세한 세부내용 제시<br>• 범죄자가 자신이 한 일만을 시인할 것이라는 점을 자각하고 있어야 함 |

출처: Holmes & Holmes(1996).

표 10-3 **비체계적 범죄자의 특성**

| 성격 특성 | 범행 후 행동 | 인터뷰 기법 |
|---|---|---|
| • 평균 이하의 지능<br>• 사회적으로 부적절<br>• 비숙련 노동자<br>• 낮은 출생 계층<br>• 아버지의 직업이 불안정<br>• 어린 시절에 학대 및 비일관적 훈육 경험<br>• 범행 동안에 불안감을 느낌<br>• 혼자서 생활<br>• 범죄현장 가까이에서 거주하거나 일함<br>• 대중매체에 거의 관심이 없음<br>• 행동 변화가 큼<br>• 야간에 활동적임<br>• 위생 상태가 좋지 않음<br>• 비밀장소를 가지고 있음<br>• 데이트를 하지 않음<br>• 고등학교 중퇴의 학력 | • 범죄현장으로 되돌아옴<br>• 피해자의 장례식에 참석하는 경우도 있음<br>• 종교 귀의 가능성 높음<br>• 일기나 뉴스 기사를 오려서 보관함<br>• 거주지를 변경할 수 있음<br>• 성격상 변화가 나타날 수 있음 | • 동정심을 보여야 함<br>• 간접적으로 정보를 제공<br>• 상담적 접근법을 사용<br>• 밤에 인터뷰할 것 |

출처: Holmes & Holmes(1996).

Holmes, 1996).

비체계적인 유형에 속하는 범죄자는 모든 부분에서 비체계적인 사람이다. 비체계적 범죄자는 전형적으로 체력이 약하고, 내향적인 경향이 있다. 어린 시절에 친구가 거의 없었고, 주로 혼자 할 수 있는 취미를 가지고 있거나 상상 속의 친구를 갖는 경향이 있으며, 사회적 활동을 거의 하지 않는다. 이들은 집에서 멀리 떨어진 곳에서는 안정감을 느끼기 어렵기 때문에 범행현장이 그가 살고 있는 거주지나 직장에서 가까운 경향이 있다.

### (3) FBI의 이분법적 유형론에 대한 비판

FBI의 이분법적 유형론에 대해서는 체계적 및 비체계적인 유형 구분이 과학적인 것인가 혹은 미신에 불과한 것인가라는 논의가 끊임없이 제기되어 왔다. 이분법적 유형론의 문제점은 다음과 같다. 첫째, 이분법적 유형론의 기초자료는 FBI 요원들이 교도소에 수감된 연쇄살인범들을 인터뷰한 자료였다. 그러나 인터뷰를 주도한 요원들은 인터뷰에 대한 전문적인 훈련을 받지 못했고, 인터뷰 또한 구조화되지 못했다는 문제점이 있다. 인터뷰상의 문제에는 인터뷰 대상

선정에 대표성이 보장되지 않는다는 것도 포함된다. 즉, 교도소에 수감되어 있는 연쇄살인범 36명을 대상으로 인터뷰가 실시되었지만, 이들이 연쇄살인범을 대표한다고 볼 수 없으며, 이러한 대표성의 결여는 이분법적 유형론의 일반화에 심각한 문제를 초래한다.

두 번째 문제는 이분법적 유형론에 대한 타당화연구가 거의 이루어지지 않았다는 것이다. 이분법적 유형론에 대해 가장 많이 제기되는 문제점이 이론적 배경과 이에 대한 경험적 검증의 부족이다. 이러한 이론적 근거의 결여는 프로파일러들이 범죄자의 유형에 대한 정보를 제공함에 있어 그들이 인용하는 행동적이거나 심리적인 원리를 자세히 설명하지 못하고, 경험에 의존한다는 또 다른 문제점을 야기하게 만든다(Alison, West, & Goodwill, 2004; Canter, Alison, Alison, & Wentink, 2004).

세 번째 문제점은 이분법적 유형론에 근거한 프로파일링은 수사관의 경험에 의존한다는 것이다. FBI 수사관들은 유능한 프로파일러의 자격 요건으로 다음을 제시한다. 첫째, 프로파일러는 심리학에 대한 기본지식과 더불어 범죄자의 마음을 깊이 이해하고 있어야 하고, 둘째, 주관적 판단에 의해 왜곡되지 않게 객관적이고 논리적으로 범죄현장을 분석할 수 있는 논리성과 객관적인 분석능력이 있어야 하며, 셋째, 객관적이고 분석적인 능력이 프로파일러에게 매우 중요한 것은 사실이지만, 프로파일러는 범죄가 저질러진 방식에 대한 직관력도 있어야 한다. 즉, FBI의 범죄현장 분석을 통한 범죄자 프로파일링은 프로파일러의 직관과 경험을 통한 분석을 강조하는데, 이러한 직관과 경험이 범죄현장 분석 시 적용되는 과정이나 이러한 직관과 경험이 정확하게 어떤 역할을 하는가에 대한 분석은 어렵다(Woodworth & Stephen, 1999).

## 2) Holmes와 Holmes의 유형론

### (1) Holmes와 Holmes 유형론의 내용

Holems와 Holmes(1996)는 110명의 연쇄살인범에 대한 범행 동기, 범죄현장의 증거, 피해자 특징, 살해방법, 범죄자의 공간적 특성 등에 대한 자료를 분석하여 연쇄살인범의 유형을 네 가지(하위유형을 포함하여 다섯 가지)로 구분하였다.

대부분의 연쇄살인범은 정신병적이지 않고 지극히 현실적이지만, 다소 정신병질적 경향을 보이는 사람도 있다. 그러나 환상적 연쇄살인범은 정신병적 경향을 갖으며, 자신만이 듣는 환청이나 환시(악마의 지시)에 의해서 살인을 한다. 사명감에 의해서 연쇄살인을 하는 범죄자는 어떤 특정 집단을 근절시키고자 하는 욕구를 강하게 느끼며, 이들은 특정 지위의 사람이나 유대인, 흑인 등과 같은 집단에 대한 범죄욕구를 갖는다. 쾌락주의적이고 색욕적인 살인범은 폭

| 표 10-4 | Holmes와 Holmes(1996)의 연쇄살인 분류 |

| 분류 | 내용 | | |
|---|---|---|---|
| 환상에 의한 연쇄살인범 | • 정신병적 경향<br>• 환청이나 환시에 의한 살인<br>• 범죄현장을 조작하거나 계획하지 않음 | | |
| 사명감에 의한 연쇄살인범 | • 특정 집단에 대한 근절 욕구로 인해 살인 | | |
| 쾌락에 의한 연쇄살인범 | • 폭력과 성적 만족을 연결<br>• 성적 만족을 중시<br>• 살인의 과정에 초점을 두고 범죄에 어느 정도의 시간이 소요됨 | 색욕적 살인범 | • 성적인 만족이 가장 중요한 동기 |
| | | 스릴 추구형 살인범 | • 살인의 과정에서 만족감과 흥분을 느낌<br>• 과도한 고문을 수반 |
| 권력적 · 통제적 연쇄살인범 | • 피해자에 대한 완전한 통제감에서 성적 만족을 얻음<br>• 피해자에 대한 권한과 통제력이 일차적인 범죄동기 | | |

출처: Holmes & Holmes(1996).

력과 성적 만족을 연결시키며, 살인을 통해서 성적 만족을 얻는다. 이들에게 살인은 성적으로 자극적인 경험으로 작용한다. 살인을 통해서 쾌락을 추구하기 때문에 이들은 살인의 과정에 초점을 두고, 따라서 범죄가 이루어지기까지 어느 정도의 시간이 소요된다. 이러한 살인의 과정에는 식인, 사지절단, 사후강간(necrophilia), 고문, 피해자에 대한 지배 및 피해자에게 두려움을 야기하는 행위가 포함된다. 마지막으로, 권력적 · 통제적 유형의 살인범은 피해자에 대한 완전한 통제감에서 성적 만족을 얻는다. 그러나 성적 만족이 근본적인 동기는 아니며, 피해자에 대한 권한이나 통제력을 갖는다는 느낌이 일차적인 범죄동기가 된다. 일반적으로 이러한 범죄는 정신병적인 것이 아니며, 사이코패스나 성격장애자일 수 있다(Holmes & Holmes, 1996).

### (2) Holmes와 Holmes 유형론에 대한 비판

Holmes와 Holmes(1996)의 분류는 두 가지 가정에 근거하고 있다. 첫 번째 가정은 각각의 유형에 속하는 연쇄살인의 특징은 각 유형 내에서 일관되게 나타난다는 것이며, 두 번째 가정은 각 유형에 속하는 특징은 다른 유형에서는 나타나지 않는다는 것이다.

이러한 분류에 대하여 Canter와 Wentink(2004)는 네 가지 측면에서 문제점을 제시하였다. 첫째, 자료 수집 절차의 신뢰성과 타당성에 대한 문제점으로 자료 수집이 범죄자와의 인터뷰에 의존하고 있는데, 인터뷰 절차가 명확하지 않고 인터뷰방법의 세부내용이 공개되지 않았다는 것이다. 둘째, Holmes와 Holmes(1996)의 유형화에 대한 직접적인 경험적 검증이 이루어진 바 없다는 것이며, 셋째, 어떤 범죄나 범죄자가 어느 유형에 포함되는가의 기준이 불분명하고, 넷째, 분류 시 사용된 용어들에 대한 정확한 정의가 제공되지 않고 있다는 것이다. 예를 들어, 통제된 범죄현장이라든가 살해방법에서 행위에 초점을 둔 방식(act-focused method)과 절차에 초점을 둔 방식(process-focused method)과 같은 용어에 대한 정의가 내려져 있지 않다. 이러한 문제로 인하여 한 사건이 가지고 있는 정보 중 어떤 정보는 색욕적 살인범에 해당되고, 또 다른 정보는 권력적·통제적 살인범에 해당되어 한 가지 유형으로 명확히 분류하기 어려운 문제가 발생한다(Canter & Wentink, 2004).

## 3) Canter와 Wentink의 통계 유형 분석

범죄, 피해자 및 범죄자의 특징에 대한 통계적 분석은 미국보다 영국에서 더욱 많은 연구가 이루어지고 있다. 1986년 영국에서는 1960년대 이후로 발생한 성적 동기에 의한 아동 유괴 살인(sexually motivated child murders and abduction)에 대한 데이터베이스를 구축하기 시작했다. 이 프로그램은 CATCHEM(Centralized Analytical Team Collating Homicide Expertise and Management)으로서 경찰과 학자들이 참여하였다(Jackson & Bekerian, 1997).[7] 이러한 자료 구축은 1991년까지 계속 이루어졌고, 총 400여 건의 범죄의 세부내용, 피해자 정보, 범죄현장 정보 및 범죄자의 특징에 대한 정보가 수집되었다.

일반적으로 통계적 분석은 검거된 범죄자에 대한 정보와 해결된 사건을 통해 얻은 정보를 근거로 하여 다양한 범죄의 특징에 대한 구조를 산출해 내는데, 특정 사건에서 수집된 피해자 진술과 범죄현장의 특징에 대한 통계적 검증을 적용하여 이루어진다. 통계적 분석에서는 두 가지 방법, 즉 비모수 통계와 카이제곱 검증이 가장 일반적으로 사용되며, 더욱 많은 정보를 이용할 수 있는 경우에는 로지스틱 회귀분석(logistic regression)이나 다차원척도법(Multi-dimensional Scaling: MDS)이 적용되기도 한다(Daeid, 1997).

Canter와 Wentink(2004)는 다차원척도법을 이용하여 Holmes와 Holmes(1996)의 유형론에 대한 경험적 연구를 수행하였다. 즉, Holmes와 Holmes(1996)의 가정대로 연쇄살인범죄의 특

---

7) 1982년 7월 Susan Maxwell, 1983년 Caroline Hogg, 1986년 Sarah Harper라는 어린 소녀들이 연쇄적으로 유괴 살해되었고, 이 사건을 계기로 1986년에 미해결된 아동 살해 사건을 해결하기 위한 회의가 내무부 주관으로 개최되었다. 이 회의를 통하여 영국 데비셔(Derbyshire) 경찰국의 부국장인 Don Onvaston이 이끄는 CATCHEM 프로그램이 만들어졌다(Jackson & Bekerian, 1997; Turvey, 1999).

표 10–5　연쇄살인범죄의 유형에 따른 특징

| 환상에 의한 유형 | 사명감에 의한 유형 | 쾌락에 의한 유형 | 스릴 추구형 | 권력적 · 통제적 유형 |
|---|---|---|---|---|
| 약탈 | 곤봉 등으로 때려서 위협 및 살해 | 복합적인 범죄현장을 남김 | 복합적인 범죄현장을 남김 | 복합적인 범죄현장을 남김 |
| 소지품이 흩트러짐 | | 여러 가지 성행위를 함 | 구금 | 구금 |
| 옷이 찢김 | 무기를 없앰 | 고문 | 고문 | 고문 |
| 무기를 남겨 둠 | 목 절단 | 과도한 살인행위 | 재갈을 물림 | 재갈을 물림 |
| 우연히 발견한 무기 사용 | 권총 등의 화기 사용 | 성행위 동안에 피해자 생존 | 성행위 동안에 피해자 생존 | 성행위 동안에 피해자 생존 |
| 옷을 질질 끌고 감 | | 강간 | 강간 | 강간 |
| 곤봉 등으로 때려서 위협 및 살해 | | 물건 삽입 | 물건 삽입 | 할퀸 자국 |
| | | 생식기 훼손 | 치흔 | 물어뜯음 |
| | | 흉관 훼손 | 손에 의한 교살 | 끈에 의한 교살 |
| | | 복부 훼손 | 끈에 의한 교살 | 살인무기를 없앰 |
| | | 안면 손상 | 살인도구를 없앰 | 사후에 시체 은폐 |
| | | 물어뜯음 | 사후에 시체 은폐 | 시체 일부를 없앰 |
| | | 손에 의한 교살 | 시체를 숨김 | 증거 조작 |
| | | 살인도구를 없앰 | 고립된 지역에 시체 유기 | 참수 |
| | | 사후에 시체 은폐 | 피해자에게 화상을 입힘 | 시체를 숨김 |
| | | 시체 전시 | | 고립된 지역에 시체 유기 |
| | | 신체 일부를 없앰 | | 피해자에게 화상을 입힘 |
| | | 시체를 숨김 | | |
| | | 고립된 지역에 시체 유기 | | |
| | | 피해자에게 화상을 입힘 | | |
| | | 생식기에 폭행을 가함 | | |

출처: Canter & Wentink(2004).

징들이 각각의 유형으로 분류될 수 있는가를 검증한 것이다. 이들은 미국에서 발생한 100명의 연쇄살인범이 저지른 범죄 중 3번째 살인사건을 선택[8]하여 다차원척도법을 통해 100건의 연쇄살인범죄의 특징들이 각 유형에 따라서 공간적으로 구분되어 나타나는가를 분석하였다. 다차원척도법은 대상 저차원 공간에서 점들 간의 거리로 그 점에 해당하는 특징이나 사물의 유사

---

8) 연쇄살인사건 중 3번째 범행을 선택한 것은 3건 이상의 개별적 사건이 발생된 경우가 연쇄살인에 해당된다는 정의와 첫 번째와 두 번째 범행의 경우에는 범행에 대한 학습이 진행되고 있는 과정으로 간주할 수 있기 때문이다(Canter & Wentink, 2004).

성(혹은 비유사성)을 나타내는 방법이다. 변수들 간의 쌍별 유사성(혹은 비유사성)에 대한 측정 치를, 예를 들어 이 연구에서는 각각의 범죄특징 간의 상관을 보고자 하며, 다차원척도법은 점으로 나타낸 각각의 범죄특징이 가깝게 위치할수록 그 특징들이 더 정적으로 상관된다는 것을 보여 주는 평면으로 제시된다. 즉, 각각의 범죄특징은 공간상에 1개의 점으로 표시되는데, 2개의 점이 떨어져 있을수록 그 점에 해당하는 특징이 한 범죄에서 함께 나타날 확률이 낮으므로 멀리 떨어져서 나타나는 특징은 다른 유형에 속하는 특징으로 구분되는 것이다. 〈표 10-5〉는 Holmes와 Holmes(1996)가 제시한 각 유형의 특징 중 Canter와 Wentink(2004)의 연구에서 선택된 변인들이다.

Canter와 Wentink(2004)의 연구결과에 의하면 다차원척도법은 범죄현장에서 매우 자주 나타나는 특징이 범죄 간의 특징을 구별하거나 Holmes와 Holmes(1996)가 제안한 유형론을 지지하지 못했다. 각 유형별로 보면 권력적·통제적인 유형의 특성은 연쇄살인범의 유형으로 구분하기보다는 연쇄살인범이 범행을 지속함에 따라서 보이는 자연적인 특성인 것으로 나타났다. 즉, 연쇄살인범은 경찰이 그들을 체포하지 못하기 때문에 범행을 계속하는 것이며, 체포되지 않아 범행을 계속하는 과정에서 범행수법을 개발하고 체계화하며, 피해자를 통제하는 행위는 연쇄살인범이 범행을 계속할 수 있는 기회를 유지시켜 주는 자연적인 방식이라는 것이다. 사명 감에 의한 유형은 범죄현장에 나타나는 특징으로는 매우 구분하기 어려운 유형으로 나타났다. 사명감에 의한 유형에 포함되는 범죄특징은 다른 유형에 포함된 범죄특징과 명확하게 구분되어 나타나지 않았다. 나머지 환상에 의한 유형, 쾌락에 의한 유형 및 스릴 추구형의 구분은 제한적으로 지지되었다.

Canter와 Wentink(2004)는 분석된 변인 중에서 연쇄살인범죄의 범죄현장 특징 중에서 가장 빈번하게 나타나는 특징을 3차원 공간분석[9]을 통해서 분석하였는데, 그 결과는 [그림 10-3]과 같다. 즉, 성행위를 하는 동안에 피해자가 살아 있는 경우가 91%였고, 다양한 성행위를 보이는 경우가 66%, 강간이 74%, 물어뜯은 경우가 61%, 고문이 53%, 시체 전시가 75%, 과도한 살해행 위가 70%, 복합적인 범죄현장을 남기는 경우가 61%, 사람이 잘 다니지 않는 고립된 지역에 시체를 유기하는 경우가 54%로 나타났다. 이러한 변인들은 연쇄살인범의 성적인 동기와 연쇄적인 측면을 나타내는 특징이며, 범죄의 유형을 구분해 주기보다는 범행스타일을 확인해 주는 특징인 것으로 나타났다(Canter & Wentink, 2004).

---

9) 3차원 공간분석(three dimensional small space analysis)은 차원을 3개로 고정하고 각 차원에서 범죄현장의 개별 특징 간의 공통성을 찾는 기법이다.

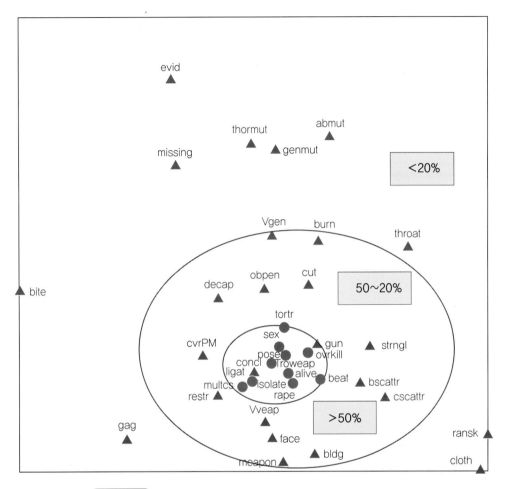

**그림 10-3** 다차원척도법 결과 산출된 범죄현장 특징 변수들의 좌표값

출처: Canter & Wentink(2004).

## 4) Mott의 유형 분석

Mott(1999)도 Holmes와 Holmes(1996)의 연쇄살인 유형론에 대한 비판적 연구를 수행하였다. Mott(1999)는 연쇄살인 유형의 구분이 범행수법에 지나치게 의존하고 있다는 점을 지적하고, 1800년부터 1995년까지 399건의 해결된 연쇄살인사건과 1888년부터 1997년까지 75건의 미해결된 연쇄살인사건을 비교하여 해결된 사건과 미해결된 사건을 살인이 발생하는 시간적 간격(rate of killing), 범죄자의 이동성(offenders mobility), 피해자의 취약성(victims vulnerability), 살해현장과 시체 유기 장소의 동일성 여부(presence of a body disposal site separate from the killing site for victims), 시체 유기 장소(body disposal sites)의 다섯 가지 변인에 대하여 다음과 같은 가설을 설정하였다. 첫째, 해결된 사건보다는 미해결된 사건의 경우에 연쇄살인이 발생하는 시간적 간격이 더욱 클 것이다. 둘째, 해결된 사건에서보다 미해결된 사건에서 범죄자가 여러 사법권에 걸쳐서 활동하는 경우가 더욱 많을 것이다. 셋째, 해결된 사건보다 미해결된 사건의 경우에 취약한 피해자를 범행대상으로 더욱 많이 선택할 것이다. 넷째, 해결된 사건보다 미해결된 사건이 살해 장소와 시체유기 장소가 다른 다수의 범죄현장을 가질 것이다. 다섯째, 해결된 사건보다 미해결된 사건에서 피해자의 시체가 야외에 배치된 경우가 더욱 많을 것이다. Mott(1999)는 각각의 변인이 사건을 정확하게 분류하는가를 분석하기 위해서 판별 분석[10]을 수행하고 두 집단을 판별하는 데 변인이 얼마나 유용한가를 검증하기 위하여 마할라노비스(Mahalanobis) 거리값[11]을 산출하였다. 여기서 D2의 값이 클수록 두 집단 사이를 판별하는 데 변인이 더욱 유용해진다. 분석 결과는 〈표 10-6〉에 제시되어 있다.

표 10-6  Mott(1999)의 다섯 가지 변인에 대한 유용성 검증(N=481)

| 변인 | 평균(D) | | 코딩 | $D^2$ |
|---|---|---|---|---|
| | 해결된 사건 | 미해결된 사건 | | |
| 이동성 | 2.20(.91) | 2.11(.53) | 1=place-specific 2=local 3=traveling | 1.82 |
| 위치 | 1.83(.97) | 2.23(.96) | 1=inside 2=both 3=outside | 1.10 |
| 시체 배치 | 1.65(.74) | 2.22(.88) | 1=none 2=some 3=all | 0.81 |
| 취약성 | 1.41(.69) | 1.89(.98) | 1=low 2=both 3=high | 0.42 |
| 살인 사이의 시간적 간격 | 5.08(6.20) | 4.26(4.10) | Number of victims/ Duration in years | – |
| $\chi^2$ | N=399 | N=75 | $\chi^2(5)=66.85$* | |

주) $D^2$=Mahalanobis distance, *p<.05
출처: Mott(1999).

10) 계량적 방법으로 판단 기준, 즉 판별함수를 만들어 평가 대상이 어떤 상태인가를 식별하는 분석방법을 가리킨다.
11) 판별 분석의 데이터를 변환시키는 통계기법이다.

판별 분석결과, 5개 변수가 포함되었던 모형의 χ²는 66.85(p<.05)로, 유의한 판별력을 지니는 것으로 확인되었다. 이 중에서 살인이 발생하는 시간적 간격을 제외하고 나머지 4개 변수는 연쇄살인사건을 미해결집단과 해결집단으로 구분하는 데 유용한 것으로 분석되었다(Mott, 1999). 또한 유의한 변수들을 기준으로 적용하여 해결된 사건과 미해결된 사건을 분류할 때 정확하게 분류된 경우와 부정확하게 분류된 경우를 산출한 결과, 75건의 미해결된 사건 중 50건(66.7%)이 정확하게 분류되었고, 312건의 해결된 사건 중에서 241건(77.2%)이 정확하게 분류된 것으로 나타났다(Mott, 1999).

Mott(1999)의 연구결과에 의하면 해결된 사건이 미해결된 사건보다 연쇄살인이 발생하는 시간적 간격이 더욱 짧은 것으로 나타났다. 한편, 범죄자의 이동성과 관련해서는 관계성의 방향이 가설에서 예상하지 않은 방향성을 가져서 미해결된 사건보다 해결된 사건의 범죄자들이 이동성이 더욱 높은 것으로 나타났다. 피해자의 취약성은 미해결된 사건에서 더욱 높았고, 미해결된 사건의 경우에 다수의 범죄현장을 갖는 경우가 많았으며, 해결된 사건이 시체를 야외에 유기하는 경우가 더욱 많은 것으로 나타났다.

이 연구를 연쇄살인범죄의 수사에 적용한다면 연쇄살인사건이 발생하였을 때 특정한 변인이 사건을 해결 혹은 미해결의 두 범주 중 한 범주로 분류해 줄 것이다. 이러한 변인에 의한 분류가 신뢰할 수 있는 것이라면 수사관은 미해결 범주로 분류된 사건에 대해서는 잠재적으로 그 사건이 해결하기 어려운 유형에 속한다는 것을 알고 있으므로 더욱 신중하게 수사를 진행할 수 있다. 즉, 미해결 범주의 범죄자는 해결 범주의 범죄자보다 심리적 냉각기가 더욱 길고, 피해자가 더욱 취약한 특성을 가지며, 야외에 배치될 가능성이 높다는 수사에 유용한 정보를 제공한다(Mott, 1999).

표 10-7 분류 예측 오류표

| 집단 | 사례 수(건) | 정확률 | 부정확률 |
|---|---|---|---|
| 미해결 사건 | 75 | 50(66.7%) | 25(33.3%) |
| 해결 사건 | 312 | 241(77.2%) | 71(22.8%) |
| 총합 | 387 | 291(75.2%) | 96(24.8%) |

출처: Mott(1999).

## 5) 한국에서 실제 사례에의 적용

앞에서 간략하게 요약한 범행 특성 및 연쇄살인범의 심리 특성에 근거하여 보자면 우리나라에서 이전에 발생한 두 건의 연쇄살인사건은 나름대로 의미 있는 구분이 가능하다(〈표 10-8〉참조). 일단 2004년에 검거된 연쇄살인범 유 씨의 경우에 이분법적 유형론에 따르면 체계적 연

표 10-8　두 연쇄살인사건의 특성

| | 유 씨 사건 | 정 씨 사건 |
|---|---|---|
| 현장 특성 | 매우 조직적이고 체계적<br>비밀장소에서 은밀하게<br>사체를 현장에서 이동<br>시체 매장<br>범행 후 정리정돈 | 산만하고 비체계적<br>공공연한 장소 혹은 피해자의 집<br>사체를 현장에 남겨 둠<br>범행 후 도주<br>범행도구는 남겨 두지 않음 |
| 범행 특성 | 성추행 흔적이 있음<br>선호하는 피해자 유형이 분명<br>일군의 피해자를 비밀장소로 유인<br>피해자상과 불일치할 경우에는 살려 주기도 함<br>금품 목적이 아님<br>살해 후 정성 들여 사체 유기<br>살인도구 일정 | 성추행 흔적이 있음<br>일반적으로 취약계층(보다 기회주의적)<br>무분별하게 살해(살해 과정 잔혹)<br>살해 장소가 일정하지 않음<br>금품 갈취의 흔적이 있음<br>살해 후 별다른 행위를 시도하지 않음<br>살인도구 다양 |
| 어린 시절 | 결손가정<br>부모 부재<br>중퇴 경험<br>또래 간에 적응적 | 부친 알코올중독<br>중퇴 경험<br>피학대 경험<br>성폭행 피해<br>또래 간에 부적응 |
| 인지능력 | 평균 이상의 지능<br>사리분별력이 뛰어남<br>행동통제력이 상당함 | 평균 수준 혹은 그 이하의 지능<br>사리분별력이 떨어짐<br>행동통제 불능 |
| 성격 특성 | 사회적 고립<br>정신병질<br>불안 수준이 낮음<br>분노형<br>피해자들과 대화 시도 | 사회적 고립<br>정신병질<br>대인관계 회피형<br>폭발적 공격성 |
| 전과 특성 | 조발비행<br>절도, 강도, 성폭력, 살인 순 | 조발비행<br>절도, 강도, 성폭력, 살인 순 |

쇄살인의 특징을 글자 그대로 지니고 있다고 볼 수 있다. 범행현장은 은밀하고 체계적이었으며, 본인이 원하는 피해자상이 명확하고, 그에 적합한 피해자를 정성 들여 유인하고, 일정한 방식으로 살해하였으며, 사체 또한 완벽하게 유기하였다. 그의 이 같은 범행 특성은 매우 체계적인 범죄였으며, 수사 과정 중에 추정된 그의 성격 역시 정신감정 결과 예상대로 정상적인 정신상태였다. 지능은 평균 수준 이상이었고, 특별한 정신장애는 없었으며, 정신병질적 특성을 강하게 지녀 매우 반사회적이고 분노에 가득 찬 성격장애를 안고 있었다.

　이에 비해 2006년 4월에 검거된 정 씨의 경우에는 체계적인 특성과 비체계적인 특성이 혼입되어 있는 특성을 지니는데, 전과력이 많으며, 범죄를 거듭할수록 파격적으로 범행수법이 진화된 범행 특성을 보였다. 성격적으로 보자면 두 사람 모두 반사회적 인격장애, 그중에서도 정신병질적 성격 특성을 지녔지만 정 씨의 경우에는 훨씬 범행수법이 불규칙하고 사리분별력도 더 떨어지는 것으로 보인다. 또한 정 씨는 유 씨보다 더 다양한 범행력을 지녔을 것이라고 추정되고, 더 충동적이며 대담하고, 보다 경조증적인 특성을 지녔을 것으로 보인다. 특히 기회주의적인 범행 특성과 사회적 고립, 현장에서 발견되는 과도한 폭력 사용을 근거로 볼 때 정신증적 혹은 경계선 성격장애를 지니지 않았을까 추정된다. 두 사람의 범행 특성을 비교해 보더라도 정 씨는 유 씨보다 좀 더 범죄를 계획한 흔적이 엿보이며, 검거 가능성을 염려하여 치안이 소홀한 지역을 선택하여 본인의 범행목적이었던 잔인함의 분출을 달성하였다. 기회주의적 범죄로 시작하였으나 동시에 극도의 공격성 표출이 현장에 그대로 드러났으며, 인적이 있는 집안에서 범행 후 방화하여 증거를 인멸하려는 매우 대담한 행동도 시도하였다. 이는 주로 혼자 비밀장소에서 범행을 했던 유 씨보다 더 인내심이 적고 충동적이며, 동시에 극렬한 자극 추구 경향을 지녔으리라 예상하게 한다. 정 씨의 성격이 이러하다면 유 씨의 범행과 이후 검거 과정을 학습했을 것으로 추정되며, 상당 부분 유 씨의 범죄가 정 씨에게 범행촉발 요인으로 작용했을 것이라고 추정할 수 있다.

## 4. 결론

　이 장에서는 초기 FBI 수사관의 경험과 연쇄살인범의 인터뷰에 근거한 이분법적 유형론, Holmes와 Holmes(1996)의 유형론, 그리고 앞선 연구의 경험적 검증 결여에 대한 비판으로 제기된 통계적 접근방법에 이르기까지 연쇄살인범죄에 대한 과거에서 현재에 이르는 연구의 추세를 살펴볼 수 있는 연구결과를 검토하고, 이와 더불어 국내에서 발생하였던 두 건의 연쇄살인사건이 프로파일링의 유형 구분결과 어떻게 서로 변별되는지를 살펴보았다. 과거의 범죄현장 분석에서는 범행수법을 통한 범죄 간의 유사성을 연결시키는 것이 매우 중요한 단계로 작용하였는데, 최근 들어서는 연쇄살인범죄의 연계성을 파악하기 위해 범행수법에만 의존하는 방식에 대한 문제점이 제기되고 있다. 1990년대에 이르러 수행되고 있는 범죄자 프로파일링에 대한 많은 경험적 연구를 통해 수사관의 경험에 의존하지 않는 타당성과 신뢰성이 확보된 통계학적 접근이 사회과학자들에 의해 연구되고 있고, 이러한 연구결과가 수사 실무에 적용되고 있다.

특히 이 장에서 다룬 실증적 연구결과는 이론적인 유형에 관한 경험적 자료를 근거로 다변인 분석을 통하여 연관성이 없던 연쇄살인사건의 유형을 분석하여 유의한 특징을 찾아냄으로써 경찰수사 중에서도 가장 중요한 초동수사에서 조속한 수사 방향을 제공할 수 있는 단서를 제시해 줄 수 있다. 실무자의 직관과 임상적 판단에 의해 검증하기 어려운 방식으로 이루어져 왔던 연쇄살인범죄의 프로파일링이 체계적이고 과학적으로 모델링되고 있는 것이 외국의 추세이며, 외국에서 활발히 연구되고 있는 범죄자 프로파일링 소프트웨어에서도 알고리즘 개발이 범죄자 프로파일링의 성패를 좌우한다는 사실을 눈여겨보아야 할 것이다.

우리나라의 경우, 연쇄살인의 발생 비율이 낮고 이에 대한 관심을 가지게 된 것도 비교적 최근의 일이어서 아직은 자료의 축적이나 학문적 연구 및 실무적 분석시스템이 우리의 실정에 적합하게 개발되어 있지 못하다. 우리나라에서 살인, 강간, 방화 등의 사건에 대한 범죄자 프로파일링이 실무에서 적용되기 시작한 것은 2000년으로, 2000년 2월 서울지방경찰청에 범죄분석실이 설치되어 강력사건에 대한 프로파일링 전문수사관이 활동하기 시작하였고, 4월에는 경찰청 과학수사과에서 각 대학의 심리학자, 범죄학자, 정신분석 전문의들로 구성된 범죄심리분석자문위원회를 결성하였다. 또한 국립과학수사연구소에서는 2000년 1월부터 범죄심리과에서 범죄자 프로파일링을 위한 연구를 수행하고 있다. 그러나 2005년까지도 1~2명의 전문 프로파일러가 프로파일링 업무를 전담하여 왔고, 이상범죄에 대한 전문적인 견해를 제공하기 위해 구성된 범죄심리분석자문위원회도 기능을 충분히 발휘하지 못하는 상황이었다. 따라서 국립과학수사연구소에서 지속적으로 자료를 축적하고 경찰청에서 범죄분석을 수행할 전문 프로파일러를 훈련시키는 등 범죄자 프로파일링의 필요성이 지속적으로 제기되고 있다. 한편, 학계에서도 연쇄살인을 비롯한 강력범죄에 대한 심층적인 조사연구의 필요성이 제기되고 있고, 다양한 관점에서 연구의 필요성이 인식되기 시작하였다는 것은 매우 바람직한 현상이라고 생각된다.

이러한 시점에서 외국의 연쇄살인범죄에 대한 선행연구를 검토하고 비판점을 고려하여 수사 실무에 적용될 수 있는 기초자료의 방향성을 제공한다는 측면에서 이 장의 의의를 찾을 수 있겠다. 다만, 외국의 연구자료는 우리나라의 연쇄살인범죄를 이해하는 기초자료일 뿐 우리나라의 문화적 · 사회적 특성을 고려한 연쇄살인범죄에 대한 연구는 앞으로 수행해 나가야 할 과제일 것이다. 즉, 외국의 연쇄살인범죄유형론을 우리나라의 연쇄살인범죄에 그대로 적용하는 것은 바람직하지 않다. 외국의 선례에서 살펴보았듯이, 이론적 근거와 경험적 검증이 결여되고 수사관의 경험에만 의존하는 범죄자 프로파일링기법은 여러 한계를 가질 수밖에 없다. 따라서 연쇄살인범죄에 대한 개념, 특성이나 유형, 그리고 연쇄살인범에 대한 경험적 연구의 수행은 범죄자 프로파일링의 이론적 근거를 제공할 뿐만 아니라 한국적 범죄자 프로파일링 모델 개발에도 기여할 수 있을 것이다.

# 참고문헌

곽대경(2001). 경찰수사를 위한 범죄심리연구의 활용방안. 한국경찰학회보 제3호, 1-23.

권창국(2002). 범죄자 프로파일링 증거(Criminal Profiling Evidence)의 활용과 문제점에 관한 검토. 형사정책연구 제13권 제4호(통권 제52호), 247-280.

노용우(2000). 성적 살인의 심리. 현대사회과학연구, 11, 123-144. 전남대학교 사회과학연구소.

박광배(2001). 범죄자 유형파악(Criminal Profiling). 한국심리학회 춘계 심포지엄 자료집, 33-54.

이수정, 고선영, 양종희(2004). 성폭력범죄의 원인과 개입전략에 대한 고찰. 한국사회문제심리학회지 제10권 특집호, 117-146.

임준태(2003). 강력범죄에서의 범인상 추정기법(Criminal Profiling) 도입에 관한 연구. 치안논총 제19집, 149-321.

Alison, L., West, A., & Goodwill, A. (2004). The academic and the practitioner: Pragmatists' views of offender profiling. Psychology, *Public Policy and Law, 10*(12), 71-101.

Anderson, W. R. (1999). Can personality disorders be used as predictors of serial killers?. *Futurics, 23*(3&4), 34-43.

Beasley, J. O. (2004). Serial murder in America: Case studies of seven offenders. *Behavioral Sciences and the Law, 22*, 395-414.

Canter, D. V., Alison L. J., Alison E., & Wentink, N. (2004). The organized/disorgnized typology of serial murder: Myth or model?. *Psychology, Public Policy and Law, 10*(3), 293-320.

Canter, D. V., & Wentink, N. (2004). An empirical test of Holmes and Holmes's serial murder typology. *Criminal Justice and Behavior, 31*(4), 489-515.

Daeid, N. N. (1997). Differences in offender profiling in the United States of America and the United kingdom. *Forensic Science International, 90*, 25-31.

Douglas, J. E., Burgess, A. W., Burgess, A. G., & Ressler, R. K. (1992). *Crime classification manual*. San Francisco: Jossey Bass Publishers.

Douglas, J. E., Ressler, R. K., Burgess, A. W., & Hartman, C. R. (1986). Criminal profiling from crime scene analysis. *Behavioral Sciences and the Law, 4*, 401-421.

Egger, S. A. (1997). *The killers among us: An examination of serial murder and its investigation*. Englewood Cliffs, NJ: Prentice Hall.

Geberth, V. J., & Turco, R. N. (1997). Antisocial personality disorder, sexual sadism, malignant narcissism and serial murder. *Journal of Forensic Sciences, 42*, 49-60.

Gerdes, L. (2000). *Serial killers*. San Diego: Green-haven Press Inc.

Hare, R. D. (1986). *The Hare psychopathy checklist*, Ontario, Canada: Toronto Multi-Health System.

Hazelwood, R. R., & Douglas, J. E. (1980). The lust murderer. *FBI Law Enforcement Bulletin, 49*(4), 18-22.

Hickey, E. W. (1997). *Serial killers and their victims* (2nd ed.). Pacific Grove, CA: Brooks/Cole.

Holmes, R. M., & Deburger, J. (1988). *Serial murder*. Newbury Park, CA: Sage.

Holmes, R. M., & Holmes, S. T. (1998). *Serial murder* (2nd ed.). Thousand Oaks, CA: Sage.

Holmes, R. M., & Holmes, S. T. (1996). *Profiling violent crimes: An investigative tool*. US: Sage Publication, Inc.

Jackson, J. L., & Bekerian, D. A. (1997). *Offender profiling-theory, research and practice*. England: John Wiley & Sons Ltd.

Jenkins, P. (1994). *Using murder: The social construction of serial homicide*. New York: Aldine.

Kocsis, R. N., Cooksey, R. W., & Irwin, H. J. (2002). Psychological profiling of sexual murder: An empirical mode. *International Journal of Offender Therapy and Comparative Criminology, 46*(5), 532-554.

Kosson, D. S., Suchy, Y., Mayer, A. R., & Libby, J. (2002). Facial affect recognition in criminal psychopaths. *Emotion, 2*, 398-411.

Lester, D. (1995). *Serial killer: The insatiable passion*. Philadelphia: The Charles Press, Publishers.

Meloy J. R. (2000). The nature and dynamics of sexual homicide: An integrative review. *Aggression and Violent Behavior, 5*(1), 1-22.

Mott N. L. (1999). Serial murder: Patterns in unsolved cases. *Homicide Studies, 3*(3), 241-255.

Myers, W. C., Burgess, A. W., Burgess, A. G., & Douglas, J. E. (1999). Serial murder and sexual homicide. *Handbook of psychological approaches with violent offenders: Contemporary strategies and issues*. New York: Plenum Publishers.

Patrick, C. J., Cuthbert, B. N., & Lang, P. J. (1994). Emotion in the criminal psychopath: Fear image processing. *Journal of Abnormal Psychology, 103*, 523-534.

Pinizzotto, A. J., & Finkel, N. J. (1990). Criminal personality profiling: An outcome and process study. *Law and Human Behavior, 14*, 215-233.

Ressler, R., Burgess, A., & Douglas, J. (1988). *Sexual homicide: Patters, motives and procedures for investigation.* New York: Lexington.

Ressler, R. K., & Shachtman, T. (1992). *Whoever fights monster.* USA: St. Martin's Press.

Rossmo, D. K. (2000). *Geographic profiling.* Boca Raton, FL: CRC Press.

Simons, C. L. (2001). Antisocial personality disorder in serial killers: The thrill of the kill. *The Justice Professional, 14*(4), 345-356.

Turvey, B. E. (1999). *Criminal profiling: An introduction to behavioral evidence analysis.* New York: Academy Press.

Warren, J. I., Hazelwood, R. R., & Dietz, P. E. (1996). The sexually sadistic serial killer. *Journal of Forensic Sciences, 41*, 970-974.

Woodworth, M., & Stephen, P. (1999). Historical foundations and current applications of criminal profiling in violent crime investigations. *Expert Evidence, 7*, 241-264.

# 테러와 인질 협상

7월 15일 중앙일보에 따르면 유일신과 성전의 홈페이지에는 김선일 씨 살해를 정당화하는 짤막한 글이 올라 있다. 내용은 "이 이교도(김선일 씨)는 기독교회사에서 일하고 있었다. 미군에 물자를 납품하는 이 회사는 수익의 10%를 이슬람 세계의 선교와 기독교화에 사용하고 있다. 이 이교도는 신학을 전공한 자로서 이슬람세계에서 선교활동을 할 후보자였다."라는 것이다.

이 단체는 "김 씨의 부모는 한국 정부에 아들을 구하기 위해 모든 노력을 기울일 것을 촉구했다"며 "김 씨는 아랍어와 신학 학위를 갖고 있고 아랍 세계에서 기독교 선교사가 될 희망을 갖고 있었다."라고 소개했다. 또 가나무역 김천호 사장이 독실한 기독교인이고, 회사명도 성경의 '가나안'에서 따왔다는 내용도 들어있다. 중앙일보는 김 씨 납치 및 살해 관련 비디오에서 한국의 추가 파병을 저지하려는 정치적 목적을 언급했지만 인터넷 사이트에서는 기독교인이기 때문에 죽였다고 강조했다고 전했다.

이 단체는 김선일 씨를 '카피르(이교도)'로 규정했다. '신의 존재와 의미를 부정하는 자'라는 의미이다. 과격 이슬람 사상에 따르면 무슬림(이슬람 신자)은 카피르를 죽일 권리와 의무가 있다. 이 단체의 홈페이지에는 아직도 김선일 씨 살해 장면을 담은 동영상이 올라와 있다. 이 단체가 살해한 것으로 알려진 미국인 니컬러스 버그는 유대인이었고, 불가리아인 게오르기 라조프는 기독교인이었다.

한국 시간으로 지난 21일 새벽 5시 '알 자지라'에 의해 공개된 김 씨 비디오에서 무장단체는 한국군 철수를 요구했다. 그러나 가나무역 김천호 사장은 무장단체가 21일 이전에 내건 협상 조건에 대해 입을 다물고 있다. 김 사장은 "아무 요구조건이 없었다."라며 "돈을 요구하지도 않았고 한국군 철수도 요구하지 않았다."

라고 주장하고 있다. 가나무역이 미군 군납업체였기 때문에 사업 철수를 요구한 것이 아닌가라는 질문에도 "신앙의 양심을 걸고 말하지만 그것은 아니었다."라고 강하게 부인하고 있다. 이 단체가 홈페이지에 올린 글은 김 씨가 기독교 선교사였다는 점 때문에 오랫동안 억류됐고, 여기에 그의 피랍에도 불구하고 한국 정부가 이라크 추가 파병 원칙 불가를 천명하면서 살해됐음을 시사하고 있다.

2004. 7. 15. 오마이뉴스. 김태경 기자

## 1. 서론

김선일 씨 피랍사건은 인질테러사건의 전형을 보여 주었다. 인질범은 주로 인질을 이용하여 자신의 물질적인 이윤이나 개인 혹은 단체의 목적을 달성하고자 한다(Bartol, 2002). 이들은 정해진 시간 안에 자신의 요구를 관철시키지 못하면 인질을 처형하겠다고 위협한다.

인질은 사전적 정의로 '특정한 요구의 충족을 담보로 하여 잡혀 있는 사람'을 말하고, 인질사건이란 '인간을 방패로 이용하는 범죄행위'이며, 정치적 목적과 동기를 가진 테러리즘에서 발생한 인질행위도 실상 인간의 존엄성과 생명을 위협하는 폭력이라는 점에서 보자면 범죄행위임에 틀림없다(홍순남, 2002). 하지만 정치적 동기를 가진 테러리즘을 범죄자들이 벌이는 인질사건과 동일선상에서 다룰 수는 없는데, 이는 성격상 정치적인 문제가 앞서기 때문에 국내법보다는 국제법적 성격을 띠게 된다.

인질사건의 사례는 단순납치부터 비행기 탈취, 인질테러에 이르기까지 다양하다. 학자(Miron & Goldstein, 1978)에 따라서는 인질범의 동기에 따라 도구적인 인질사건(instrumental hostage)과 표현적인 인질사건(expressive hostage)으로 구분하기도 하고, 인질사건의 발생지역(Bartol, 2002)에 따라 국내 인질사건(domestic hostage), 국가가 지원하는 인질사건(state-sponsored hostage), 국제적 인질사건(international hostage)으로 구분하기도 한다.

인질사건의 범행 동기를 근거로 하는 분류에서 도구적인 인질사건은 비교적 인질범의 의도가 명확하다. 예컨대, 아이를 납치하고 돈을 요구하는 등 행동방식이 상당히 예측 가능하고 구체적이다. 하지만 표현적인 인질사건에는 심리적인 이유가 잠재되어 있다. 인질범들은 자신의 운명에 대한 통제력을 잃지 않으려는 욕구가 강하다. 상황에 대한 통제력을 선점할 목적으로 인질을 잡아 두는 경우, 사실상 이들이 원하는 것은 언론매체 등을 통한 자신의 영향력 과시이다. 간혹 정신장애로 벌어지는 인질사건이 이 부류에 속할 것인데, 제삼자가 보기에는 이런 류의 표현적 인질사건은 무의미하고 심지어 자해적으로 보이기까지 한다. 하지만 이들이 원하는 것은 자신을 무시했던 사람들, 나아가 대중의 주의를 끄는 일이다. 물론 이런 두 가지 유형의 인질극은 복합적으로 혼입되어 발생하기도 한다. 처음에는 돈을 목적으로 하여 인질극을 벌이지만 상황이 불리하게 전개되어 결국에는 사회에 대한 불만을 언론에 토로하여 극적인 결말을 초래하기도 한다.

1970년도 이후 FBI에서는 인질범을 네 가지 범주, 즉 정치적 목적으로 벌이는 인질테러, 교도소에서 인질극을 벌이는 재소자, 금전적 목적을 노리고 인질극을 벌이는 범죄자, 그리고 단순히 주변의 무시에 대항하기 위해 힘의 논리를 보여 주려는 정신장애자로 나누었다. 인질사건에 대한 실증적 연구에 따르면(Borum & Strentz, 1993) 인질사건의 약 50%가 정신장애인에 의해 발생한다. 또 다른 연구에서(Fuselier & Noesner, 1990)는 테러리스트를 포함하여 대부분의 인질범이 그렇게 지능적이지도 계획적이지도 못하다는 사실을 지적하였다. 인질범은 대중이 기대하는 것만큼 사전교육이나 훈련을 받지 못한 것으로 알려져 있다. 특히 인질테러의 경우에 테러리스트들은 고등교육을 받지 못한 중하류층의 남자 청년들이었으며, 이들과의 협상은 돈을 요구하는 체계적인 인질범과의 협상보다 더 위험하고 어려운 것으로 보고되었다(Bartol, 2002). 이 장에서는 정신장애인 혹은 약물중독자의 표현적 동기에 의해 벌어지는 국내 인질사건과 범죄자에 의한 인질사건, 그리고 테러집단에 의해 발생하는 인질사건을 구분하여 설명하고자 한다. 이런 구분이 필요한 이유는 결국에는 대치 상황을 야기할 수도 있는 인질사건을 왜 벌이는가에 따라 대응 전략 역시 차별적으로 시행되어야 하기 때문이다.

정신장애인에 의한 인질사건이든 테러리스트에 의한 인질 상황 혹은 대치 상황이든 사건이 종결되는 방식은 다섯 가지로 구분된다(Hatcher, Mohandie, Turner, & Gelles, 1998). 첫째, 인질범과의 협상에 나섰던 협상자가 포기하는 상황, 둘째, SWAT(Special Weapon and Tactics)팀이 개입하여 인질범이 체포되는 경우, 셋째, SWAT팀에 의해 인질범이 살해되는 경우, 넷째, 인질범이 자살하는 경우, 다섯째, 인질범이 도주하는 경우이다. 실증적 분석(Butler, Leitenberg, & Fuselier, 1995)에 따르면 인질사건의 거의 대부분, 즉 75%의 사건이 협상의 결과 인질범이 항복하여 사건이 종결된다. 반면, 인질범이 목숨을 잃거나 자살하는 경우는 10%도 되지 않는다. 구체적인 DB가 구축되지 않아서 정확한 수는 알 수 없지만 미국의 경우(Butler et al., 1995)에는 1989년부터 1990년까지 625건의 인질사건과 2,742건의 대치 상황이 발생하였으며, 그중 약 70%의 사건에서 인질범이 항복하였다. 일본(Yokota, Iwami, Watanabe, Fujita, & Watanabe, 2004)에서는 1970년부터 2002년까지 약 116건의 인질 대치 상황이 발생하였으며, 그중 단 4건에서만 인질이 사망하였다. 전체 범죄 발생건수에 비해 보자면 인질사건이 차지하는 비중이 결코 큰 것이 아니지만, 사건의 특성상 미디어의 개입을 막을 수 없고 그로 인해 발생하는 사회적 파장은 막대한 영향력을 발휘한다. FBI에서는 이와 같은 점을 명심하여 인질사건에 보다 체계적으로 대응하려고 노력하고 있는데, HOBAS(Hostage/Barricade System)라고 불리는 인질/대치 자료시스템을 통하여 실시간으로 인질 협상을 지원하고 있으며, 연방 혹은 주 단위 법집행기관에서도 심리학자나 정신건강 전문가가 포함된 협상팀이나 구조팀이 운영되고 있다(Butler et al., 1995). 이 장에서는 아직 국내에는 잘 알려져 있지 않은 인질범 혹은 인질테러리스트들의 심리역동적 기제를 해부해 봄으로써 협상장면에서의 실무적 이해를 돕고자 한다.

## 2. 인질테러사건의 유형별 특성

이 절에서는 인질범과 인질사건의 특성을 토대로 세 가지 범주로 나누어 분석을 실시하였다. FBI에서 분류한 네 종류의 인질사건 중 국내에 공식적으로 알려진 인질사건은 교도소에서 벌어지는 인질사건을 제외한 나머지 세 가지였기에 여기서는 이 세 가지 범주만 집중적으로 비교하여 분석해 보겠다. 인질사건의 첫 번째 유형은 약물중독이나 정신장애인에 의한 인질사건이고, 그다음 유형은 금전을 목적으로 한 범죄자들의 납치인질사건, 마지막 유형은 정치적 혹은 종교적 동기를 지닌 테러리스트에 의한 인질사건이다.

### 1) 약물중독이나 정신장애인에 의한 인질사건

조현병이나 약물중독자가 과격하고도 즉흥적으로 벌이는 인질사건이 이 유형에 포함된다. 일반적으로 국제적 수준의 테러집단이 벌이는 인질사건과는 거리가 멀며, 그들이 벌이는 사건이 '테러'를 야기한다는 점에서는 상당한 수준의 사회적 관심을 끌 수 있겠으나 실상 목적이 불분명하고 요구사항도 명확하지 않다. 그럼에도 이들이 벌이는 인질사건의 위험 수준은 상당히 높다. Miron과 Goldstein(1978)의 분류 기준으로 보자면 표현적 인질사건에 포함되는 정신장애인이나 약물중독자들이 벌이는 인질사건은 인질극을 통하여 상실된 통제력에 대한 대리만족을 꾀한다. 즉, 본인이 주변 상황에서 상실한 통제감 혹은 인정을 획득하기 위하여 인질을 이용하여 상황에 대한 주도권을 도모한다는 것이다.

정신장애인이나 약물중독자는 인질범으로서 매우 비조직적으로 행동하며, 혼란과 각성이 극에 달하기 때문에 일단 진정을 시켜 흥분 상태를 가라앉히도록 노력해야 한다. 이들의 인질극

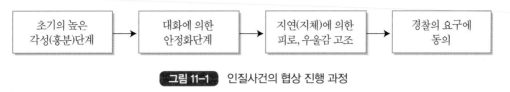

**그림 11-1** 인질사건의 협상 진행 과정

출처: Bartol(2002).

은 경찰과 대치한 후 5~45분 사이가 가장 위험한 것으로 알려져 있다(Noesner & Dolan, 1992). 따라서 처음 현장에 도착한 경찰관은 인질범과 대화를 통하여 그들에게 피해를 입히지 않을 것임을 확인시켜 주어야 한다. 이들은 상황에 대한 통제력 확보를 갈망하기 때문에 혹시라도 무력감을 느끼면 인질이나 대치하고 있는 경찰을 향해 발포할 위험이 있다. 따라서 안심을 시키고 안정된 상태에서 시간을 끌어 결국 지쳐서 자포자기하는 상황에 이르게 하는 일이 매우 중요하다.

[그림 11-1]에는 Bartol(2002)이 설명하였던 인질사건의 진행 과정이 도식화되어 있다. 유의해서 볼 점은 인질범의 급격한 흥분 상태를 가라앉히는 두 번째 단계의 중요성인데, 이때 주의해야 할 점은 대화 당사자가 협상 조건에 대한 의사결정권자가 되어서는 안 된다는 점이다. 의사결정권자가 직접 나서서 인질범과 대화를 나눌 경우에 인질범 역시 급한 해결을 도모할 것이기 때문에 일단 시간을 끌어서 인질범이 자포자기하는 순간까지 유도해 내기가 힘든 상황이 벌어진다. 협상의 결렬은 또 다른 긴장을 야기할 수 있기 때문에 가능한 한 대화와 설득의 전문가들이 이런 역할을 맡는 것이 적절하다.

## 2) 금전을 목적으로 한 범죄자들의 납치인질사건

2004년에 발생한 모 기업인 가족에 대한 납치사건은 금전적인 목적으로 인질을 납치하여 볼모로 삼는 범죄적 인질사건의 전형일 것이다. 중소기업 장 회장(77) 일가의 납치사건을 수사 중인 서울 남대문경찰서는 11월 22일에 범인 5명 전원을 검거하고 몸값 5억 원 가운데 2억 6,100만 원의 소재를 확인하였다. 납치극을 모의하고 공범을 모집한 후 실행에 옮긴 사람은 다름 아닌 장 회장의 전 운전기사였다. 그는 고교 동창생과 함께 인터넷 '한탕' 게시판을 통해 알게 된 공범들과 사전에 치밀하게 사건을 모의한 것으로 드러났다. 경찰의 조사결과 김씨는 주식투자로 1억여 원을 날린 뒤 돈이 필요해 이번 사건을 구상한 것으로 밝혀졌다.

같은 해 광주 서부경찰서는 31세 박 모 씨 등 7명을 특수강도 혐의로 체포하였다. 박 씨 등은 지난달 10일 새벽 1시쯤 광주광역시 서구 치평동에서 당시 59세이었던 김 씨를 납치해 2천 6백만 원 상당을 빼앗는 등 지금까지 모두 10여 차례에 걸쳐 6천 3백만 원을 빼앗은 혐의를 받고 있다. 경찰의 조사결과 주범 박씨는 신용불량자인 주변 사람들에게 서울의 인터넷 쇼핑몰 사장을 납치하면 수십억 원을 빼앗을 수 있다고 하면서 공범들을 끌어들인 것으로 밝혀졌다.

이 두 사건의 예에서 알 수 있듯이, 범죄자 혹은 전과자에 의하여 자행되는 인질사건은 금전적 이득을 목적으로 인질을 납치하는 상당히 도구적인 인질사건이다. 사전에 충분히 모의되고 치밀하게 계획되었으며, 인질을 교환할 조건으로 획득한 사례금을 어떤 방식으로 은닉할 것인지에 대해서도 구체적인 방안을 도모했다. 범죄가 사전에 공범들과 치밀하게 모의되었다는 점에 근거하자면 범죄에 관한 차별적 접촉이론(Sutherland, 1949)을 적용해 볼 수 있겠다. 근본적으로 범죄는 학습된다는 가정에 근거하는 차별적 접촉이론은 범죄란 반사회적 가치관을 공유하는 공범들과 사전에 모의하는 과정에서 계획되고 이루어진다고 설명한다. 주목해야 할 점은 이와 같은 계획 범죄가 이루어지는 과정에 최근의 의사소통 수단이 촉매작용을 하고 있다는 점이다. 과거에는 여러 명이 가담한 범죄가 제한된 시공간에서 이루어지기 위해서는 공범들이 특정 장소에서 직접 대면하여 모의했어야만 했다. 하지만 최근에는 시공간을 초월하여 전혀 안면도 없었던 사람들이 SNS(Social Network Services)를 통해 본인의 사회적 불만을 토로하고 공감하여 구체적인 범행계획을 모의하고 있다. 많은 사람이 정보를 공유할 수 있다는 SNS의 특징을 고려할 때, 범행수법이나 공모가 앞으로 이를 통하여 조속히 감염되어 나갈 수 있다는 점을 명심해야 한다.

부유층을 상대로 한 납치인질극의 또 다른 동기는 빈부격차의 심화로 인한 상대적 박탈감을 들 수 있겠다. Merton(1975)의 사회긴장이론으로 대변되는 이 개념은 사회의 구성원들이 문화적으로 규정된 삶의 목표를 공유하고는 있으나 성취를 위한 수단은 사회경제적 계층에 따라 차등적으로 분배되어 있어 교육이나 직업 기회가 차단된 개인에게 분노와 좌절, 나아가 긴장을 초래하게 된다고 가정한다. 결국 이들 중 일부는 비합법적인 수단인 범죄를 택하여 긴장을 해결하려고 한다. 범죄자들의 돈을 목적으로 한 납치인질극은 이와 같은 논리로 쉽게 이해된다. 평소 상류층의 생활을 지켜본 운전기사가 무의식중에 부유층의 생활방식을 동경하다가 주식투자에 실패하자 '부'를 달성하기 위한 수단이 전부 좌절되어 지독한 긴장감을 느끼게 되었고, 그로 인해 택할 수 있었던 유일한 방법은 최근 자신을 해고하여 상황을 더욱 어려운 지경으로 몰아넣은 사장을 납치하여 인질협상금을 뜯어내는 일이었다.

돈을 목적으로 한 인질극의 경우에는 정신장애인이나 마약범이 약물의 영향력하에 벌이는 인질극보다는 협상의 방향이 훨씬 명확하다. 일단 이들의 요구는 매우 구체적이고, 이들의 행동 패턴은 전형적이기에 협상자 입장에서는 어느 정도 예측이 가능하다.

# 3) 정치적 혹은 종교적 동기를 지닌 테러리스트에 의한 인질사건

정치적 혹은 종교적 동기를 지닌 인질테러사건은 과격한 정치, 종교집단 혹은 개인들이 무고한 민간인을 볼모로 하여 자신의 정치 목적을 달성하기 위하여 또는 종교 교리를 설파하기 위하여 자행된다. 이 장의 서두에 예시되었던 김선일 피랍사건이 바로 이런 종류의 인질사건으로, 가장 전형적인 예일 것이다.

1968년 이후 테러에 관여한 단체의 수는 73개국 220여 개 조직에 이르며, 이들 집단의 인적 교류에서 연계된 이합집산 추이까지 더하면 그 수는 300개를 넘을 것으로 추정된다. 현재 활동하고 있는 대륙별 테러단체 현황을 보면 예상대로 중동지역이 가장 많고, 동남아시아, 유럽, 남미 순으로 많은 테러조직이 활동하고 있다(박기륜, 2004).

테러조직의 구성원은 20~40대이며, 젊은 축에 속하는 20대는 자살폭탄테러에 가담하게 된다고 알려져 있다. 종교적 신념에 따라 테러를 저지르는 고학력 출신의 테러범은 자신을 정의로운 사람이라고 확신시킬 논리를 매우 치밀하게 개발하고 있다. 따라서 자신과 신념이 일치하지 않는 이교도는 정의를 실현하는 데 큰 장애가 된다고 생각한다. 이런 단순화된 논리 구조는 나아가 흑백논리적인 행동강령으로 구사된다. 특히 급진 좌파적 테러리스트들은 '법'이란 지배계층이 자신의 편의를 도모할 목적으로 정해 놓은 것이기 때문에 억압받는 힘없는 소수는 의회적 방법을 거부하고 대신 폭력적인 방법을 동원할 천부적 권한을 갖고 있다고 확신한다(Roberts, 2002).

종교적 신념을 토대로 한 테러리즘을 연구한 Hamm(2004)은 40명의 신나치주의 추종자를 연구하여 이들의 행위가 소위 '신의 계시에 따른 폭력(apocalytic violence)'이라고 명명하였다(Lifton, 1999). 일본에서 1995년에 발생했던 옴진리교 사건이나 1993년 미국 텍사스에서 발생한 다윗교도들의 집단살해 혹은 집단자살 사건은 모두 반정부적·반민족적 종교관에 의해 발생하였다. 지구에 살고 있는 반 이상의 인류를 제거하여 새롭게 순화된 인류를 만드는 것이 이들이 벌인 테러의 목표였다. 신의 계시에 따른 폭력에 의해 발생하는 테러는 새로운 양식의 사회운동이며, 매우 계산적이고 합리적이며 정치적 목표 달성을 위한 도구적 폭력이라고 볼 수 있다.

## 3. 인질테러범의 범죄심리적 특성

### 1) 가족 및 사회적 환경

대부분의 테러리스트는 중산층 이하의 가정 출신이다. 하지만 빈 라덴이나 체 게바라[1]처럼 지도급 인사들은 고학력의 인텔리겐치아인 경우도 있다. 이들 중 자살폭탄테러를 수행하는 자들은 16~28세 사이의 빈곤한 가정 출신이다. 이들은 대부분 남자였으며 시간이 지난 후 정치적 혹은 종교적 테러단체에 여성이 15% 정도 유입되었다. 그리고 이 비율은 증가 추세에 있던 것으로 파악된다(Merari, 1990). Fields(1978)는 8년간의 장기 종단연구를 통하여 아이일 때 테러 문화에 노출되었던 것이 성인이 되어서 테러에 가담할 가능성을 높인다는 사실을 확인하였다. 따라서 가정환경은 꼭 사회경제적 지위뿐 아니라 가족문화 및 가정을 둘러싸고 있는 사회문화 등에 따라 테러에 가담하는 데 큰 영향을 미친다고 볼 수 있다.

비교적 출신이 다양한 테러리스트에 비하여 인질사건을 저지르는 범죄자는 거의 모두 빈곤층이나 최근에 경제적 어려움에 직면한 신빈곤층 출신이다. 사회계층 이외에 가족관계는 정확히 알려지고 있지 않다. 정신분석학에서는 아버지와의 동일시가 적절한 시기에 달성되지 못하면 권위에 대한 반항적 태도가 야기될 수 있기에 어린 시절에 부모의 적절한 가정교육이 사회적 질서에 순응적인 사람을 길러 낸다고 지적한다. 이렇게 보자면 인질범들은 어린 시절에 가부장적 권위의 결핍으로 인해 순응적이기보다는 반항적 성격으로 자라나게 되었다고도 해석할 수 있겠다.

정신장애적 특성을 지닌 인질테러는 주로 건강하지 못한 가족관계를 지닌 고립되고 부적응적인 사람에 의해 발생한다고 알려져 있다(Post, 1983). 이 같은 사람들이 테러조직에 속해 있다

---

1) 체 게바라는 쿠바의 혁명지도자로서 아르헨티나 로사리오에서 출생했다. 본명은 에르네스토 라파엘 게바라 데 라 세르나(Ernesto Rafael Guevara de la Serna)이다. 1953년에 부에노스아이레스 의과대학을 졸업한 뒤 과테말라혁명에 참가하였다. 1954년 멕시코로 망명하여 당시 정치적 망명생활을 하며 쿠바의 바티스타 독재정권을 전복시킬 준비를 하고 있던 쿠바인 카스트로를 만났다. 그는 카스트로의 군대에 합류해 1956년 쿠바 국내로 진입하여 게릴라전을 펼치며 카스트로의 가장 두터운 신임을 얻었다. 1959년 바티스타정권을 무너뜨린 뒤 카스트로가 정권을 잡자 쿠바의 시민이 되어 국가 농업개혁연구소의 산업부장, 쿠바 국립은행 총재, 공업장관을 역임하였다. 1965년 4월, "쿠바에서는 모든 일이 끝났다."라는 작별편지를 남기고 쿠바의 전사들과 함께 콩고로 가 내전에 참전하고 있는 루뭄바부대의 조직을 도왔다. 1966년 볼리비아로 잠입해 산타크루즈지역에서 게릴라부대를 조직하여 통솔하던 중 1967년 10월 정부군에 체포되어 총살당했다. 체 게바라는 중남미 혁명운동의 상징적 존재이자 이론을 겸비한 직업적 혁명가였다. 저서로『게릴라전(1960)』『쿠바혁명전쟁 회고록(1963)』『쿠바에서의 인간과 사회주의(1965)』 등이 있다.

면 처음에는 조직에 소속되어 있다는 사실 자체가 가족과 마찬가지로 소속감을 야기할 것이다. 즉, 처음에는 가족의 지지적 환경에 대한 대리만족을 위해 테러조직에 가담할 수 있겠지만 점점 성격 특성이 드러나면서 조직문화에 순종하기보다는 자기파괴적 양상으로 진전될 수 있다.

## 2) 정신장애 및 성격

납치·인질 사건을 벌이는 범죄자가 자신의 행위가 불법적이란 사실을 인식하는 데 비하여, 인질을 납치하는 테러리스트는 사람을 다치게 하는 일이 잘못된 일이라는 인식을 갖지 않는다. 정신진단적 측면에서 보자면 이들 중 일부는 반사회적 인격장애를 지녔다고 평가할 수 있다. 인질강도의 경우에도 자신의 행위에 대한 죄의식이 없고, 피해자를 본인의 목적 달성을 위한 도구로만 생각한다면 이들의 생각은 상당히 정신병질적이라고 판단할 수 있다.

하지만 이 부류의 사람들 중에서 정신병리적으로 심각한 정신증(psychosis) 환자를 찾기는 힘들다. 그 이유는 테러행위는 조직의 구성원들 간의 협조가 필수적이기 때문이다. 따라서 정서적으로 불안정한 사람은 신뢰할 만한 파트너가 될 수 없다. 하지만 정신장애인도 때로 인질극을 벌이는데, 이들은 일반적으로 공범 없이 혼자서 잘못된 망상적 사고에 근거하여 사건을 벌인다.

Süllwold(1981)는 정치적·종교적 테러리스트를 면담한 결과, 이들은 두 가지 성격 특성을 지닌다고 설명하였다. 한 부류는 떠돌아다니기를 좋아하는 외향적 성격의 소유자로서 자극을 선호하고 정체된 삶에는 쉽게 지루함을 느끼는 사람이다. 이들 중에는 자기애적 성격장애(narcissistic personality disorder)를 지니고 있는 자도 있다고 한다. 이와는 반대로 편집성 인격장애(paranoid personality disorder)를 지닌 사람도 있는데, 이들은 의심이 많고 공격적이며 잔인한 행동 패턴을 보이면서 자신의 잔인성을 무의식적으로 합리화하는 방어기제를 사용한다.

자살폭탄테러에 실패한 테러범들을 면담하여 Merari(1990)는 자살폭탄테러를 야기하는 사람이 일반 자살자집단과 매우 유사한 심리적 특성을 지닌다는 사실을 발견하였다. 이들도 역시 매우 개인적인 이유로 자살을 희망하였으며, 다만 테러조직이 제공하는 논리적 구조에 의해 자신의 동기를 위장했을 뿐이라고 지적하였다. Israeli(1997) 역시 자살폭탄테러를 하는 사람은 결손가정 출신으로, 자존감이 매우 낮은 사람이라고 밝힌 바 있어서 꼭 정신장애를 이유로 벌어지는 인질사건이 아니더라도 테러집단의 인질극 행위 패턴은 테러리스트의 심리기제에 따라 상당히 이질적일 수 있음을 추정해 볼 수 있다.

### 3) 흑백논리

범죄자나 테러리스트는 매우 단순하게 사고하는 것이 큰 특징이다. 예컨대, '나는 착하고 올바르다. 하지만 너희들은 나쁘고 잘못되었다.' 식의 극단적인 흑백논리를 지닌다. 따라서 본인이 벌이는 폭력행위는 타당화될 수 있다고 믿는다. 결국 적과 연계된 사람들을 죽이는 것이기 때문에 아무런 죄책감도 느끼지 않는다. 이런 사고방식은 지능 수준과는 아무런 관계가 없다. 심리학자들은 이런 단순한 사고방식이 어린아이들이나 하는 전인습적 수준의 추론이라고 개념화하지만 사실상 테러집단이나 범죄조직에 속한 구성원들은 지능이 평균 수준 이상임에도 이같은 단순화된 사고를 하는 것으로 알려져 있다. 그렇다면 이는 개인의 특성이기보다는 서로의 가치를 공유하도록 강요받는 테러집단의 집단역동에서 기인한 것이라고 보아야 할 것이다. 이 부분에 대해서는 뒤에서 다시 논의하도록 하겠다.

### 4) 가치관과 신념체계

테러집단이 죽음에 대한 공포를 극복해 나가는 방식은 두 가지이다. 하나는 사후세계에 대한 믿음이다. 2001년 9월 11일, 월드 트레이드 센터를 폭파시키고자 모의했던 테러리스트의 사고 과정은 집단적 신념체계의 몰입을 극단적으로 보여 준다. '모든 이가 죽음을 싫어하고 두려워합니다. 그러나 사후의 세계를 믿는 자들, 나아가 사후에 보상을 받을 것이라고 생각하는 이들에게 죽음은 결코 두려움의 대상이 아닙니다. 아침에 일어나 기도를 마치고 무기를 챙겨 택시를 타고 공항대기실에서 비행기 타기를 기다릴 때의 마음은 평안하고 미소가 흐릅니다. 이는 천사들이 함께하기 때문이지요.'

폭력을 정당화시키는 또 한 가지 논리는 테러의 명분을 확연히 하여 논리적 모순을 극복하는 방법이다. '세상을 구하기 위해 세상을 파괴한다'는 식의 논리는 집단구성원들이 폭력행위에 몰입할 수 있는 강력한 논리적 근거를 제시한다(Lifton, 1999). 폭력을 정당화하는 맹목적 신념체계는 일본의 옴진리교 신도들이 사악한 대다수의 인류를 없애 신인류를 구원한다는 신성한 믿음에 근거하여 도쿄 지하철역 군중에게 무분별하게 사린가스를 뿌린 일화를 보면 쉽게 이해할 수 있다. 결국 이런 종류의 합리화기제가 집단역동에 의해 집단의 신념체계를 내면화하게 만들고, 그리하여 죽음에 대한 두려움까지도 승화시키는 단계에 도달하게 되는 것이다.

# 5) 분노와 공격성

표현적 욕구를 지닌 인질범의 경우에 인질을 볼모로 하여 자신의 불만을 표시하고자 한다. 편집증적 망상이나 정신증적 착란에 의하여 인질을 잡고 있는 경우에는 충동적인 공격행위를 예상해야 한다. 경찰과의 대치 상황은 이들에게 극도의 흥분을 야기할 것이며, 이들은 주로 폭발적인 공격성을 보이는 유형이기 때문에 협상 시에 인질의 안전에 만전을 기해야 한다.

우리나라 교정시설에 확정 판결을 받고 구금되어 있는 4인의 인질범 중에서 폭력과 살인전력이 있는 인질강도의 경우에 분노와 공격성 측면에서 보자면 돈을 목적으로 공범들과 사전에 모의하여 인질을 납치한 사람들보다 훨씬 위험성이 높은 것으로 나타났다. 주거침입 후 강도살인 등을 반복하다가 최종적으로 경찰과 대치하는 상황에서 벌어진 인질사건이라면 인질의 목숨에 대한 위험과 더불어 인질범의 자살 가능성도 고려해야 한다. 외국의 경우, 자살을 염두에 두고 경찰과의 대치 상황을 극단적으로 몰고 가는(suicide by cop), 즉 경찰을 촉발시켜 총기를 먼저 발사하게 하는 주객이 전도된 사망(precipitated killing)사건이 벌어지기도 한다.[2] 인질 협상 시 이런 가능성을 꼭 유의해야 할 것이다. 텍사스에서 있었던 다윗교의 경우에도 종말론을 신봉하고 있었으며, 지역공동체로부터 완전히 격리된 고립집단이었기 때문에 집단자살과 같은 극단적인 파괴행위에 대하여 미리부터 대응했다는 비판이 많았다. 인질범과의 협상 경험이 매우 결핍되어 있는 우리나라의 경우에는 인질범 자신과 타인에 대한 극단적인 파괴행위 가능성에 더 분석적이며 신중하게 대응할 필요가 있다.

공격성에 대한 표현적 혹은 자해적 욕구 때문에 인질사건을 벌이는 사람들에 비해 정치적 · 종교적 테러집단이 보이는 체계적인 테러행위는 도구적 공격성으로 이해해야 할 것이다(Bartol, 2002). 많은 테러리스트를 면담한 결과, 이들이 보였던 폭력행위의 가장 중요한 이유는 좌절감이었다(Knutson, 1984). 즉, 자신의 정치경제적 욕구나 목표에 대한 좌절이 이들을 분노하게 하

---

2) Yarbrough와 동료 연구자들(Hutson, Anglin, Yarbrough, 1998)은 '경찰에 의한 자살(suicide by cop)'을 연구하였다. 연구는 하버드 대학교와 남가주 대학교 연구팀에서 정리한 1987년부터 1996년까지 로스앤젤레스에서 경찰관이 관련된 총기사건을 대상으로 하였다. 분석결과 384건의 사건 중 단지 10% 정도가 경찰에 의한 자살인 것으로 판정되었다. 대부분의 경우에서 희생자는 남성이었고, 그들의 인종은 백인이거나 라틴계 사람들이었다. 자살시도 이전에 가정폭력, 음주, 약물복용을 한 경우가 많았다. 여자친구와 헤어졌다든지 이혼같이 관계가 파괴된 경우에 나타났는데, 인질범은 도움을 받을 수 없고 희망이 없다는 느낌을 받을 때 자살이 유일한 길이라고 생각한다. 그럼에도 직접 자살을 시도할 수 없을 때, 경찰을 이용하여 계획적으로 죽음에 이를 수 있는 방안을 계획한다고 한다. 일본에서는 자살이 영예로운 것으로 인식되어 왔지만, 미국에서는 여전히 자살은 부정적인 불명예라고 생각한다. 따라서 자살은 '나약하다'는 사회적인 불명예로 간주된다. 자살은 죄악시되고 대신 다른 사람의 총에 의해 죽음을 택하고자 시도하는 것이다. 그 동기가 무엇이든 범인은 경찰관의 방어적인 태도에 의해 결국에는 희생된다.

였다는 것이다. 거대사회가 이들이 목표하는 바를 이룰 수 있도록 허락해 주지 않아 극단적인 절망과 분노를 경험하게 되고, 결국 목표를 달성할 수단으로서 폭력행위를 야기했다고 해석할 수 있다.

## 6) 집단역동

프랑스와 스페인에 걸쳐 있는 바스크지역의 독립군인 ETA나 아일랜드의 IRA는 가족과 친구들로 구성된 지역사회의 지지를 받는 테러집단이다. 이런 조직에 참가하는 테러리스트는 지역사회와의 유대관계를 그대로 유지하고 있으며, 사회적으로 공유되는 기존의 가치체계를 그대로 지닌다. 하지만 급진적 무정부주의자가 주도하는 테러집단의 경우, 기존의 질서에 의해 유지되는 사회로부터 장기간 격리된 생활을 하게 된다. 이런 격리조직에 소속된 구성원들은 가족이나 친구들의 지지를 전혀 받을 수 없고 전통적인 의미에서의 사회적 관계망이 모두 단절된다. 따라서 자신을 끼워 준 조직이 유일한 지지세력으로서 군림하게 되고, 조직 내 구성원들을 동일시하여 소속감을 느끼려고 노력한다(Goddard & Stanley, 1994). 간혹 테러의 인질이 된 피해자에게서 나타나는 '공격자와의 동일시'가 바로 이 같은 심리적 지지에 대한 욕구 때문에 발생하게 되는 현상이라고 이해할 수 있다. 이러한 동일시 과정을 통하여 조직의 구성원들은 반사회적·파괴적 신념체계를 내면화하게 된다.

개인으로서는 불가능했던 폭력적인 행위를 집단에 소속됨으로써 수행하는 현상은 Milgram(1974)의 '권위에 대한 복종' 실험에서도 적나라하게 드러났다.[3] 실험에 참가했던 사람이 함께 실험에 참가했던 전혀 알지 못하는 무고한 사람들을 괴롭혔던 이유는 그들이 처했던 상황의 특성, 즉 집단역동으로밖에는 해명할 수 없다. 대부분의 경우에 집단 내에서 권위 있는 위치에 있는 사람들은 추종자들이 저지른 행위에 대한 책임을 덜어 줌으로써 그들을 도덕적 논란에서 회피하게 해 준다. 책임 분산 혹은 책임으로부터의 회피라고 볼 수 있는 이런 현상은 집단의 논리가 더 견고해질수록 강화된다. 예컨대, 종교적 신념이나 정치적 불가피성으로 논리를 무장하는

---

3) Milgram(1974)의 대표적인 실험으로, 이른바 '권위에 대한 복종'이라는 실험이다. 실험실에 연기를 잘하는 사람 한 명을 '학습자'라고 소개한 후, 이 학습자에게 학습을 시킬 사람들을 모집해서 이들이 선생 역할을 한다고 설명한다. 그리고 체벌의 효과를 알기 위해 이 연기를 하는 '학습자'가 틀릴 때마다 전기 쇼크를 주면서 효과를 잰다고 하였다. 틀릴 때마다 전기 쇼크의 강도가 더 올라갔지만 교사 역할을 하는 사람들은 고통스러운 연기를 하는 학습자의 표정에도 굴하지 않고 전기 쇼크를 더 가했음은 물론이고, 이 학습자에게 얼마만큼 더 고통을 가해야 하는가를 묻는 질문에 60% 이상이 450V까지 올려야 한다고 답하였다. 이로써 인간 세상에 존재하는 가학행위의 근원에 대한 한 가지 해답을 제시해 주었다.

경우에 개인은 집단의 가치에 몰입되어 자신의 행동에 대한 책임을 개인적으로 지려고 하지 않게 된다. 특히 이와 같은 책임 회피는 익명성을 보장받게 되면 더욱 강화된다. 김선일 씨의 살해를 수행한 사람들이 모두 두건을 쓰고 자신의 정체를 완벽하게 위장한 사실을 보더라도 익명성의 보장이 구성원 개개인의 양심의 자책을 무력화시켜서 극단적인 폭력행위로 몰아넣었음을 짐작하게 한다.

Hamm(2004)이 앞서 지적한 '신의 계시에 따른 폭력' 현상이 종교적 신념을 공유한 테러조직의 집단역동을 단적으로 설명해 주는 좋은 예일 것이다. 이 개념은 집단으로 행동하는 많은 조직의 구성원에게서 발생하는 무의식적인 조직 몰입 및 동일시로, 테러집단의 역동을 설명하지 않는다. 그보다는 훨씬 적극적인 의미에서 합리적이고 도구적으로 계산된 과정으로서 테러집단의 역동을 설명한다. 즉, '신의 계시'가 새로운 사회운동이라고 설득하는데, 이는 기존의 사회구조 자체가 불합리하기 때문에 반정부적(anti-government) · 역문화적(counter-culture) 질서가 필요하다는 것이다. 이런 가치관이나 신념체계를 주입받은 구성원들은 자신을 '변화의 편에 선 전사(a warrior on the move)'라고 인식한다(Lifton, 1999). 이런 방식으로 구성원들은 '도덕적인 초탈(moral transcendence)'의 경지에 이른다(Katz, 1988). 이들에게 폭력은 숭고한 목표를 달성하기 위한 유일한 수단이며 합리적 선택에 의한 것이다. 종교적 신념에 따라 이루어지는 집단에 대한 강력한 동일시는 자신의 신념체계와 일치하지 않는 자에 대한 미움을 길러 내고, 집단적 미움이 극도에 달하면 정부를 상대로 한 테러도 서슴지 않게 되는 것이다(Lamy, 1996).

## 4. 인질테러사건 프로파일링

범죄 행동에 대한 연구에서는 강간이나 살인 등 파괴적 행동에 일관된 패턴이 있다고 주장하였다(Canter, 1994; Ressler & Shachtman, 1992; Ressler et al., 1988). 서로 다른 개인들이 벌인 범죄 사건이 공통점을 지니고 있다거나(Canter & Fritzon, 1998) 성범죄에 있어 일련의 행동 패턴이 공유된다고 지적하는 연구(Canter & Heritage, 1990)에서는 인질사건에서도 행동의 일관된 유형을 찾고자 하는 노력을 촉진하였다.

Shye(1985)는 행동체제(action system framework)를 이용하여 행동의 결정권을 누가 가지고 있느냐, 행동으로 얻고자 하는 목표가 무엇이냐에 따라 네 가지 인질테러사건의 행동 유형을 구분하였다. 만일 테러 행동이 종교 혹은 정치 단체에 소속된 테러리스트처럼 외부 명령에 의해 외부 목표를 파괴할 목적으로 이루어졌다면 그런 유형의 폭력은 상당히 적응적(adaptive)이라고 할 것이다. 하지만 방화처럼 자신의 기분을 바꿀 목적으로 외부 목표를 향해 불을 지르는 행위를 하였다면 이런 유형의 파괴 행동은 표현적인 유형에 해당한다. 만일 기분 전환을 위해서 운동 등의 특정한 행동을 혼자 한다면 그것은 통합적인 행동 유형에 해당할 것이다. 마지막으로, 행동의 원천은 외부에 있고 목표는 내부에 있는, 예컨대 부모님 말씀에 따라 학업에 열중한다면 이는 상당히 규준에 일치된 보수적인 행동이 될 것이다. 즉, 행동의 발단과 목표의 내외 소재에 의해 테러리스트의 행위도 유형화된다.

Fritzon, Canter와 Wilton(2001)은 Shye(1985)의 유형론을 검증하기 위해서 1968~1979년까지의 테러사건이 수록된 책(『Transactional terrorism: A chronology of events』)에서 41개의 사건을 선정하여 44개 사건의 특성 변수들, 테러 장소, 위협 수준, 협상 과정 등을 토대로 점수화하였다. 테러사건의 특성상 어떤 하위유형이 존재하는지를 알아보기 위하여 자료에 대한 다차원 분석

그림 11-2  행동의 결정권과 목표를 근거로 한 인질테러사건 유형

을 실시하였다. 결과는 [그림 11-2]에 요약되어 있다.

인질사건 중에서도 해결 과정이 적응적이라고 볼 수 있었던 사건은 구체적으로 협상 방안이 존재했던 사건들로, 테러리스트와 의사결정권자 간에 대화가 적절히 이루어져서 협상에 도달한 것들이었다. 이들 사건에서는 인질범들이 지니고 있는 무기의 심각성에 대해 협상자들이 잘 알고 조심스럽게 접근했으며, 비교적 대치 시간이 긴 편이었다. 이 점은 협상 과정이 상당히 치밀하게 이루어진 것으로 평가될 수 있다. 테러리스트들의 요구사항은 상당히 명료했고, 그에 따라 일부 정치범을 석방한다든가 하여 테러리스트들의 요구에 부분적으로 응해 양자 간에 신뢰가 형성될 수 있었다.

그다음으로 테러행위가 단순히 표현적 목적에 근거하여 수행되었던 경우에는 협상의 진행이 상당히 어려웠다. 테러리스트의 요구는 변화무쌍했고, 여러 가지 위협을 했으며, 대화에 매우 폐쇄적인 반응을 보였다. 따라서 경찰 측의 협상 노선이 불안정할 수밖에 없었고, 이 경우에는 테러리스트가 지쳐서 항복하는 것으로 결말이 나는 경향이 있었다.

경찰 측과 인질에게 가장 위험스러운 경우는 통합적(integrative) 유형이었다. 인질이 죽고 테러리스트는 탈주하는 경우가 해당하는데, 이런 경우에는 자신의 기분에 의해 상황을 좌지우지할 것을 원하기에 별다른 위협이나 요구를 하기보다는 오히려 인질이나 테러리스트 자신을 죽음으로 몰고 갈 가능성이 높다. 이런 경우, 앞에서 언급했던 경찰에 의한 자살 위험성까지도 고려해야 한다.

마지막으로, 규범적·보수적(conservative) 유형의 테러사건은 경찰력이 상황을 장악하는 경우이다. 이런 유형의 테러에서는 간혹 인질과 테러리스트 간에 대화가 이루어져서 테러리스트가 심리적으로 설득되고, 그래서 결국 죽거나 체포되었다.

Wilson(2000)은 지난 30년 동안 발생했던 100건의 비행기 납치사건과 60건의 인질 대치 상황을 자료화하여 이들 사건의 공통 요소들을 기준으로 서로 다른 테러사건의 유형을 찾고자 하였다. Fritzon 등(2001)의 다차원 분석 결과가 사건의 특성에 근거하여 이루어져 있다는 점에 비해서 Wilson(2000)의 비행기 납치사건에 대한 분석은 납치 당시의 상황통제력, 납치를 위해 사용된 자원의 성격, 항공편의 납치 과정, 납치의 동기보다 심리학적 측면에 더 초점을 맞추고 있다는 점에서 차이가 있다. 이는 범죄자들의 심리적 특성은 어쩔 수 없이 파괴적인 상호작용을 통하여 발현된다는 연구결과에 근거한다(Canter, 1994; Canter & Fritzon, 1998; Ressler & Shachtman, 1992; Ressler et al., 1988; Wilson et al., 1997).

각각의 비행기 납치사건은 9개 요인에서 동질적인 프로파일을 가질수록 다차원 공간에서 근접하는 위치에 배정되도록 도식화되었다. [그림 11-3]에 나타나 있듯이, 팔레스타인 해방기구

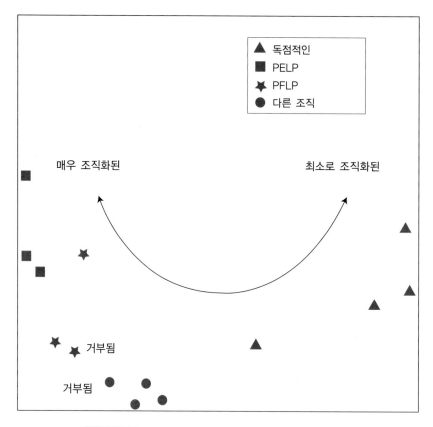

**그림 11-3** 다차원 분석결과 분류된 비행기 납치사건 유형

(PFLP)에 의해 저질러진 비행기 납치사건의 경우에 훨씬 조직화된 범행 특성을 지니는 것으로 나타나 개인에 의해 비조직적으로 저질러진 비행기 납치사건과는 현저하게 구별되는 것으로 분석되었다.

## 5. 인질 대치 상황과 협상

미국 FBI의 경우에 인질테러 대치 상황이 발생하면 2개 팀이 투입된다. 한 팀은 주로 진압을 목적으로 하는 SWAT(Special Weapon and Tactics) 팀이고, 다른 팀은 협상전문가들로 구성된 CNT(Crisis Negotiation Team)이다. 이들은 인질 대치 현장 책임자의 명령에 따라 적절히 협조하여 위기 상황에 대응해야 한다.

## 1) 인질 대치 상황의 특성

SWAT 팀은 인질 대치 상황에 우선적으로 도착하여 즉시 전초기지를 마련하여야 한다. 이 전초기지는 인질테러범의 도주를 막기 위해 매우 전략적으로 배치되어야 한다. 정복 경찰관들은 그다음으로 위험이 적은 외곽에 기지를 만드는 것이 좋다. 이들은 주로 정보를 수집하는 역할을 한다. 협상을 담당하는 CNT는 무엇보다도 경찰과의 대치로 극심한 불안과 좌절을 경험하고 있는 인질테러범의 기분을 누그러뜨리는 것이 필요하다.

Canter(2000)와 Taylor(2002)는 인질테러범과 협상 시 가장 효과적인 의사소통방법은 명시적(identity)이고, 도구적(instrumental)이며, 이성적(relational)이어야 한다고 지적하였다. 특히 협상자와 인질테러범 사이의 라포(rapport) 형성은 무엇보다도 중요하다. 라포 형성은 기본적으로 임상치료자와 내담자 사이에 형성되는 심리적인 지지로, 인질 대치 상황에서는 협상자가 인질테러범의 입장에서 상황을 이해하려고 노력하는 감정이입적 이해의 상태를 의미한다. 이런 감정이입적인 이해에서는 선입견이나 주관적인 잣대를 들이대는 일은 삼가야 한다. 협상자들은 일종의 중재자로서 인질테러범과 가능한 한 친밀한 느낌을 갖도록 노력하여 협력과 신뢰까지도 얻어 내야 한다. 이를 위하여 유용한 방법은 테러범의 요구나 반응에 높은 흥미를 표현하여 주는 일이다. 테러범은 자신이 주의를 받고 있고, 자신의 주장에 귀를 기울이고 있다고 생각하게 되면 극도의 긴장 상태에서 나름대로 상당한 수준의 카타르시스를 경험하게 된다(Yeschke, 1981).

## 2) 협상의 전략

극도의 긴장이 발생하는 인질 대치 상황에서 '대화'는 상황의 긴박성에 대응하는 가장 중요한 요건이다. 따라서 협상자는 꼭 인내심 있는 청취자여야 한다. 또한 인질범의 요구의 실체가 무엇인지 분석할 수 있는 통찰력이 있어야 한다. 이를 위해서는 교류분석기법이 비교적 유용하다고 알려져 있다.[4] 따라서 상담기법(김충기, 강봉규, 2001)을 훈련받은 상담전문가를 협상자로 활

---

4) 교류분석은 경험을 지향하는 상담에서 종종 놓칠 수 있는 상담 과정을 위한 인지적인 기초를 제공한다. 이 접근의 주장은 내담자가 스스로 희생자처럼 생각하는 자세를 없애고, 초기 결단에 속박되어서는 안 된다는 것을 깨닫도록 하는 것이다. 특히 재결정치료는 어떻게 초기 결단이 만들어지는지, 또 어떻게 초기 결단이 현재의 자기패배적 생활자세와 관련되어 있는지, 게임이 어떻게 나쁜 감정을 영속화시키는지, 우리의 삶이 잘못 이해된 계획과 각본에 의해 어떻게 지배되는지를 이해하는 데 유용한 개념적 기초를 제공해 준다. 개념적으로 재결정치료는 구성원이 오래되고 낡은 생활각본에서 자신을 자유롭게 하고, 성공적이고 의미 있는 삶을 사는 데 필요한 도구를 제공해 준다.

표 11-1 협상의 가이드라인

- 상황을 접수하여 안정시키기
- 협상 시 시간을 지연시키기
- 인질들이 말을 하도록 유도하기: 이야기를 하는 것보다는 듣는 것이 중요
- 인질범에게 먼저 제안하지 말 것
- 인질의 안녕에 계속적으로 주의를 기울이기: '인질'이란 명칭은 가능한 한 피하기
- 가능한 한 솔직할 것: 속임수는 피하기
- 어떤 요구사항도 사소한 것이라고 무시하지 말 것
- 결코 "안 돼."라고 말하지 말 것
- 데드라인을 정하지 말 것: 데드라인을 받아들이지 말 것
- 대안적인 제안을 하지 말 것
- 협상 과정에서 법집행자가 아닌 다른 사람을 소개하지 말 것
- 인질 교환을 허용하지 말 것: 인질과 협상을 바꾸지 말 것

출처: Fuselier & Noesner(1990: 10).

용하는 것도 좋은 방안이다.

〈표 11-1〉에는 협상 시 활용해야 하는 전략을 순차적으로 나열해 놓았다. 이때 유의할 점은 협상자는 인질 대치 상황에서의 긴박감이 주는 신체적 · 정신적 스트레스에 매우 유연하게 대처해야 한다는 것이며, 이를 위해서는 인질범의 요구를 주의 깊게 청취하고 감정이입을 해야 하지만, 결코 감정적으로 몰입하거나 이성을 잃어서는 안 된다. 이를 위해서는 '안 돼.' '꼭 해야 해.' 등의 감정이 실린 단어들을 단언적으로 표현하는 것은 가능한 한 삼가는 것이 좋다.

훌륭한 협상자는 논쟁을 하지 않고, 너그러움을 잃지 않으며 인질범에게 인질을 석방하도록 권유해야 한다. 인질범이 인질들을 위협할 만한 아주 사소한 단서에도 매우 민감해야 하며, 인질범과 인질 사이의 긴장이 고조되는 듯하면 인질범의 주의를 다른 곳으로 적절히 환기시킬 필요가 있다. 특히 인질범의 요구사항을 들어주면서 시간을 지연시키는 것이 중요하다. 시간 약속은 가능한 한 회피하는 것이 좋고, 요구사항, 예컨대 담배를 보내 달라는 요구가 있을 시 인질을 한 명 풀어 줘야 한다와 같은 대가를 꼭 지불하도록 유도해야 한다. 상황을 평화적으로 해결할 수 있는 다양한 가능성을 제시해야 하지만 직접 나서서 협상 조건을 제안하거나 받아들이는 것은 삼가야 한다. 또한 훌륭한 협상자는 상황이 변화함에 따라 자신의 태도와 입장을 융통성 있게 변화시켜야 하지만 절대 거짓말은 피해야 한다(Hatcher et al., 1998). 가족이나 친지 등이 대신 협상에 나서도록 해서는 안 되며, 책임 있는 결정권자가 직접 협상에 나서게 하는 것도 위험 부담이 너무 많다. 언제나 잊지 말아야 하는 가장 중요한 요건은 인질의 생명에 대한 위협이

다. 인질 협상의 가장 주요한 목표는 상황의 종료가 아니라 인질의 안전한 귀환이다.

## 3) 인질 협상 시 위험 요인

일본의 경찰공무원을 대상으로 했던 인질 대치 상황에서의 위험 요인을 평가하기 위한 연구에서는 경찰이 인질범들의 위험을 어떻게 평가하는지 조사하였다. 참고로 1970년부터 2002년까지 일본에서는 116건의 인질사건이 발생하였으며, 이 중 37건(35.9%)의 경우에 인질이 다쳤고 4건(3.4%)만 인질이 살해되었다. 이런 사실을 토대로 인질범은 어떤 상황에서 인질을 살해하는지 그리고 위험성을 높이는 지표는 무엇인지 조사하였다(Yokota et al., 2004).

대부분의 경찰은 인질이 상해나 죽음을 맞이하는 이유로 인질의 충동적이며 참을성 없는 행동 반응을 지적하였다. 또한 경찰이 인질범과 대화를 효과적으로 잘하지 못하는 점과 인질범이 자신의 요구가 관철되지 않을 것이라고 생각하는 점 등이 위험 요인으로 지각되었다. 그다음 위험 요인으로 지적되었던 사항은 인질범이 정신장애가 있는 경우였다.

## 6. 테러인질로서의 피해 경험

## 1) PTSD

PTSD란 일종의 불안장애(Chemtob & Carlson, 2004)로, 생명을 위협하는 심각한 상황에서 심리적 충격을 받은 후에 일어나는 정신장애 증상을 말한다. 심각한 외상적 사건이란 전쟁, 자동차 사고, 폭행, 강간, 테러 및 폭동, 지진, 홍수, 화산폭발 등을 말하는데, 인질범 개인이나 테러집단에 의해 인질로 잡혀 있는 경험은 피할 수 없는 외상 경험을 야기하는 것으로 알려져 있다(Lanza, 1986).

PTSD의 구체적인 증세는 세 가지 정도로 요약할 수 있다. 첫째, 외상적인 사건이 반복적으로 경험된다. 예를 들면, 꿈에 계속 나타난다거나, 반복적으로 그 사건이 생각난다거나, 마치 그 사건이 일어나고 있는 것 같이 행동하거나 느끼는 경우 등이 이에 해당한다. 둘째, 외상 사건을 생각나게 하는 것들을 회피한다거나(사건과 관련된 생각이나 대화를 피하거나 그 사건의 중요한 부분을 회상하지 못하기도 한다) 전과는 달리 반응이 둔화된다(활동이나 흥미가 감퇴되고 정서적으로 위축된다). 셋째, 불면증, 분노의 폭발, 집중력 감퇴, 놀람 반응 등 과민 상태가 지속된다. 이런 증세는 나아가 우울, 불안, 일상생활에서의 집중 곤란, 흥미 상실, 대인관계에서의 무관심과 멍청한 태도, 짜증, 놀람, 수면장애 등을 야기하기도 하고, 정신적인 무감각과 부정기적인 피로감, 두통, 근육통 같은 신체 증상 등이 동반되며, 흔히 기억장애나 공황발작, 미칠 것 같은 과잉행동, 심리적 위축으로도 나타난다. 장기적으로 이런 반응이 지속되면 고혈압, 심장질환과 같은 심인성정신질환으로 발전될 수 있으며, 약물이나 알코올 남용이 병발하기도 한다.

Graham(1994)은 특히 인질이 되었던 적이 있는 대부분의 피해자가 PTSD를 광범위하게 경험한다고 보고하였다. 예컨대, 인질 상태에서 벗어났음에도 인질 대치 당시의 급박한 상황이 꿈을 꿀 때 나타난다거나, 여전히 극도의 긴장감이 유지되어 정상적인 상태에서 일상 업무에 임할 수 없거나, 간혹 낯선 사람을 만나야 한다거나 유사 스트레스를 느끼는 상황이 되면 심리적으로나 생리적으로 위축되고 침체되는 반응을 한다고 인질 경험을 했던 많은 사람이 보고하였다.

## 2) 스톡홀름 신드롬

'스톡홀름 신드롬'이란 1973년 스웨덴의 스톡홀름에서 일어난 인질사건에서 유래한 개념으로, '인질이 오랜 시간 범인에게 잡혀 있다 보면 나중엔 범인에게 동조적이고 협조적인 태도를 갖게 되는 현상'을 말한다.

이 용어는 1973년 8월 23일 스톡홀름의 Sveriges Kredit 은행강도 미수사건에서 유래하였다. 은행강도인 잔 에릭 올슨은 2명의 여자 행원 등 4명의 은행원을 인질로 삼아 131시간 동안이나 경찰과 대치하는 인질극을 벌였다. 처음에 올슨은 인질들을 귀중품 보관함에 감금하였는데, 감방 동료의 석방을 요구하여 후에 감방 동료가 합류함으로써 2명의 인질범과 4명의 인질 등 모두 6명이 131시간을 경찰과 대치했다. 경찰과의 대치 상황이 지속되면서 인질과 인질범들은 극도의 생명의 위협을 공유하였고, 그 속에서 긴장감과 공포를 공감하면서 심리적 유대관계를 형성하였다. 인질범들과 본의 아니게 한 배를 타게 된 인질들에게 경찰은 인질범뿐 아니라 자신의 생명도 위협할 수도 있는 대상으로 지각되기에 이르렀고, 서로의 이익이 공감대를 형성하면서 집단몰입 현상이 벌어지게 된 것이다. 협상 과정에서 인질이 된 여행원은 수상과의 전화통화에서 경찰이 자신의 생명까지도 위협하고 있으며, 인질범들이 오히려 자신의 안위를 보호하고 있다고 주장하였다. 이 여인은 인질범이 사회의 희생자라고 생각하였고, 인질범과 결국에는 결혼까지 하였다.

이런 현상을 정신분석학적으로 설명하자면 아마도 공포의 대상에게 호감을 가짐으로써 그에 대한 두려움에서 탈출하여 생명에 대한 위협을 제거한다고도 해석할 수 있을 것이며, 굳이 이와 같은 오이디푸스적 해석이 아니어도 일종의 세뇌 과정으로 인질범의 가치관에 대한 동일시가 일어났다고도 해석할 수도 있을 것이다(Bartol, 2002). 하지만 인질이 인질범에게 호감을 느끼는 현상은 FBI의 HOBAS 시스템에 입력된 1,200건의 연방 혹은 주 인질사건 중 단지 8%의 인질에게서만 나타나는 매우 희귀한 현상으로 확인되었다(Fuselier, 1999).

Goddard와 Stanley(1994)는 인질들이 오히려 테러집단의 가치관을 내면화하게 되는 이 같은 심리 현상은 학대하는 부모와 아동의 밀접한 관계와 흡사하다고 지적하였다. 학대를 일삼는 가정은 주로 매우 소외되어(alienated) 있고, 비사회적(asocial)이며, 고립되어(isolated) 있는 가정들이다. 테러집단 역시 마찬가지인데, 기존의 사회질서로부터 괴리되어 생활하기 때문에 기존의 가치관이나 신념체계를 유지하기보다는 자기만의 독특한 가치 질서가 생성된다. 인질이 처음 이런 조직의 구성원으로 유입되는 경우에 그들은 매우 이해할 수 없고 예측 불가능한 상황으로 빠져들게 된다. 특히 인질범이 위협을 하기 위해 사용하는 폭력은 매우 높은 수준의 불안을 야기한다(Wardlaw, 1982).

학대받는 아동처럼 이런 폭력행위에 대하여 처음에는 외부의 도움을 찾으려고 모색하지만 자신이 외부 세계로부터 완전히 고립되어 있다는 점을 인식하게 되면 점점 자포자기하게 되고, 기존의 사회적 통제와 보호로부터 전혀 도움을 구할 수 없음을 깊이 인식하게 된다. 이 같은 무기력 상태가 결국 인질이 인질범에게라도 심리적으로 의존하려는, 그래서 모호한 상황에 대한 통제력과 예측력을 조금이라도 증진시키려는 욕구를 야기하게 하는 것 같다(Symonds, 1979).

테러리스트에 대한 의존성이 급증하는 현상에 대하여 Strenz(1982)는 일종의 심리적 퇴행 현상이라고 해석하였다. 정신분석학적으로 보자면 극도로 공포스러운 납치 상황에 대하여 인질은 무의식적으로 방어를 하고자 하는데, 결국 이 같은 이유 때문에 부인이나 퇴행과 같은 방어기제를 사용할 수 있다. 즉, 자신이 스스로의 의사에 반하여 납치되었다기보다는 어느 정도 자신의 자발적 의지가 개입되어 있었다는 식의 사후합리화로 납치된 상황의 불법성을 평가절하하고, 대신 극도의 불안을 피하기 위한 방법으로서 테러범에게 오히려 심리적으로 의존하는 퇴행적 반응을 경험한다. 이는 학대를 받는 아동에게서 학대하는 부모에 대한 미움과 공경이 동시에 공존하는 현상으로도 이해할 수 있다. 더구나 간혹 학대받는 아이들이 오히려 학대하는 부모의 가치관을 동일시하는 '아동성학대수용증후군(child sexual abuse accommodation syndrome)' 같이 인질은 생존에 위협적인 상황에서 살아남기 위한 유일한 대안으로 인질범의 가치관을 동일시하는 현상이 나타나기도 한다. 성폭행 피해아동이 성폭행 사실에 대해 오히려 자신의 잘못을 자책하듯이, 장기간 인질이 되었던 피해자에게 자책하는 현상이 보고되기도

하는 점은 정신분석학적으로 해석하자면 생존을 위한 '거부'와 '합리화'의 극단적인 사례이다 (Larson & Maddock, 1986).

## 7. 결론 및 제언

국내에서 수행되었던 연구는 인질테러에 대하여 대부분 정치·외교적 혹은 종교적 목적의 테러만을 대상으로 하고 있는 듯했다. 하지만 FBI를 비롯하여 외국의 정보기관에서는 앞서 지적한 대로 네 가지 가능성을 가정하고 각각의 경우에 적당한 대응 방안을 모색하고 있었다. 정신장애인이 벌이거나 교도소에서 벌어지는 인질사건의 경우에 억압되어 온 자신의 불만에 대해 표시하려는 욕구가 발로되어 비교적 즉흥적으로 발생하는 경우가 많았다. 따라서 이런 동기에서 출발한 인질사건은 일종의 병리적인 현상으로 보는 것이 적합하다는 입장이 지배적이었

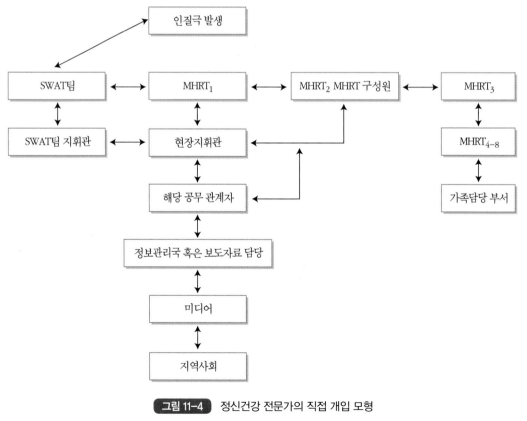

**그림 11-4** 정신건강 전문가의 직접 개입 모형

출처: Ebert(1986).

다. 반면, 강도 끝에 탈출 수단으로 무고한 시민을 볼모로 잡는 경우에 이는 상당히 도구적인 이유로 사건이 발생하는 경우에 해당한다. 나아가, 종교적이나 정치적 목적으로 테러조직이 개입된 인질사건의 경우에는 나름대로 합리적인 논리에 근거하여 사건이 구성된다. 이런 류의 인질사건은 정상적이고도 합리적인 판단 과정에 의해 발생했다고 보아야 할 것이다. 하지만 그 어떤 경우라도 인질테러는 곧 폭력범죄이고, 협상의 궁극적 목적은 인질의 안전한 귀환이란 점을 잊어서는 안 될 것이다.

　서구의 여러 국가에서는 인질 협상은 전문적인 훈련을 받은 협상전문가가 맡는 것이 적합하다는 점을 현실적인 대안으로 반영하고 있다(Hatcher et al., 1998). FBI의 CNT에는 실제로 상담 기술을 익힌 다수의 전문가가 고용되어 있으며, 요즘에는 이들을 협상자로 활용하고 있다. 이 중 다수는 정신건강 전문가로서 인질의 이상동기나 이상행동 패턴에 대해 잘 알고 있으며, 이에 어떻게 순간순간 대응해야 하는지 훈련을 받은 자들이다. 이들은 실제 사건을 방불케 하는 모사실험을 통하여 수많은 상황에 대한 협상 기술을 익히고 터득하는 훈련을 거친다. [그

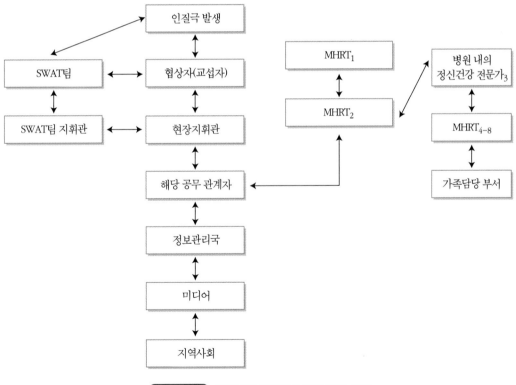

**그림 11-5** 정신건강 전문가의 간접 개입 모형

출처: Ebert(1986).

림 11-4]와 [그림 11-5]에는 정신건강 전문가들(Mental Health Response Team: MHRT)을 협상 당사자로 활용할 때 SWAT팀이나 명령본부와는 어떤 관계를 맺어야 하는지 가상 모형이 제시되어 있다. [그림 11-4]는 정신건강 전문가가 직접 협상당사자로서 역할을 하는 모형이며, [그림 11-5]는 이들이 단지 자문가로서 활동하는 상황이다. 물론 사회문화적 특성에 따라 [그림 11-4]나 [그림 11-5]의 모형 중 어떤 모형이 적합할지는 달라질 수 있다. 하지만 눈여겨볼 점은 두 모형 모두에서 협상의 기본개념을 인질테러범과의 대화와 욕구 파악, 설득 및 타협에 두고 있다는 점이다. 이와 같은 인질 대치 상황에 대한 기본적인 이해는 속전속결이라는 전쟁 용어에 익숙한 국내의 인질사건 접근방식과는 상당한 차이를 보인다. 이 점에 대해서는 앞으로 국내의 해당 기관에서 숙고해 보아야 한다.

## 참고문헌

김충기, 강봉규(2001). 현대상담의 이론과 실제. 서울: 교육과학사.

박기륜(2004). 국제범죄론. 서울: 비전캐릭터.

홍순남(2002). 국제테러리즘과 인질협상사례연구. 대테러연구, 25, 313-377.

Bartol, C. R. (2002). *Criminal behavior: A psychosocial approach*. New Jersey: Upper Saddle River.

Borum, R., & Strentz, T. (1993). The borderline personality: Negotiation strategies. *FBI Law Enforcement Bulletin, 61*(8), 6-10.

Butler, W., Leitenberg, H., & Fuselier, G. D. (1995). Child hostages: incidence and outcome. *Journal of Interpersonal Violence, 10*(3), 378-383.

Canter, D. (1994). *Criminal shadows*. London: Harper Collins.

Canter, D., & Fritzon, K. (1998). Differentiating arsonists: A model of firesetting actions and characteristics. *Legal and Criminological Psychology, 3*, 73-96.

Canter, D., & Heritage, R. (1990). A multivariate model of sexual offence behaviour: Developments in 'offender profiling' I. *The Journal of Forensic Psychiatry, 1*(2), 185-212.

Canter, D. (2000). Offender profiling and criminal differentiation. *Legal and Criminological Psychology, 5*, 23-46.

Chemtob, C. M., & Carlson, J. G. (2004). Psychological effects of domestic violence on children and their mothers. *International Journal of Stress Management, 11*(3), 209-226.

Ebert, B. W. (1986). The mental health response team. *Professional Psychology: Research and Practice, 17*(6), 580-585.

Fields, R. (1978). Hostages and torture victims: Studies in effects of trauma induced stress. *In Second International Conference on Psychological Stress and Adjustment to Time of War and Peace, Jerusalem.*

Fields, R. M. (1979). Child terror victims and adult terrorists. *Journal of Psychohistory, 7*(1), 71-76.

Fritzon, K., Canter, D., & Wilton, Z. (2001). The application of an action system model to destructive behavior: The examples of arson and terrorism. *Behavioral Sciences and the Law, 19*, 657-690.

Fuselier, G. D. (1999). Placing the Stockholm syndrome in perspective. *FBI Law Enforcement Bulletin, 68*(7), 9-12.

Fuselier, G. D., & Noesner, G. W. (1990). Confronting the terrorist hostage taker. *FBI Law Enforcement Bulletin, 28*, 1-6.

Goddard, C. R., & Stanley, J. R. (1994). Viewing the abusive parent and the abused child as captor and hostage: The application of hostage theory to the effects of child abuse. *Journal of Interpersonal Violence, 9*(2), 258-269.

Graham, D. L. R. (1994). *Loving to survive: Sexual terror men's violence and women's lives.* New York: New York University Press.

Hamm, M. S. (2004). Apocalyptic violence. *Theoretical Criminology, 8*(3), 323-339.

Hatcher, C., Mohandie, K., Turner, J., & Gelles, M. G. (1998). The role of the psychologists in crisis/hostage negotiations. *Behavioral Sciences and the Law, 16*, 455-472.

Hutson, H. R., Anglin, D., & Yarbrough, J. (1998). Suicide by cop. *Annals of Emergency Medicine, 32*, 665-669.

Israeli, R. (1997). Islamikaze and their significance. *Terrorism and Political Violence, 9*, 96-121.

Katz, J. (1988). *Seduction of crime.* New York: Basic Books.

Knutson, J. N. (1984). Toward a United States policy on terrorism. *Political Psychology, 5*(2), 287-294.

Lamy, P. (1996). *Millennium rage: White supremacists and the doomsday prophecy.* New York: Plenum.

Lanza, M. L. (1986). Victims of international terrorism. *Issues in Mental Health Nursing, 8*, 95-107.

Larson, N. R., & Maddock, J. W. (1986). Structural and functional variables in incest family systems: Implications for assessment and treatment. *Journal of Psychotherapy and the Family, 2*, 27-44.

Lifton, R. J. (1999). *Destroying the world to save it: Aum Shinrikyo, apocalyptic violence, and the new global terrorism.* New York: Metropolitan.

Merari, A. (1990). The readiness to kill and die: Suicidal terrorism in the Middle East. In W. Reich (Ed.), *Origins of terrorism: Psychologies, ideologies, theologies and states of mind.* Cambridge: Cambridge University Press.

Merton, R. K. (1975). *Social theory and social structure*. New York: Free Press of Glencoe.

Milgram, S. (1974). Behavioral study of obedience. *Journal of Abnormal and Social Psychology, 67*, 371-378.

Miron, M. S., & Goldstein, A. P. (1978). *Hostage*. New York: Pergamon.

Noesner, G. W., & Dolan, J. T. (1992). First responder negotiation training. *FBI Law Enforcement Bulletin, 60*(8), 1-4.

Post, G. (1983). Notes on a psychodynamic theory of terrorism behavior. *Terrorism: An International Journal, 7*, 241-256.

Ressler, R, K., Burgess, A. W., & Douglas, J. E. (1988). *Sexual homicide: Patterns and motives*. Lexington, MA: Lexiton Books.

Ressler, R. K., & Shachtman, T. (1992). *Whoever fights monsters*. London: Simon and Schuster.

Roberts, A. (2002). Counter-terrorism, armed force and the laws of war. *Survival, 44*, 7-32.

Shye, S. (1985). Nonmetric multivariate models for behavioral actions systems. *In Facet Theory Approaches to Social Research* (pp. 97-148). New York: Springer Verlag.

Strenz, T. (1982). The Stockholm syndrome: Law enforcement policy and hostage behavior. In F. M. Ochberg & D. A. Soskis (Eds.), *Victims of terrorism* (pp. 149-164). Boulder, CO: Westview.

Süllwold, L. (1981). Stationen in der Entwicklung von Terroristen. *In Lebenslaufanalysen* (pp. 79-116). VS Verlag für Sozialwissenschaften.

Sutherland, E. H. (1949). *White collar crime*. New York: Holt, Rinehart & Winston.

Symonds, D. (1979). *The evolution of human sexuality*. New York: Oxford University Press.

Taylor, A. J. W. (2002). *Coping with catastrophe: Organizing the responders*. Paper prepared for the Ninth Annual ASTSS Conference on Traumatic Stress, Auckland, March 7-10.

Wardlaw, G. (1982). *Political terrorism: Theory, tactics and counter-measures*. Cambridge: Cambridge University Press.

Wilson, M. A. (2000). Toward a model of terrorist behavior in hostage-taking incidents. *Journal of Conflict Resolution, 44*(4), 403-424.

Wilson, M. A., Canter, D., & Jack, K. (1997). The psychology of rape investigation: A study in police decision making. Swindon, UK: ESRC.

Yeschke, C. (1981). A bargain for life, basics of hostage negotiations. *Illinois Polics Officer, 12*(4), 53-84.

Yokota, K., Iwami, H., Watanabe, K., Fujita, G., & Watanabe, S. (2004). High risk factors of hostage barricade incidents in a Japanese sample. *Journal of Investigative Psychology and Offender Profiling, 1*, 139-151.

# 가정폭력[1]

## 1. 서론

### 1) 가정폭력범죄에 대한 이해

2017년에서 2021년까지 발생한 우리나라의 폭력범죄는 2017년 238,789건, 2018년 233,392건, 2019년 232,316건, 2020년 210,241건, 2021년 180,460건으로 감소하는 추세이다(대검찰청, 2022). 2021년 통계를 보면 폭력범죄는 타인을 대상으로 발생하는 비율이 33.3%로 가장 높았고, 다음으로 이웃이나 지인을 대상으로 발생하는 비율이 8.6%, 친구나 애인을 대상으로 발생하는 비율이 5.5%, 친족을 대상으로 발생하는 비율이 16.1% 순으로 나타났다. 그러나 타인에 의한 폭력사건의 경우에 대부분 경찰이 개입하여 사건을 마무리하고 있어 폭력범죄의 범죄율이 다소 높게 나타난다. 반면, 가정폭력의 경우에 피해자-가해자 관계의 특이성 때문에 대부분 집안일로 치부되어 주변 사람들이 방관하기 십상이고, 피해 당사자도 다른 사람에게 자신의 가정사가 알려지기를 꺼리기 때문에 다른 범죄에 비해 신고가 비교적 쉽지 않다. 2013년부터

---

1) 이 장은 한국사회및성격심리학회, 한국심리학회지: 사회 및 성격, 20(2), 한국경찰연구, 13(4)에 게재된 내용을 재구성한 것이다.

2021년까지 가정폭력의 발생건수는 2014년까지 감소하다가 2017년도부터 2021년까지 점차 증가하였고, 그에 따른 가정폭력의 검거율 또한 상당히 증가하였다. 또한 가정폭력의 처분 결과는 2015년 이후 기소율은 높아지고 불기소율은 점차 낮아지고 있다(박복순 외, 2019). 하지만 불기소처분 중 기소유예 사유는 여전히 피해자의 처벌불원 의사에 따른 비율이 가장 높다.

가정폭력은 한 가정 내의 가족구성원 중에서 한 사람이 다른 가족구성원에게 의도적으로 물리적인 힘을 가하거나, 정신적으로 학대하여 고통을 주는 행위로 규정된다(Straus & Gelles, 1990). 가정폭력은 남성이 지배성을 가지고 우위에 놓여 있는 부부 유형에서 가장 빈번히 발생한다는 연구결과가 있다. 해당 연구에서는 남성들이 가부장제를 고수하려는 경향이 있다고 말하며, 많은 한국인 남편은 전통적인 남성 지배적 권력구조를 변화시키는 것이 조화로운 부부관계를 위태롭게 할 것이라는 사고의 경향을 가지고 있을 가능성에 대해 이야기하였다(김재엽, 1997). 이런 생각은 가정폭력을 행하는 가해자에게 한정되는 것이 아니라, 한국 사회에서 일반적으로 볼 수 있는 부부관계로 이해하는 사람이 꽤 있다는 점에서 문제가 발생한다. 실제로 국내의 한 연구에서는 기혼 남성 419명과 기혼 여성 852명에게 아내 구타에 대한 태도를 설문조사한 결과, 아내 구타가 가능하다고 답한 응답자가 남성 30.8%, 여성 22.9%로 차이가 있었으며, 이러한 차이는 통계적으로도 유의수준 .01에서 유의미한 결과로 나타났다(김재엽, 1998). 이는 한국 사회에서는 아내 학대에 해당하는 행위가 남편에게 허용되는 권리로 간주되고 있음을 보여 준다.

배우자 폭력은 모든 사회경제적 계층, 인종, 민족집단에 걸쳐 공통적으로 나타나는 심각한 사회문제로서 특히 가정폭력 피해자에 의한 가해 배우자 살인사건은 배우자 폭력의 여러 부정적인 결과 중에서도 가장 비극적인 결과를 가져온다. 2004년 우리나라에서는 청주여자교도소에 수감된 수형자 531명 중 133명이 남편살해로 수감되었고, 이 중 82.9%는 피학대경험이 있었다고 보고하였으며, 44.5%는 범행 동기에 대하여 남편의 학대로 응답한 것으로 나타나(김영희, 박광배, 이재희, 2004) 여성에 의한 살인의 상당수는 배우자로부터의 학대가 동기라는 외국의 실태(Kaser-Boyd, 1993; O'Keefe, 1998)와 크게 다르지 않은 것으로 나타났다.

미국에서는 이전부터 폭력적인 배우자를 살해한 것으로 기소된 상당수의 여성에게 중형이 구형되던 과거와 달리 무죄나 감형의 판례가 늘어나고 있는데(O'keefe, 1997), 이는 전문가 증언[2]

---

2) 전문가 증언제도는 가정폭력의 심각성과 가정폭력 피해자의 심리 상태에 대한 일반인(판사와 배심원)들의 이해 부족이 판결에 중대한 영향을 주고 있음을 고려하여 의료 및 심리학자로 구성된 전문가의 견해를 중요한 자료로 채택하는 것으로, 최근에는 의료 및 심리학 학위와 관련하여 연구 실적이 있는 전문가에 한정되었던 기존의 규정에서 나아가 그 범위가 가정폭력 상담 경험이 있는 비의료인 상담전문가까지 확장되어 가고 있는 추세이다(Zykorie, 2002).

의 효과적인 활용결과로 해석될 수 있다. 대개의 전문가 증언에서는 가정폭력 피해 여성의 특징을 피학대여성증후군 혹은 PTSD, 나아가 정당방위로 개념화함으로써 이들 여성의 변호에 논리와 근거를 마련하였다. 이런 결과는 과거부터 가정폭력 피해 여성의 심리적 특성 및 행동과 관련된 활발한 연구를 통해 관련 지식이 축적되었기 때문에 가능했던 것으로 평가되고 있다(Maguigan, 1998).

　국내에서도 상습적인 가정폭력에 시달리다가 남편을 살해한 여성에 대해 법원이 처음으로 PTSD로 인한 심신미약을 인정한 사건이 보고된 바 있다(오마이뉴스, 2005). 그러나 이는 아주 드문 예로 이명숙(2005)은 청주여자교도소에 수감 중인 남편을 살해한 아내의 30% 정도가 무기징역을 선고받았고, 유기징역의 경우에는 평균 형량이 9년으로, 이들이 과중한 형량을 받고 있는 것을 볼 때 사법체계 내에서 지속적인 학대가 주는 고통에 대한 이해가 아직 부족하다고 지적하였다. 이런 문제에 대해 이수정(2006)은 아내의 남편 살해 사례를 위한 법제도적 개선 방안으로서 전문가 증언제도의 활용, 전담법원의 도입 등을 제안한 바 있다. 또한 2004년 서울여성의 전화 주최로 가정폭력 피해 여성의 배우자 살인에 관한 토론회가 열리는 등 국내에서도 배우자를 살해한 가정폭력 피해 여성에 대한 관심이 나타나기 시작했다. 향후 실질적인 제도 변화로 이어지기 위해서는 여성학, 심리학, 사회복지학, 법학 등 관련 학계와 분야에서의 체계적인 연구와 논의를 통해 관련 지식의 축적이 필요할 것으로 보인다.

## 2) 가정폭력사건에 대한 법률 및 시행 제도

　가정폭력의 위험성의 인지와 피해자 안전 보호 시스템의 필요성에 대한 주장은 점차 증가하는 것으로 보이지만, 아직까지 가정폭력범죄의 경우에 형사사법체제에 대한 신뢰성이나 효율성에 대한 확인이 미흡한 것으로 보인다. 가정폭력은 특례법이 만들어지기 전까지 폭행죄, 상해죄와 같이 폭력과 관련된 법률에 의거하여 가족원 간의 폭력행위를 처벌했다(김익기, 심영희, 1991). 그러나 가정폭력으로 인해 살인범죄가 일어나는 등 점차 심각해지는 사건의 양상이 알려지고, 가정폭력을 가정사가 아닌 사회적 문제로 인식하게 되면서 「가정폭력범죄의 처벌 등에 관한 특례법」(약칭: 「가정폭력처벌법」)이 1997년 12월 13일에 제정되었고, 1998년 7월 1일부터 시행되었다.

　「가정폭력처벌법」은 강력한 처벌에 집중하기보다는 교화하여 가정으로 복귀할 수 있도록 형사처분뿐만 아니라 보호처분에 대한 내용도 중점적으로 포함되어 있다. 교화를 통해 가정의 평화와 안정을 회복하고 건강한 가정을 가꾸는 데 중점을 두기 때문에 대부분의 처분이 보호처분을 깊게 고려하게 된다. 「가정폭력처벌법」 제1절을 자세히 살펴보면 사법경찰관, 검사, 그리고 법원에서 보호처분의 상당성에 대해 판단할 수 있도록 명시되어 있다. 그러나 어떤 기준과 평가에 의해 상당성이나 필요성을 판단할 수 있는지에 대해서는 명확하게 제시되어 있지 않다. 이것은 객관적인 정보에 의해 법적인 결정이 이루어지기보다는 사법경찰관, 검사, 법원의 주관적인 해석이 포함될 수 있음을 의미한다.

제9조 제2항에서는 피해자의 의사에 반하여 검사가 고소할 수 없으며, 제12조에서 법원은 피해자의 의사를 존중하여 가정보호사건 송치를 결정하게 된다. 피해자의 의사를 존중하여 법적인 결정에 중요한 영향을 끼치는 것은 당연한 일이다. 하지만 가정폭력범죄의 경우에 가해자와 피해자의 관계가 가족이라는 일차집단의 구성원으로 이루어져 있어서 피해자가 가해자에게 의존하는 관계일 가능성이 높다. 이 법률의 조항에서는 각 형사사법체제에서 이러한 특수성을 이해하지 못한 채로 피해자의 의사를 중요시하는 것을 알 수 있다. 제5조, 제8조, 제29조에서는 각 형사사법체제에서 응급으로 임시조치를 취할 수 있도록 명시하고 있다. 피해자와 가해자의 격리는 긴급하고 신속하게 결정되어야 하는 사안인데도 이러한 결정의 기준이나 평가방법에 대한 내용은 언급되어 있지 않다.

가정폭력은 가족구성원 간의 범죄 피해와 가해가 발생하기 때문에 보호처분을 통하여 교화를 시도한다면 보호처분의 과정과 결과를 반드시 확인하여야 한다. 제45조, 제47조에서 보호처분의 과정과 종료에 대해 언급하는데, '필요하다고 인정하는 때 또는 정상적인 가정생활이 유지될 수 있다고 판단되거나'와 같이 명확한 판단의 기준과 평가방법이 명시되어 있지 않다. 가해자와 피해자의 관계가 밀접할수록 제삼자 입장에서는 사건의 인과성에 대한 객관성을 유지하기가 어려울 수 있다. 더구나 한국에서는 가정에서 일어나는 일을 집안일로 분리하여 외부의 개입을 꺼려 하는 문화적 정서가 있기 때문에 피해자의 입장을 고려하기 위해서는 더욱 객관적인 평가가 중요할 수밖에 없다. 하지만 가정폭력범죄에서 중요한 판단 근거가 될 수 있는 법 조항에 이러한 것이 간과되어 있다.

[그림 12-1]은 「가정폭력처벌법」에 의거하여 가정폭력 처리 절차를 정리한 것이다. 해당 내용은 박혜림(2020)의 논문에서 「가정폭력처벌법」에 따라 경찰과 검찰 단계에서 취할 수 있는 대응과 법원 단계에서 처리할 수 있는 조치를 토대로 정리하였다(박혜림, 2020). 자세히 살펴보면 각 단계에서 긴급조치, 임시조치, 보호처분 등 사건의 위험성에 따라 적합하게 상이한 결정을 내릴 수 있다. 경찰의 경우에 신고를 받은 즉시 현장에 나가 수사 및 피해자에게 알맞은 시설로 인도, 폭력행위 재발 시 임시조치를 신청할 수 있음을 통보하는 응급조치를 할 수 있다. 하지만 이러한 응급조치에도 불구하고 가정폭력범죄가 재발할 우려가 있고, 긴급을 요하여 법원의 임

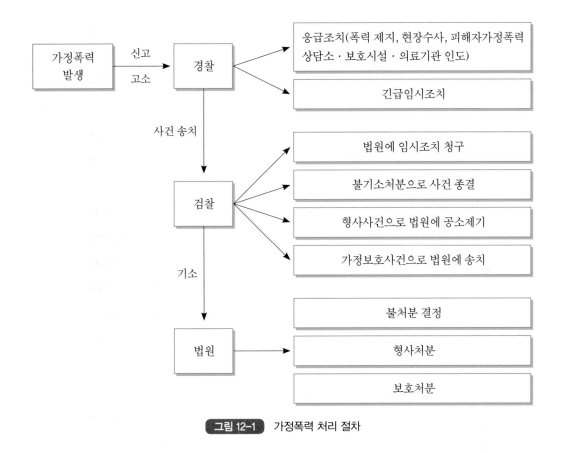

**그림 12-1** 가정폭력 처리 절차

시조치 결정을 받을 수 없을 때는 긴급임시조치를 취할 수 있다.

경찰에서 송치한 사건은 검사단계에서 가정보호사건 송치 혹은 형사사건으로 처리할지를 결정하고, 가정보호사건으로 송치한 사건은 법원에서 보호처분을 진행한다. 하지만 이러한 처분의 효과 또는 처분의 적합성이 충분치 못하다는 의견이 있다. 예시로, 가정폭력범죄에 대한 보호처분 유형의 효과성을 비교 분석하였을 때 보호관찰과 사회봉사, 보호관찰 단일 개입은 단기적으로 폭력을 낮출 수 있으나 이러한 효과는 시간이 갈수록 떨어지고, 어떠한 형태의 보호처분도 가정폭력 재범을 유의미하게 억제하지 못한다는 연구결과가 있다(장희숙, 2007). 또한 보호처분이라는 명목하에 가정폭력 피해자의 안전을 확보하지 못한 채로 가해자가 제대로 처벌받지 못할 수 있다는 의견도 있다(신옥주, 2018). 이러한 문제점은 평가도구 등을 활용하여 가정폭력 피해자가 받은 범죄 피해의 영향을 명확히 이해하고, 가정폭력범죄에서의 가해자-피해자관계의 특이성에 맞추어 재범을 방지하는 것이 우선적임을 시사한다. 평가도구는 해외에서 일찍이 다양한 가정폭력 상황에서의 형사사법적 개입을 위해 사용하였다. 국내외의 가정폭력

사건의 처리 절차와 여러 평가도구를 살펴볼 필요가 있다.

## 2. 각국의 가정폭력사건 처리 절차

### 1) 미국

미국에는 모든 주에서 가정폭력범죄를 처벌하기 위한 특별법을 가지고 있다(Berry, 2000). 가정폭력은 신체적 폭력, 정신적 학대, 언어적 폭력, 경제적 폭력, 성적 학대 등을 포함한다. 또한 부인에게 억지로 강요하거나 위협하는 행위, 부인이 원하는 것을 하지 못하게 하는 행위까지도 가정폭력에 포함한다(이금옥, 2006). 이처럼 미국에서는 가정폭력의 범주가 폭력에 해당하는 다양한 유형을 아우르고 있고, 남편으로부터 부인을 적극적으로 보호하고자 하는 모습을 보인다. 이를 통해 가정폭력에 대한 이해가 한국과 비교적 차이가 있다고 볼 수 있다. 미국의 가정폭력범죄에 대한 대응방법을 좀 더 자세하게 이해하기 위해 가정폭력 위험성 평가를 실제로 활용하는 상황에 대해서 알아보고자 한다.

1989년에 미국 미시간주 정부의 시민권리보호국(Michigan Department of Civil Rights)을 발족하면서 가정폭력에 대한 법집행 공무원들의 대응 방식을 개선하기 시작했고, 1993년 법집행 정책표준안을 만들었다(김재민, 2005). 정책표준안은 총 17개 부분으로 나뉘는데, 기본정책이 기술되어 있고, 세부설명이 부가적으로 기재되어 있다. 정책표준안에서는 경찰관이 가정폭력 신고를 받고 현장에 출동했을 경우, 가해자가 치명적인 공격을 가할 가능성이 있는지에 대해 평가하도록 명시되어 있다. 이러한 평가는 피해 사실과 관련된 정보를 수집하여 시행할 수 있는데, 특정한 검사도구를 사용하기보다는 명확하게 어떠한 정보를 수집해야 하는지에 대해 설명하고 있다. 수집해야 하는 정보로는 사건의 유형과 신고자의 안전 여부, 가해자가 조건부 보석이나 집행유예, 선고유예 중은 아닌지 여부, 가정폭력 신고 전력 등과 같이 범죄신고 시 접수되는 정보와 현장에 출동했을 때는 목격자 증언, 피해자 또는 가해자와 면담 시 알아야 할 리스트 확인, 현장 상황 등이며, 출동한 경찰관은 해당 내용에 대해 메모한다. 이렇게 작성한 자료는 미시간주의 법정에서 증거자료로 활용한다(김재민, 2005). 현장에 출동했을 경우에 확인할 수 있는 사항들을 서면화하여 좀 더 객관성을 가지고 평가할 수 있도록 하는 것이다. 반드시 확인해야 하는 목록을 구체적으로 명시하여 사건을 담당하는 경찰이 일관적이고 객관적으로 평가할 수 있도록 돕는다. 이러한 방법은 위험성을 평가하는 데 있어서 경찰의 직관적이고 주관적인 판단을 방지하기 위함이라고 볼 수 있다.

## 2) 영국

영국에서는 과거에 가정폭력의 문제를 개인의 문제로 치부하였는데, 1880년에 작성된 Bristol City Police 교범에는 '경찰은 불필요하게 남편과 아내가 다투는 데 개입해서는 안 된다'고 규정되어 있었다(표창원, 2000 재인용). 그러나 1980년대 후반부터 여성해방운동의 지속적인 전개와 정책의 변화가 중요한 계기가 되어 가정폭력에 대한 인식이 변화하기 시작했다(Lovenduski & Randall, 1993). 정부기관이 내세우는 정책이 변화함에 따라 가정폭력에 대한 인식도 영향을 받았기 때문에 영국에서는 정부, 시민, 사회단체 등이 협력체제를 구축하여 가정폭력범죄에 공동으로 대응하였다.

현재 영국에서는 가정폭력위험대응기관협의회(Multi Agency Risk Assessment Conference: MARAC)가 설립되어 가정폭력을 예방하고 문제를 해결하는 데 앞장서고 있다. MARAC는 2003년에 설립된 경찰, 보호관찰소, 시청 보건 · 주택 · 여성보호 담당부서 16개 기관의 지역단위 협력체이다. MARAC의 핵심 특징은 가정폭력에 대한 위험성 평가(risk assessment)와 다기관 협력적 대응(multi-agency approach)이다. MARAC는 각 지역사회 현실에 맞춰 조직되어 운영하는데, 지역 상황에 따라 협력하는 기관의 종류가 다르다. MARAC에서는 사안 확인과 위험성 평가를 첫 번째 절차로 언급하고 있다. MARAC 참여 기관은 위험성 평가 체크리스트를 사용해서 가정폭력 피해를 확인할 수 있는 체제를 반드시 갖추어야 한다(김한균, 2011). 그러나 기관별로 위험성 평가도구에 대해서는 명시되어 있지 않으며, 각 기관별 또는 지역별로 사용하는 평가도구가 다를 수 있다. 각 기관에서는 해당 사건의 위험성을 평가한 후 고위험군에 속할 경우에는 MARAC 차원에서 대응해야 할 사건인지를 판가름하는데, 이때 사용하는 평가도구로는 가정학대대응기구(Coordinated Action Against Domestic Abuse: CAADA)의 위험성지표 체크리스트(risk indicator checklist), 지역경찰의 피해자위험지표형식(police victim initial risk indicator form) 등이 있다(김한균, 2011). 영국에서는 각 기관들의 협력체제가 비교적 잘 구성되어 있다. 가정폭력의 위험성에 대한 평가를 객관적인 방법을 선택하여 규범에 따라 간편하게 실시할 수 있고, 객관성을 유지해서 보는 사람으로 하여금 일관된 내용을 전달할 수 있는 평가방법을 채택하고 있는 것이다. 이러한 위험성 평가방법은 즉각적으로 피해자 보호를 위한 개입방법을 선택하도록 하고, 여러 기관에서도 간명하게 상황에 대해 이해할 수 있도록 한다. 이러한 평가방법은 각 기관의 협력이 용이하도록 하는 데 효과적이다.

## 3) 캐나다

캐나다 법무부에 명시된 가정폭력에 관한 법률을 살펴보면 가정폭력은 신체적 폭력, 성적 폭력, 정서적 학대, 가족 방임, 경제적 학대를 포함하고 있다. 또한 몇몇 주에서는 「형법」에 명시한 가정폭력법을 보완하는 장치로 가정폭력에 대한 지역 법률을 추가로 규정하고 있다. 이러한 지역 법률은 피해자 보호를 주목적으로 한다.

2004년에 캐나다의 법무부 부서와 브리티시컬럼비아주 가정폭력연합(British Columbia Institute Against Family Violence: BCIFV), 그리고 Kropp과 Hart, Belfrage가 공동 협력하여 가정폭력 위험성 평가도구의 활용지침서(Brief Spousal Assault Form for the Evaluation of Risk: B-SAFER)를 만들었다. B-SAFER은 가정폭력의 위험성을 평가하고 피해자를 안전하게 보호할 수 있도록 계획하며, 가정폭력 가해자들의 위험성을 감소하는 방법을 모색할 수 있는 검사도구들을 제시하여 형사사법체제에서 위험성 평가도구를 사용하기 편리하도록 발전시켰다(Millar, Code, & Ha, 2009).

캐나다에서는 가정폭력 위험성 평가도구로 흔히 SARA(Spousal Assault Risk Appraisal Guide), DAS(Danger Assessment Scale), ODARA(The Ontario Domestic Assault Risk Assessment)를 활용한다. 먼저, SARA의 경우 교정 서비스에서 많이 활용하는데, 뉴펀들랜드와 래브라도, 뉴브런즈윅, 브리티시컬럼비아, 유콘주에서 사용하고 있다. 온타리오주에서는 온타리오 경찰청(Ontario Provincial Police: OPP) 위험평가팀에서 사용하고, 브리티시컬럼비아주에서는 가정폭력 및 범죄학대팀, 밴쿠버 경찰부서에서 활용하고 있으며, 유콘주에서는 캐나다 연방경찰(Royal Canadian Mounted Police: RCMP)이 사용한다. DAS의 경우는 뉴브런즈윅주에서 피해자 서비스나 가정폭력 위기전문가가 사용한다. ODARA는 경찰들이 많이 사용하고, 노바스코샤주에서는 RCMP, 자치경찰부서, 군부대 경찰 교정 서비스에서 활용하며, 온타리오주에서는 SARA와 마찬가지로 OPP 위험평가팀과 다른 경찰들이 사용한다. 서스캐처원주에서는 지방교정센터, 보호관찰서비스, 법원과 경찰 서비스와 연합한 가정폭력 사회복지사가 활용하며, 노스웨스트테리토리주에서는 RCMP, 피해자 서비스, 쉼터 직원들이 사용한다(Millar et al., 2009).

이를 통해 캐나다에서는 각 주마다 확인하고자 하는 내용에 따라 다른 위험성 평가도구를 사용한다는 것을 알 수 있다. 주로 경찰이나 보호관찰을 포함한 교정 서비스에서 많이 활용하고 있다. 이것은 위험성을 평가하는 것이 피해자를 안전하게 보호하기 위한 방법이나 범죄자의 교정에 적절하게 활용할 수 있다는 것을 의미한다.

## 4) 한국

한국에서는 1998년 「가정폭력범죄의 처벌 등에 관한 특례법」이 시행되면서부터 가정폭력이 다른 폭력범죄와 분리되었다. 그러나 위험성을 평가할 만한 명확한 방법이 제시되지 않아 사건을 평가하는 사람의 주관에 따라 사건에 대한 인식이 다를 수 있는 위험이 존재했다. 이러한 문제점을 보완하기 위해 2014년도에 경찰서에서는 가정폭력전담반이 개설되었고, 2011년 처음 개발되었던 가정폭력 재범 위험성 조사표의 활용을 촉구했다. 가정폭력 재범 위험성 조사표는 경찰의 수사단계에서 현장에 출동할 때 사용할 수 있도록 개발되었다. 조사표는 2011년부터 사용할 수 있도록 개발되었으나 시행착오를 거쳐 2013년과 2019년에 수정판이 나왔고, 수정판은 사법경찰관들이 현장 출동 시 간명하게 사용할 수 있도록 보완되었기 때문에 수정판이 나오기 전보다 사용 빈도가 증가될 것으로 기대되었다. 이후 2019년에 조사표의 신뢰도와 타당성이 검증되었으며, 신뢰도를 나타내는 Cronbach α값이 .745였고, 타당도를 살펴보기 위한 ROC(Receiver Operating Characteristic) 분석에서는 AUC값이 점수별로 .823, .790으로 예측력이 높은 것으로 나타났다.

가정폭력범죄와 관련해서 보호관찰소에서는 MMPI-II와 기관 자체 검사도구인 공격성 척도 등을 사용하고 있는 것으로 보이고, 아동보호전문기관에서도 가정폭력 관련으로 피해자와 연계가 되면 기관 자체 검사도구를 사용하고 있는 것으로 보인다. 각 기관에서도 가정폭력 위험성 평가도구에 대한 필요성을 인지하고 있는 것으로 보이나 각각 다른 검사도구를 사용하고 있어서 각 검사들에 대한 타당도 및 신뢰도는 제대로 검증되지 않은 상태라고 볼 수 있다.

다른 나라들과 가정폭력 위험성 평가도구의 활용도를 비교해 보았을 때, 미국과 영국은 가정폭력 발생 시 체계적인 제도를 통해 경찰들을 투입하여 가정폭력에 대응하고 있다. 캐나다의 경우, 장소와 목적에 따라 다양한 위험성 평가도구를 사용하고 있다. 한국은 가정폭력 발생 시나 검거 이후에 사용할 수 있는 평가도구를 지속적으로 개발하고 있고, 활용 중인 검사도구가 가정폭력 위험성 평가도구로 적합한지에 대한 후속연구들을 진행하고 있다. 이는 평가도구의 객관성을 확보하고 일관성을 유지하기 위해 필요한 작업이다.

## 3. 가정폭력 위험성 평가도구

### 1) 위험성 사정척도

DAS는 연구를 통해서 검사도구 속 위험 요인의 수준과 학대로 인한 우발적인 살인사건 간의 유의미한 관련성을 확인하여 학대로 인한 살인 발생 가능성을 예견하는 데 도움을 준다 (Campbell, 1995). 자기보고용과 평가자용이 있기 때문에 다양하게 활용할 수 있다. DAS의 각 위험성 문항들은 '예' 혹은 '아니요'로 답하고, 평가도구에서 묻는 항목은 개인 특성, 성폭행, 피해 수준, 만성적인 내용을 포함한다.

Campbell 등(Campbell et al., 2003)은 남편의 학대로 인해 여성이 살해당한 사건과 살해당하지 않은 사건을 비교하였는데, DAS의 변별기준을 7점으로 하였을 때 예측의 민감도(sensitivity)는 58%, 예측의 특이도(specificity)는 87%였으며, ROC 분석결과 AUC는 90.8%임을 확인하였다.[3] 이는 위험 요인의 수준과 학대에서 기인한 우발적인 살인 간에 유의미한 관련성이 있음을 시사한다.

이 검사에 대한 신뢰도는 2008년 국내 연구에서 내적 합치도가 .80으로 나타났다. ROC 분석에서 AUC는 .76으로 나타나 유의미한 변별력을 가졌다(이수정, 이혜선, 이수경, 김현정, 2008). 검사-재검사 신뢰도는 .89에서 .94로 나타났다(Campbell, 1981, 1986, 1995; Stuart & Campbell, 1989). DAS는 SARA와 마찬가지로 가정폭력 위험성을 평가하기 위한 도구로 널리 알려져 있는데, 가해자의 범죄에 관한 과거력은 파악하지 않는다. DAS는 학대로 인한 살인을 예견하는 데 도움을 줄 수 있는 도구이기 때문에 수사단계에서의 사용이 적합할 것으로 보인다.

이수정(2006)은 오랜 기간 행해졌던 남편의 신체적 · 심리적 학대결과 남편을 살해한 여성들을 대상으로 DAS를 이용하여 학대로 인한 위험 요인을 측정한 결과, 과거 남편과 생활하던 시절 남편이 위협적인 무기를 사용했던 경우는 20명(58.8%)으로, 그렇지 않았던 13명(38.2%)보다 높게 나타났다. 남편과 생활하던 시절 남편으로부터 도망친 경험이나 시도가 있었던 경우는 23명

---

3) ROC 분석에 있어서 AUC는 예측력을 알려 주는 지표이다. 만일 준거행동 지표의 예측에 있어 100%의 TP와 0%의 FP를 기록하면 면적은 1 혹은 100이 된다(예: high sensitivity). 하지만 예측이 전혀 정확하지 않다면 AUC는 50%, 즉 .50이 된다. 일반적으로 예측도구들은 FP에 비하여 TP가 상대적으로 더 크기를 기대한다. Cohen(1992)에 따르면 .70 이상의 AUC는 효과크기 .80 혹은 상관계수 .50에 대응되며, AUC .65는 효과크기 .50, 상관계수 .10에 해당되며, AUC .50은 효과크기 0, 상관계수 0에 대응된다고 보고하였다.

(67.6%)으로 대부분의 남편 살해 여성이 남편의 학대를 벗어나기 위해 여러 차례 시도했다는 점을 알 수 있다. 폭력 상황에서 남편이 질식시키려고 했던 경우는 31명 중 15명(44.1%)이 보고하였다. 남편이 알코올중독자였거나 술 관련 문제를 지니고 있었던 경우는 17명(50.0%)이었다. 한편, 아내가 임신을 했을 때 남편으로부터 심한 폭행을 당했던 경우는 10명(29.4%)이었고, 이 중 임신 상태에서 남편에게 폭행을 당하고 유산한 경우도 4명(11.7%)이었다. 남편살해 여성들 본인이 자살을 시도했던 경우는 15명(44.1%), 아내 외에 남편이 아이에게도 신체적인 학대를 가했던 경우도 17명(50.0%)에 이르러 학대에 기인한 남편 살해 여성의 아이들 역시 아버지로부터 심각한 학대를 받았던 것으로 나타났다. 마지막으로, 남편 살해 여성이 폭력적인 남편과의 심각한 학대관계에서 '남편이 자신을 죽일 수도 있다'는 위협을 느꼈던 경우가 22명(64.7%)으로, 그렇지 않은 11명(32.4%)과 비교했을 때 상당히 높게 나타나고 있어 이미 선행연구에서 보여 주고 있는 것처럼 피학대여성이 폭력 상황에서 극심한 공포감과 함께 다양한 종류의 구체적인 위험 상황에 놓여 있었음을 짐작할 수 있다.

국내에서는 DAS가 최초로 시행되어 비교할 대상을 선정하기가 어려웠으나 이미 타당도를 인정받은 외국의 연구들과 비교하였을 때 남편을 살해한 가정폭력 피해 여성들의 평균 DAS가 매우 높은 수준임을 확인하였다. 앞서 언급하였듯이, 외국의 경우에 가해자를 살해하거나 피해자를 살해하는 가정폭력사건의 경우에 7점을 기준으로 한다[4]는 점을 고려해 볼 때(Campbell, 1995) 이 연구에 참여한 응답자에게 얻는 DAS의 평균값은 9.1점[Standard deviation: SD=5.05, 표준편차]이었다. 7점 이상이었던 응답자의 비율(65.6%)이 반이 넘는다는 점을 고려해 보았을 때, 이들에 대한 남편폭력의 수준은 생명에 위협이 되는 수준, 그 이상이었을 것임을 짐작할 수 있다. 북미의 경우, 가정폭력사건을 신고한 후 사건 경위에 대한 치밀한 조사가 이루어지는 단계에서 DAS와 같은 척도를 근거로 하여 미래에 발생할 수 있는 인명 피해를 줄이기 위해 법원이 개입할 수준을 결정한다는 점은 매우 눈여겨볼 필요가 있다.

## 2) 기타 가정폭력 위험성 평가도구

### (1) DOVE: Domestic Violence Evaluation
2005년에 Ellis와 동료들은 가정폭력으로 학대를 당한 여성들이 머무르고 있는 쉼터 4곳에서

---

4) 이 글에서는 외국에서 일반적으로 받아들이고 있는 변별기준점인 7점을 그대로 수용하고 있다. 가정폭력의 경우에 문화적 차이가 현저할 것으로 보인다. 하지만 아직까지 국내에서 DAS를 이용하여 가정폭력으로 인명 피해가 난 사건들에 대하여 재표준화한 연구가 없었기에 일단은 변별기준점을 7점으로 받아들이기로 한다.

가정폭력 학대를 당한 여성들을 대상으로 8년에 걸친 연구를 진행하였으며, 학대의 지속성을 예측할 수 있는 위험 요인을 검증했다(Ellis, 2005). DOVE는 이혼 중재 기간 동안 대상자들을 가정폭력의 학대 위험에서 안전하게 보호할 수 있는 계획을 세우는 데 도움을 준다. DOVE는 최초 33개 항목으로 구성하였으나 이후 개발 연구에서 19개 항목으로 수정하였다. 이 검사도구는 항목의 질문을 통해서 배우자를 통제하려는 동기가 있는지, 갈등의 발생이 폭력행위를 일으키게 하는 것인지에 대해서 먼저 확인한다. 그리고 이혼 후에 가정폭력을 예방하고 관리하는 것에 대해서도 다루고 있다(Ellis & Stuckless, 2006). 가정폭력이 발생하는 가정을 대상으로 피해자와 관찰자의 입장에서 가정폭력 가해자에 대한 내용을 질문한다. 가해자와 피해자가 함께 거주하는지의 여부에 따라 다르게 확인한다. 가해자가 피해자에게 끼칠 수 있는 영향을 현실적으로 세밀하게 확인하고자 하는 것이다. 그래서 현재의 위험뿐만 아니라 이혼 후에도 피해자에게 끼칠 수 있는 위험성을 평가하여 관리할 수 있다. DOVE는 개인 특성, 성폭행, 피해 수준, 만성적인 내용에 대한 항목을 확인한다. 이 검사도구는 이혼단계에 있거나 이혼한 부부를 대상으로 가정폭력과 연관이 있을 때 사용하는 것이 적절해 보인다. 그러므로 한국에서도 재판단계에서 피해자의 신청이 있을 때 사용하는 것이 적합할 것이다.

### (2) PAS: Propensity for Abusiveness Scale

1995년에 Dutton이 제작한 PAS는 아내에게 폭력을 행사하여 치료받고 있는 140명의 남성과 이 남성들의 배우자인 63명의 여성을 대상으로 한 집단과 44명의 일반 남성과 그들의 배우자인 33명을 대상으로 한 집단을 광범위하게 비교 분석하여 개발한 도구이다. 이 검사도구는 학대 남편뿐만 아니라 배우자에 대한 정보도 포함하는 도구이므로 폭력에 대한 아내의 보고를 잘 예측한다(이수정, 윤옥경, 신연숙, 2007). 학대 가해자들이 자기보고 형식으로 실시하고, 개인 특성과 경계선적 성격의 특징, 분노, 외상적 징후, 어린 시절의 기억, 관계 양상을 확인할 수 있는 문항을 항목에 포함하고 있다. PAS는 정서적 학대와 신체적 학대로 나누어 평가하는데, 주로 정서적 학대에 초점을 맞추고 있다. PAS의 신뢰도는 .88로 나타났고, 타당도는 CTS와의 상관성에서 .30으로, 유의도 .01 수준에서 유의미한 결과가 나타났다(Dutton, 1995). Dutton(1995)은 다른 검사도구들이 주로 신체적 학대를 중점으로 다루기 때문에 PAS를 다른 검사도구와 함께 사용하거나 보충적으로 학대의 양상을 확인하기 위해 사용하는 것도 좋다고 제안하였다. 또한 과거의 폭력행위 등 신체적 학대에 대한 항목을 미포함하여 학대를 가하지 않은 사람 중에서 정서적 학대를 예측하여 앞으로 일어날 신체적 학대의 위험 가능성을 평가하는 도구로 사용하는 것도 적합하다고 언급하였다. 이러한 점을 토대로 한국 교정 · 보호 시설에서 사용한다면 학대 가해자들의 교화나 치료의 방향을 설정하는 데 도움을 줄 수 있다.

## (3) IBWB: Inventory of Beliefs about Wife Beating

1987년 Saunders와 동료들이 개발한 IBWB는 아내를 때리는 것에 대한 태도와 믿음에 대해서 종합적으로 평가하였다(Saunders, Lynch, Grayson, & Linz, 1987). 여기서 때리는 것은 고통을 주기 위해 반복적으로 무력을 행사하는 것을 의미한다. IBWB는 11문항의 단축형과 31문항의 원척도가 있기 때문에 상황에 따라 간편한 양식을 활용할 수 있다. IBWB는 개인 특성과 아내를 폭행하는 것을 정당화하는 WJ(Wife Beating is Justified) 12문항, 아내가 폭행으로부터 보상받는 것이 있다고 생각하는 WG(Wife Gain from Beatings) 7문항, 도움의 필요성에 대한 HG(Help should Be Given) 5문항, 가해자는 반드시 처벌받아야 한다는 OP(Offender Should Be Punished) 5문항, 가해자의 책임성에 대한 OR(Offender is Responsible) 2문항으로 이루어져 있다. IBWB는 독립검사로서 가정폭력 위험성을 평가하기보다는 다른 가정폭력 위험성 평가도구의 보조검사로 이용하거나, 교정 · 보호 시설과 같은 교육장면에서 부부간 학대에 대한 경각심을 느끼게 해주고, 현재 부부관계에서 그릇된 태도나 가치관을 확인하는 데 더 유용할 것으로 보인다.

## (4) PDS: Posttraumatic Stress Diagnosis Scale

1993년 Foa, Cashman, Jaycox와 Perry가 DSM-III를 기반으로 처음 PTSD Symptom Scale(PSS)을 개발했다. 그러나 DSM-IV가 나오면서 1997년 PSS를 수정 및 보완하여 PDS를 발표하였다. 그래서 PDS는 DSM-IV의 진단 기준과 일치한다. 가정폭력으로 학대당한 사건을 외상사건으로 분류할 수 있어서 학대당한 사람에게 이 검사를 실시해도 무방했다. PDS는 성폭행과 피해 수준의 내용을 포함하고 있다. 신뢰도를 살펴보면 PDS 초기연구에서 내적 합치도는 .92로 나타났고(Foa, Cashman, Jaycox, & Perry, 1997), 2002년 독일 연구에서는 .94로 나타났다(Griesel, Wessa, & Flor, 2006). IES-R 검사와의 상관계수는 .827로 높은 상관을 보였다(이영점, 최은봉, 2011). PDS-K는 일회적인 외상사건에 초점을 둔 연구가 많이 진행되었기 때문에 가정폭력의 경우에는 만성적인 외상사건이 더 많으므로 이에 대한 연구가 더 필요하다. PDS는 국가기관에서 운영하는 상담소, 병원 등 많은 곳에서 활발히 사용하고 있지만 수사단계나 재판 절차에서의 사용도 가능하다.

## (5) IES-R-K: Korean Version of Impact of Event Scale-Revised

1979년 Horoxits, Wilner와 Alvarez가 침입적 사고와 회피 증상을 측정하기 위하여 4점 리커

트척도의 15문항을 개발하였다. 그러나 PTSD의 핵심 증상 중 하나인 과각성을 측정하기 어려운 점을 보완하기 위해 1997년 Weiss와 Marmar가 22문항으로 5점 척도 응답형식인 IES-R로 개정했다(Weiss & Marmar, 1997). 이 검사도구의 항목에는 피해 수준의 내용을 포함하였고, 일반적으로 PDS와 함께 보충적으로 사용한다. 신뢰도를 살펴보면 국내 연구에서 내적 합치도는 .96으로 나타났고(이영점, 최은봉, 2011), 검사-재검사 신뢰도는 .91로 나타났다(Lim et al., 2009).

### (6) ODARA: The Ontario Domestic Assault Risk Assessment

2004년에 캐나다 OPP와 정신건강센터가 협력해서 아내학대 예측도구를 개발했는데, 이는 일선에 있는 경찰들이 빠른 결정을 내리는 데 도움을 주도록 만든 도구이다. 한국에서는 유사한 상황에서 사용할 수 있는 가정폭력 재범 위험성 조사표가 있다. ODARA는 가정폭력 가해자를 대상으로 실시할 수 있고, 문항은 개인 특성, 피해 수준, 만성적인 범죄력에 관한 내용을 포함한다. 세부적으로 살펴보면 폭행의 과거력, 반사회적 행동에 관한 객관적 사실, 최근 가정폭력의 상황, 그리고 피해자의 개인환경에 대한 내용 등을 포함한다. 타당도 연구에서는 다른 검사와의 상관성이 DAS .43, SARA .60, DVSR .53으로 나타났다(Hilton et al., 2004). 이 검사도구는 조사표에 비해 범죄력을 포함하여 가해자 특성에 대한 다양한 정보를 확인하고 있고, 평가자가 "그렇다." "아니다."로 답할 수 있도록 질문이 명료하고 간단하다. 그러나 현재 일어난 폭력에 대한 정보는 조사표에 비해서 세부적으로 확인하지 못한다. ODARA는 가해자와 폭력 상황에 대한 다양한 정보를 파악할 수 있기 때문에 수사단계뿐만 아니라 재판 절차, 교정·보호시설에서도 사용할 수 있다.

### (7) 가정폭력 재범 위험성 조사표

가정폭력 재범 위험성 조사표는 「가정폭력범죄의 처벌 등에 관한 특례법」에서 사법경찰관들의 긴급임시조치권 사용이 가능해지면서 2011년에 가정폭력 피해자의 안전과 보호를 위해서 실질적인 개입을 통해 사법경찰관의 자율적인 긴급임시조치권 수행을 도와주고자 개발한 평가도구이다. 그러나 즉시적으로 사용하기 어렵고, 평가 기준이 일부 모호하다는 등의 비판이 제기되어 2013년에 수정하였다(조은경, 허선주, 2013). 2013년 수정판은 총 10문항으로, 사건의 심각성, 피해자의 심리 상태, 가정폭력 전력, 가해자 성격 및 심리적 특성이라는 총 네 가지 요인의 하위항목을 통해 사건의 위험성을 평가하였다. 하지만 이 조사표 역시 모호한 평가 기준과 현장에서 즉시 사용하기 어려울 정도로 간명하지 못한 문항이 존재하는 등의 한계가 발견되어 2019년 경찰청에서 자체적으로 조사표를 재구성하였다. 현재 이 조사표는 개방형 질문, 구체적인 범죄 피해 유형, 재발 위험 요인을 구분하여 14문항으로 늘어났다. 하지만 해당 조사표는 신뢰도와 타당도를 분석한 결과, 7개의 문항에서 문제가 나타나 도구의 타당성에 대한 의문이 제기되어 신뢰도와 타당도가 검증된 가정폭력 위험성 평가표를 새로 개발하였다. 이는 초기에 18문항으로 개발되었으나 평가표는 긴박한 현장에서 사용한다는 점을 고려해 12문항으로 축소되었으며, 문항의 신뢰도와 타당도가 모두 검증되었다(강지은 외, 2020).

### (8) CTS: Conflict Tactics Scales

1974년과 1979년에 Straus가 부부갈등에서 대처 유형을 평가할 수 있도록 개발하였다. CTS는 부부간의 신체적 폭력행위와 그 외의 폭력행위까지도 다루고 있어서 남편의 폭력행위를 측정하기 위해 사용한다. 그러나 폭력의 정도를 구분하지 않고 하위척도 간의 문항 수가 차이가 나서 신뢰도문제가 발생할 수 있고, 폭력을 유발하는 상황이나 폭력의 결과를 고려하지 않는 것 등의 비판을 받아 1996년에 CTS-II를 개발했다(Straus, Hamby, Boney-McCoy, & Sugarman, 1996). 한국판은 손정영(1997)이 개발하였고, 백경임(1998)이 대학생을 대상으로 타당도연구를 진행하여 수렴타당도와 구성타당도를 입증하였다. 이 검사도구는 개인 특성, 성폭행, 피해 수준을 포함하고 있고, 세부적으로는 협상, 심리적 폭력, 신체적 폭력, 성적 폭력, 상해 등에 대한 내용을 담고 있다. 신뢰도를 살펴보면 이 검사의 내적 합치도는 2009년의 국내 연구에서 .94로 나타났다(이성진, 조용래, 2009). 폭력의 정도와 종류에 대해 세부적으로 확인하고 있기 때문에 수사단계에서 사용하는 것이 적합하다.

### (9) VRS: Violence Risk Scale

1999년과 2003년에 Wong과 Gordon이 개발하여 2006년에 개정하였다. VRS는 폭력의 위험성을 평가하고 가해자의 욕구와 반응성을 파악하여 치료목표를 확인할 수 있다. VRS는 일반적인 폭력에 대한 재범을 예측하는 정적 요인과 치료목표를 설정하는 역동적 요인을 나누어 평가한다. 그래서 VRS는 가정폭력 가해자를 대상으로 실시할 수 있으며, 위험성을 평가하는 데 그치는 게 아니라 치료목표를 세워 교정하는 데까지 영향을 미칠 수 있다. VRS를 임상목적으로 쓰기 위해서는 기본 자격을 갖춘 사람이 일정 시간의 훈련을 받아야 하며, 매뉴얼을 참고하여 위험성 평가를 해야 한다. 또한 반구조화된 면담을 진행하기 위한 가이드를 참고해야 한다. 이 검사도구는 DOVE와 마찬가지로 가해자의 학대에 관한 문제뿐만 아니라 치료 방향 및 영향 등을 파악할 수 있기 때문에 적절한 상황에서 사용한다면 유용할 것이다. 타당도를 살펴보면 다른 검사와의 상관검사에서 GSIR과는 .63으로 부적 상관을 보였고, PCL-R과는 .83, LSI-R과는

.83으로 모두 높은 정적 상관을 보였다. 폭력범죄의 재범에 대한 ROC 분석을 살펴보면 1년간 추적연구를 했을 때 AUC가 .73, 2년간 추적한 결과는 .74, 3년간 추적한 결과는 .72, 4년 4개월 간 추적한 결과는 .75로 예측정확성이 나타났다(Wong & Gordon, 2006). 치료상황을 포함하고 있어 교정·보호 시설에서 사용하는 것이 적합해 보이지만, VRS는 수감 중인 범죄자들을 대상 으로 한 연구이기 때문에 가석방되거나 보호관찰을 받거나 유죄로 판결받기 전인 사람에게도 적용할 수 있는 것인지에 대해서는 연구가 더 필요하다(Wong & Parhar, 2011).

### (10) VRAG: Violence Risk Appraisal Guide

1993년에 Harris와 Rice가 만든 폭력 재범을 예측하는 도구이다. 이미 유죄판결을 받은 범죄 자가 사회로 복귀하고 나서 일정 기간 내에 재범할 것인지 예측하는 데 도움을 주며, 범죄자들 간의 위험성을 비교할 수 있다(Harris, Rice, & Camilleri, 2004). 가정폭력 가해자에게 실시할 수 있고, 훈련받은 전문가의 비구조화된 면담을 통해서 실시할 수 있다. 이 검사는 개인 특성과 만 성적인 범죄력에 관한 내용을 포함하고, 세부적으로는 아동기 행동에 대한 이해, 가정환경, 반 사회적인 범죄 행동, 심리적 문제, 범죄자의 세부사항 등을 포함한다. 사회 복귀 상황에서 재범 을 예측하는 도구이기 때문에 교정·보호 시설에서 사용하는 것이 적합할 것이다.

〈표 12-1〉은 앞서 언급한 내용을 간략하게 정리한 것이다. 대상자는 가해자와 피해자로 나 뉘어 있고, 실시방법은 평가자가 면담을 통해서 자료를 수집하고 공식적인 기록을 참고할 수 있는 평가자용과 대상자가 직접 설문에 응답하는 자기보고용이 있다. 항목 특성에서 언급하는 개인 특성은 가해자의 과거 경험이나 성격, 현재 환경, 가치관 등에 대한 항목을 의미하고, 성폭 행은 성폭력에 대한 항목을 의미한다. 피해 수준은 피해 정도나 종류에 대한 항목을 나타내고, 만성적은 피해 경험의 지속성에 대한 항목이다. 그리고 범죄력은 객관적인 범죄력 사실을 묻는 항목을 의미한다. 활용 가능 상황에 대하여 경찰단계는 수사단계, 검찰 또는 법원 단계는 재판

**표 12-1** 가정폭력 위험성 평가도구의 특성

| 검사 도구 | 대상자 | 평가목적 | 실시방법 | 항목 특성 | 활용 가능 상황 | 신뢰도 | 타당도 |
|---|---|---|---|---|---|---|---|
| SARA | 가해자 | 위협 수준 평가 | 평가자용 | 개인 특성, 성폭행, 피해 수준, 만성적, 범죄력 | 수사단계 재판 절차 교정·보호 시설 | 내적 합치도: .80 | PCL-SV: .43 GSIR: −.7 VRAG: .29 |

| | | | | | | | |
|---|---|---|---|---|---|---|---|
| DAS | 만성적 피해자 | 학대에 의한 살인 가능성 예측 | 평가자용, 자기 보고 | 개인 특성, 성폭행, 피해 수준, 만성적 | 수사단계 | 내적 합치도: .80 검사−재검사: .89~.94 | |
| DOVE | 이혼 중재, 이혼한 부부 | 이혼 후 피해자 분리의 안정성 평가 | 평가자용 | 개인 특성, 성폭행, 피해 수준, 만성적 | 재판 절차 | | |
| PAS | 가해자 | 정서적·신체적 학대의 위험성 예측 | 자기보고 | 개인 특성 | 교정·보호 시설 | 내적 합치도: .91 | CTS: .30 |
| IBWB | 가해자 | 아내학대에 대한 태도와 믿음 측정 | 자기보고 | 개인 특성 | 교정·보호 시설 | | |
| PDS | 피해자 | PTSD 측정 | 자기보고 | 성폭행, 피해 수준 | 수사단계 재판 절차 | 내적 합치도: .92 독일 연구: .94 | IES-R: .83 |
| IES-R-K | 피해자 | PTSD 측정 | 자기보고 | 피해 수준 | 수사단계 재판 절차 | 내적 합치도: .96 검사−재검사: .91 | |
| ODARA | 가해자 | 미래의 아내폭력 가능성 예측 | 평가자용 | 개인 특성, 피해 수준, 만성적, 범죄력 | 수사단계 재판 절차 교정·보호 시설 | | DAS: .43 SARA: .60 DVSR: .53 |
| 가정폭력 재범 위험성 조사표 | 가해자, 피해자 | 경찰관의 초기 개입 판단을 도움 | 평가자용 | 개인 특성, 피해 수준, 만성적 | 수사단계 | | |
| CTS−II | 가해자, 피해자 | 부부간 폭력행동 위험성 평가 | 자기보고 | 개인 특성, 성폭행, 피해 수준 | 수사단계 | 내적 합치도: .94 | |
| VRS | 가해자 | 폭력 위험성 평가, 대상자 욕구 파악, 치료목표 검증 | 평가자용 | 개인 특성, 성폭행, 피해 수준, 만성적 | 교정·보호 시설 | | PCL−R: .83 GSIR: −.63 LSI−R: .83 |
| VRAG | 가해자 | 다른 범죄자 비교, 사회 복귀 후 재범 가능성 예측 | 평가자용 | 개인 특성, 만성적, 범죄력 | 교정·보호 시설 | | |

절차, 이외의 교육이나 수감 단계는 교정·보호 시설로 정리하였다. 신뢰도는 내적 합치도와 검사-재검사 신뢰도에 대한 수치를 정리하였고, 타당도는 다른 검사와의 상관계수를 정리하였다. 신뢰도와 타당도는 선행연구결과들의 내용을 바탕으로 정리하였다.


## 4. 가정폭력 피해 여성의 심리적 특성

### 1) 가정폭력 피해 여성에 대한 개념 정의

전 세계적으로 여성이 가장 빈번하게 경험하는 폭력 중 하나가 배우자에 의한 가정폭력이다. 피학대(battering)라는 단어는 신체적·성적·심리적 학대의 영역으로 정의할 수 있다(Cling, 2004). 이는 다양한 형태의 가정폭력 및 배우자학대를 일컫는데, 욕설과 같은 언어폭력부터 구타와 같은 물리적인 상해를 가하는 신체적 폭력 등을 광범위하게 포함한다. 피학대여성(battered women)이라는 용어가 폭력의 피해자를 여성에 제한된다는 점을 들어 배우자학대(spouse abuse) 또는 친밀한 파트너 폭력(intimate partner violence)과 같은 보다 확장된 개념의 용어를 선호하여 사용하기도 한다(Kuehnle & Sullivan, 2003; Younglove, Kerr, & Vitello, 2002). 그러나 Catalano(2007)의 연구에 의하면 2001년에서 2005년간 여성이 경험한 폭력사건 중 22%가 배우자와의 관계에서 비롯되었는데, 이 중 남성 피해자는 약 4%로 보고되어 여전히 배우자학대에서의 피해자는 대부분 여성임을 알 수 있다.

### 2) 가정폭력 피해 여성의 심리 특성

#### (1) 피학대여성증후군

피학대여성증후군(Battered Woman Syndrome: BWS)이라는 용어는 Lenore Walker가 최초로 제시하였다. Walker(1984)는 피학대여성이 반복적으로 경험하는 학대의 악순환 과정을 3단계의 심리적 특성으로 구분하여 설명하였다. 그는 피학대여성이 지속적으로 학대를 당하는 것이 아니라, 폭력의 순환 과정을 통해 무기력감을 느끼고 스스로의 고난을 변화시킬 수 없게 된다고 주장하였다.

제1단계는 긴장형성(tensionbuilding) 단계이다. 이 단계에서 피학대여성은 가해자의 욕설 등을 통해 곧 일어날 폭력행위를 지각한다. 이 기간 동안에 여성의 목표는 폭력행위를 방지하는 것이 아니라 피하는 것이다. 또한 예상했던 것보다 심각하지 않은 학대행위에 대해서 고마움을 느끼기조차 하며, 자신이 처한 상황을 합리화하려고 한다(Doerner & Lab, 2012).

제2단계는 실질적으로 폭력이 이루어지는 시기로, 순환단계 중 가장 짧은 기간이지만 매우 치명적인 단계이다. Walker에 의하면 이 단계에서 가해자는 홧김에 행동하며, 통제 불능의 상태를 보인다.

제3단계는 화해(reconciliation)의 기간으로, 가해자가 폭력행위를 중지한 이후 자신의 행동에 대해 미안해하며 용서를 구한다. 또한 가해자는 이 기간 동안에 꽃다발을 주고 사랑한다는 표현을 지속적으로 하며 부드럽고 다정한 면모를 보인다. 이러한 가해자의 태도에 여성은 분노와 두려움을 누그러뜨리며 남성이 변할 것이라는 기대를 가지고 그 관계를 지속한다(Walker, 1984). Walker(2006)는 일부 가해자가 용서와 같은 뉘우침 없이 폭력행위의 감소를 통해 화해의 단계를 대신하기도 한다고 보고하였다.

피학대여성이 가해자의 폭력행위에 대한 처벌이나 단호한 결정을 미루다 보면 이러한 악순환이 지속되어 폭행의 굴레에서 벗어날 수 없다(Eisikovits, 1996). 피학대여성은 이와 같은 순환과정을 거치며 우울감, 낮은 자존감과 함께 가해자의 학대행위를 감수하는 법을 배우며, 학습된 무기력을 경험한다. 결국 피학대여성은 학대 남성을 떠날 수 있는 상황에서도 떠나지 못하는 심리적으로 무능력한 상태가 된다. 또한 피학대여성은 경찰이나 법정 증언에서 두려움 때문에 학대 사실을 부정하기도 하는데, 이는 심리학적 방어기제의 일종으로 PTSD 중 회피(avoidance) 증상의 하나로 설명할 수 있다(Cling, 2004). 이들은 불안감을 극복하기 위해 알코올이나 약물에 의존하기도 하는데, Walker(1984)의 연구에 의하면 피학대여성의 약 20%가 알코올에 의존하여 불안감을 극복하려 하고 약 7%가 약물을 사용한다.

## (2) PTSD
1990년대 이후 전문가들은 가정폭력의 피해 여성이 보이는 다양한 정신건강 문제에 대하여 PTSD가 가장 적절한 진단명이라고 주장하고 있다. PTSD는 극심한 외상성 스트레스 사건[5]에

5) DSM-IV(APA, 1994)에서는 이러한 외상성 사건들로 실제적이거나 위험한 죽음, 심각한 상해 또는 개인의 신체적 안녕을 위협하는 사건에 대한 개인의 직접적인 경험, 타인의 죽음, 상해, 신체건강을 위협하는 사건의 목격, 가족이나 친지의 예기치 못한 무자비한 죽음이나 심각한 상해 및 이들이 경험한 죽음이나 상해의 위협을 알게 된 경우를 제시하고 있다. 대표적인 외상성 사건으로는 직접 경험한 전투, 폭행(추행, 신체 공격, 강도, 노상강도), 유괴, 인질, 테러리스트의 공격, 전쟁 포로나 수용소 수감, 자연적 혹은 인위적 재해, 심한 자동차 사고, 생명을 위협하는 질병의 진단을 들고 있으며, 특히 이 장애는 사람에 의한 스트레스(예: 강간, 고문)가 가해졌을 때 심하고 오래간다고 보고하고 있다.

노출된 후 뒤따라서 특징적인 증상이 나타나는 장애로, 이는 가정폭력의 경험이 재해의 경험이나 목격 등과 같은 외상성 경험의 하나로 인식되고 있다는 점이다.

이들은 심각한 수준의 반복적인 폭력 피해를 당한 결과, 상황이 나아지거나 이를 피할 수 있을 것이라는 희망을 가지지 못하여(Browne, 1987) 대개는 분노가 아닌 두려움 때문에 가해 배우자를 살해했으며(Walker, 1989), 경찰에 도움을 요청했을 때 도움을 전혀 받지 못했다[6]고 보고하였다(Hamilton & Sutterfield, 1997). 이러한 보고는 이들의 배우자살인이 보다 절망적이고 위협적인 공포 상황에서 이루어졌다는 것을 시사한다.

PTSD 증상의 하나인 폭력 피해 사건에 대한 지속적인 재경험 현상은 자신을 보호하기 위하여 불필요하게 자기방어를 하는 행동을 설명한다(Maguigan, 1998). 즉, 이러한 증상 때문에 남편이 잠자고 있는 중에도 자신의 마음속에서 학대를 재경험하고 또한 생명의 위협을 느낄 정도의 두려움을 갖게 되어 이에 대한 반응으로 자신을 보호하기 위해서 급박하게 어떠한 조치를 취해야 한다는 믿음을 갖게 된다. 특히 가정폭력 피해 여성이 남편에 대해 갖는 극심한 공포는 생명에 대한 위험을 과장하여 지각하도록 하여 독특한 인지 반응(예: 위험 예견, 위험하다는 압도적인 생각)을 야기한다(Browne, 1987; Campbell, 1986, 1995; Dutton, 1992; Herman, 1992; Hilberman, 1980). 이는 과장된 반응, 자극에 과민한 반응, 생리적 각성, 악화된 놀람 반응 등의 증가한 각성 반응을 동반한다. 예를 들어, 위협의 급박성에 대한 일종의 반응으로 베트남 참전 퇴역군인이 집 마당에서 머리 위로 지나가는 비행기 소리를 듣고 마치 전투장면에서처럼 다급하게 몸을 감추는 것과 마찬가지로, 자신이 위험한 상황에 있다고 지각하는 것이 이들에게는 오히려 합리적인 판단인 것이다. 즉, 폭력의 정도가 점진적으로 증가해 가는 상황에서 피학대여성들이 느끼는 지속적인 두려움과 공포, 과대각성(hyperarousal)은 폭력과 학대 경험에 근거한 합당한 반응이며, 배우자 살인의 행위는 이런 인지적 왜곡이 극도에 이른 상황에서 선택하는 반응의 결과로 이해할 수 있다. 또한 죽은 남편을 향해 수차례 칼로 찌르거나 총을 쏘는 것은 자신을 보호하기 위해 필요한 최소한의 힘이 어느 정도인지를 명확히 계산할 수 없는 상태를 나타내는데, 이역시 극심한 공포에서 초래된 '통제력의 상실'로 야기되는 것으로 이해할 수 있다. 이는 이 여성들이 갖는 위험에 대한 지각이 어느 정도인지 가늠하게 해 주는 행동이기도 하다. 이전에 한 번도 남편의 폭력을 중단시켜 본 적이 없기 때문에 이번에는 폭력을 중단시켰다는 것을 스스로도

---

6) 배우자폭력에 대한 반응으로, 배우자를 살해한 여성과 치료 프로그램을 찾은 여성을 비교했을 때 배우자를 살해한 여성은 경찰에 도움을 요청했을 당시에 전혀 개입이 이루어지지 않았고, 치료 프로그램을 찾은 여성은 경찰의 개입이 도움이 되었다고 보고한 바 있다(Hamilton & Sutterfield, 1997).

인식하지 못하는 상태를 반영한 것이다(Maguigan, 1998).

## 5. 가정폭력에 기인한 배우자 살해사건의 특수성

### 1) 남편 살해 여성의 특성

2004년 1월 법무부 보고서 기준에 따르면 청주여자교도소 내 여성 재소자는 총 461명이었다(이수정, 2006). 이들 가운데 남편 살해로 수감 중인 여성 재소자는 총 133명(30.5%)에 달한다. 전체 461명의 재소자 중에서 살인범만을 놓고 볼 때, 남편을 살해한 여성의 비율은 51.4%였다. 〈표 12-2〉를 보면 살인이 27명(79.4%)으로, 대부분의 여성이 남편살인죄로 형을 받은 상태였으며, 살인공모 혹은 치사 3명(8.8%), 상해치사 1명(2.9%), 방화치사 2명(5.9%)으로 나타났다. 이 중 살인과 살인공모 혹은 치사의 경우에 무기징역형이 12명(35.3%)으로 가장 높은 빈도였다. 남편 살해와 관련하여 사전 모의나 계획과 관련된 질문에 응했던 31명(91.2%)이 범행에 앞서 사전계획이 없었다고 응답했다. 본 범을 제외한 남편 살해 여성의 범죄 관련 특성을 살펴보면 전과 수, 범죄전력 중 폭력, 성범죄, 강도, 살인 등의 범죄를 저지른 경우나 이에 대한 유죄판결 전력과 관련된 질문에 응답했던 31명(91.2%)의 남편 살해 여성이 본 범을 제외하고 전과나 유죄판결 전력이 전혀 없는 것으로 나타나 이 연구 표본의 구성원들은 모두 초범자임을 알 수 있다.

배우자를 살해한 대부분의 가정폭력 피해 여성은 다른 범죄로 수형생활을 하는 여성과 비교

**표 12-2** 죄명에 따른 수형 기간

| 죄명 | 수형 기간(단위: 개월) | | | | |
|---|---|---|---|---|---|
| | 평균 | 빈도(%) | 표준편차 | 최소 | 최장 |
| 살인 | 44.15 | 27(79.4) | 43.11 | 4 | 무기징역 |
| 살인공모 혹은 치사 | 71.00 | 3(8.8) | 48.50 | 15 | 무기징역 |
| 상해치사 | 5.00 | 1(2.9) | – | 5 | 5 |
| 방화치사 | 7.50 | 2(5.9) | 3.54 | 5 | 10 |
| 기타 | 20.00 | 1(2.9) | – | 20 | 20 |

* 괄호 안의 내용은 %이다.
출처: 이수정(2006) 재인용.

할 때 전과가 더 적었고, 폭력성이 더 낮다는 연구결과(김영희 외, 2004; O'keefe, 1997)가 있는데, 이들이 배우자를 살해하게 된 배경이 개인의 성격적 특성보다는 장기간 견디기 힘들었던 폭력 피해 경험에 의한 심리 상태의 변화가 보다 직접적인 관련이 있음을 짐작하게 한다.

## 2) 학대 남편의 특성

### (1) 남편의 학대 강도

청주여자교도소에 남편 살해로 수감 중인 여성들에게 결혼 기간 동안에 남편에게 받았던 학대 경험에 관해 조사한 결과, 대다수의 남편 살해 여성은 남편에게 심각한 신체적·심리적 학대를 받은 것으로 나타났다. 그 내용을 살펴보면(〈표 12-3〉 참조) 남편은 아내를 무시하는 경향이 높았고, 의견이 불일치할 때 모욕적인 말과 욕설을 하여 아내의 감정을 상하게 했으며, 종종하인 부리듯 했고, 남들 앞에서 아내를 모욕하거나 창피를 주었으며, 아내의 감정을 존중하지 않는 경우가 그렇지 않은 경우보다 현저히 많았다. 특히 남편과 다툼이 있는 경우에는 아내에

**표 12-3** 응답자들에 의한 남편의 학대 강도 빈도 분석

| 남편의 신체적·심리적 학대에 대한 문항 | 일반 가정폭력 피해 여성 | 가정폭력으로 인해 남편 살해 여성 |
|---|---|---|
| 1. 남편은 나를 무시했다. | 13(38.2) | 21(61.8) |
| 2. 의견이 불일치할 때 모욕적인 말과 욕설을 하여 나의 감정을 상하게 했다. | 8(23.5) | 26(76.5) |
| 3. 남편은 나를 하인 부리듯 했다. | 11(32.4) | 23(67.6) |
| 4. 남편은 남들 앞에서 나를 모욕하거나 창피를 줬다. | 13(38.2) | 21(62.8) |
| 5. 남편은 나의 감정을 존중하지 않았다. | 10(29.4) | 24(70.6) |
| 6. 다툴 시 남편은 내게 물건을 던졌다. | 8(23.5) | 26(76.5) |
| 7. 다툴 시 나를 밀거나 움켜잡고 흔드는 등의 행동을 했다. | 6(17.6) | 28(82.4) |
| 8. 다툴 시 손바닥으로 나의 얼굴이나 머리 등을 때렸다. | 10(29.4) | 24(70.6) |
| 9. 나를 발로 차거나 물건이나 주먹으로 구타했다. | 10(29.4) | 24(70.6) |
| 10. 나를 단단한 물건(칼, 혁대, 몽둥이 등)으로 때렸다. | 13(38.2) | 21(61.8) |
| 11. 나를 사정없이 녹초가 되게 때렸다. | 15(44.1) | 19(55.9) |
| 12. 칼 또는 흉기로 나를 위협했다. | 13(38.2) | 21(62.8) |
| 13. 아이들 앞에서 나를 무시하거나 모욕을 주거나 때렸다. | 9(26.5) | 17(53.5) |
| 14. 내가 원하지 않을 때에도 부부관계를 종용했다. | 9(26.5) | 25(73.5) |

* 괄호 안의 내용은 %이다.
출처: 이수정(2006) 재인용.

게 물건을 던지거나, 밀거나, 움켜잡고 흔드는 등의 행동을 했고, 손바닥으로 아내의 얼굴이나 머리 등을 때렸으며, 심한 경우에는 아내를 발로 차거나 물건이나 주먹으로 구타했고, 단단한 물건(칼, 혁대, 몽둥이 등)으로 사정없이 녹초가 되게 때리는 경우도 잦았다고 보고하였다.

폭력 피해로 인해 오히려 가해자가 된 여성들에 따르면 이들이 경험하는 신체적 학대로는 뺨을 맞거나, 주먹으로 맞거나, 발로 차이거나, 목을 졸리거나, 칼이나 총으로 위협당하거나, 실제로 상해를 당한다는 보고가 있었다. 일단 시작된 학대는 대개 만성이 되며, 언어적 학대와 원치 않는 성관계 요구 등 성적 학대를 동반하거나, 자신이나 자녀, 가족, 친구들을 죽이거나 공격하겠다는 위협, 방이나 집에 강제로 가두거나 외출을 금지하는 경우도 있었으며(Browne, 1987; Dutton & Goodman, 1994; Dutton et al., 1994; O'keefe, 1997), 이러한 학대의 결과로 병원 응급실로 실려 가는 경우도 20~35% 정도로 나타났다(O'keefe, 1997).

### (2) 학대 남편의 특성

그렇다면 가정폭력 가해 남성들의 유형은 어떻게 될까? Holtzworth-Munroe 및 Stuart(1994)는 세 가지 구타유형론을 제시했다. 첫째, 가족만 구타하는 유형(familyonly batterers)으로, 가족 구성원에게 한정되어 폭력을 사용하지만 정도나 횟수는 적은 편이고, 구타행위에 대해서 후회나 수치감을 느낄 확률이 가장 높다. 하지만 가정 내에서 부부간의 빈약한 의사소통 및 문제 해결 기술로 인해 언어적 갈등과 신체적 공격이 점점 심화되는 악순환에 연루되기 쉽다.

둘째, 정신불안/경계선 구타자(dysphoric/borderline batterers)는 가장 우울하고, 심리적으로 스트레스를 많이 느끼며, 정서적으로 흥분하기 쉬운 유형이다. 경계선 혹은 정신분열적 성격 특성을 보이고, 약물남용의 문제를 겪을 가능성도 있다(Gondolf, 1998; Saunders, 1992). 보수적인 성 역할을 고수하길 원하며, 때로는 폭력을 가족 외의 타인에게도 행사할 때가 있다. 이들은 신체적 · 정신적 · 성적 폭력을 포함한 가장 심각한 폭력과 연관되어 있으며, 아내에 대해 극도로 몰두하고 의존하며 질투심도 매우 강하다. 또한 결혼생활의 불만, 아내와의 관계에 대한 애증의 양면가를 가지고 있다(Bartle & Rosen, 1994; Ferraro, 1988; Lloyd, 1996; Mones & Panitz, 1994).

셋째, 폭력적인 구타자(violent batterers)는 가장 폭력적이며, 아내를 물건 혹은 대상(object)으로 취급할 가능성이 크다. 이에 반해 폭행 뒤 후회할 가능성이 가장 적고, 보수적인 성역할 태도를 지니고 있으며, 상대방이 구타를 유발했다고 여기면서 오히려 상대방을 비난할 가능성이 높다. 이들은 반사회적 인격장애를 가지고 있으며, 가정 밖에서도 폭력 · 약물 문제를 겪을 수 있고, 발달 과정에서 부모의 폭력장면을 목격했을 가능성이 대단히 높다(Walker, 1984; 김정인, 김시업, 2005 재인용).

## 3) 가정폭력 피해 여성의 심리 상태 변화를 통한 배우자 살해 행동의 맥락적 이해

배우자를 살해한 여성의 행동에 대한 사회일반의 태도(사법체계 포함) 중 가장 대표적인 것은 왜 배우자를 살해하기 전에 폭력 상황을 떠나거나 경찰, 친지, 친구에게 알려 도움을 요청하지 않았는가라는 질문이다. 이는 반복된 가정폭력 피해 경험 이후에 나타나는 심리 상태 변화의 맥락, 즉 인지 변화나 PTSD 증상으로 설명할 수 있다(Dutton & Goodman, 1994). 2001년에 한국성폭력상담소에서 발간한 자료에서는 학대당하는 아내가 경험하는 희생화 과정(victimization process)에 대해 분노, 공포, 무기력과 같은 3단계의 시기로 나누어 설명하였다.

분노의 단계는 폭력 초기에 해당하며, 수치심과 자존심을 느끼는 시기이다. 공포의 시기에는 반복되는 폭력에 대한 두려움이 증폭되어 죽음에 대한 재경험을 하게 되는데, 그로 인해 불면증, 심계항진, 호흡곤란과 같은 자율신경과민(autonomic arousal)이 생기면서 정신이 멍해지는 현상(psychic numbness)이 동반되어 PTSD를 겪을 가능성이 높아진다. 마지막 무기력의 시기에서는 PTSD 증상과 더불어 자존심의 손상과 반복된 폭력으로 인한 공포 때문에 독립심이 저하되고 무기력한 모습을 보인다. 이때 벗어날 수 없다는 철저한 체념 속에 갇혀 무기력함을 느끼며, 동시에 심한 우울에 시달리게 된다(김광일, 2001). 지속적이며 반복적인 학대로 인한 학습된 무기력이나 PTSD의 회피 증상 중 일부인 부정(denial), 심리적 무감각(numbing), 학대의 결과에 대한 최소화(minimization of the effects of abuse)가 나타날 경우에 가정폭력 피해 여성은 학대를 인정하고 도움을 요청할 가능성이 거의 없다. 이러한 증상은 Walker(1979, 1984)의 BWS으로도 설명이 가능한데, 반복된 신체적 폭력을 통해서 피해 여성은 이러한 학대를 통제할 수 없는 것으로 인식하게 되어 학대를 피하거나 예방하려는 동기가 저하된다는 것이다.

## 4) 배우자 살해 가정폭력 피해 여성을 위한 변호 전략에 대한 논의

가정폭력 피해 여성의 배우자 살해 행동의 맥락에 대한 이해는 법정에서의 변호 전략에 중요한 근거를 제공한다. 의료전문가의 진단에 의한 심신미약이나 정신장애를 주장하여 그 결과로 감형이나 형의 면제를 겨냥하기도 하고, 배우자 살해를 남편의 폭력에 대한 일종의 정당방위로 개념화하려고 시도하기도 한다. 그러나 실제로 이런 심리적 변화를 정신장애로 주장해야 하는지 혹은 정당방위 요건으로 주장해야 하는지에 대해서는 구체적 사례의 상황에 따라서도 다르지만, 이에 대한 해석을 제공하는 전문 분야의 입장(예: 정신의학, 법학, 여성학)에 따라서도 다른 것으로 보인다. 무엇보다도 변호 전략의 방향이 재판 과정에서 판결이나 형량에 차이를 가져올 뿐 아니라 향후 자녀양육권 유지와 이들에 대한 사회적 인식에도 다른 결과를 가져올 수 있으므로 각 입장에 대한 정확한 이해가 매우 중요하다.

### (1) 정신장애 주장

배우자 살해를 이상심리 상태에서 일어난 행동으로 설명하는 입장에서는 정신이상, 심신미약 등을 변호의 전략으로 사용한다. 이때 가정폭력 피해 여성에게서 나타나는 정신건강 문제가 폭력의 피해자로서의 경험에서 비롯되었으며, 이들에게서 나타나는 증상이 정신이상으로 진단될 수 있음을 제시하는 연구결과가 중요한 근거가 된다. 특히 최근에는 PTSD가 피고인을 위한 변론 과정에서 중요한 자료로 이용되고 있는데, 이는 베트남 참전 퇴역군인들의 사례에서 비롯되었다. 즉, 일부 퇴역군인들이 살인사건이나 살인기도 혹은 불법약물 남용과 같은 범죄행위에 연루되었을 때 이들의 범죄 행동을 전쟁 경험에서 초래된 일시적 정신이상(insanity) 상태에서 이루어진 것으로 인정하여 무죄선고를 받거나 감형 혹은 가석방이나 집행유예를 받도록 한 것이다. 이런 판례는 1980년대까지 이어져 250여 건의 사례에서 사면, 감형 혹은 감옥에 가는 대신에 치료를 받으라는 판결이 내려졌다. 범행 순간에 이들은 해리 상태, 즉 베트남에 다시 돌아가 그 상황을 경험하고 있는 것으로 믿어 공격행동을 했다는 것으로, 전쟁 경험과 범죄행위 간의 연관성을 보여 줌으로써 이러한 판결을 가능하게 했던 것이다(Slovenko, 2004). 이후 다양한 외상성 스트레스의 희생자에게 적용된 PTSD가 가정폭력의 가해자를 살해한 여성들을 위한 변론에서도 중요한 역할을 하고 있는데, 이는 이 여성들이 겪은 가정폭력 피해 경험과 이에 대한 반응으로 나타난 증상이 PTSD를 겪고 있는 베트남 참전 퇴역군인의 경험 및 증상과 유사하다는 판단에 근거하며, 실제로 상당수의 연구결과에서 학대받은 여성이 PTSD 진단을 충족시키고 있음을 보여 줌으로써 가능했던 것이다.

PTSD와 BWS 같은 진단을 전문가 증언의 주요 내용으로 제시하면서 살인 행동을 정신장애의 결과로 개념화하는 경우, 가정폭력 피해 여성들의 이해할 수 없는 행동을 심각한 가정폭력 피해 상황에 대한 반응의 결과로 이해할 수 있게 하고, 특히 이들을 전쟁이나 화재 등 비극적이고 비정상적인 사건의 무고한 생존자들과 같은 선상에서 바라볼 수 있게 해 줌으로써 배심원들의 판결에 영향을 미치고, 결과적으로 관대한 판결을 가져오게 했다는 평가가 있었다(Schuller, Smith, & Olson, 1994). 그러나 이후에는 이 접근에 대한 비판이 제기되고 있다. 이들의 살인 행동이 증상장애로 개념화됨으로써 상황에 대한 합리적 반응이 아니라 심리적 병리의 발달을 반영하는 것으로 제시되면 결과적으로는 득보다 실이 더 많아진다는 것이다. 정신장애 적용을 비판하는 입장에 의하면 전문가 증언이 이들의 지각능력의 감소, 정신이상, 전반적인 불안정성에 모아지고 있어 가정폭력 피해 여성의 병리적 이미지를 증가시켜서 낙인과 편견을 초래하며, 이로 인해 이들의 자녀양육권 허용 여부에도 영향을 미칠 뿐 아니라 '외상적 경험은 합리적 능력을 저해한다'는 공식을 갖게 하여 정당방위를 주장하는 사례에 도움이 되지 않는다(Dutton & Goodman, 1994; Maguigan, 1998; Schneider, 2000; Schuller & Rzepa, 2002; Terrance, 2003).

국내에서 이를 적용하고자 할 경우에는 「형법」에서 PTSD 진단을 책임배제 사유로 인정할 경우에만 가능하다는 점도 고려해야 한다. 즉, 우리나라의 경우에 환각 상태를 경험하는 심각한 수준의 정신증을 동반하는 정신장애 이외에는 범행 당시에 합리적 판단이 불가했다는 인정을 내리지 않는 경향이 있으므로 형사책임의 판단에서 실질적인 도움을 받지 못하거나 있다고 해도 제한된 범위 내에서의 감형에 그칠 가능성이 높다.

### (2) 정당방위 주장

미국에서는 1970년대 후반까지 정신이상이 변호 전략으로 사용되었으나 그 이후로는 주어진 상황에서 살인이 필요했으므로 정당화될 수 있다는 주장과 사례가 늘어 가는 것으로 나타났다(Maguigan, 1998). 이는 기존의 정신장애 주장이 가정폭력 피해 여성의 다양한 경험을 간과하고 증후군식의 개념으로 동질화, 단일화함으로써 이 여성들의 합리성과 능력을 부정하는 결과를 초래했음을 비판하면서 이 여성들이 갖고 있는 경험과 특징의 다양성을 정당방위 개념의 틀 속으로 통합하려는 움직임과 깊은 관련이 있는 것으로 보인다(Maguigan, 1998; Terrance, 2003). 한 예로, 최근에는 BWS라는 용어를 사용하기보다는 가정폭력과 그 영향(battering and its effects)이라는 보다 일반적인 용어를 사용할 것이 제안되기도 했다(Maguigan, 1998).

하지만 전통적인 가치관에 근거한 국내 「형법」체제에서 정당방위의 요건을 배우자 살해 여성의 특수한 상황[7]에 적용하는 작업은 쉽지 않다. 미국의 경우에 정당방위의 요건은 각 주마다 약간의 차이가 있으나 일반적으로 이에 대한 필요요건으로서 먼저 방위행위는 상대방의 공격이나 위협으로 자신이 급박한 죽음이나 심각한 신체적 위협 상황에 있었다는 실제의 믿음이나 지

---

7) 이러한 정당방위 기준은 체격이나 힘이 비슷한 서로를 모르는 두 남자 사이에 일어난 일회성 사건을 전제로 만들어진 것으로(Gillespie, 1989), 가정폭력 피해 여성의 경우에 오랜 기간 누적 반복된 폭력 상황에 있었다는 점, 외부에서 피난처나 원조를 받기 어려운 상황에 처해 있었다는 점, 가해자와 같이 살아야 하므로 앞으로도 이러한 폭력이 계속 일어날 것이라고 예견하고 두려움 속에 있었다는 점, 남편이 폭력을 사용하고 있을 때보다는 잠자거나 무방비 상태일 때 살해를 했다는 점 등이 전통적인 정당방위 경우와는 다른 상황이다(Browne, 1987). 이와 관련하여 비교법적으로 접근한 법리적 논의는 이명숙(2005)의 논문을 참조하라.

각에 의해 동기화되어야 한다. 즉, 자신을 보호하기 위하여 죽이는 것이 필요하다고 실제로 믿었어야 하는 것이다. 두 번째로, 이러한 방위행위자의 믿음과 행동이 합리적이어야 한다. 이는 합리적인 사람이 같은 상황에서 피고인과 같은 방식으로 지각하고 행동할 것이라고 전제하는 것으로, 방어적 행동의 합리성에 대한 객관적인 평가를 요구한다(Schuller, 2003).

정당방위 성립 요건을 배우자 살해 여성에 적용시켜 볼 때, 가정폭력 피해 경험이 여성의 심리 상태에 영향을 주었음을 살인행위의 배경으로 이해하게 되면 이들이 학대장면에서 탈출하는 유일한 길로 배우자를 살해했다고 인정할 수 있어 상기한 요건 중 첫 번째 요건은 어렵지 않게 충족되는 것으로 보인다(Slovenko, 2004). 즉, 자기보호를 위해 상대방을 죽이는 것이 필요했다고 실제로 믿었음을 인정할 수 있다는 것이다. 그러나 완전한 정당방위[8]로 인정되기 위해서는 두 번째 요건인 합리성 요건도 충족해야 하는데, 많은 경우에 판사나 배심원들이 피고인의 상황을 인정하고 동정한다고 해도 피고인의 믿음이 합리적이었다고 보지 않기 때문에 정당방위로 간주하여 무죄를 판결하기는 어렵다고 보고되고 있다. 사실 가정폭력 피해 상황에 대한 일반의 오해와 편견 때문에 이 두 번째 요건이 충족되기는 더욱 어렵다. 판사나 배심원, 법학자들이 볼 때 남편을 살해 시 합리적으로 행동했으리라고 믿기는 어려우며, 특히 폭력이 행사되지 않는 비대면 살인의 경우(예를 들어, 수면 중의 살인)에 누가 봐도 명백하게 급박한 위험 상황이라고 보기 어려워 이 여성들이 가졌던 위협감은 주관적인 믿음에 불과하며, 남편의 폭력 정도에 비해 칼이나 총과 같이 치명적인 무기를 사용한 것은 불필요했으므로 합리적인 판단이 아니라고 생각할 수 있고, 무엇보다 그러려면 폭력관계를 떠날 수 있었을 것이라고 생각하기 때문이다(Schuller, 2003).

그럼에도 미국에서 두 번째 요건에 대한 정당방위의 근거를 제시하는 연구나 이를 성공적으로 적용한 사례에 의하면 여성은 남성에 비하여 육체적 크기나 힘에 있어서 열세에 있기에 구타와 학대를 당하는 시점에서 반격하는 것은 어려운 일이며, 장기간 심각한 가정폭력의 결과로 나타난 심리 상태가 객관적으로 보아 합리적인 것이라고 판단되는 행동을 수행하기 어렵게 하며, 또한 자신의 상황에 대한 과대지각, 죽음이 임박한 위험 상황이라는 지각, 그리고 이로 인한 극심한 공포는 이 여성들의 가정폭력 피해 역사를 고려해 볼 때 상황에 합당한 판단과 반응으로 평가할 수 있다고 보고되고 있다. 이는 합리성의 기준으로 주관성의 요소를 포함시키고 있는 것으로서 판결 시 판사나 배심원이 배우자를 살해한 여성이 가정폭력 피해 경험의 결과로 갖게 된 주관적 인상과 판단을 인정하여 사고 당시에 이 여성이 자신의 상황을 어떻게 해석하고 구성하였는가를 고려하고, 이 여성의 입장에서 사건의 상황을 바라보도록 했다는 것이다. 아직까지 미국에서도 정당방위의 두 번째 요건에서 주관성을 채택하고 있는 곳은 소수이지만 이를 포함하는 지역이 점점 늘어나고 있는 추세이다(Maguigan, 1991; Terrance, Matheson, & Spanos, 2000).

정당방위 주장에서는 배우자 살해 여성의 경험에 근거한 주관적 인상이나 판단의 합리성을 뒷받침하기 위해서는 사고가 일어난 맥락,[9] 즉 폭력의 빈도와 결과, 앞으로의 폭력을 예상할 수 있게 만든 위협의 정도, 여성이 가정을 떠나려고 했을 때 가해졌던 위험, 지역사회 자원의 부재, 원조 요청에 대한 주위와 경찰의 부적절한 개입 등 살인행위가 일어나게 된 정황도 심리 상태의 변화와 함께 고려되어 죽음에 대한 두려움이 합당한 반응이었음을 보여 주어야 한다. 따라서 정당방위를 주장하기 위해서는 살인행위가 일어나게 된 맥락에 대해 철저히 개별화된 조사 과정이 필요하다.

정당방위 주장은 자신의 행동에 대한 책임을 지는 시민으로서의 지위도 상실하지 않으면서 무혐의나 무죄판결을 유도할 수 있다는 점에서 한층 진보적이지만, 정신장애 주장에서와 같이 전문가 증언을 통한 분명한 이론적 근거를 제시하지 못하고 있고, 정당방위 요건[10]의 충족에 대한 판사 혹은 배심원의 개인적 판단에 의지해야 할 가능성이 있다. 따라서 국내에 적용할 경우, 재판은 물론 수사단계에서부터 해당 사례의 가정폭력 피해 역사에 대한 자세한 정보가 수집되어야 하고, 판결 과정에서 가정폭력으로 초래되는 개인 심리 상태의 변화에 대한 지식이 공유되어야 하며, 정당방위에 대하여 다른 형사범죄와 구분하여 융통성 있게 적용하고자 하는 분위기가 선행되어야 할 것으로 보인다.

만일 이 같은 자료에 근거하여 남편을 살해한 가정폭력 피해 여성에게 주관성의 기준을 적용하는 것을 고려한다면, 이때 가장 문제시되는 것은 외국에서 공감대를 형성해 가고 있는 살해 당시의 피학대여성의 심리적 위기감을 우리나라 사례에서도 그대로 확인할 수 있을 것인지 하

---

9) 가정폭력 피해 여성과 배우자를 살해한 가정폭력 피해 여성과의 주요 차이는 죽이겠다는 위협, 폭력 가해자의 알코올 남용 및 총기 소지인 것으로 나타났으며(Foster, Veale, & Roget, 1989), 가정폭력 피해 여성은 폭력을 종식하려는 시도에서 마지막 방법으로 배우자를 죽인 것으로 나타났다(Walker, 1984; Hamilton & Sutterfield, 1997 재인용).

10) 우리나라의 「형법」상 정당방위 요건은 다음과 같으며, 기본적으로 미국의 「형법」 조항과 크게 다르지 않다.
　제21조 【정당방위】
　　① 현재의 부당한 침해로부터 자기 또는 타인의 법익을 방위하기 위하여 한 행위는 상당한 이유가 있는 경우에는 벌하지 아니한다.
　　② 방위행위가 그 정도를 초과한 경우에는 정황에 따라 그 형을 감경하거나 면제할 수 있다.
　　③ 제2항의 경우에 야간이나 그 밖의 불안한 상태에서 공포를 느끼거나 경악하거나 흥분하거나 당황하였기 때문에 그 행위를 하였을 때에는 벌하지 아니한다.

는 부분이다. 즉, 외국의 법정에서 설득력을 얻고 있는 피학대여성의 목숨을 잃을지도 모른다는 죽음에 대한 임박함과 그로 인한 극심한 공포감이 우리나라의 비슷한 사례에서도 발견되는지를 밝히는 일이 우선적으로 이루어져야 할 것이다. 일단 실증적인 연구물을 통하여 관련 학계와 사회 전반에서 이 문제가 공론화된다면 결국에는 법정에서도 피학대여성의 살해 동기에 대한 광범위한 이해, 즉 '불안한 상태에서 공포, 경악, 흥분 또는 당황으로 인하여' 남편을 살해하였기에 벌하지 아니한다는 「형법」 제21조 제3항을 적용할 수 있을 것이다.

## 6. 결론 및 제언

이수정(2006)에 의하면 가정폭력 피해로 인해 배우자를 살해한 여성은 DAS로 측정된 위험 사정 이외에 PTSD를 포함한 심리 특성상에서도 심각한 수준의 부적응적 특징을 보였다. 이들은 평균 수준 이상의 건강 염려, 불안, 우울, 자살관념을 지니고 있었고, 높은 수준의 PTSD를 경험하고 있었다. 하지만 공격성에서는 언어적 공격성을 제외하고는 일반인 수준의 공격성 요인 점수를 보였다. 이런 결과는 남편을 살해한 여자들이 기질적으로 공격적일 것이라는 일반적인 시각과는 불일치하는 것이다. 이는 외국의 연구결과(O'keefe, 1997)에서 확인된 사실과도 일치한다.

배우자 살해 사건 이후 이루어지는 사법판단을 포함한 일련의 판단 과정 중 가장 중요하게 여기는 점은 사건의 주인공이 어떤 마음가짐으로 범행을 저질렀을까 하는 점이다. 이 같은 측면은 결코 객관적 기준에 근거해서는 평가될 수 없다. 사건의 피의자가 되어 범죄와 관련된 상황적 맥락에서 당시를 회상해야만 범행 시 피의자의 사고과정을 이해하고, 그에 따라 책임의 귀추 여부를 결정할 수 있다. 따라서 남편의 학대에 기인한 남편 살해 여성의 심리 상태 및 사리분별 과정에 대한 이해는 사건의 주인공들이 직접 심적 상태를 토로하는 것이 필요하다. 이때 주의를 기울여야 할 또 다른 문제는 응답에 관한 진실성이다. 즉, 사건의 당사자는 피해자 측과 가해자 측이 있을 터인데, 현재 생존해 있는 사람은 살인사건의 가해자뿐이다. 따라서 살인사건의 피해자에게 지각된 상황에 대해서는 확인하지 않은 채 가해자의 답변만을 근거로 진실에 접근하고 있는 것이다. 이와 같은 점을 보완하기 위해 피학대여성 중 남편에게 가해행위를 시도했지만 생명의 손실이 없었던 사건에서 양 당사자의 입장을 고루 청취하여 보는 일이 필요하다. 이 같은 확인작업이 추후에 이루어진다면 오랜 동안의 피학대자가 자기방어를 목적으로 하는 충동적 공격행위를 야기할 수도 있다는 사실이 보다 강력하게 지지될 수 있을 것이다.

지금까지 형사사법체제에서는 긴급임시조치를 사용하는 등 가정폭력 피해자를 안전하게 보호하고, 상담조건부 기소유예제도와 같이 가정폭력 가해자를 교정하여 가정으로 복귀시키려는 시도가 계속되고 있다. 과거 경찰이 가정폭력사건에 대응하는 전략이 전형성을 벗어나지 못하고 있다는 평을 받았으나, 체포우선주의 정책의 도입 이후 이러한 문제점이 많이 개선되고 있다(강보정 외, 2023). 가정폭력과 같이 친밀한 관계의 폭력을 해결하는 것은 친밀한 관계의 살인 예방에 기여할 수 있으며, 이러한 상황에 놓인 피학대여성의 수는 감소하는 추세에 접어들어 희망적인 미래가 예견된다. 하지만 가정폭력범죄의 재범은 계속해서 나타나고 있으며, 피해자들의 현실적 부담감은 수그러들지 않고 있다. 가정폭력의 위험성을 인정받는 것을 넘어 피해자와 가해자가 격리되어 적절한 개입을 받을 수 있도록 해야 한다. 따라서 이 장에서 소개한 것과 같은 위험성 평가지표를 현장에서 활용하고 체포우선주의 정책과 같이 가정폭력 상황에 적절한 형사정책적 행동 전략을 계속해서 고민해야 할 것이다. 가정폭력 위험성 평가도구를 활용할 때는 형사사법체제의 관점에서 일관적인 평가도구를 사용할 수 있도록 가정폭력 대응 매뉴얼에 조사 절차의 의무화를 명시하는 것이 중요하다. 또한 사법기관의 집행자들이 가정폭력의 위험성을 인식할 수 있도록 전문교육이 지속적으로 제공되어야 한다. 마지막으로, 앞서 제시된 현존하는 국내외 가정폭력 위험성 평가도구에 대한 연구가 앞으로도 활발히 이루어져야 할 것이다.

## 참고문헌

「가정폭력범죄의 처벌 등에 관한 특례법」(1997). 법률 제5436호.

강보정, 김소연, 김재경, 이수정(2023). 가정폭력범죄에 대한 체포우선주의 정책이 여성의 인명 피해 감소에 미친 영향. 피해자학연구, 31(2), 1-31.

강이종행(2005). '아버지 폭행치사' 강릉 여중생 석방됐다. 2005년 5월 9일자. http://news.naver.com/main/read.nhn?mode=LSD&mid=sec&sid1=102&oid=047&aid=0000063363

강지은, 노주애, 이승원, 이수정(2020). 가정폭력사건의 조기 개입을 위한 위험성 평가도구 개발연구. 교정담론, 14(1), 87-123.

김광일(2001). 가정폭력 피해자 후유증-배우자폭력: 희생자 및 가해자의 심리. 한국성폭력상담소, 2001(1), 21-34.

김영희, 박광배, 이재희(2004). 여성 살인범의 특정, 범죄 이유 그리고 재활 가능성: 치료적 사법이념의 현실적 구현방안을 위한 심층면담 연구. 법무부 보고서.

김익기, 심영희(1991). 가정폭력의 실태와 대책에 관한 연구: 서울시의 남편의 아내폭력 현황을 중심으로. 한국형사정책연구원 연구총서, 1(1), 11-221.

김정인, 김시업(2005). 아내구타와 그 가해자-구타과정 및 가해자의 심리, 행동적 특징-. 한국심리학회
　　　지: 여성, 10(4), 653-676.

김재민(2005). 가정폭력사건에 대한 미국 미시간 주 경찰의 현장대응: 경찰의 가정폭력에 대한 초동수사
　　　시각 단계별 대응을 중심으로. 경찰학연구, 8, 162-201.

김재민(2006). 가정폭력 피해자 신변안전확보 과정에서의 수사경찰의 위험성 평가에 관한 연구. 피해자
　　　학연구, 14(2), 327-357.

김재엽(1997). 부부권력구조와 갈등 그리고 폭력. 한국가족복지학, 1, 41-65.

김재엽(1998). 가정폭력의 태도와 행동 간의 상관관계 연구. 한국가족복지학, 2, 87-114.

김한균(2011). 가정폭력 위험에 대한 지역사회와 관련기관의 협력대응: 영국 MARAC의 경우. 형사정책연
　　　구소식, 117, 18-25.

대검찰청(2022). 범죄분석.

박복순, 전혜상, 정수연, 고현승(2019). 여성폭력 검찰 통계분석(I): 가정폭력범죄를 중심으로. 서울: 한국여
　　　성정책연구원.

박혜림(2020). 가정폭력범죄에 대한 형사사법기관의 대응과제. 이화젠더법학, 12(1), 213-235.

백경임(1998). CTS(Conflict Tactics Scales) 2의 자녀용으로의 수정 및 한국 대학생에 대한 타당성 검증.
　　　*Family and Environment Research, 36*(2), 77-89.

손정영(1997). 갈등대처유형척도(CTS2)의 한국부부에 대한 타당성 연구: 남편의 갈등대처유형 및 아내
　　　학대행위를 중심으로. 한국가족관계학회지, 2(1), 51-87.

신옥주(2018).「가정폭력방지 및 피해자보호 등에 관한 법률」에 대한 사후적 입법평가, 입법평가연구, 14,
　　　31-72.

이금옥(2006). 인권침해로서 가정폭력에 대한 미국에서의 논의. 헌법학연구, 12(5), 243-272.

이명숙(2005). 가정폭력 피해 여성의 남편살해와 법제도적 검토. 서울 여성의 전화 토론회, '가정폭력 피해
　　　여성의 살인 VS 정당방위, 여성에게 생존의 권리 없는가?', 51-84.

이성진, 조용래(2009). 가정폭력 피해 여성들의 지각된 통제감과 회피 대처가 외상 후 스트레스 증상에
　　　미치는 효과. 한국심리학회지: 임상, 28(2), 415-436.

이수정(2006). 가정폭력에 기인하여 배우자를 살해한 여성 재소자의 심리특성에 관한 연구. 한국심리학
　　　회: 사회 및 성격, 20(2), 35-55.

이수정, 윤옥경, 신연숙(2007). 가정폭력행위자 재범위험성 평가도구 개발연구. 법무부 여성정책과.

이수정, 이혜선, 이수경, 김현정(2008). 아내학대 위험성 평가도구 개발연구. 한국심리학회지: 사회 및 성
　　　격, 22(1), 79-98.

이영점, 최은봉(2011). 가정폭력 PTSD 척도 개발 및 구인 타당도 검증. 한국심리학회지: 법정, 2(3), 263-
　　　281.

이혜지, 전지선, 이수정(2014). 가정폭력 위험성 평가의 형사사법적 활용의 필요성. 한국경찰연구, 13(4),

3-32.

장희숙(2007). 가정폭력범죄에 대한 사법부 개입의 효과-보호처분 판결을 받은 폭력남편들을 중심으로-. 사회복지연구, 33, 159-183.

조은경, 허선주(2013). 경찰의 현장출동단계에서 가정폭력 피해자 보호를 위한 가정폭력 재범위험성 조사표 개발 및 활용방안. 피해자학연구, 21(2), 87-110.

표창원(2000). 영국사례의 검토를 통한 한국 경찰의 가정폭력 대응능력 제고방안. 형사정책, 12(1), 133-154.


American Psychiatric Association. (1994). *Diagnostic and statistical manual of mental disorders* (4th ed.). Washington, DC: American Psychiatric Association.

Bartle, S. E., & Rosen, K. (1994). Individuation and relationship violence. *The American Journal of Family Therapy, 22*(3), 222-236.

Berry, D. B. (2000). *The domestic violence sourcebook.* Los Angeles: Lowell House.

Browne, A. (1987). *When battered women kill.* New York: MacMillan Press.

Campbell, J. C. (1981). Misogyny and homicide of women. *Advances in Nursing Science, 3,* 67-85.

Campbell, J. C. (1986). Assessment of risk of homicide for battered women. *Advances in Nursing Science, 8*(4), 36-51.

Campbell, J. C. (1995). Prediction of homicide of and by battered women. In J. C. Campbell (Ed.), *Assessing dangerousness: Violence by sexual offenders, batterers, and child abusers* (pp. 96-113). Thousand Oaks, CA: Sage.

Campbell, J. C., Webster, D., Koziol-McLain, J., Block, C. R., Campbell, D. W., Curry, M. A., Gary, F., Sachs, C. J., Sharps, P. W., Ulrich, Y., Wilt, S., Manganello, J., Schollenberger, J., Xu, X., & Frye, V. (2003). Risk factors for femicide in abusive relationships: Results from a multi-site case control study. *American Journal of Public Health, 93*(7), 1089-1097.

Catalano, S. (2007). *Intimate partner violence in the United States* [*Electronic Version*]. Washington, DC: U.S.

Cling, B. J. (2004). Rape trauma syndrome: Sexualized violence against women and children. *A psychology and law perspective, 13.*

Cohen, J. (1992). A power primer. *Psychological Bulletin, 112,* 155-159.

Doerner, W. G., & Lab, S. P. (2012). *Victimology.* MA: Anderson Publishing.

Duiven, S. (1997). Battered women and the full benefit of self-defense laws. *Berkeley Women's Law Journal, 12,* 103-111.

Dutton, D. G. (1995). A scale for measuring propensity for abusiveness. *Journal of Family Violence,*

*10*(2), 203–221.

Dutton, M. A. (1992). Treating battered women in the aftermath stage. Special issue: Psychotherapy in independent practice. Current issues of clinicians. *Psychotherapy in Private Practice, 10,* 93–98.

Dutton, M. A., & Goodman, L. A. (1994). Posttraumatic stress disorder among battered women: Analysis of legal implications. *Behavioral Science and the Law, 12*(3), 215–234.

Dutton, M. A., Hohnecker, L. C., Halle, P. M., & Burghardt, K. J. (1994). Traumatic responses among battered women who kill. *Journal of Traumatic Stress, 7,* 549–564.

Eisikovits, Z. (1996). The aftermath of wife beating strategies of bounding violent events. *Journal of Interpersonal Violence, 11*(4), 459–474.

Ellis, D. (2005). *DOVE(Domestic Violence Evaluation): An instrument designed to assess and manage the risk of domestic violence.* Youk University, Canada: La Marsh Research Centre on Violence and Conflict Resolution.

Ellis, D., & Stuckless, N. (2006). Domestic violence, DOVE, and divorce mediation. *Family Court Review, 44*(4), 658–671.

Ferraro, K. J. (1988). An existential approach to battering. *Family Abuse and its Consequences,* 126–138.

Foa, E. B., Cashman, L., Jaycox, L., & Perry, K. (1997). The validation of a self-report measure of posttraumatic stress disorder: The posttraumatic diagnostic scale. *Psychological Assessment, 9*(4), 445–451.

Gillespie, C. K. (1989). *Justifiable homicide: Battered women, self-defense, and the law* (p. 68). Columbus: Ohio State University Press.

Gondolf, E. W. (1988). Who are those guys?: Toward a behavioral typology of batterers. *Violence and victims, 3*(3), 187–204.

Gondolf, E. W. (1998). *Assessing woman battering in mental health services.* Thousand Oaks, CA: Sage.

Griesel, D., Wessa, M., & Flor, H. (2006). Psychometric qualities of the German version of the Posttraumatic Diagnostic Scale(PTDS). *Psychological Assessment, 18*(3), 262–268.

Hamilton, G., & Sutterfield, T. (1997). Comparison study of women who have and have not murdered their abusive partners. Women & Therapy, 20(4), 45–55.

Harnishakumari, N. (2000). Abused women who kill. *Lola Press, 11,* 48–62.

Harris, G. T., Rice, M. E., & Camilleri, J. A. (2004). Applying a forensic actuarial assessment (The violence risk appraisal guide) to nonforensic patients. *Journal of Interpersonal Violence, 19*(9), 1063–1074.

Herman, J. L. (1992). *Trauma and recovery*. New York: Basic Books.

Hilberman, E. (1980). The 'wife-beater's wife', reconsidered. *American Journal of Psychiatry, 137*, 1336-1347.

Hilberman, E., & Munson, K. (1978). Sixty battered women. *Victimology: An International Journal, 2*, 460-470.

Hilton, N. Z., Harris, G. T., Rice, M. E., Lang, C., Cormier, C. A., & Lines, K. J. (2004). A brief actuarial assessment for the prediction of wife assault recidivism: The Ontario domestic assault risk assessment. *Psychological Assessment, 16*(3), 267-275.

Holtzworth-Munroe, A., & Stuart, G. L. (1994). Typologies of male batterers: Three subtypes and the differences among them. *Psychological Bulletin, 116*(3), 476-497.

Kaser-Boyd, N. (1993). Rorschachs of women who commit homicide. *Journal of Personality Assessment, 60*(3), 458-570.

Kuehnle, K., & Sullivan, A. (2003). Gay and lesbian victimization: Reporting factors in domestic violence and bias incidents. *Criminal Justice and Behavior, 30*(1), 85-97.

Lim, H. K., Woo, J. M., Kim, T. S., Kim, T. H., Choi, K. S., Chung, S. K., Chee, I. S., Lee, K. U., Paik, K. C., Seo, H. J., Kim, W., Jin, B., & Chae, J. H. (2009). Disaster Psychiatry Committee in Korean Academy of Anxiety, Disorders, 2009. Reliability and validity of the Korean version of the impact of event scale-revised. *Comprehensive Psychiatry, 50*, 385-390.

Lloyd, S. (1997). The effects of domestic violence on women's employment. *Law & Policy, 19*(2), 139-167.

Lovenduski, J., & Randall, V. (1993). *Contemporary feminist politics: Women and power in britain*. Oxford, New York: Oxford University Press.

Maguigan, H. (1991). *Battered women and self-defense: Myths and misconceptions in current reform proposals*. University of Pennsylvania Law Review, 379-486.

Maguigan, H. (1998). Review essay/it's time to move beyond 'battered woman syndrome'. *Criminal Justice Ethics, 17*(1), 50-57.

Millar, A., Code, R., & Ha, L. (2009). *Inventory of spousal violence risk assessment tools used in Canada*. Canada: Research and Statistics Division Department of Justice Canada.

Mones, A. G., & Panitz, P. E. (1994). Marital violence: An integrated systems approach. *Journal of Social Distress and the Homeless, 3*(1), 39-51.

O'Keefe, M. (1997). Incarcerated battered women: A comparison of battered women who killed their abusers and those incarcerated for other offenses. *Journal of Family Violence, 12*(1), 1-19.

O'Keefe, M. (1998). Posttraumatic stress disorder among incarcerated battered women: A comparison of battered women who killed their abusers and those incarcerated for other offenses. *Journal of Traumatic Stress, 11*(1), 71-85.

Saunders, D. G. (1992). A typology of men who batter: Three types derived from cluster analysis. *American Journal of Orthopsychiatry, 62*(2), 264-275.

Saunders, D. G., Lynch, A. B., Grayson, M., & Linz, D. (1987). The inventory of beliefs about wife beating: The construction and initial validation of a measure of beliefs and attitudes. *Violence and Victims, 2*(1), 39-57.

Schneider, E. (2000). *Battered women and feminist lawmaking*. London: Yale University Press.

Schuller, R. A. (2003). Expert evidence and its on jurors' decisions in homicide trials involving battered women. *Duke Journal of Gender Law and Policy, 10*, 225-246.

Schuller R. A., & Rzepa, S. (2002). Expert testimony pertaining to battered woman syndrome: Its impact on jurors' decisions. *Law and Human Behavior, 26*(6), 655-673.

Schuller, R. A., Smith, V. L., & Olson, J. M. (1994). Jurors' decisions in trials of battered women who kill: The role of prior beliefs and expert testimony 1. *Journal of Applied Social Psychology, 24*(4), 316-337.

Slovenko, P. R. (2004). The watering down of PTSD in criminal law. *The Journal of Psychiatry and Law, 32*, 411-438.

Straus, M. A., & Gelles, R. K. (1990). *Physical violence in American families: Risk factors and adaptation to violence on 145 families*. New Brunswick, New Jersey, U.S.A: Transaction.

Straus, M. A., Hamby, S. L., Boney-McCoy, S., & Sugarman, D. B. (1996). The revised Conflict Tactics Scales (CTS2): Development and preliminary psychometric data. *Journal of Family Issues, 17*(3), 283-316.

Stuart, E. P., & Campbell, J. C. (1989). Assessment of patterns of dangerousness with battered women. *Issues Mental Health Nursing, 10*, 245-260.

Terrance, C. A. (2003). Undermining reasonableness: Expert testimony in a case involving a battered woman who kills. *Psychology of Women Quarterly, 27*(1), 37-54.

Terrance, C. A., Matheson, K., & Spanos, N. P. (2000). Effects of judicial instructions and case characteristics in a mock jury trial of battered women who kill. *Law and Human Behavior, 23*(2), 207-229.

Walker, L. E. (1984). *The battered woman syndrome*. Springer: New York.

Walker, L. E. (1989). *Terrifying love*. Harper Collins: New York.

Walker, L. E. (2006). Battered woman syndrome. *Annals of the New York Academy of Sciences, 1087*(1), 142-157.

Weiss, D. S., & Marmar, C. R. (1997). The impact of event scale-revised. *Assessing psychological trauma and PTSD* (pp. 399-411). New York: Guilford Press.

Wong, S. C. P., & Gordon, A. (2006). The validity and reliability of the violence risk scale: A treatment-friendly violence. *Psychology, Public Policy, and Law, 12*(3), 279-309.

Wong, S. C. P., & Parhar, K. K. (2011). Evaluation of the predictive validity of the violence risk scale in a paroled offender sample: A seven-year prospective study. *The Journal of Forensic Psychiatry & Psychology, 22*(6), 790-808.

Younglove, J. A., Kerr, M. G., & Vitello, C. J. (2002). Law enforcement officers' perceptions of same-sex domestic violence: Reasons for cautious optimism. *Journal of Interpersonal Violence, 17*(7), 760-772.

Zykorie, L. (2002). Can a domestic violence advocate testify as an expert witness?: Follow the ABC's of expert testimony standards in texas courts. *Texas Journal of Women and the Law, 11*, 275-302.

# 방화

　방화범죄는 다수의 인적 피해와 거액의 재산 피해뿐만 아니라 숭례문과 같은 문화재나 공공 시설에 대한 범죄일 경우에 심각한 사회적 파장을 초래한다는 점에서 살인이나 강간 등의 강력사건보다 때로는 더욱 심각한 국민적 불안감을 일으키기도 한다. 이러한 이유로 방화는 살인, 강도, 강간과 더불어 강력범죄로 분류되고 있다.

　국내에서는 1980년대 이후 방화범죄가 증가하고 있는 것에 관심을 갖고 이에 대한 연구가 이루어지기 시작하였다(백남명, 1988; 송재철, 1987; 양성환, 1983; 최종태, 1991). 그러나 외국에 비하여 관련 분야의 연구가 매우 부족한 것이 사실이다. 외국에서는 이미 방화범죄자의 범행 원인 및 동기, 심리학적 기제(psychological mechanism), 정신의학적 평가 등에 대한 연구가 매우 심도 있게 진행되고 있다(Barnett, Richter, & Renneberg, 1999; Bohnert, Ropohl, & Pollak, 1999; Fritzon, 2001; Kocsis & Cooksey, 2002).

## 1. 방화범죄의 특징

### 1) 방화범죄의 개념

우리나라에는 2012년 약 43,249만여 건의 화재사건이 발생하였다(소방방재청, 2013). 화재사건의 발생 원인은 부주의, 전기적 요인, 기계적 요인, 방화 및 방화 의심 등으로 구분할 수 있는데, 이러한 원인 중에서 '고의로 화재를 발생시켜서 타인에게 인적·물적인 피해를 입히는 행위'가 방화에 해당한다. 이와 같이 방화의 법률적 정의는 '고의로 불을 놓아 현주건조물, 공용건조물, 일반건조물 또는 일반 물건을 소훼(燒燬)하는 것'으로서 실화와는 구별되는 개념이며,「형법」에서는 진화를 방해하거나 폭발성 있는 물건을 파열하는 등의 준방화죄도 포함하고 있다(박형민, 2004).「형법」에서는 방화죄를 방화의 목적물에 따라 현주건조물방화, 공용건조물등방화, 일반건조물방화, 일반물건방화로 구분하며, 행위의 결과에 따라서는 현주건조물방화치사상, 연소, 방화예비·음모 등의 죄가 추가로 규정되어 있다(박형민, 2004).

### 2) 방화범죄의 특징 및 심각성

방화범죄는 다른 범죄에 비하여 손쉽게 행할 수 있으나 그에 비하여 인명, 재산상의 손실은 매우 크기 때문에 심각한 범죄라고 할 수 있다(홍성열, 2000). 이는 대구 지하철 방화사건 피해자들의 정신적 고통에서 심각성을 알 수 있다. 계명대학교 의과대학의 김정범 교수팀에 의하면 대구 지하철 참사 생존자 가운데 상당수가 스트레스와 불안, 적응장애, 우울증 등 정신과적 문제를 겪고 있는 것으로 나타났다. 이 연구에 의하면 생존자 129명 가운데 절반인 64명이 PTSD를 겪고 있으며, 불안 증상이 34명(26%), 적응장애 9명(7%), 우울증 호소 2명(1.5%) 등 생존자의 84%인 109명이 2년이 지나도록 사고 충격에서 벗어나지 못하고 있는 것으로 조사됐다. 또 이들은 사고 후유증으로 지하철이나 지하도 진입을 기피하고, 어두운 장소에서 불안감에 시달리는 등 일상생활에도 많은 지장을 받고 있는 것으로 나타났다(김정범 외, 2004). 한편, 방화 자체의 속성에서도 심각성을 이해할 수 있다. 이에 대해 미국의 방화범죄 전문수사관인 Steve Avato[1]는 다음과 같이 말한 바 있다.

---

[1] Steve Avato는 The U. S. Bureau of Alcohol, Tobacco and Firearms(ATF)의 특수요원으로 많은 방화사건을 수사한 경험이 있는 전문수사관이다(Stewart, 2006).

방화와 살인을 비교한다면 방화가 실질적으로 더 나쁜 결과를 초래하는 범죄이다. 만약 내가 총으로 누군가를 살해하고자 한다면 죽이고자 하는 사람뿐만 아니라 무고한 사람까지도 죽일 위험성은 존재한다. 하지만 이것은 다만 총알이 있을 때까지만 위험을 초래할 뿐이다. 불은 탈 수 있는 연료와 산소가 존재하는 한 언제까지라도 계속 꺼지지 않고 탈 수 있다. 총은 총알이 떨어지면 더 이상 사용할 수 없지만, 불은 소화되기 전까지는 언제까지라도 계속 피해를 초래할 수 있는 것이다.

출처: Faith, 1999; Stewart, 2006 재인용.

방화범죄의 이러한 특성 이외에도 범인 검거 차원에서 또 다른 심각한 문제가 존재한다. 방화는 범죄가 진행되면서 모든 단서가 소실되는 범죄이다(Stewart, 2006). 즉, 불 자체로 인하여 일차적으로 범죄의 단서가 없어지고, 불이 진화되는 과정에서 이차적으로 현장과 단서가 파괴된다. 따라서 방화범죄는 수사뿐만 아니라 프로파일링에서도 분석하기 어려운 범죄유형에 속한다.

## 2. 방화범죄자의 특성

### 1) 방화범죄자의 인구발생적 특징

Lewis와 Yarnell(1951)은 688명의 방화범(방화광)에 대한 연구에서 낮은 지능, 낮은 직업적 지위, 알코올중독 등을 중요한 특징으로 제시하였다. 또한 방화범죄자들은 알코올이나 약물, 정신지체 등으로 진단되는 경우가 상당히 많은 것으로 보고되고 있다. Bradford(1982)에 의하면 방화범은 다른 범죄자집단에 비해서 연령이 대체로 낮고, 정신장애 및 성격장애의 비율이 높으며, 직업적 지위나 학력이 낮은 특성이 있었다(성한기, 박순진, 2003 재인용). 김경옥과 이수정(2009)은 2006년 1월부터 2009년 6월까지 경찰청 및 전국 지방경찰청에서 운영하는 과학적 범죄분석시스템(Scientific Crime Analysis System: SCAS)[2]에 D/B화된 127건의 방화범죄자 자료를 수집하여 다차원척도(multidimensional scaling: MDS) 모델과 지역 가설에 근거하여 방화범죄자

---

2) 경찰청 및 전국 지방경찰청에서 운영하는 과학적 범죄분석시스템(Scientific Crime Analysis System)이다. 피의자의 양육형태 등 성장배경, 가족 기능과 구조, 부모에 대한 감정, 학대 경험(가학과 피학대 모두 포함), 평소 주로 하는 생각이나 범행 시 특징 등 범죄자와 관련된 정보(면담 및 객관적인 공식정보 포함)가 입력된다. 고선영(2012) 참조.

의 유형을 분류하였다.

　그 결과, 방화범죄자는 남자가 대부분(93.7%)이며, 연령대는 10대 15.5%, 20대 22.8%, 30대 23.6%, 40대 26.0%, 50대 11.0%, 60대 1.6%로 나타났다. 학력은 무학이 14.2%이고, 고졸 이하의 비율이 73.2%로 대부분 학력이 높지 않았다. 결혼 여부는 미혼이 67.7%로 높게 나타났으며, 직업은 무직 및 노동의 비율이 66%이고, 73.2%가 자신의 경제 상태를 빈곤한 것으로 진술하여 방화범죄자들의 낮은 경제적 수준을 반영하고 있었다. 방화범죄자들은 대부분 노숙, 고시원, 직장 합숙 등 거주지가 일정하지 않은 경우도 26%로 나타났다. 방화범죄자가 음주 및 정신적 문제 등을 지니고 있을 때는 거주지가 일정하지 않은 경우가 많아 수사에 어려움을 초래하기도 한다.

　방화범죄자 중 78%는 전과경력이 있는 것으로 나타났으며, 15.7%는 동종전과가 있는 것으로 나타났다. 상습적인 방화전과가 있는 경우는 비교적 비율이 높지 않은데, 특히 연쇄방화범의 경우에 방화전과가 있는 경우가 드물어 동종 전과자에 대한 수사로 검거가 어려운 것이 현실이다.

## 2) 방화범죄자의 공간 이동성

　방화범죄자의 공간 이동성은 지리적 프로파일링과도 밀접한 관련을 갖는다. 범죄자의 공간 이동성에 대한 연구는 환경범죄학 및 환경심리학 분야에서 유래하는데, 이것은 일상활동이론(routine activity theory)을 배경으로 한다. 그 내용은 범죄자의 공간 이동성은 '공간에 대한 친숙성(familiarity)'과 '자신의 생활공간(activity space)'의 영향을 많이 받는다는 것이다. 따라서 범죄자가 범죄를 행하기 위해서 선택하는 장소는 자신이 통제할 수 있다는 자신감을 갖는 장소, 즉 자신의 생활공간 내의 장소이거나 혹은 자신이 거주하는 곳과 유사한 환경을 가진 장소일 가능성이 많다(Fritzon, 2001). 김경옥과 이수정(2009)의 연구에서도 범행지역에 대한 연고감은 3.1%만이 고려하지 않는다고 조사되어 방화범죄자들이 연고감 있는 지역 내에서 범행한다는 사실을 알 수 있다.

　단, 범죄자의 공간적 이동성이 안정적인가 이동적인가에 대한 판단에서 중요한 역할을 하는 것이 '완충지대(buffer zone)' 개념이다. 자신의 거주지를 보호하기 위해서 범죄를 저지르지 않는 지역을 완충지대라고 표현하는데, 이러한 완충지대를 설정하여 범죄를 행한다면 이동적인 범죄자 유형일 가능성이 높으며, 완충지대보다는 자신의 생활공간과 유사한 환경에서 더욱 안정감을 느끼는 범죄자일 경우에는 안정적인 유형의 범죄자일 가능성이 높아진다.

표 13-1  방화범죄자의 범행 시 연고감 고려

| | 피의자 거주지역 | 피의자 직장지역 | 피의자 유흥지역 | 기타 연고지역 | 고려하지 않음 | 미확인 | 총계 |
|---|---|---|---|---|---|---|---|
| 빈도 | 69 | 6 | 8 | 29 | 4 | 11 | 127 |
| % | 54.3 | 4.7 | 6.3 | 22.8 | 3.1 | 8.8 | 100 |

출처: 김경옥, 이수정(2009).

방화범죄자는 범행 후 자신의 거주지로 향하는 이동성을 보이는 '회귀적 범죄자 유형'인 경우가 많다. 박철현(2003)에 의하면, 방화범은 거주지와 멀어질수록 방화가 줄어드는 '거리 감퇴 현상(distance decay)'이 나타나며 자신만의 안락한 공간(comfort zone)을 갖는 경향이 있다고 한다. 평균적으로 20.3%가 자신의 집에서 0.5km 내에서 방화를 하며, 50%는 1.6km, 70%는 3.2km 내에서 방화를 하는 것으로 나타났다. 이는 김경옥과 이수정(2009)의 연구에서도 나타난 바, 범행 후 도주 장소로는 비연고지가 2.4%에 불과하며, 대부분 거주지 인근 및 연고지인 것으로 나타났다. 연쇄방화범 또한 대부분 집(68.0%)으로 도주하였다. 이러한 연구결과가 모든 방화범에게 적용된다고 볼 수는 없으나 방화범죄자의 공간적 이동성이 방화범죄의 프로파일링에 중요한 요인으로 작용한다는 것은 여러 연구에서 검증되고 있다.

또한 범죄자의 특성에 따라서 범죄를 위한 이동거리가 달라진다. Sapp 등(Sapp et al., 1994)은 연쇄방화범의 이동거리를 FBI의 유형론과 관련하여 연구하였는데, 반달리즘(vandalism)[3] 동기를 지닌 방화범은 자신의 집이나 직장에서 대략 0.8~1.6km 이내에서 방화하는 경향이 있으며, 보복 · 흥미 · 범죄은닉 동기 방화범은 1.6~3.2km 이내에서 방화하는 경향을 보였고, 이익 추구 동기를 지닌 방화범은 거리에 관계없이 범행 이전에 범행 대상을 정하는 경향을 보였다. 한편, Fritzon(2001)은 156명의 방화범(single arson)을 대상으로 거주지와 범행지 간의 거리 관계를 연구하였다. 모든 방화범의 거주지와 범행지 간의 평균 거리는 2.06km였고, 최솟값은 0km, 최댓값은 116.19km였다. 이것은 일반적으로 말하듯이, 방화범이 범행을 위해 그리 많은 거리를 이동하지 않는다는 것을 보여 준다. 예를 들어, 도구적 이익을 위한 방화범은 감정적 욕구 표출을 위한 방화범보다 더 먼 거리를 이동하는 경향을 보였으며, 자신의 욕구 표출을 목적으로 하는 표현적 방화범은 2km 이상 이동한 방화범이 없었으며, 연쇄방화의 형태를 보이는 경우가 많은 것으로 나타났다.

---

3) 두산지식백과: 다른 문화나 종교, 예술 등에 대한 무지로 그것들을 파괴하는 행위를 말한다.

## 3. 방화범죄자의 범죄현장 행동 특징

### 1) 방화현장의 특징

　　방화범죄의 현장은 다른 범죄와는 다르게 '불'의 속성으로 인하여 현장의 모든 증거가 소훼되기 때문에 범죄자의 흔적을 거의 찾아내기 어렵다. 세계 최초로 법과학 감정소를 설립한 Edmond Locard는 '모든 접촉은 흔적을 남긴다.'라는 말을 통해서 현장은 증거의 보고(寶庫)이며, 누구라도 어떤 사물을 변형시키지 않거나 외부에서 다른 물질을 묻혀 들이지 않고 현장에 진입할 수 없다는 '교환법칙(locard exchange principle)'을 주장한 바 있다(Fisher, 2004). 이와 마찬가지로 모든 범죄현장에는 범인을 추정해 낼 수 있는 범인의 흔적이 남아 있다. 그러나 방화사건의 경우에 대부분의 증거가 불에 의해서 소실되기 때문에 12~20% 정도만이 해결되고 있으며(Douglas, Burgess, Burgess, & Ressler, 1992; Häkkänen, Puolakka, & Santtila, 2004), 미국에서는 검거되는 방화범의 3%만이 유죄를 선고받고 있다(Geller, 1992). 이러한 한계를 해결하기 위해서는 이외 강력사건의 현장을 바라보는 눈과는 다른 관점으로 방화현장을 들여다볼 필요가 있다. 먼저, 모든 것이 잿더미로 변해 있는 방화현장에서 범인의 행동을 추정해 낼 수 있는 단서들을 읽어 내는 것과 두 번째로 방화범죄자의 독특한 특성이 무엇인가에 관심을 갖는 것이다.

### 2) 방화범죄자의 범죄현장 행동 특징

　　'방화는 모든 화재 유형을 모방할 수 있다.'라는 말의 의미에서 알 수 있듯이, 방화는 우발적인 경우도 있지만 계획적이고 준비된 경우에는 실화나 일반사고에 의한 화재로 위장하기가 어렵지 않다. 현장 감식 과정에서 위장의 증거를 발견하는 것은 쉽지 않은 일이다. 이와 같이 방화현장에는 여러 한계가 존재하며, 현장 감식을 통해 범인의 신원이나 구체적인 범행수법 등을 밝히는 것은 매우 어려운 일이다(이승훈, 2009). 그럼에도 화재현장이 방화로 의심되는 경우에는 매우 다양한 특징이 나타날 수 있으며, 방화현장에서 나타나는 증거 및 특징은 범죄자의 행동을 반영한다. 즉, 대상물의 선택, 촉진제의 사용, 방화 장소의 특성, 발생 시간대 등 현장 특성 및 발생 상황의 모든 요소가 범죄자의 행동으로 해석될 수 있다.

　　〈표 13-2〉는 방화현장에서 나타날 수 있는 특징이다. 각 특징이 범죄자의 동기 및 행동 특성과 어떻게 연결될 수 있는가를 살펴보자면 촉진제 용기가 발견되거나 침입 흔적이 있는 경우에

| 표 13-2 | 방화현장에서 방화가 의심되는 특징 |

- 촉진제 용기가 발견되는 경우
- 촉진제(휘발유, 시너 등)의 사용 흔적이 발견된 경우
- 연소 확산을 위한 도구(trailer)의 흔적이 발견된 경우
- 2개 이상의 독립된 발화 개소가 식별된 경우
- 점화장치가 발견된 경우
- 침입 흔적이 있는 경우
- 방화현장에서 다른 범죄의 증거가 발견되는 경우
- 발화부에서 발화하였다고 볼 만한 시설 및 기구, 조건이 발견되지 않은 경우
- 일반적이지 않은 인위적인 흔적이 발견된 경우
- 연쇄적으로 화재가 발생한 경우
- 화재발생 전후의 상황이나 관계자의 환경이 의심스러운 경우

출처: 이승훈(2009).

는 사전계획성이 높은 것으로 추정해 볼 수 있으며, 다른 범죄의 증거가 발견되는 경우에는 다른 범행을 은폐하기 위한 수단으로 방화했을 가능성이 높다. 화재 전후 상황이나 관계자의 환경이 의심스러운 경우라면 보험과 관련된 방화범죄일 가능성도 배제할 수 없으므로 수사사항으로 이러한 부분을 분석할 필요가 있다. 또한 연쇄적으로 화재가 발생한 경우, 즉 인접지역에서 하루에 일정한 시간 간격을 두고 몇 차례의 방화가 발생하거나 며칠에 걸쳐 유사한 형태의 화재가 발생하는 경우에는 연쇄방화 여부를 판단하기 위한 연계성 분석(linkage profiling)이 수행될 필요가 있다.

## 4. 방화범죄자의 유형

방화범죄자의 유형을 분류하기 위해서는 현장 행동에 주목할 필요가 있다. 방화범죄는 수법이 매우 다양하다. 즉, 소지한 라이터나 성냥으로 노상에 높게 쌓인 쓰레기 등의 가연물에 착화하는 간단한 행위로부터 등유나 시너 등 연소촉진제를 사용하거나 고도의 기술적인 점화장치와 환기방법을 이용하기도 한다(이승훈, 2009). 수법이 다양하다는 것은 범죄자의 행동이 다양한 방식으로 표출된다는 것을 의미한다.

사회과학연구에서는 앞에서 살펴본 방화범에 대한 정신의학적·심리학적 연구뿐만 아니라

표 13-3  방화범죄자의 유형 분류

| 연구 | 유형 |
|---|---|
| Rosenbauer (1981) | ① 반달리즘에 의한 방화<br>② 원한에 의한 방화<br>③ 방화광에 의한 방화<br>④ 경제적 이득을 목적으로 한 방화<br>⑤ 범죄은닉을 위한 방화 |
| Bradford (1982) | ① 우연적인 방화<br>② 정신이상 및 정신착란에 의한 방화<br>③ 복수를 위한 방화<br>④ 성적 만족을 위한 방화<br>⑤ 관심 끌기 혹은 도움 요청을 위한 방화<br>⑥ 전문적인 방화<br>⑦ 어린이의 방화<br>⑧ 복합적인 동기에 의한 방화 |
| 정형근(1983) | ① 방화광에 의한 방화<br>② 감정에 의한 방화<br>③ 재산 이득을 노린 사기성 방화 |
| Inciardi & Binder (1983) | ① 복수를 목적으로 하는 방화범<br>② 반달리즘<br>③ 범죄 은폐 목적 방화범<br>④ 보험금 목적 방화범<br>⑤ 흥분 방화범<br>⑥ 방화광<br>⑦ 제도기관 내의 수용자<br>⑧ 복지 사기 방화범<br>⑨ 공명심을 위한 방화범 |
| 송재철(1991) | ① 경제적 이득의 목적 방화<br>② 범죄의 은폐 목적 방화<br>③ 범죄의 수단 방화<br>④ 악희(惡戱) 방화<br>⑤ 선동 목적의 방화<br>⑥ 기타 방화<br>⑦ 방화광 |

| White (1996) | ① 방화광 |
| | ② 복수를 위한 방화 |
| | ③ 이득을 얻기 위한 방화 |
| | ④ 영웅심, 허영심을 위한 방화 |
| | ⑤ 스릴 추구, 파괴를 위한 방화 |
| | ⑥ 청소년 방화 |
| | ⑦ 범죄 은닉을 위한 방화 |
| | ⑧ 테러, 사회적 항거를 위한 방화 |
| Harris & Rice (1996) | ① 정신장애자 |
| | ② 자기주장을 못하는 사람 |
| | ③ 중다방화범 |
| | ④ 범죄자 |

출처: 박형민(2004); 최인섭, 진수연(1993) 재구성.

동기론적 유형 분류를 지향하는 범죄학적 연구가 수행되어 왔다(Barnett & Spitzer, 1994; Geller, 1992; Lewis & Yarnell, 1951; Rix, 1994). 〈표 13-3〉은 여러 연구에서 소개된 방화범죄자의 유형을 재구성한 것이다(김경옥, 이수정, 2009; 박형민, 2004; 성한기, 박순진, 2003; 최인섭, 진수연, 1993).

## 1) 동기에 의한 유형 분류

동기에 의해 방화범을 분류하는 연구로는 FBI 행동과학부의 연구가 있다(Douglas et al., 1992). FBI의 동기론적 접근론은 '미해결된 방화사건에 대해 경찰이나 소방 기관에 조사적인 도움을 제공하기 위한 연구'에서 비롯된 것이었다. 이들은 방화범죄자의 일반적인 특성을 체계적·비체계적인 유형으로 분류하고, 체계적인 방화범은 방화장치를 고안하고 신체적인 증거를 덜 남기며 촉진제를 사용하는 등 조직적인 행동 특성을 보이며, 비체계적인 방화범은 성냥, 담배 등을 이용하여 신체적인 증거를 더 많이 남기는 특성을 보인다고 하였다. 하지만 Kocsis, Irwin과 Hayes(1998)의 연구에 의하면 FBI의 유형론은 방화범죄에서 나타날 수 있는 매우 다양한 행동과 동기를 적절하게 분류하기에는 너무 단순한 것으로 나타났다.

국내에서 127명의 방화범죄자의 범행 동기를 분석한 김경옥과 이수정(2009)의 연구에서는 개인 스트레스가 36.2%, 원한 및 복수가 14.2%로 높았으며, 정신질환에 의한 방화도 12.6%인 것으로 나타났다. 이는 자신의 처지와 무능력, 타인에 대한 열등의식 등 신변 비관에 의한 스트

표 13-4  방화범의 동기에 의한 유형 분류

| 방화범 유형 | 내용 |
|---|---|
| 손괴 방화범<br>(vandalism-motivated arson) | 계획적이고 짓궂은 장난 |
| | 동료 · 집단 압박 |
| | 기타 |
| 흥분 방화범<br>(excitement-motivated arson) | 스릴 추구 |
| | 관심 추구 |
| | 인정(영웅) |
| | 성적 도착 |
| | 기타 |
| 보복 방화범<br>(revenge-motivated arson) | 개인적인 보복 |
| | 사회적 보복 |
| | 제도적 보복 |
| | 집단 보복 |
| | 기타 |
| 범죄 은닉 방화범<br>(crime-concealment-motivated arson) | 살인 |
| | 자살 |
| | 주거침입 |
| | 절도 |
| | 기타 |
| 이익 방화범<br>(profit-motivated arson) | 사기 |
| | 고용 |
| | 물품 제거 |
| | 경쟁 |
| | 기타 |
| 극단주의 방화범<br>(extremist-motivated arson) | 테러리즘 |
| | 차별 |
| | 폭동 · 민중 소동 |
| | 기타 |
| 연쇄 방화범<br>(serial arson) | 연속 방화 |
| | 다중 방화 |
| 연쇄 폭파(serial bomb) | |

출처: Douglas et al. (1992).

레스를 방화로 해소하는 것으로 볼 수 있다.

## 2) 정신장애에 의한 유형 분류

### (1) 방화범죄자의 정신장애 유형

19세기 이래로 방화범죄자에 대한 과학적 연구의 대부분은 정신의학자들에 의해 이루어져 왔다. 전통적으로 방화는 정신질환이나 심각한 성격장애를 가진 사람이 저지른다고 믿어 왔으며, 대부분의 연구가 이러한 점에 초점을 두어 왔다(Molnar, Keitner, & Harwood, 1984; Wachi et al., 2007).

실제로 방화범죄자의 재판 전 정신감정에 의하면 다양한 정신장애 유병률이 국가 간에 유사하게 나타나고 있다. 이러한 장애로는 조현병, 정신지체 이외에도 인격장애에 이르기까지 매우 다양하며(Repo, Virkkunen, Rawlings, & Linnoila, 1997), 경미하기는 하지만 정신병질과 상관된다는 결과가 존재하기도 한다(Stickle & Blechman, 2002). Barnett 등(Barnett et al., 1999)의 연구에 의하면 방화를 저지른 844명의 범죄자 중에서 566명(66%)의 책임능력이 인정되었고, 186명(22%)은 정신장애로 인하여 책임능력이 없는 것으로 판결되었으며, 97명(9%)은 정신장애로 인

**표 13-5  방화범죄자의 정신장애 유형**

| 연구 | 연도 (년) | 연구대상 (명) | 정신병/ 조현병(%) | 정신지체 (%) | 인격장애 (%) | 알코올/ 약물 중독(%) |
|---|---|---|---|---|---|---|
| Gerle 등 | 1943 | 176 | 24 | 30 | 14 | |
| Lewis & Yarnell | 1951 | 1,145 | 20/13 | 48 | | 알코올 50 |
| Fleszar-Szjumigajowa | 1968 | 304 | 27 | 19 | 15 | |
| Koson & Dvoskin | 1982 | 26 | 34/23 | 19 | 15 | |
| Pascoe 등 | 1983 | 45 | 30 | 11 | | |
| Joukamaa & Tuovinen | 1983 | 66 | 23 | 8 | | |
| Taylor & Gunn | 1984 | 48 | 32 | | | |
| Noreik & Grunfeld | 1990 | 36 | 11 | | 47 | 알코올 20 |
| Rechlin & Weis | 1992 | 40 | 8 | | | 알코올 30 |
| Leong 등 | 1992 | 29 | 86/69 | | | 약물 24 |
| Puri 등 | 1995 | 36 | 37 | | | 약물 40 |

출처: Repo et al. (1997).

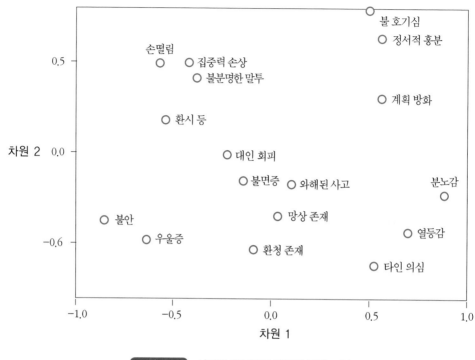

**그림 13-1** 심리적 변인들의 다차원 공간 모형

출처: 김경옥, 이수정(2009).

하여 책임능력이 일부 인정되는 심신미약으로 판결되었다. 이들에 대한 10년의 추적조사결과, 책임능력이 인정된 566명 중에서 7명(1%), 책임능력이 없는 사람 186명 중에서 16명(8%), 책임능력이 부분적으로 인정된 97명 중에서 10명(10%)이 방화로 재범하였다.

　김경옥과 이수정(2009)은 방화범죄자 중 정신장애가 21.3%임을 확인했으며, 특히 방화범죄자들의 34.6%는 분노감을, 18.9%는 열등감을 호소하였다.[4] 이는 방화범죄자들이 사회에 잘 적응하지 못하는 것을 설명해 준다. [그림 13-1]은 방화범의 심리 특성을 조사하여 다차원 분석을 실시한 결과 산출되었다. [그림 13-1]에서 차원 1은 대인관계 방식(대인관계 경향)을, 차원 2는 신체적 · 심리적 고통의 호소 경향성(내적 스트레스 정도)을 설명한다.

---

4) 방화범죄자들의 범행 원인과 관계가 깊은 것으로 진단되는 조현병, 망상장애, 알코올중독, 병적 방화에 대해서 증상 여부를 조사한 것으로, 증상은 DSM-IV의 관련 장애의 증상을 기준으로 작성되었다. 증상 여부의 판단은 면담보고서에 기재된 방화범죄자의 증상 호소와 태도 관찰에 근거한 것이다.

## (2) 정신장애별 고찰

정신장애 중 조현병은 폭력과 가장 많이 관련 있는 질환으로 알려져 있다(Taylor, 2008). 조현병 환자의 폭력범죄 비율은 사회적으로 매우 미비한 수준이지만, 일반인보다 폭력 및 범죄 행동을 일으킬 위험성이 더욱 높다는 연구결과가 제시되어 왔다(Hodgins, Mednick, Brennan, Schulsinger, & Engberg, 1996; Modestin & Ammann, 1996; Arseneault, Moffitt, Caspi, Taylor, & Silva, 2000; Brennan, Mednick, & Hodgins, 2000; Fazel & Grann, 2004; Hodgins, 1992; Mullen, Burgess, Wallace, Palmer, & Ruschena, 2000).

방화범죄자들 중에서 조현병을 지닌 경우 초기 발병 이후에 적절한 치료와 개입을 받지 못하는 경우가 대부분이다. 이들은 피해망상에 의한 보복을 위해 방화를 하기도 하고, '불을 지르라'는 환청에 의해 방화하기도 한다. 환청이나 망상에 의한 방화인 경우에 연속 및 연쇄 방화로 이어지거나 공공장소에서의 방화로 큰 인명피해를 초래할 수 있어 매우 위험한 결과가 발생한다.

**우울증**    우울증에 의한 방화는 사례가 많이 발생하지는 않으나 여성 방화범죄자에 해당되는 경우가 남성보다 많고, 공공장소에서의 방화로 이어지기도 한다. 대구 지하철 방화범의 경우에 기분부전증으로 진단되었다. 기분부전증이란 경미한 우울 상태로서 적어도 2년 이상 우울한 기분이 없는 날보다 우울한 날이 더 많으면서 망상이나 환각과 같은 주요 우울증의 진단 기준을 충족시키지 않는 경우에 해당한다. 또한 뇌졸중 발병 후 타인에 대한 분노와 적개심이 나타나 '뇌졸중 후 분노나 공격의 통제 불능 증상'이 있는 것으로 진단되었다(성한기, 박순진, 2003). 여성 방화범의 우울증 관련성에 대한 연구를 찾아보지는 못하였으나, 우울증에 의한 여성 방화범은 주로 자신이 거주하는 아파트, 지역 내에서 음주 후에 방화하는 사례가 있다. 이러한 경우에 연쇄적으로 발생하기는 하지만 CCTV나 목격자에 의해 신속하게 검거되는 경우가 대부분이다.

**방화광**    방화광이라는 용어의 기원에 대해서는 논란이 존재하지만 일반적인 견해는 그리스어인 'fire'와 'madness'에서 유래한다. 이는 불을 지르고 싶은 저항할 수 없는 욕구를 의미하는 것으로 사용되었다(Lewis, 1966; Doley, 2003 재인용). 19세기에는 'monomania'에서 파생되었는데, 동기 없는 충동적인 행동으로 특징 짓는 정신이상의 특정 유형을 의미하였다(Mavromatis & Lion, 1977; Doley, 2003 재인용). 현재 사용되는 용어인 'pyromania'의 대표적인 특징은 방화행위 이전에 행위자가 긴장감과 각성을 느끼는 것이며, 이것이 방화행위 이후에 경감되면서 쾌감을 느낀다는 것이다(Doley, 2003).

표 13-6 방화범죄자 연구에서의 방화광 비율

| 연구 | 연구대상 | 진단 기준 | 연구대상 중 방화광의 수와 비율 |
|---|---|---|---|
| Coid et al. (1999) | • 정신의료시설에 수용된 여성 방화범 25명 | DSM-IV | 14(56%) |
| Harmon, Rosner, & Wiederlight(1985) | • 정신의료시설에 수용된 여성 방화범 27명 | DSM-III | 0 |
| Koson & Dvoskin (1982) | • 재판 전 정신감정에 회부된 남성 방화범 26명 | DSM-III | 0 |
| Leong(1992) | • 재판 전 정신감정에 회부된 남성 및 여성 방화범 29명 | DSM-III-R | 0 |
| Lewis & Yarnell(1951) | • 1,145명의 남성 방화범 | Self-report | 688(60%) |
| O'Sullivan & Kelleher (1987) | • 교도소에 있는 남성 방화범 17명과 정신의료시설에 수용된 여성 및 남성 방화범 37명 | ICD-9 | 0 |
| Prins, Tennent, & Trick(1985) | • 남성 방화범 113명의 가석방 기록 | - | 0 |
| Rice & Harris (1991) | • 정신의료시설에 수용된 남성 방화범 243명 | DSM-III-R | 1(0.41%) |
| Ritchie & Huff (1999) | • 남성 방화범 234명과 여성 방화범 49명 | - | 3(0.01%) |
| Robbins & Robbins (1967) | • 성인 136명과 청소년 방화범 103명 | - | 성인 40(30%) 청소년 14(14%) |

출처: Doley(2003).

　방화광은 방화를 저지르는 행동뿐만 아니라 방화 자체에 사로잡혀 있다는 특성을 지니며, 주로 스트레스를 받거나 화가 났을 때 방화에 대해서 생각하게 된다. 방화광의 방화는 대상물 선택이 매우 무작위적이며, 의식된 동기가 없는 경우도 있고, 방화행위가 매우 깊은 심리적 문제에서 기인한다(White, 1996).

　방화광의 진단 기준이 DSM-5에 제시되어 있으나[5] 방화범과 방화광의 근본적인 차이에 대해서는 지속적으로 논란이 있어 왔다. 이에 대해 Rider(1980)는 방화광과 다른 방화범의 핵심적

---

5) DSM-5: ① 1회 이상의 고의적이고 목적 있는 방화가 존재한다. ② 방화행위 전의 긴장 또는 정서적 흥분이 나타난다. ③ 불에 대한 그리고 불과 연관된 상황적 맥락에 대한 매혹, 흥미, 호기심 또는 매력(예: 방화용품, 그것의 사용, 방화 결과)을 가지고 있다. ④ 불을 지르거나 불이 난 것을 목격하거나 참여할 때의 기쁨, 만족 또는 안도감이 나타난다. ⑤ 방화는 금전적 이득, 사회·정치적 이념의 표현, 범죄행위 은폐, 분노나 복수심 표현, 생활환경 개선, 망상이나 환각에 대한 반응 또는 손상된 판단력의 결과[예: 주요신경인지장애, 지적장애(지적발달장애), 물질 중독]에 기인된 것이 아니다. 방화는 품행장애, 조증 삽화 또는 반사회적 인격장애로 더 잘 설명되지 않는다.

인 차이는 '저항할 수 없는 충동(irresistible impulse)'에 의해 방화를 저지르기 때문에 이들에게는 동기의식이 없다는 것이다.

방화광에 대한 또 다른 논란 한 가지는 성적 동기와 방화광의 관련성이다. 성적 동기의 관련성은 방화에 대한 정신분석학적인 설명에서 유래했는데, Freud에 앞서서 Stekel(1924)이 성적 동기와 방화에 대한 관련성을 설명하였다. 이와 같이 기원이 매우 오래된 성적 동기와 방화의 관련성에 대해서 많은 연구가 이루어졌으며, 그 연구결과는 첨예하게 대립하고 있다. 성적 동기와 방화의 관련성을 지지하는 연구는 방화범들이 아동기에 야뇨증, 과잉활동, 자위행위, 관음행위 등을 보인다는 것과 성인의 경우도 방화를 통해 성적 만족감을 느낀다는 것이다(Hurley & Monahan, 1969; Kaufman, Heims, & Reiser, 1961; Lange & Kirsch, 1989; MacDonald, 1977). 그러나 성적 각성이 방화와 관련되는 경우는 매우 적은 비율이거나 연구에 따라서 거의 관련이 없는 것으로 나타나기도 한다. Lewis와 Yarnell(1951)의 연구에 의하면 1,145명의 성인 중에서 성적 동기를 지닌 사람은 단지 40명에 불과하였다. Barnett와 Spitzer(1994)는 이러한 논란의 결론으로 '모든 최근 연구를 보면 성적 동기화된 방화행위는 매우 드물게 발생한다.'라고 보고하였다.

## 3) 방화현장의 행동 유형 분류

Canter와 Fritzon(1998)은 범죄현장에서의 범죄자 행동 요인에 근거한 유형화연구를 통해 방화행동의 네 가지 유형을 분류하였다. 이것은 공격 대상(사람 혹은 사물)과 동기 범주(도구적 혹은 표현적)를 기준으로 구분한 것이다. 첫 번째 유형은 '도구적 사람(instrumental person)'으로 범죄자와 피해자 간의 다툼(싸움)의 결과로 방화가 발생하는 경우이다. 이 유형은 범죄자와 피해자 간에 위협이나 논쟁 등의 상호작용이 존재하며, FBI 유형론에서 '보복을 위한 방화'와 같은 맥락으로 볼 수 있다. 두 번째 유형은 '도구적 사물(instrumental object)'로서 범행에 있어 일관된 목적이 없는 기회주의적 형태의 범죄유형인데, 청소년의 반달리즘적 방화나 장난, 손괴 등에 수반되는 방화가 포함된다. 세 번째 유형은 '표현적 사람(expressive person)'으로, 타인의 관심을 추구하여 자신의 심리적 스트레스를 해소하기 위한 목적으로 방화한다. 이러한 범죄자들은 자살유서를 남기거나 자신이 피해자라는 인상을 주기도 한다. 마지막 유형은 '표현적 사물(expressive object)'로, 이 유형은 범죄자가 정서적 안정을 얻기 위해 복합적인 행동을 보이는 특징이 있다. 이러한 유형의 범죄자들은 병원, 관공서 등 불특정 대상물을 범행대상으로 선정하고, 때로는 현장에 남아서 진화 과정을 지켜보기도 한다. 김경옥과 이수정(2009)의 연구에서도 방화범죄자들은 범행 후 대부분 도주하나 18.9%는 현장에 체류하여 방화를 구경하거나, 14.2%

**표 13-7  현장행동 유형 분류**

| | | 동기 범주 | |
|---|---|---|---|
| | | 표현적 | 도구적 |
| 공격<br>대상 | 사람 | • 절망<br>범죄자의 감정적 스트레스에 의한 방화 | • 파괴<br>특정한 사람에 대한 보복 |
| | 사물 | • 과시<br>타인의 관심 추구적 방화 | • 손해<br>이득을 얻기 위한 방화 |

출처: Canter & Frizon(1998) 재구성.

는 불이 붙었는지 확인하고 도주, 6.3%는 도주 후 다시 현장을 방문하는 경우도 있었다. 연쇄방화범 또한 범행 후에는 현장에 체류하거나(24.0%), 연소 확인 후 도주(24.0%)하였다.

　Fritzon(1998)은 Canter와 Fritzon(1998)의 연구에서 확인된 네 가지 범주를 절망(despair), 과시(display), 손해(damage), 파괴(destroy)로 재명명하였다(〈표 13-7〉 참조). '절망'은 사람에 대한 직접적인 표현적 행동을 의미하며, 방화범 자신의 감정적 고통에 대한 관심을 이끌어 내기 위한 목적을 갖는다. '과시'는 절망과 같이 관심을 받기 위한 표현적 행동을 의미하지만, 사람이 아닌 사물에 대해 행해진다는 점에서 다르며, 공공기관의 건물 등에 행하기도 한다. '손해'는 도구적인 이익이 되는 재산적 가치를 지닌 대상에 행한다. '파괴'는 특정한 사람을 대상으로 계획된 공격을 하기 위해 행해지는데, 배우자나 아는 사람을 대상으로 하기도 한다. Fritzon(1998)은 이 유형론을 검증하기 위하여 방화범죄자 156명을 대상으로 연구를 수행하였는데, 이 연구에서는 방화범죄자의 현장행동에 근거한 유형 분류뿐만 아니라 각 유형에 따른 거리 이동성도 연구되었다. 연구결과 중 방화범죄자 유형연구는 [그림 13-2]로 나타낼 수 있다. 연구결과에 의하면 도구적 동기에 해당하는 행동 특징이 표현적 동기보다 더욱 많이 나타났다. 절망 유형의 범죄자들은 자살노트를 남기고 자기 집에 방화하는 등 자기파괴적인 행동을 하는 것으로 나타났으며, 과시 유형에서는 연쇄, 불특정 대상에 대한 방화 등 외현적으로 사회적인 쟁점이 될 수 있는 특징이 포함되었다. 표현적 동기 유형은 사람(person)·사물(object) 지향 중 어느 경우라도 방화범의 동기가 개인 내적 욕구의 충족에 근원하기 때문에 행동으로 표출되는 특징이 도구적 동기에 비하여 다양하지 못한 것으로 생각된다.

　Canter와 Fritzon(1998), Fritzon(1998)의 연구를 모델로 Wachi 등(Wachi et al., 2007)은 일본의 연쇄 여성 방화범죄자 83명을 대상으로, Häkkänen 등(Häkkänen et al., 2004)은 핀란드의 방화범죄자 189명을 대상으로 연구를 수행하였는데, 이 연구의 결과는 모두 Canter와 Fritzon(1998)의 결과를 지지하는 것으로 나타났다. 이러한 연구는 기존의 심리학적 측면에 초점을 둔 연구보다

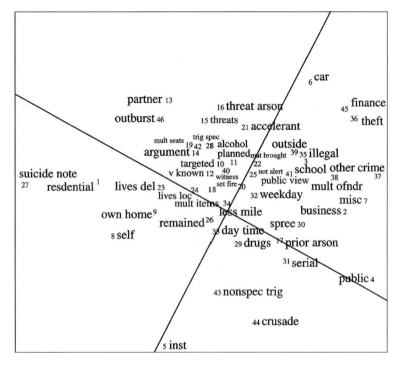

**그림 13-2** Fritzon(1998) 연구의 SSA에서 산출된 공간 모형

범죄현장에서의 행동에 근거하여 범죄자의 특성을 추론할 수 있게 해 준다는 점에서 다른 연구들과는 차이가 있다(Häkkänen et al., 2004).

## 5. 결론

강력범죄자의 수사를 지원하기 위해 범죄자 프로파일링기법이 개발된 이후, 대부분의 연구는 범죄자의 유형을 분류하기 위한 기준으로 범죄자의 동기에 초점을 두어 왔다. 그러나 범행동기는 사건 발생 직후에 수집된 정보만으로는 확인되기 어려우며, 범인이 검거된 이후에 범인 조차도 자신의 동기를 명확하게 진술하지 못하는 경우가 많다는 점 등의 한계가 지적되면서 연구자들은 사건 발생 직후에 파악할 수 있는 정보에 근거한 범죄자의 행동을 통해 범죄자의 유형을 분류하고자 시도해 왔다.

하지만 〈표 13-4〉와 [그림 13-2]는 동기에 의한 방화범죄의 유형이나 현장 특성을 좀 더 고려한 방화범죄의 유형이 어느 정도는 공통분모가 있음을 확인하여 준다. 감정적인 흥분이나 분노가 원인인 방화범죄의 현장은 파괴적인 특성이 두드러졌고, 개인의 신념이나 테러가 목적인 극단주의 방화범의 현장은 과시적 특성이 두드러졌다. 반면, 범죄와 관련된 방화는 현장에 적절한 손해를 입히는 방식으로 발생하였고, 자살이나 정신장애 등 절망감에 기인한 방화사건은 주거지를 중심으로 치명적인 결과를 초래하였다.

유의할 점은 방화범 중 방화광에 해당하는 사람의 수가 생각보다 많지 않다는 점이었다. 〈표 13-6〉에 포함된 연구는 보다 엄격한 기준을 적용한 최신 연구일수록 방화광의 비율이 줄어드는 것을 확인할 수 있었다. 과거에는 방화와 성적 욕망을 연관하여 생각하는 입장(Kaufman et al., 1961)도 존재했으나 Barnett와 Spitzer(1994)는 성적 동기에서 기인한 방화사건은 매우 드물다고 결론지었다.

방화와 관련된 여러 문헌연구나 실증연구를 고찰한 결과 방화범에 대한 신비주의적 입장은 세월이 가면서 현저히 줄어든다는 사실을 확인할 수 있었다. 하지만 여전히 방화범 중 정신장애인이 차지하는 비율은 국내외를 막론하고 약 10% 이상이다. 특히 조현병을 가진 범죄자들이 많았던 것을 고려하면 이들에 대한 치료적 개입이 꼭 필요하다. 폭력사건과 같이 경미한 범죄를 야기했을 때부터 강제 치료명령 등을 집행한다면 이들의 재범을 막을 수 있을 것이다.

## 참고문헌

고선영(2012). 이상동기범죄자의 성향 및 특성 프로파일링-불특정대상, 무차별 상해사건 중심으로-. 한국경찰연구, 11(4), 3-28.

김경옥, 이수정(2009). 범죄현장 행동에 근거한 방화범죄의 유형분류에 관한 연구. 한국심리학회지: 사회 및 성격, 23(4), 131-146.

김용태(2004). 대구지하철 참사 생존자 절반 후유증. http://news.naver.com/main/read.nhn?mode= LSD&mid= sec&sid1=102&oid=021&aid=0000092230

김은지(2012). '묻지마 범죄'는 이 세상에 없다. http://www.sisainlive.com/news/ articleView.html? idxno=14154

김정범, 박형주, 류설영, 도진아(2004). PTSD 환자의 다요인 인성검사의 특성: 대구 지하철 사고 생존자를 대상으로. 신경정신의학, 43(6), 712-718.

박철현(2003). 지리적 프로파일링을 이용한 연쇄방화범의 거주지 추정: 동래연쇄방화사건의 사례. 형사정책, 16(2), 61-92.

박형민(2004). 방화범죄 실태에 관한 연구. 한국형사정책연구원 연구보고서.

백남명(1988). 방화! 예방할 수 있다. 소방안전, 8(6),

성한기, 박순진(2003). 대구지하철 방화사건과 피의자의 방화행위에 대한 범죄심리학적 분석. 한국형사
  정책연구원 연구보고서.

소방방재청(2013). 소방방재청 통계자료.

송재철(1987). 화재감식. 경찰대학부설 수사간부연수소 고급수사건부 연수교재 15.

양성환(1983). 방화범의 심리상태. 화재안전점검, 20,

이승훈(2009). 화재 · 폭발 감식의 이론과 실무. 경기: 동화기술.

최인섭, 진수연(1992). 방화범죄에 대한 연구. 형사정책연구원 연구총서.

최인섭, 진수연(1993). 방화범죄에 대한 연구. 형사정책연구원 연구총서.

최종태(1991). 방화화재의 대응방향에 관한 고찰. 한국화재학회지, 5(1), 37-55.

홍성열(2000). 범죄심리학. 서울: 학지사.


Arseneault, L., Moffitt, T. E., Caspi, A., Taylor. P. J., & Silva, P. A. (2000). Mental disorders and
  violence in a total birth cohort: Result from the Dunedin study. Archives General *Psychiatry*,
  *57*(10), 979-986.

Barnett, W., & Richter, P., & Renneberg, B. (1999). Repeated arson: Data from criminal record.
  *Forensic Science International, 101*, 49-54.

Barnett, W., & Spitzer, M. (1994). Pathological fire-setting 1951~1991: A review. *Medicine, Science
  and the Law, 34*(1), 4-20.

Bohnert, M., Ropohl, D., & Pollak, S. (1999). Clinical findings in the medico-legal investigation of
  arsonists. *Journal of Clinical Forensic Medicine, 6*, 145-150.

Bradford, J. M. (1982). Arson: A clinical study. *Canadian Journal of Psychiatry, 27*, 188-193.

Brennan, P. A., Mednick, S. A., & Hodgins, S. (2000). Major mental disorders and criminal violence in
  a Danish birth cohort. Archives General *Psychiatry, 57*(5), 494-500.

Canter, D., & Fritzon, K. (1998). Differentiating arsonists: A model of firesetting actions and
  characteristics. *Legal and Criminological Psychology, 3*, 73-96.

Doley, R. (2003). Pyromania: Fact or fiction?. *British Journal of Criminology, 43*, 797-807.

Douglas, J. E., Burgess, A. W., Burgess, A. G., & Ressler, R. K. (1992). *Crime classification manual*.
  New York: Simon & Schuster.

Fisher, B. A. J. (2004). *Techniques of crime scene investigation*. St. Lucie Press.

Faith, N. (1999). Blaze: *The forensics of fire*. New York: St. Martin's.

Fazel, S., & Grann, M. (2004). Psychiatric morbidity among homicide offenders: A Swedish population
  study. American Journal *Psychiatry, 161*(11), 2129-2131.

Fritzon, K. (1998). *Differentiating arson: An action systems model of malicious firesetting*. Doctoral dissertation, University of Liverpool.

Fritzon, K. (2001). An examination of the relationship between distance travelled and motivational aspects of firesetting behaviour. *Journal of Environmental Psychology, 21*(1), 45-60.

Fritzon, K., Canter, D., & Wilton, Z. (2001). The application of an action system model to destructive behaviour: The examples of arson and terrorism. *Behavioral Science and the Law, 19*, 657-690.

Geller, J. L. (1992). Arson in review: From profit to pathology. *Psychiatric Clinics of North America, 15*, 623-645.

Häkkänen, H., Puolakka, P., & Santtila, P. (2004). Crime scene action and offender characteristics in arsons. *Legal and Criminological Psychology, 9*, 197-214.

Hodgins, S. (1992). Mental disorder, intellectual deficiency and crime: Evidence from a birth cohort. Archives General *Psychiatry, 49*(6), 476-483.

Hodgins, S., Mednick, S. A., Brennan, P. A., Schulsinger, F., & Engberg, M. (1996). Mental disorder and crime: Evidence from a Danish birth cohort. Archives General *Psychiatry, 53*(6), 489-496.

Hurley, W., & Monahan, T. M. (1969). Arson: The criminal and the crime. *British Journal of Criminology, 9*, 4-21.

Kaufman, I., Heims, L., & Reiser, D. E. (1961). A re-evaluation of the psychodynamics of firesetting. *American Journal of Orthopsychiatry, 31*, 123-136.

Kocsis R. N., & Cooksey R. W. (2002). Criminal psychological profiling of serial arson crimes. *International Journal of Offender Therapy and Comparative Criminology, 46*(6), 631-656.

Kocsis, R. N., Irwin, H. J., & Hayes, A. F. (1998). Organised and disorganised criminal behaviour syndromes in arsonists: A validation study of a psychological profiling concept. *Psychiatry, Psychology and Law, 5*(1), 117-131.

Lange, E., & Kirsch, M. (1989). Sexually motivated fire-raisers. *Psychiatrie Neurologie und Medizinische Psychologie, 41*, 361-366.

Lewis, N., & Yarnell, H. (1951). Pathological firesetting (Pyromania). *Nervous & Mental Disease Monographs, 82*, 437.

Lewis, N. (1966). Pathological firesetting and sexual motivation. In R. Slovenko (Ed.), *Sexual behavior and the law*. Springfield, IL.: Charles C. Thomas.

MacDonald, J. (1977). *Bombers and firesetter*. Springfield, IL: C.C. Thomas.

Mavromatis, M., & Lion, J. R. (1977). A primer on pyromania. *Diseases of the Nervous System, 38*, 954-955.

Modestin, J., & Ammann, R. (1996). Mental disorder and criminality: Male schizophrenia. *Schizophrenia Bulletin, 22*(1), 69-82.

Molnar, G., Keitner, L., & Harwood, B. T. (1984). A comparison of partner and solo arsonists. *Journal of Forensic Science, 29*(2), 574-583.

Mullen, P. E., Burgess, P., Wallace, C., Palmer, S., & Ruschena, D. (2000). Community care and criminal offending in schizophrenia. *Lancet, 355*(9204), 614-617.

Repo, E., Virkkunen, M., Rawlings, R., & Linnoila, M. (1997). Criminal and psychiatric histories of finnish arsonists. *Acta Psychiatrica Scandinavica, 95*(4), 318-323.

Rice, M. E., & Harris, G. T. (1996). Predicting the recidivism of mentally disordered firesetters. *Journal of Interpersonal Violence, 11*(3), 364-375.

Rider, A. O. (1980). Thefiresetter: A psychological profile. *FBI Law Enforcement Bulletin, 49*, 7-23.

Rix, K. J. B. (1994). A psychiatric study of adult arsonists. *Medicine, Science and the Law, 34*(1), 21-34.

Sapp, A. D., Huff, T. G., Gary, G. P., & Icove, D. J. (1994). *A motive-based offender analysis of serial arsonists.* Washington, DC: Department of Justice.

Stekel, W. (1924). *Peculiarities of behavior (Vol. II.).* New York: Liverright.

Stewart, G. B. (2006). *Arson.* New York: Thomson Gale.

Stickle, T. R., & Blechman, E. A. (2002). Aggression and fire: Antisocial behavior in firesetting and nonfiresetting juvenile offenders. *Journal of Psychopathology and Behavioral Assessment, 24*(3), 177-193.

Turvey, B. E. (2002). *Criminal profiling: An introduction to behavioral evidence.* New York: Academic Press.

Wachi, T., Watanabe, K., Yokota, K., Suzuki, M., Hoshino, M., Sato, A., & Fujita, G. (2007). Offender and crime characteristics of female serial arsonists in Japan. *Journal of Investigative Psychology and Offender Profiling, 4*, 29-52.

White, E. E. (1996). Profiling arsonists and their motives. *Fire Engineering, 149*(3), 80-92.

제**14**장

# 묻지마범죄[1]

## 1. 서론

### 1) 묻지마범죄에 대한 용어의 이해

묻지마범죄라는 용어는 학계에서 사용하는 전문적인 용어가 아니라 언론매체에서 처음 사용되기 시작한 것(김상균, 2009)으로, 대체로 특정한 범죄의 이유가 분명치 않고 불특정인을 대상으로 한 범죄의 경우를 말한다(대검찰청 강력부 조직범죄과, 2012; 최규범, 2006). 학계에서는 묻지마범죄라는 용어의 부적절함을 지적하며, 이에 대한 대체 용어로 '불특정인 대상범죄'(최규범, 2006), '무동기 범죄'(김상균, 2012), '이상동기 범죄'(고선영, 2012) 등으로 부르고 있다. 특히 고선영(2012)은 범행 동기가 없는 것이 아니라 일반인의 상식 수준에서 범행 동기를 파악하기 어려운 경우이므로 '이상동기 범죄'라는 용어로 통일해야 한다고 주장하였다. 또한 이수정은 묻지마범죄나 무동기 범죄로 명명하는 것은 부적절하다고 지적하며, 동기 없는 범죄는 없다고 하였다(시사인, 2012. 9. 13.). 따라서 불특정 다수를 대상으로 하여 발생하고 있는 묻지마범죄의 양상에 가장 부합하는 정의는 바로 '무차별 범죄(random or indiscriminate crime)'라는 개념으로 지칭

---

1) 이 글은 이수정 외(2013: 1-417); 윤정숙, 김민지(2013: 147-174)를 재구성한 것이다.

하는 것이 적절한 것으로 보인다. 'random crime'이라는 개념은 Best(1999)가 미국 사회에서 발생하는 유형화할 수 없는(patternless) 범죄를 지칭하기 위하여 제안한 것으로 알려져 있는데, 성폭력, 성추행, 증오범죄, 차량강도 등 피해자의 입장에서는 범죄와 관련한 어떠한 관련성이 없음에도 예기치 않은 피해를 당하고, 피해자와 가해자는 별다른 관계가 없으며, 범행에의 별다른 동기도 없는 경우를 지목한 것이다. 이때 '무차별(random)'이라는 의미는 피해자뿐 아니라 가해자의 입장에서도 대상을 무차별적으로 선택한다는 점을 고려한 개념이다. 피해자와 가해자 간의 충돌이나 갈등이 매개가 되어 발생하는 '일반적인 폭력범죄'와 비면식관계에 있는 피해자와 가해자가 별다른 접촉 없이 발생하는 '무차별 범죄(random crime)'는 구분할 필요가 있다(박형민, 2012).

일본에서도 묻지마범죄에 대한 용어를 '토리마 사건(거리의 악마 사건, 通り魔事件)'[2]이라고 지칭하며 불특정 다수의 무차별적 범죄 행동에 초점을 맞추고 있다. 미국의 경우에 묻지마범죄 대신 무차별적으로 무고한 시민의 목숨을 앗아 가는 총기난사 사건들을 무차별적인 살인사건으로 개념화한다. 이 같은 무차별적인 살인사건은 특히 동일한 장소에서 최소 4명 이상의 피해자를 살해한다고 하여 '대량살인(mass murder)'이라고 부른다(Gresswell & Hollin, 1994; Lester, 1995).[3]

미국 의회(2012) CRS(Congressional Research Service)에서는 총기난사 사건에 대한 구체적인 형사정책의 입안을 위해서 희생된 사람들의 수를 정의의 근거로 삼는 대량살인이라는 명칭을 보다 구체적으로 개념화하는 것이 필요하다고 지적하였다. 미국 의회는 대책을 마련하기 위하여 지난 30년 동안 가장 참혹한 78건의 사건을 추적 분석하면서 'mass murder' 'mass shooting' 'mass killing' 'massacres' 'multiple homicide'라는 용어들을 통일하여 'public mass shootings'라고 지칭할 것을 제안하였다. 이 명칭은 78건의 총기난사 사건이 대부분 공공장소에서 피해자들을 무차별적으로 선택하여 다수의 희생자를 죽음에 이르게 하기 때문에 보다 더 적합한 용어라고 설명하였다. 나아가 'public mass shootings'라는 명칭은 네 가지 요소, 즉 ① 공공성이

---

2) 일본 경찰청(1981)에 따르면 '토리마 사건'이란 사람들이 자유로이 통행하는 장소에서 확실한 동기 없이 불특정 다수에 대해 흉기를 사용하여 살인, 상해, 폭행, 기물파손 등의 위해(危害)를 가한 사건'(경찰청, 1981: 田村雅幸 외 1998 재인용)을 말한다.

3) 일반적으로 다수살인(multiple murder)은 복수의 피해자를 가지는 살인범죄 일반을 지칭하며, 이것은 대량살인(mass murder), 연속살인(spree killing), 연쇄살인(serial murder)의 세 가지 하위유형으로 구분할 수 있다(Gresswell & Hollin, 1994; Keeney, 1995; Lester, 1995; Holmes & Burger, 1988). 그러나 일부 언론에서는 이 같은 살인의 자극적인 측면을 드러내기 위해 무비판적으로 여러 개념을 혼용하거나 혼동하여 사용하고 있다.

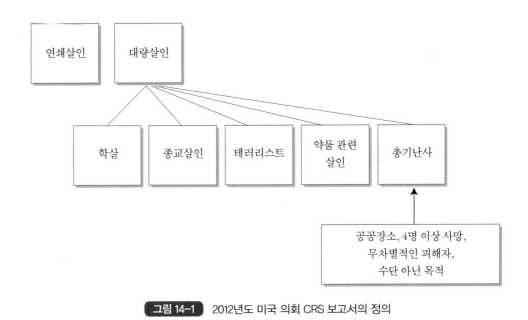

**그림 14-1**    2012년도 미국 의회 CRS 보고서의 정의

보장된 장소에서 발생하였고, ② 몇 명의 희생자가 죽음에 이르렀는지에 급급하기보다는 폭력행위 자체에 강조점을 두며, ③ 피해자의 선택이 무차별적이면서, ④ 폭력은 수단이 아닌 목적이라는 점을 함축하고 있다고 한다. 따라서 다양한 이유로 발생하는 대량살인[4]이라는 용어 대신에 공공장소에서 다수의 비면식관계에 있는 피해자들을 무차별적으로 죽이는, 도구적 의미에서의 폭력이 아닌 폭력 자체가 목적이 되는 총기난사(public mass shootings)를 독립된 유형으로 보아야 한다고 지적하였다([그림 14-1] 참조). 미국 의회의 이 같은 정의는 국내에서 논의되고 있는 묻지마범죄의 형태에 가장 근접해 보인다.

또한 박형민(2012)은 묻지마범죄를 다른 폭력범죄와 비교하여 특성을 추출하고자 하였다(〈표 14-1〉 참조). 묻지마범죄와 일반 폭력범죄를 구별하여 보면 두 범죄유형 모두 부정적 감정을 표출하는 표현적 범죄이나 묻지마범죄는 특히 피해자와 비면식관계에 있다는 점과 피해자 선택이 추상적이고 임의적이라는 점, 그리고 폭력의 범위가 특정한 개인이 아닌 추상적 개인 또는 집단이라는 점에서 일반 폭력범죄와 다름을 지적하였다(윤정숙, 김민지, 2013 재인용).

---

4) FBI에서는 4명 이상의 인명 피해가 난 사건을 대량살인이라고 지칭한다.

표 14-1   묻지마범죄와 다른 폭력범죄의 비교

|  | 묻지마범죄 | 일반폭력 | 증오범죄 | 테러리즘 | 연쇄살인 | 강도 | 성폭력 |
|---|---|---|---|---|---|---|---|
| 동기 | 감정 표출 | 감정 표출 | 감정 표출 | 정치적 목적 달성 | 비가시적 이득 추구 | 금전적 이득 추구 | 성적 이득 추구 |
| 범죄유형 | 표현적 범죄 | 표현적 범죄 | 표현적 범죄 | 도구적 범죄 | 도구적 범죄 | 도구적 범죄 | 도구적 범죄 |
| 피해자와의 관계 | 비면식관계 | 면식관계 | 비면식관계 | 비면식관계 | 비면식관계 | 비면식관계 | 면식·비면식 관계 |
| 피해자 선택 | 임의적 대상 (추상적) | 분노의 대상 (구체적) | 혐오의 대상 (구체적) | 정치적 상징성을 가진 대상 (도구적) | 쾌락의 대상 (도구적) | 강취의 대상 (도구적) | 성적 대상 (도구적) |
| 폭력의 범위 | 추상적 개인 또는 집단 | 구체적 개인 | 구체적 개인 또는 집단 | 구체적 개인 또는 집단 | 구체적 개인 | 구체적 개인 | 구체적 개인 |

출처: 박형민(2012).

## 2) 묻지마범죄의 현황

묻지마범죄의 추이는 명확하게 통계치가 존재하는 것이 아니다. 그러나 가장 근접하는 통계치를 찾아보자면 동기가 불분명한 우발적인 범죄의 발생건수가 이에 해당될 것이다. 이 같은 '현실불만형·우발적 범죄'는 2012년에는 398,913건 발생하였는데, 이는 2010년도 197,209건에 비하여 2배가량 증가한 것이다(검찰청, 2012). 또한 모르는 사람들을 상대로 한 비면식관계에서 발생하는 살인사건도 묻지마범죄와 관련성이 있을 것인 바, 이 역시 2010년 372명에서 2012년 415건으로 증가 추세이다(대검찰청, 2012).[5] 잘 알지 못하는 사람들에게 무차별적으로 흉기난동을 부려 상해를 입히거나 목숨을 뺏거나 방화를 저지르는 행동은 그야말로 극단적인 분노와 공격성의 부산물인 바, 총기가 허용된 외국에서 발생하는 총기난사 사건과 근본적으로 일맥상통하는 동기를 지녔다고도 하겠다.

## 3) 묻지마범죄 사례

한국을 비롯한 각국의 묻지마 살인사건은 절반 이상이 청년 노동 소외층에 의해 발생한 것을

---

5) 비면식관계라고 지칭하는 경우는 『범죄분석』에서 보고하고 있는 범죄자와 피해자의 관계가 타인이거나 기타에 해당하는 경우를 합산한 것이다. 관계 미상은 제외하였다.

확인하였다(한겨레, 2012. 8. 23.). 또한 사회적으로 고립된 자들이 공공장소에서 폭력행위를 한다는 공통점을 지니고 있다.

무차별적인 흉기난동 사건을 저지르는 자들은 각국이 비슷한 양상을 보이는 것으로 추정된다. 사회경제적으로는 빈곤층에 해당하며, 인간관계가 단절된 자가 많았고, 장기 실직으로 경제적 어려움에 처해 있으며, 일부 사건의 경우 정신장애인에 의하여 발생하였다.

### (1) 한국

**우 순경 총기난사사건**    1982년 4월 당시 도시에 주로 근무하다가 의령으로 전출된 우 순경은 한 마을에서 56명의 주민을 죽이고 39명에게 총상을 입혔다. 이 사건은 단 하루만에 발생하였는데, 정신장애가 있던 우 순경에게 여자친구와의 결별은 총기난사의 도화선이 되었던 것으로 보인다.

**여의도광장 차량질주사건**    1991년 여의도광장에서 훔친 차를 몰고 행인에게 돌진하여 어린이 2명을 숨지게 하고 20명을 다치게 한 사건으로, 당시 차량을 몰았던 김 씨는 스무 살의 시력장애인이었다. 어릴 때 부모를 여의고 학교에서도 부적응했던 김 씨는 직장에서도 시력장애로 인해 실수를 많이 하여 적응이 어려웠다. 피해의식 때문에 칼을 품고 다니다가 경찰의 불심검문에 걸려 '강도 예비 음모'라는 혐의로 3개월간 교도소생활을 한 후 출소해 일상에 적응하지 못한 상태로 여의도광장 차량질주사건을 저질렀다.

**대구 지하철사건**    2003년 발생한 대구 지하철사건은 흉기난동이 아닌 방화로 192명이 사망하였고, 151명이 부상당하였다. 당시 방화범 김 씨는 인화물질을 담은 페트병 2개에 라이터로 불을 붙인 뒤 전동차 바닥으로 던졌다. 그 바람에 마주 오던 전동차에도 불이 옮겨 붙어 많은 인명을 잃었다. 당시 김 씨는 뇌경색으로 인한 후유증 때문에 피해망상이 심했던 상황이었다고 알려졌다.

**논현동 고시원 살인사건**    2008년 10월 A씨(31)는 자신이 살던 서울 논현동 고시원에 불을 지르고 입주자들에게 무차별적으로 흉기를 휘둘러 6명이 숨졌다. 특별한 직업 없이 공사판을 전전하던 A씨는 범행을 저지른 뒤 경찰조사에서 뜬금없이 '세상이 나를 무시한다.'라고 말했다. A씨는 고시원과 노숙을 전전하며 혼자 살던 사람이었다.

**양천구 신정동 살인사건**    2010년 서울 양천구 신정동의 한 가정집에 괴한이 침입해 '행복하게 웃는 소리가 싫다.'라며 가장을 살해하고 아내에게 상해를 입힌 사건이다. 범인 윤 씨는 과거 강도강간 등을 저질러 14년 6개월 동안 교도소에 수감되었으나, 만기출소하여 또 다시 6개월도 지나기 전에 묻지마범죄를 저질렀다.

**수원 술집 살인사건**    2012년 수원에서 강력범죄 누범자에 의해 하룻밤 사이에 무고한 시민 5명이 희생당했다. 범인 강 씨는 전과 11범으로, 만기출소 한 달 뒤 술집 주인과 시비 끝에 술집 주인과 손님뿐 아니라 주변 가정집까지 침입하여 흉기를 휘둘러 피해자들을 죽음으로 몰아넣었다. 신정동 살인사건과 수원 살인사건의 범인은 사이코패스 성향이 내재되어 있는 자들로, 별다른 장애 요인 없이 다만 반사회적인 사고로 인하여 일종의 복수극으로 묻지마살인을 선택하였던 것으로 보인다.

**여의도 묻지마 칼부림 사건**    2012년 8월 서울 여의도 한복판에서도 묻지마 칼부림 사건이 벌어졌다. C씨(30)가 '직장에 다닐 때 내 험담을 하고, 나를 이용만 하고는 결국 퇴사하게 만들었다.'라면서 전 직장 동료 2명을 흉기로 수차례 찌르고 도주하다가 택시에서 내리던 비면식관계의 또 다른 여자에게 흉기를 휘두르고는 몸싸움 끝에 경찰에 붙잡혔다. C씨는 퇴사 후 신림동의 한 고시원에 틀어박혀 혼자 지내면서 전 직장 동료들에 대한 복수심을 키워 온 것으로 알려졌다. 가족과는 2004년부터 연락을 끊고 살아온 것이 확인되었다.

### (2) 일본

**아키하바라 칼부림 사건**    2008년 도쿄의 교차로에서 2톤 트럭 한 대가 신호를 위반하고 돌진하여 횡단보도를 건너고 있던 5명의 보행자들을 들이받았다. 그 뒤 이 트럭은 교차로를 지나 맞은편 차선에서 신호대기하고 있던 택시와 접촉사고를 내고 정차하였다. 트럭을 운전하고 있던 용의자는 소지하고 있던 등산 나이프로 차에서 내려 다친 보행자에게로 접근하고 있던 행인과 경찰관 14명을 연달아 찔렀다. 현행범으로 체포된 용의자는 해고된 비정규직 노동자였으며, 범행 얼마 전까지 생활고에 시달렸던 것으로 알려졌다. 그는 '생활에 지쳤다. 세상이 싫어졌다. 사람을 죽이기 위해서 아키하바라에 왔다. 누구라도 좋았다.'라며 범행 동기를 진술하였다.

### (3) 중국

**버스 안 살인사건**    2012년 허난성에서 한 남성이 버스에 탑승해 칼을 휘둘러 승객 3명을 살해했으며, 그해 광둥성과 선전에서도 정신이상자로 판명된 한 남성이 몇몇 사람에게 상해를 입힌 사건이 벌어졌다. 또한 2013년 쓰촨성에서 버스가 정류장을 출발하자 갑자기 한 남성(41)이 앉아 있던 승객에게 칼을 휘둘러 15명의 부상자와 4명의 사망자가 나왔다. 범인은 범행 전날 경제적인 문제로 가족과 다툼을 벌였다고 전했으나 정확한 범행 동기는 밝혀지지 않았다.

### (4) 미국

**버지니아 총기 난사사건**    미국 버지니아주 블랙스버그에 위치한 버지니아 공대 캠퍼스에서 2007년에 벌어진 총기에 의한 살인사건으로, 32명 사망, 29명의 부상자가 나왔다. 범인은 재미 한국인인 조승희로, 사건 직후 자살하였다.

## 2. 묻지마범죄자의 심리적 특성

**인지적 왜곡**    묻지마범죄자 중 상당수는 인지적으로 범죄를 지지하는 왜곡된 사고와 태도를 가지고 있을 가능성이 있다. 가령, '세상 사람들은 나를 무시하거나 증오한다.' '세상은 나에게(만) 불공평하다.' '나는 사람들에게 버림받았다.'라는 과잉일반화된 사고를 가지고 있을 수 있다. 또는 '나는 나의 분노를 이러한 방식으로 표현할 자격이 있다.' 등의 범죄에 대한 특권화된 의식을 가지고 있을 가능성도 제기된다. 주변인에 대한 막연한 의심이나 불신도 묻지마범죄자의 인지적 특성으로 여긴다. 이러한 인지적 왜곡의 결과는 불특정 피해자에 대한 공격행동을 정당화하는 것으로 연결된다(윤정숙, 김민지, 2013 재인용).

**분노 표출 및 감정 조절의 미숙**    Buckley, Winkel과 Leary(2004)는 실험연구를 통해 주변 사람들로부터 지속적으로 거부당하는 것이 얼마만큼의 분노를 야기시키는지 보여 주었다. 중요한 것은 지속적으로 거부당하는 것이 공격성을 표출하는 것으로 이어지지만 언제나 그런 것은 아니며, 일부는 감정적 철수(withdrawal)나 마비(numbness)와 같은 상태로 접어든다(Williams & Zadro, 2001). 감정적 철수와 마비 같은 상태에서 공격성은 외부로 크게 표출되지 않지만 자살과 같은 내부적 공격성으로 치환되는 경우가 많다.

묻지마범죄의 두 번째 요소로 상정되는 표출적 분노에서 중요한 것은 많은 묻지마범죄자가 다수의 피해자를 내거나 피해 정도가 큰 것이 일시적이고 우발적인 분노의 양이 상당했거나 잠재되어 있던 분노가 어떠한 촉발 요인에 의해 과잉표출되었을 가능성이 크다는 점이다. 묻지마범죄의 가해자들이 언급한 촉발 요인은 '어깨가 부딪힌다든지' '자신을 쳐다보았다든지' 하는 전혀 문제가 될 것이 없는 일상적인 활동이었다(박형민, 2012). 이것은 범죄자가 평소 감정 조절에 능하지 못했으며, 분노를 외향적으로 표출하든 내향적으로 표출하든 범죄행위 당시에 쌓인 분노가 조절되지 못한 채 폭발적으로 표출되었음을 의미한다. 많은 묻지마범죄자가 사회적 거부나 실직, 사업 실패 등을 경험하면서 좌절하고, 실패에 대한 현실적이고 적절한 대책이 마련되지 않은 상태에서 새로운 스트레스에 다시 부적절하게 대처하여 또 다른 좌절과 분노가 초래되는 분노의 스노우볼(snowball) 효과가 발생한다. 이러한 경우에 분노는 눈덩이처럼 커져서 상시적 분노 혹은 과잉분노의 형태를 띨 수 있다. 과잉분노는 묻지마범죄만이 아닌 성범죄, 방화범죄 등의 다른 강력범죄에도 영향을 미칠 수 있지만, 특히 묻지마범죄의 경우에 사회와 단절감이 심하고 관계성이 부재하며 부적절한 스트레스 대처로 분노가 조절될 기회가 매우 부족하다는 것이 특징이다(윤정숙, 김민지, 2013 재인용).

**대처 기술의 결여**    묻지마범죄자는 스트레스 상황에서 적절한 대처능력을 보이지 못한다. 대처 기술은 보통 세 가지로 구별되는데, 감정적 대처, 회피 중심의 대처, 사안 중심의 대처가 그것이다(윤정숙, 김민지, 2013 재인용).

감정적 대처(emotional coping)는 어떠한 문제를 해결하지 않고 그 문제와 관련해 느끼는 감정을 계속 표현하면서 감정에 초점을 맞추는 것을 말한다. 회피 중심의 대처(avoidance-focused coping)는 어떠한 문제를 직시하는 것을 피하기 위해 다른 것을 하면서 주의를 분산시키는 것을 말하고, 사안 중심의 대처(task-focused coping)는 문제가 무엇인지를 파악하여 그것을 해결하려고 노력하는 방식이다.

감정 중심의 대처와 회피 중심의 대처는 아주 흔하고 정상적이며 보통 단기적으로는 효과가 있다. 그러나 어떤 문제를 극복하고 정상적으로 기능하기 위해서는 어느 순간에는 사안 중심의 대처를 택해야 한다. 많은 묻지마범죄자들이 분노와 절망과 같은 부정적 감정에 휩싸여 감정적 대처를 상습적으로 활용하거나 회피적 대처로 일시적 기분을 경감시키는 데 익숙해져 있는 것으로 보인다. 사안 중심의 대처를 중심 기술로 활용하는 사람은 스트레스를 유발하는 사건(촉발사건)에 대해 문제를 명확히 하고, 규범과 대조하는 등 사건을 해결하고 결과를 예측하는 데 치중한다. 그러나 감정 중심의 대처가 만연한 사람은 사소한 촉발사건에도 감정적으로 좌절감을 느껴 분노감을 표출하며, 부정적 행동에 대한 결과 예측에 실패한다(윤정숙, 김민지, 2013 재인용).

**사회에 대한 반감**     묻지마범죄는 특정인에 대한 보복형 범죄라기보다는 좌절을 경험한 가해자가 사회나 현실을 비관하여 저지른다. 낙오의 경험이 반복될 경우, 사회에 의해서 거부당하고 있다는 느낌이 들고, 이것이 절망과 결합하여 보다 공격적인 감정인 사회에 대한 반감으로 이어진다.

묻지마범죄자들은 경쟁사회에서 자신을 좌절시킨 대상, 즉 사회에 대한 분노를 가지고 있기 때문에 개인적인 인간관계를 단절하고 사회와의 소통도 끊은 채 자신만의 세상에서 살아간다. 그러는 동안 사회에 대한 불만과 스트레스도 증가한다. 인간관계의 단절은 현실에서 규범들을 검증(혹은 확인)해야 하는 기회를 감소시켜 무엇이 옳고 적절한 행동이며, 무엇이 나쁘고 부적절한 행동인지에 대한 경계를 불분명하게 한다. 이것이 바로 오랫동안 사회적으로 고립된 생활이 범죄로 이어지는 이유 중 하나이다(윤정숙, 김민지, 2013 재인용).

**관계의 결여**     묻지마범죄자들의 상당수는 외톨이처럼 주변과의 관계를 단절하거나 최소화한 채 살아 온 사람들이다. 사회적 지지를 제공하는 관계가 결여되어 있다는 것은 타인과의 연관성(connectivity), 친밀감(intimacy), 결합성(tie) 등이 약하다는 것을 의미하며, 이러한 상태는 사회적 고립감으로 이어진다. 사회적 고립감은 또다시 부정적 스트레스를 유발하며, 이를 달래기 위해서 공격적으로 행동하거나 다른 사람을 학대하거나 부적절한 방식으로 스스로를 달래는 행동(예: 과음, 약물남용)을 하게 된다. 묻지마범죄의 이면에 내재된 '관계 결여'의 시작은 범죄자의 발달적 특성과도 연관되는데, 묻지마범죄자를 비롯한 많은 범죄자가 어린 시절에 양육자와 안정적인 애착관계를 형성하지 못하였을 뿐만 아니라, 신체적·성적 학대를 당하는 등 심리적으로 매우 결핍된 시간을 보냈다는 연구결과가 있다(Loh & Gidycz, 2006; Weeks & Widom, 1998). 안정적인 애착을 형성하는 데 어려움을 겪었던 묻지마범죄자는 사랑하는 사람이나 가족 혹은 중요한 소속집단의 동료들과 멀어지거나 헤어지게 되었을 때 타인(혹은 집단)으로부터 거부당했다는 생각에 사로잡힌다. 묻지마범죄자의 경우에 범죄동기를 묻는 질문에 신체나 정신장애 등으로 주변 사람들에게 거부를 당했거나, 실직이나 사업 실패 등을 경험하면서 누군가에게 수용되지 못하는 것을 지속적으로 경험한 사람들이다. 따라서 주변 사람들과의 관계에서 거부당한다는 것, 즉 타인으로부터 매우 낮게 평가받고 있다는 생각이 다른 범죄유발 요인들과 결합하여 그들의 공격성을 증가시킨 것으로 보인다(윤정숙, 김민지, 2013 재인용).

## 3. 묻지마범죄자의 유형별 특징

대검찰청(이수정 외, 2013) 연구에 참가한 묻지마범죄자는 18명으로, 남자 17명, 여자 1명이었으며[6] 평균 연령은 34.06세였다. 1명을 제외하고는 모두 직계존속 혹은 직계비속 가족이 존재하였다. 혼인신고를 한 적이 있는 자는 18명 중 3명에 불과하였으며, 이들은 모두 이혼 상태였다. 1명은 사실혼 관계에 있는 배우자가 있었으나 현재는 연락을 취하지 않고 있었다. 학력은 중학교 졸업자가 13명이었으며, 4년제 대학교를 졸업한 자는 존재하지 않았다. 연구진은 이들을 대상으로 K-WAIS-IV(Korean Wechsler Adult Intelligence Scale-IV), Wisconsin Card Sorting Test, MMPI-II, 정서인식력검사(Emotional Recognition Test-Revised: ERT-R), PCL-R, 재범 위험성 평가도구(Korean Offender Risk Assessment Scale-General: KORAS-G), 알코올 의존증 평가도구(Alcohol Use Disorder Identification Test: AUDIT-K)를 이용한 검사와 함께 부모의 생존 여부, 부모와의 관계, 형제관계, 가정폭력 여부 및 훈육방법, 그리고 현재 부모에 대한 애착 정도 등과 같은 가정환경에 대한 부분, 또래집단과의 관계, 학교폭력 경험 여부, 조발비행 여부, 성적부진 정도, 장기 결석이나 중퇴 등 그 외에 학교 부적응 요인, 취업 여부, 직장 경험, 이직 경험 및 이직하게 된 이유 등과 같은 직장에서의 경험에 대한 면담을 실시하였다. 심리검사 결과 및 면담 내용은 MDS, SSA 분석[7]을 통해 묻지마범죄자들의 유형을 세 가지로 분류하였다.

〈표 14-2〉에 제시한 것처럼 A영역은 직업이 없고, 정신과 약물을 복용 중이며, 조현병 진단을 받은 변인과 낮은 IQ와 정서 인식력 검사(Emotional Recognition test: ERT) 점수를 나타내는

---

6) 준거: ① 가해자와 피해자 사이에 무연관성과 불특정인을 대상으로 한 범죄일 것(불특정 대상), ② 흉기 등 위험한 물건을 도구로 사용하여 신체 혹은 생명에 위해를 가했을 것(위험성), ③ 정신질환, 마약, 유해 물질, 알코올 등의 남용으로 명정 상태에서 범행을 저질렀을 것(재범의 개연성), 죄명: 죄명은 공소장 및 불기소장에 기재할 죄명에 관한 예규〈개정 대검예규 제675호, 2013. 10. 7.〉에 의한 살인, 살인미수, 상해, 중상해, 상해치사, 폭행, 특수폭행, 폭행치상, 폭행치사, 협박, 특수협박, 현존건조물방화(치사), 폭발성물건파열(치상, 치사), 집단·흉기 등(폭행, 협박, 재물손괴 등, 상해) 연구대상자는 대검찰청의 묻지마범죄에 대한 연구에 참여하였던 55명 중 면담에 동의한 사람들이었으며, 연구는 이들이 현재 수감되어 있는 전국의 구치소 및 교도소에 방문하여 이루어졌다.

7) MDS 분석을 사용하기 위해 HUDAP 7.0과 SPSS 19.0을 사용하였다. 분석에 적합하지 않은 요인들을 가려내고 변수들의 유형을 파악하기 위해 HUDAP의 WSSA1 분석을 사용하였고, 이렇게 파악한 영역 안에서 각각의 사례들이 어느 곳에 위치하는지를 파악하기 위해 SPSS 다차원척도법의 ALSCAL 분석을 사용하였다. SSA(Guttman, 1968)는 변인들 사이의 상관을 유클리드 공간상의 거리 값으로 나타내는 비계량적 척도 분석 기법으로서 변인 간의 관계를 최소 차원으로 나타내려는 가정에 근거한다. SSA 분석을 위해서 HUDAP(Hebrew University Data Analysis Package)를 사용하였다. SPSS의 MDS에는 PROXSCAL과 ALSCAL 두 종류가 있다. 두 방법은 자료의 수집방식에 따라 차이가 있는데, 이 연구에서는 묻지마범죄자들의 하위군집을 추출하기 위한 방법으로 ALSCAL 분석을 사용하였다.

**표 14-2** HUDAP 영역별 변인분류표 (단위: %)

| A(정신장애) | | B(반사회성) | | C(외톨이) | |
|---|---|---|---|---|---|
| 1 | unemploy(72.2) | 5 | criminal record(66.7) | 2 | less high school(61.1) |
| 9 | medication(50.0) | 7 | drunken(55.6) | 3 | single(72.2) |
| 10 | schizophrene(22.2) | 8 | early onset(50.0) | 4 | live alone(50.0) |
| 11 | IQ(66.7) | 13 | PCL-R(38.9) | 6 | settlement(83.3) |
| 12 | ERT(50.0) | 14 | KORAS-G(66.7) | | |
| | alpha= .76 | | alpha= .75 | | alpha= .67 |

출처: 이수정 등(2013) 재인용.

변인으로 구성되어 있다. 이것은 조현병을 포함하여 정신지체 및 우울증 등의 정신장애를 가진 사람에게서 보이는 인지적 손상이나 병전 기능 저하가 원인이 되어 나타날 수 있는 특성이다. 따라서 영역 A는 정신장애 유형으로 판단된다. B영역은 전과가 있고, 음주 상태에서 범죄를 저질렀으며, 조발비행을 보이고, 높은 PCL-R 점수와 KORAS-G 점수를 나타내는 변인을 포함한다. 이러한 특성들은 충동적이고 사회규범에 반항적이어서 범법행위를 할 가능성이 높은 반사회적 성향을 가진 사람에게서 많이 나타난다. 따라서 B영역은 반사회성 유형으로 분류할 수 있다. C영역은 고등학교를 졸업하지 못하고, 결혼이나 사실혼의 경험이 없고, 혼자 살며, 범행 후 피해자와 합의하지 않는 변인을 포함한다. 이 변인들의 공통점은 대인관계와 사회생활에 어려움이 있을 가능성을 시사한다. 따라서 C영역은 외톨이집단의 특성을 나타내는 것으로 보인다. 이와 같은 각 영역에 포함된 변수들의 특성을 고려하여 [그림 14-2]와 같이 묻지마범죄자들의 유형을 외톨이, 반사회성, 정신장애로 분류하였다.

[그림 14-2]는 〈표 14-2〉를 나타낸 것으로, 심리검사 및 면담내용을 바탕으로 정신장애, 반사회성, 외톨이로 구분한 내용이다.[8]

8) 6: 비행력과 과거 범죄가 반사회적 성향이 강함 / 7, 10: 망상이나 환청 증상이 있으며, 지능이 매우 낮은 수준 / 8: 비행력이 있으며, 반사회적 성향이 강하게 나타났고, 죄질이 강함 / 12: 폭력 전과가 많으며, 심리검사 전반에 반사회적인 성향이 강함 / 14: 폭력의 양상이 심하고, 심리검사 전반에 반사회적 성향이 강함

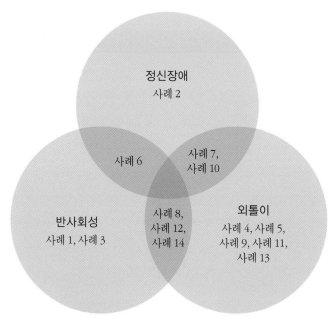

**그림 14-2**    묻지마범죄자의 세 가지 하위유형

출처: 이수정, 이현성, 이정헌(2013).

## 1) 면담내용에서 나타난 유형별 특성

**가정환경**    정신장애집단과 외톨이집단은 반사회적 집단에 비해 가족의 구조적 결손은 보이지 않았지만, 정신장애집단은 가족관계에 있어서 유대감이 지나친 경향이 있고, 외톨이집단은 가정환경이 피검자에게 '순응하고 억제'하도록 유도하는 경향이 있었으며, 반사회적 집단에서는 가족과의 관계가 제대로 이루어지지 않을 뿐만 아니라 애착 형성도 되어 있지 않아 구조적·기능적 결손을 보이는 경향이 있었다.

**학교 적응**    정신장애집단과 외톨이집단의 학력사항은 개인에 따라 차이가 나타났지만 또래관계의 측면에서 보면 이 두 집단은 또래와의 관계를 형성하는 데 어려움을 보이고 있었다. 정신장애집단의 경우에는 자신만의 망상적 사고에 빠져 또래관계에서 스스로 고립을 자처하였지만, 외톨이집단의 경우에는 또래집단과의 관계를 형성하기 위하여 부단히 노력하였으나 결과는 항상 집단에서 무시되거나 배척당하는 현상이 나타남을 확인할 수 있었다. 반사회적 집단의 경우에는 학업에 흥미도 없었지만 흡연, 본드, 폭력, 가출 등을 하여 권고퇴학 처분을 받았다. 하지만 반사회적 집단은 또래관계 형성에는 다른 두 집단에 비해 어려움이 없었으며, 자신의 부족한 욕구 충족에 기여하였기 때문에 그 관계를 벗어날 수도 없었고, 그들에게는 그 또래관계가 전부였을 것으로 파악된다.

**직장 및 경력**　　정신장애집단은 정신병적 증상으로 전문성이 있었음에도 사회생활 및 직장생활에 적응하는 데 어려움이 있었다. 그런 이유로 이 집단은 단기 아르바이트나 일용직 근무, 부모 슬하에서 기생하는 생활을 해 나갔다. 반면, 외톨이집단은 전문성을 갖추고 있기 때문에 취업에 용이하였다. 뿐만 아니라 정규직 자리에도 취직을 할 수 있었다. 그러나 이들은 다른 집단과 마찬가지로 직장을 자주 그만두는 경향이 발견되었는데, 이는 일이 어렵다기보다는 상사와 동료들과의 관계에 어려움이 있었기 때문으로 보인다. 이 두 집단은 전문성이 있음에도 대인관계의 어려움으로 일을 지속하는 기간이 짧았다면, 반사회적 집단은 직장 안에서 관계를 형성하고 융화되는 데에는 어려움을 보이지 않으나 어떤 능력에서도 전문성을 찾아보기 힘들었다. 이는 정규교육을 다 마치지 못했다는 점 때문이라고 생각되며, 이들은 복잡하고 어려운 것을 싫어하고, 자신의 충동을 조절하고 사회의 규칙과 규범을 지키는 데 어려움이 있기 때문에 정규직보다는 비정규직을 선호하였다. 특히 단순노동과 폭력을 이용하는 일, 그리고 오토바이 배달과 같은 비전문적인 직종을 가진 사람이 많았다.

**대인관계(동료관계 및 이성관계)**　　정신장애집단은 학교생활에서도 친구와의 대인관계가 어려웠다. 이는 이후 사회생활에도 영향을 미친 것으로 보인다. 사회생활을 할 때 대인관계에서도 고립되어 혼자 지내는 시간이 많았고, 이성관계에서도 학창시절에 이성관계를 맺은 적이 없을 뿐만 아니라 사회에 나가서도 관계 맺기에 어려움이 있는 것으로 확인되었다. 그렇기 때문에 이들은 성욕을 해결하기 위하여 다방이나 사창가를 찾아가는 등의 행동을 취하였다. 외톨이집단은 대인관계 형성에 어려움을 호소하였다. 정신장애집단처럼 스스로 고립되기보다는 집단구성원으로 융화되려고 하나 관계가 잘 이루어지지 못하였다. 이는 사회생활에도 그대로 반영되었는데, 이들이 직장에 자리를 잡지 못한 이유는 일이 어렵거나 규칙을 지키는 것이 어려워서보다는 직장 상사나 동기와 관계를 형성하는 데 어려움이 있었기 때문이었다. 이들은 소속되려는 욕구가 강하며, 그 안에서 안정감을 찾으려고 한다. 이는 이성관계 측면에서 한 여인과 관계를 맺으면 그 여인과 지속적으로 오랜 기간 관계 맺음을 통해서 확인할 수 있었다. 이와 반대로 반사회적 집단의 경우 대인관계를 맺는 것에는 어려움을 보이지 않았다. 대인관계는 피상적인 것으로 보이며, 이는 이성 간의 관계에서도 엿볼 수 있다. 이들의 성행위는 청소년기부터 시작되었으며, 여러 여자와 이루어졌다.

**비행 및 전과**    정신장애집단과 외톨이집단은 사례마다 특성이 있지만 대부분 비행력이 없으며, 전과도 적은 편이다. 그와 반대로 반사회적 집단은 대부분 어릴 적부터 비행을 시작하였으며, 전과도 상당히 누적되어 있었다. 이는 범죄를 저지르는 양상에도 차이가 있을 것임을 시사한다. 정신장애집단은 '환청'에 의해 현실검증력이 떨어진 상태, 즉 심신미약의 상태에서 범죄를 저질렀다. 반면에 외톨이집단은 비행력도 없고 전과도 없지만, 범죄를 저지른 당시 상황을 보면 대인관계에 많이 지쳐 있던 시기로, 이들은 고립되고 외로운 생활을 오랫동안 해 온 것으로 보인다. 이러한 생활은 그들에게 스트레스 상황이었을 것이다. 이들은 범죄를 저지르던 당시 음주 상태였는데, 이 상태가 피검자의 통제력과 자제해 오던 분노와 억압을 해제시켜 억눌러 왔던 '폭력성'이 사소한 사건으로 인해 드러나게 된 것으로 보인다. 이러한 집단과는 다르게 반사회적 집단은 조발적 범죄행위가 생활양식으로 자리 잡아 왔을 것으로 보인다. 이들은 청소년기부터 '폭력, 음주, 마약, 성'에 관한 비행을 저질러 왔다. 또한 이들은 항상 재범에 노출되어 있다. 정신장애집단과 외톨이집단이 정신적인 문제나 억눌러 왔던 감정의 폭발로 범죄가 이루어졌다면 이 집단의 경우에는 매번 저지르는 범죄 중 운이 나빠서 걸렸다고 생각할 가능성이 높다. 정신장애집단은 다른 집단에 비해 '살인 및 살인미수'를 저지른 정도가 높다. 이는 범행 당시 정신미약 상태가 합리적 의사결정능력을 떨어뜨려 강력범죄를 저지르게 하는 것으로 보인다. 이와 반대로 외톨이집단과 반사회적 집단은 폭력과 관련된 범죄가 많았다. 이 두 집단이 스트레스 상황이 올 때 이를 다룰 수 있는 능력이 떨어지기 때문인 것으로 추측된다. 즉, 이 두 집단은 자신의 감정을 통제하는 데 어려움이 있을 것이라고 판단된다.

## 2) 심리평가 결과에서 나타난 유형별 특성

**신경, 인지에 관한 하위유형별 특성**    정신장애집단과 반사회적 집단에서는 지능점수의 수준이 낮게 나온 반면, 외톨이집단에서는 지능이 평균 수준을 유지하는 것으로 나타났다. 충동성과 대처 능력 등을 알아볼 수 있는 WCST에서는 반사회적 집단이 대체로 평균 수준의 점수를 나타냈으며, 외톨이집단은 평균에서도 낮은 수준의 점수를, 정신장애집단에서는 평균 이하의 점수를 나타내고 있었다.

**정서인식력검사인 ERT상의 특징**    정신장애집단과 반사회적 집단에서는 대부분 저조한 양상을 보여 정서인식력이 낮은 것으로 보인다. 이는 타인의 정서에 대한 인식, 판별, 이해능력이 현저히 떨어진다는 것을 짐작하게 한다. 얼굴표정을 보고 어떤 감정을 나타내고 있는지 이해하지 못할 뿐더러 자신의 정서가 현재 긍정적인 감정을 담고 있는지, 부정적인 감정을 담고 있는지 구분하는 것을 어려워할 수 있다. 타인의 감정을 공감하지 못하고 인지하는 데에도 어려움을 느낄 가능성이 암시된다. 외톨이집단에서는 평균 혹은 우수한 수준의 결과를 보여 정서인식력에는 큰 문제가 없으나, 대부분 부정적인 정서에 좀 더 집중하고 잘 구분하는 모습을 보였다. 이것은 그들의 감정이 부정적 정서 경험에 맞춰져 있을 가능성을 시사한다.

**종합성격검사인 MMPI-II상의 특징**    정신장애집단과 외톨이집단은 망상이나 환각에 대한 경험이 보고되며, 사회적으로 위축되거나 긴장하며, 고립감을 느끼고 있을 가능성이 공통적으로 나타났다. 혼란된 사고, 피해망상을 포함한 정신병적 증상을 가지고 있을 수 있으며, 관계망상적 사고, 피해의식적인 사고, 특이 사고 및 지각 과정을 보고하였다. 외톨이집단과 반사회적 집단은 우울이나 불안과 같은 부정적 정서 경험에 더 노출되었을 가능성이 나타났다. 또한 모든 집단에서 공격 성향이 보고되었다. 이는 사람에 대한 공격적인 성향을 내포하는 것으로, 자신의 목표를 달성하기 위해서는 공격성을 사용할 가능성이 있다.

**사이코패시검사인 PCL-R[9]상의 특징**    정신장애집단은 정서성과 생활양식에서 비교적 높은 점수의 위험성을 나타내는 반면, 대인관계에서는 현저히 낮은 수준의 점수를 보이고 있었다. 재범 위험성 평가에서도 보통 수준에서 높은 수준까지의 점수가 포함되어 있었다. 외톨이집단의 PCL-R 하위유형을 살펴보면 다른 하위유형보다 생활양식에서 비교적 가장 높은 위험성을 나타내는 반면, 대인관계에서는 현저히 낮은 수준의 점수를 보이고 있었다. 반사회적 집단에서 고위험군에 속하는 사례가 비교적 많은 것을 알 수 있다. PCL-R 결과에서 대부분 20점대에 속해 있으며, 약 30%가 고위험군에 속해 있다. 생활양식과 반사회성에서 비교적 높은 점수의 결과를 확인할 수 있다.

**알코올사용장애 평가도구인 AUDIT-K상의 특징**    각 집단에 대한 알코올사용장애 여부는 AUDIT-K에서 확인된 결과를 통해 분석하였다. 정신장애집단은 대체로 알코올 사용에서 문제

---

9) 정서성에는 '후회 혹은 죄책감 결여' '얕은 감정' '냉담/공감능력의 결여' '자신의 행동에 대하여 책임감을 못 느낌'의 문항이 포함된다. 생활양식에서는 '자극 욕구/쉽게 지루해함' '기생적인 생활양식' '현실적이고 장기적인 목표 부재' '충동성' '무책임성'의 문항이 해당된다.

를 호소하는 모습은 나타나지 않았다. 하지만 외톨이집단과 반사회적 집단에서는 알코올사용장애가 있어 보이며, 전문가의 도움이 필요한 정도의 결과가 나타났다.

**재범 위험성 평가도구인 KORAS-G상의 특징**    각 집단에 대한 재범 위험성은 KORAS-G에서 확인된 결과를 통해 분석하였다. 정신장애집단에서는 재범 위험성 평가에서도 PCL-R 결과와 마찬가지로 보통 수준에서 높은 수준까지의 점수가 포함되어 있었고, 외톨이집단에서는 낮은 수준의 결과를 나타냈다. 반사회적 집단에서는 재범 위험성이 대체로 고위험군에 속해 있었다. 정신장애집단의 재범 위험성 결과의 양상은 이 유형에 해당하는 사례들에서 다양한 망상적 사고와 충동 성향, 낮은 자존감과 우울 등이 복합적으로 작용하여 인과성을 이해하기 어려운 범행양상과 우발적인 범행을 보고했다는 점을 감안하여 그 위험성의 수준이 포괄적일 수 있는 것과 연관지어 생각해 볼 수 있다. 정신장애집단에서는 KORAS-G 문항 중 기타 취약 요인에서

표 14-3 묻지마범죄자를 대상으로 한 면담 및 심리검사 내용

| | | 정신장애 | 외톨이 | 반사회적 |
|---|---|---|---|---|
| 면담 | 집단비교 | 정신장애 진단<br>(조현병) | 외부 단절 | 조직폭력 생활 및<br>폭력전과 |
| | 가정환경 | 유대감이 지나침 | 순응하고 억제하도록<br>유도하는 경향 | 냉담한 가족관계,<br>애착 형성 안 됨,<br>구조적·기능적 결손 |
| | 학교 적응 | 또래관계 어려움 | 또래관계 어려움,<br>집단으로부터의 무시,<br>배척 경험 | 망상적 사고,<br>스스로 고립 자처,<br>비행집단에는 잘 적응 |
| | 직장 및 경력 | 사회 적응 어려움 | 전문성은 있으나<br>직장을 자주 그만둠 | 복잡한 것을 싫어함,<br>충동 조절 실패,<br>비전문적인 일을 선호 |
| | 대인관계 | 고립된 생활 | 소속 욕구는 강하나<br>관계 형성 어려움 | 관계 수립은 용이하나<br>피상적인 대인관계 |
| | 비행 및 전과 | 비행전력 없음,<br>전과 적은 편 | 비행전력 없음,<br>전과 적은 편 | 조발적 범죄행위,<br>재범 노출 |
| | 범죄 시 정신상태 | 심신미약 상태,<br>살인 및 살인미수 | 지속적인 고립으로<br>인한 스트레스,<br>감정 통제 어려움,<br>폭력 관련 범죄 | 감정 통제 어려움,<br>폭력 관련 범죄 |

| 지능 | 낮은 편 | 낮은 편 | 평균 수준 유지 |
|---|---|---|---|
| WCST | 평균 이하 | 낮은 점수 | 평균 점수 |
| ERT-R | 저조 | 평균 혹은 우수 | 저조 |
| MMPI-II | 망상, 환각, 공격 | 망상, 환각, 우울, 불안, 공격 | 우울, 불안, 공격 |
| PCL-R 정서성 | 높은 위험 | 낮은 위험 | 높은 위험 |
| 생활양식 | 높은 위험 | 높은 위험 | 높은 위험 |
| 대인관계 | 낮은 위험 | 낮은 위험 | 높은 위험 |
| 알코올사용장애 | 낮은 수준 | 높은 수준 | 높은 수준 |
| KORAS-G | 높은 수준 | 낮은 수준 | 높은 수준 |

(위 표의 맨 왼쪽 열에는 "심리검사 및 인지검사"가 세로로 표기되어 있음)

대체로 높은 점수를 얻었는데, 이 문항에 뇌손상 여부, 정신질환 여부, 인지손상 등에 의한 문제 해결 능력 부재, 보안처분 병과 여부가 포함되어 있는 것을 통해 이유를 짐작할 수 있다. 이 사항은 정신장애집단의 모든 사례에서 확인할 수 있다. 외톨이집단에서는 낮은 수준의 결과를 나타낸 반면에 반사회적 집단은 대체로 고위험성을 나타냈다. KORAS-G 문항 중 최초 입건 연령, 학령기 문제행동, 처분 기간 동안의 문제행동, 반사회적 성향에서 대부분 높은 점수를 받은 것으로 나타났다.

〈표 14-3〉은 면담조사와 심리평가를 통해 수거한 18명의 하위영역별 범죄심리학적 특징에 대하여 세 가지 준거집단(정신장애 · 외톨이 · 반사회적 집단)별로 내용을 분석한 것을 재구성하였다.

## 4. 묻지마범죄의 대안

### 1) 고위험 범죄자에 대한 출소 이후의 위험 관리

무고한 시민을 대상으로 무차별적으로 폭력을 행사하여 심각한 상해나 인명 피해를 야기하는 묻지마범죄자들을 심층면담하고 심리평가를 실행한 결과, 범행 동기와 관련하거나 범죄심리학적 특이성에 있어 ① 서로 이질적인 하위집단이 존재한다는 사실, ② 묻지마범죄는 단순히 어려운 경제사회적 환경, 그로 인한 신용불량과 사회로부터의 격리 등 외부적인 어려움만으로 발생하지는 않는다는 점, ③ 일부 묻지마범죄자는 정신장애나 반사회적인 성격 등 개인 내적인 문제를 지니고 있다는 점, ④ 특히 전과가 있는 묻지마범죄자는 어린 시절에 불우한 환경에서 성장하여 조발비행하는 경우가 있는데, 이들의 아동기 및 청소년기 동안에 어떠한 효과적인 개입도 없었다는 점, ⑤ 이전 범죄로 징역형을 마치고 사회로 복귀하였을 시 별다른 지원책을 수혜할 수 없어 재차 무차별적인 폭력범죄에 연루되었다는 사실이 확인되었다. 이와 같은 이유로 묻지마범죄를 예방하기 위해서는 다각적인 대안이 모색되어야 할 것이다.

대안은 크게 세 가지 방향으로 제시해 볼 수 있다. 우선 가석방이나 출소 시에 보안처분을 생각해 볼 수 있다. 미국이나 영국에서 시행하고 있는 보안적 성격의 처분은 청소년기부터 비행을 저질러 재차 형사처벌을 받게 되는 사람에게 전과력이 더 이상 진전되지 않도록 도와주는 출소자를 위한 방안이다. 정신장애적 요인으로 흉기난동 등을 부리는 사람을 위해서는 정신보건적 지원이 필요할 것으로 판단된다. 특히 치료감호소 가출소자들을 대상으로 사회에서 지속적으로 정신장애를 관리하는 일이 필요할 것인데, 이는 독일의 사회치료시설에서 전례를 찾아볼 수 있다. 한때 적응적으로 사회생활을 하였으나 장기 실직 등으로 일상생활에 적응하지 못해 전과도 없는 사람이 묻지마범죄를 저지르는 경우가 증가하고 있다. 이처럼 일정 기간 외톨이생활을 하다가 돌발행위를 하는 초범자를 위해서는 예방적 조치에 집중해야 할 것인 바, 일본의 히키코모리를 위한 대책을 참고할 필요가 있겠다. 이 장에서는 이들 제도에 대하여 간단하게 살펴보려고 한다.

**미국의 사회정착제도와 교정 및 보호의 연계**    미국의 대표적인 출소자관리사업은 사회정착제도이다. 사회정착(reentry)제도란 교정시설에 수용되어 있는 범죄자들이 지역사회에 안전하게 복귀하여 생활할 수 있도록 준비 및 지원하는 모든 프로그램과 절차이다. 이보다 더 발전된 형태로 나타난 사회정착 전담법원(reentry court)은 양형단계 초기에 범죄자에게 더 광범위한 관리와 처우의 기회를 제공하고, 사회정착 과정에서 범죄자 개인의 책임을 더 강조한다. 사회정착의 목적은 양형단계, 교정시설 수용단계, 지역사회 감독단계의 각 과정이 상호유기적으로 연속선상에서 재소자의 재범을 억제할 수 있는 사회복귀 능력이 향상되도록 하는 것이다. 직업교육 및 약물치료 교육, 부모능력 향상 프로그램, 생활태도 개선 프로그램 등의 지원을 통해 범죄자의 장기적인 사회적응능력 및 생산능력을 향상시킬 수 있다. 교정시설 단계에서는 재소자의 복역 기간 중 다양한 인성과 생활개선 교육, 약물남용 치료 프로그램, 직업훈련, 가족상담 등의 서비스를 제공한다. 지역사회 단계에서는 중간시설 숙박지원, 고용지원, 약물남용 치료 및 가족상담 등이 있으며, 지역사회 지속단계에서는 가석방 기간 경과 후 지역사회 지원 프로그램 및 교육과 지역사회 자원과의 연계서비스를 지원한다.

성공적인 사회 정착 과정은 시민과 사회에 안전을 가져다주고 재소자에게는 사회에 복귀할 수 있도록 도움을 주어 재정적이고 사회적인 문제를 해결하는 데 도움이 될 수 있다. 미국에서 사회 정착은 범죄자 처우의 전 과정을 실질적 차원에서 재편성하는 과정에서 등장했으며, 교도소나 구치소에서 지역사회로 석방된 범죄자의 효과적인 재통합을 촉진하기 위한 프로그램을 적용하는 것을 일컫는다. 시설 내 처우에서 사회 내 통합까지 단계적으로 구조화된 처우를 한다는 점과 형사사법기관과 지역사회가 협력하여 효율적인 서비스를 제공하는 것은 사회 정착 절차의 중요한 점이다. 교정시설에서 지역사회로의 전환 결정은 교정시설 진입단계, 교정시설 프로그램단계, 석방 결정단계, 전환 기간 중 핵심사항 관리단계, 지역사회 내 지도감독단계로 구분되며, 이는 사회정착제도의 핵심이다.

사회 정착 과정에서 교정시설에 진입한 재소자들은 평가 및 분류 결과에 따라 적절한 시설에 배치되고 개인에 적합한 치료 및 교육 프로그램을 제공받는다. 교정시설단계에서 사회정착 프로그램을 운영하기 위해서는 공공의 안전 증대와 재범 감소를 위한 장기간의 목표에 따라 설계되어야 한다. 이를 위해 교정시설에 기반을 둔 프로그램은 전환단계 및 지역사회 감독단계와 연계된 신체적·정신적 건강보호, 약물남용 치료 및 훈련과 직장 체험 등의 프로그램을 제공받을 수 있도록 설계된다.

사회정착 프로그램은 가석방위원회가 출소대기자의 정보를 수집하고 분석하여 출소 후 사회 안전의 위험 정도를 판단하는 데 다양한 측면을 지원하며, 가석방위원회는 석방 결정단계에서 사회 정착에 필요한 지역사회 내 감독의 수준과 내용, 지원 가능한 서비스의 확정 등 사회 정착의 실패 위험성을 최소화하는 현실적이고 가장 적절한 판단을 내린다. 이 단계에서는 범죄자의 기본정보 이외에도 교도소에서 생성된 정보를 통합하며, 사회 정착 과정에 참가하는 범죄자에게 효과적인 전환을 지원하기 위해 정보 공유에 많은 노력을 기울인다. 출소 예정 범죄자에 대한 충분한 정보가 석방 결정단계에서 공유된다면 효과적인 사회정착을 지원하고, 출소자 개인의 사회적 위험과 약물에의 노출 가능성, 그리고 폭력조직에의 재가입 가능성을 줄일 수 있다. 교정시스템과 보호시스템의 정보 공유와 같은 협력 전략으로 불량서클 가입을 단절하고 지역사회가 기대하는 역할을 수행하도록 유도하여 보스턴의 청년살인율을 2/3 정도 낮춘 보스턴의 손잡이 끌기(pulling levers) 전략이 좋은 예이다.

**독일의 사회치료시설(민영 사법정신병원)**    독일 「형법」은 형벌과 보안처분을 모두 「형법」에서 규정하고 있다. 보안처분의 일종인 정신병원 수용시설로는 우리나라의 치료감호소에 해당하는 전문사법정신병원(Fachkrankenhaus fur forensische Psychiatrie)과 일반 정신병원 내의 특수병동으로 사법정신병원(Fachabteilung fur forensische Psychiatrie)이 있다(한국형사정책연구원, 2011). 모두 통틀어 일반적으로 보안처분 행형병원(Maβ regelvollzugsklinik)이라고 부른다.

「행형법」 제139조(사법교정시설, Justizvollzugsanstalten)가 규정하는 바에 따르면 지방 법무행정기관에서 집행되는 것은 보안처분 중에 보안감호수용이다. 전문사법정신병원과 정신병원 내의 특수병동으로 사법정신병원 모두를 통틀어 독일에서는 일반적으로 보안처분행형병원이라고 부른다.[10] 수용시설에 있는 환자들의 41% 정도는 조현병 환자이고, 24% 정도는 성격장애, 13% 정도는 알코올중독, 11% 정도는 마약중독, 그리고 나머지 11%는 그 외의 질환과 장애 등을 앓는 환자이다. 환자들의 치료에는 심리치료 외에 음악, 예술, 연극교육과 같은 다양한 작업요법이 사용되고 있고, 늦어도 6개월마다 형사집행부(Strafvollstreckungskammer)에서 환자들을 심사한다. 치료가 성공적으로 끝날 것이라고 기대될 경우에 계속적으로 처우가 가능하며, 그렇지 않을 경우에 수용은 끝나고 관할 사법시설로 이전된다.

**은둔형 외톨이를 위한 예방적 처우**  일본에서는 묻지마범죄의 원인 요인으로서 히키코모리[11]를 지목하고, 이와 같은 현상의 장기화를 방지하기 위해 지자체 단위로 신변에 대한 서비스, 아웃리치(out-reach)형 방문지원, 가족이 상담과 진단을 받기를 권할 수 있는 어드바이스 제공 등 2013년부터 '히키코모리 대책 추진사업'을 시행하고 있다. 이를 위하여 각 행정구역과 특정 도시에 히키코모리 지역지원센터를 설치하여 제1차 상담 창구 역할을 하고 있다. 그리고 히키코모리 서포터즈를 양성하고, 파견사업을 실시하며, 정신보건복지센터와 보건소가 연대하여 정신보건에 대한 상담 창구가 되어 히키코모리 상담을 실시하고 있다. 또한 코디네이터의 지원 아래 지원봉사자에 의한 가정방문이나 보호자를 대상으로 강습회, 그룹활동 등을 실시하여 방문 원조, 보호자 교육사업 등을 시행하고, 임시보호소 등에 의해 집단적인 생활지도, 심리요법 등도 실시하고 있다. 일본은 히키코모리 지원방법을 계획하면서 지원에 대한 접근 가능성을 높이기 위해서 영국보건성 산하기관인 국민보건기관(National Health Service: NHS)에 의한 심리요법, 특별히 인지행동요법에 대한 접근 개선을 목표로 한 심리치료적 접근(Improving Access to Psychological Therapies: IAPT)에 주목했다. 또한 가족이 상담과 진단을 권하게 하기 위한 어드바이스에 대해서는 미국에서 행해지는 가족훈련 접근(Community Reinforcement and Family Training: CRAFT)을 도입하였다(Smith & Meyers, 2007).

---

10) 2005년 12월 31일 기준이다.

11) 여러 가지 요인의 결과로 사회적 참가를 회피하고, 원칙적으로 6개월 이상 가정에 은둔해 있는 상태를 나타내는 현상에 대한 개념을 말한다.

## 2) 사회 내에서의 방안 모색

**사회적 관계 회복**    지역단위의 사회적 자본에 관한 지표를 사용하여 폭력범죄 발생에 미치는 영향을 측정한 연구(김상원, 2012)에 따르면 가족의 유대가 다른 사회적 자본 변수들에 비해 폭력범죄에 미치는 영향이 컸다. 즉, 가족의 유대가 낮을수록 자기통제력이 낮을 가능성이 증가하고, 감정 충동을 자제할 능력이 감소하여 폭력범죄를 저지를 수 있는 가능성이 증가한다는 것이다. 사회적 자본의 기본이 되는 가족 간의 유대감을 전통적으로 강조해 온 한국의 경우에 가족구성원 간에 긴밀한 관계를 유지할 수 있는 사회 분위기와 제도적 장치를 복구하는 것이 필요하다.

소년범죄자의 범죄 중단 원인을 알아본 다른 연구(한영선, 2011)에서도 친구관계의 안정성이 범죄 중단에 영향을 미치는 것으로 나타나 학교에서의 사회적 관계를 유지시키는 것의 중요성을 시사하고 있다. 이처럼 관계성의 회복은 가정과 학교, 직장에서의 대인관계에서 중요하다. 이는 적절한 의사소통 기술을 훈련하고, 사회적 지지와 친밀감 형성을 위해 필요한 적절한 자아개방, 관계에서의 학습, 관계에서의 갈등 해결 등을 강조할 때 이루어질 수 있다.

**분노 조절 및 대처 기술의 강화**    묻지마범죄의 또 다른 본질은 분노 표출과 적절한 대처 기술의 부재이다. 묻지마범죄만큼 사회적 반향이 큰 성범죄자 치료 프로그램의 경우, 캐나다와 미국 같은 선진국에서는 성범죄자들에게 분노 조절 프로그램을 기본 성범죄자 치료에 추가로 실시하여 분노감을 사회적으로 바람직한 방식으로 표출할 수 있도록 개선시키는 데 주력하고 있다. 묻지마범죄와 같은 표출적 범죄에서는 분노 조절과 대처 기술을 습득하는 것이 핵심 특징으로 간주되기 때문에 범죄 예방적 차원에서도 분노 조절을 위한 심리치료 프로그램이 널리 보급될 필요가 있다.

**사회적 약자에 대한 관심과 보호**    박형민(2009)은 사회가 복지제도를 확충하여 최소한의 삶의 질을 보장해 준다면 대량살인이나 연속살인의 촉발 요인이 되는 갈등 상황을 상대적으로 쉽게 극복할 수 있다고 설명하였다. 특히 빈곤층 청소년이나 비행청소년과 같이 사회적 약자에 대한 지원대책의 마련을 강조하였다. 또 다른 연구(이수정, 2007)에 따르면 비행청소년 중 재범을 가장 빨리 저지르는 소년범은 결손가정의 아이들이다. 가정환경의 보호 기능이 제대로 작동한다면 재범 방지에 기여할 수 있는 만큼 문제행동을 일으켰을 때 효과적으로 개입하여 결손가정의 청소년에게 대체가정을 마련해 주는 것이 중요하다.

## 5. 결론

이 장에서는 묻지마범죄의 용어 및 사례, 유형별 특징에 대해서 살펴보았다. 묻지마범죄자들은 피해망상 등 정신장애가 있는 자들이, 또 다른 경우에는 폭력이나 성폭력 등 강력범죄 누범자들이 다양한 양상으로 상해나 방화에서부터 살인까지의 범죄를 저지르는 것으로 보인다. 물론 대부분의 묻지마 사건의 주인공은 어린 시절에 가정 결손 등 어려움을 경험하였고, 사회적 외톨이일 가능성도 높다고 판단된다. 그러나 그런 상황이 근본적으로 직접적인 범행 동기일 것이라고는 보기 힘들다. 문제는 정신상태가 정상이든 비정상이든 간에 사회 혹은 타인으로부터의 무시와 냉대에 대한 적대감과 분노가 근본적인 원인이 되는 바, 만일 일상생활에서 실직 등 심각한 스트레스 요인이 발생하면 쌓여 있던 불만이 폭발하는 양상으로 범행이 발생하는 것으로 보인다.

한편, 우리나라 묻지마범죄자를 대상으로 한 실증연구에서는 심리검사를 통해 묻지마범죄자를 세 가지 유형으로 분류하였다. 이 유형들이 서로 다른 특성을 가지고 있음이 다시 한 번 확인되었으므로 각 유형의 특성에 맞는 형사정책적 접근이 필요하다. 정신장애 유형의 경우에 독일의 사법정신병원을, 반사회성 유형(만성 분노형)의 경우에는 미국과 영국의 보안처분 성격의 사회 내 처우를, 외톨이집단(현실 불만형)에게는 일본의 히키코모리(은둔형 외톨이)를 위한 대책을 참고할 필요가 있다. 이처럼 각 유형의 특성을 고려한 제도를 제안하고 이를 실행하기 위해서는 묻지마범죄자들의 유형을 효과적으로 분류하면서 사법 절차의 각 단계와 처우에 적합한 심리검사들의 탐색과 개발을 위한 후속연구가 이루어져야 한다.

## 참고문헌

검찰청(2012). 범죄분석.

고선영(2012). 이상동기범죄자의 성향 및 특성 프로파일링: 불특정 대상·무차별 상해사건 중심으로. 한국경찰연구, 11(4), 3-28.

김상균(2009). 무동기 흉악범죄에 대한 경찰의 대응방안. 한국경찰학회보, 11(3), 5-31.

김상균(2012). 무동기 범죄의 실패와 대응방안에 관한 연구. 경찰학논총, 7(2), 193-219.

김상원(2012). 사회적 자본과 범죄: 사회적 자본이 폭력범죄에 미치는 영향. 한국치안행정논집, 9(1), 1-25.

김은지(2012). '묻지마범죄'는 이 세상에 없다. 시사인(2012. 9. 13.). http://www.sisainlive.com/ news/ articleView.html?idxno=14154

대검찰청 강력부 조직범죄과(2012). 묻지마범죄현황, 사례 및 재범방지제도. 서울중앙지방검찰청 형사 3부 강력범죄 실무 연구회 세미나 자료집.

박현철, 엄지원, 진명선(2012). 여의도 칼부림은 '일본식' 아니라 '미국식' 범죄. 한겨레(2012. 8. 23.). http://www.hani.co.kr/arti/society/society_general/548439.html

박형민(2009). 대량살인 범죄자와 연속살인 범죄자의 유형과 특징. 형사정책연구원, 20(1), 189-213.

박형민(2012). 무차별 범죄의 개념과 특징: 불특정인을 대상으로 한 범죄. 한국공안행정학회 발표자료.

윤정숙, 김민지(2013). 묻지마범죄에 대한 심리적 이해. 한국범죄심리연구, 9(1), 147-174.

윤정숙, Marshall, W., Marshall, L., Knight, R., Sims-Knight, J., 이수정(2012). 성범죄자 치료프로그램 개발 및 제도화 방안 II: 성범죄자 다면평가 도구 및 치료프로그램 개발. 한국형사정책연구원 연구총서, 1-256.

이수정(2007). 경찰단계에서의 범죄소년 다이버전을 위한 비행성 평가 절차의 재범예측력 연구. 한국심리학회: 사회 및 성격, 21(2), 47-57.

이수정, 이혜지, 장은영, 전소영, 전지선, 홍수민, 홍수빈(2013). 묻지마범죄자 심층면접을 통한 실증적 원인 분석 및 대응방안 연구. 대검찰청, 1-417.

이수정, 이현성, 이정헌(2013). 묻지마범죄자에 대한 심리학적 하위유형 연구. 보호관찰, 13(2), 136-186.

장은영, 전소영, 이수정(2014). 묻지마범죄자 하위유형의 심리학적 특이성. 한국범죄학, 8(2), 3-40.

최규범(2006). 연쇄범죄와 프로파일링 방법론 연구. 경찰학 연구, 6(3), 66-103.

한영선(2011). 소년범죄자의 범죄중단에 관한 연구. 이화여자대학교 법학논집, 16(2), 159-190.


近藤直司, 清田吉和, 北端裕司ほか(2012). 思春期ひきこもりにおける精神醫學的障害の實態把握に關する研究. 厚生勞科學研究費捕助金こころの健康科學研究事業. 思春期のひきこもりをもたらす精神科醫患の實態把握と精神仝醫學的治療・援助システムの構築に關する研究. 平成21年度總括・分指研究報告書.

中島豊爾, 塚本干秋, 大重耕三ほか(2009). 精神科急性期治療におけるひきこもり青年の實態と精神醫學的治療に關する研究. 厚生勞科學研究費捕助金こころの健康科學研究事業. 思春期のひきこもりをもたらす精神科醫患の實態把握と精神醫學的治療・援助システムの構築に關する研究. 平成20年度總括・分擔研究報告書, 19-24.

ひきこもりの評價・支援維(2013). 厚生勞科學研究費捕助金こころの健康科學研究事業. 思春期のひきこもりをもたらす精神科醫患の實態把握と精神醫學的治療・援助システムの構築に關する研究.

田村雅幸, 渡邊和美, 鈴木護, 佐野賀英子, 渡昭一, 池上聖次郎(1998). 通り魔事件の犯人象-加害者特性の分析. 科學警察研究所報告書, 防犯少年編, 39(1), 1-11.

Best, J. (1999). *Random violence: How we talk about new crimes and new victims*. University of California Press.

Buckley, E., Winkel, E., & Leary, R. (2004). Emotional and behavioral responses to interpersonal rejection: Anger, sadness, hurt and aggression. *Journal of Experimental Social Psychology, 40*, 14-28.

Gresswell, D. M., & Hollin, C. R. (1994). Multiple murder: A review. *British Journal of Criminology, 34*(1), 1-14.

Guttman, L. (1968). A general non-metric technique for finding the smallest coordinate space for a configuration of points. *Psychometrika, 33*, 469-506.

Kathleen M. H., & Belea, K. (1995). Serial murder: A more accurate and inclusive definition. *International Journal of Offender Therapy Comparative Criminology, 39*(4), 299-306.

Koyama, A., Miyake, Y., Kawakami, N., Tsuchiya, M., Tachimori, H., Takeshima, T., & World Mental Health Japan Survey Group. (2010). Lifetime prevalence, psychiatric comorbidity and demographic correlates of 'hikikomori' in a community population in Japan. *Psychiatry research, 176*(1), 69-74.

Lester, D. (1995). *Serial killers: The insatiable passion*. Philadelphia: Charles Press.

Loh, C., & Gidycz, C. A. (2006). A proespective study of the relationship between childhood sexual victimization and perpetration of dating violence and sexual assault in adulthood. *Journal of Interpersonal Violence, 21*(6), 732-749.

Weeks, R., & Widom, C. S. (1998). *Early childhood victimization among incarcerated adult male felon*. U. S. Department of Justice: NIJ research report.

Williams, K. D., & Zadro, L. (2001). Ostracism: On being ignored, excluded, and rejected. In M. R. Leary (Ed.), *Interpersonal rejection* (pp. 21-53). New York: Oxford University Press.

제 **4** 부
----------

# 범죄심리학 연구 사례

PSYCHOLOGY OF CRIMINAL BEHAVIOR

# 병적 도벽의 심리[1]

지난 2000년 일본 도쿄 시부야 주택가에서 라디오 등 금품을 훔치다 체포돼 3년 6개월간의 수감생활을 끝내고 지난 해 3월 귀국한 '대도' 조세형 씨가 또다시 가정집을 털다 검거되었다. 지난 3월 25일 서울 서교동의 한 치과의사 집에 잠입해 1백 65만 원 상당의 금품을 훔치려다 출동한 경찰에 체포된 것이다. 일본에서 형을 마치고 귀국한 조 씨는 자숙하는 의미로 언론과의 접촉을 삼가고 집도 혜화동 빌라에서 면목동의 작은 단독주택으로 옮기면서 노인 봉사활동에 매달려 왔다. 그러나 그는 '숙명'처럼 예전의 도둑으로 되돌아가고 말았다. 독실한 그의 아내는 아예 집에 '기도방'까지 만들어 그를 참회의 길로 인도하려고 했으나 조 씨는 결과적으로 아내의 기대마저 저버렸다.

## • 1. 연구의 목적

이 사례는 우리가 일반적으로 이해해 왔던 절도사건의 전형적인 범주를 넘어선다. 절도행위를 빈곤 탈피를 위해 합리적으로 선택한 이성적 판단의 결과로 간주하는 범죄학적 관점을 기준으로 볼 때, 이 사건이 상당히 괴리되어 있는 가장 큰 이유는 이와 같은 유형의 절도행위가 뚜렷하게 지니는 행위의 불가피성이다. 합리적인 판단의 결과라고 가정하기 어려운 강력한 그 무엇인가가 절도행위에 대한 불가피성의 배후에 잠재되어 있다. 이런 행위의 불가피성은 바로 Marks(1990)가 지적한 행위 중독성으로서 이해될 것이며, 좀 더 협소하게는 병적 도벽(kleptomania)이 좋은 예가 될 것이다.

병적 도벽은 DSM-5의 진단체계에 따르자면 파괴적 충동조절 및 품행장애의 하위장애로 진단된다. 병적 도벽은 이성적 판단력을 결여한 채 훔치고 싶다는 충동 때문에 발생한다(American Psychiatric Association, 1994). 특히 충동 행동의 표현이 방해를 받으면 불안이 급격히 증가하고, 불안을 해소할 방안으로 절도행위를 더욱 강렬하게 원하게 된다. 일단 절도 충동을 행동으로 옮

---

1) 이 장은 범죄심리학 분야의 실증연구의 사례를 보여 주기 위하여 한국형사정책연구원에서 발간하는 『한국형사정책연구』16권 3호에 실렸던 내용을 재구성한 것이다.

기고 난 후에는 긴장감이 급격히 이완되고, 편안한 일상의 마음가짐으로 돌아가게 되는 병리적인 메커니즘을 지닌다.

발생 빈도나 유병률 혹은 정신장애와의 관련성은 정확히 알 수 없으나, 미국의 경우에 들치기를 하다가 구속되어 평가가 의뢰된 사람들 중 약 67%가 여러 가지 정신장애를 가지고 있었고, 가게에서 물건을 훔치는 사건(shoplifting)으로 구속된 사람들 중 평균 8% 정도는 병적 도벽이 있다는 보고가 있다(Bradford & Balmaceda, 1983; Goldman, 1991). 여성의 경우에는 특히 월경 기간에 병적 도벽행위가 일어나기 쉽다고 하며, 발병률에 있어 전체 남녀의 비율이 확실한 것은 아니지만 여성에게서 더 빈번히 발생하는 것으로 받아들이고 있다(McElroy, Pope, & Hudson, 1991; Goldman, 1992).

DSM-5에 제시되어 있는 병적 도벽의 진단 기준은 다음과 같다. 첫째, 자신에게 필요하지 않고, 금전적인 가치가 없는 물건인데도 훔치고 싶은 충동을 억제하지 못하는 상태가 반복된다. 둘째, 훔치는 행동으로 옮기기 전에는 생리적·심리적 긴장이 고조된다. 셋째, 훔치는 행동을 하는 동안에 쾌감, 만족, 긴장 완화가 있다. 넷째, 분노나 앙갚음의 표현이 아니며, 망상이나 환청에 의한 것이 아니다. 마지막으로 명백한 품행장애나 조증, 반사회적 인격장애에 의한 것이 아니라고 한다. 이렇게 보자면 병적 도벽 역시 일반적인 약물중독에서 나타나는 독특한 생물학적인 중독 사이클을 지니고 있으며, 나아가 절도에 대한 중독 증세는 의지적인 판단과는 별개의 메커니즘에 의해 운용된다고 볼 수 있다.

병적 도벽은 따라서 일종의 충동 조절 실패 현상으로, 굳이 금전적으로 필요가 없는데도 물건을 훔치고 싶은 욕망에 사로잡히는 절도에 대한 열망에서 출발한다. 병적 도벽이 있는 사람은 일반적으로 절취한 물건들을 잘 사용하지 않으며 자신의 행동이 잘못된 것임을 알고 있다. 따라서 그릇된 행동으로 인해 언젠가는 체포되어 처벌될 것임을 걱정하고, 이로 인해 죄의식에 시달리며 심적으로 고통을 느낀다. 절도 충동은 신체적인 긴장을 동반하며, 절도행위를 하기 직전 긴장은 최고조에 달했다가 충동적 행위를 폭발시키면서 급격히 긴장이 이완되고, 이런 이완의 상태가 일종의 보상시스템을 형성한다. 최고조의 흥분과 긴장 이완은 생리적으로는 화학적 변화를 야기하는데, 이 순간 경험되는 것이 바로 절정(high) 경험이다. 이것이 바로 병적 도벽의 직접적인 보상이며, 결코 금전적인 이윤이나 소득은 병적 도벽의 보상물이 될 수 없다. 따라서 병적 도벽은 결코 계획범죄가 되기 힘들다. 하지만 통제가 불가능하기 때문에 비교적 오랜 기간 계속되며, 그로 인해 누범자가 될 가능성이 높다.[2]

---

2) http://diss.kib.ki.se/abstract/971219sara.html.

　　Schulman(2004)은 가게에서 물건을 훔치는 사람들을 일곱 가지 유형으로 분류할 수 있다고 지적하였다. 첫 번째 유형은 직업적인 도둑으로, 이들은 금전적인 이득을 취할 목적으로 반지와 같은 값나가는 물건을 훔친다. 두 번째 유형은 약물중독 혹은 도박중독자로서 이들은 약물이나 도박의 자금 조달을 위하여 물건을 훔친다. 세 번째 유형은 생계를 위하여 물건을 절도하는 부류로서 절도를 생계 수단이라고 정당화시킨다. 네 번째 유형은 자극을 추구하는 유형으로, 절도를 계획하고 행동으로 옮길 때 수반되는 일련의 위험 감수 행동의 스릴을 탐닉한다. 다섯 번째 유형은 인지장애가 있는 유형으로, 정신지체자나 노인이 해당한다. 여섯 번째 유형은 병적 도벽을 지닌 자로서 불안을 잠재우기 위한 수단으로 절도 행각을 벌인다. 마지막으로 일곱 번째 유형은 중독적 강박장애 유형으로, 이들은 매우 감정적이며, 심리적 고통에서 기인한 일종의 표현 행동으로 절도를 한다고 하였다. 이 연구에서는 여섯 번째와 일곱 번째 유형에 해당하는 충동의 조절 불능에 기인한 행위 중독으로서의 상습절도에 연구에 초점을 맞추고자 하였다. 병적 도벽이 들치기 중 8%의 유병률을 지닌다는 사실을 고려할 때, 충동성의 조절 실패에서 기인한 강박장애적 상습절도는 이보다는 조금 더 유병률이 높을 것이라고 예측해 볼 수 있다.

　　Marks(1990)는 인생이란 수도 없이 많은 중독행위로 가득 차 있다고 지적하였다. 굳이 화학적인 약물중독이 아니더라도 우리 중 누군가는 먹는 행동, 도박 행동, 성행위 혹은 물건을 사재는 행동, 심지어는 술이나 담배를 피우는 행동에 중독되어 있다. 〈표 15-1〉의 가로축에는 비화학적인 행위 중독의 다양한 증세가 나열되어 있다. 이 다양한 행위 중독의 증세는 외현적으로 보자면 상당히 양태가 다르지만 저변에 잠재되어 있는 중독 메커니즘에서는 상당한 공통점을 지닌다(Edwards, 1986). 강박장애의 일종으로 분류되는 이들 증세는 병적 도벽과 특징이 유사한데, 우선 특정한 행위에 몰입하고자 하는 열망이 반복된다. 하지만 이런 행위는 별 쓸모없는 행동이다. 둘째, 일련의 강박적 행동이 완료될 때까지 생리적 긴장이 지속된다. 하지만 이런 긴장은 행위가 완결되었을 때 급격히 사라진다. 이런 현상을 재빠른 수정(quick fix)이라고 부른다. 이런 열망은 몇 시간, 며칠 혹은 몇 주를 주기로 다시 엄습하는데, 이때 특징적인 것은 중독행위를 열망하게 하는 독특한 외적 자극이 고유하게 존재한다는 것이다. 그러고는 내적·외적 촉발 단서를 열망하는 이차적인 조건화가 발생한다. 이런 공통점을 지닌 강박적 중독행위를 치료하기 위한 대안 역시 유사성을 지닌다. 여러 개입 전략의 공통된 두 가지 특징은 우선 중독행위에 대한 열망(craving)과 거부 반응(withdrawal)을 습관화시키기 위하여 촉발 단서에 장기간 노출시켜 그 상황에서 충동을 통제해 보도록 훈련하는 것이다. 그러고는 촉발 자극이 포함된 외부 환경을 통제하는 방안이다.

표 15-1  중독증세 간 유사성과 차이점

| 정신장애 중독증세 | 중독증세 | | | | | | | | |
|---|---|---|---|---|---|---|---|---|---|
| | 약물중독 | 행위중독 | | | | | | | |
| | 화학적 | 강박장애 | 강박적낭비 | 다식증 | 이상성행위 | 도벽(들치기) | 머리카락당기기 | 틱 | Tourette |
| 1. 반생산적 행동습벽에 대한 개입 충동 | + | + | + | + | + | + | + | + | + |
| 2. 행동습벽이 종료되지 않으면 긴장 상승 | + | + | + | + | + | ? | ± | − | − |
| 3. 행동 종료 시 순간적으로 긴장감 상실 | + | + | + | + | + | ? | ± | | |
| 4. 일정 시간, 날, 주마다 충동과 긴장 재발 | + | + | + | + | + | ? | + | | + |
| 5. 중독증세의 충동 일으키는 외적 자극 존재 | + | + | + | + | + | + | | | |
| 6. 충동과 외적·내적 자극에 대한 이차적 조건화 | + | + | + | + | + | + | ? | ± | ? |
| 7. 중독 초기 쾌감경험 (a: 혐오적, p: 쾌락적) | + | a | p | ? | p | 중립 | ? | 중립 | 중립 |
| 8. 자극에 노출됨으로써 열망과 금단증상 습관화 | + | + | ? | + | ? | ? | ? | ? | ? |
| 9. 다양한 형태의 중독 | 다양 | − | ? | − | ? | − | − | − | 틱 |

출처: Marks(1990).

열망과 거부 반응이 공존하는 다양한 중독행위는 정도의 차이는 있지만 많은 경우에 중추신경계의 보상 및 처벌 시스템과 연관되어 있다(Gray, 1987). 도파민이라는 신경전달물질이 분비되는 측좌핵(nucleus accumbens) 영역은 주로 쾌감이 동반되는 마약중독과 밀접히 연관되어 있으며(Imperato, Mulas, & Di Chiara, 1986), 강박장애는 세로토닌, 5HT 등과 같은 우울증 관련 신경전달물질과 연관성이 있다(Marazzti et al., 1999; Tynes, White, & Stekwetee, 1990). 이런 연유로 도벽 증세를 완화시키기 위해 약물치료를 병행하는 경우, 대부분의 약물이 세로토닌의 재흡수를 막는 약물(serotonin reuptake inhibitors: SSRIs)로 구성되어 있는 것이다(Dannon, 2002).

외국 문헌 중 가게에서 상습적으로 물건을 훔치는 들치기들을 약물치료를 포함한 여러 방법으로 치료하였다는 기록을 찾기는 어렵지 않다.[3] 하지만 우리나라의 경우에 아직까지 병적 도벽이라는 진단명은 임상적으로만 적용될 뿐 절도범죄와 연관해서는 그 어떤 공식자료에서도 유병률이나 치료법이 알려진 바 없다. 따라서 이 장에서는 절도 누범자들 중에서 절도행위의 상습성을 가정해 볼 수 있는 대상이 있는지를 확인해 보고자 한다. 물론 많은 수의 절도범은 행위 중독이라는 병리적 충동에 기인하여 범법행위를 저지른다기보다는 경제적 이윤을 목적으로 하는 합리적인 의사판단의 결과로 절도행위를 선택할 것이다. 하지만 이 장의 도입부에서 제시한 사례처럼 합리적인 의사결정과는 관계가 먼 어떤 다른 이유 때문에, 그중에서도 병리적인 절도 중독 증세로 남의 물건을 훔치는 것이라면 꼭 당장의 양형 판단을 위해서가 아니더라도 그들의 특정 행위에 대한 범죄 욕구에 대응하기 위해 그런 사실을 규명할 필요가 있다. 한 발 더 나아가 이들을 보다 안정적으로 선별해 낼 수 있는 표준화된 도구나 절차가 있다면 형사정책의 여러 단계에서 나름대로 유용하게 활용될 것이다. 따라서 이 장에서는 일단 절도 누범자에게 본인이 진단한 도벽 증세의 유무가 어느 정도까지인지를 확인하고, 이들의 행위 중독 증세를 평가할 수 있는 측정도구를 개발해 보고자 하였다. 나아가 이런 선별도구를 통해 포착된 절도행위 중독자의 심리 특성도 확인하여 보고자 하였다.

## 2. 연구방법

### 1) 피조사자

연구 당시 시설에 수용되어 있는 절도범들이 설문조사에 참여하였다. 이들은 전국을 대표하는 다섯 곳(경기도, 충청도, 전라도, 경상도, 청송지역)의 교도소에서 40명씩 임의표집되었다. 총 200명의 선정 대상 중 한글 해독에 어려움이 있거나 설문 응답을 완료하지 않았던 16명을 제외하고 184명의 자료가 최종적으로 분석되었다.

응답자들 중 1명을 제외하고는 모두 남자였다. 연령대는 22세부터 65세까지 다양하였고, 응답자의 평균 연령은 37.90세(SD = 10.69세)였다. 이들의 본 건 죄명은 절도가 135명(73.4%), 폭행이 6명(3.3%), 강도 13명(7.1%), 강간 1명(0.5%), 살인 2명(1.1%), 사기 6명(3.3%), 횡령 1명(0.5%), 그 이외의 기타 범죄는 13명(7.1%), 그리고 결측치가 9명(7%)이었다. 모든 응답자는 자

---

3) http://www.freerepublic.com/focus-chat/1331578/posts.

기보고식 응답지에 절도 경험이 있다고 대답하였다. 하지만 이들 중 19명(10.3%)은 절도로 인한 전과는 없다고 응답하였다. 나머지 165명은 모두 절도 전과가 있었으며, 149명(81.0%)이 절도 2범 이상의 전과를 지니고 있었다. 이들의 평균 전과 회수는 4.48번(SD 2.19번)으로 비교적 누범자가 많이 포함되어 있었다.

## 2) 측정도구

**도벽 여부**    도벽 증세 여부와 관련해서는 일단 본인이 도벽 증세를 호소하는지를 자기보고하게 하였다. 전체 응답자 중 본인이 스스로 도벽이 있다고 응답한 사람은 54명(29.9%)이었고, 아니라고 응답한 사람은 116명(63%)이었다. 이 문항에 대한 결측치는 13명이었다. 불필요한 물건을 상습적으로 훔친 적이 있는지도 응답하게 하였는데, 36명(19.6%)이 그렇다고 대답하였으며, 148명(80.43%)이 그렇지 않다고 응답하였다. 본인이 수감된 이유에 대해 자신의 무책임함 때문이라고 응답한 사람은 96명(52.2%)이었고, 불공평한 세상 때문(무전유죄 유전무죄)이라고 답한 사람은 19명(10.3%)이었다.

**절도행위 중독검사**    절도행위에 대한 중독 여부를 알아보기 위한 검사는 존재하지 않는다. 이 연구에서는 DSM-IV의 진단 기준에 따라 다섯 가지 특성을 측정하는 30문항짜리 검사를 제작하였다. 각각의 문항은 다년간 범죄자를 상담해 온 경력이 있는 범죄심리전문가와 1급 임상심리사가 제작하였다. 한국판 DSM-IV에 제시된 다섯 가지 기준별로 약 5문항을 각기 제작하여 문항의 적합성에서 두 평가자 간에 불일치가 없는 문항을 선정하였다.

표 15-2  절도행위 중독검사에 대한 요인 분석 결과

| | 요인 1 | 요인 2 | 요인 3 | 요인 4 | 요인 5 | 요인 6 | 요인 7 | 요인 8 | 요인 9 |
|---|---|---|---|---|---|---|---|---|---|
| 1. 나는 물건을 훔치기 전에 마음이 무척 긴장된다. | -.168 | .060 | .254 | .743 | .270 | -.105 | -.065 | .066 | -.055 |
| 2. 나는 사실 물건을 훔치고 싶지 않다. | -.496 | .350 | -.144 | -.211 | -.041 | -.104 | .048 | -.066 | -.142 |
| 3. 나는 물건을 훔치기 전에 계획을 하고 훔친다. | .244 | .072 | -.029 | -.110 | .449 | -.211 | .524 | -.013 | -.198 |
| 4. 나는 물건을 훔치고 싶은 마음이 들면 마음이 초조하고 혼란스럽다. | .017 | -.045 | .128 | .817 | -.163 | .100 | -.004 | .171 | -.015 |

| 문항 | | | | | | | | | |
|---|---|---|---|---|---|---|---|---|---|
| 5. 나는 물건을 훔치고 싶은 마음이 들면 손이나 몸의 일부분이 떨린다. | .058 | −.054 | .008 | .787 | −.093 | .002 | −.122 | .046 | −.076 |
| 6. 나는 물건을 훔치기 전에 별 생각 없이 일단은 훔치고 본다. | .361 | .232 | −.074 | .070 | .107 | −.013 | −.114 | .584 | .072 |
| 7. 나는 물건을 훔치고 싶은 마음이 들면 다른 약속이 있었다는 사실조차 잊어버린다. | .295 | .753 | −.063 | .042 | .050 | .226 | .034 | −.074 | .112 |
| 8. 나는 물건을 훔치고 싶은 마음이 들면 가족이나 친구도 만나지 않는다. | .047 | 778 | .090 | −.043 | −.019 | .076 | .203 | .168 | −.020 |
| 9. 나는 물건을 훔치고 싶은 마음이 들면 직장에 나가지 않을 때도 있다. | .184 | .368 | .007 | .026 | .078 | .633 | .082 | .374 | −.171 |
| 10. 나는 물건을 훔치고 싶은 마음이 통제가 되지 않는다. | .536 | .210 | .017 | −.069 | −.007 | .496 | .137 | .265 | .038 |
| 11. 나는 일단 물건을 훔치고 나면 모든 긴장감이 사라지고 마음이 편해진다. | .131 | .154 | −.251 | .032 | .196 | .652 | .048 | −.231 | .105 |
| 12. 나는 물건을 훔치고 나서 조금 지나면 죄책감과 우울감으로 괴롭다. | −.164 | −.079 | .752 | .203 | −.061 | −.094 | −.064 | .041 | .081 |
| 13. 나는 물건을 훔치고 나면 후회하는 마음이 생긴다. | −.214 | .101 | .755 | .154 | −.006 | −.214 | −.051 | .118 | −.031 |
| 14. 나는 일정 기간마다 물건을 훔치고 싶어진다. | .717 | .103 | −.190 | .019 | .137 | .224 | .136 | .060 | −.003 |
| 15. 나는 물건을 훔치고 난 뒤에 또 다시 물건을 훔치고 싶다. | .755 | .127 | −.096 | .050 | .200 | .174 | .061 | .150 | −.016 |
| 16. 나는 물건을 훔친 뒤에 처벌을 받았지만 또 남의 물건을 훔친다. | .214 | .082 | −.147 | .023 | .622 | .200 | −.048 | .190 | .295 |
| 17. 나는 물건을 훔치면 경찰관에게 잡힐 것을 알고 있다. | −.052 | −.152 | .148 | .275 | .045 | −.007 | .133 | .565 | .334 |
| 18. 나는 물건을 훔치는 일은 잘못된 행동임을 알고 있다. | −.114 | −.467 | .399 | .257 | .159 | −.072 | .018 | .126 | .304 |
| 19. 나는 훔친 물건을 어디에 팔 것인지를 알고 있다. | .177 | −.100 | −.188 | −.090 | .673 | .121 | .258 | .069 | −.187 |
| 20. 나는 훔친 돈이나 물건을 사용한다. | .019 | −.031 | .221 | .001 | .788 | .008 | −.102 | −.058 | .054 |
| 21. 나는 물건을 훔칠 때 남이 듣지 못하는 "훔쳐라."라는 소리가 들린다. | .338 | .510 | −.198 | .014 | −.038 | .462 | −.001 | −.136 | .244 |
| 22. 나는 일을 많이 벌이고 수습을 못하는 편이다. | .419 | .293 | .401 | −.091 | .220 | .155 | −.311 | −.097 | .058 |

| 문항 | | | | | | | | | |
|---|---|---|---|---|---|---|---|---|---|
| 23. 나는 물건을 훔치는 분야에서는 최고가 되고 싶다. | .675 | .002 | −.103 | −.022 | −.008 | .136 | .405 | .058 | .015 |
| 24. 나는 사회나 어떤 사람에 대한 복수심으로 물건을 훔친다. | .296 | .252 | −.202 | .047 | −.084 | .138 | .543 | −.337 | .143 |
| 25. 나는 물건을 훔치는 행동 외에는 별다른 문제행동을 지니고 있지 않다. | .005 | −.353 | .578 | −.008 | .047 | .443 | .126 | −.209 | −.086 |
| 26. 나는 어렸을 때부터 이 일을 해 오고 있다. | .492 | .151 | −.272 | .066 | .131 | .077 | .258 | −.364 | .220 |
| 27. 부도덕하게 모은 물건은 사실 훔쳐도 된다. | .172 | .144 | .043 | −.273 | .013 | .191 | .701 | .085 | .256 |
| 28. 이 사회는 가난한 사람만 벌을 받는다. | .140 | .048 | .032 | −.171 | .017 | .018 | .120 | .106 | .818 |
| 29. 나는 출감 후에도 이 일을 벗어나기 힘들 것 같다. | .725 | −.025 | −.076 | −.095 | .026 | .083 | −.055 | .024 | .099 |
| 30. 남의 물건을 훔칠 때만큼은 나를 힘들게 했던 일이 생각나지 않는다. | .687 | .181 | .041 | .139 | .093 | −.097 | .103 | −.056 | .093 |
| 전체 고유값 | 6.78 | 2.88 | 2.07 | 1.64 | 1.49 | 1.34 | 1.30 | 1.19 | 1.05 |
| % 분산 | 22.60 | 9.60 | 6.90 | 5.47 | 4.98 | 4.48 | 4.33 | 3.95 | 3.49 |
| % 누적 | 22.60 | 32.21 | 39.11 | 44.58 | 49.56 | 54.04 | 58.37 | 62.32 | 65.81 |

〈표 15-2〉에는 배리멕스 회전방법을 적용하여 주성분이 분석된 문항들의 요인부하량이 제시되어 있다. 탐색적으로 실시했던 요인분석 결과 고유치 1을 넘는 요인은 총 9개가 추출되었다. 이 중 첫째 요인은 '나는 일정 기간마다 물건을 훔치고 싶어진다.' '나는 물건을 훔치고 난 뒤에 또 다시 물건을 훔치고 싶다.' 등 절도행위 충동을 측정하는 문항들로 묶였다. 2번 문항은 이 요인과 부적 상관을 지녔기에 역채점하였다. 둘째 요인은 '나는 물건을 훔치고 싶은 마음이 들면 다른 약속이 있었다는 사실조차 잊어버린다.'와 '나는 물건을 훔치고 싶은 마음이 들면 가족이나 친구도 만나지 않는다.' 등 절도행위에 정신적으로 몰입하는 상태를 나타내는 문항이 높은 관련성을 지녔다. 부적 상관을 지녔던 18번 문항은 역채점하였다. 셋째 요인은 '나는 물건을 훔치고 나서 조금 지나면 죄책감과 우울감으로 괴롭다.' 같은 심적 고통을 나타내는 문항이 부하량이 높았다. 넷째 요인은 '나는 물건을 훔치고 싶은 마음이 들면 마음이 초조하고 혼란스럽다.' 등 생리적인 긴장을 표현하는 문항이 부하량이 높았다. 다섯째 요인은 '나는 훔친 물건을 어디에 팔 것인지를 알고 있다.'와 '나는 훔친 돈이나 물건을 사용한다.' 등 절도행위가 유목적적이었음을 나타내는 문항이 높은 관련성을 보였다. 여섯째 요인은 '나는 일단 물건을 훔치고

나면 모든 긴장감이 사라지고 마음이 편해진다.'와 '나는 물건을 훔치고 싶은 마음이 들면 직장에 나가지 않을 때도 있다.'의 두 문항이 부하량이 높은 것으로 나타났다. 일곱째 요인은 '부도덕하게 모은 물건은 사실 훔쳐도 된다.'와 같은 반사회적 태도 문항이 높은 부하량을 지녔다. 여덟째 요인은 절도행위의 즉흥성을 측정하는 '나는 물건을 훔치기 전에 별 생각 없이 일단 훔치고 본다.'와 '나는 물건을 훔치면 경찰관에게 잡힐 것을 알고 있다.' 등의 문항이 높은 관련성을 지녔다. 한 문항만 부하량이 높았던 아홉째 요인은 '이 사회는 가난한 사람만 벌을 받는다.'라는 강력한 반사회적 사고를 반영하고 있었다.

그다음으로는 이들 요인을 하위척도화하기 위하여 내적 일관성을 알아보았다. 첫째 요인에 높은 요인부하량을 지녔던 문항 중 척도의 내적 합치도에 부적 관련성을 지니는 2번 문항을 제외하고 나머지 문항들로 산출한 내적 합치도의 지수는 .82였다. 둘째 요인에 근거한 네 문항으로 구성되었던 두 번째 척도의 내적 합치도는 .68이었다. 이때 문항변별력이 좋지 않았던 18번 문항을 제외하면 세 문항의 내적 합치도는 .72까지 증가하였다. 세 번째 요인에 부하량이 높았던 세 문항에서 산출된 알파계수는 .59였다. 하지만 25번 문항을 제외했을 때는 내적 합치도가 .70까지 증가하였다. 네 번째 요인에 포함된 문항의 내적 합치도는 .74였다. 다섯 번째 요인에 포함된 두 문항의 내적 합치도는 .52였다. 여섯 번째 요인에 해당하는 내적 합치도는 .47이었다. 일곱 번째 요인에 높은 부하량을 지녔던 문항들 간의 내적 합치도는 .66이었다. 하지만 3번 문항을 제외하자 알파계수가 .69까지 증가하였다. 여덟 번째 요인에 근거해 산출한 알파계수는 .19였다. 해당 문항이 하나밖에 없었던 아홉 번째 요인에서는 알파계수를 산출할 수 없었다. 알파계수 .70을 기준으로 할 때, 최종적인 요인의 수는 5개로 결정하는 것이 적합할 듯하다.

**자아존중감**    자아존중감을 측정하기 위해서는 Rosenberg(1965)가 개발하고, 이영자(1996)가 한국판으로 표준화한 척도를 사용하였다. 전체 10문항 중 다섯 문항은 긍정적인 자아개념을, 다섯 문항은 부정적인 자아개념을 측정하였다. 문항은 4점 척도로 구성되고, 이 검사의 신뢰도는 약 .79인 것으로 확인되었다(공은경, 2004). 이 연구에서는 내적 합치도에 문제가 없었던 다섯 문항만 사용하였고, 이들에서 산출된 알파계수는 .71이었다.

**충동성**    충동성을 측정하기 위해서는 BIS(Barratt Impulsiveness Scale II: BISII)를 사용하였다. BIS는 Barratt(1985)이 충동성 성격 특질을 정신측정학적 방법을 도입하여 연구 제작한 심리검사로, 이현수(1992)가 우리말로 번역하여 표준화하였다. 한국판 BIS는 23개 문항으로, 무계획 충동성, 운동 충동성, 인지 충동성의 세 가지 하위영역을 측정한다. 문항은 '전혀 그렇지 않다.'

에서 '항상 그렇다.'까지 4점 척도로 구성되어 있고, 하위척도에 따른 신뢰도 지수는 .60~.70 정도인 것으로 보고된 바 있다(김효선, 2002). 이 연구의 표본에서 산출된 한국판 BIS 검사의 내적 합치도는 .77이었다.

## 3) 연구 절차

자료는 교도소마다 집단검사 형태로 수집되었다. 이 연구에 참여할 대상자를 교도소별로 선정한 다음 40명씩 강당에 모여 미리 준비된 설문지에 자기보고식으로 응답하도록 하였다. 전체 검사지에 포함된 내용은 미리 교정국 보안과에서 검토하였고, 교도소별로 이메일을 발송하여 40부씩 인쇄되었다. 범죄력에 관한 질문과 개인적인 사항에 대한 질의 후 절도행위 중독검사와 자아존중감검사, 마지막으로 기질적 충동성검사가 실시되었다. 전체 설문지에 응답하는 데 소요된 시간은 20분 정도였다.

## 3. 연구결과

### 1) 병적 도벽 증세 유무에 따른 교차빈도 분석

스스로 병적 도벽이 있다고 응답한 사람 중 실제로도 도벽이 있는지를 간단하게 알아볼 수 있는 기준은 필요 없는 물건을 충동적으로 계속 훔치는가의 여부이다. 따라서 불필요한 물건을 훔치는지 질의한 내용에 응답한 결과와 병적 도벽 유무에 대해 교차분석을 실시하였다. 그 결과 두 변수 간에는 유의한 관련성이 있는 것으로 나타났다($\chi_1^2$=29.05, $p$<.001). 즉, 도벽이 없다고 응답한 사람 중 대부분이 불필요한 물건은 훔치지 않는다고 대답하였다. 병적 도벽은 필요

표 15-3 | 자기보고식 도벽 유무 응답과 절도행위 습관 간 교차빈도 분석

|  | 불필요한 물건 상습절도 | 해당사항 없음 | 전체 |
|---|---|---|---|
| 도벽 있다고 응답 | 25 | 30 | 55 |
|  | 45.5% | 54.5% | 100% |
| 도벽 없다고 응답 | 11 | 105 | 114 |
|  | 9.5% | 90.5% | 100% |

없는 물건을 상습적으로 훔치는 행동 징후가 반드시 동반된다는 점을 고려할 때, 도벽이 있다고 인정하면서 불필요한 물건을 자주 훔치는 25명은 일단은 병적 도벽 대상자로 구분할 수 있을 듯하다. 하지만 DSM-IV의 진단 기준에서 반사회적 이유로 절도를 하는 사람은 병적 도벽 대상자로 볼 수 없다고 규정하기에 사회적 불평등 때문에 자신이 전과자가 되었다고 생각하는 등의 반사회적 사고를 하는 사람은 이 범주에서 제외하는 것이 합당할 듯하다.

## 2) 절도행위 중독검사에 근거한 판별 분석

요인 분석결과로 산출된 5개의 절도행위 중독검사 하위척도가 교차분석 결과로 우선적으로 선정된 병적 도벽 대상자 유형을 변별할 수 있는지를 확인하기 위하여 판별 분석을 실시하였다. 판별 분석의 결과는 이후 절도범 분류 과정에서 병적 도벽의 집단 기준으로 활용될 수 있을 것이다.

표 15-4 도벽 대상 집단과 그 이외의 일반 절도범 간의 차이 검증

| | | 평균 | 표준편차 | $F_{1,136}$ |
|---|---|---|---|---|
| 절도 충동 | 절도행위 중독집단 | 16.00 | 4.72 | 17.55*** |
| | 반사회적 | 12.00 | 3.83 | |
| | 미분류 | 10.94 | 3.07 | |
| 정신적 몰입 | 절도행위 중독집단 | 5.00 | 1.91 | 4.19* |
| | 반사회적 | 4.85 | 1.95 | |
| | 미분류 | 3.97 | 1.59 | |
| 심적 고통 | 절도행위 중독집단 | 4.11 | 1.28 | 1.51 |
| | 반사회적 | 4.69 | 1.55 | |
| | 미분류 | 4.74 | 1.43 | |
| 생리적 긴장 | 절도행위 중독집단 | 7.50 | 1.58 | 1.51 |
| | 반사회적 | 6.38 | 2.10 | |
| | 미분류 | 7.31 | 1.96 | |
| 반사회성 | 절도행위 중독집단 | 4.54 | 2.21 | 9.61*** |
| | 반사회적 | 5.22 | 1.66 | |
| | 미분류 | 3.77 | 1.18 | |

*p<.05, **p<.01, ***p<.001

준거집단으로는 도벽 유무에 대한 응답과 불필요한 물건에 대한 상습절도 여부, 그리고 수감 이유에서 나타났던 반사회적인 태도가 이용되었다. 도벽이 있으면서 불필요한 물건을 상습적으로 훔치는 사람을 절도행위 중독집단으로 선정하였고, 도벽이 없다고 답했으면서 수감 이유를 불공평한 세상(무전유죄 유전무죄) 때문이라고 응답했던 사람을 반사회적인 유형으로 구분하였다. 어디에도 해당되지 않는 응답자는 미분류집단이라고 명명하였다. 〈표 15-4〉에는 이들에 대한 절도행위 중독검사의 요인점수상에서의 일원변량 분석결과가 요약되어 있다. 절도 충동($F_{1,136}$=37.21, $p<.001$), 정신적 몰입($F_{1,136}$=10.44, $p<.01$), 반사회성($F_{1,136}$=4.19, $p<.05$)이 이들 준거집단을 잘 변별해 준다.

그다음으로는 이들 절도행위 중독의 하위요인들을 예측변수로 하여 정준판별함수를 산출하였다. 그 결과 2개의 함수가 산출되었고, 이 함수의 고유치는 .281과 .046이었다. 이 함수와 교차빈도 분석결과 선정된 도벽 대상 집단의 준거치와의 정준상관계수는 .468과 .210이었다. 첫 함수에 대한 카이제곱 통계치는 유의하였으나($\chi_{10}^{2}$=41.24, $p<.001$), 두 번째 함수에 대한 카이제곱 통계치는 영가설을 기각하지는 못하였다($\chi_{4}^{2}$=6.37, n.s.).

5개의 절도행위 중독 하위요인의 표준화된 정준판별함수 계수를 살펴본 결과, 첫 번째 함수에는 절도 충동 요인이 가장 많이 이바지하는 것으로 나타났다. 반면에 두 번째 함수에는 정신적 몰입과 반사회성이 상대적으로 더 많이 이바지하는 것으로 나타났다. 이렇게 산출된 첫 번째 정준판별함수상에서 절도행위 중독집단의 중심점은 1.381이었고, 반사회적 절도범은 .066이었다. 그러나 두 번째 함수상에서는 반사회적 절도범의 중심점이 상대적으로 더 크게 나와 .680이었고, 절도행위 중독집단은 .089였다. 이는 2개의 정준판별함수가 서로 다른 준거집단을 비교적 효과적으로 구분하고 있다는 것을 시사한다.

표 15-5 정준판별함수에 따른 준거집단의 예측 분석

|  | 미분류 예측 | 절도행위 중독 예측 | 반사회적 절도 예측 | 전체 |
|---|---|---|---|---|
| 미분류 | 74 | 21 | 20 | 115 |
| 자기보고 | 64.3% | 18.3% | 17.4% | 100% |
| 절도행위 중독 | 3 | 12 | 3 | 18 |
| 자기보고 | 16.7% | 66.7% | 16.7% | 100% |
| 반사회적 절도 | 5 | 2 | 6 | 13 |
| 자기보고 | 38.5% | 15.4% | 46.2% | 100% |

판별 분석결과 산출된 징준판별함수에 근거하여 개별 응답자들의 준거집단에의 소속 여부를 예측하였다. 그 결과 세 가지 준거집단, 절도행위 중독이 있다고 판단된 집단, 반사회적 절도범이라고 구분되었던 집단, 그리고 미분류집단은 2개의 정준판별함수로 비교적 정확하게 예측되었다. 전체 응답자 중 약 59%가 2개의 정준판별함수로 잘 구분되는 것으로 나타났다.

## 3) 절도행위 중독검사에 근거한 다차원분석

절도행위 중독검사의 하위척도로 응답자들의 절도행위 유형이 구분되는지 확인하기 위하여 다차원분석을 실시하였다. PROXSCAL 다차원척도법을 적용하였는데, 분석에 포함되었던 자료는 총 184사례 중 하나라도 결측치가 있었던 35개 자료를 제외한 149개였다. 초기 설정의 스트레스는 심플렉스 방식으로 설정하였으며, 모두 15회의 반복분석이 실시되었다. 스트레스 값의 개선도는 마지막 반복분석결과 .0001로서 .001보다 적은 수준에서 분석이 종료되었다. 모형의 적합도를 나타내는 Stressl 값은 .152로서 이 모형은 비교적 만족스러운 수준인 것으로 나타났다. 응답자들의 특성을 두 차원상에서 변별한 결과 전체 사례의 설명된 산포도는 .977로, 모형의 설명력은 상당히 높다고 할 수 있다.

차원의 속성을 정확하게 이해하기 위하여 5개 절도행위 중독 요인의 좌표값을 산출하였다. 동일한 방법으로 실시된 PROXSCAL 다차원척도 분석결과 Stressl 값은 .155였으며, 산포도 설명력은 .976이었다. 〈표 15-6〉에는 각 요인이 두 차원의 추출에 얼마나 이바지하였는지에 대한 결과가 제시되어 있다. 차원 1의 경우에 심적 고통과 생리적 긴장이 가장 높은 좌표값을 지녔으나 반사회성은 부적 좌표값을 지니는 것으로 나타났다. 차원 2의 경우에는 정신적 몰입, 심적 고통, 반사회성이 정적 영향력을 지니는 것으로 나타났다. [그림 15-1]에는 〈표 15-6〉의 결과가 도식화되어 있다.

표 15-6 | 다차원 분석결과 산출된 절도행위 중독검사 요인의 좌표값

|  | 차원 1 | 차원 2 |
|---|---|---|
| 절도 충동 | −.353 | −.372 |
| 정신적 몰입 | −.225 | .446 |
| 심적 고통 | .669 | .330 |
| 생리적 긴장 | .543 | −.431 |
| 반사회성 | −.634 | .027 |

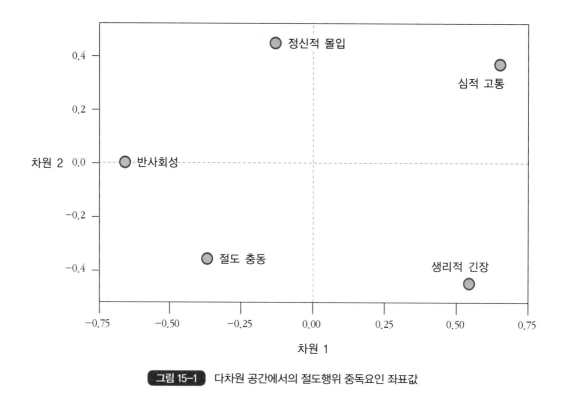

**그림 15-1**   다차원 공간에서의 절도행위 중독요인 좌표값

　그다음으로 2차원 공간에서 각 개체의 특성을 도식화하였다. 개체 간을 좀 더 명확히 구별하기 위하여 판별 분석결과 예측된 세 가지 준거집단의 소속을 개체 명칭으로 입력하였다. 이는 절도행위 중독검사의 하위요인상에서 서로 다른 절도범의 유형이 나름대로 유의한 군집을 이루는지를 살펴보기 위함이었다. [그림 15-2]에는 이 결과가 제시되어 있다. 절도행위 중독으로 예측되었던 집단 1은 차원 2에서보다는 일반적으로 차원 1에서 더 높은 좌표값을 지니는 것으로 확인되었다. 병적 도벽 가능성이 낮았던 일반 절도범들은 차원 1에서 절도행위 중독집단과 현저하게 다른 양태를 지니는 것으로 나타났다. 하지만 집단 2로 분류되었던 반사회적 사고를 지니는 절도범들은 비교적 다양한 형태로 산포하였다.

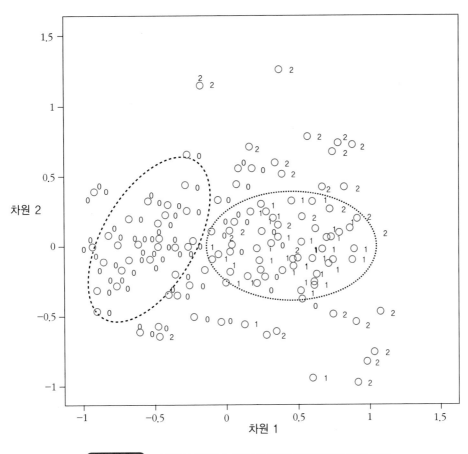

**그림 15-2**  다차원 분석결과 산출된 2차원 공간에서의 개체 특성

## 4) 병적 도벽에 해당되는 절도 누범자의 범죄심리적 특성

다차원 분석에서와 마찬가지로 절도행위 중독검사의 요인을 토대로 시행했던 판별 분석의 결과에서 예측된 준거집단의 소속 가능성을 각 개체의 소속으로 지정하였다. 서로 이질적인 집단의 심리적 특성을 알아보기 위하여 자아존중감과 기질적 충동성을 측정하였다. 〈표 15-7〉에는 세 준거집단의 각 검사 총점의 평균이 제시되어 있다. 유의도 .10상에서 집단 간 차는 미미한 수준에서 차이가 나는 것으로 확인되었다. 절도행위 중독이 의심되는 응답자는 미분류집단에 비하여 자아존중감은 상대적으로 낮고, 기질적 충동성은 상대적으로 더 높은 경향을 지녔다. 하지만 이 차이는 사후 검증결과 영가설을 기각하지는 못하였다. 반사회적 유형에 해당하는 사람은 자아존중감이 제일 높았으나 기질적 충동성 또한 높은 것으로 나타났다. 이 역시도

**표 15-7** 세 준거집단의 자아존중감, 기질적 충동성 검사 점수상에서의 차이 검증

| | | 평균 | 표준편차 | $F_{1,135}$ |
|---|---|---|---|---|
| 자아존중감 | 절도행위 중독집단 | 14.15 | 2.95 | 2.48[+] |
| | 반사회적 | 16.03 | 3.43 | |
| | 미분류 | 15.39 | 3.74 | |
| 기질적 충동성 | 절도행위 중독집단 | 50.29 | 6.55 | 2.60[+] |
| | 반사회적 | 51.57 | 7.47 | |
| | 미분류 | 47.24 | 9.92 | |

+p<.10

Scheffe 검사 결과 유의도 .05 수준에서 영가설을 기각하지는 못하는 것으로 확인되었다.


## 4. 논의 및 제언

이 장에서는 절도 상습범 중에서 과연 병적 도벽 혹은 절도에 대한 행위 중독이 의심되는 하위집단이 존재하는지를 알아보고자 노력하였다. 이와 함께 이들의 도벽 증세를 평가하는 표준화된 측정도구도 개발하고자 시도하였다. 주성분 분석결과를 고려할 때 총 19문항으로 검사문항을 축소하여 운용하는 것이 적절한 것으로 판단되었다.

자기보고식으로 질의되었던 도벽 증세에 대한 호소 정도와 필요 없는 물건을 상습적으로 절도하는 행동 특징, 그리고 반사회적 가치관을 근거로 준거집단을 구분하였다. 절도행위 중독검사의 요인들로 이들 준거집단을 변별해 내는 기준을 탐색한 결과 두 가지 정준판별함수가 유용한 변별기준이 될 수 있는 듯하다. 이들 중 한 기준은 병적 도벽에 관한 임상적 특성을 잘 반영하였다. 생리적 긴장과 심적 고통으로 대변되는 첫 번째 함수와는 달리, 두 번째 함수는 반사회적 가치관이 어느 정도 이바지하는 것으로 판단되었다. 이런 변별기준을 근거로 각 개체의 특성을 도식화하였다. 다차원 분석결과는 판별 분석에서 확인되었던 결과를 다시 한 번 확인시켜 주는데, 절도행위 중독 가능성이 있는 사람이 그렇지 않은 응답자에 비하여 생리적 긴장으로 대표되는 차원 1에서 더 극적인 특징을 지니는 것으로 나타났다. 하지만 반사회적 유형의 절도범은 비교적 한 곳에 모이지 않고 산포되는 것으로 확인되었다. 마지막으로 살펴본 심리적 특성에서는 절도행위 중독 가능성이 있는 사람이 일반 절도범보다 자아존중감은 더 낮았고, 기질

적 충동성은 더 높은 경향이 있었다.

이 연구에 포함되었던 자료를 분석하는 데 가장 어려웠던 점은 응답자들이 절도나 절도 관련 심리적 특성상에서 매우 유사하였다는 것이다. 전과의 횟수나 죄질에서 그리고 다양한 심리적 특질에서 이질적이었다면 보다 쉬웠을 하위유형을 포착하는 작업은 이 연구에 포함되었던 동질적 응답자들을 대상으로 해서는 실로 어려운 일이었다. 더구나 시간 제약으로 보다 많은 심리적 특질, 예컨대 반사회성 측면에서의 다양한 특질에 대해서는 추가로 자료를 수거하지 못하였다. 다만 절도행위 중독검사에서 추출된 하나의 요인만으로 이들의 반사회적 태도나 가치관, 행동 유형 등을 알아내는 일은 역부족이었다. 이와 같은 이유가 반사회적 유형이라고 의심되는 절도범들의 다차원 좌표값을 산포하게 만들었다.

하지만 제한된 자료의 범위 내에서 절도행위 중독의 가능성이 있는 사람들이 실존함을 확인하기에는 충분하였다. 더구나 이들 중 다수(60%)가 도벽을 치료하는 교정치료 프로그램이 있다면 참여하고 싶은 의지가 있다고 피력하였다는 사실은 매우 뜻깊은 일이다. 이들이 자신의 절도행위 중독 증세로 생리적 긴장과 심적 고통을 호소하는 사람들이라는 점을 고려할 때, 전문적인 교정치료 프로그램이 시행된다면 프로그램의 궁극적 치료목표가 이 같은 증세를 완화시키는 것이라는 점은 당연한 결론일 것이다. 많은 방법론적 문제를 안고 있음에도 이 연구에서는 절도라는 행위에 나름대로 중독성을 의심할 수 있는 집단이 실존하며, 이들 중 다수가 치료를 요구한다는 결론을 도출하였다.

## 참고문헌

공은경(2004). 대인관계 향상 프로그램 개발연구: 청소년 성폭력 가해자를 중심으로. 경기대학교 대학원 석사학위논문.

김효선(2002). 인터넷 게임중독이 아동의 충동성 및 공격성에 미치는 영향. 제주대학교 대학원 석사학위 논문.

이영자(1996). 스트레스, 사회적 지지, 자아존중감과 우울 및 불안과의 관계. 서울여자대학교 대학원 박사학위논문.

이현수(1992). **충동성검사 실시요강**. 서울: 한국가이던스.

American Psychiatric Association. (1994). *Diagnostic and statistical manual of mental disorders* (4th ed.). Washington, DC: American Psychiatric Association.

Barratt, E. S. (1975). *Barratt's impulsiveness scale*. Princeton, NJ: Educational Testing Service.

Bradford, J., & Balmaceda, R. (1983). Shoplifting: Is there a specific psychiatric syndrome?. *Canadian Journal of Psychiatry, 28*, 248-254.

Dannon, P. N. (2002). Kleptomania: An impulse control disorder. *International Journal of Psychiatry in Clinical Practice, 6*, 3-7.

Edwards, G. (1986). The alcohol dependence syndrome: A concept as stimulus to enquiry. *British Journal of Addiction, 81*, 175-186.

Goldman, M. J. (1991). Kleptomania: Making sense of the nonsensical. *American Journal of Psychiatry, 8*, 986-996.

Goldman, M. J. (1992). Kleptomania: An overview. *Psychiatric Annals, 22*, 68-71.

Gray, J. A. (1987). *The psychology of fear and stress*. Cambridge, Cambridge University Press.

Imperato, A., Mulas, A., & Di chiara, G. (1986). Nicotine preferentially stimulates dopamine release in the limbic system of freely moving rats. *European Journal of Pharmacology, 132*(2-3), 337-338.

Marazziti, D., Dell'Osso, L., Presta, S., Pfanner, C., Rossi, A., Masala, I., Baroni, S., Giannaccini, G., Lucacchini, A., & Cassano, G. B. (1999). Platelet [3H] paroxetine binding in patients with OCD-related disorders. *Psychiatry Research, 89*(3), 223-228.

Marks, I. M. (1990). Behavioral (non-chemical) addiction. *British Journal of Addiction, 85*, 1389-1394.

McElroy, S. L., Pope, H. G., & Hudson, J. L., et al. (1991). Kleptomania: A report of 20 cases. *American Journal of Psychiatry, 148*, 652-657.

Rosenberg, M. (1965). *Society and adolescent self-image*. Princeton, NJ: Princeton University Press.

Schulman, T. D. (2004). Something for nothing: Shoplifting addiction and recovery. http://www.somethingfornothingbook.com.

Tynes, L. L., White, K., & Steketee, G. S. (1990). Towards a new nosology of obsessive compulsive disorder. *Comparative Psychiatry, 31*(5), 465-480.

# 찾아보기

# 저자 소개

**이수정**(Lee Soo Jung)
현재 경기대학교 범죄교정심리학과 교수


연세대학교 심리학과 학사, 석사
연세대학교 심리학과 정서심리학 박사
미국 University of Iowa, 심리측정 석사 · 박사 수료
미국 Sam Houston State University, 형사사법학부 교환교수


전 한국심리학회 공공정책위원장
　　여성가족부 청소년보호위원장


현 경찰청 과학수사 자문위원
　　검찰청 전문수사 자문위원
　　법원행정처 전문심리위원


2019년 BBC 선정 '올해의 여성 100인'

# 최신 범죄심리학 (5판)
## Psychology of Criminal Behavior, 5th ed.

2010년 3월 5일 2판 1쇄 발행
2014년 9월 25일 2판 5쇄 발행
2015년 9월 25일 3판 1쇄 발행
2017년 2월 15일 3판 3쇄 발행
2018년 3월 20일 4판 1쇄 발행
2023년 1월 20일 4판 9쇄 발행
2024년 1월 5일 5판 1쇄 발행
2025년 1월 20일 5판 3쇄 발행

지은이 • 이 수 정
펴낸이 • 김 진 환
펴낸곳 • ㈜ **학지사**
　　　　04031 서울특별시 마포구 양화로 15길 20 마인드월드빌딩 5층
대표전화 • 02) 330-5114　　팩스 • 02) 324-2345
등록번호 • 제313-2006-000265호

홈페이지 • http://www.hakjisa.co.kr
인스타그램 • https://www.instagram.com/hakjisabook

ISBN 978-89-997-3032-0 93180

정가 28,000원

**출판미디어기업 학지사**

간호보건의학출판 **학지사메디컬** www.hakjisamd.co.kr
심리검사연구소 **인싸이트** www.inpsyt.co.kr
학술논문서비스 **뉴논문** www.newnonmun.com
원격교육연수원 **카운피아** www.counpia.com
대학교재전자책플랫폼 **캠퍼스북** www.campusbook.co.kr